Gerhard Holtz-Baumert

Die pucklige Verwandtschaft

Gerhard Holtz-Baumert

Die pucklige Verwandtschaft

Aus Kindheit und Jugend in Berlin O 17
und Umgebung

Verlag Neues Leben
Berlin

ISBN 3-355-00225-9

5. Auflage, 1988
Lizenz Nr. 303 (305/182/88)
LSV 7001
Schutzumschlag und Einband: Werner Hahn
Typografie: Katrin Kampa
Schrift: 10 p Garamond
Gesamtherstellung: Karl-Marx-Werk Pößneck V15/30
Bestell-Nr. 643 710 1
01280

Admiralsbad

Der Intendant ist mit der Aufführung zufrieden; die Premierenfeier war vorzüglich.

In welches Restaurant seid ihr gegangen? Wir gehen doch in kein Restaurant, wir haben unsere hauseigene Bar unter dem Dach, das ehemalige Admiralsbad.

Die sowjetischen Kriegsgefangenen in unserer Flakstellung hatten sich eine Banja in die Erde gewühlt. Aus dem verschneiten Erdhügel reckte sich ein Ofenrohr, aus dem es beizend qualmte. Nackt stürzten die Männer heraus, wälzten sich im Schnee und rannten die Treppe wieder hinab, ein Schwall Dampf quoll aus der Brettertür. Willi und ich beobachteten sie. Die schneeweißen Leiber der Russen blitzten, als seien sie silberne Fische im tiefschwarzen Wasser. Kamrad, Kamrad, komm mit!

Eines Abends beschlossen wir mitzugehen. Wir krochen aus den Uniformen, die wir an rostige Nägel vor der Tür hängten, und prallten zurück, als wir den kleinen heißen Raum betraten, an dessen Stirnwand ein Kanonenofen stand, hineingestellt in eine blecherne Tonne, die mit Steinen gefüllt war. Einer der Russen goß gerade einen Schwapp Wasser auf die Steine.

Kamrad, gutt? Wir nickten und warteten, was kommen würde, begannen zu schwitzen und wurden – Kamrad, komm! – hinausgezogen in den Schnee, der uns die Haut vom Leibe fraß, und wieder hinein in die beizende Hitze.

Es ist eine Sauna, die Rußkis haben sich eine Sauna gebaut, sagte Willi, der zu Hause mit seinem Vater darüber gesprochen hatte.

Im Frühjahr wurde aus irgendeinem Grund den Russen

das Dampfbad verboten. Wenn wir sie fragten, zuckten sie mit den Schultern und sagten: Scheiße.

Willi brachte eine Zeitung mit, eine kleine Anzeige darin: Sauna täglich von elf bis achtzehn Uhr, Admiralsbad, Bahnhof Friedrichstraße. Wir benutzten einen gemeinsamen Stadturlaub, um hinzugehen. Der Eingang zum Admiralsbad lag auf dem Hof, wir fuhren mit dem Fahrstuhl, stiefelten zur Kasse, zweimal Sauna, die Kassiererin sagte: Macht zusammen zehn Mark! Wir erschraken, fünf Mark, soviel betrug unser Wehrsold für einen Monat, doch wir zahlten. Wir waren stolz und neugierig, verlegen und großspurig. Man reichte uns ein großes flauschiges Handtuch, wie ich noch keins in der Hand gehabt hatte; man schickte uns durch lange Gänge. Eine offene Tür, wir blickten hinein, ein Friseursalon mit Stühlen wie beim Zahnarzt. Im Umkleideraum ein geräumiger Schrank, Badepantoffeln, höfliche Bademeister, die unser Zögern und Umhersuchen übersahen und uns bedienten, als wären wir Kommerzienräte. Eine große Halle mit zwei Becken, einem kleineren, einem größeren, eingelassen in den Boden. Farbige Wände, weiße Stühle und Bänke an den Wänden; Türen, die irgendwo hinführten. Eine öffnete sich, ein Dampfschwall wie draußen in Buchholz, heraus trat ein krebsroter Mann, wickelte sich in sein Tuch, auf der behaarten Brust baumelte ein seltsames Kruzifix. Das ist der Saunaraum, Mensch, los, rein! Willi wollte erst ein wenig schwimmen, wir stiegen in das kleine Becken und sprangen sofort wieder hoch, denn es war mit eiskaltem Wasser gefüllt. Mann, wohin sind wir geraten? Wir gingen schnell in den Saunaraum.

Der Mann von vorhin erschien wieder, grunzte und steckte die Füße in einen der schönen, mit kaltem Wasser gefüllten hölzernen Bottiche. Wir duschten, dann schwammen wir im größeren Becken, dessen Wasser nicht ganz so kalt war, schließlich kam ein Bademeister und hüllte uns auf einer Pritsche in ein großes warmes Tuch. Durch ein Deckenfenster fiel Dämmerlicht. Es ist wunderbar, sagte ich zu Willi. Scheiß ins Leben! Fünf Mark sind auch bloß fünf Mark.

Wir gingen noch manchmal dorthin. Bademeister, Becken, Tücher und Bottiche waren uns nicht mehr fremd, wir kannten uns aus. Den Mann mit der behaarten Brust, auf der ein seltsames Kruzifix baumelte, trafen wir meistens an. Einmal sahen wir ihn die Treppe hinuntergehen, einen Oberst, merkwürdig dunkle Pumphosen mit brennendroten Streifen. Ein Generalstäbler? Nein, ein Offizier der Wlassow-Truppen, eine andere Art Russe als unsere Gefangenen. Im Sommer dachten wir nicht mehr an die Sauna.

Nach dem Krieg ging ich wieder zur Sauna, ins Stadtbad Gartenstraße, in die Friedrichstraße, nach Schöneweide; nie ins Admiralsbad. Nur als grüner Junge gibt man Geld so leichtfertig aus. Später besuchte ich das Kabarett Die Distel und dachte: Dies war einmal das berühmte Admiralsbad, denn ich hatte von Zerstörungen gelesen und vom Wiederaufbau des Admiralspalastes; also blieb allein die Erinnerung.

Der Intendant hat gesagt, man feiert im Admiralsbad!

Gibt es denn das Ding noch?

Natürlich, es ist kaputt, gesperrt, seit Kriegsende wird nicht mehr gebadet, aber es steht unter Denkmalschutz, Jugendstil und so weiter.

Unten vor der Fahrstuhltür, auch an den Treppenwänden die kleinen Mosaiks, Seepferdchen – ja, die kenne ich noch ... Die Sekretärin des Intendanten führt mich, wir steigen zum Boden hinauf, ich werfe die große Tür zu, die Sekretärin klemmt sich den Finger und möchte mir das Bad am liebsten nicht zeigen. Ja, der lange Gang, die Ecke mit dem Kassenschalter, die Tür zum Friseursalon, ich erkenne alles wieder. Bis wir im Bad stehen: ein ovaler Raum mit Kuppeldach, farbige Wände, orientalisches Mosaik, Nischen, in der Mitte ein ovales Becken, hoch gemauert. Die Sekretärin sagt, indem sie auf das leere Becken zeigt: Das ist zur Premierenfeier die Bar ...

Es ist alles ähnlich, aber ganz anders als in meiner Erinnerung. Ein rechteckiger großer Raum, eine Halle fast, rechteckige Becken, in den Boden eingelassen, farbig vieles, aber keine Bademoschee, kein aufgemauertes Becken, mannshoch, in das man über eine zierliche Treppe steigt. Wir sprangen doch anfangs ahnungslos ins eiskalte Wasser.

Sind Sie sicher, das ist das Bad? Gibt es kein anderes?

Die Frau ist beleidigt, sie arbeitet schließlich schon lange hier und ist die Sekretärin des Intendanten, wer weiß mehr als sie?

Ich gehe umher, suche die Tür zum Saunaraum, einige der früheren Türen sind zugemauert, dahinter befinden sich jetzt Büroräume. Nein, dies ist nicht das Bad meiner Erinnerung.

Es gibt kein anderes, sagt die Sekretärin und rasselt mit dem Schlüsselbund. Sie betrachtet ärgerlich ihren roten, geschwollenen Finger.

Aber es waren doch zwei Becken in den Boden eingelassen, ein großer Saal, eine große Bank aus weißem Marmor, griechische Säulen, korinthische, so hatte ich es damals bei Lammers gelernt, keine Nischen, keine Moscheekuppel.

Wieso habe ich nur vergessen, daß ich einige Stufen hinaufsteigen mußte, um ins ovale Wasserbecken zu gelangen? Bin ich vielleicht gar nicht mit Willi ins Admiralsbad gegangen, sondern habe später von diesem Bad gelesen? Tatsächlich habe ich gelesen, daß es bis Kriegsende das eleganteste Bad Berlins war. Lektüre, Traum und Besuch irgendeines der vielen Bäder um den Bahnhof Friedrichstraße, alles das hat sich möglicherweise vermischt in meiner Erinnerung, mir etwas vorgegaukelt von zwei dürren Sechzehnjährigen, die, in weite Tücher eingehüllt, neben einem Oberst der Wlassow-Truppen in die Sauna gehen.

Vielleicht gab es überhaupt keine russischen Kriegsgefangenen, die bei der Flak Hilfsdienste zu verrichten hatten, Granaten schleppten, putzten, und die sich in einem Unterstand eine Banja gebaut hatten? Wenn ich mir selbst nicht glauben kann und an dem zu zweifeln beginne, was ich als mein Eigenstes ansehe, mein Leben, wie soll ich aufrichtig darüber schreiben? Am besten aufhören!

Monate später fällt mir ein Zeitungsartikel in die Hand. Berlin einst Kurort mit Solbad? In ihm ist vom Admiralsbad die Rede, von Carrara-Marmor und von leuchtender Majolika, von Ruhe- und Frisierräumen, Dampfbädern, Salons wie in einem altrömischen Bad. Im Stadtarchiv liegt die Deutsche Bauzeitung des 57. Jahrgangs, Juni 1923, in der vom Umbau des Admiralspalastes berichtet wird. Da entdecke ich auf den Fotos das Damenbad, Kuppel mit arabischen Ornamenten, Nischen und erhöhtes Becken; und ein Foto vom Herrenbad, korinthische Säulen, zwei in den Boden eingelassene Becken, rechteckig, mit Stühlen und Marmorbänken und den Eingängen zum Saunaraum ...

Meine Erinnerung hat mich nicht betrogen. Nun weiß ich: Ich war wirklich mit Willi im Admiralsbad. Der nackte Oberst mit der schwarzbehaarten Brust, auf der ein seltsames silbernes Kruzifix baumelte, hatte geächzt und seine kleinen Füße in den Holzzuber gestellt ...

30. Januar 1933

Vater hat seit kurzem wieder Arbeit als Kohlenträger im Nordhafen. Er kommt abends schwarz nach Hause, wäscht sich in der Emailleschüssel weiß, ein seltsamer Vorgang, dem ich jedesmal entgegenfiebere, weil ich immer hoffe und zugleich fürchte, er würde nicht gelingen, Vater bliebe schwarz, mit helleuchtenden Augen im Dunkel des Gesichts.

Dann die Fußwaschung, Vater setzt sich auf einen Schemel, krempelt die Hosenbeine hoch und streckt zuerst den linken Fuß ins frische warme Wasser. Ich hocke mich auf die von Vater gebastelte Hutsche und beginne, seinen Fuß zu rubbeln. Die Seife witscht aus den Fingern und springt ins Wasser.

Wir lachen, Mutter schimpft. Vaters harter Fuß liegt wie ein warmes Tier in meinen beiden Händen. Er bewegt den kleinen Zeh und spreizt ihn weit ab. Ich habe schon auf dieses Kunststück gewartet. Mutter fordert: Schluß mit der Sauerei!

Vater hebt den rechten Fuß. Der muß auch noch dran. Mutter holt widerwillig frisches Wasser, die Seife springt mir aus der Hand, Mutter schimpft wieder. Vater tritt auf das Handtuch, ich reibe den Fuß trocken. Vater krächzt genüßlich. Zwischen den Zehen auch, mach schon! Er spreizt den kleinen Zeh des Fußes weit ab. Furchtbar, sagt Mutter und schüttelt den Kopf, Vater grinst.

Gewöhnlich schlüpft Vater in seine Pantoffeln und beginnt, am Küchentisch sitzend, zu basteln. Heute aber zieht er sich fein an, greift zu Joppe und Schiffermütze. Mutter bindet sich eine gebügelte Schürze um. Ich erhalte mein Bleylekäppchen, das ungeliebte, von Kusine Trudchen übernommene Stück, aufgestülpt. Mutter drängt, Vater zieht die Taschenuhr hervor, ruhig, ruhig.

Wir treten auf die Stephanstraße hinaus und gehen zur Putlitzstraße, die zur Brücke hinaufführt. Die Gaslaternen funkeln im Dunst. An der Ecke der Putlitzstraße befindet sich ein Polizeirevier; oft habe ich von dort Überfallkommandos wegfahren sehen, die offenen Autos mit aufheulenden Motoren hinein in den Beusselkiez.

Jetzt stehen dort zwei Polizisten, die fröstelnd die Hakken aneinanderschlagen. Einen von beiden kenne ich. Richard Wuzzel, der bei uns im Hinterhaus wohnt. Die Eltern verkehren mit Wuzzels, ich bin mit ihrer Tochter Emmi befreundet und zuweilen auch verfeindet. Vater streitet häufig mit Richard Wuzzel, der Sozialdemokrat ist, ein halblinker, aber eben ein Sozialdemokrat und Polizist dazu. Selbst wenn er zu Hause in der Küche saß und nach Revolution rief, tat er das nicht allzu laut, er war ja Polizist mit Tschako und Gummiknüppel. Nur zu gern hätte ich einmal diesen Knüppel berührt und ein bißchen durch die Luft geschwungen, und wie gern hätte ich mir den Tschako aufgesetzt. Aber der strenge, humorlose Wuzzel verbot es mir barsch.

Vater geht zu Wuzzel hinüber, dem einen der beiden Posten, und redet mit ihm. Mutter und ich laufen inzwischen weiter, den Anstieg zur Putlitzbrücke hoch. Ich drehe mich um und bewundere unseren Nachbarn, der ein richtiges Gewehr über der Schulter trägt. Vater holt uns mit langen Schritten ein. Er reißt mich aus Mutters Hand und setzt mich auf seine Schultern. Ich sitze da gern, hoch über allen, auf alles hinabblickend, mich wiegend auf Vaters breiten, festen Schultern.

Wir müssen uns beeilen!

Wieso denn? Renn doch nicht so, was ist denn los, zum Deibel?

Hitler ist Reichskanzler, knurrt Vater.

Wir waren auf dem Weg zu Onkel Jule, dessen älterer

Sohn heute Geburtstag feierte. Vater drängte, er wollte sich austauschen, Neues hören, Rat holen.

Ich wippe in Vaters Schritt und frage: Kannst du nicht rennen, Pappa?

Vater bleibt stehen, plötzlich macht er kehrt.

Was denn nun schon wieder? Mutter bekümmert sich wenig um Hitler und Reichskanzler, Tschakos und Gewehre. Sie ärgert sich über Vaters Eile und jähes Umkehren.

Wir gehen zurück. Ich muß weg!

Vater marschiert wieder zur Stephanstraße, Mutter folgt schimpfend und mit Abstand, um ihren Ärger auszudrükken. Mir war es gleich, wohin Vater ging.

Zu Hause wurde ich ins Bett gesteckt und schlief bald ein. Vater hörte ich noch fortgehen. Von den nächsten Tagen weiß ich nichts mehr, und ich habe leider versäumt, meinem schweigsamen und erzählunwilligen Vater den Bericht über den Fortgang dieses Abends und die Erlebnisse der nächsten Tage abzupressen.

Nicht vergessen habe ich diesen Winterabend, die blinzelnden Gaslaternen, den Ritt auf Vaters Schultern, den letzten, wie ich weiß. Vielleicht erinnere ich mich nur deshalb so genau an jenen Abend, weil er noch vor dem Schuleintritt einen Abschied von der Kleinkinderzeit darstellte. Das letztemal auf Vaters Schultern ... Es prägte sich Wuzzels Karabiner tief ins Gedächtnis, seine lange magere Gestalt im Halbdunkel, still, nur die Hacken aneinanderklappend, und Vater, der auf ihn zuging und mit ihm redete.

Licht aus!

Mit zwei Aufsätzen habe ich während meiner Schulzeit Lob geerntet: Ich erhielt diese Auszeichnungen einmal in der Untertertia bei Oberlehrer Schmerse, der das Thema gestellt hatte: Der nordische Lichtmensch – Weltensieger. Und bei Studienrat Lammers, schon in der Flakzeit, für: Die schuldig-unschuldige Elisabeth in Schillers Maria Stuart. Beide Aufsätze wurden jeweils vom Lehrer vorgelesen, als Beispiele gerühmt. Ich staunte selbst, was mir da eingefallen war, und genoß die ehrenvolle Erwähnung, ohne je zu ahnen, daß man aus solchem Schreiben eine Lebenstätigkeit würde machen können.

Schmerse hatte uns eingebleut, Aufsätze nach strenger Gliederung zu schreiben. A = Einleitung, B = Hauptteil, untergliedert in a, b, c, C = Zusammenfassung. Ich hielt mich streng daran, was Schmerse hervorhob, und muß auch die Teile einigermaßen unterschieden haben, während wir sonst, nach Schmerses Meinung, mit der Zusammenfassung begännen, den Hauptteil wie Kraut und Rüben durcheinanderwürfen und gegen Schluß unsere Arbeiten eigentlich erst einleiteten. Glücklicherweise erinnere ich mich an den Aufsatz nicht genauer, nur daran, daß ich auf den germanischen Sonnengott Baldur verwies, auf den nordischen Lichtmenschen Siegfried und, weil mir das irgendwo aufgefallen war, auf Ikarus, der zur Sonne strebte. Schmerse hob diesen eigenständigen Beitrag sogar hervor. Daß Ikarus, Siegfried und Baldur keine Weltensieger waren, sondern untergingen, und daß Ikarus kein nordischer Mensch war, störte den Lehrer nicht, oder er hatte es nicht bemerkt.

In solchen Schulaufsätzen sollte man ja nicht seine Meinung ausdrücken, sondern die des Lehrers. Hätten wir das Thema zu bestimmen gehabt, es würde gelautet haben: Licht aus!

Das Jahr 1935, eine Luftschutzübung war angesagt, auf dem Comeniusplatz wurde eine lange silberne Bombe aufgestellt, vor der man für den Luftschutz Spenden einsammelte. Die Luftschutzübung begann am späten Abend mit Sirenengeheul. Ich hatte Vaters alten Riemen über meine Jacke gebunden, daß es militärisch aussah, und seinen Hammer in den Riemen gesteckt. Als die Alarmsirene ertönte, rannte ich auf den Hof, klopfte an die Mülltonnen und schrie: Licht aus! Licht aus!

Und wirklich, die Wohnungen verdunkelten sich nacheinander, irgendwo noch ein Lichtschein, verdammt, Licht aus! Dann wurde es finster, überall. Alle schwiegen und starrten in die Finsternis; die Welt war untergegangen. Auch mir griff Angst ans Herz, ich faßte Vaters Hand, mir war so unheimlich wie damals im Kinderbettchen, als ich in ebensolcher schwarzen Welt hungrig aufwachte und glaubte, für immer verlassen und verloren zu sein.

Wieder heulten Sirenen, Licht sprang wieder an, die Fenster hellten sich auf; tags drauf meldeten die Zeitungen, die Übung sei ein voller Erfolg gewesen, Berlin total verdunkelt.

Ehe der Krieg wirklich begann, übten wir noch viele Male, und das Licht aus! wurde unsere Parole. Wir gewöhnten uns an die Dunkelheit, man wird ja schließlich zehn Jahre alt und hat keine Angst mehr vor dem schwarzen Mann oder der finstern Straße. Wir gewöhnten uns, ohne es zu bemerken, auch an die Dunkelheit in uns selbst. Fridericus-Rex-Filme, Gleichschritt, rechts schwenkt marsch, Lehrer Breil: Das nächste Mal werden wir den Franzosen eins auf die Badehose geben, Direktor Friedrich: Dulce et decorum est pro patria mori! Schießen ist Rummelplatzvergnügen, man gewinnt Papierblumen; der Krieg ist ein großes Papierblumenschießen. Deutschland, Deutschland über alles, über alles in der Welt, wir sangen es häufig, denn häufig wurden Schulfeiern veranstaltet, Heldengedenktage, Schlacht bei Sedan, Schlacht bei Leuthen, Schlacht am Skagerrak.

Du warst doch in der Skagerrak-Schlacht, auf wen habt ihr denn gefeuert, und wen habt ihr versenkt?

Vater sprach nie von seiner Soldatenzeit, ich mußte ihn lange drängen, ehe er mir was erzählte.

Es war nachts. Unsere Kästen fuhren Kiellinie und volle Fahrt, nach hundertachtzig Grad Schwenkung. Ich war auf dem Linienschiff Deutschland. Vor uns lief die Pommern. Du konntest nicht mal die Hand vor Augen sehen. Plötzlich explodierte die Pommern, eine Flamme bis zum Himmel, und ehe wir überhaupt begriffen hatten, was passiert, war die Pommern gesunken. Mit Mann und Maus. Die haben nicht einen einzigen Kuli gerettet. Wir sind gleich über die Stelle gefahren, wo die Pommern in die Luft geflogen war. Da war nichts mehr, nichts. Vater sagte nach einer Weile: Ja, das war die Schlacht am Skagerrak.

Plötzlich war wirklich Krieg. Oder etwas Ähnliches. Es wurde zurückgeschossen! Das Licht blieb aus, die Stadt lag für immer im Dunkeln. Dann kamen die Feinde nach Berlin, in der schützenden Dunkelheit, und Göring, der Herr Meier heißen wollte, konnte sie nicht aufhalten. Vater sagte: Wir wollen die Sache mal beobachten, und setzte sich mit mir auf den Hof.

Scheinwerfer durchfingerten die Nacht, scharf-weiße Leuchtbomben durchschnitten sie und sanken langsam zur Erde. Flak schoß funkelnde Ketten hoch. Es erinnerte alles an das beliebte Feuerwerk Treptow in Flammen.

Ein junger Leutnant erzählte uns beim Heimabend: Wie ein Messer durch die Butter sind wir durch die polnische Armee gezogen, und die wollten mit Kavallerie, mit Lanze und Degen unsere Panzer abstechen! Ein Spaß war's!

Der Krieg erwies sich als nicht schlimm, mehr ein Spaß im Dunkeln. Wenn man morgens zur Schule lief, traf man andere Kinder, den Kopf gesenkt; man schrie über den Damm: SOS? Das hieß: Suchste och Splitter? Doch schimmerte irgendwo abends ein Lichtschein, hatte wer seine Wohnung nicht korrekt verdunkelt, brüllten wir hoch: Licht aus! Immer erlosch nach diesem Schrei der letzte kleine Schein.

Unter uns wohnten Naujops, alte Leute. Großvater Naujop lag fast nur auf dem Sofa in der Küche, der blaue Wellensittich hackte in seine graubehaarten Ohren oder pickte an Großvater Naujops nackten Zehen. Fräulein Naujop im Nebenhaus hatte zwei Söhne, Paul und Erich, der erste drei Jahre älter, der zweite drei Jahre jünger als ich, wir spielten gelegentlich miteinander. Oft waren die Enkel in der Wohnung unter uns, in der es immer nach Kohlengas stank, weil sie nur die Küche heizten, mit offenem Feuerloch, in dem die Briketts verqualmten. Ich ging gern zu Naujops, des Wellensittichs wegen, der beiden Jungen wegen und der großen Fotos wegen, die an der Küchenwand hingen, darunter eins von August Bebel, das Großvater Naujop mit Stolz zeigte, die ganze Nazizeit hindurch, bis das Haus verbrannte.

Paul wurde Soldat, er kam einmal auf Urlaub, in Ausgehuniform, mit bunten Aufschlägen am Ärmel, in der Papageienjacke, wie er sagte. Es war nicht einmal ein Vierteljahr vergangen, als die Todesnachricht eintraf. Paul, mit dem ich zusammen im Freibad Klingenberg gebadet hatte, war tot; nicht gefallen an der Front, er war tödlich verunglückt, wie es im Schreiben hieß.

Die alte Frau Naujop schrie: Sie haben ihn zerquetscht, ich weiß es ganz genau, sie haben unser Paulchen zerquetscht.

Nun war der Krieg plötzlich doch näher gerückt, nicht nur am nächtlichen Himmel, sondern bis in die Wohnung unter uns, und ich stellte mir schaudernd vor, wie man Paul zerquetschte, so wie wir Fliegen zwischen Daumen und Zeigefinger zerdrückten.

Aber noch siegten wir immer, die Wochenschau zeigte lachende Soldaten, die zwar staubig durch Sand oder Schlamm an uns vorbeizogen, aber fröhlich winkend, und im nächsten Bild versanken feindliche Schiffe im Meer, die bärtigen U-Boot-Fahrer salutierten, wenn der Admiral ihnen das Ritterkreuz umband.

Ich hatte an der Wand vor meinem Pult eine Europakarte hängen und zeichnete unsere Eroberungen ein. Ich war für Deutschland, war für den Krieg und war für das Marschieren und Siegen. Onkel Fritz wisperte auf Vater ein: Gegen die ganze Welt, das kann nicht gut gehen, man braucht doch nur einen einzigen Blick auf die Landkarte da zu werfen. Die beiden Männer blickten auf die Karte über meinem Schulpult; ich sagte: Jetzt geht es nach Indien hinüber! Onkel Fritz schüttelte bekümmert den Kopf, Vater fuhr mich grob an, du bist ein Blödian, mach mal nich Krieg, sondern lieber deine Schularbeiten, und fahr aufs Feld die Kaninchen füttern.

Ich ging zum Schweizer, ließ mir von ihm ein Bündel Heu geben und fuhr ärgerlich aufs Feld hinaus. Niemand wußte, auch ich nicht, wie der Mann wirklich hieß; er wurde bloß der Schweizer gerufen. Ich glaubte lange, daß er aus der Schweiz stammte. Ich wußte, dort gab es viele Bergwiesen, große Kuhherden, Sennhütten, in denen Käse bereitet wurde, Schweizer Käse. Also gingen Schweizer mit Kühen um, also stammte der Schweizer, der hier die Kühe fütterte und molk, aus der Schweiz und hieß deshalb so. Ich wurde in meiner Meinung noch befestigt, als ich Herrn Schmitt, den Vater meines Klassenkameraden, genannt Schmitt-Seekuh, kennenlernte, auch einen Schweizer, der in Kreuzberg einen Kuhstall ähnlich dem auf unserem Nachbarhof besaß. Dieser Mann war wirklich gebürtiger Schweizer, was Schmitt-Seekuh erst nach dem Krieg zugab.

Seine Mutter, eine überlange, bewegliche Frau, steckte, anders als ihr untersetzter schweigsamer Mann, voller Energie und Aufstiegspläne. Sie drängte ihren schwerfälligen Sohn ins Gymnasium, ihren Mann aus dem Kuhstall und eröffnete in der Lasdehner Straße, ganz in unserer Nähe, ein Plättgeschäft mit Gardinenspannerei. Dort hängte sie zu jedem Anlaß eine große Hakenkreuzfahne aus der Ladentür. Schmitt-Seekuh, so genannt wegen seiner geistigen Unbeweglichkeit und Sturheit, war ein besonders strammer Pimpf und eifriger Luftwaffenhelfer, er ließ sich mit Stahlhelm fotografieren und schenkte mir das Bild mit der Widmung: Lieb Vaterland, kannst ruhig sein!

Als die Kämpfe um Berlin begannen und die sowjetischen Truppen schon in Lichtenberg standen, besann sich Frau Schmitt, wie ich später hörte, der Schweizer Herkunft ihres Mannes und hängte zum Erstaunen ihrer Nachbarn nun eine andere Fahne als vordem heraus, auch eine rote, auch mit einem Kreuz, nur ohne Haken. Manche glaubten, Frau Schmitt wolle in ihrem Laden ein Lazarett eröffnen; sie hielten es für eine Rotkreuzfahne. Als die Kämpfe bis an die Lasdehner Straße getrieben wurden, flüchteten die Leute, auch Frau Schmitt und ihr Mann. Sie schulterte die Schweizer Fahne, sie, die ich einst in ihrem selbstgeschriebenen Theaterstück in SA-Uniform erlebt hatte, erklärte sich nun für neutral. Auf der Weberwiese traf ein Granatsplitter ihren Mann in den Bauch. Der wirkliche Schweizer verblutete in den Armen seiner Frau, bedeckt von der Schweizer Fahne.

Auf dem Hof des Nebenhauses befand sich ein Kuhstall mit zwölf Kühen, in einem winzigen Raum wurde Milch verkauft. Die dicke Besitzerin dieses Kuhstalls, von denen es in Berlin noch mehrere Hundert gab, schöpfte aus einem großen blauemaillierten Bottich die Milch in unsere Kannen.

Der Schweizer war ein kleiner Kerl, auf einem breiten Hals saß ein völlig runder Kopf. Das kurze Bürstenhaar, die flache Nase verstärkten die Kugelform, die durch zwei Höcker am Hinterkopf nur wenig beschädigt wurde. Der Schweizer ging stets mit nackten Füßen in Holzpantinen, er trug zerfranste Hosen und ein rot und weiß gestreiftes Hemd. Irgendwie machte ich mich mit ihm bekannt, obgleich ihn die anderen Kinder seiner Schweigsamkeit und seines bösen Blicks wegen fürchteten. Hin und wieder half ich ihm beim Füttern und bettelte ihm auch ab und zu eine Fahrt in die Rieselfelder ab. Ich saß dann selig neben dem Schweizer auf dem Kutschbock, fuhr durch die Stadt auf die Felder hinaus, sah zu, wie geschickt der Schweizer mit der Sense hantierte, half ihm beim Zusammenharken und hörte die Lerchen schmettern. Er sprach nie mit mir, er arbeitete schweigend im Kuhstall wie auf den Feldern. Mutter bemerkte meine Beziehung zu dem Schweizer und sagte unzufrieden: Das ist doch ein unsicherer Kantonist, der stinkt und kann das Maul nicht aufmachen. Vielleicht hat er was auf dem Kerbholz, laß die Finger von dem.

Obgleich sie die Milch dort gern kaufte, ärgerte Mutter sich über den Kuhstall auf dem gemeinsamen Hof. Im Sommer stank es, blaue Fliegen summten in unsere Küche. Erst auf 'm Kuhmist und dann auf unsere Stulle, sagte sie wütend. Großmutter, immer am Fenster sitzend, schnupperte nach draußen, sie genoß den süßlich-dumpfen Geruch der Kühe und den schärferen des Mistes, es erinnerte sie an die dörfliche Heimat.

Der Schweizer lebte in einem kleinen Raum über dem ehemaligen Pferdestall, der jetzt nur noch den alten Wallach der Kuhstallbesitzerin beherbergte. Ich besuchte den Schweizer ein paarmal in seiner niedrigen Kammer, die immer kalt und muffig roch, in der nur ein zerwühltes Bett und ein stets geöffneter Schrank stand. In diesem Schrank hing ein Anzug, den er aber niemals trug. Neben dem Bett lag ein umgestürzter Hocker wie ein toter Käfer. Die Tapete war zerrissen.

Der Schweizer stampfte die knarrende Holztreppe hoch,

stieß mit dem Fuß die Tür zu seiner Kammer auf und warf sich sofort aufs Bett, die Holzpantinen flogen donnernd gegen die Wand. Ich setzte mich auf die schmale Fensterbank, der Schweizer lag im Bett und summte. Er summte kein Lied, er brummte und murrte etwas Rhythmisches vor sich hin und schloß, als wäre ich überhaupt nicht vorhanden, die Augen.

Immer wieder sah ich mich fassungslos und entzückt in der Kammer um, begriff nicht, wie man so leben konnte, und neidete ihm die Unordnung. Der summende unrasierte Mann streckte mir die schmutzigen Füße entgegen, die zerfurchten ledernen Sohlen. Irgendwann beendete der Schweizer sein Summen, erhob sich, fischte nach seinen Pantinen und ging wieder an die Arbeit. Ich folgte ihm die steile Treppe hinunter.

Der Schweizer sprach nie, lachte nie, schien auch nie zornig. Einige Male habe ich ihn anders kennengelernt, und mein Interesse an ihm, das zwischendurch von Fußball oder Autorennen, von Angeln oder Geländespiel abgelenkt war, erwachte neu. In großen Abständen verkaufte die Kuhstallbesitzerin Tiere, die nicht mehr genug Milch gaben, tauschte sie gegen neue ein. Ein Lastwagen fuhr vor, die Heckklappe wurde heruntergelassen und bildete eine Schräge, die verkaufte Kuh wurde vom Schweizer herausgeführt und zum Auto gebracht. Die von der unbekannten Helligkeit geblendete, verwirrte Kuh, umringt von vielen schreienden Kindern, wurde störrisch, ging nicht von der Stelle und schrie kläglich. Der Chauffeur, immer derselbe, kannte die Sache schon. Er begann die Kuh mit einer Holzkeule zu bearbeiten, stemmte sich in die Flanke des Tieres, schlug ihr auf den Kopf. Der Schweizer riß ihn zurück und begann mit der Kuh zu sprechen, er redete ihr ins zitternde Ohr. Jedesmal überraschte es mich aufs neue, daß der Schweizer sprechen konnte und nicht taubstumm war, wie ich manchmal meinte. Meistens gelang es ihm, die Kuh zu beruhigen, er zog sie sanft ins Auto hinein. Hatte er die

Kuh dort drinnen festgebunden, erschien er mit wilden Augen und drohte uns mit seiner mächtigen Faust, daß wir auseinanderstoben.

Im Krieg beschäftigten mich Kühe weniger als Flugzeuge oder Panzer, es war gegen meine Ehre, Milch zu holen wie ein kleines Kind, Mutter ging nun. Den Schweizer sah ich selten, er schlurfte in seinen Holzpantinen vorüber, unrasiert, struppig, und blickte mich nicht an. Ich bemerkte nicht einmal, als er verschwand; Mutter erzählte, daß nun zwei Polinnen im Kuhstall beschäftigt seien. Den Schweizer, den blöden Kerl, haben sie eingezogen, das wird ihnen ein toller Soldat sein, sagte sie lachend.

Als ich von der Kinderlandverschickung aus Glockersdorf zurückkehrte, war der Kuhstall geschlossen, das Vieh verkauft, nichts erinnerte mich mehr an den Schweizer.

Im Dezember 1942 klingelte es an unserer Tür, Mutter öffnete, ich hörte sie mit jemandem reden, laut, wie es ihre Art war, dann lud sie ihn in unsere Wohnung ein. Ein junger Mann, Obergefreiter, schnallte den Rucksack ab, stellte den Karabiner vorsichtig neben den Ausguß und hängte seinen Mantel an den Kleiderhaken. Mutter begann sofort Suppe zu kochen und schlug ein Ei in die Pfanne. Der junge Soldat setzte sich an den Küchentisch, ich hatte ihn nie gesehen, er gehörte nicht zur puckligen Verwandtschaft, nicht zur Freundschaft, nicht zu den Nachbarn.

Er habe von seinem Kompaniechef den Auftrag erhalten, nach Angehörigen des Schweizers zu forschen. Die frühere Kuhstallbesitzerin konnte ihm nichts sagen und hatte ihn an uns verwiesen, sie hatte sich erinnert, daß ich eine Zeitlang häufiger mit dem Schweizer zusammen gewesen war.

Der hatte es wirklich nicht leicht, das können Sie glauben. Er konnte sich einfach nicht an militärische Disziplin gewöhnen, er schoß nur Fahrkarten und kam immer aus dem Gleichschritt. Was hat der strafexerzieren müssen!

Der Harry war der Schrecken der Unteroffiziere, für uns auch. Manchmal wollten wir ihn verdreschen, aber wir trauten uns nicht ran, weil der Kerl doch verdammt stark war, das wußten wir. Manchmal tat er uns leid. Er ließ sich zu jedem Dienst einteilen, war gutmütig, und er meckerte nie.

Welcher Harry? fragte ich.

Na, der Harry Sobottke, der hier im Kuhstall gearbeitet hat und der bei euch ein und aus gegangen ist.

Mutter lachte höhnisch auf. Der ist nirgendwo ein und aus gegangen.

Ich begriff jetzt, daß der Schweizer einen richtigen Namen hatte, Harry Sobottke – doch der paßte nicht zu ihm. Der Schweizer, das stimmte.

Der Landser erzählte von Kämpfen und Märschen, von Vorstößen, Kesseln und Rückzügen. Ja, Kraft hatte der Harry, später, als er sich an die Stiefel gewöhnt hatte, riß der vierzig Kilometer runter, ohne was.

Weshalb suchen Sie denn jetzt seine Angehörigen, ist etwas passiert, ist er verwundet oder vielleicht tot?

Der Soldat nickte und aß. Als er fertig war, leckte er sorgfältig den Löffel ab, er sah uns an. So wie der Harry möchte keiner einen kalten Arsch kriegen. Eine Kugel in den Kopf, na schön, da merkt man nichts, aus und vorbei. Aber wie der! Es war in 'ner sumpfigen Gegend in Nordrußland, ist gerade sechs Wochen her. Die Russen griffen an, und wir mußten zurück. Kamen an einen ziemlich tiefen Bach, da hatten wir nun die Wahl: entweder von den Russen erschossen oder gefangengenommen werden, was dasselbe ist, oder ins Wasser. Da kommt man doch nur als Eisblock raus, mit einer Lungenentzündung. Unser Oberfeld ließ ein paar junge Bäume abhauen, aber die reichten nicht bis rüber. Der Kompaniechef kam ran, der deckte den Rückzug, sah die Bescherung. Da gab er Harry den Befehl, reinzuspringen, als Brückenpfeiler gewissermaßen, und die Stämme auf seine Schultern zu nehmen. Dann begannen wir rüberzukriechen, über seinen Kopf weg.

Er schwieg, Mutter sah ihn wütend an, als sei er der Offizier gewesen, der diesen Befehl gegeben hatte.

Der Iwan kam näher, wir krochen über die nassen Stämme, Harry trug uns, mit dem Kopf schon fast im Wasser, er sah zu uns hoch, ohne was zu sagen.

Und dann? Ich hoffte, nun würde etwas Rettendes geschehen, ein Gegenstoß, der den Schweizer befreite, ein Stukaangriff, irgend so etwas.

Nichts – und dann. Wir rammten ihn immer tiefer in den Sumpf. Als ich über ihn hinwegkletterte, reichte ihm das Wasser schon bis zum Kinn. Drüben hauten wir ab, die Kugeln pfiffen uns schon um die Ohren. Als wir uns später sammelten, schickte der Kompaniechef einen Spähtrupp zurück, sie sollten versuchen, Harry rauszuholen. Aber Sobottke war weg.

Von den Russen gefangen?

Nein, das glaubte der Soldat nicht, das Schießen hatte aufgehört, Russen befanden sich nicht am Bachufer, die Äste lagen im Wasser und bewegten sich in der Strömung, nur der Schweizer war versunken. Der Kompaniechef meldete ihn als vermißt. Niemand traute sich zu sagen, daß wir ihn in den Schlamm gerammt haben. Befehl ist Befehl!

Der Soldat zog einen Brief hervor, den der Kompaniechef geschrieben hatte.

Schöne Kameraden, sagte Mutter, und wieviel leben noch von denen, die auf dem Kopf von dem armen Kerl rumgetrampelt sind?

Nicht mehr viel, meinte der Soldat gleichgültig, wir kamen dann in einen Hinterhalt, Partisanen, verstehen Sie, in diesem verfluchten Sumpfgelände kennen die sich aus wie die Teufel. Die halbe Kompanie hat's bestimmt erwischt.

Na also! Es klang beinahe so, als wäre Mutter von dieser Nachricht befriedigt. Der junge Soldat wollte ihr den Brief des Kompaniechefs geben.

Den nehmen Se mal mit und geben Sie Ihrem Chef, zur ewigen Erinnerung an eine große Sauerei.

Mutter begann ausfallend zu werden, besann sich aber, weil dieser junge Mann hier wohl nicht die Schuld am Tod des Schweizers trug, den sie eigentlich nicht hatte leiden können. Und nehm Sie mal ne Stulle zur Weiterfahrt.

Ich dachte damals oft an den Schweizer und sein gräßliches Ende. Wäre er von einer Mine zerrissen worden oder beim Versuch, einen Panzer zu knacken, überrollt, das hätte ich als notwendig angesehen. Wo gehobelt wird, fallen Späne, meinte Oberlehrer Schmerse. Doch von den eigenen Kameraden ersäuft zu werden, die, über sein Gesicht hinwegkriechend, sich retteten, das beschäftigte mich lange.

In unserem Haus kannte jeder jeden. Im Keller unseres Seitenflügels wohnten die beiden alten Jungfern, die den lieben langen Tag am Fenster saßen, das zum Hof ging. Sie waren blaß und hießen die weißen Schwestern, zwei Engerlinge in tiefer Erde. In der anderen Kellerwohnung hauste Frau Schaumäker. Parterre wohnten die Baptisten, ich erinnere mich an ihren wirklichen Namen nicht, sie waren fromm und prügelten sich am Wochenende auf dem Treppenflur. Nebenan wohnte Adam Malle mit seiner gelähmten Frau. Malle weihte mich in die Wissenschaft des Kreuzworträtsellösens ein, Wichtiges schrieb er in ein abgegriffenes Notizbuch: ale = Bier, ara = Papageienart … Vor mir ist kein Kreuzworträtsel sicher, sagte Malle und strich sich selbstgefällig über die Glatze. Eine Treppe hoch wohnten Pawlitzkys. Wenn der alte Pawlitzky rauchen wollte, scheuchte ihn seine Frau aufs Klo, dann verqualmte er das Treppenhaus. Wir bummerten an die Klosettür. In der Nachbarwohnung lebte Frau Kock, eine Wäscherin, mit ihrer Tochter Gerda, sehr drall und heiß; darüber Naujops in der rauchigen Küche mit Bebelbild und blauem Wellensittich, nebenan Müllers, der Mann lungenkrank. Wir wohnten über Naujops. Unsere Nachbarn waren Bucks. Er arbeitete in einer Chemiebude, hatte Ekzeme an den Händen und im Gesicht, aber er besaß ein Kleinmotorrad, eine Sensation in unserer Gegend. Ich durfte es ab und zu putzen. Über uns Ganzerts, ein stilles, ganz mit sich beschäftigtes junges Ehepaar, das nur eine Sorge hatte, endlich ein Baby zu bekommen; der Mann zog in den Krieg, sie hatten noch kein Kind. Neben ihnen hausten Rahnkes, lustige Leute nach meinem Geschmack, und mehr noch als zu Bucks Kleinmotorrad zog es mich zu Herbert Rahnke, der ein Auto fuhr, ein winziges, einen italienischen Topolino.

Die ganze Straße zerriß sich das Maul. Es ist bloß ein Dienstauto, er tut nur so, als wäre es sein eigenes, auf Pump gekauft, geerbt, vielleicht geklaut ... Man sagte, Rahnke sei Chauffeur beim afghanischen Botschafter. Wie wird ein Botschafter aussehen? Wie kleiden sich Afghanen? Was essen sie? Eines Tages fragte ich Rahnke, ob er mir nicht ein paar afghanische Briefmarken für meine Sammlung besorgen könne. Er tat es, und ich zeigte sie triumphierend auf der Straße, nun glaubten wir wirklich, daß Rahnke mit unbekannten, kaum vorstellbaren Fernen in persönlicher Beziehung stand.

Rahnkes feierten häufig, mit Musik, stampfendem Tanz und Gesang. Bucks jammerten los, wenn der Klamauk oben begann. Rahnke riß die Fenster weit auf und sang zur quäkenden Grammophonmusik auf den Hof hinaus: Was nützt miihir ein schönes Mädchen, wenn andre drün spazierengehn!

Frau Ganzert flüsterte mit Mutter, aber ich hatte längst auf dem gemeinschaftlichen Klosett die Spuren gesehen, die davon stammten, was Frau Ganzert eine Orgie nannte. Hausverwalter Kay mochte strebsame stille Leute wie Ganzerts, er konnte Rahnkes nicht leiden, aber Frau Rahnke lachte ihm glatt ins Gesicht.

Herbert Rahnke hatte einen einzigen Fehler, nicht einmal lud er mich zur Mitfahrt in seinem Topolino ein.

Nun wurden die Autos wie Menschen zur Wehrmacht eingezogen, immer weniger waren zu sehen, hier in unserer Gegend fast überhaupt keine mehr. Nur Rahnke erschien in seinem Topolino, stieg fröhlich aus und pfiff sich ein Lied.

Ende 1940 wurde auch Herbert Rahnke einberufen, noch einmal ein wildes Fest, noch einmal Lachen und Musik, noch einmal Gummireste auf dem Klo und Frau Ganzerts stille Empörung. Mit Rahnke verschwand das Auto, die junge Frau lief blaß durchs Haus und wartete auf Feldpost. Ihr Mann hatte anfangs Glück, er kam nach Norwegen und später nach Italien, dort wurde nicht gekämpft, er wurde zum Gefreiten, dann zum Obergefreiten, schließlich zum Unteroffizier befördert. Dann ging es nach Rußland.

Eines Tages lief Frau Rahnke lachend durchs Haus, klingelte an allen Türen, wedelte eine Zeitung durch den Türspalt. Mein Mann hat das Ritterkreuz!

Tatsächlich, da stand, daß der Unteroffizier Herbert Rahnke, Geschützführer in der Panzerjäger-Abteilung 294, am 8. Februar 1943 das Ritterkreuz erhalten hatte, weil er auf einen Schlag neun russische Panzer abschoß. Ein gewöhnlicher Unteroffizier das Ritterkreuz, ein Topolinofahrer, ein blonder lustiger Kerl, der hübsche Feste veranstaltet hatte in seiner kleinen Wohnung, eine unglaubliche Sache, wunderbar, Frau Ganzert klatschte in die Hände.

Vater konnte man nicht begeistern, was auch geschah. Als wir ihm beim Abendbrot von dieser Sensation erzählten, sagte er: Und wie lange wird er das Ding am Hals hängen haben, ehe sie ihm den Hals umdrehn? Dabei löffelte er bedächtig seine Erbsen.

Ein paar Tage später konnte ich Frau Rahnke etwas zeigen: Im Abendblatt stand ein Bericht, sogar mit einem Foto, auf dem eine Panzerabwehrkanone zu sehen war, die Besatzung, der Kommandant daneben, mit einiger Mühe glaubte man Herbert Rahnke zu erkennen. Die Überschrift lautete: Die Masche steht! Das hätte der Unteroffizier Rahnke bei jedem Abschuß gerufen, inzwischen sei es zum geflügelten Wort der ganzen Abteilung geworden. Frau

Rahnke, die keine Abendzeitung hielt, dankte mir überschwenglich und wirbelte mich durch die Küche, das hat er früher nie gesagt, die Masche ..., aber bitte.

Wenige Wochen später, als ich aus der Schule kam, sagte mir Mutter, daß Rahnke Urlaub erhalten hatte. Der berühmte Unteroffizier saß in Hemdsärmeln am Tisch und lachte mich an wie früher. Am Hals aber trug er das Heldenzeichen.

Na du, sagte er und lächelte. Ich starrte ihn an, wie er so saß, ganz gewöhnlich, beinahe unverändert, das Metallkreuz war das einzige, was auf einen Übermenschen verwies.

Wollen wir Offiziere verarschen?

Was sollte ich auf eine solche Frage antworten? Verarschen ist immer gut, aber warum will ein Held gerade Offiziere, seine Vorgesetzten, also andere Helden, verarschen? Rahnke bemerkte wohl, daß ich nicht begriff, er lachte auf wie früher, wenn er einen saftigen Scherz gemacht hatte, und zog sich an. Wir liefen hinüber zur Warschauer Straße. So, jetzt paß auf!

Rahnke trug die Mütze schief auf dem Haar, um den Hals einen bunten Schal, er steckte sich eine Zigarette an und schob die Hände in die Manteltaschen.

Natürlich wußte ich schon, daß so ein deutscher Mann nicht auszusehen hatte, Unteroffizier Rahnke verstieß gegen alle Regeln. Ein Soldat mit schiefer Mütze, daß sein blondes Haar in die Stirn fällt! Ein Soldat, der auf der Straße raucht! Ein Soldat mit einem bunten Schal am Hals! Ein Soldat mit den Händen in den Taschen!

Wir gingen ein paar Schritte, da bellte jemand mit barscher Stimme: Wie laufen Sie denn herum, Sie sind wohl wahnsinnig geworden! Kommen Sie sofort her! Ein älterer Oberfeldwebel, der uns gerade überholte. Held Rahnke dachte gar nicht daran, die Hände aus den Taschen zu nehmen, er fragte, die Zigarette wippte auf den Lippen: Was ist denn los, Mann?

Der Oberfeldwebel stand fassungslos, pumpte sich voll Luft, um laut zu brüllen, da sah er das Ritterkreuz. Er selbst trug nur das lumpige Kriegsverdienstkreuz im Knopfloch, der Oberfeldwebel verfärbte sich.

Entschuldigen Sie, Kamerad, ich wußte ja nicht ... Der Oberfeldwebel grüßte und beeilte sich weiterzukommen. Rahnke grinste mich an: Die Masche steht!

Wir liefen die Warschauer Straße hinunter bis zur Frankfurter Allee, auf der anderen Straßenseite den Weg zurück. Feldwebel, die ihn über die Straße hinweg anschrien, weshalb er sie nicht gegrüßt hätte, denn Rahnke dachte nicht daran, irgendwen zuerst zu grüßen, stauchte er nun auch brüllend zusammen. Offiziere, die ihn seiner schlampigen Kleidung wegen anhielten, bis sie das Ritterkreuz erkannten, ließ er höhnisch schweigend abfahren. Andere, die uns entgegenkamen und den Orden am Hals baumeln sahen, grüßten zuerst, Rahnke erwiderte widerwillig und lässig, manchmal gar nicht.

Noch mal dasselbe? fragte er mich. Wir gingen wieder den langen Weg hin und her, es machte auch mir Spaß, die verdatterten, bestürzten, davoneilenden Schreihälse zu beobachten, Unteroffizier Rahnke hatte recht: Die Masche steht!

Stell dir vor, du kommst von der Front und siehst aus Versehen so ein Arschloch nicht, der versaut dir den ganzen Urlaub, der läßt dich vor deiner Frau oder Mutter Kniebeugen pumpen, du bist für den ein Nichts, eine Niete, und hast eben noch die Knochen hingehalten, auch für den. Die Masche jedenfalls steht nicht.

Rahnkes veranstalteten eine Orgie wie in alten Zeiten, Musik und Gesang dröhnten über unseren Hof. Auch die stille Frau Ganzert hatte ein paar Schnäpse mitgetrunken, puterrot begann sie zu kreischen. Dann fuhr der Held an die Front zurück und kämpfte mit den russischen Panzern.

Seit Rahnkes Besuch war für mich die Welt wieder eingerenkt, in deren Fugen es zu knistern begonnen hatte:

Paul Naujops Tod, ein Unfall wie viele, traurig, aber gewöhnlich. Hatte ich nicht als kleines Kind, noch in Moabit, miterlebt, wie eine alte Frau in der Birkenstraße unter eine Straßenbahn geraten war, zerquetscht, blutend, tot. War, geschüttelt von Grauen, doch zur Unfallstelle gelaufen. Und war nicht bei einer Dampferfahrt über den Müggelsee ein Schiffsjunge, der mit einem Eimer hatte Wasser schöpfen wollen, hinausgefallen und vor unseren Augen ertrunken?

Und der Schweizer? Ich kannte den Mann; wer sagte denn, daß er nicht herausgeklettert und zu den Russen übergelaufen war oder sich irgendwo versteckt hielt, ein Einsiedler, wie er hier auf dem Hof einer gewesen war?

Rahnke hatte gezeigt, daß es geht, aus dem Hinterhof, auch im Krieg: einen Topolino fahren, mit Weltenfernen verkehren, das Ritterkreuz bekommen und Offiziere verarschen. Ja, die Masche steht!

Ein paar Tage, ehe ich zur Flak eingezogen wurde, erfuhr Frau Rahnke, daß ihr Mann, der Unteroffizier Herbert Rahnke, Ritterkreuzträger, tapfer kämpfend vor dem Feinde geblieben war. Er hatte zwei Panzer erledigt, den dritten nicht, der erledigte ihn und sein Geschütz. Frau Rahnke stand an jenem Fenster, aus dem vor kurzem Musik und trunkenes Gebrüll erschollen war, nun schrie sie dort wie ein Tier ihren Schmerz heraus.

Die Frauen, auch Mutter, eilten hin, sie vom Fenster zurückzureißen, aber Frau Rahnke sprang nicht aus dem Fenster, sie stand und schrie lange; sie lehnte sich hinaus und schrie.

Jetzt war die Reihe an mir.

Die vom anderen Jahrgang machten Dienst als Flakhelfer, schon ein halbes Jahr lang, und Direktor Pupe Friedrich erzählte uns und den Eltern vom lustigen Leben: Reichliches, gutes Essen, saubere Uniform, strammer Dienst, das kann nur guttun, vormittags Unterricht, nachmittags Übungen an Geschützen und modernsten Suchgeräten. Pupe Friedrich gab das gefürchtete Latein, auch bei der Flak; ultima ratio regum! schrie er.

Nachts hatte es Alarm gegeben, am nächsten Morgen schliefen die Burschen glatt bei der schriftlichen Arbeit ein, einer nach dem anderen, dann schnarchte die ganze Klasse, ich bin auf Zehenspitzen hinausgegangen, erzählte Direktor Friedrich, lachte donnernd und entblößte seine riesigen gelben Hauer im grauen Gewirr des Spitzbartes.

Und dann ließ der Tommy wirklich eine Bombe fallen, wollte die Flakstellung treffen, aber das Ding blieb prompt in den großen Ästen der Dorflinde hängen und detonierte nicht. Wieder dröhnte Friedrich und ermunterte uns mit drohenden Blicken zum Mitlachen. Will einmal Ernst machen, der Tommy, und da schützt die Linde Schüler und Soldaten. Das nenne ich rechte deutsche Art.

Wir versammelten uns früh auf dem Schulhof wie sonst, nur heute trugen wir in der Hand einen leeren Persilkarton für die Zivilsachen. Wir redeten durcheinander, aufgekratzt, bramabarsierten und beobachteten dabei den Feldwebel und die beiden Unteroffiziere, die uns abholten. Der Feldwebel, der ein stilles, beinahe mädchenhaftes Gesicht hatte, sprach leise mit den Unteroffizieren und schaute dabei auf den Kies des Schulhofes.

Alle mal herhören! schrie er plötzlich mit scharfer Stimme, nichts Mädchenhaftes mehr. Ich rufe Sie auf, wer sich gemeldet hat, tritt ins Glied, dann marschieren wir ab, aber zackig, bitte ich mir aus. Wenn Sie auch noch in diesen ulkigen Klamotten herumlaufen, aber jetzt sind Sie Soldaten!

Zackig, das machte uns nichts aus, das kannten wir wie den Ruf Licht aus! von Kindesbeinen an, wir waren es zackig gewohnt, manchmal fanden wir es sogar spaßig.

Schüler Wissor meldete sich wie in der Schule, der Feldwebel gab ihm unwillig das Wort.

Herr Feldwebel, kriegen wir auch Unterwäsche? Wenn nicht, muß ich noch mal nach Hause, ich habe meine vergessen.

Jetzt halten Sie mal die Schnauze und folgen meinen Befehlen, und dann heißt es bei der Flak nicht Feldwebel, sondern Wachtmeister.

Wissor unterbrach ihn: Heißt es Unteroffizier oder auch anders? Der Wachtmeister sah ihn wütend an, ließ uns stillstehen und abmarschieren.

Wir marschierten die Koppenstraße entlang zum Schlesischen Bahnhof und waren noch nicht weit, als unserem Zug zwei ältere Frauen begegneten. Sie ließen uns vorbeiziehen, drehten sich dann um und liefen uns nach. Sie begannen zu schimpfen, laut, zum Wachtmeister hinüber. Soweit ist es gekommen, jetzt holen sie uns sogar schon die Kinder weg! Erst unsere Männer, die Väter, jetzt holen sie die Kinder. Eine dritte Frau schloß sich an und schimpfte laut mit, es schallte durch die enge baumlose Straße. Sie sollten sich schämen, so vor den Kindern herzuziehen, schrien sie dem Wachtmeister zu, der Schwarz hieß, aber Püppi genannt wurde, und ein großer Schleifer war, was wir noch nicht wußten.

Der Zug zog schweigend weiter; der Wachtmeister und auch die Unteroffiziere schrien den Frauen nicht zu: Schnauze!

Es war ihnen wohl selbst peinlich, vor diesem Kinderzug herzuziehen, diesen grünen Jungen, die schnell noch einmal zur Mutti wollten, sich Unterwäsche zu holen.

Draußen in der Flakstellung bei Buchholz empfingen wir Uniform und Helm, auch Unterwäsche und ein blechernes Erkennungszeichen, damit man wußte, wer wir waren, falls wir, bis zur Unkenntlichkeit zerrissen, würden identifiziert werden müssen.

Wir waren aufgeregt und hektisch lustig, bezogen unsere Stube, sechs Doppelbetten, sechs Doppelspinde. Im Barakkengang stand ein bebrillter Leutnant, an dem ich vorbeimußte, mein Kochgeschirr, meine Gasmaske zu empfangen. Höflich sagte ich: Entschuldigen Sie, Herr Leutnant, darf ich Sie bitten, mich vorbeizulassen?

Der Leutnant trat mir in den Weg und stemmte die Arme in die Hüften. Ich werd verrückt, wiederholen Sie das noch mal!

Noch einmal bat ich höflich um Durchlaß.

Sie reden hier wie ein schlapper Zivilist herum, Sie sind aber beim Barras, klar? Also heißt es: Bitte Herrn Leutnant vorbeitreten zu dürfen!

Ist grammatisch nicht ganz richtig, Herr Leutnant, das ergibt keinen Sinn.

Der Leutnant lehnte sich fassungslos zurück. Sind Sie völlig wahnsinnig geworden? Soll das eine Befehlsverweigerung sein?

Der Leutnant brüllte auf, die Türen öffneten sich, und meine in nagelneue Uniformen eingemummten Schulfreunde blickten heraus. Wird's bald! Oder Sie haben verschissen bis zur Steinzeit!

Ich war in Mathematik und Physik ein schlechter Schüler, aber ich stand in Deutsch gut, und der Offizier mußte doch wissen, daß der Satz unsinnig war. Es ist grammatisch falsch, Herr Leutnant, leider, ich dachte …

Das Denken überlassen Sie mal den Pferden, die haben einen größeren Kopf – raus, rennen Sie hundertmal um die Baracke, bis Sie begriffen haben, daß man Befehle ausführt.

Ich rannte um die lange Baracke, an der Tür stand der bebrillte Leutnant Höhle. Tempo, erst sechzig Runden. Meine Klassenkameraden am Fenster sprachen mir Mut zu; die letzten Runden schleppte ich mich nur noch durch den heißen Sand.

Das war's, also wie heißt es?

Bitte Herrn Leutnant vorbeitreten zu dürfen.

Na also, treten Sie vorbei!

Der Spieß teilte ein. Willi, Werner und ich wurden, weil wir uns nebeneinandergestellt hatten, in die Umwertung geschickt, einen Bunker mit einem verdächtig mathematisch aussehenden Tisch, dem Malsigerät, einer primitiven Feuerleit- und Flugaufzeichnungsmaschine, die ein Major Malsi erfunden hatte.

Ich saß neben Willi unter diesem Tisch und las von einer sich drehenden Rolle Zahlen ab, die an die Geschütze geleitet wurden. Wir hatten das Kehlkopfmikrophon umgeschnallt und schrien, wie man es uns befohlen hatte, besonders deutlich, elleff, zwozehn ... Plötzlich sah ich neben mir zwei schwarzglänzende Offiziersstiefel, die Stiefel und das Knie, die Malsi-Tischplatte schnitt die weitere Sicht nach oben ab. Sie begannen zu belfern.

Einige Sekunden lang glaubte ich wirklich verwirrt, es seien die Stiefel, die mich anschrien; die Stimme gehörte zu Hauptmann Reichardt, dem Chef der Nachbarbatterie, der, und sein höherer Dienstrang ließ unseren Oberleutnant nicht protestieren, in unseren Bereich hineinbefahl.

Vor Reichardt hatte man uns gleich gewarnt, ein Schinder, Sadist, ja Mörder, hieß es, hütet euch vor dem, macht, daß ihr wegkommt, wenn ihr ihn nur von weitem seht! Vor kurzem hatte sich ein junger Soldat, ein Student, mit dem Karabiner erschossen, weil er Reichardts Schikanen nicht mehr ertragen konnte.

Der ist der nächste – man zeigte auf einen Stabsgefreiten, der hechelnd vorbeilief, der bleibt immer im Laufschritt, den hat er auf dem Kieker, den macht er fertig, werdet ihr sehn.

Der Mann hieß Hendrik van Broock. So heißt kein anständiger deutscher Soldat! soll Reichardt geschrien haben, als er den Namen zum erstenmal hörte, und als van Broock widersprach, auch Beethoven hätte van geheißen und sei ein großer Deutscher gewesen, habe Reichardt gebrüllt, ob er verrückt geworden sei, ihn über Deutschtum belehren zu wollen, und habe ihn sofort zu seinem Melder bestimmt, um ihn stets in der Nähe zu haben, bis ...

Van Broock sahen wir nur rennen oder keuchend über den Boden robben – bis zu Deutschlands Horizont, wie Reichardt ihm befahl.

Er konnte sich nur bei uns erholen; häufig schlüpfte er in unseren Bunker, lehnte sich an die Wand und schielte ängstlich durch den Sehschlitz zur Befehlsstelle hoch, wo man Reichardt toben hörte.

Ihr könnt mich Goodie-Goodie nennen, sagte van Broock, lüpfte den Stahlhelm und wischte sich den Schweiß von der Stirn. Er freute sich, Gesprächspartner zu finden, das heißt, van Broock erzählte, und wir hörten zu. Er war ein großer Freund der Jazzmusik und sah in uns nicht zu Unrecht verschwiegene Gesinnungsfreunde. Er besaß, so flüsterte er, aufleuchtend vor Glück, eine große, sehr schöne Sammlung Schallplatten in seiner kleinen Wilmersdorfer Wohnung. Als Ferdinand sein Koffergrammophon einschmuggelte, brachte van Broock vom Ausgang, den er selten genug bekam, Platten mit und hörte sie bei uns an, versteckte sie auch bei uns. Teddy Stauffer, Die Goldene Sieben, Duke Ellington, Hot Club de France Quintett, Lester President Young ...

Reichardt bekam Goodie-Goodie nicht klein; in dem Mann mit dem porösen, weichlichen Gesicht, mit der leisen Stimme steckte, trotz seiner panischen Angst vor dem Hauptmann, mehr Kraft, als er selbst wußte.

So zielstrebig der Hauptmann seinen Melder auch zu vernichten suchte, so grausam er ihn hetzte und jagte, Goodie-Goodie schoß sich nicht in den Kopf wie jener arme Student. Wir hielten zu ihm, ermunterten ihn, machten uns über seine weibische Art zu reden und sich zu bewegen lustig, versteckten seine Schallplatten und hörten sie mit ihm ab, verzückt wie er.

Eines Tages versuchte der Stabsgefreite van Broock doch, sich zu erhängen. Er hatte gerade erfahren, daß seine kleine Wohnung in Wilmersdorf, von der er uns erzählte wie von einer schönen Frau, bei einem englischen Bombenangriff ausgebrannt war. Mit allen Platten, nichts gerettet, nicht eine einzige. Hauptmann Reichardt hatte sich vorbehalten, seinem Melder die Nachricht zu überbringen.

Reichardt tat es beim Morgenappell vor versammelter Mannschaft mit schneidenden Worten, und als van Broock zu weinen anfing, keifte der Hauptmann: Sie altes Waschweib! So benimmt sich kein deutscher Mann. Widerlicher Jämmerling! Ich bestrafe Sie wegen unsoldatischen Verhaltens mit drei Tagen Arrest!

Er ließ van Broock als Zeichen der Ehrlosigkeit und Schande gleich das Koppel abschnallen. Eine Stunde später schnitt der Posten Goodie-Goodie vom Fensterkreuz, er lebte noch. Was aus ihm geworden ist, ob er wegen Selbstverstümmelung vor ein Kriegsgericht kam, weiß ich nicht, wir sahen ihn nie wieder.

Kurz darauf wurde auf Reichardt geschossen: Er liebte es, nachts die Posten zu kontrollieren, schlich sich an, forderte den Überraschten die Parole ab, die sie erschreckt und verwirrt nicht schnell genug herausbrachten. Wegen Wachvergehens bestrafte Reichardt regelmäßig die Posten mit schwerem Arrest, die Soldaten fürchteten sich, zur Wache eingeteilt zu werden.

Dieser Posten nun, ein älterer, stiller Obergefreiter, hörte den Hauptmann durch die Dunkelheit schleichen, es konnte nur Reichardt sein, er schrie: Haltwerdahaltwerdahaltwerda? Und schoß. Traf aber Reichardt nicht. Beim Morgenappell wurde dieser Posten vom Hauptmann belobigt; ob der Hauptmann ahnte, daß der Schuß ihm gegolten hatte? Wir glaubten, nein, Reichardts Lebensauffassung bestand aus der einfachen Unterscheidung von totaler Befehlsgewalt und blindem Gehorsam, so daß ihm sicher nicht die Ahnung kam, der Posten könnte auf seinen Vorgesetzten gezielt haben.

Bald danach wurde Hauptmann Reichardt nach Oberschlesien strafversetzt. Die Soldaten seiner Batterie hatten sich gerächt: Eine Besichtigung durch den Kommandeur unserer Flakdivision, General Pickert, der aus Stalingrad geflohen war und seine Kanoniere im Kessel zurückgelassen hatte, wurde angesetzt. Der Abteilungskommandeur entschied sich für Reichardts Batterie, die war exakt, die stand, die war auf Zack, auf Reichardt konnte man sich am meisten verlassen. Es war befohlen, dem General einen Flugzeugerkennungsdienst vorzuführen, dann Geschützexerzieren, anschließend Stubendurchgang.

Der General traf ein, die Mannschaft saß in der Troßbaracke beim Erkennungsdienst, Reichardt als Lehrender: Was zeigt uns dieser Schattenriß? Er fragte den und jenen, er brüllte los, bestrafte gleich, zeigte neue Bilder; die Soldaten und Flakhelfer erhoben sich, standen stramm, zuckten mit den Schultern oder gaben völlig unsinnige Antworten.

Reichardt, weiß wie eine Kalkwand, schrie: Aber das ist doch keine Spitfire, sondern eine Lancaster, ihr Idioten …

Er fragte die Unteroffiziere ab, auch die taten, als wüßten sie nicht Freund und Feind auseinanderzuhalten. Der General kanzelte vor der ganzen Truppe Reichardt ab: Mein Herr, das war unter aller Sau! Sie haben ja den Leuten nichts beigebracht, die können ja einen Maikäfer nicht von einem Feindflugzeug unterscheiden, da muß man sich ja vorsehen, wenn man in ihre Nähe kommt! Sie lassen noch einen General abknallen als Lightning!

Reichardt wurde strafversetzt, die ganze Batterie versank in einer gewaltigen Bierlache.

Ich war erst zwei Tage Soldat und hatte am ersten Tag fast eine Befehlsverweigerung begangen, und nun schrie Reichardt, von dem ich nur die Stiefel sah: Sie wollen wohl nicht? Sie haben wohl keine Lust? Sind Sie total verblödet, können Sie keine Befehle ausführen?

Ich hatte den Befehl, Zahlen durchzusagen, und das tat ich.

Die Rolle drehte sich, Ziffern erschienen und vergingen, ich las sie ab und schrie sie ins Mikrophon.

Oben brüllte Hauptmann Reichardt, er nannte mich einen Vollidioten, reif zur Vergasung, es sei nur mein Glück, daß ich nicht in seiner Batterie sei, er würde mich schleifen lassen, bis mir der Arsch auf Grundeis ginge. Damit Sie sich ein für allemal die Sache merken, zeigen Sie Ihrem Unteroffizier fünfzig Kniebeugen und schreien dabei, aber laut, daß ich es höre: Ich bin ein Vollidiot, ich muß mein Mikrophon einschalten! Bei jeder Kniebeuge diesen hübschen Satz zur Einprägung!

Die Stiefel marschierten fort, ich hörte die Bunkertür ins Schloß wuchten. Unteroffizier Sternbacher beugte sein verschmitztes Hafenarbeitergesicht zu mir herab und sagte: Min Jong, da hast du noch mal Glück gehabt!

Ich begann die Kniebeugen, bald hielt mich Sternbacher fest, er beobachtete durch den schmalen Fensterschlitz die Befehlsstelle und Hauptmann Reichardt. Ich hielt die Arme vor, bereit, mich gleich wieder fallen zu lassen, und blökte: Ich muß mein Mikrophon einschalten, ich bin ein Vollidiot, ich muß mein Mikrophon einschalten, ich bin …

Zwei Tage Soldat, fünfzehn Jahre alt, das Licht ist aus, denn ich bin ein Vollidiot, eine Essigpfeife, ein Arschloch, eine Niete, ein zweifacher Befehlsverweigerer, ein Wahnsinniger, ein Schweinepriester.

Oberfeldwebel Mundt, Willis Vater, hat wenig Mühe, Willi und mir begreiflich zu machen, daß wir überleben müssen, um jeden Preis, daß dies nicht unsere Sache ist und nicht unser Krieg, sondern daß unser Leben erst beginnt, wenn wieder Frieden ist.

Aber was Frieden ist, konnten wir uns schon gar nicht mehr vorstellen, denn eigentlich hatten wir ihn nie erlebt, wir marschierten schon immer und schrien schon als kleine Jungen, phantasievoll uniformiert, mit dem Hammer an die Müllkästen klopfend: Licht aus!

Aber der Krieg zog sich hin; mehr als ein Jahr Flakdienst und zehn Wochen Arbeitsdienst, dann als Panzergrenadier ohne Schützenpanzerwagen. Wir trugen italienische Unterwäsche und belgische Käppis, viel zu groß für unsere mageren Köpfe, und wir zogen sie mit einer Sicherheitsnadel am Hinterkopf zusammen. Anfangs schossen wir mit langen holländischen Gewehren, trugen deutsche Stahlhelme und Gasmasken, belgische Mäntel, von denen jemand sagte, sie seien noch Friedensware.

Ich überzeugte Friedrich Michael, Friedrich Michael überzeugte mich, wir liefen nordwärts, weg vom Krieg, weg von den Russen, hinein ins strahlende dänische Leben, dorthin, wo Licht leuchtet und Schlagsahne blüht, sagte man jedenfalls.

Später mußte ich mich wie ein langsam Genesender an den Friedenszustand gewöhnen, ich litt unter Entziehungserscheinungen: Tageshelle, Stille, Vogelgezwitscher, Sonnenschein, eine Laterne, die durch den Abend funkelte, alles verwirrte mich. Wann kommt der Feuerschlag? Wann der Befehl zum Angriff? Wann heulen die Bomben? Tiefe Dunkelheit blieb das Normale.

Bei Flugzeuggeräuschen – die Amerikaner flogen nach Tempelhof – kämpfte ich oft mit mir, ob ich mich nicht schnell hinter einen Baum in Deckung werfen sollte. Sah ich ein beleuchtetes Fenster, mußte ich mich beherrschen, um nicht Licht aus! zu schreien. Und wenn bei einer der häufigen Stromsperren in den ersten Nachkriegsjahren das Licht erlosch, erschrak ich nicht, sondern tastete mich zum Fenster und sah in die dunkle Stadt hinaus: seltsam beruhigt, fast befriedigt, als dächte ich an etwas Schönes aus der Kindheit, ein zitterndes Erinnern an etwas Merkwürdiges, doch ohne Angst. Dann steckte ich das Hindenburglicht an, das immer noch so hieß, ein Pappschächtelchen, gefüllt mit Talg, darin ein qualmender Docht, und las, vom Lehrer aufgegeben, Goethes Faust, Teil zwo, so schwer verständlich. Ich wußte jetzt, woher das Wort Mehr Licht! kam und wann es gesprochen wurde. Und wenn sie auch erfunden ist, die letzte Legende um den sterbenden Dichter, so ist sie doch ganz gut erfunden und drückt besonders für denjenigen einen Lebenswunsch aus, der mit Licht aus! aufgewachsen ist.

Ich bin doch verwachsen und vorbestraft

Mutter war klein. Schon als Achtjähriger überwuchs ich sie, zehnjährig hob ich sie wie eine Feder hoch und schwenkte sie durch die Küche. Sie lachte schallend und gab mir eine Ohrfeige mit ihrer leichten, harten Hand.

Diese Hände sind die erste Erinnerung an Mutter: früh gichtig gekrümmt, rot und hart. Sie faßte mit ihnen fest zu und schlug schnell; ihre Ohrfeigen dröhnten im Kopf, die Gichtknoten an den Gelenken hinterließen brennendrote Flecke auf dem Gesicht. Das war Großmutters Erbteil, diese schnelle Hand. Wenn ich mich an Mutter wegen einer Ungerechtigkeit, die sie meiner Meinung nach, an mir begangen hatte, rächen wollte, suchte ich Streit mit ihr. Ich richtete es ein, daß ich an meinem alten Schulpult saß, Großmutter Strümpfe stopfend neben mir. Mutter schoß mit erhobener Hand auf mich los. Dir wer' ich, du Dämel! Großmutter streckte ihren Arm zwischen uns und warnte Mutter: Maika, wat schall dat nu wedder? Lat den Jungen sin! Mutter stritt nun mit Großmutter weiter – und da war es schon geschehen, sie hatte eine Ohrfeige weg und sprang ärgerlich lachend zurück. Man denke, eine ältere Frau, und so kam mir Mutter stets vor, sie war bei meiner Geburt schon sechsunddreißig Jahre alt, von einer noch älteren Frau mit einer Ohrfeige bedacht.

Wie einst sie bekam ich von Mutter als erwachsener Mann auch manche Ohrfeige, und meine Kinder freuten sich. Ich lachte und ärgerte mich dennoch.

Wenn Mutter ernsthaft zornig wurde, schlug sie nicht, sondern pochte dem, der sie so in Rage gebracht hatte, mit dem Knöchel des Zeigefingers hart an die Stirn, als wollte sie dort die guten Gedanken und rechten Manieren anrühren.

Mit diesen Händen konnte sie aber auch leise und lange streicheln. Bis zu meinem elften Lebensjahr schlief ich auf der Ritze zwischen meinen Eltern im Ehebett. Dann bestand Vater darauf, Großmutters dunkelrotes wurmstichiges Vertiko in die Laube hinauszubringen, er kehrte sich nicht an das Gejammer beider Frauen und holte vom Trödler am Schlesischen Bahnhof eine Chaiselongue. Ich haßte das durchgelegene, quietschende Ding, ich wollte Mutters streichelnde Hand nicht verlieren.

Besonders lange streichelte sie mich, wenn ich ihr einen Film nacherzählte. Dann krempelte ich den Ärmel des Nachthemds hoch, legte den Arm über die Bettdecke, und ehe Mutter nicht zu streicheln begann, fing ich nicht zu erzählen an. Meine verworrene Darstellung störte Mutter nicht. Also da sagt er zu ihr ..., nein, erst kommt La Jana und tanzt, und erst jetzt wird auf ihr geschossen ... Es kümmerte sie auch nicht, wenn Vater neben uns schnarchte oder, von unserem Flüstern belästigt, murrte. Ich erzählte weiter, Mutter streichelte mich mit ihrer harten, gekrümmten, leichten Hand.

Schließlich, nach einigen eigenen Zusätzen, um die Streichelzeit zu verlängern, langte ich doch am Schluß des Filmes an. Mutter streichelte mich noch ein Weilchen, sie dachte über das Gehörte nach, zufrieden, wenn sich die Richtigen am Ende doch gekriegt hatten, ihre Grundbedingung für einen schönen Film. Dann flüsterte sie: Fliegen wir einen Doppeldecker? Sie nahm die Hand von meinem Arm und drehte sich um. Ich tat dasselbe, unsere Rücken berührten sich, der Doppeldecker.

Fast alle unsere Fotos sind im Krieg verbrannt, nur ein Familienbild besitze ich noch, aufgenommen kurz vor oder nach der Hochzeit. Großmutter sitzt in der Mitte und lächelt zufrieden, daß ihr wildes Mädchen endlich einen Mann bekommen hat. Welches von den achtzehn Kindern

Großmutters sie war, wußte wohl Mutter selbst nicht. Aber sie war das unruhigste, ein sehr wildes und aufsässiges. Also lächelt Großmutter, endlich Ruhe und ein richtiger Mann. Vater, mit hohem Kragen und Krawatte, sieht gequält nach oben, ihm ist der ganze Fotografenaufwand, Kleidung, Stehen, Sichdrehen nach Weisung, sichtlich zuwider. Mutter lächelt nicht und blickt nicht gequält, sie schaut herausfordernd geradeaus, genau ins Objektiv, als könnte sie durch die Linse hindurch zum Fotografen sehen, gleich wird sie diesem Fatzke die Zunge herausbläken!

Mutter liebte Streit. Sie zankte sich gern, wurde laut und ausfallend. Sie sind ja fürn Asch! Und sie vergaß immer das r, so daß ich mich später, als ich das Wort geschrieben las, über diesen hinzugekommenen Buchstaben wunderte. Dies schrie sie dem Kaufmann zu, wenn sie sich um ein Gramm übervorteilt fühlte; sie schrie diesen Lieblingsausdruck dem Sammler für das Winterhilfswerk ins Gesicht und dem Unteroffizier, der mir Urlaubssperre verpaßt hatte. Sie bezeichnete Politiker aller Richtungen als für'n Asch, wenn ihr an ihnen etwas nicht paßte. Auch was ich später als Journalist und Schriftsteller hervorbrachte, fand sie fast immer für'n Asch und lachte schallend, wenn ich dann wütend wurde. Sie lobte Strittmatter, den ollen Knaster, wie sie ihn nannte, weil er ihr des Bartes wegen, einen Gesichtsschmuck, den sie nie leiden konnte, sehr alt vorkam, und der war damals noch nicht fünfzig. Sie lobte das Geschriebene meines Freundes Helmut Hauptmann. Um mich vor ihrem abschätzigen Urteil zu retten, prahlte ich: Sieben Bücher habe ich geschrieben, er nur fünf ... Sie lächelte über meine erlogene Zahl, spitzte die Lippen, denn wenn sie etwas hervorheben wollte, sprach sie betont hochdeutsch und silbenweise: Aber Helmut schreibt po-letisch! Und du doch fürn Asch!

Mutters Aggressivität war selten ernsthaft, nie von Dauer, oft listig, von eigenartigem Charme durchheitert.

Deshalb brachte das streitbare Wesen ihr selten Feinde ein, eher gewann sie belustigtes Interesse. Manchmal beim Streit warf sie voll Wut etwas an die Wand, doch nicht etwa wahllos, was ihr unter die krummen Finger geriet. Ehe sie die Tasse losschmetterte, daß die Scherben spritzten, suchte sie sich schnell die schlechteste aus, die mit dem abgeschlagenen Henkel oder dem Riß im Boden. So gern sie sich zankte, so schnell vergaß sie den Grund des Streites und den Streit selbst. Wollte sich nun jemand nicht gleich wieder versöhnen, hatte sie wen zu sehr beleidigt, entschuldigte sie sich: Ich bin doch verwachsen und vorbestraft!

Anfangs lief sie nur ein wenig seitwärts geneigt, mit vorgebeugtem Oberkörper, mit den Jahren hob sich ihre linke Schulter immer höher, und ein Buckel trat heraus. Sie hatte als Kind auf einer großen Strohmiete herumgetollt und war hinabgestürzt auf den ausgetrockneten harten Boden. Wochenlang lag sie im Bett und konnte sich nicht bewegen. Danach blieb sie verwachsen, wie Mutter es nannte. Sie bekümmerte sich nicht viel darum, bemitleidete sich nie; die gestauchte, schiefe Wirbelsäule behinderte nicht ihr wildes Temperament.

Bist du denn wirklich vorbestraft? Warst du auch im Gefängnis?

Mutter war schon mit Vater befreundet kurz nach dem ersten Weltkrieg. Sie fuhr ins westpreußische Heimatdorf, um Lebensmittel zu hamstern. Dort techtelte sie mit einem jungen Burschen, dem Bräutigam ihrer Freundin, und wie Mutter es gewollt hatte, kam es zum Krach. Diesmal blieb es nicht bei Worten, die Freundin schlug Mutter mit der Faust auf den Kopf. Mutter nahm eine Harke und schrie: Wenn du das noch mal machst, Kruser Lusch, ziehe ich dir einen Scheitel mit den eisernen Zinken ein! Die Freundin riß Mutter an den Haaren und schlug ihr wieder auf den Kopf. Da zog ihr Mutter wirklich einen blutigen Scheitel durchs Haar. Die Freundin griff zur Hacke, Mutter lachte höhnisch auf und setzte die Frisörarbeit, wie sie es beim Erzählen später stets nannte, fort, bis die Freundin zusammenbrach. Mutter fragte, sich auf den Harkenstiel stützend: Hast du nun genug, du dummes Aas? Kannst dir deinen Ewald sauer einlegen, den Dämel. Auch auf dieses Wort vom Sauereinlegen bestand Mutter immer beim späteren Bericht. Kruser Lusch rappelte sich auf, schluchzte und schrie: Wir sind nicht mehr bei Kaisers, wir haben ne Repeblik ... Ich zeige dir an, Ida! Repeblik hat das doofe Luder gesagt, die konnte nicht mal richtig reden, pflegte Mutter an dieser Stelle ihrer Erzählung einzuflechten, sie, die fast alle Fremdwörter falsch aussprach.

Kruser Lusch zeigte ihre Freundin an, in Deutsch-Krone kam es zum Prozeß. Das ganze Dorf lief hin, trotz des Sommerwetters im strengen Sonntagsstaat. Auch Vater reiste vorsichtshalber an.

Mutter zwang Vater gewöhnlich, den weiteren Teil der Geschichte zu erzählen, weil es ihr Spaß machte, wenn er da von sich und seinem Eingreifen reden mußte. Zur Enttäuschung der Anwesenden verlief die Verhandlung glatt und schnell. Mutter gab alles zu und sah sich lächelnd um, das Urteil wurde gesprochen: Fünfzig Mark Geldstrafe oder wahlweise drei Tage Haft.

Dafür mache ich's allemal wieder, Herr Rat, für den Klacks zieh ich ihr noch einen Scheitel über, rief Mutter. Der Richter verurteilte sie nun zu hundert Mark oder sechs Tagen. Auch das is es mir wert, und ich mach das Ganze noch mal! Sie erhielt jetzt einhundertfünfzig Mark oder neun Tage Haft.

Ehe Mutter etwas erwidern konnte, rief Vater, der Bräutigam: Nun ist genug, Mulle! Und so grob Mutter mit ihrem Mann umging, so oft sie mit ihm zankte – in den wichtigen Fragen hörte sie auf ihn, und dies schien ihr nun doch eine solche zu sein, sie nahm das Urteil an. Aber sie bestand darauf, ins Gefängnis zu gehen, ihr wurde plötzlich die ungeheuer große Summe bewußt, die sie zu bezahlen hatte, außerdem interessierte sie, wie so ein Gefängnis funktionierte. Vater, besorgt, sie könnte dort durch ihr Verhalten neue Strafen provozieren, bezahlte fluchend.

Das Geld tut dir wohl heute noch leid? Mutter blickte zornig auf Vater, du warst ja immer ein alter Geizer!

An einem Sommertag des Jahres 1938 stand ich vor der winzigen schiefen Lehmkate, deren Strohdach fast bis auf die trockene Erde herunterhing. Großmutters Haus. Wir traten zu fremden Menschen ein, durchstampften die zwei kleinen Stuben und traten in die schwarze Küche. Hier hatte das Glück gewohnt? Alle Tanten schwärmten von ihrem Zuhause, von der Heiterkeit, vom Trubel in diesem winzigen Gutsarbeiterloch, von Großvaters Güte. Nur Großmutter hatte sich nie an diesem heimwehseligen Gerede beteiligt, stumm und ärgerlich, ihrer Tochter Ida ähnlich, blickte sie über ihre Brille weg auf die, die so froh und traurig vom Zuhause in Drahnow redeten.

Die ungepflasterte Dorfstraße entlang, durch den stiebenden Sand, rannte eine dicke grauhaarige Frau und fiel Mutter in die Arme, die solchen Überschwang nicht liebte und sich schnell befreite. Die beiden Frauen weinten, lachten, redeten laut und schnell in ihrem westpreußischen Platt, daß ich fast nichts verstand, nur dies: Es war Kruser Lusch! Die hatte ich mir nach den oft gehörten Schilderungen des Kampfes und des Prozesses anders vorgestellt, ein wütendes Mädchen mit geballter Faust und erhobener Hacke. Nun erblickte ich eine dicke Frau, weinerlich, mit weißen fleischigen Armen. Sie hatte nicht einmal den Mann geheiratet, um dessentwillen sie sich mit ihrer Freundin geprügelt hatte und vor Gericht gezogen war. Ihr Mann erschien nämlich auch und hieß nicht Ewald, wie ich mir gemerkt hatte, sondern Oskar.

Nach dem Kaffee bei Kruser Lusch gingen wir zum Friedhof, der außerhalb des Dorfes an einem Hügel lag, überwachsen von grauem Gras, zwischen dem schiefe, morsche Holzkreuze standen. Mutter fand Großvaters Grabhügel nicht, aufgebracht verjagte sie die herumstreunenden Ziegen. Vater glaubte die Grabstelle entdeckt zu haben, Mutter blieb unschlüssig, legte aber den welken Blumenstrauß aus Kornblumen und rotem Mohn dorthin. Sie seufzte und sah in den hellen Himmel hoch, den dünne silberne Wolken durchzogen. Ob Vater wohl jetzt auf uns runtersieht? Und was sagt er, wenn hier jemand anders liegt und wir ihn nicht finden?

Quatsch, brummte Vater und riß große Wermutbüschel aus, er suchte nach dem Grabkreuz.

Das haben sie bestimmt verheizt, sagte Mutter und lachte schon wieder bei diesem Gedanken.

Dann zeigte mir Mutter das Gutshaus. Den jungen Herrn habe ich oft verdroschen, den Dämlack. Und der kleine junge Herr rannte schon, wenn er mich nur von weitem sah, das dumme Aas.

Wie Großmutter las auch Mutter mit Hingabe Zeitung, von der ersten bis zur letzten Zeile, jedes Wort laut modellierend. Morgens wartete sie begierig auf das Klingeln des Zeitungsmädchens, hastete zur Tür, redete kurz mit Thea, die vor dem Weg zur Schule die Zeitungen austrug, und schaute währenddessen schon ins Blatt. Schwiegertöchterchen nannte sie zu meiner Erbitterung die derbe Thea. Du solltest sie im Auge behalten, meinte Mutter ernsthaft, sie ist gesund, fleißig und läßt sich nicht unterkriegen, so was findest du nicht alle Tage. Ich war gerade zehn Jahre alt und wurde wütend über Mutters Vorschläge. Mutter sah gern, wenn ich mich erhitzte, lachte dann. Später lehnten wir im dunklen Hausflur an der Wand, ich fingerte an ihrer Bluse, Mann, du schaffst das nicht, flüsterte Thea heiser, das dauert ja …

Mutter wärmte sich den Rücken an der offenen Feuerstelle, ich saß und frühstückte, Vater war zur Arbeit geradelt. Sie hielt die Zeitung der Lampe entgegen und las, halblaut buchstabierend. An irgendeinem Morgen während des Krieges begann sie plötzlich zu lachen, schallend. Ich wer' verrückt ..., dieser Dussel ein General? Der hatte doch Schiß vor mir, einem kleinen Meechen. Hätte ich ihm bloß noch öfter eine Wucht verpaßt! Jetzt wird der Dämel mit seinen Soldaten den größten Mist anstellen, und die könn' ihm nicht verdreschen!

Mutter hatte von General Foertsch, dem älteren Sohn des Gutsbesitzers in Drahnow, ihrem bevorzugten Prügelknaben, gelesen. Der war schon im Reichswehrministerium Abteilungsleiter gewesen und hatte Hitler heiß begrüßt. Es gäbe für die Wehrmacht keinen größeren Stolz, als diesem Manne verbunden zu sein. Im Kriege wurde er General und Befehlshaber der 1. Armee und im Wehrmachtsbericht lobend erwähnt. Wahrscheinlich stieß Mutter bei solcher Gelegenheit auf seinen Namen. Nach dem Krieg wurde Hermann Foertsch als Kriegsverbrecher angeklagt, ebenso sein jüngerer Bruder Friedrich, der 1945 als Stabschef der Heeresgruppe Kurland kapitulierte und der als kleiner Junge schon aufgeheult hatte, wenn er Mutter nur von ferne gesehen hatte.

Während des Krieges und nachher auch stieß sie immer wieder auf die Foertsch-Brüder. Friedrich wurde sofort nach Rückkehr aus sowjetischer Haft General der Bundeswehr und schließlich der höchste Offizier, ihr Generalinspekteur. Meldungen über sein Vorgehen gegen eine Stalingradsendung des westdeutschen Fernsehens, über seine Ergebenheitserklärung für Franz Josef Strauß in der berüchtigten Fibag-Affäre standen in den Zeitungen. Mutter las und stampfte wütend auf. Ich hätt ihn dotschlagen sollen damals, den Hund. Den einen und den andern auch, den Hermann und den Friedrich, die sind ja fürn Asch!

Sie meinte es ernst, und sie hätte die Harke wilder geschwungen gegen die Gutsbesitzerssöhne als gegen Kruser Lusch, hätte sie gewußt, was aus den Jungen werden würde.

Was bedeutet eigentlich Kruser Lusch?

Du bist ja doof, Junge, antwortete Mutter aufgebracht.

Großmutter, in ihrer Ecke am Küchenfenster, schüttelte den Kopf und sagte halb begütigend, halb strafend: Maika, Maika …

Großmutter und Mutter unterhielten sich meist in westpreußisch-pommerschem Platt. Vater verstand es und konnte sogar ein paar Brocken reden. Er tat es, wenn ich ihrem Gespräch nicht folgen sollte. Ich begriff aber rasch den Sinn, und Vater verzichtete auf sein unbeholfenes Reden. Maika, das hieß Mädchen. Mutter ein Mädchen? Ich lachte auf, Mutter hob die Hand. Du kriegst gleich eine, Dämel. Kruser Lusch, das ist doch ganz einfach, daß du das nicht begreifst, Krauses Lucie heißt es, weiter nichts, Krauses Lucie. Mutter lachte, ich wußte, sie erinnerte sich an die Harke und den Scheitel, den sie ihrer Freundin gezogen hatte.

Schon als kleines Kind wunderte ich mich, daß Mutter so behende durch das Haus rannte, drei Treppen im Seitenflügel hinunter und hinauf, unermüdlich. Ich wunderte mich nicht, daß Mutter es konnte trotz ihres Verwachsenseins, denn den kleinen Buckel bemerkte ich damals kaum. Sondern daß sie es konnte trotz ihrer schwachen Gesundheit. Häufig wurde sie damals ohnmächtig, fiel um. Ich erschrak jedesmal. Sie war oft krank, legte sich aber selten ins Bett. Mit einem Tuch um den Kopf schlurfte sie durchs Zimmer, hielt sich vor Schwäche an den Möbeln fest und murmelte wütend: Scheiß in dieses Leben. Oft wurde sie operiert, ihr Bauch war ein großes Narbenfeld.

Sie teilte nicht die weitverbreitete Ehrfurcht armer Leute vor den weißbekittelten Herren, gerade mit ihnen legte sie sich an, so schlecht es ihr auch ging, beschimpfte sie lauthals. Allerdings machten jüdische Ärzte eine Ausnahme, die pflegte sie zu rühmen, auch in den braunen Jahren. Besonders lobte sie den Doktor Meyerheim: Der hat dem Jungen das Leben gerettet.

Wir wohnten noch in Moabit, Meyerheim kniete sich vor

mein Bett, untersuchte mich und sagte: Den nehm ich gleich mit. Er trug mich auf den Armen hinunter in sein kleines Auto, fuhr mit mir ins Virchow-Krankenhaus und schleppte mich gleich in den Operationssaal.

Es war der vereiterte Blinddarm, der dämliche Junge hatte Kirschen mit Kernen aufgefressen, es ging um Minuten, ohne den Meyerheim wäre der Junge längst dot.

Ebenso hoch hielt sie den jüdischen Sanitätsrat Wartburg, der, ebenfalls in Moabit, meine wöchentlichen Ohrenentzündungen behandelte und mit Mutter scherzte, wenn ich, vor Schmerzen strampelnd, über seine Grimassen nicht mehr lachen wollte. Der alte Kacker mit langem weißem Bart, immer freundlich, immer lustig, ein wirklich feiner Mann! Mutters höchstes Lob.

Dann bekam sie, wir lebten schon im Berliner Osten, im Nacken einen Furunkel. Sie beachtete ihn nicht, er wuchs weiter, bis er groß wie ein Zweimarkstück unter ihrem Haardutt brannte. Mutter fieberte und taumelte nur noch durch die Wohnung. Der Doktor Giblenz wurde geholt. Er war wegen seiner Grobheit gegen Patienten berüchtigt. Die Arbeiter und ihre Frauen duzte er gewöhnlich und schrie schon los, wenn man sich nicht schnell genug auszog. Doktor Giblenz erschien und begann, ohne jede Betäubung an dem riesigen Furunkel herumzuschneiden. Mutter versuchte sich zu beherrschen, ächzte nur, aber sie zuckte unter dem wühlenden Messer zusammen. Da brüllte der Doktor: Jetzt halt mal endlich still! Und wenn's ein bißchen weh tut, beiß gefälligst die Zähne zusammen!

Mutter fuhr herum, Blut und Eiter liefen ihr den Hals herab, sie funkelte den Arzt an und schrie wie der: Du hast gut reden, du alter Dussel, wie soll ich die Zähne zusammenbeißen, wenn ich keine mehr hab?

Als der Arzt im Krieg in Uniform herumlief, mit Hauptmanns-Schulterstücken, stellte sie sich vor ihn hin. Da könn' einem die armen Soldaten leid tun, wie Sie die erst anbrüllen werden. Arme und Beine gleich ab! Stabsarzt Giblenz erwiderte nichts und ging schnell weiter, Mutter zeterte lange hinter ihm her.

Daß Mutter mich häufig doof nannte, kränkte mich nicht, ich kannte ihre Vorliebe für solche Bezeichnungen: doof, dämlich, Dussel, oller Knaster, Scheißer, alter Dämlack, blöd ... Selten meinte sie es ernst, im Gegenteil, wenn man sie lange genug kannte, spürte man, alle diese wilden Ausdrücke, mit denen sie einen peinigte, enthielten im Kern etwas wie Zärtlichkeit, die sie anders nicht ausdrükken konnte.

Meinte sie es ernst, verlor sie jede Zurückhaltung. So als Mutter dem Direktor des Andreas-Realgymnasiums, der wegen der nicht rein deutschstämmigen Herkunft Schwierigkeiten machte, vor Hausmeister und zukünftigem Klassenlehrer zuschrie: Sie alter Scheißer wollen den Jungen nicht nehmen? Mit diesen Zensuren? Das kann doch bloß ein Dämlack sein, wer den nicht haben will!

Wenn sie etwas nicht begriff oder etwas vergessen hatte, zögerte sie nicht, sich selbst mit diesen Attributen zu belegen. Manchmal wache ich nachts auf und denke, ich bin doof. Damit ich dann genau weiß, daß ich's nicht bin, sage ich mir Gedichte aus der Schulzeit auf.

Das walte Gott, der helfen kann!
Mit Gott fang ich die Arbeit an;
mit Gott nur geht es glücklich fort;
drum ist auch dies mein erstes Wort:
Das walte Gott!

Oder ich singe Lieder. Natürlich nur im Kopf, damit Vater, der alte Dussel, nicht aufwacht. Wenn ich sehe, daß ich alles kann, bin ich froh, dann bin ich noch nicht doof!

Mutter liebte brodelndes Leben um sich. In der Bude muß wat los sein, sagte sie. Deshalb, im Unterschied zu Vater, hing sie auch an der puckligen Verwandtschaft, ging gern zu Besuch und ließ sich selbst gern besuchen. Fester noch als an die Verwandten band sie sich an das, was sie meine Freundschaft nannte. Ich konnte alle diese Freundschaften nicht auseinanderhalten, besonders als Mutter alt wurde und die Freundschaftsschar immer größer. Die Weiblein ähnelten sich alle. Aber je älter Mutter und ihre Freundschaft wurden, desto empfindlicher wurden diese Weiblein, und da Mutter Streit liebte, zerbrachen die Freundschaften schnell, und neue wurden gestiftet. Mutter nannte mir schon keinen Namen mehr, sondern stellte nur noch vor: Das ist meine Freundschaft.

Mit ihrer Freundschaft sprach sie über alles, was sie bewegte, offener als je zu einem von uns, sie erzählte über ihr Leben ohne Eitelkeit und Prahlerei, tratschte nicht über andere, dies haßte sie geradezu, aber sie erzählte mit Vergnügen aus ihrer Kindheit und Jugend, und oft waren es heikle Geschichten. Sie stellte sich dabei in kein günstiges Licht und nahm sich selbst in ihrer harten Kritik nicht aus. Nicht nur die mißgünstige Minna aus der puckligen Verwandtschaft deutete mir über Mutters Lebenswandel Schlimmes an.

Mit sechzehn Jahren ging sie wie ihre Schwestern nach Berlin, wurde genau wie tausend andere aus Westpreußen und Schlesien dorthin gesogen, in der Hoffnung, ihr Glück zu machen. Stadtluft machte auch am Anfang des zwanzigsten Jahrhunderts noch frei. Mutter ging in Stellung, als Hausmädchen, als Dienstbolzen, wie sie es bezeichnete, aber da sie keinen Respekt vor Obrigkeiten hatte und sich schnell mit der Dienstherrschaft stritt, blieb sie nie lange, so fleißig und willig sie sich anstellte. Sie verkrachte sich mit der Gnädigen, wurde gekündigt oder kündigte unter heftigem Schimpfen selbst.

Mutter hatte sehr früh, mit fünfzehn Jahren, ein uneheliches Kind, mit sechzehn ein weiteres; beide starben kurz nach der Geburt. Die Männer, die sie nun in Berlin kennenlernte, hatten einen anderen Zuschnitt als die unkomplizierten Burschen im Heimatdorf oder als die polnischen

Schnitter, die sommers im Heu den Mädchen die Kinder machten. Eine Zeitlang lebte Mutter in einem Keller der Friedrichsfelder Straße mit einem Mann zusammen, von dem Minna flüsternd behauptete, er sei ein Verbrecher gewesen. Die Gegend jedenfalls, in der sie hausten, war berüchtigt, das Viertel um den Schlesischen Bahnhof. Selbst Polizisten mußten ihren Mut zusammennehmen, wenn sie durch die dunklen, muffigen Hausflure schlüpften oder bei einer Razzia einen Bouillonkeller durchwühlten.

Besonders gern erinnerte sich Mutter trotz Not und Hunger des ersten Weltkrieges. Sie arbeitete als Schaffnerin bei der Straßenbahn, später als Nachtwächterin der Wach- und Schließgesellschaft, in flotter Uniform, mit goldknopfbesätem Mantel und einer schief sitzenden Mütze über dem frechen Gesicht, und die Fronturlauber ... Mutter lachte kurz auf, man flog von einem Arm in den anderen ... Ich blätterte gern in dem alten Fotoalbum, das auf dem Schrank lag, darin Mutter auf den braunen oder lilafarbenen Fotos ein junges uniformiertes Mädchen war, ohne Buckel, ohne gichtige Hände, mit schönem Gesicht.

Mutter war großer und tiefer Gefühle fähig, kleiner sentimentaler natürlich auch. Wenn sie sich mit ihrer Freundschaft unterhielt oder in den bunten Heften las, die sie mit dieser Freundschaft tauschte, liebte sie besonders traurige Geschichten. Über das schlimme Schicksal einer armen Försterstochter oder gar über das der Kaiserin Augusta konnte sie sogar eine Träne, eine einzige allerdings nur, vergießen. Sie war süchtig nach solchen Heften, und nach dem zweiten Weltkrieg, als sie in der Nähe nicht mehr zu haben waren, holte sie die Hefte von Onkel Eusche aus Kreuzberg. Sie versteckte sie in ihrem Bett, weil Vater es nicht gern sah, wenn sie die Schwarten, wie er sie nannte, las, und ich versuchte sie mit literarischem Missionarsdrang zu Gottfried Keller oder Thomas Mann zu bekehren. Einmal wurde sie beim Grenzübergang an der Oberbaumbrücke kontrolliert und der Schundhefte wegen verwarnt. Zu

Hause amüsierte sich Mutter über den jungen Volkspolizisten, den kleinen Dämel. Ich hab ja nur ein paar Hefte in der Tasche getragen, die anderen, wo die GPU die Jungfrauen zum Volkseigentum macht, hab ich mir über den Bauch gebunden … Sie las dann abends, halblaut buchstabierend, bei Stromsperre im Kerzenlicht; je trauriger, desto besser.

Als ich meinen Einberufungsbefehl erhalten hatte und im Morgengrauen davonging, Vater war längst zur Arbeit gefahren, er liebte Abschiede nicht, begleitete auch Mutter mich nicht zum Bahnhof. Dies war nicht ihre Art. Sie sagte nur, ich sollte die Bromberger Straße entlang zum Bahnhof gehen. Von unserem Fenster aus konnte man über Schuppen und Mauern hinweg ein Stück der Straße sehen. Ich tat es, Mutter schrie durchdringend aus dem Fenster, daß es durch die Hofschluchten gellte: Ich seh ihn nicht wieder …, ich seh ihn nicht wieder! Ebenso laut schreiend, aber nun jubelnd und allen Menschen zurufend: Er ist da, er lebt, er ist da!, rannte sie mir entgegen, als ich im Sommer 1945, von der Kreideinschrift an der Ruinenwand unseres Hauses geleitet, über den Comeniusplatz stapfte, weinte und schrie und lachte und warf die Pantoffeln in die Luft.

Als ich im Frühherbst 1942 nach zwei Monaten Erntehilfe aus Schlesien zurückkam, holte sie mich vom Bahnhof ab, was mir gleich merkwürdig vorkam. Mutter überfiel mich. Sieh mal, seit Oma tot ist, haben wir doch soviel Platz in der Bude. Ich schaute Mutter mißtrauisch an. Großmutter war kurz vor meiner Abreise gestorben, aber Platz in unserer winzigen Wohnung, da konnte ich bloß lachen … Das Bett steht rum, zum Wegwerfen zu schade, nich? Die leere Stube ist doch fürn Asch, nich?

Zu Hause saß ein kleines, blasses, verschüchtertes Bürschlein, Pepe, den Mutter aufgenommen hatte. Weil soviel Platz übrig war! Vater hatte mit den Schultern gezuckt und gebrummt; er wußte, es war sinnlos, Widerstand zu leisten, wenn Mutter sich etwas in den Kopf gesetzt hatte. In Wahrheit hatte sie einen Zug bleicher Waisenkinder an sich vorüberziehen sehen, vorn und hinten angetrieben von keifenden Frauen. Und am Schluß stolpernd dieser Pepe. Mutter hatte es nicht ausgehalten, sie war mit dem Zug zum Waisenhaus gelaufen und hatte den Jungen gleich mitnehmen können, man war in diesen schweren Zeiten froh, einen Esser loszuwerden.

Zu ihrem Mann sprach Mutter nie von Liebe. Ihre Zärtlichkeit beschränkte sich auf den schmatzenden Abschiedskuß am Morgen und den zur Begrüßung am Abend, wenn Vater von der Arbeit kam. Hier hatten sich zwei gefunden, die auf Zärtlichkeiten nicht aus waren, über ihre Liebe nicht sprachen und vielleicht nicht einmal genau wußten, daß sie sich liebten. Wie mit anderen Menschen stritt sich Mutter häufig mit ihrem Mann, doch einmal, fast im Selbstgespräch, sagte sie: Ein Glück, daß ich Vater, den ollen geizigen Dussel, genommen habe, das war der beste Griff in meinem Leben. Oder der zweitbeste. Sie erklärte mir nie, was der beste gewesen wäre.

Vater, der sonst nicht zu beugen war, ließ sie gewähren, beantwortete ihr Schimpfen kaum, und gewiß bewunderte er stumm Mutters Heiterkeit, ihren Bewegungsdrang, ihre Zähigkeit und ihren nie versagenden Mut. Vater, sonst überaus intolerant, ließ Mutter machen, woran sie ihre Freude hatte, besonders an dem Leben in der Bude. Er runzelte bloß die Stirn und murrte halblaut, wenn es ihm zu bunt wurde. Am meisten regte er sich auf, wenn Mutter seiner Meinung nach zuviel Geld hatte springen lassen; grimmig sah er auf die Obstweinflasche, die Mutter auf den Tisch knallte, auf die teuren Windbeutel mit Schlagsahne, die mich Mutter hatte vom Bäcker holen lassen. Da sah Mutter ihn herausfordernd an, und ehe Vater etwas sagen konnte, rief sie: Scheiß doch ins Leben! Nun mußte Vater lachen, wenn auch mit schiefem Mund.

Den größten Familienkrach, mit Heulen und Geschrei,

verursachte Mutter ganz bewußt beim Begräbnis von Großmutter. Die damals noch große Familie, die sich so selten zusammenfand, traf sich in Baumschulenweg auf dem Friedhof. Wir stiegen in den Keller hinab, der Sargdeckel wurde abgehoben, Großmutter lag, noch kleiner als im Leben, faltig zusammengeschrumpft, still und gelblich unter der Papierdecke. Die Tanten fielen weinend auf die Knie, schluchzten und küßten Großmutters winziges Gesicht. Irgendein gelangweilter Pfarrer mit bekleckertem schwarzem Anzug, der von Großmutter nichts wußte und lange auf dem Zettel nach ihrem Namen suchte, hielt eine kurze Rede von Mutterglück und Kindertreue, dann, unter quäkendem Orgelsang, rauschte der Sarg in die Tiefe.

In dichter Familienkolonne liefen wir zum Bahnhof. Plötzlich rief Mutter: Hier muß doch ein Restorang sein! Da wollen wir Omas Fell versaufen!

Die Tanten schrien noch lauter auf als vorhin im Leichenkeller, die Onkel mischten sich ein, selbst Vater schimpfte mit Mutter. Sie behauptete sich: Is doch wahr, geheult haben wir nun genug, und keiner von euch will gleich nach Hause. Oder? Wenn Oma von da runterguckt, Mutter stieß den roten, gekrümmten Zeigefinger himmelwärts und fiel ins Platt, da seggt se: Nu mokt euch dat mal gemütlich!

Man landete, trotz weiteren Geschreis über Mutters Worte vom Fellversaufen, schließlich doch in jenem Restaurant, das noch heute für diesen Zweck benutzt wird; die Kellner und Kellnerinnen sind es gewohnt, anfangs ein betrübtes Gesicht zu machen. Es wurde wirklich gemütlich und wenn auch Omas Fell nicht, so doch allerlei versoffen. Als wir später, von Kaffee und Köhm und Bier erhitzt, die Baumschulenstraße entlanggingen, dem Bahnhof zu, mit immer wieder aufflackernder Empörung über Mutters unerhörte Einladung, verlor auf der anderen Straßenseite ein entgegenkommendes Auto ein Rad. Das rollte scharf auf unseren Familientrupp zu, prallte am Rinnstein hoch und schlug, über unsere eingezogenen Köpfe hinwegdonnernd, in die große Glasscheibe eines Gemüseladens. Nachdem der erste Schreck verflogen war, begann der Zank von neuem und sehr laut. Dies sei ein Fingerzeig Gottes, eine Mahnung der toten Oma, eine Strafe für Mutters lästerliche Worte. Ein paar Zentimeter weniger, und wir alle hätten zerschmettert auf der Straße gelegen! Frisch verzankt und prächtig erregt, stieg man in die S-Bahn und fuhr getrennt nach Hause.

Mutter verteilte Zuneigung und Antipathie schnell und ohne großes Nachdenken, sie verließ sich aufs Gefühl und hatte damit oft recht. Ohne Klassenbewußtsein, doch mit feinem Instinkt verteilte sie Lob und Tadel auch an die Großen der Welt; sie verhielt sich den kleineren wie den großen Obrigkeiten gegenüber wenig ehrfürchtig. Sie beurteilte die politischen Persönlichkeiten nach ihrem Äußeren und danach, wie sie sich das Leben dieser Leute vorstellte. Bei wichtigen politischen Entscheidungen allerdings, bei Wahlen etwa, richtete sie sich strikt nach Vater.

Wahltag im März 1933, Hitler ist an der Macht, es wird noch einmal gewählt, wir gehen am frühen Vormittag aus dem Haus, überqueren die Stephanstraße hinüber zur Putlitzbrücke, das Wahllokal befindet sich in einer kleinen Kneipe. Dort wird immer gewählt, man kennt sich, ich erhalte vom Wahlvorstand einen Bierdeckel, auf dem ich herumkritzeln darf, man nimmt ihn ernsthaft entgegen, man wird meine Stimme mitzählen. So war es immer, so ist es heute! Man händigt mir meinen Bierdeckel aus, Bekannte der Eltern stehen herum, man redet und wartet auf den Gang in die Kabine, die noch besetzt ist. Mutter fragt plötzlich laut ihren Mann – und ich wunderte mich, warum sie dies hier im Wahllokal tat, nicht vorher, so als ob sie ausdrücklich Stunk machen wollte –, fragt laut mit ihrer scharfen Stimme: Sag mal, August, wen soll ich denn nu wähln? Doch nich etwa den blöden Hitler? Wir wähln doch immer Thälmann!

Im Lokal wurde es still, unangenehm, wie ich es selbst als Kind spürte. Vater drängte Mutter schnell in die Kabine, er sagte laut, viel lauter, als er sonst redete, Quatsch, Quatsch! Ich wollte mit in die Kabine schlüpfen, aber Vaters Hand hielt mich draußen, ich hörte ihn mit Mutter flüstern; beide erschienen wieder, steckten rasch ihren Zettel in die Wahlurne, und Vater wartete nicht ab, bis ich meinen Bierdekkel hingelegt hatte, sondern riß mich hinaus. Er ärgerte sich über Mutter, schimpfte indessen nicht. Seine Wut fürchteten viele, allein Mutter trotzte ihm lachend oder wütend. Diesmal war sie wohl zu weit gegangen, sie schwieg gegen ihre Gewohnheit, Vater brubbelte vor sich hin. Ich dachte, zu Hause würde sie aufbrausen und eine Tasse an die Wand werfen, als Antwort auf Vaters Geschimpfe, oder wie früher einmal einen Teller mit Weißkäse, der an dem Ölpaneel der Küche hängenblieb wie angeklebt und später in feuchten Streifen herabtropfte. Nichts dergleichen, zu Hause lachte Vater sogar auf, und als die Zeitungen das Wahlergebnis meldeten, daß die Kommunisten trotz des Terrors Millionen Stimmen erhalten hatten, sagte er, böse lächelnd: Da hast du richtig gewählt, Mulle, wenn du auch dummes Zeug gequatscht hast, nun halt mal die Klappe, sonst wird es brenzlig!

Politik, Mutter sagte stets Poletik, interessierte sie eigentlich nicht. Leute, die sich damit befaßten, kamen ihr wie Ausübende einer brotlosen Kunst vor, und sie belächelte Vaters und später auch meine Leidenschaft für Politik. Poletik ist fürn Asch.

Gegen die Obrigkeit stand sie von vornherein kritisch. Da nach bürgerlichem Gesetz ihr Mann auch gleichzeitig ihr vorgesetzt war, Haushaltungsvorstand, fiel sie besonders gern über ihn her. Ausgenommen von ihrer Opposition blieben Kaiser und Könige und Herr Kay, der Hausverwalter. Herr Amandus Kay strich katzengesichtig durch das Haus, ein stockfleckiger Witwer, bereit, wen zu erwischen und dessen Verfehlung dem Hauswirt zu melden.

Herr Kay prüfte regelmäßig den festen Sitz der vielen emaillierten Schilder: Spielen der Kinder auf dem Hof und im Hausflur verboten! Betteln und Hausieren verboten! Die Haustür ist 20 Uhr zu schließen! Musizieren auf dem Hof verboten! Einmal im Monat empfing Herr Kay in der dunklen, nach Rheumamitteln riechenden Vorderhauswohnung die Hausbewohner zur Mietzahlung. Er studierte dann schweigend das kleine Heft auf ordentlichen Eintrag, zählte lange das Geld, unsere Miete betrug vierundzwanzig Mark und zwölf Pfennig, und gab seine Unterschrift mit ausgiebigen Ermahnungen, die Waschküche sauber zu hinterlassen und die Kinder anzuhalten, leise die Treppen herunterzugehn. Ich wunderte mich über Mutters Gefügigkeit. Es handelte sich um ein Trauma, das erfuhr ich später. Mutter war einmal, kurz vor dem ersten Weltkrieg, wegen eines geringen Zahlungsverzugs aus ihrem Zimmer gesetzt worden und hatte mit ihrem Korb im Nieselregen auf der Straße gesessen. Mitleidige Nachbarn nahmen sie auf. Mutter zweifelte an Gott, und wenn sie ihm glaubte, haderte sie mit ihm wie mit jedweder Obrigkeit. Ein Hauswirt war mehr als Gott und Herr Kay sein stilles, tückisches Werkzeug, das einen mit Kind und Kegel aus der Wohnung jagen konnte.

Könige und Kaiser, die waren gegeben, vielleicht von Gott, die mußte man hinnehmen und konnte sie des Hermelinmantels und der goldblitzenden Krone wegen ein bißchen bewundern; später, zur Fernsehzeit, sah sie sich gern Krönungszüge und Trauerparaden gekrönter Häupter an. Doch Präsidenten und Minister, Führer, Diktatoren, Direktoren, Abgeordnete, die hatten fast alle für Mutter etwas Anmaßendes, ja Unanständiges; da kann ich ja schließlich auch mal Präsident werden, pflegte sie zu sagen und wußte nicht, wie recht sie hatte. Sie glaubte mir nie oder wollte nicht glauben, wenn ich auf eben errungene Würden hinwies. Ich bin jetzt zum Direktor der FDJ-Schule von Berlin ernannt worden! Du und Direktor? Da kann man doch bloß lachen. Nun bin ich Chefredakteur und leite zwei Zeitschriften! Ach Gott, gleich zwei, schöner Chef, ein Dussel bist du, nichts weiter. Ich arbeite jetzt als Sekretär bei den Schriftstellern! Du als Sekretär wie die feine Irma seinerzeit? Du kannst doch gar nicht Maschine tippen und weißt nicht, wo Punkt und Komma hinkommen, nee, Junge, gib nich an, du bist fürn Asch wie wir alle! Ihre Abneigung gegen Obrigkeiten war tief eingewurzelt, sie ließ auch nicht davon ab, als ihresgleichen die Führung übernahm.

Einen besonders scharfen Haß empfand sie für Hitler. Er äußerte sich, indem sie sich ständig über ihn lustig machte und ihn nicht ernst nahm, ihn nicht und seine Rotte, die Göring, Goebbels, Himmler, Heß. Nachdem Onkel Orje von der SA so geschlagen worden war, daß er an den Folgen starb, und Onkel Fritz im KZ gesessen hatte, äußerte sie sich nicht mehr so laut wie im Wahllokal. Aber sie konnte es nicht lassen, im Kreis der Verwandten und Freunde von Hitler anzufangen und sich über ihn zu mokieren; besonders im Garten, am Kaffeetisch unterm Fliederstrauch, laut, schallend, wie es ihre Art war. Als Pickelhering bezeichnete sie ihn mit Vorliebe, ein Ausdruck, den sie sonst nie verwendete und den sie hochdeutsch akzentuiert aussprach; dieser Pik-kel-hering, der kein Fleisch frißt und bei Frauen nicht kann, das ist doch nichts, das wird doch nichts. Ein Anuche – Anuche sagte sie stets statt Eunuche –, was soll bei einem Anuchen Gutes rauskommen? Und mit diesem Bart unter der Neese! Sie sah Vater wütend an. Du hattest auch mal solch Ding dort. Vielleicht wärst du auch verrückt geworden und Führer. Aber ich hab dir damals gesagt, du mußt ihn dir abnehmen lassen, da bist du nicht Hitler geworn! Sie lachte hellauf. Du bist nicht wie dieser Pickelhering, ne, sondern nur ein normaler Dämel.

Als sie Hitler in der Wochenschau gesehen hatte, schüttelte sie sich: Wie dieser Pickelhering zappelt! Wie er mit den Armen zirkelte, sich mit den Fäusten an die Brust schlug, wie er sich an den Kopf griff und die Hand in den

Saal streckte, wie er ins finstere Kino hineinschrie, das kam ihr idiotisch vor. Besonders gern, besonders häufig und laut wie stets erzählte Mutter diesen Witz: Hitler geht einen Teppich kaufen, er sucht sich einen aus, der Verkäufer fragt: Mein Führer, soll ich ihn einpacken, oder fressen Sie ihn gleich auf? Ich verstand nicht, weshalb die Erwachsenen darüber lachten, wenn auch hinter vorgehaltener Hand, nur Mutter laut. Ich fragte Vater, und er erklärte mir, es sei doch bekannt, daß Hitler solche Wutanfälle bekäme, daß er Schaum vor dem Maul habe und in den Teppich bisse. Dieser Pickelhering, die ganze Schnauze voller Fusseln! Mutter prustete und schüttelte den Kopf.

Sie suchte nach einem Gegensatz zu diesem verhaßten Pickelhering und besichtigte andere Staatsmänner und Politiker, keiner gefiel ihr so recht. Besonders hatte sie es auf Chamberlain abgesehen, sein Schirm und seine Melone ärgerten sie. Ein Schirm, das ist doch bei einem Mann lächerlich, wenn er mal hier vorbeikommt, hau ich ihm die Krücke auf dem Kopf kaputt. Sympathischer erschien ihr Churchill, den sie Schurschill aussprach, was meinen eben angelernten Englischkenntnissen entgegenstand, aber Mutter pochte mir nur den Zeigefinger an die Stirn, wenn Schurschill dasteht, dann heißt es auch Schurschill, du Scheißer.

Der ist genauso dick wie Göring, das kann ich ja auf 'n Tod nicht leiden. Die fressen sich doch von unserm Geld fett. Aber der Schurschill raucht immer seine dicke Zigarre, ich riech doch gern Zigarrenrauch, hier raucht ja keiner Zigarre. Und dann beklunkert sich der Schurschill, obwohl er so dick ist, nich mit so vielen Orden wie der fette Hermann. Aber ein Graf oder Fürst soll er auch sein, da ist er fürn Asch!

Bei den Obrigkeiten und deren Vertretern unterschied sie nicht nach gut und böse, richtig oder falsch, fortschrittlich oder reaktionär. In der Zeitung stieß sie auf ein Foto Stalins, er hielt eine Tabakspfeife in der Hand. Ich kann ja eigentlich Pfeifenqualm nicht ausstehen, und mit seiner Jacke sieht der alte Knacker auch nicht gerade wie ein feiner Mann aus. Aber ein Poletiker mit Pfeife ist mir noch nicht vorgekommen. Hoffentlich hat er guten Tabak. Nach dem Krieg sah sie Stalinbilder auf den Straßen, Transparente und viele Fotos in den Zeitungen. Sie erregte sich über die großen goldenen Schulterstücke des Generalissimus, mein Gott, soviel kann der doch nicht gekämpft haben, und auf euren Bildern sieht er immer aus wie ein junger Bursche, der wird ja gar nicht älter.

An Wilhelm Pieck mochte sie die Jovialität; seine metallische Stimme, die sie aus dem Radio hörte, gefiel ihr. Nur blieb sie mißtrauisch bei Piecks Korpulenz. Der war doch früher nicht so dick, der wird wohl eine bessere Karte haben als wir, Fett und Fleisch, soviel er will. Außerdem sagt man, seine russischen Freunde haben ihm eine Kuh geschenkt, damit er täglich Milch und Butter hat. Wenn sie uns eine solche Kuh schenken würden, hätte ich nichts dagegen.

Mit Walter Ulbricht, den sie später oft im Radio hörte, und sie hörte sich gern die Reden und Vorträge an, dabei arbeitend, hatte sie Verständigungsprobleme: Euren Ulbricht versteht man ja gar nicht, dies verfluchte Sächsisch, ich wer' ganz krank davon. Auch sein Bart störte Mutter. Sie konnte eben dicke Menschen und bärtige Männer nicht leiden, und hatte sie sich einmal entschieden, dann war sie auch durch Vernunftgründe nicht von ihrem Urteil abzubringen. Mutter, du kannst doch Churchill und Göring nicht vergleichen. Doch, die sind dick, und das reicht mir, und sie wohnen beide in einem Schloß.

Mutter, du kannst dich doch nicht über Stalin aufregen, nur weil er einen Bart trägt. Das ist ein großer Mann, der hat dem Hitler, der ja auch einen Bart trug, das Genick gebrochen!

Mutter winkte dann mit einer kurzen, heftigen Bewegung ab. Laßt mich mit eure Poletik in Ruhe, Bart bleibt

Bart. Aber natürlich wußte sie doch zu unterscheiden, und später kam ich dahinter, daß sie uns oft nur ärgern wollte, unseren Widerspruch reizen, sich an unserer Wut über ihre Verbohrtheit weiden.

Am besten von allen Politikern gefiel ihr Chrustschow. Der mit dem ulkigen Hut, sagte sie. Dennoch war sie auch mit ihm nicht völlig zufrieden, ein Mann von seiner Bedeutung hatte ein feiner Herr zu sein, dies stand unumstößlich fest, und nu läuft der im offenen Hemd herum, ohne Kragen, nee!

Ein Chrustschow-Besuch war angekündigt. Mutter blickte, wie einst Großmutter, über die Brille weg. Warum ist euer Krutoschow noch nicht da? Hat sein Zug wegen der Kälte Verspätung? Oder ob er überhaupt nicht kommt? Ist er über euch verärgert?

Ich fiel auf Mutters Fragen herein und bewies ihr, daß es in der Politik keine Verärgerungen gibt und keine Zugverspätungen.

Er ist doch schon seit gestern abend in Berlin, sagte Mutter plötzlich und lachte höhnisch.

Allerdings brachte sie das brüderliche Küssen von Politikern sehr auf, da konnte sie sich nicht beruhigen und meinte es ernst. Männer küssen sich doch nicht. Und schon überhaupt nicht, wenn sie nich verwandt sind. Außerdem ist das un-hie-ge-nisch! Mutter schüttelte sich angeekelt. Ich küß ja nicht mal meinen Mann, wenn er erkältet ist …

Trotz ihres streitsüchtigen Charakters liebten Mutter viele Leute; manche nutzten ihren freigebigen Tisch, ihre Gebefreudigkeit, ihr argloses Wesen aus. Wen sie liebte, wem sie vertraute, dem kam sie ohne jede Einschränkung entgegen, den verteidigte sie, selbst wenn er unrecht hatte. Aber niemand war vor ihrer Offenheit, ja Taktlosigkeit sicher.

Die sowjetischen Offiziere und ihre Frauen, mit denen

ich im Haus der Kinder zusammenarbeitete, forderten mich auf, doch einmal meine Eltern zu ihren kleinen Festen mitzubringen. Ungute Gefühle bewegten mich, als wir losgingen, Vater in seinem Knickerbockeranzug, eine Krawatte vor dem karierten Hemd, sogar mit Baskenmütze; Mutter wie stets mit Schürze, aber sie hatte sich mit der Brennschere das Haar gewellt, gekreppt. Jahrelang hatte sie es nicht getan, und ich roch wie in der Kinderzeit das angesengte Zeitungspapier, an dem sie die richtige Temperatur der Brennschere erprobte. Mein ungutes Gefühl galt Mutter, was würde sie heute wieder loslassen, wie würde sie uns in Verlegenheit bringen, wessen Fell würde sie heute versaufen?

Meine Eltern gefielen den sowjetischen Offizieren und ihren Frauen sofort. Vater mit ungewohnter Grandezza, Mutter behäbig lachend und scherzend. Es wurden Leckerbissen gereicht: Ölsardinen, Makrelen und harte, scharfgewürzte Wurst.

Na, ihr habt's ja, sagte Mutter, das kann ich nicht jeden Tag meinem Mann anbieten, sie zeigte mit krummem Zeigefinger auf Vaters flachen Bauch. Vater trank Wodka, er wurde schnell angeheitert, was im Alter nun eher geschah als früher, redselig erzählte er, wie er als Matrose der Volksmarinedivision am Berliner Marstall mitgekämpft hatte. Hauptmann Beburow erhob sich und brachte einen Trinkspruch auf Vater aus, den Roten Matrosen, den Arbeiter, den Kern des deutschen Proletariats, was Vater stolz und gerührt anhörte. Mutter sagte laut in das Gläserklirren hinein: Und ich? Bin ich etwa nichts? Ich bin aber vom Lande und nicht von eurem verfluchten Pro-letari-tat! Und schüttete sich, allen zuprostend, den Inhalt eines großen Wodkaglases in die Kehle. Mutter kannte, wenn sie getrunken hatte, keine Hemmungen mehr. Schon pickte sie mit der Gabel an ihr Glas und setzte ihrerseits zu einem Trinkspruch an, du lieber Himmel, ich wechselte einen Blick mit Vater, der auch begriff, aber nur die Schultern hob.

Also ich bin heute abend sehr zufrieden mit euch, hier kann man richtig feiern und quatschen, was man will, auf deutsch dazu. Die Russen dachte ich mir ganz anders, und bei eurem Einmarsch war das ja auch so, einer, ganz schön im Suff, wollte mit mir tanzen …

Ich blickte Mutter beschwörend an, Vater knurrte. Mutter, die unsere Pein bemerkte, schüttelte lächelnd den Kopf. Nu laßt mich doch mal reden, die beiden Doofen wollen das nämlich nicht, sie zeigte auf Vater und mich. Also da stellt sich Vater hin und sagt: Erst mußt du bumbum machen, erst mußt du mich totschießen. So eifersüchtig war Vater. Mutter lachte. Nu wollte der Russe mit Vater trinken, und weil sie keinen Schnaps hatten, haben sie eine Flasche Kölnischwasser aufgemacht und ausgesoffen. Ich dachte nu, die Russen saufen bloß Kölnischwasser, aber hier gibt's Schnaps und gutes Essen, mein Gott, Vater, seit wann haben wir keine Ölsardinen mehr gehabt? Also schon wegen dem Essen und sonst finde ich es gut, daß mein Junge bei euch Lehrling ist. Prost! Mutter huschte um den Tisch, zog den großen Beburow zu sich herab und gab ihm einen knallenden Kuß.

Vater scharrte mit den Füßen, ich war vor Scham und Verlegenheit bleich. Die sowjetischen Offiziere und ihre Frauen lachten laut und klatschten Beifall; Hauptmann Beburow füllte Mutters Glas neu und sagte: Kein Parfüm, sondern echter russischer Wodka, trinken wir auf uns alle, auf Russen und Deutsche, gemeinsam. Mutter trank ihr Glas wieder auf einen Hieb aus, sprang erneut auf, umarmte Beburow, dann der Reihe nach alle anderen, auch Vater in ihrer Rage, doch als sie bemerkte, daß es ihr Mann war, schrie sie: Du bist ja gar kein Russe, sondern ein oller geiziger Pollacke! Und sich mir zuwendend, schrie sie noch lauter: Und du bist fürn Asch!

Beburow ließ uns in seinem großen Wagen nach Hause bringen, was die Eltern mit großer Würde und tiefbefriedigt hinnahmen. Man verabschiedete sich durch Küsse, auch die Männer, und diesmal hatte Mutter nichts dagegen, als Hauptmann Beburow und Oberleutnant Trussow Vater umarmten.

Mutter lebte immer mit voller Kraft und in großer Lautstärke. Allerdings glaubte sie stets, den nächsten Monat, das nächste Jahr nicht mehr zu erleben. Sie beklagte ihr Schicksal nicht, sie nahm es als gegeben hin und teilte uns ihre Befürchtungen nur mit, damit wir uns auf ihren bevorstehenden Tod einrichten sollten.

Solange ich dich kenne, Mulle, willst du in der nächsten Woche sterben, da geb ich nichts drauf, sagte Vater gleichmütig. Mutter meinte es aber ernst, es steckte auch etwas Streitsucht mit dem lieben Gott darin, von dem sie nicht sicher wußte, ob es ihn gab oder nicht und wie weit seine Macht und Milde reichten. Mutter machte sich nicht viele Gedanken über das Leben, über das Jenseits ebenfalls nicht. Vor dem Tod habe ich keine Angst, bloß vor dem Sterben, und ich bin ja auch so graulich und habe Angst vor Toten, vielleicht graule ich mich vor mir selbst!

Obwohl sie das Leben derb und unerschrocken nahm, erschien ihr seltsamerweise vieles graulich; sie fürchtete sich im Dunkeln oder erschrak vor Fremden, die plötzlich in der Tür standen. Als Vater tödlich verunglückt war, fürchtete sie lange, er könnte ihr nachts erscheinen. Sie verklebte die Glasscheibe im Oberteil der Stubentür. Ich sehe Vater immer durchgucken, als ob er im Korridor steht und ins Zimmer reinsieht, da graule ich mich eben.

Die immer im nächsten Monat zu sterben glaubte, sie wurde achtundsiebzig Jahre alt. Am Ende hinfällig und schwer krank, säuberte sie ihre Wohnung ausgiebig, ehe sie ins Krankenhaus ging. Sie kletterte auf den Tisch und rieb stehend die Lampe blank. Man sollte keinen Staub finden, wenn man nach ihrem Tode in die Stube trat. Sie richtete umsichtig ihre geringen Habseligkeiten, legte ihre Bescheinigungen und Papiere bereit und suchte aus ihrer Kommode das alte Leinenhemd hervor, welches sie zu ihrem Totenkleid bestimmt hatte. Sie ging mit dem Staublappen in der Hand noch einmal durch die Wohnung, wischte hier und da, schaute sich um, nahm ihre Tasche und schloß die Tür ab, zweimal, wie abends stets. Sie wußte, zum letztenmal. Lachte kurz auf. Scheiß ins Leben! Ob der mich überhaupt noch erkennt? Aber so verändert habe ich mich doch nicht in den zehn Jahren, wie? Ich bin doch immer noch die alte, da muß er mich doch erkennen, wenn ich auch verwachsen und vorbestraft bin …

Die Faust hat immer recht

Von klein auf bewunderte ich die große Körperkraft meines Vaters, später ebenso seinen starken Willen, ich begriff, beides bedingte einander.

Vater, untersetzt, nicht ausladend breitschultrig, bedächtig gehend, manchmal auch mit fast tänzerischem Schritt. Man sah ihm die Stärke nicht an. Lief er sommers mit aufgekrempelten Hemdsärmeln, zeigten seine Arme nichts von ihrer Kraft, auf ihnen türmten sich keine Muskelpakete. Seine Hände waren nicht sehr groß, fast quadratisch, mit breiten Fingern. Erst sein kräftiger Händedruck machte stutzig.

Bei besonders guter Laune, was selten genug vorkam, hockte er sich im Schuppen vor zwei Kohlensäcken hin, jeder einen Zentner schwer, und riß die Säcke, in jeder Faust einen, ächzend, mit tiefrot anlaufendem Gesicht bis zur Schulter hoch.

Ich bewunderte Vaters ungeheure Kraft nicht nur, manchmal fürchtete ich sie. Gab er mir eine Ohrfeige, schrie ich, und es war echte Furcht: Mir fällt der Kopf ab! Später haßte ich diese Kraft! Ich wollte sie besiegen, um das schmähliche Gefühl der Unterlegenheit zu verlieren. So forderte ich Vater zum Faustkampf heraus. Er nickte dann ernsthaft und setzte sich in der Stube auf den Stuhl am Fenster, zwischen Tisch und Volksempfänger, streckte seinen linken Arm vor, ballte die Hand zur Faust und winkte mich mit dem Kopf heran. Ich stürmte los, lässig und lächelnd, nachher verbissen, wütend. Welche Finten ich mir einfallen ließ, ob ich mich duckte oder wild vorsprang, immer stand diese schwere, geballte Faust vor mir, traf mich schmerzhaft und schmetterte mich zurück. Ich stürmte wieder an und wurde wieder zurückgeworfen. Der Kampf dauerte lange, eine Viertelstunde, eine halbe, Mutter schimpfte aus der Küche heraus. Vater lächelte kaum, lachen sah ich ihn noch seltener, und dann meist sarkastisch. Bei diesen Kämpfen lachte er bis zu Tränen.

Vater lächelte merkwürdig schief und unschön, der rechte Mundwinkel zog sich dabei nach unten. Dies rührte von Narben her, die ihm nach der Behandlung eines Lippenkrebses geblieben waren. Das war das einzige Mal in seinem Leben, daß Vater wirklich krank war, er lag wochenlang in der Berliner Charité. Bei unseren Besuchen blickte ich neugierig auf die kleinen silbernen Nadeln, die in Lippe und Haut steckten. Die seinerzeit übliche Radiumbehandlung schlug an, denn er lebte danach mehr als zwanzig Jahre, immer in strotzender Gesundheit, nie wieder ernsthaft krank.

Vater lächelte erst, dann lachte er, ich sprang besinnungslos vor Wut und Haß los, wurde wieder zurückgeschmettert. Ich gab nicht auf, begann mit den Füßen zu stoßen, versuchte ihn zu beißen, Vater lachte. Endlich, manchmal nach einer Stunde, Mutter tobte ebenso laut in der Küche, hielt er mir plötzlich die Hände fest. Siehst du nun ein, du triffst mich doch nicht. Sieger nach Punkten dein Vater!

Ich stiefelte mit brennenden Schmerzen an Oberkörper und Gesicht in die Küche, setzte mich an mein Schreibpult, eine alte Schulbank, die Vater beim Kohlenaustragen in einem Keller aufgetrieben hatte, vergrub den Kopf in meinen Armen und heulte vor Schmerzen und Verzweiflung. Oder ich wies ihm wuterfüllt meine blauen Flecke vor, die Zeichen seiner Faust.

Vater setzte sich immer noch lachend zum Essen an den Küchentisch, ich wollte mich erneut auf ihn stürzen, Großmutter hielt mich mit ihren kleinen zärtlichen Händen fest.

Vater gefiel meine Wut und mein unermüdliches Anrennen; er schürte meine Kampfeslust und förderte meinen

Jähzorn. Ich wundere mich heute nicht, daß ich bei meinen Mitschülern wegen dieses Jähzorns, der slawischen Wangenknochen und geschlitzten Augen lange der Hunne hieß oder sogar Hunnenkönig.

Vaters Körperkraft war nicht offensichtlich, er prahlte nicht damit, wenn aber seine Muskeln unter dem Hemd zu spielen begannen und wenn seine Augen anfingen tückisch zu funkeln, konnte einem bange werden.

Wir wohnten noch in Moabit, am Rand des Beusselkiezes, also muß es kurz vor Hitlers Machtergreifung gewesen sein oder in den ersten Monaten des Jahres 1933, als wir von einem Besuch vermutlich bei Onkel Jule in Stralau mit der S-Bahn abends nach Hause fuhren. Wir stiegen in Ostkreuz ein, Nordring, Richtung Putlitzstraße. Vater, den ich nie betrunken habe taumeln sehen, war angeheitert und machte derbe Scherze mit Mutter und mir. Wir saßen im sogenannten Viehabteil, Hunde und Gepäck, mit uns drei SA-Leute, keiner sonst im Wagen. Vater besah sich die drei lange und sagte laut, was er sonst nicht tat: Guckt euch doch die drei Halunken an, richtige SA-Schweine, richtige Nazilausewänste – ein Lieblingswort von ihm.

Mutter griff fahrig nach mir und drückte mich beiseite, sie versuchte, Vater zur Ruhe zu bringen. Der trat einen halben Schritt vor und maß die drei Braunen weiterhin mit aufreizenden Blicken. Es dauerte seine Zeit, ehe wir die nächste Station erreichten, und während dieser Zeit erwiderten die drei kein einziges Wort, starrten an Vater vorbei aus dem Wagenfenster. Sie hatten sich den Mann wohl genauer angeschaut, besonders seine steinernen Fäuste. Die drei schwiegen und verschwanden auf der nächsten Station. Mutter zeterte noch lange, nannte Vater einen Suffkopp, der uns alle ins Unglück reißen würde; Vater, angetrunken, sagte, schief lächelnd: Die doppelte Portion hätte ich noch zusammengehauen! Die doppelte Portion, das gefiel mir gleich, und ich vergaß es nicht.

Vater war nicht nur stark, er war auch furchtlos und setzte mehr noch als Stärke solche Furchtlosigkeit bei anderen Menschen voraus. Er wurde ungerecht, ja mitleidslos gegen jene, die Zeichen von Angst zeigten, also auch gegen mich, und er sagte oft: Dir werd ich den Schiß schon abgewöhnen!

Als die ersten englischen Luftangriffe auf Berlin begannen, ließ er mich gegen Mutters Widerstand nicht im Luftschutzkeller sitzen, sondern zog mit mir auf Beobachtungsposten, wir hockten in einem kleinen Vorbau, den man vor der Kellertür errichtet hatte, aus ein paar wurmstichigen Brettern und einigen Tüten Sand. Er wich nicht von diesem Platz, auch nicht, als die Angriffe häufiger wurden und gefährlicher; später lief er mit mir mitten im Flakfeuer oder zwischen den Bombendetonationen auf den Hausboden, ließ mich vor sich die klobige Leiter hochklettern, aufs Dach hinaus, wo wir dann stumm standen und über die bebende Stadt blickten, Hose und Jacke schlotterten im Wind, in mir zitterte mein Herz. Vater unbewegt und grimmig.

Eine von Mutters ältesten Freundschaften, die alte Frau Wolff, erzählte uns immer wieder mit tiefem Staunen, bis weit in die Friedensjahre hinein, kopfschüttelnd und aufgeregt, wie sie bei einem der amerikanischen Bombenangriffe auf Berlin aus dem Keller gejagt worden war, Brandbomben zu löschen. Sie war in den Hausflur geflüchtet und starrte zum Straßendamm, auf dem Stabbrandbomben weißzischend ausbrannten. Da erschien auf der abschüssigen Thaerstraße, vom Viehhof her, Vater mit seinem Fahrrad und fuhr, ohne einen einzigen Blick in den Himmel zu richten, wo die Bomber ihre silberne Spur zogen und die Flakgranaten zerplatzten, langsam an der alten Frau Wolff und ihren Nachbarn vorbei. Er umkurvte die Brandbomben und steuerte zum Baltenplatz hin, in Richtung unserer Wohnung. Mutter fragte ihn oft, ob die Erzählung stimmte, Vater knurrte nur zur Antwort; ich wußte, kein Wort war übertrieben. Anderes erzählte man über Vater in den letzten Tagen des Krieges, während der Häuserkämpfe in Berlin. Hitlerjungen, mit Sturmgewehren und Panzerfäusten bewaffnet, hockten auf den Dächern am Comeniusplatz. Die Menschen in den Kellern fürchteten, das würde die sowjetischen Truppen zu einem großen Sturmangriff zwingen, zu Attacken mit der Stalinorgel. Vater stieg hoch und drohte den Jungen, den verdammten Lausebengels, Maulschellen an; er fürchtete sich nicht vor den schwerbewaffneten, den in ihrer Panik, ihrem Fanatismus unberechenbaren Burschen. Sie sahen ihn – wie damals die SA-Männer – schweigend an. Ein paar gaben auf, die anderen zogen sich, Drohungen ausstoßend, über die Dächer zur Posener Straße zurück. Von der alten Posener Straße stehen heute noch drei Häuser.

Mehr noch als Vaters Körperkraft peinigte mich seine Furchtlosigkeit. Ich fühlte früh, daß man Körperkraft antrainieren kann, aber meine Ängste zu überwinden oder nur einzudämmen, dies glaubte ich nie zu schaffen. Ich überlegte mir später, besonders als ich während des Krieges, fast erwachsen, Todesfurcht an mir wahrgenommen hatte, daß Fehlen von Angst in Wirklichkeit ein Charaktermangel sei, Vaters fehlender Phantasie entstamme; ich nannte es damals Seelenkälte. Dies alles stimmte nicht, auch ein herber und starker Charakter kommt ohne Furcht nicht aus, ich hatte nur vergessen, daß ich meinen Vater ängstlich erlebt hatte.

Der geliebte Stralauer Fischzug! Wir sahen uns den Umzug an, Trachtengruppen, Kapellen, bekränzte Pferdewagen. Der Gurkenheinrich kam! Er stand auf seinem Pferdewagen, griff in die Fässer voller Salzgurken und warf sie rechts und links ins Publikum. Größte Freude, eine dieser weichen, vom Wurf aufgerissenen Gurken zu erwischen und hineinzubeißen, daß der Saft herausspritzte. Karussells, Geisterbahnen, Riesenräder, viele Glücksbuden. Ich zog ein Los. Der Junge hat doch Scheiße an den Händen, schrie Mutter; ich hatte den Hauptgewinn. Vater rief laut, was er sonst geradezu haßte: Hier hängt er! Der Hauptgewinn bestand aus einer Flasche Mehrfruchtwermut und einer ranzig schmeckenden, knochenharten Wurst. Eine Achterbahn, deren Wagen hoch in den Abendhimmel geschleudert wurden, reizte Vater, mich nicht. Du hast doch wohl keine Angst?

Nein, sagte ich. Vater kramte lange in seinem zerschlissenen Portemonnaie nach Geld.

Es geht steil aufwärts, endlich sind wir oben in unserem kleinen Wagen, Vater und ich. Aber ehe wir nach rechts einschwenken, um tief hinabzujagen, vor Lust schreiend, stürzen wir ab ... Der Wagen drängt aus der Schiene, schwebt über dem Abgrund, tief unten der Boden, auf dem wir zerschellen werden. Ich schreie auf, Vater stöhnt laut, er streckt seinen Arm vor, schützt mich, reißt mich zurück, aber da schwingt der Wagen ein und poltert mit uns abwärts.

Der Schreck war im Preis inbegriffen, die Wagen so gebaut, mit weit vorgezogenen Sitzen, daß man bei Kurven meinen sollte abzustürzen. Wir hatten es geglaubt und uns gefürchtet. Auch Vater. Er fragte mich am Ende der Fahrt: Willst du noch mal? Ich wollte nicht und vergaß bald Vaters zwei Sekunden sichtliche, hörbare Furcht.

Doch weder seine Kraft noch seine Furchtlosigkeit geben Vater am deutlichsten wieder, am meisten gehörte zu Vater Arbeit, harte, körperliche Arbeit, beißender Schweiß auf dem Rücken, gerötetes Gesicht, anschwellende Adern an Schläfe und Stirn. Vater ächzte, schnaufte in wilder Lust und sagte: Flutschen muß es! Ob er sich so an die Arbeit gewöhnte, die er von früher Kindheit an zu leisten hatte, daß sie ihm zum Lebensbedürfnis wurde, oder ob die genetisch festgelegte Kraft dieses Körpers unaufhaltsam zur Arbeit drängte, ich weiß es nicht. Vater liebte Arbeit, man sah es überdeutlich. Bewegungslosigkeit, körperliche Passivität, Nichtstun waren für ihn der Untergang, ja Tod. Und wenn man nicht arbeitete, nicht arbeiten konnte, dann mußte man sich wenigstens sinnvoll bewegen. Deshalb liebte er das Radfahren über alles. Er fuhr bis ins hohe Alter weite Strecken. Ich bekam mein erstes Fahrrad mit sechs Jahren, ein sehr gebrauchtes natürlich, aus dritter Hand, wie alle späteren auch. An jenem Nachmittag, als ich begriffen hatte, wie man sich aufrecht hält und tretend vorankommt, fuhr er mit mir los, von Moabit nach Grünau. Für einen Sechsjährigen, der eben das Fahren gelernt hat, eine erschöpfende Weltreise.

Bei Sturm und Regenwetter fuhr er, ja, er liebte scharfen Gegenwind, mit dem er zu kämpfen hatte, er schob dann die Schiffermütze tief in die Augen und beugte sich vor. So fuhr er täglich zur Arbeit, so radelte er nach Schlesien und Westpreußen. So tauchte er plötzlich im Zeltlager am Malchiner See auf.

Mutter hatte Vater überredet, mich zu den Pimpfen zu schicken. Sie verschwieg, daß Direktor Groth dies zur Bedingung für die Aufnahme ins Gymnasium gemacht hatte, sie erzählte von Zelten und Spielen, von Basteln und Bauen, und Vater, der die Sache so ernst nicht nahm und dem Ordnung und Disziplin wichtig waren, stimmte schließlich zu. Als ich ins Zeltlager fuhr, kam er eines Sonntagmorgens angeradelt, von Berlin her, die Sache zu kontrollieren. Da er uns beim Baden fand und nachher im Kochgeschirr löffelnd vor den Zelten, war er zufrieden und fuhr gleich wieder zurück, er mußte ja montags früh zur Arbeit. Ebenso setzte er sich aufs Rad und fuhr nach Neuruppin, zur Seekaserne, wohin ich eingezogen worden war, um mir mitzuteilen, daß mein Freund Werner bei Crossen an der Oder gefallen sei. Wir wußten, der Krieg war bald zu Ende, und er wollte Abschied nehmen, vielleicht für immer, schüttelte mir wortlos, scheinbar unbewegt die Hand und fuhr nach Berlin zurück. Neunzig Kilometer hin, neunzig Kilometer zurück an einem Sonntag, Anfang März 1945, hungrig und müde.

Natürlich ging es auch um Geldersparnis bei der Radfahrerei. Vater war bedürfnislos, was ihn selbst betraf. Nach jahrelanger Arbeitslosigkeit begann er als Kohlenschlepper, verdiente schlecht und recht so um die hundertzwanzig Mark im Monat und gab fast alles Mutter, behielt nur wenig Taschengeld für sich, was Mutter ihm hin und wieder heimlich kürzte, indem sie ihm Geld aus dem Portemonnaie stahl. Vater, der auch in Gelddingen Ordnung hielt, zählte dann lange kopfschüttelnd seine wenigen Pfennige nach, breitete sie auf dem abgewetzten Wachstuch des Küchentisches aus und begann immer von neuem. Die Rechnung konnte nicht stimmen. Mutter hantierte lächelnd hinter seinem Rücken an den Kochtöpfen. Schließlich fegte Vater sein Geld zusammen und ins Portemonnaie zurück. Wenn ich den erwische, der mir da rangeht … Heute meine ich, er hat natürlich geahnt, wer das war.

Für flotte Kleidung hatte Vater überhaupt nichts übrig, und falls Mutter sich einmal Hoffnungen gemacht hatte, sie könnte aus Vater einen feinen Herrn herausputzen, wie sie es lange mit mir plante, so hatte sie gewiß bald aufgegeben. Zu einem feinen Herrn gehörten für Mutter: Locken, mit der Brennschere gewellt, Glacéhandschuhe und ein schneeweiß funkelndes Cachenez. Vater trug nie, nicht im tiefsten Winter, Handschuhe. Von einem Cachenez konnte auch keine Rede sein; den von Großmutter gestrickten Schal trug er nur, wenn es sehr kalt war oder wenn er Fieber hatte. Mit den durchgekreppten Haaren, Mutters Hauptzeichen für Eleganz, sah es am schlimmsten aus, soweit ich mich zurückerinnere. Vater trug stets eine Glatze, spiegelnd wie ein Eisblock. Jeden Sonnabend mußte ich ihm mit einer Handmaschine die Haarreste im Nacken scheren; wenn ich ihn ziepte, langte er kurz nach hinten und traf mich schmerzhaft an der Schulter. Kopf und Füße müssen in Ordnung sein, sagte Vater, das ist die Hauptsache. Ohne Füße kein Schritt vorwärts, ohne Kopf ist es überhaupt aus! Waren die Haare ab, blieb Vater im Stuhl sitzen, ich holte die Waschschüssel und wusch ihm die Füße, kleine derbe Füße, fast zu klein, wie seine Hände auch.

Wenn Vater nach der Arbeit, von Kohlenstaub geschwärzt, heranradelte, schimpfte Mutter oft. Kuck ihn dir nur an, dein Vater wird nie ein feiner Herr werden, so durch die Straßen!

Für höchste Ansprüche besaß er zu seinem üblichen braunen Manchesteranzug ein Paar brauner Knickerbocker, dazu ein braunes Jackett und ein kariertes Hemd. Zwang ihn Mutter, seine einzige Krawatte umzuwürgen, und das geschah nur äußerst selten, zur Elternversammlung anläßlich der Einschulung ins Gymnasium, zu Großmutters Begräbnis, zu Geburtstagen, brauchte es dennoch langen Streites, bevor Vater sich bereit fand. Du warst doch früher nicht so verrückt, du Dämel, schrie Mutter. Früher ist nicht heute, brummte Vater und versuchte mit den kurzen Fingern einen Knoten zu binden.

Mutter hatte wahrscheinlich recht; ich denke an das einzige Foto, auf dem Vater mit hohem Kragen und Krawatte zu sehen ist, in feschem Anzug. Als Kind weiß man nichts von den Veränderungen an seinen Eltern, man lebt mit ihnen, als hätten sie keine Vergangenheit. Als ich mit Vater zusammen war, gab er jedenfalls nichts oder nur sehr wenig auf sein Äußeres. Aber ich sah es gern, wenn er auf Mutters Drängeln hin den Sonntagsstaat anzog. Vater bekam dann durchaus etwas Elegantes, eine Art von herbem Charme, der selbst mir als Kind auffiel.

Vaters höchster Genuß bestand in der Arbeit auf seinem Feld, dem kleinen Stück Land, das er gepachtet hatte und auf dem er oft zu finden war, wenn er nicht Rad fuhr oder angelte. Natürlich kam uns der Ertrag gelegen: selbstgezogene Tomaten und Salat, Erdbeeren und Stangenbohnen, Kaninchen, die ich wuterfüllt jeden Nachmittag pünktlich zu füttern hatte und die dann als Sonderbraten in der Pfanne schmurgelten. Vater bewirtschaftete das kleine

Stückchen Sandboden vorbildlich, Beete und Komposthaufen wie mit dem Lineal gezogen, eine kleine Laube, aus Kistenbrettern gezimmert, mit Dachpappe umkleidet, geteert. Bei starker Sonne bekam man darin Kopfschmerzen. Dort lag ein alter Strohsack, denn Vater schlief im Sommer gern draußen, was Mutter jedesmal aufregte. Der Mann gehört ins Haus! Eine kleine Fliederhecke mit Bank und Holztisch, der bevorzugte Ort für die sonntägliche Kaffeetafel. Vater hatte diesen Platz nicht gern, er verführte zu Muße, und saß da die pucklige Verwandtschaft, so wirtschaftete er besonders eifrig im Garten, bis Mutter drohte, ihm den Kaffee über den Kopf zu gießen.

Mir gab er die Aufgabe, kostbaren Dünger zu sammeln, den die vielen Pferde der Müll- oder Brauereiwagen lieferten. Ich mußte die Pferdeäpfel in alte Tüten hineinkehren und aufs Feld zum Komposthaufen bringen. Wenn ich nachmittags am Viehhof vorbei, über die Schwarze Brücke weg zum Steuerhaus fuhr, hinter dem unser Feld lag, die Kaninchen zu füttern, hatte ich jeweils eine solche Tüte mitzunehmen, und er kontrollierte pedantisch die Erfüllung dieser verhaßten Aufgaben.

Vater wuchs in der kleinen schlesischen Stadt Bolkenhain auf. Sein Vater, der Viehhirte dieser Stadt, starb früh, seine Mutter, mit drei kleinen Kindern, blieb arm zurück; die Halbwaisen mußten für ihren Lebensunterhalt sorgen. Vater kam mit dreizehn Jahren zu einem Bauern, zuerst als Hütejunge, dann als Jungknecht. Er blieb dort mehrere Jahre, und als er mir seine Heimat zeigte, selbstverständlich per Fahrrad, besuchten wir auch seine alte Dienstherrschaft. Vater, der tief hassen konnte, begegnete dem alten Bauern freundlich, denn trotz der schweren Arbeit hatte er es bei ihnen wohl ganz gut getroffen. Sicherlich stammte aus dieser Zeit seine Vorliebe für Landarbeit, fürs Graben, Hacken, Mähen. Bat ihn wer aus der ungeliebten puckligen Verwandtschaft um Hilfe bei der Gartenarbeit, war er sofort zur Stelle, häufig fuhr er während seines Urlaubs zu Hilde Pfennas jeweiligem Mann aufs Dorf und half dort.

Wie die Eltern zu Pfennas gekommen waren, weiß ich nicht. Pfennas wohnten in der Krautstraße, und man besuchte sich gegenseitig ziemlich häufig. Pfennas kamen zu uns nur in den Garten, wir besuchten sie zu Hause, aber Vater und Ede Pfenna verschwanden sogleich. Entweder krochen sie auf den Dachboden, wo Pfenna eine Taubenzucht eingerichtet hatte, oder sie setzten sich aufs Fahrrad und fuhren zu Pfennas Feld, wenige Kilometer nördlich, in der Nähe der Greifswalder Straße.

Weder die Frauen noch ich durften je mit; nicht auf den Dachboden, nicht aufs Feld. Pfenna, ein kleiner, unruhiger Mann mit ungewöhnlich tiefer Stimme, konnte Frauen und Kinder nicht leiden. Die machten seine Tauben wirr und zertraten ihm die frische Saat. Vater, der wiederum Ede Pfenna nicht ausstehen konnte, ging dennoch hin und übersah dessen unangenehmen zänkischen Charakter. Pfenna hatte goldene Gärtnerhände; was er in den Boden steckte, wuchs an und gedieh prächtig. Seine Tauben waren weit berühmt, seine Karnickel die schönsten und fettesten. Vater lernte stumm, und Ede Pfenna genoß es, den starken, schweigsamen Mann als Schüler zu haben.

Wir blieben inzwischen in der Krautstraße sitzen, die Frauen unterhielten sich. Hilde Pfenna mit einem scharfen Wortschwall, den sie über Mutter ausschüttete, daß Mutter, sonst redegewandt, beinahe verstummte. Hilde Pfenna ging es immer um ihren Mann, den sie nur min Jenner nannte.

An der Stubenwand hing ein Samtbehang überm Sofa, das grünbraune Rechteck zeigte eine Waldschlucht und eine Wiese, in deren Mitte ein Hirsch zum bräunlichen Himmel röhrte. Ich richtete es immer so ein, daß ich dem Hirsch gegenübersaß, konnte meinen Blick nicht wenden und hörte kaum den aufgeregten Reden Hilde Pfennas zu, die ich anfangs für eine Schwester von Ede gehalten hatte. Sie sahen sich wirklich sehr ähnlich; auch Hilde Pfenna war klein, mager und bissig, eine richtige Zigeunersche nannte Mutter sie. Beide Pfennas, dies sah ich erstaunt und auch entsetzt, hatten die gleiche Hautfarbe: olivfarben. Ich glaubte lange, der Bildteppich an der Wand hätte abgefärbt.

Irgendwann ließen sich Pfennas scheiden, und Hilde Pfenna berichtete uns ratternd darüber, voller Beschimpfungen für den Richter und ihren Mann, min Jenner, aber auch begeistert von der Verhandlung. Und wie der Richter gefragt habe: Wann hatten Sie die letzte intime Beziehung? Und wie sich Hilde Pfenna nicht an das genaue Datum habe erinnern können und wie der Herr Rat darüber fuchsteufelswild geworden sei und wie Hilde Pfenna gesagt habe: Erinnern Sie sich denn, wann Sie das letztemal Erbsen gegessen haben? Mutter lachte Tränen über das Wort Erbsen, ich verstand nichts von alledem, grübelte über die Verbindung von Lebensmitteln und intimen Beziehungen nach, zum Glück gab es den Hirsch an der Wand.

Ede Pfenna verschwand aus unserem Leben, ich glaube, Vater freute sich, den unsympathischen Kerl nicht mehr treffen zu müssen, obwohl er wertvolle Tips zur Tomatenzucht oder Kaninchenpflege erhalten hatte. Auf welche Weise Hilde Pfenna an den nächsten Mann, den vierschrötigen Ewald Beust, geriet, weiß ich nicht, sie wohnte jedenfalls plötzlich in Mantel, einem Dorf in der Nähe von Königsberg in Preußen. Sie hausten in einem winzigen Loch, noch kleiner als das in der Krautstraße; Ewald Beust war Knecht auf einem Bauernhof. Zu ihnen fuhren wir nun jeweils ein paar Tage im Jahr, während Vaters Jahresurlaub. Vater schlief dort nicht aus oder legte sich ins Gras, er half bei der Knechtsarbeit. Es machte ihm Spaß, die Sense zu schwingen, die Kornbündel auf den Wagen zu staken, früh mit den Pferden zur Milchsammelstelle zu kutschieren. Natürlich wollte er Ewald Beust helfen, der ihm seiner Stärke und Schweigsamkeit wegen viel besser gefiel als der bissige Gärtner und Züchter Ede Pfenna. Am meisten erfreute Vater die Arbeit selbst, bei ihr erholte er sich vom Kohlentragen. Es kam ihm nie in den Sinn, für seine Arbeit Geld zu fordern. Mutter schimpfte manchmal, aber auch sie war zufrieden, wenn der Bauer für uns eine Schüssel dicke Milch herüberschickte oder einen Topf mit Kochkäse, der sich in lange, nach Kümmel duftende Fäden ziehen ließ.

Hilde Pfennas zweiter Mann ging in den Krieg und fiel als Soldat. Sie flüchtete vor den Endkämpfen westwärts und strandete in Gaarz, einem kleinen Gutsdorf bei Plau am See. Hier schmiß sie sich zusammen, wie Mutter es nannte, mit Fritz Krusemark, der aus Pommern stammte, während der Flucht seine Frau begraben mußte und von seinen zwei Töchtern keine Nachricht hatte. Fritz Krusemark sah aus wie der ältere Bruder ihres zweiten Mannes, nur noch ruhiger und noch bedächtiger, ein mondrundes, dunkelrotes Gesicht und riesige rote Hände; er schloß oft gequält die Augen, wenn Hilde Pfenna losschnatterte.

Im Herbst 1945 gab es die ersten Nachrichten voneinander, an einem schönen Frühlingsmorgen des nächsten Jahres setzte sich Vater aufs Rad und fuhr nach Gaarz. Er fand in Fritz einen späten Freund, mit dem er sich so verstand wie einst mit dem legendären Jule. Vater arbeitete zusammen mit Fritz auf dessen Neubauernacker, sein Gesicht rötete sich, die Adern sprangen an der Schläfe heraus, Schweiß durchtränkte das geflickte Hemd, Lerchen sangen, die Sensen zischten, Fritz Krusemark und Vater arbeiteten und schwiegen. Was gab es Schöneres? Vater war glücklich.

Auch mir gefiel Fritz Krusemark, ich arbeitete in der Erntezeit mit, abends angelten wir am Plauer See. Hilde, ihre Töchter und Fritz hausten in einem einzigen Zimmer des kleinen Schlosses, in jedem Zimmer wohnte eine Flüchtlingsfamilie; Vater und ich schliefen in der Gutsscheune auf fauligem Stroh, die Ratten huschten uns nachts übers Gesicht.

Auch politisch lebte Vater im Zusammensein mit Fritz Krusemark auf. In ihm fand er einen Mann nach seinem

Geschmack und nach seinen politischen Vorstellungen. In der puckligen Verwandtschaft, soweit sie den Krieg überstanden hatte, mißfiel Vater das Gejammer über die schweren Zeiten, in den Familien der Freundschaft klang es nicht anders. Fritz Krusemark bejammerte nicht, was er verloren hatte, seinen kleinen Hof in Pommern, er redete beinahe nie davon, nur wenn man ihn ansprach und drängte. Er begann, Mitte Fünfzig, ein wirklich neues Leben und arbeitete los. Auch wie er Hilde Pfenna ertrug, bestaunte Vater an seinem neuen Freund. Aber arbeiten kann die, das muß man ihr lassen, knurrte Vater widerwillig anerkennend. Es stimmte, Hilde Pfenna rackerte auf den kleinen Feldern, beherrschte den Haushalt auf engem Raum und zog noch ihre drei kleinen Töchter auf, die sie von Beust hatte.

Vater fuhr jedes Jahr im Sommer nach Gaarz und arbeitete zusammen mit Fritz auf dem Acker. Abends saßen sie bei einer Flasche Bier auf der Schloßtreppe und genossen schweigend den Feierabend. Nur hin und wieder sprachen sie ein Wort, ein krachendes gegen die Nazis, gegen die alten Generale, ein höhnisches gegen die Westler, gegen die Kulaken. Fritz Krusemark, sonst die Gutmütigkeit selbst, geriet bei der Politik in düstere Wut. Alle aufhängen ..., da muß man doch dreinschlagen ... Vater nickte ebenso düster, das war ein Mann nach seinem Geschmack. Die Faust hat immer recht.

Fritz Krusemark mit seinem schwerfälligen, aber wachen Kleinbauernverstand, getrieben von ökonomischem Zwang und zu politischer Einsicht gekommen, wahrscheinlich auch durch Vater, trat als einer der ersten im Kreis in eine Genossenschaft ein und wurde ihr Vorsitzender. Das brachte für Vater mehr Arbeit; er ärgerte sich über mich, wenn ich ihn zur Erntezeit nicht nach Gaarz begleitete, weil ich anderes zu tun hatte, in der FDJ. Maulhelden, redet euch nur die Zungen fusselig, knurrte er aufgebracht. Zum Genuß der Arbeit kam für ihn nun das schöne politische Faustrecht, denn es gab Streitereien, Handgreiflichkeiten am Feldrain, Drohungen und Steinwürfe, alles nach Vaters Geschmack. Auch daß sein Freund Fritz daran Gefallen fand und sogar behäbig lachen konnte, wenn es hart zuging, nahm Vater für ihn ein. Mutter regte sich auf: Ihr Dämel, bleibt zu Hause und trinkt euer Bier, haben wir alle nicht genug gelitten in diesem verdammten Krieg? Und jetzt fangt ihr schon wieder zu streiten an. Trinkt, statt zu dis-ku-tie-ren; Mutter sprach dieses Vater sonst verhaßte Wort hochdeutsch und höhnisch aus. Du wirst zuletzt noch ein alter Quatschkopf; und von dir, Fritz, hätte ich das schon gar nicht gedacht. Hilde Pfenna lachte schneidend.

Mit Worten streiten bedeutete Vater nichts. Er nannte dies immer Gerede. Wurde ihm das zuviel, sagte er: Die Faust hat immer recht! Er machte keinen Unterschied zwischen wichtigen Reden und blankem Geschwätz. Später einmal, von mir befragt, erzählte er aus seiner politischen Vergangenheit, und ohne es zu wollen, kam er auf den Punkt, woher seine Ablehnung von Geschwätz stammte, über die charakterliche Veranlagung hinaus.

Vater war als Roter Matrose der Volksmarinedivision Mitglied der USPD geworden und stand auf deren linkem Flügel, wahrscheinlich auf dem ultralinken. Damals lief er noch in Versammlungen; diese Zeit, in Rußland wie in Deutschland und anderen Ländern, lebte und bewegte sich in langen geräuschvollen Versammlungen. Vater schrie seine grimmigen Zwischenrufe, meldete sich zu Wort, hörte zu, tobte wen nieder und schrie Beifall für einen anderen. Auch das Wort konnte recht haben, Vater wußte es seinerzeit.

Auf irgendeiner Versammlung traten gegeneinander auf: Adolph Hoffmann und Paul Levy, Redner verschiedener Flügel und Fraktionen. Eine Versammlung nach Vaters Sinn, in Zigarettenrauch eingehüllt, Geschrei, geschwungene Fäuste, Zischen, Pfiffe, heiseres Gebrüll, zündende Sätze, schneidender Hohn.

Vater erinnerte sich nicht, wer Sieger blieb in diesem Rededuell, worum es überhaupt ging bei dieser Diskussion und wessen Standpunkt er zuneigte. Die Versammlung wurde geschlossen, man ging auseinander, noch redend, sich beschimpfend, Vater mit einigen Freunden trieb es in eine Kneipe. Und dort machte er diese schlimme Entdekkung.

Da sitzen doch die beiden, die sich eben beschimpft haben und bekämpft bis aufs Messer, da sitzen Adolph Hoffmann und Paul Levy friedlich beim Bier zusammen, sie lachen, ein Herz und eine Seele, schlagen sich auf die Schulter, schütteln sich die Hände. Na, da war es aus und Schluß bei mir. Da konnte mir die ganze Partei gestohlen bleiben, alles nur Heuchler und Gerede. Erst aufeinander los und dann beim Bier Brüderküsse, nee, solche Sache ist bei mir nicht drin, nur die Faust hat recht!

Er warf sein Parteibuch hin und blieb bis an sein Lebensende mißtrauisch gegenüber Parteirednern, Funktionären, Diskutanten. Vater fühlte sich fortab links von den Kommunisten; diese Ungebundenheit kam seinen anarchistischen Neigungen entgegen, aber er trat der kommunistischen Roten Gewerkschaftsopposition bei, beteiligte sich an deren Versammlungen und Kämpfen, denn hier ging es um handfeste, meßbare Lebensdinge. Die Mitgliedskarte behielt er während der ganzen Nazizeit in seiner zerschabten Brieftasche aus Kunstleder, starrsinnig und unvorsichtig. Ein sowjetischer Soldat, der bei den Kämpfen um Berlin Vater nach Waffen untersuchte, fand die Karte bei ihm und zerriß sie, wohl aus Wut und Verachtung darüber, daß so viele Deutsche sich als Kommunisten ausgaben, was Vater aber nie getan hatte. Er änderte zwar seine Meinung nicht, die von einem wachen, scharfen Klasseninstinkt geprägt und von einem starken, unbeweglichen Charakter festgelegt war, aber er genügte sich selbst und blieb sich treu, vor allen Dingen in seinem Haß. Und da niemand ihn ansprach, auch mein Onkel Fritz nicht, beteiligte er sich nach 1933 nicht an Widerstandsaktionen. Er hörte, lediglich ziemlich laut, und nicht nur, weil er begann schwerhörig zu werden, sondern aus Daffke, wie er sagte, den Londoner Rundfunk und Radio Moskau, und er schob Kassiber.

Auch nach 1945, sosehr er sich für Politik interessierte, schloß er sich der Partei nicht an. Wieso mit den Sozialdemokraten zusammen, den schlappen Arschlöchern? Wieso hat Stalin die Engländer und Amerikaner nach Berlin gelassen?

Wieso denn bürgerliche Parteien, die immer auf der anderen Seite standen und es wieder versuchen werden? Wieso einen Professor, einen Schwätzer, als Oberbürgermeister von Berlin, warum keinen Kommunisten? Schon wieder diese Taktik, schon wieder diese Strategie!

An der Politik interessierten und gefielen ihm solche Vorgänge: Enteignung der Kriegsverbrecher, Sieg über polnische weiße Banden in der Weichselniederung, die Sowjetunion im Besitz der Atombombe, Entlarvung von Agenten, Festnahme eines Schieberrings, Vormarsch der Roten Armee in China, Massenstreik in Frankreich …

Er trat nach dem Krieg in den Freien Deutschen Gewerkschaftsbund ein und blieb ihm treu, entgegen Ärger und politischen Drohungen, da bei seiner Firma in Westberlin eine neue rechte Gewerkschaft, die UGO, etabliert worden war und alle seine Kollegen Mitglieder wurden, nur Vater nicht.

Vater handelte meist direkt, er wich nicht von einmal gefaßten Urteilen und Vorurteilen ab und revidierte sich nie. Alle diese Eigenschaften vertrugen sich mit einem überaus strengen, beinahe preußischen Pflichtgefühl. Obwohl er wußte, daß er ausgebeutet wurde, lehnte er jede Drückebergerei in der Arbeit, jedes Schludern ab. Nicht allein des Geldes wegen feierte er nie krank, verstellte er sich nicht, um dem Unternehmer eine Nase zu drehen und gemütlich im Garten zu sitzen, wie andere es taten. Vielleicht war ihm auch danach zumute, auf Kosten des Unternehmers oder des ungeliebten Staates zu faulenzen, andererseits verachtete er solche Künstler, wie er sie nannte, Kröbers etwa. Arbeit war ihm Pflicht. Pflichtgefühl besiegte seinen Anarchismus.

Die Eltern heirateten in den Märztagen des Jahres 1920, mitten im Kapp-Putsch. Mutter hatte endlich, männererfahren genug, darauf bestanden, die Hochzeit nicht zu verschieben, wie Vater es wollte, wirklich der schlimmen Tage wegen. Sie sprangen durch die leeren, von Schüssen durchpeitschten Straßen zum Standesamt. Vater fluchte, Mutter zögerte, ob man vielleicht nicht doch besser umkehren sollte, rannte dennoch weiter, an die möglichen Folgen denkend. Seltsamerweise arbeitete das Standesamt auch an diesem Tag treu-bürokratisch weiter, die Trauzeugen jedoch, Onkel Orje und Onkel Paul, erschienen nicht. Vater wollte zurück, aber Mutter, ihre Zweifel nicht vergessend, ließ nicht zu, daß sie unverrichteterdinge abzogen. Sie griff sich irgendwelche Beamten einer Behörde im Stockwerk oberhalb des Standesamtes und zerrte sie als Trauzeugen vor den nervösen Standesbeamten. Mutter und Vater wurden getraut. Die jungen Eheleute gelangten auf ähnlich gefahrvolle Weise zurück, ich weiß nicht, in welche Behausung, ob in ein möbliertes Zimmer, ob zu Verwandten; auch dort nichts von Feiertafel, Fete und Trinksprüchen, nicht einmal ersatzweise ein stilles Schmusen auf dem Sofa. Vater griff sich den Karabiner, rannte in der Mitte seines Hochzeitstages davon und blieb drei Tage verschwunden. Mutter fürchtete doppelt um ihren eben angetrauten Ehemann. Einerseits um sein Leben und andererseits, daß er frisch-verheiratet den Karabiner nur genommen hatte als Vorwand, um sich davonzumachen.

Das waren keine Flitterwochen, das waren Zitterwochen! erklärte Mutter stets, wenn sie vom Anfang ihrer Ehe erzählte, sie vergaß es nicht und hat es Vater auch niemals verziehen. Mutter kannte kein solches Pflichtempfinden, weder ein revolutionäres noch ein preußisches. Du bist ja doof, sagte sie zu Vater, feiere doch krank und leg dich im Feld untern Fliederbusch …

Vater besaß diesen Karabiner, von dem er sich seit 1918 nie getrennt hatte, noch 1933, weil die Waffe zu seinen Anschauungen gehörte, eine schießende Faust. Er lag unter den Dielen der Küche in der Moabiter Stephanstraße versteckt. Erst als wir nach dem Schlesischen Bahnhof hin verzogen, hat er den Karabiner beseitigt und ihn im Wasser des Nordhafens, seiner Arbeitsstelle, versenkt. Er tat das heimlich im Morgengrauen, ich hörte, wie die Dielen knarrend aufgehoben wurden, erwachte, schielte durchs Gitter des Kinderbetts sah das Gewehr, schwieg aber, als ahnte ich, was mein Mitwissen für Vater bedeutet hätte. Ich drängte ihn später oft, mir etwas aus seinem Leben zu erzählen, von seiner politischen Entwicklung, aber selbst als er älter und etwas weicher wurde, redebereiter, konnte ich ihn nur selten dazu bewegen. Nur einmal war es jäh aus ihm herausgebrochen.

Berlin zuckte blutend unter den Folgen eines schweren amerikanischen Bombenangriffs. Vater kam wie stets nach der Arbeit von Plötzensee herangeradelt, bedeckt mit Asche und Ruß. Wir saßen in der finsteren Küche, der Tag seit mittags verdüstert vom Qualm über den Dächern. Sonst war unsere Freundschaft Klara Boger nach jedem Angriff von der Langestraße zu uns herübergelaufen, zu zeigen, daß sie lebte, zu sehen, ob wir lebten. Diesmal nicht. Wir warteten, Mutter wurde unruhig und drängte uns, zu Klara Boger zu gehen, in Umkehrung der Gewohnheit. Schließlich gaben wir nach, banden uns Tücher vors Gesicht und stapften hinaus in die Finsternis. Große lodernde Fetzen flogen über unsere Köpfe hinweg. Die Koppenstraße, die Müncheberger Straße, der hintere Teil der Rüdersdorfer Straße standen in hellen Flammen, wir mußten Umwege gehen, kletterten über Trümmerberge, stürzten in der Dunkelheit in einen tiefen Bombentrichter, krochen weiter, gelangten zum Andreasplatz und bogen in die Andreasstraße ein. Auf der linken Seite brannten auch hier die Häuser, wir hielten uns rechts, rannten und kamen bis an die Langestraße, die, so weit wir sehen konnten, ebenfalls brannte. Viele der kleinen Häuser waren schon zusammengebrochen.

Wir schoben uns in einen Hausflur der Andreasstraße, um zu verschnaufen und zu überlegen, ob nicht doch ein Weg zu finden sei, in die Langestraße hineinzukommen zu Klara Bogers Haus. Die Hitze der brennenden Häuser strahlte scharf zu uns herüber, große Rußflocken wehten vorbei. Hinter uns in der Andreasstraße brachen einige Häuser ein und versperrten den Rückweg. Vater aber dachte nicht an die größer werdende Gefahr, er starrte angestrengt auf das Eckhaus vor uns, das in hellen Flammen stand.

Siehst du was? Ist da was los?

Vater antwortete lange nicht, dann redete er von seiner Vergangenheit, wie ich es vorher nie erlebt hatte und nachher nie wieder bei ihm erlebte.

Da habe ich vier lange Jahre drin gehaust, in diesem Haus dort, zwei Treppen hoch, genau da, wo das Fensterkreuz brennt …

Es war nicht schwer, dieses brennende Fensterkreuz zu finden, das in auffallend bunten Farben lohte.

In der Kammer dahinter hab ich gewohnt als Schlafbursche, mein Bett war immer noch warm, wenn ich mich reinlegte. Man wohnte ja bloß zum Schlafen. Ich kam in den frühen Morgenstunden und ging nachmittags los. Wenn ich abzog, kam schon der andere, und der stieg aus dem Bett, wenn ich kam. Der eine raus, der andere rein ins selbe Bett. Nichts weiter, arbeiten und schlafen, immer im warmen zerwühlten Bett …

Vater starrte auf das flackernde Fensterkreuz.

Da hast du nun gedacht, du findest hier das Glück, du rückst ab von zu Hause, von Elend und Schinderei, und kommst hier genauso ins Elend und in die Schinderei. Schlafbursche, da konnte man sich eigentlich schon aufhängen.

Oft war ich mit den Eltern an diesem Eckhaus vorbeigegangen, wenn wir Bogers besuchten. Nie hatte Vater auch nur ein einziges Wort verlauten lassen von seinem Leben in diesem Eckhaus mit dem spitz zulaufenden Giebel. Bestimmt wußte auch Mutter nicht, daß Vater einstmals hier gelebt hatte als Schlafbursche. Jetzt aber, als dieses Haus schnell herunterbrannte und das Fensterkreuz grünlich flammend zusammenfiel, das Fensterkreuz, hinter dem er gehaust hatte, gab er dies Stückchen seines Lebens preis.

Ich bedauerte oft den Verlust des großen Fotoalbums, in dem auf lilafarbenen oder bräunlichen Bildern nicht nur die junge uniformierte Mutter zu sehen war, sondern auch Vater, oft als Matrose und oft mit einem Mädchen an der Seite. Das interessanteste war für mich das Foto einer Matrosenversammlung vom Dezember 1918; als ich ihn fragte, knurrte er: Such mich mal. Ich fand ihn heraus, unverkennbar Vater unter der Matrosenmütze. Ein anderes Foto fand ich nach seinem Tod in der alten zerschrammten Brieftasche, ebenfalls ein Zeitungsausschnitt, Aufbaueinsatz in der Stalinallee, ein paar Männer, Trümmersteine auf Loren schippend. Links Vater, gealtert, aber mit kräftiger Bewegung, vorn rechts Hans Rodenberg, Intendant des Berliner Kindertheaters. Vater hatte als Rentner keine Ruhe gefunden, die Arbeit im Garten oder sommers auf den Feldern der Genossenschaft von Fritz Krusemark reichte ihm nicht aus. Irgend etwas mußte er tun, und so wurde er Nachtwächter an diesem Theater, an dessen Aufbau ich teilgenommen hatte bei Einsätzen wie jenem auf dem Foto. Vater ging selbstverständlich vom Dienst zu diesem Aufbautag.

Sein starkes Pflichtgefühl, für eine gute Sache nun erst recht, trieb ihn hin, gegen die Müdigkeit nach einer langen Nacht, als Mann hoch in den Sechzigern. –

Bei unseren Radfahrten zeigte er mir einmal die Einschüsse an der Mauer des Marstalles. Ich hab da drin gesessen und rausgefeuert ... Dies war, abgesehen vom Rededuell Adolph Hoffmanns mit Paul Levy, das einzige, was ich Vater als Mitteilung von politischer Arbeit, von politischer Überzeugung ablocken konnte. Eine Tätigkeit indessen hatte ich beobachtet. Vater im Kassiberaustausch.

Er war von der Leitung der Firma Weyrich & Co., bei der er in Stralau als Kohlenträger arbeitete, nach vielen Jahren der Betriebszugehörigkeit schlecht behandelt worden. Vielleicht glaubte er es auch nur, doch sein starkes Ehrgefühl rebellierte und ließ keinen Kompromiß zu, obgleich ein Vertreter der Geschäftsleitung zu uns in die Wohnung kam und Vater geradezu anbettelte. Sie wollten den starken Mann, den fleißigen, pünktlichen Arbeiter halten. Vater ließ sich nicht umstimmen und suchte sich neue Arbeit. Wie er an die Firma Emil Herrmann & Co. geriet, wo er anfangs als Lagerarbeiter, dann als Hilfskraft in der Ersatzkaffeebrennerei beschäftigt war, weiß ich nicht. Diese Firma lag mit ihren Mühlen und Lagerhallen gleich unterhalb der Gefängnismauer von Plötzensee, der berühmten und berüchtigten Plötze, die ich aus Gesprächen von Kindheit her kannte; wir wohnten ja damals nicht allzu weit entfernt von diesem schlimmen Ort.

Die Firma, im Krieg unter Arbeitskräftemangel leidend, beschäftigte auch Häftlinge, von Kriegsjahr zu Kriegsjahr mehr. Bald wurde Vater zum Vermittler eines umfangreichen Kassiberschiebens. Wildfremde Leute begannen uns zu besuchen; anfangs rechnete ich sie zu Mutters unüberblickbaren Freundschaften, bald bemerkte ich, daß es Vaters Besuch war, und Vater verhielt sich seltsam. Wir gehen spazieren, sagte er, setzte seine Schiffermütze auf und zog mit den Leuten los.

Vater haßte Spazierengehen als sinnlose, unmoralische Beschäftigung, und nun wurde er ein leidenschaftlicher Spaziergänger. Ich durchschaute ihn, er wollte mit den Leuten allein sein. Vater wußte um die Gefährlichkeit seines Tuns, da mußte er Mutter und mich raushalten. Manchmal hatten es die Leute sehr eilig, sie waren von weit her gekommen und sollten den nächsten Zug erreichen, schnell wurden Zettel ausgetauscht und kleine Päckchen übergeben. Manchmal saß Vater abends lange auf und schrieb Briefe, auch dies eine ungewöhnliche Tätigkeit für ihn.

Unter den Häftlingen, die bei Emil Herrmann & Co. arbeiteten, befanden sich kleine Gauner, die dem Krieg unter die Stiefel geraten waren. Ich erinnere mich an die Frau eines Briefträgers, der ein kleines Päckchen aufgebrochen hatte, Soldatenpost aus Frankreich; wir hatten doch Hunger, beteuerte die alte Frau weinend, und das Päckchen war doch schon kaputt, als er es in die Hand bekam, eine Schachtel Zigaretten, zum Tauschen ... Kleine Diebe, Leute, die, ohne es zu wissen, gefälschte Lebensmittelkarten angeboten hatten, Leute, die beim Glücksspiel Meine Tante – deine Tante erwischt worden waren, Fremdarbeiter, die eine Tüte Zucker gestohlen hatten.

Vater trug pünktlich ihre Kassiber aus, übernahm Post für sie, für alle die armen Würstchen, wic er sie nannte. Es gab unter denen, die streng bewacht neben Vater arbeiteten, auch politische Häftlinge. Hörer von Feindsendungen, Flugblattaufheber und wirkliche politische Kämpfer, die auf ihren Prozeß warteten oder auf die Vollstreckung des Urteils. Ihrer nahm sich Vater besonders an. In dieser verschwörerischen Tätigkeit war Vater ganz in seinem Element. Er mußte handeln, nicht lange denken, Schnelligkeit und Kühnheit in der Übergabe der winzig zusammengefalteten Zettel waren nötig, Gerede lebensgefährlich, die Faust hatte zwar nicht recht, doch sie barg die kleinen, hastig übertragenen Mitteilungen. Die Umstände müssen für Vater sehr glücklich gewesen sein, daß er dies Treiben lange fortsetzen konnte, ohne je in Schwierigkeiten zu geraten; denn eigentlich verachtete er Konspiration, Geheimnistuerei stieß ihn ab, sein direktes Wesen widersprach dem gespannten, geduldigen Warten auf den unbewachten Augenblick, an dem Zettel oder Päckchen den Besitzer wechselten.

Lange noch nach Kriegsende besuchten uns Überlebende der Plötze, die sich dankbar des Kassiber schiebenden Arbeiters erinnerten, auch der alte Briefträger erschien mit seiner Frau, und er drängte Vater ein Suppenhuhn auf.

Was willst du denn, sagte Mutter und schaute begehrlich auf das blaue magere Hühnchen, du hast den Kopf gewagt, nun laß doch die Leute bezahlen. Vater winkte ab. Noch wütender wurde er, als Onkel Otto einfiel, Vater könnte diese gefährliche Tätigkeit, mit eidesstattlichen Zeugenangaben natürlich, bei den entsprechenden Ämtern nachweisen, um sich als antifaschistischer Kämpfer bestätigen zu lassen, als anerkanntes Opfer des Faschismus. Onkel Otto rechnete mit Geldprämien und Lebensmittelzulagen, und da die Eltern noch bei ihm wohnten, unsere Wohnung war verbrannt, hoffte er auf stille Teilhaberschaft. Ein paar Zettel weitergeben, was soll das schon sein, sagte Vater aufgebracht und ließ sich auch von Mutter nicht bereden, die von Onkel Ottos Vorschlag angetan war.

Vaters eiserne Lebenskonsequenz hatte eine Schwachstelle. Die war ich. Wahrscheinlich ahnte er nicht einmal, daß ich seine unbewußten Träume erfüllen, daß ich die Möglichkeiten ausschöpfen sollte, die ihm nie geboten waren, trotz seiner Anlagen. Den Bogen durfte man dennoch nicht überspannen, Mutter wußte das. Deshalb erzählte sie ihm auch nie ihr Gespräch mit dem Direktor des Gymnasiums, als mein Aufnahmeantrag abgelehnt worden war. Der milde Doktor Groth wollte nach Mutters Beschimpfungen die viertelpolnische, also nicht kerndeutsche Abstammung übersehen, aber bestehen mußte er, er sagte dies entschuldigend, auf meinem Eintritt bei den Pimpfen. Mutter packte es so an: Der Junge muß von der Straße weg, alle aus seiner Klasse sind drin, und sie wandern und singen ihre

Lieder … Das Argument Von-der-Straße-weg, vom Faulenzen, zog bei Vater, er stimmte zu.

So nahm er es hin, daß ich pünktlich zum Dienst ging, es störte ihn auch nicht, als ich später meine Uniform mit bunten Schnürchen versah und Mutter mir einen silbernen Winkel auf den Ärmel nähte, Hauptsache, ich war von der Straße weg. Und überdies, das Militärische besaß für Vater etwas Anziehendes, wenn es nicht übertrieben wurde. Es gab da keinen Schlendrian, keine Lässigkeit, aufrecht, stramm und tätig hatte man sich zu bewegen.

Was ich beim Jungvolk an Nazismus einschlucken konnte, ahnte Vater nicht, oder er machte sich keine Vorstellungen, Blut und Boden, Führer, befiehl, wir folgen, die Rote Front, schlagt sie zu Brei, die Juden sind unser Unglück … Glücklicherweise ging unseren Führern, dem Sohn des Tischlermeisters oder des Besitzers eines winzigen Milchladens am Schlesischen Bahnhof, anderes vor. Wandern und Singen zur Klampfe, die eigentlich beim Jungvolk verboten war, Heimabende mit Scharaden und Schnapp hatt'n Hut verloren, halb kriegerische, halb botanische Geländespiele …

Vater hielt mich zwar streng zur körperlichen Arbeit an, machte mir aber überraschenderweise, ganz im Gegensatz zu Mutter, keine Vorwürfe, wenn ich las oder bloß träumte. Er war stolz auf meine guten Zensuren, die ja aus ihm sonst verhaßter geistiger Anstrengung herrührten. Während die pucklige Verwandtschaft sich erregte, als es ruchbar wurde, daß ich auf die hohe Schule gehen sollte, freute sich Vater sichtlich.

Mutter blieb anfangs unentschlossen, einerseits schmeichelte ihr der Gedanke an einen hohen Schüler, andererseits fragte sie: Wird er es überhaupt schaffen mit den feinen Jungs zusammen? Wir könn' ihm doch nicht helfen. Wenn er es nicht schafft und ist schon ein großer Lulatsch, dann kann er auch nichts Anständiges mehr lernen. Und wenn sie ihn unterwegs wieder rausschmeißen?

Vater war überzeugt: Der Junge schafft es! Ich weiß nun, so viele Jahre später, daß er es unter anderen Bedingungen auch geschafft hätte; er trauerte nicht darüber, er freute sich, daß der Sohn es versuchen und schaffen würde.

Allerdings wäre es zu neuen Schwierigkeiten gekommen, wenn Mutter nicht weitere Einzelheiten vor Vater verborgen hätte. Ich sollte eine Freistelle erhalten, die Eltern brauchten kein Schulgeld zu bezahlen; aber diese Freistelle mußte anfangs jährlich beantragt und begründet werden. Armut der Eltern. Diese Kränkung, sein von schwerster körperlicher Arbeit gezeichnetes, aber nicht unglückliches Leben mit Armut bezeichnet zu sehen, hätte Vater nie hingenommen. Mutter krakelte ins Formular Armut und fügte sicherheitshalber, damit man mir die Freistelle nicht nahm, hinzu: Bleichsucht.

Dieselbe Ahnung, daß Vater sich damit nicht abgefunden hätte, bewog uns, nichts von einer anderen Sache zu erzählen. Am Schuljahresanfang ging ich von Mitschüler zu Mitschüler und ließ mir die Bons, die in den frischgekauften Lehrbüchern lagen, geben. Bis ich zwanzig besaß, gegen deren Vorlage ich in der kleinen Schulbuchhandlung unentgeltlich meine Schulbücher bekam. Man gab mir die Bons gleichgültig oder grinsend, oder sie sagten, sie hätten sie schon weggeworfen. Dies hätte Vaters Stolz nicht ertragen, Mutters Schläue und meine Lernsucht ja.

Vater ging zur ersten Klassenversammlung, was er nie vorher und nie nachher wieder tat; er wollte sich die Eltern meiner Mitschüler ansehen, Handwerksmeister, Böttcher, Fleischer und Bäcker, Ingenieure, kleine Angestellte, allesamt aus dem Berliner Osten. Er winkte ab, da konnte er schon lange mithalten, und die Söhne dieser Leute trugen auch zartgeflickte Hosen oder gestopfte Strümpfe. Mit einigen Eltern, dem Ingenieur Mundt, dem Fleischermeister Frank und deren Frauen, kam es, weil sich die Söhne befreundet hatten, sogar zu einigen Gesprächen. In unsere Klasse gingen auch zwei Gutsbesitzersöhne aus den östlichen Randgebieten der Stadt. Der Gutsherr und Sägewerksbesitzer in Blumberg, dessen Sohn zeitweise mein Banknachbar war, lud mich ein, das Wochenende bei ihnen zu verbringen. Mutter beschwindelte ihren Mann, es handle sich um ein Wochenendgrundstück und nette Leute. Ich genoß den ungeheuerlichsten Luxus: eigenes Bett im Gästezimmer, Autofahrt in einem wirklichen Mercedes-Benz-Wagen, bis zur Hundertkilometergeschwindigkeit, die ich mir erbettelte, weil ich mich wie Hans Stuck oder Manfred von Brauchitsch fühlen wollte, Treibjagd auf Hasen, ein Spielzimmer mit einer großen elektrischen Eisenbahn – ich lebte zwei Tage im Traum. Begeistert erzählte ich Vater am Sonntagabend von meinen Erlebnissen, er sagte: Du gehst da nicht mehr hin, zu diesen Herren und ihrem Söhnchen. Du machst denen nicht den Kammerdiener. Du hilfst ihm nicht die Leiter hoch, du läßt ihn nicht abschreiben, du sagst nicht vor, verstanden?

Nein, ich verstand nicht, protestierte und fügte mich doch wütend seinem eisernen Willen; ich kannte Vater und wußte, wie sinnlos jetzt ein Streit mit ihm war.

Mutter interessierte nichts aus der Schule, sie ließ sich nicht einmal die Zeugnisse zeigen. Vater konnte schwer den Stolz verbergen, wenn ich ihm eine gute Zensur vorwies; er ließ sich sogar etwas Englisch erzählen oder fragte mich nach den biologischen Kenntnissen aus und chemischen Experimenten. Als meine anfangs sehr guten Leistungen dann in einen pubertären Wirbel gerieten und die Dreien sich häuften, runzelte Vater bloß die Stirn und sagte: Junge, laß nicht nach, wer A sagt, muß auch B sagen. Zeig's ihnen!

Mutter indessen wurde die hohe Schule lästig; mit steigenden materiellen Sorgen im Krieg hätte sie gern mehr Geld für Schwarzmarktkäufe in der Tasche gehabt, und der große, starke Bengel saß zu Hause, zusammengekrümmt im enger werdenden Schulpult, und bekritzelte ihrer Meinung nach sinnlos Hefte und Blätter. Nach dem Krieg, in noch größerer Not und Bedrängnis, ging ich weiter zur Schule, ich wollte das Abitur machen und studieren, verlor jedoch ein halbes Jahr, weil ich, statt zu lernen, als Schülerratsvorsitzender von Klassenversammlung zu Klassenversammlung rannte, zur Kommandantur und in den Jugendausschuß lief. Mutter zeterte, ich läge auf der Tasche, ich müßte was verdienen als so langer Laban, sie brauche dringend Geld, um Brot zu kaufen, und was ein Brot auf dem schwarzen Markt kostete, wüßte ich Dussel wahrscheinlich gar nicht. Von Vater habe ich nie die leiseste Andeutung in diesem Sinn gehört. Im Gegenteil, in seiner mürrischen Weise, mit kurz geknurrten Andeutungen, drängte er mich, weiterzulernen, zu studieren.

Vater lebte und genoß, indem er schwer körperlich arbeitete. Dennoch besaß auch er Sinn für die Schönheit von Unnützlichem und Sinnlosem – seinen sonstigen Auffassungen nach.

Mit den beinahe rechteckigen Fingern konnte er, wie gegen seinen Willen, etwas Feines und Zartes hervorbringen. Aus Sperrholz, Stoffresten und einem ausgedienten Wekkeruhrwerk bastelte er mir ein buntes, sich langsam drehendes Karussell, das schönste Spielzeug meiner frühen Kindheit. Später baute er einen großen, mit altem Möbelstoff bezogenen Drachen, so groß, daß wir ihn in unserer Wohnung kaum unterbrachten. Zur Herbstzeit stand er Mutter immer im Weg. Sie schrie aufgebracht: Ich schneid euch Löcher in das Mistvieh!

Wir mußten nach der Drachensteigezeit den Kleiderschrank beiseite rücken, um das große Ding dahinter zu zwängen. Dieser wunderbare Drachen stieg höher als andere, wenn wir auf dem Küstriner Platz zum Wettbewerb antraten. Vater schien nur hochzublicken, derweil ich die schwere Schnur, die er sorgsam auf ein Stück Besenstiel gewickelt hatte, hielt. Doch er sah verstohlen beiseite, auf die anderen Jungen und deren Väter, und genoß deren Kummer und Neid, wenn unser Drachen alle überflog. Schikken wir einen Apostel hoch mit der Meldung, daß wir am höchsten stehen? fragte er dann zufrieden. Er zog ein kleines Stück Zeitungspapier aus der Tasche, bohrte mit dem Taschenmesser ein Loch hinein, fädelte das Papier auf die Schnur, es wurde vom Wind gepackt und wanderte langsam aufwärts, bis es den Drachen mit der Siegesnachricht erreichte.

Aus Brennholzstückchen, die er fein zurechtschnitzte und abschliff, aus Flaschenkorken, Blaupinnen und Zwirnresten verfertigte er zwei Kriegsflotten, mehr als fünfzig Schiffchen, sorgfältig grau-blau angepinselt, englische und deutsche Linienschiffe, Schlachtkreuzer, Torpedoboote, die wir in der Stube, auf dem Boden liegend, aufbauten, wie wir es vom Modell im Meereskundemuseum abgesehen hatten. Wir spielten die Schlacht am Skagerrak nach. Hin und wieder öffnete Mutter die Tür, schob dabei einen Torpedoangriff beiseite und zeterte: Ihr werdet den Linoleum zerkratzen, du bist doch ein erwachsener Mann, du alter Dussel, und krauchst auf der Erde rum!

Vater zeigte sich als glänzender Kopfrechner und bewies eine schnelle Auffassungsgabe im abscheulichen Fach Mathematik. Dies erkannte sein Prinzipal vor dem ersten Weltkrieg und beförderte ihn vom Hofarbeiter in den Ausschank seines Restaurants. Den Höhepunkt dieser Laufbahn erreichte Vater, wenn er den Barmixer vertreten durfte. Er hatte ein weißes Käppi auf dem noch behaarten Kopf, war von jugendlich-jähzorniger Grazie und unbestechlich. Der Prinzipal hatte noch manches mit ihm vor, und Vater verdiente gut. Er hielt es dennoch nicht lange aus. Schwere Fässer in den Keller bugsieren, große Flaschenkästen schleppen, Säcke buckeln, das ging hin, da wußte man, was man tat, aber hinter der Theke stehen, grinsen, ja bitte, ein Kognak? Sofort! Dies widerstrebte ihm, er tat es sechs Wochen und wechselte jäh hinüber zum Bau. Trotz der ärgerlichen Bitten des Prinzipals und der Vorwürfe des älteren Bruders Paul, der für seinen jüngeren Bruder August eine hübsche Karriere witterte, schüttelte er nur störrisch den Kopf, er gefiel sich selbst als Hukker, als Steineschlepper.

Die Firma an der Gefängnismauer, bei der er Jahrzehnte später arbeitete, beförderte Vater vom Lagerarbeiter zum Maschinisten. Er wurde verantwortlich für die Produktion der Ersatzkaffeesorte Sum, eines gräulichen, gallebitteren Getränks, das, in blaue Tüten verpackt, die Regale der Lebensmittelläden füllte, weil es nichts anderes mehr auszustellen gab. Vater sah ich wochenlang abends über Berechnungen sitzen, über Zeichnungen und Zahlen gebeugt. Mich fragte er nicht; sein Charakter ließ keine Hilfe zu, außerdem wußte er von meiner mathematischen Indolenz. Schließlich schloß er seine Berechnungen ab und schrieb etwas auf. Einen Verbesserungsvorschlag würde man es heute nennen. Mutter war zufrieden. Ich dachte, der Olle wird nu auch noch verrückt, einer in der Familie, dem der Kopf überspringt, sie pochte mir hart an die Stirn, reicht schon.

Die Firma ging auf Vaters Vorschlag ein, baute an der Maschine etwas an oder um, der Chef bedankte sich, und Vater erhielt einen Fünfzigmarkschein, den Mutter ihm gleich aus den Händen riß.

Nun hatte Kamerad Fritz Krusemark einen Brief geschrieben, krakelige Buchstaben auf einer herausgerissenen Heftseite, eine dringliche Bitte an Kamerad August. Die beiden nannten sich in Briefen und auch im Umgang Kamerad. Dies galt ihnen nicht als militärisches Wort, sondern als die Vorform eines anderen, das aufeinander anzuwenden sie sich genierten: Genosse. So blieben sie stets bei dem Kameraden, was mir komisch vorkam und altmodisch; sie wußten aber, wie es gemeint war, Kamerad August und Kamerad Fritz.

Die LPG, so schrieb Kamerad Fritz und hoffte, Kamerad

August würde das auch richtig finden, wollte im ehemaligen Parkgelände des Schlosses Gemüse anbauen. Wozu verwilderter Rasen in dieser Zeit? Spinat, Radieschen, Salat für den Eigenbedarf und für die Kasse der Genossenschaft. In Plau konnte Kamerad Fritz keinen Samen auftreiben, aber er hatte gehört, in Berlin gäbe es dergleichen genug, und Kamerad August solle solchen Samen kaufen und eiligst absenden.

Vater, eben von der Arbeit zurückgekehrt, matt und glücklich, denn er hatte wieder den Heizer vertreten, also körperlich arbeiten können, las und setzte sich sofort aufs Fahrrad, aß nicht einmal sein Abendbrot. Kamerad Fritz und die Genossenschaft warteten, ein wichtiger wirtschaftlicher und politischer Auftrag, Vater wollte zum Alexanderplatz in die Markthalle.

Dort, wo er mit mir den wunderbaren Drachen hatte steigen lassen, am Küstriner Platz, geriet er unter ein Lastauto und starb im Krankenhaus Friedrichshain. Ich sah ihn nur noch tot. Nichts mehr von Urkraft, die ich immer an ihm bewundert und die ich gefürchtet hatte, er lag still unter einem fleckigen, geflickten Laken. Seine kleinen klobigen Hände hatte man auf der Brust gefaltet. Seine Gesichtshaut schimmerte bläulich. Um Kopf und Kinn hatte man ein Band gebunden, das Auseinanderklaffen des Kiefers zu verhindern. In seinem linken geschlossenen Auge blinkte eine trübe Träne.

Ich hatte Vater nie weinen sehen, eher hätte er sich umgebracht, als aus welchem Anlaß auch immer zu weinen. Jetzt hing in seinem linken geschlossenen Auge eine Träne, eine einzige trübe Träne.

Traum

Ich laufe über einen Strand. Heißer Wind, gegen den ich mich stemmen muß. Vor mir liegt ein See, tief in sandige Ufer eingebettet. Ich springe von oben ab und spüre, wie mir die Tiefe entgegenstrebt. Dann überquere ich rasch auf eine mir unbekannte Weise das Wasser des Sees und erreiche das andere Ufer. Drüben lege ich mich zwischen viele Menschen in den Sand und wärme mich, denn auf dem Wasser begann ich zu frösteln.

Neben mir sitzt Vater. Er bittet mich, Mutter zu wecken. Mutter liegt etwas tiefer, dem Wasser zu, unter einem kleinen Zeltdach. Als ich sie wecke, springt sie wie ein Ball hoch, ist sofort wach und fröhlich.

Ehe ich mit ihr reden kann, werde ich von einer Meute abgelenkt, Neugierige, Staunende, die einen Mann umdrängen. Er hält ein Tablett vor sich, auf dem ein riesiger brauner Frosch sitzt, glatt die Haut, glänzend wie Metall, der Frosch hat klare braune Augen. Er sieht einem Buddha ähnlich. Völlig unbeweglich sitzt der Frosch auf dem Tablett, nur seine Augen rollen nach links und rechts, ganz gleichmütig, ohne Angst.

Der Mann geht weiter, wir folgen. Während des Gehens, um unsere Neugierde zu befriedigen, zieht er ein Skalpell hervor und schneidet dem Frosch langsam, unter Herausschälen der Eingeweide, beide Beine ab.

Wir spenden dieser hohen Kunst großen Beifall. Die Wellen des Sees schäumen stärker. Der Frosch sitzt noch immer und rührt sich nicht, mit seinen braunen Augen sieht er ruhig umher und uns an.

Die ganze pucklige Verwandtschaft …

Die ganze pucklige Verwandtschaft kann mir gestohlen bleiben, sagte Vater, wenn Mutter ihn bereden wollte.

Wieso die ganze Verwandtschaft? Ich kannte nur einen mit Buckel: Onkel Adi.

Onkel Adi lebte allein in einer Kochstube der Palisadenstraße, er besuchte uns nie, zu seinen Eltern kam er selten. Was und wo er arbeitete, wußte niemand so recht, es hieß, er sei Schreiber bei einem Grossisten. Wenn er an einem Familienfest teilnahm, bemerkte man ihn anfangs kaum, er saß, als wäre er zusammengefaltet, auf seinem Stuhl, aß wenig und trank mit kurzen, scharfen Schlucken, den Kopf hochgereckt wie ein Hahn. Nach einigen Glas Stachelbeerwein wurde er laut und giftig. Er begann zuerst, seinen riesigen Bruder Erich zu ärgern, dann seinen Vater Rudolf. Die regten sich schnell auf und fingen zu brüllen an. Die Frauen legten sich ins Zeug, Ruhe zu stiften. Adi lachte meckernd, er ließ sich vom Geschrei nicht beirren, redete weiter, kleine giftige Sätze, die am Ende stets das Schreien, Gläserklirren, Füßestampfen übertönten. Gewöhnlich verließ er, wenn der Streit auf dem Höhepunkt dröhnte, still und unbemerkt die Stube, zog sich im Korridor den Mantel an, steckte den kleinen Kopf mit dem straff zurückgekämmten Haar durch den Türspalt und rief lauter, als er sonst redete: Wünsche gute Verrichtung! Warf sich eine große schwarze Mütze auf und verschwand leise lachend.

Eine richtige Giftnatter, murrte Vater auf dem Heimweg und spie in den Rinnstein. Ich warte bloß, bis ihn Rudolf und Erich mal erschlagen.

Die beiden? Die erschlagen nicht mal ne Maus. Mutter schnipste mit den Fingern.

Als Adi bei einem Bombenangriff verbrannte, trauerte niemand um ihn; er war immer wunderlicher und spitzer geworden. Um Streit zu suchen, wartete er nicht mehr bis nach dem Essen. Onkel Adi, vielleicht weil der Krieg ihn seines Buckels und seiner Kleinwüchsigkeit wegen verschmähte, wollte seinerseits den Krieg auch nicht wahrnehmen. Er blieb bei Fliegeralarm im Bett liegen, ging nie in den Luftschutzkeller und warf seine Gasmaske in den Müllkasten. So blieb er auch bei jenem Angriff im Bett und schlief weiter, als Brandbomben das Haus trafen.

Die Nachbarn versuchten, ihr bißchen Hab und Gut zu retten, sie dachten nicht an den buckligen Mann in seinem Bett, sie vergaßen ihn oder wollten ihn vergessen, weil er mit ihnen in ständigem Streit lag. Man sah Adi plötzlich an seinem Fenster, als das ganze Haus brannte. Er kletterte auf das Fensterbrett und schrie etwas in die donnernde Nacht hinaus. Dann fiel er rückwärts in die Flammen.

Sicher hatte er etwas Wildes, Böses geschrien. Er sprang nicht wie so viele, verzweifelt, vom Feuer in seinem Rükken gepeinigt, aus dem Fenster, sondern sank zurück in die Flammen – oder ließ sich fallen? Noch im Tod verachtete er die Welt; ich traue ihm zu, gute Verrichtung gezischelt zu haben, ehe er, nach höhnischer Verneigung, sich rückwärts in die Flammen warf.

Er wurde nicht betrauert, man errichtete ihm kein symbolisches Grab, da man nicht den kleinsten Rest von ihm fand. Natürlich hätten seine Mutter und die Schwester um ihn getrauert, hätten ihm ein Holzkreuz errichtet, die beiden Menschen, von denen allein er sich etwas sagen ließ, jedenfalls gelegentlich, und die ihn liebten, selbst wenn er sie mit Hohn bespritzte. Aber beide waren tot, wir anderen liebten ihn nicht und waren vom massenhaften Sterben um uns herum zu abgestumpft, als daß wir ausgerechnet Adis wegen in seelische Anstrengungen verfallen wären.

Zu unserer Verwandtschaft gehörten sehr verschiedene Leute. Mutters Mutter hatte achtzehn Kinder geboren.

Viele starben früh, drei Söhne fielen im ersten Weltkrieg, eine Tochter verunglückte tödlich beim Holzschlagen, es lebten jetzt vier Schwestern mit ihren Familien in Berlin, ein Sohn lief als Landstreicher durch die Welt, Onkel und Tanten, Vettern und Kusinen wimmelten in Westpreußen herum. Vaters Familie war kleiner, eine Schwester wohnte in Schlesien, wir besuchten sie einmal, sie lebte mit einem schwammigen, arbeitsscheuen Trinker im Armenhaus am Stadtrand von Striegau, Vater winkte grimmig ab. Er hatte nur noch einen Bruder, meinen Onkel Paul, und seine Frau Hedwig.

Vater bezog seinen Bruder in das Wort von der puckligen Verwandtschaft ein. Dennoch war er stolz auf ihn, und wie sehr er ihn liebte, gerade weil sie so verschieden waren und so anders lebten, begriff ich viel später.

Onkel Paul und Tante Hede galten als die feinsten der Verwandtschaft, sie hatten es am weitesten gebracht. Onkel Paul, ein schlanker Mann mit weichen Händen, und schon das unterschied ihn von allen anderen, fuhr eine Straßenbahn. Er stand vorn an der Kurbel, aufgerichtet, konzentriert; ich sparte mir manchmal einige Pfennige zusammen, kleine Gewinne beim Kartenspiel, und fuhr ein paar Stationen mit Onkel Paul, stand begeistert neben ihm, er schien mich nicht zu bemerken. Ich bat ihn oft, mit dem Fuß die Klingel in Gang setzen und jenes herrische Schrillen hervorrufen zu dürfen, bei dem die Leute zusammenschraken, eiliger liefen oder sich umblickten. Onkel Paul begriff nicht das geringste von meinem großen Verlangen, durch diese Fußklingel die Welt mir einmal untertan zu machen. Mit einer kleinen Fußbewegung, mit der abgewetzten Schuhspitze. Davon träumt man als Kind. Onkel Paul träumte so wahrscheinlich nie, korrekt geradeaus blickend, die rechte Hand am Kurbelgriff, verwehrte er mir kurz und streng, die Klingel zu betätigen. Diese pucklige Verwandtschaft! dachte ich wütend.

Meistens fuhr Onkel Paul die Linie 13. Am Küstriner

Platz lauerte ich ihm auf. Ich lief dann keuchend neben der Bahn her, schrie seinen Namen, bis er mich bemerkte und mir kurz und ernst zunickte. Die Geschwindigkeit drosselte er nicht um einen Hauch, so daß ich bald zurückfiel, er fuhr weiter, ohne sich umzusehn. Meine Freunde und Spielgefährten rannten neben mir her, sie sahen, der Fahrer hatte mich gegrüßt, ein Fahrer im dunklen Straßenbahnermantel und mit der strengen Dienstmütze, der hatte einen von ihnen kurz und knapp, doch deutlich sichtbar gegrüßt. Sie nickten neidisch und ergriffen.

Es gab mehrere starke Zeichen, wie sehr sich das Leben von Onkel Paul und Tante Hede von unserem Leben und dem der anderen puckligen Verwandtschaft unterschied. Sie besaßen einen Eierschneider! Mit ihm schnitt Tante Hede hauchdünne weißgelbe Scheiben auf die Stullen, die bei ihr Schnitten hießen, und bekränzte sie mit Petersilie oder einem Tupfer Sardellenpaste. Atemlos sah ich zu, wie die straffen silbernen Drähte das weiche Ei in viele glatte Scheibchen zerteilten. Wenn Tante Hede den Teller mit Schnitten forttrug, nahm ich das wunderbare Gerät in die Hand, befühlte das kalte Metall, die Rundung, in die genau ein Ei hineinpaßte, und fragte mich, wie man das so genau hatte ausmessen können. Noch erstaunter, ja gerührt war ich, wenn ich mit dem Fingernagel über die Drähte fuhr, als wären es Saiten. Ein zittriger, süßer Ton löste sich, ich wußte jetzt, wie schön und zart Reichtum sich anhörte.

Ein weiteres Zeichen bestand in der wunderbaren Toilette. Bei Onkel Paul und Tante Hede befand sie sich in der Wohnung. Bei uns und der übrigen puckligen Verwandtschaft mußte man zur Toilette ins Treppenhaus oder auf den Hof. Anfangs erschien mir das als ein Makel. Man hörte den Spüler rauschen, hörte es gluckern; doch schnell genoß ich die Bequemlichkeit, wenn man nur wenige Schritte bis zu dem hellen geräumigen Raum brauchte, in dem neben dem Klosett noch ein kupferner Badeofen aufragte und eine große Badewanne stand.

Wir langten kaum an, Mutter mit der Straßenbahn, Vater und ich per Fahrrad, da verschwand ich schon in der Toilette. Mehrmals am Nachmittag schlich ich den kurzen Weg dorthin, ließ das warme Wasser aus dem Messinghahn strömen, bestaunte den dunkelroten Badeofen, lauschte dem zischenden Spülen, welches das große Badezimmer durchströmte.

Ida, der Junge ist blasenkrank, oder er hat was am Darm, sagte Tante Hede zu Mutter. Sie war nicht so korrekt und zusammengenommen wie ihr Mann, sie lachte gutmütig und freute sich, wenn man ihre Eierschnitten lobte oder den prächtigen Napfkuchen, den sie backen konnte wie niemand sonst. Aber auch sie verstand nichts von den Träumen eines Jungen aus dem Seitenflügel einer grauen Mietskaserne.

Ich brauchte lange, ehe ich mich getraute, ihr zu gestehn, daß ich ein einziges Mal in der großen weißen Wanne baden wollte.

Aber natürlich, sie ließ den Eierschneider stehen und rannte ins Bad; ich zog die silbernen Drähte durch das nachgebende Ei und produzierte viele hauchdünne Scheiben.

Wenn wir nun ankamen, brummte der Badeofen schon, und ich sprang in die Wanne, rekelte mich lange im Wasser und drückte den flauschigen Schwamm über meinem Kopf aus. Vater litt diese schlaffe Lust nicht. Du wirst völlig auslaugen, sagte er ärgerlich.

Ein noch stärkeres Zeichen des Anderslebens, des Reichtums machte uns plötzlich stumm oder leiser sprechen.

Herr Neuner ist gekommen! sagte Tante Hede und sah uns beschwörend an. Onkel Paul und Tante Hede hatten einen Untermieter! Er bewohnte die kleine Stube neben dem Wohnzimmer, in dem wir saßen und Eierschnitten verzehrten. Wir redeten nun leiser, nebenan hörte man einen Stuhl knarren oder Schritte zum Fenster hin.

Anfangs wohnte ein Inder bei ihnen; leider war ich damals zu klein, um diese Ungeheuerlichkeit bewußt wahrzunehmen. Ich stellte ihn mir oft vor, mit Turban und wehendem Burnus und einem Säbel an der Seite. Treulich schrieb er zu Ostern und Weihnachten Postkarten, deren Briefmarken zu den schönsten Stücken meiner Sammlung aufstiegen.

Nun wohnte der Herr Neuner bei ihnen. Ich bekam ihn ganz selten zu Gesicht, denn er kam unregelmäßig nach Hause. Manchmal öffnete Tante Hede mit dem Finger auf den Lippen. Leise eintreten, Herr Neuner ist da!

Lange kam es mir vor, als ob Herr Neuner, ein Mann mit Halbglatze und schnellen, scheuen Augen, der eigentliche Besitzer dieser schönen Wohnung wäre und meine Verwandten von ihm nur geduldet; jedenfalls war es eine besondere Beziehung, die von Wohlhabenheit zeugte, entweder bei Onkel und Tante oder beim geheimnisvollen Herrn Neuner oder bei allen dreien.

Als sicherstes Zeichen des Reichtums erschien mir der Wohnort selbst, die Pommersche Straße am Preußenpark, die Straßenbahnersiedlung in stiller, eleganter Umgebung. So saubere, große Häuser gab es nirgendwo, rote Läufer führten ins Treppenhaus, man konnte nicht einfach die Haustür öffnen, sondern mußte auf einen Messingknopf drücken, bis eine quakende Stimme, von der ich nie genau wußte, ob sie der Tante gehörte, erscholl: Seid ihr's? und Mutter aufgebracht erwiderte: Wer denn sonst? Der Weihnachtsmann? Gleich darauf schnarrte die Tür und ließ sich öffnen.

Meine Welt lag im Osten Berlins, hier wohnten wir und die übrige pucklige Verwandtschaft. Schöneberg, Dahlem, Grunewald, Wannsee waren Namen von der anderen Seite des Erdballs wie Sydney, New York, Shanghai. Man hatte von all diesen Orten gehört, aber man kam nicht auf den Gedanken, je im Leben dorthin zu gelangen. Die Avus kannte ich aus den Radioübertragungen, vom Geschrei des Reporters, von dem Heulen der Motoren. Daß die Avus nur ein paar Kilometer westlich von der Rüdersdorfer Straße lag, ahnte ich nicht, sie blieb entfernt wie der Mount Everest. So weit reiste unsereiner nicht. Mit dem Fahrrad in Mutters und Vaters Heimat nach Westpreußen und Schlesien, natürlich, doch nie nach Sydney oder Dahlem.

Als ich ein einziges Mal nach Tante Hedes Napfkuchen von Kusine Trude zum Kurfürstendamm geschleppt wurde, schwirrte mir mein armer Kopf. All die blinkenden Schaufenster, hinter denen Dinge angeboten wurden, die ich nicht kannte und deren Nutzen mir tief verborgen blieb, Antiquitäten, Delikatessen, Coiffeur, Nightclub; Damen in rauschenden Pelzmänteln, Herren mit stolzen Hüten, wie ich keinen je gesehn, schmetternde Leuchtreklame – ich glaubte ernsthaft, ich sei nach Amerika verzaubert worden, genauso bunt und wirr kannte ich es aus den Filmen. Was die Leute um uns herum redeten, verstand ich fast, dies allein verband mich mit ihnen, der ich für einige Minuten aus meiner anderen, fest eingegrenzten Welt hierher verschlagen war.

Viele Jahre später erhielt ich einen Brief aus jener Welt. Der Hauptwachtmeister gab bei der morgendlichen Befehlsausgabe die Post aus; am Ende wurden Briefe mit der Aufschrift An einen unbekannten Soldaten ausgerufen. Wir machten uns einen Sport daraus, solche Briefe zu ergattern und schwülstige Antworten zu verfassen, wir, die Fünfzehnjährigen, an eine dreißigjährige brünstige Jungfer, der wir das LWOH vor unserem Namen, die Abkürzung für Luftwaffenoberhelfer, als Luftwaffen-Oberkommando-Held erklärten und uns fix zu Offiziersanwärtern ernannten.

Dieser Brief hier, der letzte, den der Hauptwachtmeister mehrfach anbieten mußte – will den gottverdammich noch mal keiner von euch Essigpfeifen haben? –, bis ich mich meldete und ihn zugeworfen bekam, er duftete nach Eau de Cologne und war von einem achtzehnjährigen Mädchen verfaßt, das in Dahlem lebte, einer Abiturientin aus wirklich wohlhabendem Hause. Sie beschrieb ihre Villa, ihr Mädchenzimmer in Rosa, sie liebte Tennis und Segeln und legte in den nächsten Brief ein Foto, eine richtige Jacht auf dem Wannsee, drei junge Leute, zwei Jungen und ein schönes Mädchen. Die Jungen, so die Briefschreiberin, seien links ihr Bruder, der nun als Offizier im Osten stünde, und rechts ihr Vetter, Träger des Eisernen Kreuzes erster Klasse, der bei der Marine als Fähnrich gedient und die linke Hand verloren habe.

Ich verzichtete auf die übliche Mystifikation, sie wußte bestimmt, was LWOH bedeutete, aber ich verlegte meine Heimat nach Schlesien und schrieb ihr, wir seien auf Abruf in der Nähe Berlins und dürften keinen Besuch empfangen. Ihre Bitten, mich irgendwann besuchen zu dürfen oder sich mit mir in der Stadt zu treffen, konnte ich wegen angeblicher Urlaubs- und Besuchersperre ablehnen, militärisches Geheimnis, sie würde das verstehen. So blieb es bei regem Briefwechsel, mit Nachrichten aus Sydney, New York, vom Mount Everest, vom Tennislehrer, der mit ihrer Rückhand nicht zufrieden sei, vom Ärger mit der Hecke, die niemand mehr schnitte, wie auch den Rasen nicht, Klagen über das vor Jahresfrist abgegebene Auto, das nun an der Front Dienste tue, vielleicht bei Ihnen, vielleicht fährt es gerade, mit Tarnfarbe versehen, an Ihnen vorüber … Zum Jahrestag der Einberufung ihres Autos, eines Mercedes-Benz-Wagens, habe man eine Flasche Wein geleert, stehend, und sei abends in die Mocca-Efti-Bar gezogen. Dort habe Bimbo, der Tricktrommler, Sie kennen ihn bestimmt, berauschende Kaskaden in den Raum geschmettert …

Willi und Werner halfen mir bei den Antworten. Ich wurde zum Sohn eines Oberstudienrats, entpuppte mich als ein hervorragender Radrennfahrer und Bergsteiger, meine letzte Bergtour hätte ich in die Dolomiten gemacht – wer kam ausgerechnet auf die Dolomiten, ich bestimmt nicht –, und dort wäre unsere Seilschaft um ein Haar abgestürzt, unser Seil wäre gerissen, wir hätten uns nur mit letzter Kraft über den Abgrund retten können, hängend an einem Eispickel. Als der Brief fortgeschickt war, fragte Willi in seiner hintersinnigen Ahnungslosigkeit: Braucht man in den Dolomiten überhaupt Eispickel, ich glaube, es gibt da gar keine Gletscher. Außerdem sei vorgesehen, mich zum Autorennfahrer auszubilden, nach dem Krieg natürlich. Bernd Rosemeyer sei ein entfernter Verwandter gewesen …

Als sie erwiderte, Berge seien auch ihre Leidenschaft und sie beabsichtige zum Wintersport in die Nähe von Garmisch zu fahren und ob ich nicht die Partenachklamm kenne, die sie immer mit leichtem Gruseln besuche, brach ich den lästigen Briefwechsel ab.

Ich schrieb, ich würde versetzt, könne den Ort nicht nennen, raunend stets von Kriegsgeheimnis, zerriß das Bild des schönen Mädchens, das an der Schrankwand hing, und überklebte die Lücke mit einem Foto der Schauspielerin Margot Hielscher. Vielleicht weil sie sich ähnlich sahen, die Schauspielerin und meine Briefpartnerin, die mir ihr Foto geschickt hatte, frisch aufgenommen in einem Atelier in der Friedrichstraße. Dort hing es im Schaufenster, weil sie ein wirklich schönes, gepflegtes Mädchen war, und eine hübsche Aufnahme war es dazu, Licht und Schatten im Haar. Noch viele Jahre erinnerte es an der Seitenwand der Auslage an die Botin einer fremden, unendlich fernen Welt.

Meine Welt endete am Alexanderplatz oder, wenn ich den Schulausflug mit Lehrer Breil, einem bösartigen Heimatforscher, dazurechne, am Brandenburger Tor. Seht es euch genau an, dies ist der Zentralpunkt des Großdeutschen Reiches, durch seine grandiosen Säulen zogen die siegreichen Truppen unter Kaiser Wilhelm dem Großen nach dem Sieg von siebzig/einundsiebzig, marschierten die im Feld unbesiegten Truppen des Weltkrieges, die durch den Dolchstoß in den Rücken gezwungen waren, kurz vor dem Sieg den Kampf abzubrechen. Die halbrunde Stirnnarbe rötete sich gefährlich. Und die braunen Sturmscharen des Führers zogen im Fackelschein durch dieses Tor, siegreich über die Systemzeit … Hinter dem großen Tor lag die grüne Weite des Tiergartens, blinkte das Gold der Viktoria auf der Siegessäule. Lehrer Breil kehrte um, zog mit uns die Linden entlang und spuckte vor der russischen Botschaft auf die Erde.

Aber Tante Hede und Onkel Paul hatten es geschafft, die unsichtbare Mauer durchbrochen und wohnten nun in Wilmersdorf. Vater, der keinen Familiensinn besaß, liebte seinen Bruder vielleicht gerade deshalb. Er war viel zu stolz, um dies zu zeigen, er verbarg es vor sich selbst, und er verspottete gern Onkel Pauls Korrektheit, sein gebügeltes, gestärktes Hemd, seine dunkle Krawatte mit der falschen Perle. Dieser bei Vater ungewöhnlich milde Spott bedeutete nichts anderes als die verschämte Anerkennung, daß einer aus der Zwergstadt in Schlesien, eine Halbwaise, nach Berlin ging und es schaffte. Weiche Hände, kleiner grauer Bart über der Oberlippe, Eierschneider, Bad und Untermieter. Vater konnte auch die gütige Frau seines Bruders gut leiden, die so feinen Kuchen buk, die Eierschnitten mit Radieschen und Sardellenpaste verzierte. Er kannte keinen Neid, er freute sich in seiner grimmen Art, daß einer von ihnen hier wohnte, hinter schnurrender Haustür mit Rufanlage, einer, der es bis zum Fastbeamten gebracht hatte. Vater belächelte die feine Lebensart seines Bruders, doch insgeheim machte es ihn stolz.

Onkel Paul war natürlich kein Anarchist wie Rudolf Kröber und dessen Söhne Erich und Adi, kein Kommunist wie Onkel Orje, Onkel Fritz, kein anarchistischer Landstreicher und Penner wir Onkel Eusche, auch dies ahnte Vater bei aller Abneigung noch als Standpunkt und Protest, nein, Onkel Paul hielt sich aus allem heraus. Aber er hielt auch nichts von den Nazis.

Keiner von uns ist Nazi, kein einziger, selbst Wuzzel nicht, sagte Vater. Um so tiefer traf ihn sein Bruder, mein

Onkel Paul, mit jenem verhängnisvollen Satz, den er eines Sonntags in seiner Wohnung in Wilmersdorf aussprach, als wir vor Tante Hedes herrlichem Kuchen saßen und der Kaffee dampfend in die Tassen floß. Ein kleiner Schwamm an der Kannentülle saugte sorgsam jeden Tropfen auf, und Tante Hede fuhr mit der silberglänzenden Krümelbürste über das weißblitzende Tischtuch.

Ich hörte dem Gespräch der Erwachsenen nicht zu, blickte auf meine Tasse, sah, wie sich mein Kuchen in der Flüssigkeit veränderte, aufbröselte, bis er schwammig zerfloß. Ich stippte ein, wie ich es von Vater, der Kuchen und Brot auf schlesische Art in den Kaffee tunkte, übernommen hatte.

Sag das noch mal!

Die Frauen zwitscherten aufgeregt los, Vaters Stimme bebte, nur Onkel Paul merkte nichts. Leise und etwas selbstgefällig wiederholte er wirklich: Ja, ihr könnt sagen, was ihr wollt, darin hat Hitler doch recht! Wenn man es richtig bedenkt, sind tatsächlich die Juden an vielem schuld. Sie haben uns umgarnt und eingekreist, die Banken, die Kaufhäuser, alles jüdisch gewesen …

Das sagst ausgerechnet du? Vater versuchte sich noch zu beherrschen, doch seine Augen funkelten den Bruder in heißem Zorn an. Haben nicht die Cohns Hede aufgenommen wie die eigene Tochter, hat sie da nicht alles gelernt, kochen, backen? Vater stieß den kurzen plumpen Zeigefinger in das Kuchenstück auf seinem Teller, angewidert, als enthielte es Gift. Und bei Doktor Feldmann jahrelang in Stellung und mit einer Aussteuer wie eine Prinzessin entlassen.

Tante Hede wie Mutter und ausnahmslos alle meine Tanten zog jung nach Berlin, in Stellung, als Dienstmädchen, Stütze, Küchenhilfe. Tante Hede hatte bei der Familie des Kommerzienrats Cohn gearbeitet, die das ruhige, anstellige brave Mädchen liebgewann, zu Kochkursen schickte und gern bei sich behalten hätte, als sie ins Rheinland verzog. Tante Hede blieb, ihres Verhältnisses wegen, das Paul hieß, und ging zu Rechtsanwalt Feldmann, bei dem sie es ähnlich antraf wie bei Cohns. Sie war von Cohns an Feldmanns vermittelt worden. Noch lange erhielt sie zum Geburtstag und zu anderen Feiertagen generöse Geschenke ihrer früheren Dienstherrschaft, und eine großartige Aussteuer, für unsere Verhältnisse jedenfalls, bekam sie mit in die Ehe.

Einzelne Gute gab es, das kann schon sein, ich sag ja nicht, sie sind an allem schuld, aber an vielem, bestimmt an vielem!

Vater stand langsam auf, seine Züge verzerrten sich. Gleich wird er sich auf Onkel Paul stürzen, dachte ich, und das bedeutete bei Vaters ungeheuren Körperkräften den Tod des Onkels.

Vater bezwang sich mühsam. Kommt, wir gehn! Sofort! Er stürzte hinaus, schmetterte die Türen zu, wir gingen ihm nach, am fassungslosen, blassen Onkel vorbei, der nichts begriff.

Dann fuhren wir in unsere Welt um den Schlesischen Bahnhof zurück, Mutter wie stets mit der Straßenbahn, Vater und ich mit dem Fahrrad. Vater trat wuchtig in die Pedale, ich hatte Mühe zu folgen. Mutters Bahn überholte uns, ihr kleines weißes Gesicht leuchtete durch die Fensterscheibe; an der Haltestelle rollten wir wieder an ihr vorbei, Mutter sah uns an und sagte etwas, aber wir konnten sie natürlich nicht verstehn.

Dies geschah an einem Sonntag im Juni des Jahres 1937. Und wenn Mutter geglaubt hatte, es gelänge ihr rasch, Versöhnung zu stiften, dann irrte sie gründlich. Vater, tief enttäuscht in seiner Liebe, hatte mit seinem Bruder gebrochen. Bei Vater gab es nur gut oder schlecht, Freund oder Feind. Nun war sein Bruder zum Feind geworden.

Mutter fuhr heimlich nach Wilmersdorf, sie redete auf Vater ein, der schüttelte dumpf den Kopf. Meine Wohnung betritt der nicht und ich nicht seine, basta!

Das Zerwürfnis dauerte bis ins Jahr 1944. Wie es den Frauen gelang, Vater mit seinem Bruder zu versöhnen, weiß ich nicht, sicherlich war es die verzweifelte Kriegslage. Aber daß Onkel Paul hatte alles zurücknehmen müssen, darauf bestand Vater, und er zwang seinen älteren Bruder zu Äußerungen, die ihn auf der Straße den Kopf gekostet hätten.

Nach dem Krieg verfiel Onkel Paul in einen milden Sozialdemokratismus. Bei den gegenseitigen Besuchen hütete er sich, seine Meinungen auszusprechen. Manchmal setzte er an, Vater blickte hoch und sah mit einem trüben Blick auf seinen Bruder. Euer Scheiß-Reuter, an den nächsten Laternenpfahl gehört er ... Onkel Paul schwieg, und Vater bezwang seine Wut, er wollte den Bruder nicht wieder verlieren.

Wenn Vater so mit seinem einzigen Bruder umging, den er auf seine Weise liebte, wie sehr mußte ihm Mutters Sippe als pucklige Verwandtschaft vorkommen. Die Frauen waren allesamt arglos und heiter, jung nach Berlin gezogen, ihr Glück zu machen, und hatten hier geheiratet.

Mutter am ähnlichsten war Tante Berta, klein, fix, streitlustig und zäh. An ihren ersten Mann erinnere ich mich wenig. Onkel Orje, Berliner Rollkutscher, wie von Zille gezeichnet – gewaltig, mit massigem Bauch, buschigem Schnurrbart und einer mächtigen fleischigen Nase. Man erzählte oft, daß ich als Säugling immer zu schreien angefangen hätte, wenn sich Onkel Orje einer Gewitterwolke gleich über mich heruntergebeugt hätte. Er lachte donnernd, wozu Vater, der lärmendes Wesen nicht leiden konnte, die Stirn runzelte.

Onkel Orje tätschelte mich mit seinen Pranken. Mein lieber Neffe, dir und keinem anderen werde ich meine goldene Uhr vererben! Er zeigte mir seine an einer langen goldenen Kette hängende goldene Uhr, ließ den Deckel aufschnappen und setzte sie mir, hosenwarm, ans Ohr, daß ich ihr feines Ticken hörte.

Gold, da kann ich ja nur lachen, wenns man Dubbel is, sagte Mutter.

Er hatte wirklich zuviel versprochen. Als ich ihn das letztemal sah, im kleinen Zimmer in der Rüdersdorfer Straße 59, lag er bleich und stark abgemagert im Bett. Siehst du, mein lieber Neffe, nun kann ich dir meine schöne Uhr nicht vererben, sie haben sie vor meinen Augen hingemacht, richtig zertrampelt.

Onkel Orje, Kommunist, gefürchtet bei Saalschlachten und Straßenkämpfen, war am 31. März 1933 auf der Arbeitsstelle von einem SA-Haufen verhaftet worden und kehrte nach einem Vierteljahr als sterbender Mann zurück. Zu seinem Begräbnis auf dem Ahrensfelder Friedhof erschienen viele Männer, die ihm alle ähnlich sahen, Rollkutscher, Bärenkerle, die am offenen Grab zuerst Ich hatte einen Kameraden und dann Den Karl Liebknecht, den haben sie erschlagen, die Rosa Luxemburg fiel durch Mörderhand sangen.

Tante Berta heiratete im Herbst den Freund ihres Mannes, Fritz Marschant. Onkel Fritz, wie ich ihn nun nannte, war auch inhaftiert gewesen und fand keine Arbeit. So zogen sie hinaus nach Neulindenberg, wo Onkel Orje einst ein Stück Land gepachtet hatte mit einer kleinen Holzlaube, umkleidet mit grauer Dachpappe, und wohnten dort. Da es winters zu kalt in der engen Bude aus Kistenbrettern wurde, redete ihnen die Familie zu, ein Häuschen zu bauen, man würde helfen. Stein für Stein wuchs das Häuschen, und die ganze pucklige Verwandtschaft half wirklich, nur hier habe ich nahezu alle zusammen gesehen, selbst Onkel Paul mit den weichen Händen, die schreienden Kröbers, Onkel Otto mit maliziösen Reden, nur Onkel Eusche erschien nicht, aber den erwartete und vermißte auch keiner.

Das Häuschen wurde nie fertig, erst kurz vor dem Krieg zogen Tante Berta und Onkel Fritz ein in die unverputzte, mit behelfsmäßigem Pappdach trist zwischen den Stachelbeeren und Kartoffeln aufragende Halbruine.

Onkel Fritz war klein und dünn, mit faltigem Gesicht, in dem helle Augen durch eine schief sitzende Brille blinzelten. Vater verstand sich mit ihm politisch natürlich gut, aber recht warm wurde er nicht, denn Onkel Fritz redete viel und schnell und im Unterschied zu Onkel Orje ganz leise, was Vater ebenfalls nicht leiden konnte. Auch Onkel Fritz versprach mir eine Erbschaft, aber anders als Onkel Orje zeigte er mir keine goldene Uhr, er strahlte mich nur an und flüsterte: Du wirst sehen, es ist ein wahrer Schatz, man wird dich drum beneiden!

Ich war nun nicht mehr so klein, daß mich das Wort Schatz berauscht hätte wie einst Onkel Orjes Ankündigung, doch es berührte mich seltsam. Soviel ich in Onkel Fritz drang, mir wenigstens einen Anhalt zu geben, er lächelte nur wissend, was mich immer neugieriger machte.

Als ich im Hochsommer fünfundvierzig nach Berlin zurückkehrte, besuchte ich auf Drängen Mutters in langen Fußmärschen die ganze pucklige Verwandtschaft, um mich wieder zu melden. Ich ging auch nach Lindenberg, Mutter hatte sogar darauf bestanden, zuerst dorthin zu marschieren, sie hoffte auf eine Schwestergabe, Gemüse, Obst, vielleicht sogar ein Ei. Tante und Onkel freuten sich aufrichtig, ich durfte Stachelbeeren pflücken und Kohlrabi ernten, auch Rhabarber brechen, die Hühner waren beschlagnahmt worden, also nichts mit Eiern. An den versprochenen Schatz dachte ich nicht, die gläubige Kinderzeit hatte der Krieg verschlungen.

Onkel Fritz erschien mit Hammer und Meißel. Komm, jetzt werde ich dir was Wunderbares zeigen, und du kannst dir aussuchen, was du willst. Wir gingen in die alte Laube, die als Stall und Schuppen diente. Onkel Fritz fetzte die mürbe Tapete herunter und begann, die Bretter zu lösen. Sein Gesicht rötete sich, und ich sah, nicht nur vor Anstrengung, sondern auch vor Glück. Plötzlich richtete er sich auf und sagte: Nein, nein, nein … Aus der geöffneten Wand flatterten Papierblätter, es roch nach Mulm und Schimmel. Onkel Fritz griff fahrig in die Öffnung und zog etwas heraus, führte es dicht an die Augen und sagte nur wieder: Nein, nein, nein! Er riß die restlichen Bretter bis zum Fußboden hinunter ab. Papier, Papier, feucht und flekkig. Onkel Fritz wühlte verzweifelt im Papierhaufen, warf jäh das Werkzeug hin und lief fort. Ich suchte weiter und fand noch zwei Bücher, die man so nennen konnte, auch wenn ihre Deckel von Feuchtigkeit gekrümmt und die Seiten verklebt waren. Jean Jacques Rousseaus Bekenntnisse und Darwins Entstehung der Arten.

Onkel Fritz galt als gebildet und philosophisch, was ihn Vater verdächtig machte. Wozu, zum Deibel, mußte ein Arbeiter – Onkel Fritz war Revolverdreher, ein Beruf, den ich mir sehr aufregend vorstellte – gebildet sein? Onkel Fritz konnte über Weltanschauung und Evolution reden, über Religion und Atheismus, Feuerbestattung und Freidenkertum, über Monaden und Materialismus, über Dialektik und den Sonnenstaat, Heraklit und Lassalle. Onkel Fritz hatte sich alles mühsam und selbständig erworben, aus Büchern und Broschüren gesogen, hausgemacht, streitbar, mit Beobachtungen aus seinem Arbeiterleben betoniert, erlaufen durch unermüdliche Besuche von Lesehallen, Vorträgen, Museen. Er hatte auf der MASCH studiert und schließlich alles wohlgeordnet und anwendungsbereit im Kopf versammelt.

Ich kenne noch einen Mann, der sogar bis zum leisen, unaufhaltsamen Redefluß, bis zum wissenden Lächeln und begeisterten Blick meinem Onkel glich: den Vater meines Freundes, ein Gürtler. Ein günstiger Zufall hätte die beiden bei uns zusammenführen können, zum Disput bis ins Morgengrauen. Sicherlich wären sie gleich mit leisen, verletzenden Worten übereinander hergefallen. Helmuts Vater lebte reformerisch als Vegetarier, Onkel Fritz bewies gern, daß gerade tierisches Eiweiß Grundlage unserer Gehirnentwicklung gewesen sei, erst der Schweinebraten ermöglichte das philosophische Denken ...

Diese Männer glaubten heftig an das alte Wort: Wissen ist Macht! Sie erwarben Wissen unter Entbehrungen, sie kämpften mit dem Wissen wie mit einem Feind, hungerten eher, als sich den Kauf einer begehrten Broschüre zu versagen, feierten jede begriffene These wie ein Fest.

Nur die Faust hat immer recht, sagte Vater, als Onkel Fritz ihn in eine Unterhaltung über Monismus ziehen wollte, und winkte ab. Oft redete Onkel Fritz für sich weiter, wenn man ihn abgewehrt hatte, bewies sich irgendeinen Satz oder widerlegte ihn scharfsinnig, seine Augen begannen durch die Brille zu strahlen, wenn er ein Problem gelöst und den geistigen Widersacher besiegt glaubte.

Von Vaters Widerwillen gegen die Belehrungen von Onkel Fritz angesteckt, fand ich ihn mindestens komisch. Erst 1944, gegen Ende des Krieges, verstand ich ihn besser, als ich mit meiner Flakbatterie in die Nähe seines Grundstücks verlegt wurde und häufig für ein paar Minuten hinüberkommen konnte. Von Vaters mißmutigem Knurren unbehelligt, verwickelte Onkel Fritz mich in lange, gewisperte Gespräche, auch ich fiel dann in seinen eifrigen, zischenden Tonfall. Er ließ sich von mir erzählen, von Walter Scotts Ivanhoe, von Schillers Dramen und von der Kolonisation des deutschen Ostens durch den Ritterorden. Es schmeichelte mir, daß ein älterer Mann mir zuhörte, mein eben erworbenes Wissen aufsog und mich dann in seinen Erwiderungen ernst nahm. Nur seine noch leiser gehauchten politischen Prognosen gefielen mir überhaupt nicht. Du wirst sehen, wir sind die Sache bald los und richten ein freies Sowjetdeutschland auf. Na hör mal, Onkel Fritz, dies doch wohl nicht, um keinen Preis, das fehlte noch.

Dann malte er den Kommunismus aus, wie jedermann in einen Laden gehen und sich aussuchen kann, was er will, ohne Geld, denn es gibt keins mehr und alles andere im Überfluß. Mein Magen zog sich schmerzhaft zusammen. Kein Geld konnte ich mir vorstellen, wir hatten ja nie welches; ich erinnerte mich, wie oft Vater am Gasautomaten in der Küche die Plombe vorsichtig löste, Geld herausnahm und durch den Schlitz wieder einwarf, auf einen Groschen gab der Automat die entsprechende Menge Gas heraus. Manchmal suchte Mutter lange im schwarzen, abgegriffenen Portemonnaie und fand keinen Pfennig.

Gas, ohne zu bezahlen, bitte sehr, soviel und solange du willst!

Auch Brot und Wurst?

Auch Brot und Wurst, alles ohne Geld.

Schuhe?

Auch Schuhe.

Ich hole mir dann zwanzig Paar.

Nein, das würdest du eben nicht. Das Bewußtsein trüge uns empor in ein völlig anderes Menschsein, das die Welt umfassen und durchdringen würde. Der kleinliche Egoismus verschwände, und es würde Wirklichkeit – einer für alle, alle für einen. Onkel Fritz flüsterte: Reich ist, wer so viel besitzt, daß er nichts mehr wünscht, Cicero, aber unter anderen Gelegenheiten …

Ich hörte in der Stellung die Feuerglocke läuten, stopfte die Tüte mit Erdbeeren in die Jacke und rannte davon.

Nach dem Krieg kam er häufiger zu Besuch, schleppte sein Fahrrad mit dem hohen, mit Isolierband umwickelten Lenker schnaufend die vier Treppen zu uns hoch und verschlang gierig die Brotschnitte, die Mutter auf dem Herd angeröstet hatte. Er wollte mit mir diskutieren und zog sein kleines Notizbuch heraus, in dem er mit winzig verschnörkelter Schrift Notizen machte, über die griechischen Philosophen, die Doktor Müller uns in Propädeutik vorgestellt hatte.

Mutter brachte eine weitere Schnitte und spottete: Wo sind nun deine Geschäfte, wo man reingeht und rausholt?

An seinem Brot nagend, bewies ihr Onkel Fritz, daß es doch so werden würde.

Nur werden wirs nicht erleben, wir sind inzwischen verhungert, sagte Mutter und warf die Küchentür zu.

Onkel Fritz fragte, ob wir in der Parteigruppe die nötige ideologische Schulung bekämen, bei ihm in Lindenberg stehe es jämmerlich damit. Nur Metaphysik, kein philosophischer Materialismus. Und ich hatte alles, Marx, Kapital, Volksausgabe, Engels' Ursprung der Familie und als Gegenthese ein Buch von Malthus dazu, du kennst doch Malthus? Thomas Robert. Von ihm ist der interessante Satz, die Bevölkerung hat die Neigung, sich rascher zu vermehren als die zu ihrer Erhaltung nötigen Unterhaltsmittel. Er blickte mich triumphierend durch die Brille an. Ja, hätten wir noch meine Bücher!

Onkel Fritz erzählte mir immer wieder, wie er glücklich gewesen sei, daß die Nazis nichts von der Existenz des Grundstücks und der Laube in Lindenberg gewußt hätten. So sei seine ganze Bibliothek erhalten geblieben. Er habe nach seiner Rückkehr aus der Haft alles Aktuelle verbrannt, Broschüren, um die es ihm nun dennoch leid täte, Zweitrangiges, aber seine wichtigsten und besten Bücher habe er in Ölpapier gewickelt, mit Dachpappe umhüllt und in der Zwischenwand der alten Laube verstaut, danach die Wände tapeziert. Nicht einmal Tante Berta wußte von meinem Versteck. Und dann, als ich merkte, du bist der echte Erbe, wollte ich mit dir zusammen den Schatz heben. Aber die nagende Kritik der Mäuse! Er lächelte trübe und fragte nach Demokrit.

Übrigens hat er wirklich eine Erbschaft hinterlassen, die einzige, die es in unserer Familie je gab. Nachdem Tante Berta und er Ende der vierziger Jahre schnell hintereinander gestorben waren, flatterte ein amtlicher Brief ins Haus, das Notariat bat um einen Besuch. Die Kinder aus Onkel Fritzens erster Ehe und die noch lebenden Schwestern von Tante Berta, also auch Mutter, erbten: je zweihundert Mark, die ihnen in Raten zu zwanzig ausgezahlt wurden.

Also ein Kommunist war er doch, sagte Mutter zufrieden, als sie die ersten zwanzig Mark in den Händen hielt. –

Auf Kröbers in Lichtenberg, von Adi abgesehen, der aber sein Denken in Gift ertränkte, traf eher Vaters: Die Faust hat immer recht! zu. Fäuste besaßen sie gewaltige, Rudolf und Erich Kröber. Von Gesprächen über Marxismus oder Welträtsel hielten sie noch weniger als Vater.

Emma war die älteste Schwester von Mutter; vielleicht durfte ich sie deshalb nicht Tante nennen und ihren Mann nicht Onkel. So hießen sie denn Mutter und Vater in Lichtenberg. Erich, Adi und Martha, die eigentlich Vettern und Kusine waren, hatte ich Onkel und Tante zu nennen. Meine Tante Minna hingegen nannte ich nur Die, ihren Mann aber Onkel Otto.

Tante Emma, genannt Mutter in Lichtenberg, ich sah gern, wie sie uns mit weit ausholenden Schritten und gerade aufgerichtetem Oberkörper entgegenkam, größer als ihre Schwestern, fülliger, in sanftem Fett, geduldig, ruhig lächelnd. Alle konnten sie gut leiden. Niemals zornig, nie jemandem widersprechend, trug sie dennoch einen stillen Stolz in sich, daß alle Hänseleien und derben Späße, die unsere Familienfeiern durchsetzten, nie auf Emma angewendet wurden, wie unter einer strikten Verabredung.

Ihr Mann Rudolf toste um so lauter, er lärmte ständig, schon bei der Begrüßung brüllte er sein: Guten Tag allesamt! durch das ganze Haus. Sohn Erich überragte seinen langen Vater noch um einen Kopf, er maß zwei Meter. Nach dem Krieg wurde Erich, weil man seinem revolutionären Gebrüll glaubte, Volkspolizist. Er avancierte zum längsten Verkehrspolizisten Berlins, wie in einem Zeitungsartikel zu lesen stand, den er ausschnitt und immer bei sich trug und häufig auf den Tisch knallte. Er besetzte wie ein Soldat die Kreuzung Frankfurter Allee/Fruchtstraße, ein weißer Turm, die aufgequollene Mütze ließ Erich noch höher aufragen. Ganz selten fuhr ein Auto vorüber, ein sowjetischer Militärwagen, ein klappriges deutsches Holzgasgefährt. Erich warf seine Arme wie Windmühlenflügel umher, pfiff laut und lange auf seiner Trillerpfeife, ein Musikinstrument nach seinem Geschmack, und brüllte über die Straße hinweg einen Radfahrer an. Die Fußgänger, die er lange warten ließ, obwohl kein Autoverkehr die Straße belästigte, huschten nach seinem scharf getrillerten Kommando scheu an ihm vorbei.

Erich Kröber blieb nicht lange der längste Verkehrspolizist, er mußte die weiße Jacke ausziehen, die weiße Mütze ablegen und ging als Streckenarbeiter zur Reichsbahn. Einmal sah ich ihn noch, in der S-Bahn vorüberfahrend, wie er auf der Schippe lehnte, während seine Kollegen emsig arbeiteten. Erich stand und schrie etwas.

Damals aber, in meiner Kindheit, haßte er die Polizei, die dämliche Polente, wie er alles verabscheute, Staat und Sparkasse, Mietquittungen, Schulpflicht und Verdunkelung. Rudolf und Erich warfen sich solche Begriffe wie Handgranaten zu, sie ächzten und beschimpften sich: Du Arschloch hast dich zum Luftschutz kommandieren lassen? Feuerpatsche marsch? Ich hätte eine Bombe reingehauen, und alles passé!

Vater stöhnte: Diese verfluchte pucklige Verwandtschaft.

Jedes Gespräch rissen die beiden Riesen an sich, brüllten einen Popanz zurecht, den sie am Ende mit einer Bombe erledigten. Vater schwieg und stippte seinen Kuchen in die Tasse, bis es ihm zuviel wurde und er laut dazwischenfuhr: Nun laßt die Bombe mal ruhn, wie wäre es mit einer Runde Schlesische Lotterie?

Die schreienden, mit der Faust auf den Tisch schlagenden Männer unterbrachen sich sofort, Erich sprang hoch, riß gewöhnlich den Stuhl um, warf auch manchmal eine Tasse entzwei und holte das Kartenspiel. Er übernahm immer die Bank. Gewann er, goß er sich einen Kümmel ein, schüttete viel vorbei, trank und dröhnte: Auf ein Neues! Verlor die Bank, wurde sie gar gesprengt und er erlitt einen Verlust von zwanzig Pfennig, brach er zusammen, legte den massigen Kopf aufs Tischtuch und schluchzte.

Nu ist die Bombe geplatzt, knurrte Vater befriedigt und angewidert.

Den Riesen Rudolf und sein Trumm Erich hielt ich anfangs für Flieger, ihres Bombengeredes wegen. Was eine Bombe ist, wußte ich von klein auf. Sie nannten sich Zimmerleute und trugen stets schlampernde schwarze Manchesterhosen, in deren Seitentasche ein Hammer steckte, auch wenn sie uns besuchen kamen oder zu Hause am sonntäglichen Kaffeetisch saßen.

Schöne Zimmerleute, sagte Vater, dann bin ich Oberförster.

Rudolf und Erich arbeiteten als Hilfsarbeiter auf einem Holzhof, dort stapelten sie Bretter, sortierten die Größen, sägten überflüssige Enden ab, maßen Kubikmeter aus, sich Flüche und Befehle über den Bretterwald hinweg zubrüllend.

Sie verstanden wirklich etwas vom Holz. Als sie auf einem schwarzglänzenden Tandem, das von ferne mit ihnen im Sattel wie ein Lastauto aussah, nach Lindenberg gefahren kamen, um Tante Berta und Onkel Fritz beim Dachstuhlsetzen zu helfen, bewunderte ich ihr Geschick. Sie warfen sich Balken und Bretter zu und vermaßen sie blitzschnell. Den breiten Zimmermannsstift zwischen die Lippen geklemmt, griffen sie die Hämmer und trieben die Nägel mit wenigen Schlägen zischend ins weiße Holz. Selbst Vater schwieg, was bei seinem handwerklichen Können und strengen Maßstab nur Anerkennung bedeuten konnte.

Kröbers sahen wirklich seltsam aus, wenn sie als Familie heranzogen. Vorn Rudolf, lang und knochig, mit einem Gesicht wie aus gebeizten Brettern hastig zusammengenagelt, schmale Lippen unter einem braunen Schnauzbart. Neben ihm mit wiegendem Schritt Erich, dessen Arme wie Keulen herabhingen, zwischen ihnen Adi, der nie allein lief, nie mit Mutter und Schwester ging. Er genoß es sichtlich, zwischen den Riesen zu laufen, es störte ihn nicht, im

Gegenteil, er bestand darauf, und wahrhaftig, er gewann dabei. Niemand lächelte über den Zwerg zwischen diesen beiden Recken, man amüsierte sich über die beiden ungefügen Begleiter, die sich über seinen Kopf hinweg unterhielten und aussahen, als seien sie von Adi verhaftet worden und würden gerade abgeführt.

Dahinter liefen Emma, auch groß, mit anmutigem, weitem Schritt, und ihre Tochter Martha, etwas kleiner als die Mutter, aber ihr sehr ähnlich in fleischiger Schönheit, gemindert durch ihr stets spöttisch verzogenes Gesicht. Sie hat keinen Mann abbekommen, weil sie so eine spitze Zunge hat, sagte Mutter.

Der stille Onkel Fritz wurde unruhig, wenn er sie nur sah, seine langen Verwandten, Anarchisten, wisperte er, echte Anarchisten, wollen alles nur mit Bomben klären, und was haben sie gelöst? Nichts. Auch Vater dachte ähnlich. Zwar neigte auch er eher zum Anarchismus als zur ausdauernden proletarischen Disziplin, aber ihn widerte geradezu körperlich ihr lautes Gerede an, denn es folgten niemals Taten. Leere Säcke, knurrte er.

Nach einem schweren Tagesangriff amerikanischer Bomber brannte der Berliner Osten an vielen Stellen. Ich half löschen, zuerst das Kino am Comeniusplatz, der Ort so vieler erfüllter und geweckter Träume und Sehnsüchte. Es brannte herunter. Da stieg ich auf der gegenüberliegenden Straßenseite aufs Dach, auch hier vermochte der dünne Strahl unserer Handpumpe nichts gegen die Flammen. In der Lasdehner Straße trug ich aus einem brennenden Haus eine Nähmaschine und einen Kanarienvogel, in einer anderen Wohnung warf ich Tabakballen aus dem Fenster. Während die Decke zum oberen Stockwerk schon bedrohlich knisterte, brüllte man von unten, schneller zu arbeiten. Ich glaubte, dort riefe der Besitzer dieses Tabaks, der in der Wohnung an kleinen Handmaschinen Zigarren gedreht hatte. Als ich aus dem bald darauf einstürzenden Haus floh, fand ich auch nicht ein Krümchen Tabak; obwohl auf Plünderung die Todesstrafe stand, hatten Ausgebombte und Vorüberkommende den Tabak als überraschende Gabe, als winzigen Trost gerafft und waren im Qualm verschwunden.

Ich geriet zur Weberwiese, auf der sich mit Bettzeug, geretteten Koffern, sinnlos zusammengeschleppten Nippes, mit Kinderwagen und Katzen die eben Ausgebombten sammelten. Am Eingang zum U-Bahnhof Memeler Straße hielten Autos. In der Straßendecke klafften zwei riesige Bombenkrater. Von ihrem Rand konnte ich auf den U-Bahnhof und einen Zug sehen. Aus dem unversehrten Eingang stiegen Sanitäter hoch mit verdeckten Bahren, deren Bezüge von Blut trieften.

Einer der Sanitäter kam heran und wollte Feuer für seine Zigarette. Da unten sieht es furchtbar aus, der lange Bahnsteig hat den Luftdruck noch verstärkt, wer nicht zerrissen wurde, dem sind die Lungen geplatzt. Es sind fast alle tot.

Wieder erschienen Bahrenträger und gingen an mir vorbei zum Lastwagen, auf den die Körper dann abgekippt wurden. Unter der Decke lagen bewegungslos, seltsam verdreht, Frauenbeine, braune Wollstrümpfe, Schnürschuhe, wie man sie gewöhnlich nicht mehr trug.

Ich ging neben den Bahrenträgern her. Tot? fragte ich.

Die Träger nickten stumpfsinnig.

Geplatzte Lunge oder Splitter?

Splitter, Kopf ist ganz runter, oben überhaupt alles, murmelte einer der Träger.

Ich konnte nicht mehr erkennen, wie sie unter der Plane die Leiche abkippten. Zu Hause erzählte ich vom abgebrannten Kino, vom Eckhaus, in dem unser Kaufmann seinen Laden gehabt hatte, vom verschwundenen Tabak. Über den Bombeneinschlag in den U-Bahnhof Memeler Straße schwieg ich.

Der Abend kam rascher als sonst, der Qualm über der brennenden Stadt verfinsterte schon das Nachmittagslicht. Vater erschien rußgeschwärzt; wie immer war er mit dem

Fahrrad zur Arbeit nach Plötzensee gefahren, zurück mitten durch die brennende Stadt. Hier alles in Ordnung? fragte er.

Alles in Ordnung, erwiderte ich.

Kurz darauf pochte Vater in Lichtenberg an unsere Tür. Emma und Martha sind nicht da! Waren sie bei euch? Habt ihr sie irgendwo gesehen?

Die Eltern versuchten, den fahrigen Mann zu beruhigen. Wie schnell blieb man heutzutage irgendwo hängen, Züge fuhren nicht, man wurde von der Polizei oder der Feuerwehr festgehalten, wurde zur Hilfeleistung herangezogen. Rudolf sollte nur schnell nach Hause gehn, vielleicht saßen jetzt Emma und Martha dort und ängstigten sich, weil er fort war; Rudolf ging erleichtert.

Abends drängte Mutter, Vater und ich sollten zu Kröbers hin und nachsehen, ob ihre Schwester wieder eingetroffen war. In den finsteren Straßen, durchflackert von herunterbrennenden Feuern, dröhnten die Motorpumpen. In der Wühlischstraße brach eine Häuserruine neben uns zusammen, wir rannten um unser Leben. Vater keuchte, als wir auf der Flucht vor den prasselnden Steinen die andere Straßenseite erreicht hatten. Statt der Kröbers stehn wir noch auf der Verlustliste.

Vater in Lichtenberg öffnete uns bleich, seine Frau und Tochter waren noch immer verschwunden.

Wir trösteten erneut und erfanden viele Möglichkeiten, wie man nach einem solchen Angriff aufgehalten werden konnte.

Morgen geh ich zur Polizei, das alles lasse ich mir nicht gefallen, sie einfach über Nacht festzuhalten! Rudolf begann schon wieder zu schreien und die Polizei zu beschimpfen. Von Bomben brüllte er diesmal nichts, die Detonationen von Zeitzündern unterbrachen unser Gespräch. Sirenen heulten auf, neuer Fliegeralarm.

Wir liefen unter den bunten Leuchtkaskaden, abgeworfen von Pfadfinderflugzeugen, zurück, eine Luftmine schleuderte uns zu Boden. Wir kommen noch wirklich auf die Verlustliste wegen diesem Waschlappen!

Am nächsten Vormittag klopfte es ungestüm, Rudolf wankte in unsere Küche, krümmte sich und schrie: Meine Sonne ist nicht mehr, meine Sonne …

Mutter umarmte ihn, schluchzend erzählte Vater in Lichtenberg, daß man ihm auf der Polizeiwache mitgeteilt habe, seine Frau und Tochter seien bei einem Angriff umgekommen. Diese Scheißpolizei kommt nicht mal in die Wohnung bei dieser Katastrophe, man muß hin!

Mutter setzte den zitternden Mann auf einen Stuhl, kramte die letzte Reserve Bohnenkaffee hervor, brühte ihn weinend auf, und Rudolf trank gierig, danach schrie er wieder: Meine Sonne, meine einzige Sonne! Er schwankte auf dem Stuhl hin und her, und Mutter, die kleine, krumme Frau, nahm ihn wie ein Kind in den Arm.

Wo war denn das? Ich fragte vorsichtig – und wußte die Antwort voraus.

Als der Flaksender loslegte, sind sie wie oft in die U-Bahn gegangen und wollten zum Alex. Der tiefste Bahnsteig ist doch so gut wie ein Bunker. Memeler Straße hat es sie erwischt. Ich durfte sie nicht mal sehen. Sie liegen zu Hunderten auf dem Friedhof in der Boxhagener Straße, aber da ist kein Platz mehr, sie wollen sie irgendwo in ein Massengrab verscharren, diese Hunde. Rudolf schluchzte hemmungslos und ließ sich von meiner Mutter nach Hause führen.

Als Mutter von Rudolfs kindlichem Weinen und von seinem ständigen Ruf: Meine Sonne, meine Sonne erzählte, fragte Vater grimmig: Hat er wirklich meine Sonne gesagt? Ich bestätigte es, und Vater lachte böse auf. Mutter schimpfte: Du kannst lachen? Du hast ja kein Herz, du alter Pollacke.

Meine Sonne, da kann man doch wirklich bloß lachen. Und wie lange wird er über seine Sonne trauern? Bis morgen? Dieser hohle Zahn wird bald wieder eine Sonne bei sich haben, du wirst es erleben, wenn wir nicht alle kaputtgehen. Vater wartete Mutters Wutausbruch nicht ab und ging in den Hofschuppen die Kaninchen füttern.

Mutter in Lichtenberg wurde zusammen mit ihrer Tochter Martha und Hunderten anderer Bombenopfer in einem Massengrab in Baumschulenweg beigesetzt. Erst vor kurzem ist das Gelände planiert worden, und kein Zeichen blieb, an die zu mahnen, die unten tief in der Erde liegen. Warum?

Ich habe meinen Eltern nie erzählt, daß ich Mutter in Lichtenberg gesehen hatte, als man sie tot und verstümmelt aus dem U-Bahn-Schacht hochtrug und auf den Lastwagen warf.

Vater in Lichtenberg wartete wirklich das Trauerjahr nicht ab, bis er wieder heiratete.

Zur puckligen Verwandtschaft zählte Mutters einziger noch lebender Bruder, für den Vater große Verachtung empfand. Eusche wußte dies genau und erschien nur, wenn Vater nicht zu Hause war. Manchmal schlich er sich abends ins Haus, nächtigte auf dem Treppenpodest vor der Bodentür, wartete, bis Vater zur Arbeit gegangen war, und klopfte dann zaghaft.

Mir war Onkel Eusche der interessanteste Verwandte: einen Landstreicher, einen richtigen Penner, konnte keiner meiner Freunde aufweisen. Mutter zog den unrasierten Mann herein, machte ihm Wasser heiß, daß er sich wusch und rasierte, und setzte ihm ein ausgiebiges Frühstück vor. Solange Großmutter noch lebte, sah sie dann kopfschüttelnd auf ihren Sohn und sagte bloß: Söhnken, Söhnken, wat heft ji nu bloß wedder makt?

Nichts, Mama, sagte Eusche und sah sie mit wässerigen Kinderaugen an, er beugte sein stoppliges Rundgesicht über den Teller und leckte sich die Finger ab. Mutter packte Eusches Rucksack aus, schimpfte über die filzige Decke, die löchrigen Strümpfe, begann alles einzuweichen und zu waschen. Mehrfach ermahnte Eusche mich, Vater nichts vom Besuch zu erzählen. Ich versprach es und schwieg, weil ich wollte, daß mein seltsamer Onkel wiederkäme.

Auf die Frage, wo er denn nun gesteckt hätte, erzählte er behaglich von seinen Reisen ins Rheinland, nach Ostpreußen und Thüringen. Alles zu Fuß? fragte ich. – Alles zu Fuß. – Und wo hast du immer geschlafen? – Im Stroh, bei Mutter Grün, und da gab es auch liebe Frauchen …

Mutter räusperte sich warnend. Aber Eusche, geklaut hast du doch nicht? fragte sie, sich von der Waschschüssel aufrichtend.

Eusche zeigte sein argloses Schelmenlächeln. Doch, Ida, aber nur Mundraub, nur Mundraub.

Mutter und Großmutter seufzten. Und ich stellte mir Onkel Eusche vor, wie er, der Mann in grauen, filzigen Locken, einem dicken Herrn das Brot vom Mund wegreißt und fortläuft in ungeschicktem Trab.

Geklaut habe ich sonst niemals, niemals! Onkel Eusche hob die Schwurhand und stand zur Bekräftigung des Eides auf.

Jungken, Jungken, paß bloß auf, sagte Großmutter und sah ihren ungeratenen Sohn, den Tippelbruder, über die Brille hinweg zärtlich an. Ich verstand das als Warnung vor der Polizei und bewunderte Großmutter.

Nachmittags, wenn er in Großmutters Bett sich ausgeschlafen hatte, wurde wurde Onkel Eusche unruhig.

Jetzt pikt ihn schon wieder das Wanderblut, sagte Mutter.

Eusche begann seine ausgetretenen Stiefel zu schnüren. Mutter packte ihm den Rucksack voller Essen. Doch es war wohl mehr Eusches Furcht vor Vater, der bald zurückkehren würde. Ich sah ihn ungern ziehen. Verlegen lächelnd hob er im Hof den runden Kopf und sah uns an, die wir zu dritt im Fenster lagen und winkten. Er zog seinen verbeulten Hut, schwenkte ihn mit übertriebenen höflichen

Bewegungen und verschwand schnell, leicht vornübergeneigt, im Hausflur.

Irgendwann verplapperte ich mich, Vater wurde weiß vor Wut. Er schrie Mutter an und schimpfte mit der Großmutter, was er sonst nie tat. Dieser arbeitsscheue Lump! Und du gibst ihm noch Geld, was?

Tatsächlich steckte Großmutter Eusche, wenn sie sich unbeobachtet glaubte, Geld zu, auch Mutter manchmal; ich fand es gut und richtig und die Heimlichkeit überflüssig; ich bedauerte, daß ich kein Taschengeld besaß und keine Sparbüchse, um beizusteuern.

Außer seinem Bruder liebte Vater von der ganzen puckligen Verwandtschaft nur seine Schwiegermutter. Ich hörte von ihm, der sehr grob werden konnte, selten ein derbes Wort zur Großmutter, er behandelte sie mit einer ihm sonst fremden Rücksicht und Höflichkeit. Nach Großvaters Tod zog sie nach Berlin, lebte anfangs bei Tante Berta und Onkel Orje. Nach dem Tod Onkel Orjes zog Tante Berta mit Onkel Fritz in die winzige Laube hinaus, da wollte und konnte sie nicht mit. Rudolf Kröber lehnte ab, seine Schwiegermutter zu sich zu nehmen, die Wohnung sei zu klein, auch Onkel Otto. So zog sie in unsere winzige Hinterhofwohnung, Küche und Stube, viel kleiner als die Wohnungen von Kröbers oder Stenzels. Ihr eisernes Bett wurde mit großer Mühe in die Stubenecke gezwängt, nun konnte man sich in dem Raum kaum drehen, und die Schranktür ließ sich nur wenig öffnen.

Großmutter saß den lieben langen Tag auf ihrem Stuhl am Küchenfenster und stopfte mit winzigen Stichen unsere Wäsche und die der Nachbarn. Die Wohnung verließ sie, alt und dick, nie. Auch bei Fliegerangriffen nicht. Vater schickte uns in den Luftschutzkeller und blieb bei ihr.

Oder sie saß und las Zeitung, Buchstaben für Buchstaben und Zeile für Zeile, ausnahmslos, jede Annonce, jede Wettermeldung. Ihr bis zuletzt frischer Geist registrierte alles, sie beurteilte Weltvorgänge schlicht und meist zutreffend, wie ich heute weiß. Vater setzte sich abends häufig zu ihr und ließ sich, besonders in der ersten Kriegszeit, die Lage erklären. Mutter, wie steht es? Na, die verdammten U-Boote haben wieder sechzigtausend Tonnen versenkt.

Großmutter stammte wie ihr Mann, mein Großvater, den ich nicht mehr gekannt habe und von dem alle schwärmten, aus Drahnow, einem kleinen Dorf in Westpreußen. Großvater war dort auf dem Gut Stellmacher gewesen. Alle rühmten seine handwerkliche Geschicklichkeit. Sonntags spielte er auf zum Tanz. Das Geigespielen hat er sich ganz allein beigebracht, und wie er spielte! Ja, unser Vater, der konnte keiner Fliege was zuleide tun. Wenn es auf der Erde einen guten Menschen gab, dann war er es ...

Großmutter hatte als einziges Überbleibsel ihres Haushalts einen Hobel Großvaters mit nach Berlin genommen; wieso gerade einen Hobel, habe ich nie erfahren. Er kam als Erbstück an mich. Tiefgeflammtes schweres Holz, glattgeschliffen von den Händen des Großvaters, die einfachste und nützlichste Form, die reinste Schönheit. Vater nahm ihn mir weg, ich stahl ihn wieder zurück; Vater, der ihn doch wirklich brauchte, schimpfte. Ich stellte den Hobel auf mein Schreibpult. Da steht er rum, und ich brauch ihn, sagte Vater und steckte ihn wieder unter sein Werkzeug. Aber er hat den Hobel über den Krieg gerettet und ihn mir später gegeben wie ein großes Geschenk.

Großmutter, heiter und spitzzüngig, arbeitsam und schlagfertig, auch mit ihrer kleinen festen Hand, hatte die Familie zusammengehalten. Und diese Familie war gewachsen und gewachsen. Sie hatte achtzehn Kinder geboren. Viele waren bei der Geburt und durch Kinderkrankheiten gestorben, aber die heranwachsenden Töchter hatten bald ihre unehelichen Kinder ins Haus gebracht, in dem es wimmelte und brodelte, bis Großmutter, die kaum noch Kinder und Enkel unterscheiden konnte, denn manche ihrer Kinder waren jünger als die Enkel, mit Maulschellen für Ordnung sorgte, was wieder neues Geschrei und

Heulen hervorrief. Großvater soll dann verzweifelt über den Lärm in den Schuppen gegangen sein, Holz hacken.

Eines Tages kamen die Nazis auf die Idee, kinderreichen Frauen einen Orden, das Mutterkreuz, zu verleihen, natürlich in drei Stufen. Großmutter, mit ihren achtzehn Kindern selbst in der von Kindern wimmelnden Gegend um den Schlesischen Bahnhof eine Seltenheit, sollte das Mutterkreuz in Gold erhalten. So erschien ein gestiefelter höflicher Mann und kündigte für den Sonntagvormittag den Besuch eines Amtswalters an, der Großmutter das ihr vom Führer verliehene goldene Mutterkreuz überreichen würde.

Großmutter, leicht schwerhörig und überzeugt, es gelte natürlich nicht ihr, bekümmerte sich über den Besuch nicht und stopfte weiter. Mutter, geschmeichelt und verwirrt von soviel öffentlicher Ehre und Aufmerksamkeit für unsere Familie, versprach einen Kaffee dazu. Vater schimpfte und höhnte, verbot Kaffee. Mutter verwies auf das Gold dieses Ordens, man würde es in Notzeiten gut gebrauchen können. Ihr Gold wird genauso echt sein wie alles bei ihnen. Nur die Kanonen sind echt, aber du, du lädst diese Goldfasane noch in deine Wohnung ein, nicht mit mir!

Vater fuhr, als der Tag herangekommen war, aufs Feld, in unseren Garten.

Zu dritt erschienen die Ordensbringer und standen etwas verdattert in der Küche, ohne in einem Korridor ablegen oder ihr Koppel ordnen zu können. Wir besaßen keinen Korridor, nicht einmal eine Doppeltür, vom Treppenhaus trat man gleich in die Wohnung. So standen sie etwas schnell Großmutter gegenüber, die in ihrem Stuhl saß.

Mutter wollte, daß Großmutter sich feinmachte für diesen Ehrentag, aber Großmutter trug wie immer den fußlangen dunklen Rock, die blaue, gepunktete Bluse und ihre gestreifte Halbschürze.

Ohne sich sammeln zu können, bauten sich die drei goldbraunen Herren vor Großmutter auf, die breiten und mit goldenen Kordeln besetzten Mützen unter den Arm geklemmt. Der Amtsleiter klappte scharf die Hacken zusammen und fegte beim Hitlergruß fast die Tassen vom Küchenbord. Großmutter blickte neugierig über die Brille und gluckste kurz. Mutter riß beschwörend die Augen auf. Wir kannten Großmutters Lachen. Ich liebte es besonders und versuchte oft, sie zum Lachen zu bringen. Manchmal fragte Helmut: Kannst du nicht Faxen machen, damit deine Oma lacht? Und ich spielte einen Clown, bis Großmutter anfing: Zuerst lief eine deutlich sichtbare Welle Großmutters gewölbten Bauch hoch, doch ihr Gesicht blieb unbewegt, sie sah meinen Grimassen scheinbar nur neugierig über die Brille zu. Eine zweite, schon stärkere Welle, dann mehrere hintereinander – und plötzlich begann Großmutter zu lachen, überraschend tief, fast kollernd. Ihr Bauch wabbelte, Tränen schossen aus den Augen. Wenn Großmutter so lachte, konnte sie nichts zum Aufhören bringen. Sie kämpfte mit ihrem eigenen Lachen. Na, nu ist genug ..., ich muß jetzt aufhören. Sie ächzte, ihr Gesicht rötete sich, sie schluckte, aber ihr Lachen ließ sich nicht bändigen. Wir hatten uns längst ausgelacht und starrten auf die prustende, stöhnende Großmutter, deren kleines, faltiges Gesicht von Tränen übergossen war. Sie preßte den einzigen Zahn, den sie noch besaß, den Lachzahn, wie wir ihn nannten, mit dem sie mäusegleich die härtesten Brotkanten zerbiß, in die Unterlippe. Plötzlich erstarb, jäh, wie es gekommen war, ihr Lachen. Mein Gott, sagte sie dann, zog mit zitternden Händen ein Taschentuch aus der Schürzentasche und wischte sich ihr Gesicht, mein Gott.

Großmutters Lachen war ein Ereignis, doch am meisten beeindruckten mich die Wellen, die als Ankündigung über den Bauch liefen, wie Meereswogen vor dem Sturm, die kannte ich vom Kino.

Wenn Großmutter ihr Lachen bezwungen hatte, trocknete sie nicht bloß ihr Gesicht ab, sie erhob sich gewöhnlich, strich sich Rock und Bluse glatt und band die Schürze neu, denn alles war im Gelächter verrutscht und schief. Manchmal, wenn es sie ganz stark gepackt hatte, löste sie ihren Dutt, der klein wie eine graue Maus an ihrem Hinterkopf saß, und flocht ihn neu.

Selbst Vater, der selten lachte und dann sarkastisch, mußte mitlachen, wenn Großmutter sich nicht mehr halten konnte. Mutter, du lachst noch mal unser Haus kaputt, sagte er dann gelöst; auch weil sie Vater heiterer machte und lockerte, liebte ich Großmutters Lachen.

Der Amtsleiter fing an zu reden, viel zu laut für die kleine Küche. Heldentum und Mutterschaft, Blut und Boden, Kindersegen und Soldaten. Die Fensterscheiben zitterten. Nährstand, Wehrstand. Die drei klappten wieder die Hacken zusammen, der Amtsleiter gab seinen Begleitern ein Zeichen, und einer der Braunen wollte seine Aktentasche öffnen, doch er bekam sie nicht auf, zerrte, klappte, die goldene Mütze fiel ihm herunter. Ich sah die erste straffe Welle über Großmutters Bauch laufen. Mutter begann fahrig an der Aktentasche zu zerren, sie durfte nicht in Großmutters Gesicht sehen. Die zweite Welle rollte über den Bauch. Der Amtswalter wollte die peinliche Pause überbrücken und beugte sich zu Großmutter hinab: Und wie fühlen Sie sich, alles bestens, ja?

Sie ist schon sehr alt, Herr ..., im nächsten Jahr wird sie neunzig! Mutter schaute flehend auf Großmutter, aber das Lachen ließ sich nicht aufhalten. Zuerst schlüpfte der kleine weiße Lachzahn aus dem rosa Mund, das Gelächter fing an, noch unterdrückt, dann lauter und lauter. Mutter wandte sich ab und begann zu kichern, ich lachte längst.

Die drei standen starr. Der mit der Aktentasche riß noch mechanisch an den Schlössern, der Amtsleiter blickte sich fassungslos um, war er denn unter lauter Verrückte geraten? Mir ist, als hätte der dritte auch angefangen zu lachen.

Mutter sagte, mühsam eine Lachpause erzwingend: Sie müssen verstehen, Herr, ein alter Mensch, ein sehr alter Mensch ...

Der Amtsleiter riß wieder die Hand empor, die anderen taten es ihm nach, unsere Küche mit ihren sich kreuzenden Armen verdunkelnd. Sie stampften hinaus. Großmutter jappte.

Sie haben ja den Orden vergessen! rief Mutter ihnen nach und sank auf den Küchenstuhl.

Vater tätschelte Großmutters Hand, als er hörte, wie sie die Ordensbringer und braunen Redner verjagt hatte. Er kargte sonst mit Zärtlichkeiten. Als Großmutter im zweiundneunzigsten Lebensjahr an Wassersucht starb, hielt er bis zur letzten Sekunde ihre Hand.

Den Orden aber, später von einem Boten formlos überbracht, hob er auf. Damit wir uns an die Großmutter erinnern und ihr Lachen, sagte er und steckte ihn in das mit Weckgummi umschnürte Päckchen zu Geburts- und Heiratsurkunden, Feuerbestattungsschein, Arbeitsbuch, Steuerzettel und Achtellos der Lotterie.

Seinen Schwager Eusche jedoch, den arbeitsscheuen Lumpen, den Bock, verzieh er Großmutter nicht und stritt mit ihr, wenn sie ihren Landstreichersohn verteidigte. Ja, ja, sagte er dann, ihr seid alle schuld, auch du, Mutter, habt ihn verwöhnt und verzärtelt, habt ihm alles nachgesehn, statt ihn zur Arbeit zu prügeln.

Im Jahr 1946 tauchte Eusche wie immer plötzlich auf, diesmal nicht abgerissen, sondern mit flottem, flauschigem Mantel, unzeitgemäß dick und fröhlich. Ich habe da ein kleines Frauchen in der Köpenicker Straße. Ein liebes Weibchen. Sie arbeitet bei den Amerikanern in der Küche.

Früher verstand ich nicht, was Vater mit Bock meinte, den er mit Penner, arbeitsscheuer Landstreicher koppelte, jetzt wußte ich es, er hatte recht. Eusche lebte von den Frauen. In den langen Jahren seiner Wanderschaft schlief er natürlich nicht nur im Stroh und unter Büschen, die längste Zeit wohnte er bei alleinstehenden Frauen, bis ihn die Unrast wieder auf die Straße trieb. Er besaß einen eigenartigen Charme. Anfangs forderte er Mitleid heraus;

wenn er sein Schelmengesicht zeigte und verlegen lächelte, war man ihm gleich gut und begann ihn zu lieben, trotz oder gerade wegen seines unsteten Wesens, ausgenommen Vater, der sich nie erweichen ließ.

Wie er es anstellte, daß keine der Frauen, die er verließ, ihn anzeigte oder verfolgte, blieb sein Geheimnis. Eine solche Anzeige wäre sein Untergang gewesen, die Nazis verfolgten seine Art unerbittlich und hätten ihn als asozial ins KZ gebracht. Es ist überhaupt ein Wunder, wie Eusche durch das dichte Netz der Kontrollen und Überwachung schlüpfte, besonders im Krieg.

Er verriet nie, wie und wann er an das Frauchen mit der schönen Wohnung in der Köpenicker Straße geraten war, zwei Zimmer, Balkon, Innentoilette, ein Luxus, den nur Tante Hede und Onkel Paul besaßen, wenn auch mit Untermieter, auf den Eusche verzichten konnte.

Wer weiß, wie lange, bis er wieder abdampft, knurrte Vater, als er vom Auftauchen seines mißratenen Schwagers hörte. Er irrte sich. Ob Eusche nun des Wanderns müde und zu alt geworden war, ob die Kriegsfolgen ihn schreckten, er blieb. Zum erstenmal in seinem Leben setzte er sich fest, an besserem Platz als irgendwer aus der ganzen puckligen Verwandtschaft.

Wie Onkel Paul der feinste, der reichste Mann der ganzen puckligen Verwandtschaft war, so Onkel Otto der schönste und eleganteste. Er neigte zur Fülle, hielt sich aber immer einigermaßen bei Leibe, ging außerhalb der Arbeit mit Anzug, Weste und Krawatte, sonntags trug er eine bunte Fliege. Sein flott gestutztes Oberlippenbärtchen unterschied sich von dem Onkel Pauls, das gerade saß wie nach BVG-Dienstvorschrift. Obwohl Onkel Otto früh zur Glatze neigte, scheitelte er sorgfältig die immer dünner werdenden Haare quer über den rötlichen Kopfhügel.

Otto schrie nie, er berlinerte nicht, meist lächelte er ironisch. Wir ahnten, seine Ironie meinte auch uns. Otto suchte immer nach Auswegen. Er lief zu Pferderennen und wettete, warf mit Fachausdrücken um sich: Kuhhessig, Hinterhand, Einlaufquote, Aufgalopp, Finish. Aber alles ohne Leidenschaft, nicht interessiert an den Pferden, sondern nur an der Möglichkeit, mit eins zu tausend plötzlich reich zu werden.

Er spielte Billard Dreiband um Geld, er handelte mit Gänsen, die er in der Umgebung seines Heimatdorfes im Oderbruch erwarb, er belegte einen Zeichenkurs, beschaffte sich Bücher, eine Anleitung zum Portraitzeichnen in sieben Stunden oder Anatomische Studien, und verfertigte kolorierte Porträts nach Paßfotos. Stundenlang saß er am Tisch und überzog Papierbogen mit genauestens ausgemessenen Karos, in die er, durch eine große Lupe starrend, Strich für Strich die Linien des Fotos übertrug, dann malte er aus und radierte, wieder stundenlang, die Bleistiftkaros vorsichtig weg. Ich bewunderte sehr, wie genau er die Köpfe vergrößert wiedergab, doch trotz der zarten Farben kam es mir immer so vor, als ob Onkel Otto aus den lebendigen Paßbildergesichtern geschminkte Totenbilder machte.

Nach dem Krieg sammelte er aus Ruinen Buntmetall, er kannte ja alle Fundstellen.

Die Versuche, seinem Leben als Tiefbauarbeiter bei der GASAG zu entfliehen, führten zu nichts; einmal hatte er es fast erreicht: Er erwarb bei Grossisten oder Zwischenhändlern allerhand Kleinkram und vertrieb ihn im Haus, bei Kollegen und Verwandten: Schnürsenkel, Pulswärmer, Bleistifte und Bleistiftanspitzer, Schuhputzzeug und Stullenpapier. Otto träumte von einem kleinen, gutgehenden Laden in der Gubener Straße wie vorher vom Schnellzeichnerstand auf dem Alexanderplatz. Bald sah er ein, mit allen seinen Künsten und Kniffen würde er nie so viel Geld verdienen wie in den tiefen Gräben, die er aushob, um an die schadhaften Gasrohre zu kommen. Da ließ er sich zum Vorarbeiter machen, ein ungeliebter Posten, der ein paar

Pfennige mehr einbrachte. Aber aus den Gräben kam er nicht heraus.

Eins wußte er, wo er es auch aufgeschnappt haben mochte, vielleicht bei Onkel Orje oder Onkel Fritz, jedenfalls wiederholte er es häufig: Um weiterzukommen, braucht man Kapital. Und was ist Kapital? Mehrwert hekkender Wert!

Möglicherweise wußte er es von seinem Bruder, vielleicht hatte Otto vor Jahren auch bessere Tage gehabt. In seinem Nachlaß fand ich die Broschüre Was will der Spartakusbund?, eine Arbeit, von Rosa Luxemburg verfaßt, die anonym in der Roten Fahne erschienen war und dann als Broschüre verbreitet wurde. Auf dem Titelblatt steht der Namenszug von Ottos Bruder, Erwin Stenzel, ein junger Kommunist, wie Mutter mir sagte, der 1920 der Tuberkulose erlag. Immerhin hatte Otto diese Broschüre aufgehoben, über die Nazizeit hinweg, sie lag zwischen seinen Papieren, Zetteln mit endlosen Berechnungen, auf denen Otto seinen Aufstieg geplant hatte.

Sein Kapital bestand aus ein paar Mark, die er für seine Geschäfte oder Pläne einsetzte – und oft genug verlor. Also rechnete er haarscharf, behielt sein Geld für sich, sagte seiner Frau nie, wieviel er verdiente, und bemaß ihr Haushaltsgeld überaus knapp, bestand aber auf gutem, reichlichem Essen. Also übernahm Minna eine Portierstelle, die eine mietfreie dunkle Hofwohnung im Parterre einbrachte, in Küche und Stube installierte er einen altmodischen Glühstrumpf, denn als GASAG-Arbeiter erhielt er Gas kostenlos in beliebiger Menge, er beheizte und beleuchtete die Wohnung mit Gas, immer herrschte bei Stenzels das flackernde, trübe Licht, und stets roch es durchdringend bitterlich.

Der alte Geizer, er wird noch mal in die Luft fliegen, sagte Mutter lachend.

Wenn wir dort zu Besuch gewesen waren und nach Hause kamen, klagten alle über Kopfschmerzen.

Ihre Schürzen oder Strümpfe mußte Minna sich durch Flicknäherei verdienen, ihr Portiergeld ging in den Haushalt; zu Weihnachten schenkte ihr Otto gewöhnlich einen Satz Nadeln für die alte Singer-Nähmaschine.

Minna, die jüngste der Schwestern, stark, geduldig, humorlos, konnte rasch zu lautem Aufschluchzen gebracht werden; altes Klageweib nannte sie Mutter, die sich sowieso über Minna erboste, weil sie sich völlig ihrem Mann unterwarf.

Alle Schwestern heirateten spät, Emma am frühesten, mit sechsundzwanzig Jahren. Man wollte sich doch ordentlich austoben! Mutter lachte selbstvergessen und erinnerungsfroh. Minna kam am spätesten unter die Haube, mit vierunddreißig Jahren erst. Wie alle Schwestern hatte sie gekippt, also Schwangerschaften abgetrieben; aber dieser eine Embryo saß fest, trotzte den Stricknadeln der Engelmacherinnen, ließ sich nicht durch Sprünge vom Tisch abtöten, nicht durch wüste Teemischungen: Wacholder, Rotwein, zerriebene Lorbeerblätter, Schwefelblüte, Lebensbaumzweige ... Und gerade jetzt hatte sie eine gute Partie im Auge, den fünfundvierzigjährigen eleganten Junggesellen Otto. Wollte sie ihn aber haben, und Otto schien willig, das mühselige Alleinleben aufzugeben und sich ein Dauerdienstmädchen zu halten, welches seinen Namen tragen sollte, dann mußte das von einem andern stammende Kind weg. Es fand sich ein Weg.

Otto heiratete Minna. Aber außer der Unterwerfung stimmte etwas an Minna nicht; sie nannte ihre älteste Schwester Emma: Mutter in Lichtenberg, und ich wurde angehalten, Minna nicht Tante zu nennen.

Mutter hatte stets ein leicht gespanntes Verhältnis zu Minna; das dumme Luder, die doofe Kuh nannte sie ihre Schwester oft. Vater ging Minnas tränenvolles Gejammer auf die Nerven, doch er schwieg, knurrte nur kurz. Bösartig verhielt sich nur Onkel Otto zu seiner Frau; er ließ sie kräftig arbeiten, das allein gefiel ihm, es brachte Geld. Er genierte sich ihrer Einfältigkeit wegen und hätte sie sicher abgestoßen, wenn es ihm gelungen wäre, aus den GASAG-Gräben in einen eigenen kleinen Laden zu klimmen oder bei seinen Wettgeschäften einen so großen Gewinn zu machen, der ihn für immer saniert hätte. Mein Gott, murmelte Onkel Otto, wenn er sie wieder schluchzen hörte, man müßte dich ersäufen wie eine junge Katze. Nur bist du älter, viel älter. Neuer Aufschrei.

Eine Zeitlang nahm mich Onkel Otto zu seinen verschiedenen Unternehmungen mit. Er rechnete wohl, einen Zuträger, Ausspäher, Nachrichtenübermittler in mir großzuziehen. Bei solchen Ausflügen war er lustig und fast zugänglich. Er zeichnete mir mit ein paar Kreisen eine sitzende Katze auf den Rand der Rennzeitung, spendierte eine Limonade, sprach mit mir griechisch, wie er es nannte: Mänäbteheu? Nimänäbteheu! Ich antwortete mit der eben gelernten Räubersprache: Ichchilifich hahablefa verherlefer standhandlefan ... Bei besonders guter Laune und wenn er einen kleinen Wettgewinn gemacht hatte nach todsicherem Tip, was selten genug vorkam, zeigte er mir Zauberkünste. Wie man eine gewünschte Karte aus der Hosentasche zieht oder eine verdeckte Karte herausriecht. Und soviel ich, seine gute Laune und Leutseligkeit ausnutzend, bettelte, mir die unbegreiflichen Tricks doch zu verraten, er fuhr sich nur mit gezierter Bewegung über die spärlichen Haare, lächelte ironisch und sagte: Nachdenken, mein Lieber, fleißig nachdenken! Ich tat es erschöpfend, fand nie die Lösung, was ihn erheiterte und mich bis zu Tränen ärgerte.

Ein paarmal nahm mich Onkel Otto auf die Pferderennbahn mit. Er bestand darauf, daß ich im verhaßten Sonntagsanzug erschien, die dunkelbraunen Knickerbocker beutelig; wie vollgeschissen, sagte Großmutter. Die Tribüne dampfte vor Lachen und Zurufen. Viele Feldstecher; auch Onkel Otto baumelte ein zerschrammtes Kriegsfernglas, das er aber nie benutzte, auf der Brust. Das Geschrei verging jäh in einem großen enttäuschten Stöhnen. Überall alte Männer, alle in Manchesterhosen. Onkel Otto, gewichtig und erregt umherlaufend, kannte viele von ihnen, redete mit diesem ironisch lächelnd, mit jenem ehrerbietig, schickte mich zu einer anderen Gruppe dieser Männer, ich sollte mich dazustellen und dem Onkel dann berichten, was sie gesagt hätten. Aber ich verstand entweder nichts, weil sie leise sprachen und mich fortjagten, oder ich brachte die verzwickten Pferdenamen durcheinander. Die Jockeis in flatternder Seide, mit weißer Halsbinde blickten hochmütig geradeaus und achteten nicht auf die Flüche oder Dankesworte der alten Männer in Manchesterhosen. Die Pferde schäumten. Die Wetter: offene Münder vor der Tafel. Wie hoch ist die Quote?

Onkel Otto hatte verloren und übergoß mich mit ätzender Ironie. Wieder letztes heftiges Rennen zum Totalisator. Und der ständige Streit: Hätte ich nur nicht auf dich gehört ..., ich wollte ... Diesmal hab ich todsicher. Die Männer, auch Onkel Otto, stritten verbissen nach jedem Rennen. Zwei tranken selig Bier, sie hatten gewonnen. Eine Frau zog ihren Mann von der Tribüne.

Ich war Onkel Otto dankbar für die Rennbahnbesuche. Selbst wenn ich die Knickerbocker anziehen mußte und Großmutter darüber lachte.

Seine größten Geschäfte machte Otto zur Weihnachtszeit. Er fuhr in seine Heimat nach Neukietz, nach Werbig und Seelow ins Oderbruch und kaufte bei ihm bekannten Bauern und entfernten Verwandten Gänse, die er in Berlin weiterverkaufte, mit Aufpreis natürlich. Wenn immer Weihnachten wäre, würde ich ein Geschäft aufmachen, da wüßte ich, wie man zu Geld kommt, sagte er, als er mich mitnahm, weil er die aufgekauften Gänse nicht allein schleppen konnte. Er bat keinen aus der puckligen Verwandtschaft darum, ihm tragen zu helfen, er fürchtete, man könnte ihm die Adressen abspenstig machen, ihn ausschalten, hintergehen. Von mir nahm er das nicht an, aber ich konnte wiederum zuwenig schleppen, eine einzige Gans im Rucksack, und Mutter verlangte dafür einen weiteren Preisnachlaß. Letztlich siegte seine Vorsicht, er schied mich nach zwei Fahrten wieder aus.

Unser Verhältnis trübte sich sowieso, da er sich mit einer bei ihm ungewöhnlichen Leidenschaft, ja Wut gegen meine Aufnahme ins Gymnasium wandte: So hat es bei manchen angefangen, das Ende; Hochmut kommt ..., was will er denn werden? Sesselfurzer, Professor? Er lachte leise und schneidend. Auf unsere Kosten, wie? Und dann vergißt er, wo er hergekommen ist, unser Professor! Schuster soll der Junge werden, das ist ein ehrenhafter Beruf, das reicht, das genügt. Schuster! Genau, Schuster! Er verbiß sich in das Wort Schuster, er genoß es, blinzelte zufrieden.

Minna sagte: Aber wenn er einen guten Kopf hat.

Kopf, habe ich keinen? Schuster ist das beste für ihn ...

Da war es heraus, und ich fühlte, am Küchentisch bei Stenzels sitzend, durch das blakende Gaslicht auf meinen wütenden Onkel blickend, den wahren Grund seines Ausbruchs: Er hatte doch einen Kopf und war dennoch nur Tiefbauarbeiter der GASAG geblieben, trotz aller Versuche, mit Hilfe seines Kopfes aus den nassen, tiefen Gräben, die er täglich buddelte, herauszukriechen. Der Onkel neidete mir das Gymnasium.

Aber er bekommt doch eine Freistelle.

Schuster soll er werden ...

Minna heulte kurz auf. Was immer sie sagte, und sie sagte selten genug etwas, Otto winkte maliziös lächelnd ab und flüsterte: Du ganz hast recht! Was sich in der Umstellung des Satzes schon böse anhörte, bis man merkte, daß man das ganz natürlich als Gans verstehen sollte.

Otto behandelte seine Frau grob und mit offener Geringschätzung. Sie arbeitete als Dienstmädchen in ihrem eigenen Heim; von großer Arbeitskraft und Körperstärke, schuftete sie von früh bis spät, hielt das große Haus am Comeniusplatz blitzsauber, trug zentnerschwere Kartoffelsäcke vom Schlesischen Bahnhof, wo sie Otto billig am Güterbahnhof gekauft hatte, bis zu ihrer Wohnung, hockte abends an der Nähmaschine, strickte grobmaschige Socken und Pullover und rannte. Von ihrem Mann zu Botengängen für seine Geschäftchen geschickt, lief sie kilometerweit – Geld zu einer Bahnfahrt gestand er ihr nicht zu.

Minna ist doof, sagte Mutter, sie jedenfalls hätte sich von keinem Menschen, schon gar nicht von ihrem Mann, so behandeln lassen. Sie ist ein armes Schwein, sagte Vater, der sonst nicht zu Mitleid neigte, weil er überzeugt war, an jedem Unglück sei man nur selber schuld.

Später wurde Onkel Otto verrückt. Er redete anfangs nur ein bißchen wirr, beim Kartenspielen plötzlich über den Ankaufpreis von Kupfer und Blei, man nahm das nicht ernst, er hatte ja immer über Geld geredet, wenn auch nicht mitten im Kartenspiel. Dann fing er an, Minna zu beschimpfen, er nannte sie Hure und Speckpenne. Minna verströmte Tränenbäche. Dann bedrohte er sie mit dem Beil. Sie floh zu uns.

Es sprach sich herum, Onkel Otto sei wahnsinnig geworden. Doch Mutter und Minna witterten Verstellung und Heimtücke. Man wußte auch früher nie genau, was er plante; hat er jetzt etwas vor, wozu er seine Frau verscheuchen muß, eine Finanzoperation, eine dunkle, gefährliche? Mutter schlug Onkel Otto mit ihrer harten Hand an die Stirn: Ötte, was geht eigentlich in deinem Kopf vor? Er nahm zart ihre Hand und lächelte, als wüßte er es und könnte es nicht ändern. Mutter und Minna wurden nur verwirrter und mißtrauischer. Manchmal kam er, redete ganz wie üblich, stets beklagte er sich über seine Frau. Spitze Bemerkungen: Ich bin arm! Ich würde es mir ja gerne warm machen, wenn ich Geld hätte! Ach, wir armen Leute!

Onkel Otto schwemmte schmutzig auf. Er konnte die Flucht seiner Frau nicht begreifen. Sie soll wieder nach Hause kommen! Er schob ihr sein Stück Schokolade hin und sah Minna bettelnd an. Mutter ließ sich erweichen, sie schmierte Onkel Otto viele Stullen, dick belegt. Mir flüsterte sie zu: Minna, das Aas, hat ihn beklaut von vorn bis hinten. Er hat mir das mit Tränen in den Augen erzählt.

Als Otto begann, seine Wohnung mit dem Beil kleinzuhacken, transportierte man ihn nach Wuhlgarten. Minna bat mich, sie dorthin zu begleiten.

Onkel Otto empfing uns munter, er erkannte mich und redete vernünftig. Um dann ohne Übergang und ohne Veränderung der Stimme zu sagen, wir sollten das gegenüberliegende Haus nur genau beobachten, es sei eine Großschlächterei, die alles ringsum mit Fleisch beliefere; das ewige Kleinhacken des Fleisches belästige ihn. Er lächelte ironisch und führte immer wieder mit einer Handbewegung das Kleinhacken vor. Er erzählte uns belustigt von seinen Versuchen auszureißen; es sei an einer falschen Fahrkarte gescheitert. Ich wär längst hier raus, aber ich habe ja keinen Mantel, keine Joppe. Doch er brauche wenigstens nicht zu arbeiten. Ein paarmal habe er versucht zu bohnern, doch sie hätten ihm gesagt, es sei nicht nötig. Nicht mal die jungen Leute brauchen hier zu arbeiten. Noch nicht, fügte er blinzelnd hinzu.

Aber, Otto, wieso denn bohnern? Du hast doch niemals in deinem Leben gebohnert.

Neben uns am Tisch saß eine Frau bei ihrem Mann, der mit ihr über den Ersten Mai sprach. Ein Arbeitergesicht, dunkel, schwarzgraues Haar … Ich weiß schon, wo ich mich befinde, sagte er, zu uns gewandt, und Onkel Otto nickte lächelnd, als wüßte er es auch. Ein alter Genosse, der schwermütig geworden war, weil seine einzige Tochter in den Westen ging.

Als wir die Anstalt verließen, Minna immer noch in ihr Taschentuch schluchzend, winkte Onkel Otto aus dem vergitterten Fenster, in seiner weißen, schlaffen Hand zerknüllte er seinen Waschlappen. Am Tor mußten wir uns ausweisen.

Von der ganzen puckligen Verwandtschaft sind vielleicht

ein paar Nichten und Vettern und deren Kinder übriggeblieben, deren Namen und Aufenthalt ich nicht kenne. Die Gräber sind eingefallen. Die Bürokraten teilen uns auch unseren Tod ein: Ruhezeit abgelaufen! Die nie abläuft.

Großmutters Grab existiert noch, obgleich die Ruhezeit längst abgelaufen ist. Efeu hat alles ringsum eingeebnet und besponnen. Dort, wo einmal ihr Grab gewesen sein muß, wächst eine große Birke.

Kindheitstraum, viele Mal

In unserer Wohnung. Ich gehe durch die Küche, durch die Stube, habe nichts zu tun, aber eine Unruhe, eine unklare Zielstrebigkeit treibt mich ans Fenster. Ich schaue in den dunklen Hof hinunter. Die riesige graue Giebelwand neigt sich vor mir und schließt den Himmel zu. Unten auf dem engen Hof stehen zwei Trapper mit großen Hüten, die ihre Lassos kreisen lassen. Die großen Seilschlaufen, mal rund, mal eiförmig, berühren die Erde und tanzen wieder empor. Ich bin begeistert und lehne mich weit aus dem Fenster, ahne, gleich werden sie nicht nur so spielerisch mit dem Lasso üben, sondern irgend etwas fangen. Aber der Hof ist leer, kein Baum, kein Strauch, kein Tier, nur graues gebukkeltes Pflaster.

Ich lehne mich noch weiter hinaus. Wir wohnen im dritten Stock. Je weiter ich mich neige, desto näher kommen mir die faltigen Hüte der Trapper und die kreisenden Schnüre der Lassos. Plötzlich rutsche ich ab, überschlage mich und falle aus dem Fenster. Aber ich kann mich halten. Am Blumenbrett. Vater hat das Blumenbrett selbst gezimmert und grün gestrichen, ein Brett, ein Gitter aus Stäbchen, oben angespitzt. Auf dem Blumenbrett Geranientöpfe, rot blühend. Ich mag ihre rauhen Blätter nicht und nicht den üblen Duft, den die schönen roten Blüten verströmen.

Ich klatsche an die Hauswand und hänge dort, festgekrallt am Blumenbrett, versuche mich hochzustemmen, wieder hinaufzuziehen, aber ich gelange keinen Millimeter höher, soviel ich mich auch mühe. Ich schreie um Hilfe, keiner hört mich. Auch nicht die Trapper, die weiter mit ihren Lassos wirbeln. Unendlich lange hänge ich, kämpfe gegen den Absturz und weiß doch, daß ich ihm nicht werde entgehen können. Trotzdem gebe ich nicht auf, zerre am Blumenbrett, versuche mich seitwärts hochzuschwingen, da beginnt das Brett zu knirschen, die Stäbchen brechen und fallen mit den Geranientöpfen zusammen an mir vorbei ins Tiefe. Unten schlagen sie krachend auf, gleich werde ich fallen wie Brett und Blumen, das weiß ich nun.

Ich gebe nicht auf, aber dann falle ich doch, das Brett bricht, ich stürze ab, schreie.

Von diesem Schrei wache ich auf, und noch lange spüre ich den Sog der Tiefe, der ich tödlich entgegenraste. Ich bin vielleicht schon begraben in der unergründlichen Schwärze der Nacht. Verzweifelt taste ich umher, bis ich Vater oder Mutter spüre, und sinke dann beruhigt schnell in den Schlaf zurück: ich lebe noch.

Meine Freundschaft

Trafen sich Unbekannte bei uns oder stießen wir woanders auf Leute, die uns nicht kannten, begann Mutter sofort ein Gespräch, so als kenne man sich, die Vorstellung ergab sich dann von selbst, die Bekanntschaft wuchs zur Freundschaft oder auch nicht.

Mutter war großzügig in ihren Beziehungen, sie pflegte viele Bekanntschaften, im Alter waren es scheue Weiblein, die Kaffee tranken, schwätzten und Heftserien austauschten. Kam ich dazu, sagte Mutter, mit ihrem gekrümmten Zeigefinger umherzeigend: Meine Freundschaft!

Manche Freunde starben vor meiner Zeit, ich hörte nur von ihnen erzählen, an andere wie den legendären Onkel Jule erinnere ich mich kaum. Oder wie bei Familie Pfenna lockerten Ehescheidung und räumliche Trennung die freundschaftlichen Beziehungen. Dauerhaft blieben die mit Wuzzels. Wir wohnten mit Wuzzels im Quergebäude einer Moabiter Straße, die Tochter Emmi war ein halbes Jahr älter als ich, wir sahen uns jeden Tag, unsere Eltern auch.

Richard Wuzzels Uniform reizte mich, aber auch nur die. Ansonsten fürchtete ich mich vor ihm, der selbst zu Hause, in Pantoffeln und Strickjacke, stramm auf dem Küchenstuhl saß, mit militärisch kurzem Haarschnitt, Fünfmillimeterbürste, den Scheitel wie mit dem Lineal gezogen. Er sprach gemessen, meist belehrend und lachte selten, dann über andere und meckernd.

Am meisten interessierte mich an Richard Wuzzel der Weltkriegsorden. In einem kleinen verglasten Kästchen hing, auf schwarzem Samt befestigt, ein roter Emaillestern mit einem Halbmond. Ein türkischer Orden, denn Wuzzel hatte im deutschen Expeditionskorps in der Türkei gekämpft. Nur wenn er von dieser Zeit erzählte, von verschleierten Frauen, heißer Wüste und stechender Sonne, wurde Wuzzel lebendig, nur dann hörte ich ihm zu. Vater, in mancher Charakteranlage ähnlich wie Wuzzel, zurückhaltend, ernst und ruhig, kritisierte ihn häufig, was selbst ich damals schon bemerkte. Wuzzel war Sozialdemokrat, ein halblinker zwar, den das Hinterhaus in Moabit, in knallroter Gegend, auch dort festhielt und an Rechtsschwenkungen hinderte. Sie stritten sich oft, Wuzzel leistete wenig Widerstand, er fürchtete Vater und gab ihm meistens recht.

Vater bezeichnete Richard wohl nicht als seinen Freund, Mutters wirkliche Freundschaft war Agnes Wuzzel, Richards Frau. Wie Vater in manchem Richard Wuzzel ähnelte, so übereinstimmend waren Temperament und Charakter von Mutter und Agnes. Auch die war klein und mager, mit schwarzen Löckchen, behende, lachlustig, derb, ganz das Gegenteil ihres betulichen Mannes. Sie schneiderte für einen Zwischenmeister, hockte singend an ihrer Nähmaschine, trat im Takt und trällerte. Auch mir verfertigte sie Blüschen und Höslein, die ich indessen verabscheute, weil ihre Tochter Emmi ähnliche trug. Die Frauen halfen sich gegenseitig mit Lebensmitteln aus, lachten oft lange und grundlos und zogen über ihre Männer her.

Wir besuchten auch Agnes Wuzzels Eltern, die in Britz in einer winzigen Schrebergartenlaube wohnten. Dort führten sie ihr Lokal: Auf einer Fläche von wenigen Metern standen ein paar wacklige Tische, rostige Gartenstühle und selbstgezimmerte Bänke. Das Bierfaß wurde im Schatten unter einem Fliederbusch gekühlt, hier stapelten sich auch die Limonadekästen. Vor der Gartentür, umrankt von blassen Kletterrosen, ein Schild: Gartengaststätte Frohe Zukunft.

Es war immer viel los, Wuzzels Eltern hatten das Verkehrslokal der Fichte-Sportler und der RGO-Leute, Anhänger der kommunistischen Roten Gewerkschaftsopposition, der auch Vater angehörte; hier war er in seinem Element, unter seinesgleichen. Richard Wuzzel, dort nur in Zivil, wurde gutmütig verspottet, er wehrte sich nicht, er trank mißmutig sein Bier, Agnes spornte die Spötter noch an.

Im Juni 1933 warfen die Nazis Wuzzel aus dem Dienst, er saß aufrecht und straff wie vorher, doch tief vergrämt und hilflos in der Küche. Agnes bewahrte die Familie durch Näharbeiten vor der größten Not.

Obwohl wir in den Berliner Osten, zum Schlesischen Bahnhof hin, verzogen, blieb die freundschaftliche Beziehung eng, wir besuchten uns häufig. Ende des Jahres fand Richard Wuzzel wieder Arbeit als Schreiber in einem Büro, eine Beschäftigung, bei der er aufblühte und dicker wurde; sie entsprach seinem Wesen wohl mehr als der Dienst bei der Polizei, der so viele überraschende Entscheidungen forderte. Wuzzel belegte einen Abendkurs, Mathematik, doppelte Buchführung, er stieg zum Kontoristen auf, seine Genauigkeit, sein sozialdemokratisch-preußischer Schliff machten sich bezahlt. Die Familie zog nun in eine schöne, helle, kleine Wohnung in einem Zweifamilienhaus nach Rudow, nicht weit von ihren Eltern, die ihren Ausschank weiterführten, jetzt ohne Schild am Tor, nur ein Pappstreifen: Bier und Sprudel.

Wuzzels Arbeit und Fortkommen gerieten in neue Gefahr. Wenn Emmi und ich vom Umherstreifen durch die Schrebergartenlandschaft, vom Spielen auf den Äckern, die hier an die Stadt heranreichten, auf den kleinen Balkon zum Kaffeetisch kamen, ging es immer um dieselbe Sache im halblaut geführten Gespräch: Richard Wuzzel darf nur bleiben und auf weitere Beförderung rechnen, wenn er der Nazipartei beitritt.

Mutter und Agnes waren dafür; sie nahmen das Leben, wie es war, mein Gott, was soll es denn schon schaden? Man kann ja ganz anders über die Nazis denken, das ist und bleibt Privatsache. Aber man braucht das Geld, wovon soll der Schornstein rauchen? Und wenn es mehr Geld für den Bonbon am Rock gibt, warum denn nicht?

Richard Wuzzel konnte sich nicht entschließen, er war ein gebranntes Kind, seine Genossen hatten ihm nicht helfen können, als er aus dem Polizeidienst flog.

Vater sagte: Mit den Nazis doch nicht, nicht mal den kleinen Finger!

Richard Wuzzel wog lange ab; immerhin, es brachte mehr Geld und Sicherheit, und außerdem sind die Nazis ja erfolgreich, vielleicht halten sie sich wenn nicht tausend, dann zwanzig Jahre, bis zur Pensionierung. Vater lachte höhnisch.

Diese Reden langweilten uns, wir gingen fort, zu den Großeltern, einen Apfelsprudel trinken.

Richard Wuzzel trat schließlich in die Nazipartei ein. Eines Tages entdeckte Mutter am Kleiderriegel an Wuzzels Jacke das Abzeichen, den Bonbon. Richard Wuzzel wand sich: Er war schon zwei Monate lang Mitglied und hatte es uns verschwiegen. Vater knurrte aufgebracht, Mutter lachte schallend. Richard Wuzzel beteuerte, wortreicher als sonst, daß er nie und nimmer ein Nazi sei, er dämpfte vorsichtig die Stimme: Ich bin und bleibe Klassenkämpfer! Ihre Versammlungen müßtet ihr mal erleben, es geht dort unmöglich her, völlig ungeordnet, nur Befehlsempfang, wie auf dem Revier, aber ohne Schriftführer, ohne Vorstand.

Wuzzel hielt einigermaßen ein, was er versprochen hatte. Er steckte nie die Hakenkreuzfahne heraus. Nur Anfang des Krieges, nach Hitlers Siegen über Polen und Frankreich, geriet er ins Wanken. Wenn er aber ganz Europa erobert und errichtet sein Tausendjähriges Reich, was dann?

Dann bist du doch gut raus! Vater zeigte auf das große runde Parteiabzeichen, das Richard Wuzzel nun nicht mehr schamhaft versteckte.

Vater fuhr nur noch selten nach Rudow, und bei Wuzzels Gegenbesuchen machte er sich fort in den Garten, aufs Feld.

Nach Hitlers Niederlage vor Moskau wurde Wuzzel wieder klassenkämpferischer, hörte die Feindsender ab und unterhielt sich mit den Eltern über die Zukunft.

Na, dann der echte Sozialismus, nicht deine Volksgemeinschaft.

Meine war es nie, sagte Wuzzel, ihr könnt es bezeugen.

Vater setzte sich aufs Rad und begleitete Mutter wieder nach Rudow. Er frotzelte Wuzzel oder setzte ihn gar in Schrecken, je länger der Krieg dauerte und je näher die Fronten rückten: Du pack mal schon die Klamotten, ab nach Sibirien; alle Parteigenossen ab! Vater, bösartig, weidete sich an Wuzzels Entsetzen. Die beiden Frauen aber, Mutter und Agnes, lachten bloß, die Suppe wird nicht so heiß gegessen, reg dich nicht auf, Richard ...

Nach dem Krieg hockten sie wieder zusammen und planten die Zukunft, jetzt laut und ungedämpft, Mutter und Agnes, nun beide ziemlich schwerhörig, schrien. Wuzzel, noch straff, mit grauem kurzem Haar, fünf Millimeter, militärisch exaktem Scheitel und hohem Blutdruck, schlug mit der Faust auf den Tisch. Man hatte ihn entlassen, aus dem Büro gejagt, er war Mitglied der Nazipartei gewesen und mußte nun Steine karren. Ich bin alter Sozialist und Klassenkämpfer, schrie er fassungslos.

Und hast zehn Jahre das Ding getragen, erwiderte Vater böse und befriedigt. Mutter schrieb für die Entnazifizierungskommission eine Stellungnahme: Hiermit bestätige ich daß Richard wuzzel nie nazi war. er Hatte zwar den bonbon, ist aber nie nazi gewesen wir kennen ihn lange und nazi ist er geworden weil er mußte ich habe Ihm noch zugeredet wegen geld und aufstieg. Aber er war keiner das kann ich bezeugen die nazis haben ihn Herausgejagt.

Richard Wuzzel wurde als Mitläufer, als Nomineller eingestuft. Ist das besonders schlimm? fragte Mutter, die zur

Verhandlung gegangen war. Aber er hatte seine Arbeitsstelle verloren und erhielt keine entsprechende neue.

Agnes Wuzzel mußte wieder die Familie ernähren; sie arbeitete emsig als Flicknäherin und schneiderte Militärmäntel zu ziviler Kleidung um. Ich erhielt von ihr auch eine Joppe, aber wie in der Kindheit Höslein und Blüschen mochte ich diese Joppe nicht leiden. Zwar war sie grün gefärbt, aber das Wehrmachtsgrau schimmerte durch, und ich sah aus wie eine Mischung zwischen Fähnrich und Grünkramhändler.

Im amerikanischen Sektor vergaß man rasch Wuzzels braunes Zwischenspiel, Richard dachte wieder sozialdemokratisch, ohne sich in der Partei zu binden, er hatte genug. Er wurde wieder Buchhalter, Agnes schneiderte für Freunde und Bekannte, sie lachte, sang und zog den Enkel auf.

Richard Wuzzel haderte lange mit Vater, der nicht bei der Entnazifizierung geholfen hatte. Dein Wort hätte mich rausgerissen, sagte Wuzzel weinerlich. Vater interessierte immer weniger, was Richard Wuzzel, der früh alterte, in seinem Starrsinn von sich gab. Die beiden Frauen aber blieben wie wahrhafte Schwestern, sie hielten die Freundschaft hoch – und wenn sie auch nicht sagten: heilig, so empfanden sie es doch so.

Wuzzels wohnten im Moabiter Hinterhaus über, Quasts unter uns. Ilse Quast war eine junge Frau, jünger als Mutter und Agnes, dick, mit fülligen Armen und blondem langem Haar, eine schwatzsüchtige Mecklenburgerin, lachlustig, in diesem Mutter und Agnes Wuzzel ähnlich. Kuno Quast, ein kleiner, aufgereckter Mann mit Halbglatze und gurgelnder Sprache, ging mit wiegenden Schritten, seinen stämmigen Rücken verwechselte ich von weitem manchmal mit dem Vaters. Quasts und die Eltern trafen sich in der Kneipe im Nebenhaus. Ilse Quast ließ mich die Neigen im Bierglas austrinken und freute sich, wenn ich einen in der Krone hatte, mich auf den Bordstein setzte und mich weigerte, noch einen einzigen Schritt zu gehen.

Bei Quasts wurde wenig geredet, kaum über Politik diskutiert. Wie alle Freunde waren auch sie gegen die Nazis, aber sie hatten keine Zeit, darüber nachzudenken, sie saßen schwatzend und trinkend in der Kneipe oder spielten Mensch-ärgere-dich-nicht.

Ilse Quast kicherte. Ich kann Tag und Nacht Mensch-ärgere-dich-nicht spielen, den Tag und die ganze Nacht durch. Sie regte sich schnell auf, wenn sie einen Stein verlor, konnte sie jedoch wen rauswerfen, schrie sie auf, klatschte in die Hände, brachte den anderen in Wut und freute sich kindlich, wenn die bunte Holzfigur über den Tisch rollte. Sie war immer schuld, wenn ich kurz vor dem rettenden Loch hinausgeworfen wurde, der Sieg dahin war. Ilse Quast tätschelte mich beruhigend und lachte infam. Ich warf den Würfelbecher hin und rannte weinend aus der Wohnung.

Frau Quast hatte zum Spiel stets eine Kanne Kaffee bereit und Napfkuchen, sie liebte Süßes und fütterte uns gern, genauso gern, wie sie uns beim Spiel rauswarf. Eingeführt hatten es Quasts, weil Ilse Quast selbst die einfachen Regeln des Schafskopfspiels nicht begriff. Sie behauptete zwar stets: Ich weiß, ich weiß! In Wirklichkeit wußte sie nichts, warf ein falsches Blatt ab oder nahm dem Partner den Stich weg. Nein, es ging nicht, auch der geduldige Kuno Quast bekam bei dem Spiel seiner Frau böse Augen. So verfielen sie auf Mensch-ärgere-dich-nicht, hier brauchte man nicht denken, man würfelte, kam voran oder wurde hinausgeworfen.

Auch bei diesem Spiel schummelte Mutter. Quasts bemerkten es nicht, wenn sie statt der gewürfelten drei Augen vier zählte, um Ilse Quast rauszuwerfen und um den Sieg zu bringen.

Hin und wieder überfiel auch die anderen die Sucht nach diesem Spiel, die Karten wanderten in die Kommode, und alle stürzten sich begierig auf die bunten Figuren, Tante Hede, Onkel Paul, selbst der maliziöse Onkel Otto; ja, Mutter brachte es fertig, wenn sie so recht in Spiellaune war, Onkel Eusche, der auf Pennertour war und einmal hereinsah, zu einem Spielchen zu verleiten. Onkel Eusche spielte leidenschaftlich erregt, weinte beinahe beim Verlust einer Figur, versuchte zu schummeln, ungeschickt, von Mutters höhnischem Gelächter überschüttet. Endlich rief sie: Es ist ja schon vier, bald kommt August. Eusche begann fahrig den zerschlissenen Rucksack zu packen.

Höhepunkte des Jahres waren die gemeinsamen Rummelbesuche. Ich freute mich auf die Karussells, Gespensterbahnen, Riesenräder. Eltern, pucklige Verwandtschaft und Freundschaft gierten ebenfalls nach Rummelvergnügen, sie wurden von den Lottobuden angezogen. Vater würfelte leidenschaftlich, selbst Kuno Quast wurde behender und rannte fast zu dem Stand, an dem man mit Reifen nach aufgestellten Gewinnen warf. Wildfrucht-Wermutwein, Kristallschalen aus Preßglas. Mutter kaufte Lose, bis das Portemonnaie leer war, und tobte über jede Niete; die Gewinne: eine bunte Pappmütze, eine Trillerpfeife, einmal ein Wassereimer, na bitte, sagte Mutter triumphierend. Onkel Otto spielte vorsichtig, wie es seine Art war, gewann jedoch nicht mehr als die anderen und machte Pläne, eine Glücksbude zu mieten.

Schon als kleines Kind war mir die Verspieltheit der Erwachsenen aufgefallen, alle spielten hingebungsvoll, und ich glaubte doch, Spielen sei Kindersache. Es verwunderte mich überaus, wie leidenschaftlich selbst Vater sich beteiligte. Auch der stille und nachdenkliche Onkel Fritz spielte Karten, nicht so eifernd wie Tante Berta, aber seine durchsichtigen Wangen röteten sich.

Am häufigsten wurde Karten gespielt. Wenn nach dem Abendbrot, Kartoffelsalat und Würstchen, beschlossen wurde, das Kartenspiel aus der Kommode zu nehmen, und wir die Einsatzpfennige zusammenrechneten, sagte Onkel Otto oft: Homo ludens!, lächelte ironisch und rieb sich die Hände.

Ötte, laß die Schweinereien! sagte dann Mutter und begann die Karten zu mischen.

Wir spielten Schafskopf mit Leidenschaft, Wut, Ausbrüchen von Zorn und Empörung und groben Beschimpfungen. Die Pfennige wechselten ihren Besitzer, Otto stapelte sie zu jeweils fünf sorgsam vor sich auf, Mutter, achtlos, fegte oft mit dem Ellenbogen ihr Geldhäufchen auf den Boden. Die Beschimpfungen wurden häufiger und deftiger, die Ausdrücke saftig: Ötte, nu zieh mal die Hosen runter ..., ruff uff die Olle, solange sie jung ist, Minna, du kommst doch hinten wieder nicht hoch ...

Schafskopf spielten wir mit Minna und Otto, selbst Onkel Paul beteiligte sich zuweilen, korrekt und ohne Affekte, Tante Hede begriff wie Ilse Quast die Regeln nicht, sie bevorzugte Vielliebchen: Man knackte Haselnüsse in eine große Schüssel, die wurden für einen Nußkuchen gesammelt, wer einen zweifachen Kern fand, hatte das Vielliebchen, bekam einen Wollfaden umgeknüpft und durfte sich etwas wünschen. Ich fand dieses Spiel langweilig und stieg inzwischen in Tante Hedes wunderbare Badewanne.

Bei Kröbers sammelten sich stets viele Menschen. Schlesische Lotterie konnten alle spielen. Man kaufte von der Bank Karten, der Bankier deckte sechs Karten auf, hatte man eine davon, bekam man vom Bankier seinen Gewinn ausgezahlt, von einem bis vier Pfennig gestaffelt, der Hauptgewinn brachte zehn Pfennig.

Bei Wuzzels ging es auch nicht ohne Spiel ab, nach Kaffee und Kuchen ging Richard gemessen an den Wandschrank und sagte, nach beinahe militärischer Kehrtwendung: Nun wollen wir mal die ruhigen Finger sehn! Er holte einen Stapel hölzerner Speiler hervor, das Mikadospiel. Hier zog sich das Spiel so lange hin, weil wir alle, selbst Vater, dringend wünschten, Richard wenigstens einmal zu besiegen. Aber stets gewann Wuzzel. Vaters klobige Finger waren ganz ungeeignet, eins der Hölzchen hervorzuziehen, ohne daß ein anderes zitterte, auch Mutter und

Agnes Wuzzel verleitete ihr Temperament zu schnellen Griffen. Es hat gewackelt! sagte Richard und lachte mekkernd. Wir Kinder, Emmi und ich, faßten sowieso zu schnell zu, nur Richard Wuzzel überlegte lange, hockte sich auf die Knie, kroch um den Tisch, besah den Stoß der Holzstäbchen von allen Seiten und zog dann eins um das andere bis auf den Mikado hervor, ohne jedes Wackeln, ohne das leiseste Erzittern eines anderen Stäbchens. Noch mal, du denkst doch nicht, du schaffst es wieder! Mutter wollte ein neues Spiel, Vater nickte düster.

Bei Pfennas besuchten die Männer den Taubenschlag auf dem Dachboden, und ich begann, mich in den Wandbehang hineinzusehen, Hilde Pfenna wollte eben über ihre Eheprobleme zu reden anfangen, über min Jenner, da besann sie sich und holte das Jo-Jo hervor, eine Scheibe, an einem Faden tanzend. Wer das Jo-Jo am längsten in ununterbrochener Bewegung hielt, war Sieger.

Die farbige Scheibe glitt zum Daumen hoch, alle saßen um den großen Stubentisch und zählten laut mit; meistens gewann Hilde Pfenna, die ihre kleine lila Zugenspitze herausstreckte, auf jeden einzelnen von uns zeigte und langsam wiederholte: dumm, doof, dämlich!

Aber einmal, kurz vor oder nach den Olympischen Spielen 1936, spielten alle in einem großen Spiel mit, die Eltern, die Verwandten, die Freundschaft.

Bei einem der üblichen Sonntagsbesuche in der Straßenbahner-Laubenkolonie, bei Tante Hede und Onkel Paul, erzählte der gewissenhafte Onkel, er wußte es aus bester Quelle, daß, wer tausend Autonummern der neuen Marke Opel Kadett dem Werk melden könne, kostenlos einen Wagen bekäme. Wir wollten es anfangs nicht glauben, Vater, immer mißtrauisch, sagte: Sie wollen uns bloß verscheißern. Schließlich fing er an, daran zu glauben, denn seine Kollegen erzählten es auch, Onkel Otto hörte es und Quasts: Wer tausend Autonummern vom Opel Kadett vorweist …

Also begannen wir Nummern zu sammeln. Bald merkten wir, daß einer allein nie auf tausend kommen würde, so bildeten wir eine Opel-Kadett-Suchgemeinschaft, zusammen mit Tante Hede und Onkel Paul, mit Cousine Gertrud, Onkel Otto, mit Quasts und Bogers. In die Hand versprachen sich alle, das Geld des gewonnenen Autos brüderlich zu teilen. Ich hoffte, wenn wir erst das Auto hätten, würden wir es schon so deichseln, daß wir es behalten könnten; ich stellte mir vor, Vater fährt mich zur Schule, an den erstaunten Klassenkameraden und an den noch erstaunteren Lehrern vorbei, ich steige aus, hänge mir die Mappe lässig über die Schulter und spaziere in die Klasse. Oder wir fahren sonntags einmal nicht mit dem Rad zum Stienitzsee angeln, sondern mit dem Auto, bis ans Ufer heran, vielleicht hängen wir die Angeln sogar aus dem Wagenfenster.

Wochenlang rannten wir aufmerksam durch die Straßen, einen Zettel in der Hand, jedes Auto beäugend. Wer auf einen Opel Kadett stieß, versuchte die Nummer zu erfassen. Ach, wie oft entdeckte man den Wagen zu spät, da er gerade hinter einem Bus verschwand, oder es war dämmrig, und man konnte das Nummernschild nicht mehr genau erkennen, oder jemand rannte über die Straße, die Mantelstöße schlappten vor der letzten Ziffer des Schildes auseinander. Und wenn nur eine einzige Ziffer fehlte, galt der Rest nicht mehr.

Die Frauen begannen bald, sich zu beklagen, die Gemütlichkeit war hin, kein Geschwätz, kein Spielchen, achtlos wurde der Kuchen hineingestopft, man mußte die Nummern austauschen, wir zählten und verglichen nur noch. Wir hatten vierunddreißig Nummern, dann einundachtzig, dann hundertzwölf, schließlich waren hundertsiebenunddreißig auf der Liste. Es läpperte sich zusammen. In der Klasse sammelte noch Wissor, der Dicke mit dem Eichhörnchengesicht; ich schlug ihm vor, jeder könnte vom anderen die fehlenden Nummern abschreiben, so kämen beide voran, aber Wissor fürchtete, er könnte mehr Nummern geben als gewinnen.

Vater, nüchtern denkend wie immer, wurde wieder mißtrauisch: Wahrscheinlich ist die ganze Sache ein großer Beschiß, ein Propagandarummel für Opel. Wer kommt schon auf tausend Nummernschilder? Da kann man ja Jahre fummeln. Und dann braucht Opel nur zu sagen, eine Nummer ist falsch, und schon bist du wieder raus.

Wir sammelten lustlos noch ein paar Wochen weiter und gaben dann alle erleichtert auf, der Umgang zwischen den Verwandten und Freunden nahm wieder normale Formen an. Nur Onkel Otto steckte nicht so schnell auf, er übernahm die Listen und suchte weiter, jedoch besaß er nie einen Opel-Kadett-Wagen. Vater, später, wenn er seinen Schwager ärgern wollte, fragte sarkastisch: Na, schon bei neunhundertneunundneunzig? Otto zuckte dann nachsichtig mit den Augenbrauen und schwieg.

Nach und nach bekam ich heraus, wie dankbar Quasts den Eltern waren, sie zeigten es durch Mensch-ärgere-dich-nicht-Spiel, durch Kaffee und Kuchen. Irgendwann hatte es bei Quasts eine Ehekrise gegeben, sie wollten sich scheiden lassen. Natürlich bekamen die Freunde den Streit mit, wurden auf die oder jene Seite gezogen, sollten den oder jenen unterstützen gegen den anderen. Vater ging schließlich, in Pantoffeln, wie man stets betonte, wenn man davon sprach, hinunter zu Quasts und zwang beide mit seiner Urkraft auf den Stuhl vor sich, blieb vor ihnen stehen und sagte: Wenn ihr euch jetzt nicht vertragt und den ganzen Quatsch nicht sein laßt, haue ich eure Köpfe aneinander, bis es qualmt.

Quasts wollten erst nicht mit ihm reden, nichts einsehen und glaubten, Vater rede bloß so. Da griff er sie an den Köpfen und schlug sie einmal kurz zusammen. Gleich gibts mehr, sagte er noch, und wer weiß, wie die Sache ausgegangen wäre, wenn Ilse Quast sich gewehrt hätte, sie kam vom Dorf und hatte Kraft, und auch Kuno Quast war kein Schwächling. Plötzlich hatte Ilse Quast zu lachen begonnen. Es ist ja wirklich alles Käse!

Dabei blieb es, Streit und Trennung Käse, die Ehe hielt ewig. Und dauerhaft war auch die Dankbarkeit, besonders bei Ilse Quast, bloß beim Mensch-ärgere-dich-nicht-Spiel kannte Ilse Quast keine Freunde, da schrillte sie auf, wenn sie Vater aus dem Spiel werfen konnte, und der lächelte nicht, sondern setzte verbissen seine Figur wieder auf, würfelte lange, spuckte auf den ledernen Würfelbecher und hoffte auf eine Sechs, um wieder ins Spiel zu kommen.

Kuno Quast arbeitete als Hilfsarbeiter bei der Post, er karrte Säcke, schleppte Pakete aus den Postwagen hinab zum Karren. Im Jahre 1940, wir wohnten längst an verschiedenen Stellen der Stadt, aber die Freundschaft hielt noch immer, wurde Quast Soldat. Daß sie so alte Knacker noch nehmen, ist kein gutes Zeichen, bemerkte Mutter.

Quast erhielt bald Urlaub, und so saßen wir wieder beisammen und spielten Mensch-ärgere-dich-nicht. Am Kleiderhaken hing eine Uniformjacke wie die eines beliebigen Soldaten, doch mit einem merkwürdigen Zeichen am Ärmel: einem Posthorn. Quast war zum Postschutz eingezogen worden und bewachte die Sendetürme bei Königs Wusterhausen. Ich habe die mit dem Richtstrahl nach Übersee zu schützen, gurgelte Kuno Quast, er war zufrieden, denn so kam er ruhig über den Krieg, erhielt oft Urlaub und war schnell zu Hause.

Eines Tages besuchte er uns wieder mit seiner immer dicker werdenden Ilse, die sich mit den mecklenburgischen Paketen ihrer Eltern mästete, und hastig hängte Quast seinen Uniformrock an den Riegel unserer Küchentür. Mutter bemerkte nichts, doch ich, als ich mir den Uniformrock näher besehen hatte, stürzte in die Stube, wo das Mensch-ärgere-dich-nicht-Spiel schon ausgebreitet war und die bunten Holzpüppchen aufgestellt wurden. Onkel Kuno ist zur SS gegangen!

Mutter schlug die Hände über dem Kopf zusammen. Kuno, bist du denn verrückt geworden? Vater wurde bleich und schaute Quast grimmig an, gleich würde er ihm den Kopf an die Wand schlagen, aber anders als damals beim Ehestreit. Wuzzel in der Nazipartei, na ja, der Opportunist, aber SS, niemals in seinem Haus!

Kuno Quast saß gebrochen auf dem Stuhl und murmelte: Seid bloß still, ich trau mich ja gar nicht auf die Straße. Der ganze Postschutz ist von der SS übernommen worden. Was soll ich denn jetzt machen? Ich kann ja nicht mal überlaufen, da warten sie schon auf die SS, um sie zu erschießen!

Kuno Quast hatte niemals eine ausgeprägte politische Haltung eingenommen, sein Kopf konnte Argumente, Thesen und Überzeugungen nicht fassen, er hatte schon Mühe, sich auf dem Spielquadrat zurechtzufinden, und verwechselte manchmal die bunten Püppchen. Aber natürlich war er gegen Hitler, gegen diesen Krieg und gegen die SS erst recht. Nun saß er hier, in Hemd und Hosenträgern, verzweifelt, am Riegel hing seine SS-Jacke.

Obwohl Kuno Quast kein junger Mann mehr war, schickte man ihn von seinem Sendemast an die Front, zuerst nach Italien, dann in den Osten, und Ilse Quast las uns weinend seine kurzen, unbeholfenen Briefe vor, die stets so endeten: Wir werden wohl alle verrecken, grüße Herbert und die Eltern, sei vielmals geküßt, Dein Mann Kuno. Wann kommt wieder Mensch-ärgere-dich-nicht?

SS-Mann Quast geriet an die Westfront und dort im Norden Frankreichs in amerikanische Gefangenschaft; er wurde als vermißt gemeldet. Ilse Quast kam manchmal zu uns, sie magerte ab trotz der mecklenburgischen Pakete, von denen sie ein Stückchen Speck oder Schlackwurst mitbrachte, sie weinte und mochte nicht mehr Mensch-ärgere-dich-nicht spielen.

Im Spätherbst 1945 besuchten uns Ilse und Kuno Quast,

er war frühzeitig aus der Gefangenschaft entlassen worden, Ilse Quast lachte wieder und nahm zu, in ihrer Tasche hatte sie ein Stück Kartoffelkuchen und ein Mensch-ärgere-dich-nicht-Spiel mitgebracht, denn unseres war verbrannt. Mutter lachte und weinte ein bißchen, umarmte Kuno Quast, sah ihn sich genauer an, der noch kleiner und unbeholfener als früher, fast kahlköpfig und stumm wie immer vor ihr stand. Wie siehst du denn aus, Kuno! Richtig häßlich. Das Gesicht so komisch vergrabbelt ...

Ilse Quast berichtete für ihren Mann, der hin und wieder bestätigend nickte und brummte: Mit einem Streifschuß am Arm – Ilse Quast krempelte ihrem Mann das Hemd hoch, über dem Ellenbogen eine lila Narbe – geriet Kuno Quast in amerikanische Gefangenschaft. Die GIs hatten einen SS-Mann erbeutet, sie kannten diese Sorte und verprügelten Kuno Quast, der erklären wollte, daß er vom Postschutz zur SS gezogen wurde, gegen seinen Willen ... Kuno Quast konnte sich gewöhnlich kaum ausdrücken und brauchte für einen kleinen Satz seine Zeit; zwischen den schreienden und drohenden amerikanischen Soldaten eingeklemmt, stammelte er nur sinnlose Wörter, Faustschläge schlossen ihm den Mund. Bei der Gefangennahme verlor Quast alle Schneidezähne, das Nasenbein wurde ihm angebrochen, über der rechten Braue ein tiefer Riß.

Ach, Kuno, schaff dir bloß ein Gebiß an, wie siehst du denn aus? Noch schlimmer als bei der SS!

Vater hatte wenig Mitleid, immerhin war Kuno bei der SS gewesen.

Das hast du nun von deinem ganzen Postscheiß, wärst du auf dem Bau geblieben ...

Ohne Zähne geht es ja auch, muß er eben das Brot eintunken, tot sein ist schlimmer, meinte Ilse Quast. Sie bauten das Mensch-ärgere-dich-nicht-Spiel auf, und alle begannen leidenschaftlich zu spielen, Ilse Quast lärmend, Mutter bereit, loszuschimpfen und zu schummeln, Kuno Quast stumm und zahnlos, Vater ebenfalls stumm. –

Eine andere Sorte Freundschaft: Bogers, Else und Karl. Bogers und die Eltern mußten sich sehr lange kennen, sie redeten von Ereignissen, die weit vor meiner Geburt geschehen waren; ich ging gern zu Bogers, obwohl sie, im Unterschied zu den übrigen Freundschaften, keine Kinder hatten, oder genauer, die waren schon verheiratet und weggezogen. Bei Bogers war es immer lustig, mehr als bei allen anderen, und Else Boger lachte noch mehr als Mutter, Agnes und als Ilse Quast. Sie kreischte unbändig, über jedes läppische Wort kollerte sie los, wischte sich die Lachtränen aus den Augen und atmete keuchend. Ich begriff überhaupt nicht, warum sie lachte, obwohl ich genau aufpaßte: Und dann sagt sie doch guten Morgen! Schon mußte Else Boger loslachen, ihre Gesichtshaut lief rosig an, auf der Stirn bildeten sich Schweißperlen, sie lachte und lachte. Auch Karl Boger lachte gern, aber leise und hoch, was gar nicht zu seiner Größe und Stärke paßte. Karl Boger war fast so stark wie Vater, er arbeitete als Streckenarbeiter bei der Reichsbahn.

Bogers Wohnung war klein, Küche und Stube wie bei uns allen, aber nach vorn heraus, zweiter Stock in der Langestraße. Bogers spielten nichts, sie liebten Feste. Silvester feierten wir bei ihnen. Große Schüsseln mit Kartoffelsalat standen auf dem Tisch, Würstchen, Rollmöpse. Karl Boger hatte stets einen großen Karton Schwärmer und Knaller gekauft; fünf Minuten vor zwölf wurden die beiden Fenster aufgerissen, alles drängte sich dort zusammen und lachte und schrie in die Winterluft hinaus. Karl Boger nagelte ein Leuchtrad an den Besenstiel, Vater streckte Knaller an einer Kneifzange hinaus. Die Langestraße war besonders eng und hatte nur zweistöckige Häuser, fast wie auf dem Dorf; wenn Karl Boger den Besenstiel weit hinausschob, konnte er fast die gegenüberliegende Straßenseite erreichen. Das Knallen und Geschrei hallte laut wider, bei den Kanonenschlägen erzitterte das Haus, aus jedem Fenster sprühte Funkenregen.

Das sieht aus wie bei einem Großbrand, sagte Mutter

und wußte nicht, wie recht sie haben würde. Irgendwer schrie auf und fluchte, er hatte sich die Hand verbrannt. Else Boger drückte ihm ein Pflaster auf, krumm vor Lachen.

Bogers suchten jeden Anlaß für ein Fest: Geburtstag, Jahrestag des Kennenlernens, Hochzeitstag, Frühlingsanfang. Immer war die Bude voll, stets große Schüsseln voller Kartoffelsalat und Batterien von Bierflaschen. Else Boger lachte vom Eintritt in die Tür bis zum Weggehen, das ich im Halbschlaf erlebte.

Bei Bogers wurde nicht gespielt, aber es wurden Lebende Bilder gestellt, verkleidete Gäste in seltsamen Stellungen, Ausrufe, Schreie, fallende Röcke und ein rosa Unterkleid, ich konnte mir nicht vorstellen, weshalb das so ulkig sein sollte, daß alle lachten und kreischten, Mutter auch, selbst Vater.

Einmal habe ich sie lachen sehen und hören wie nie zuvor, und das wollte etwas heißen: Ein Fest aus einem beliebigen Anlaß, die Männer planten ein Lebendes Bild und jagten alle anderen in die Küche, wir standen dort so eng, daß wir uns nicht rühren konnten. Dann wurden wir hereingerufen und sollten uns an die Fensterwand stellen. Die Männer hatten den Tisch beiseite gerückt und mit einem Vorhang bedeckt. Oben kniete Karl Boger und knöpfte sich die Hose auf. Die Frauen fingen an zu kreischen. Frau Boger lachte glucksend, Karl Boger griff in die Hose und zog sein Glied heraus und streckte es uns entgegen, nein, das war aber nun doch die Höhe, Mutter begann wütend zu werden. Ich sah sofort, es war Vaters Zeigefinger, der da herausschlüpfte und von Karl Boger in der Hand gehalten wurde, so als wenn ich an einen Straßenbaum pinkelte. Nun fing der Zeigefinger an, sich zu bewegen, knickte zusammen, reckte sich nach verschiedenen Richtungen, entwischte den suchenden Fingern.

Else Bogers Kopf lief schwärzlich an, schreiend sank sie auf einem Stuhl zusammen, rutschte weiter hinab, plumpste auf den Boden, Beine und Arme ausgebreitet, lachte und lachte, ich fürchtete, sie würde gleich tot sein. Sie lachte noch immer, als sich die Männer längst auseinandergewickelt hatten, Vater unter dem Tuch hervorkroch und seinen Arm aus Karl Bogers Hosenbein herauszog. August, das warst du ja, dein Finger, ich lach mich kaputt, schrie Else Boger.

Nach den Feiern bei Familie Boger war Vater meistens verstimmt, vielleicht, weil er Kopfschmerzen vom vielen Biertrinken hatte, wahrscheinlich aber belästigte ihn noch lange das laute Gelächter Else Bogers. Und was das wieder gekostet hat, murmelte er verdrossen, die haben doch nicht mehr Geld als wir alle.

Mutter nannte Vater oft einen alten Geizer; ihr gefiel die Art, wie Bogers lebten, und wenn Vaters eiserne Sparsamkeit nicht wäre, würde sie auch zu solchen Feiern laden, das Bier würde fließen wie aus dem Wasserhahn, und Berge von Kartoffelsalat würden sich auf unserem Tisch türmen.

Bogers versäumten kein Kostümfest in den Festsälen der Andreasstraße. Else Boger erzählte, sich lachend unterbrechend, davon: Wieder hatten sie den ersten Preis für das schönste Kostüm gewonnen, einen Präsentkorb mit bunten Konservenbüchsen, einer Flasche Fruchtwein, einem Bündel Räucheraalen, dünn wie mein kleiner Finger. Haben hundert Mark ausgegeben und zehn eingenommen. Mehr kostet doch so ein Korb nicht, lauter Kram aus zweiter Hand. Die Getränke nicht mal gerechnet!

Vater war wütend über Bogers Leichtsinn und über den Betrug mit dem ersten Preis. Die Eltern gingen nicht mehr zu diesen Kostümfesten, vielleicht waren sie zu alt dazu, vielleicht meinetwegen, außerdem waren die dreißiger Jahre nicht die rechte Zeit, sich zu amüsieren.

Früher, als wir noch jung waren, sagte Mutter begeistert, sind wir auch gegangen, oft mit Bogers zusammen, und haben die Nächte durchgetanzt. Bogers als weiße Pirouetten! Lange habe ich nachgedacht, ehe ich herausfand, was Mutter meinte: Pierrots. Unsere Kostüme waren einfach: Dein Vater als Pirat mit angemaltem Bart und schwarzer Augenklappe! Ich konnte mir das nicht vorstellen bei meinem ernsten Vater und zweifelte an Mutters Erzählungen.

Bogers suchten sich im Kostümverleih stets das Teuerste aus: Einmal habe ich sie so gesehen als Maharadscha und als Maharani. Karl Boger saß in der Küche vor dem runden Rasierspiegel und schminkte sich die Haut braun. Er trug dunkelrote Pluderhosen und einen langen, buntbestickten Rock. Else Boger war schon fertig, ihr mit Glasdiamanten und Perlen besetzter weißer Umhang wehte bei jeder Bewegung. Sie trug eine pechschwarze Perücke und über der Stirn im störrischen Kunsthaar ein Diadem, über dem eine Pfauenfeder wippte.

Guck mal meine Schuhe! Elso Boger hob den Umhang, ein dickes Bein quoll hervor, farbige Pantöffelchen, deren Spitzen sich hochwölbten.

Und damit willst du tanzen? fragte Mutter.

Auf dem Sofa lag Karl Bogers riesiger Turban, ich stülpte ihn mir auf, er sank schwer über die Ohren und roch nach Schweiß und Pomade. Ganz sicher würden Bogers wieder den ersten Preis für das schönste Kostüm erhalten.

Ich werd mich wieder totlachen heute abend, sagte Else Boger, ich glaubte es auch.

Sie starb an Leberkrebs. Mutter nahm mich zu einem Krankenhausbesuch ins Bethanien mit; anfangs erkannte ich Else Boger nicht, einst die dicke, lachlustige Frau. Es lag etwas zusammengeschrumpftes Gelbes, Grünliches im Bett, weinend, mit ockerfarbenen Händen, die sich uns entgegenstreckten. Als Else Boger gestorben war, zeterte Mutter mit Vater, als sei der daran schuld.

Sie hatte völlig recht, zum Kostümfest zu gehen und zu feiern, was das Zeug hält. Was hat man denn sonst vom Leben? Kratz du das Geld zusammen, weißt du, wie lange wir noch hier unten sind? Ich werd sowieso bald sterben, aber ihr solltet euch noch ein bißchen vergnügen.

Mutter trauerte aufrichtig, doch sie begann als erste zu überlegen, wie man Karl Boger eine neue Frau beschaffen könnte. Alleinstehende Männer galten bei Mutter als ungehörig, als abnorm; kurzerhand, ohne Karl Boger eigentlich zu fragen, wurde Klara, eine sehr weitläufige Verwandte von Tante Hede, nach Berlin gerufen und mit Karl Boger verheiratet. Mutter glaubte später fest, daß Klara wiederum schuld an Karl Bogers Tod war, denn nur zwei Jahre nach seiner ersten Frau starb auch Karl.

Er hat bloß Else nicht vergessen können und das Feiern nicht und die Feste, sagte Mutter. Weil es aber eine alte Freundschaft war, mit der Patina vieler heiterer Erinnerungen überzogen, und Freundschaft hochgehalten wurde, bezog man die Witwe Klara Boger ein, und als ihre Wohnung in der Langestraße verbrannte, machte Mutter es möglich, daß die Klara in die Kellerwohnung von Frau Schaumäker zog, die vor den Bombenangriffen zu ihren Verwandten aufs Land geflohen war.

Ich wollte es machen wie Vater, meine Freunde suche ich mir selber aus! Deshalb schloß ich mich auch nicht eng an Kusine Gertrud oder andere Vettern und Kusinen aus der Kröber-Familie oder Onkel Fritzens erster Ehe an. Und was mit Emmi eine erste Kinderfreundschaft gewesen war, löste sich, als ich bemerkte, daß sie Mädchen war und mich als Jungen sah.

Aber stimmte es denn wirklich, daß man sich seine Freunde aussuchte, traf es selbst bei Vater zu?

Es mochte bei dem legendären Onkel Jule stimmen und vielleicht bei Karl Boger und später bestimmt bei Kamerad Fritz; aber sonst? Mutter suchte die Freunde aus, nach ihrem Geschmack. Und Vater, sonst so halsstarrig, nahm diese Freundschaften auf, lud sie ein und ging zu Besuch, selbst dann, wenn ihm die Freundschaft nicht überaus zusagte wie Klara Boger. Mutter hatte zu Wuzzels die engen Beziehungen geknüpft und zu Quasts und zu Pfennas … Allein hätte Vater nie so dicht mit Hilde Pfennas erstem galligem Mann, mit Kuno Quast und Richard Wuzzel verkehren mögen. Aber einerseits gefielen ihm die Frauen, die lachlustige Else, die zähe Hilde und die Mutter so ähnliche Agnes; und andererseits lag ja in seinem schroffen Charakter immer der Zug zum Sarkasmus, und so amüsierte er sich grimmig über Richard Wuzzels Opportunismus, lachte über dessen Parteibonbon am Rockaufschlag, wo er sonst am liebsten zugeschlagen hätte.

Suchte ich mir Willi, den Urfreund, aus? Wir saßen nicht zusammen auf einer Bank, sondern weit auseinander, wenn wir auch manchmal gemeinsam von Lehrer Breil verprügelt wurden. Ich weiß nicht mehr, wie und wo unsere Freundschaft begann. Heute erscheint es mir als seltsamer Zufall, daß wir, die so verschiedenartig waren, aufeinander zugingen. Willi wirkte plump, es sah aus, als liefe er unsicher, den Kopf geneigt, wie mit einem Körperfehler gezeichnet. Er redete wenig, meldete sich in der Schule selten, gefragt, antwortete er stockend, sich verhaspelnd, und schloß plötzlich seine Rede. Aber er hatte im Grunde, selbst die Lehrer bemerkten das nur langsam, immer eine korrekte und sichere Antwort gegeben. Was er sagte, hatte Hand und Fuß – und Hintersinn. Je länger ich ihn kannte, je tiefer ich mit ihm befreundet wurde, desto mehr bemerkte ich den warmen Glanz seiner dunklen braunen Augen und das spöttische Aufblitzen darin. Die Vorschläge, die er mir zu Spielen oder anderen Unternehmungen machte, waren häufig skurril. Er, das vermerkte ich zornig, war derjenige, der beim Skatspiel ständig und sehr geschickt schummelte.

Willi sah sehr unselbständig aus, als könnte man ihn selbst mit zwölf Jahren nicht zum Kaufmann schicken, indessen wußte er genau, was er wollte, auch in Geldsachen. So begann er, eine Familien- und Freundschaftszeitung herauszugeben, von ihm geschrieben, mit seiner sehr gut lesbaren, aber ebenfalls skurrilen Handschrift voller Ovale und Kreise, mit Zeichnungen versehen, die überaus schlagend seine Eltern und Freunde karikierten, oder mit Stadtlandschaften, in denen es von Autos, Pferdewagen, Straßenbahnen, Menschen wimmelte, dazwischen Ungeheuer, merkwürdige Geräte, riesige Ostereier ... Als ich später Arbeiten von Bosch kennenlernte, kam mir der Gedanke, ob nicht Willi irgendwann Arbeiten von ihm gesehen und kopiert hatte, was aber unmöglich war.

Willi erhielt in Sport immer eine Fünf, und bei der Flak und beim Arbeitsdienst geriet er beim Marschieren ständig außer Tritt, schwenkte falsch, schoß stets daneben, Sie Trottel, Sie sind das größte Arschloch, das mir je begegnet ist! Willis Mutter, Elfriede Mundt, schob dies, wenn man ihr Vorhaltungen machte, auf einen Schädelbruch, den Willi, einstmals das Treppengeländer herabrutschend, erlitten hatte. Selbst beim Militär räsonierte Willi ständig mit seinen Vorgesetzten, daß er den Stahlhelm nicht vertrage, sein Schädelbruch mache ihm zu schaffen, und so kam es, daß er oft in luftiger Mütze umherlief, während wir unter dem ungeliebten Eisenhut schwitzten.

Er besaß große Körperkraft. Ich spürte sie bald bei den kindlichen Ringkämpfen, zu meiner Wut und Schande unterlag ich ihm, und ich mußte manchen schmerzhaften Boxhieb einstecken, wenn wir in einer freien Stunde in der Flakstellung, hinter den Geschützwällen gedeckt, trainierten. Willi wollte unbedingt boxen, er behauptete, man müsse das können, man werde es brauchen, und schlug mir schmerzhaft gegen die Schulter.

Ich brachte Willi zu uns nach Hause, Mutter freute sich, als er herzhaft das angebotene Essen annahm und den Teller leer aß. Der ruhige Junge gefiel ihr. Vater fragte nach dem Beruf der Eltern, ich wußte es nicht, aber als ich dann nachfragte und ihm sagte, Willis Vater sei Ingenieur, ohne zu wissen, was das bedeutete, antwortete Vater: Das paßt nicht in unsere Familie, das ist wohl kein richtiger Freund für dich, am besten ist, du machst Schluß, es hat keinen Zweck. Aber Mundts lebten ja nicht viel anders als wir, zwar im Vorderhaus, mit einem kleinen Balkon, Revaler Straße, in feinerer Gegend, aber ihr Leben spielte sich meist auch in der Küche ab; gut, sie hatten ein Schlafzimmer und ein Wohnzimmer, in dem ein großes Lochbillard stand, welches Willi sich gewünscht und dann geschenkt bekommen hatte, obwohl es die Zimmereinrichtung, Büfett, runder Tisch, Glasvitrine, verschandelte und verengte, aber das war der einzige Unterschied.

Vielleicht hätte ich mich Vater unterworfen, denn die Freundschaft befand sich in ihren Anfängen, wenn nicht zufällig die beiden Mütter sich in der Warschauer Straße getroffen hätten; Mutter und ich befanden uns auf irgendeinem Einkaufsweg, Willis Mutter auch. Sie sprach mich an, die Frauen machten sich bekannt und gefielen sich sofort: Willis Mutter war wie die meine schon leicht schwerhörig, das brachte sie gleich zusammen. Und sie war keine Dame, sondern eine kleine kräftige Frau mit derbem Gesicht, oft schimpfend wie Mutter, aufgebracht, aber dennoch heiter. Willis Mutter besuchte uns, Mutter besuchte Mundts.

Vielleicht war es nur Zufall, oder es gehörte zu Mutters Art, besonders gern mit Harthörigen umzugehen; es wurde oft geschrien bei uns: Agnes Wuzzel, Minna, Kuno Quast, Willis Mutter hörten schwer. Vater litt lautes Reden nicht. Im Alter begann auch sein Gehör nachzulassen. Nun merkst du, daß wir brüllen müssen, sagte Mutter belehrend. Aber Vater sprach auch jetzt nur wenig lauter.

Du alter Kacker, laß den Jungen in Ruhe, das sind wirklich gute Leute. Und er, sie meinte Willis Vater, ist ein feiner Mensch, da könntest du dir eine Scheibe abschneiden.

Vater schätzte Mutters Urteil und Instinkt und ließ mich in Ruhe, später gefiel ihm Willi immer mehr. Er verhielt sich auch höflich zu Willis Mutter, wenn er sie bei uns antraf, aber er war nicht zu bewegen, der Einladung zu folgen und Mundts zu besuchen. Wie auch immer, so schien es ihm wohl, waren das Leute, die wirklich nicht zu uns paßten. Ähnlich verhielt er sich zu Werners Eltern, einem

Schlächtermeisterpaar. Werner hatte ich zugleich mit Willi übernommen, sie waren Freunde, lebten in dichter Nachbarschaft. Wollte ich Willis Freundschaft, mußte ich seine zu Werner akzeptieren; und da wir in eine Klasse gingen, in der Volksschule und später im Gymnasium, zu dritt eine Stube in Glockersdorf teilten und bei der Flak und beim Arbeitsdienst zusammenblieben, wurde es eine wirkliche Freundschaft. Werner, prall genährt mit frischem Fleisch und Schlackwurst, rund und drall, war ein lustiger, zu Streichen aufgelegter Bursche, leicht verlottert, was ihm in unserer militärischen Erziehung viel Ärger einbrachte. Bei einer plötzlichen Kontrolle des Unteroffiziers vom Dienst öffnete er dann häufig meine Schranktür als die seine, das ging gut ab; blieb es nicht bei der Stichprobe und ich mußte Werners Tür öffnen, also meine, und der Unteroffizier sah das völlig unpreußische Chaos, schrieb er sich meinen Namen auf für Strafdienst oder Urlaubssperre; dennoch konnte ich Werner nicht böse sein, er lachte, und wenn ich losbrüllen wollte, schob er mir ein Stück Knoblauchwurst in den Mund.

Werner lernte schlecht und recht, kein Fach interessierte ihn wirklich, er dachte nicht darüber nach, was er einmal werden wollte, die Fleischerei des Vateres übernehmen, vielleicht. Das Kartenspiel reizte ihn, er brachte uns Skat bei und Pokern; und Mädchen beschäftigten ihn schon früh. Er war es zusammen mit Ferdinand, die in Glockersdorf mit den Küchenmädchen schliefen, sie dreizehn Jahre alt, die Mädchen sechzehn, Ferdinand ließ uns durchs Schlüsselloch zusehen.

Beim Arbeitsdienst saß Werner im Arrestzimmer und wartete auf den Transport zum Kriegsgericht; wir steckten ihm Zigaretten zu und trösteten ihn ungeschickt; er hatte beim Waffenreinigen gegen unsere Warnung so viel Werg in den Lauf gesteckt, daß er es samt der daran hängenden Kette nicht mehr herausbekam, er ging in den Wald und schoß den Pfropfen aus dem Lauf; aber er zerstörte dabei das Gewehr, die Braut des Soldaten, er wurde sofort verhaftet. Nur die plötzliche Auflösung unserer Abteilung wegen der schnell heranrückenden Roten Armee bewahrte ihn vor der Verurteilung, Werner lachte bloß. Er ist im Frühjahr 1945 bei Crossen an der Oder durch den Schuß eines sowjetischen Scharfschützen mitten in die Stirn getötet worden.

Natürlich lernte Mutter auch Werners Eltern kennen, den kleinen, hinkenden Vater und Werners Mutter, wie man sich eine Schlächtersfrau vorstellt, groß, lärmend und dick. Mutter sah den Vorteil, jetzt, zu Anfang des Krieges, eine Schlächtersche als Bekannte zu haben. Nein, das war nichts für Vater, zu bürgerlich, zu fein. Aber Franks besaßen ebenfalls nur eine kleine Zweizimmerwohnung hinter dem Laden, in der es durchdringend nach Rauch und Pökelbrühe roch.

Auch mit Helmuts Eltern wollte Vater keine nähere Beziehung, obgleich hier die Dinge anders lagen. Sie wohnten zwar im Vorderhaus, was sie für Vater sofort verdächtig machte, und sie hatten auch anderthalb Zimmer gemietet, aber sie teilten ihre Wohnung mit zwei anderen Familien, keinen Untermietern, sondern es war eine Art Massenquartier, das hätte Vater wissen müssen. Außerdem war Helmuts Vater Gürtler – unter dieser Berufsbezeichnung stellte ich mir jemanden vor, der mit Leder, Schnallen und Koppelzeug zu tun hat –, und dieser Vater war außer meinem der einzige, neben dessen Namen im Klassenbuch des Gymnasiums Arbeiter stand. Wir hatten uns erst in der Sexta dieses Gymnasiums kennengelernt, Helmuts Eltern wohnten in Kaulsdorf, am Stadtrand. Wir sprachen miteinander, mehr vielleicht als mit anderen, aber erst als Helmut in meine Straße zog, gegenüber, auf die andere Seite, als wir täglich gemeinsam zur Schule gingen, durch diesen Zufall eben, daß sie hierherzogen, begann unsere jahrzehntelange Freundschaft.

Mutter gefiel Helmuts Mutter, eine Frau aus Offenbach, mit fröhlich-rheinischem Charakter, man kannte sich nun, man grüßte sich, man redete miteinander, und später schloß Mutter auch Freundschaft mit Helmuts Schwiegereltern; aber Vater hielt sich raus. Vielleicht, weil er durch mich und Mutter von den seltsamen Eßsitten der Familie erfahren hatte, vom strengen Vegetarismus, von den lebensreformerischen Ansichten, die von Helmuts Vater ausgingen. Dies war nicht nach Vaters Geschmack. Vielleicht ermahnt zu werden, daß er zuviel Stachelbeerwein trank oder zuviel Buletten aß, nein, Vater winkte ab. Dabei hätte er sich wahrscheinlich gut mit Helmuts Vater verstanden, einem strikten Sozialdemokraten, kompromißlos nicht nur im Vegetarischen, sondern auch im Politischen, der später konsequent den Weg zur Einheitspartei ging.

Aber ganz sicher wäre er ein guter Freund von Willis Vater geworden. Doch wenn er schon mit einem Arbeiter, der Vegetarier war, nichts zu tun haben wollte, mit einem Ingenieur noch weniger. Und als er sogar hörte, daß Willis Vater im Krieg als Oberfeldwebel Dienst tat, da schüttelte er nur den Kopf. Trafen sie sich doch einmal, wenn die Eltern uns in der Flakstellung besuchten, saß Vater wortkarg da, mehr noch als sonst.

Erst Jahre nach dem Krieg gaben mir Willis Eltern einiges von ihrem Leben preis, was mir auch Willi verschwiegen hatte. Doch dafür haderte ich nicht mit ihm, meine Liebe für diesen Jungen wuchs nur, meine Hochachtung, und ich wartete wie die Eltern Woche für Woche auf seine Rückkunft.

Willis Eltern, was wir natürlich nie gewußt hatten, waren beide Mitglieder der KPD gewesen. Der Vater hatte vor 1933 in der sowjetischen Handelsvertretung gearbeitet, war verhaftet worden, wenn auch nur für kurze Zeit, sie hatten Haussuchungen erlebt und Drangsalierungen, hatten weiter illegal gearbeitet, Willis Mutter kassierte für die Rote Hilfe. Sie erzählte:

Eines Tages, so im November dreiunddreißig, klopfe ich

bei einem Genossen an, da steht er in der Tür in SA-Uniform. Ich dachte, ich werde ohnmächtig, der weiß doch, was ich will. Aber er war wohl noch aufgeregter als ich und machte mir die Tür vor der Nase zu, aus, aber verraten hat er nichts.

Willis Vater hat nie die Beziehung zur Sowjetunion verloren, auch als er nicht mehr in der Handelsmission arbeitete, ich weiß es aus Andeutungen, und inzwischen kennt man ja andere Lebensschicksale ähnlicher Art. Willis Vater war während seiner Soldatenzeit als Ingenieur in einem Waffenerprobungsamt tätig, eine Arbeit, deren Ergebnisse zu übermitteln besonders wichtig war. Er kehrte nach kurzer amerikanischer Kriegsgefangenschaft zurück und arbeitete wieder als Ingenieur bei Pintsch und Gaselan. Er war der erste Parteisekretär dieser Betriebe, auf der ersten Maidemonstration nach der Befreiung ging Willis Vater an der Spitze des Friedrichshainer Zuges, die Internationale singend.

Es gibt ein oft publiziertes Foto: SPD und KPD vereinigen sich zu einem Zug, die Ströme schließen sich zusammen: es geschah dies zwischen Memeler und Bromberger Straße, vor der Warschauer Brücke. Ich war dem Zug, in dessen ersten Reihen Wilhelm Mundt ging, begegnet, vielleicht auch hatte mich eine Ankündigung neugierig gemacht, und ich war hingelaufen. Willis Vater winkte, hob die Faust. Er wird auch in diesem Augenblick an seinen Sohn gedacht haben!

Meinen weiteren politischen Entwicklungsweg verfolgten Willis Eltern mit großer Freude; sie hofften, wir beide, ihr Sohn und ich, würden gemeinsam das neue Leben, für das sie gearbeitet, gelitten hatten, aufbauen.

Willis Vater, in der Nähe von Berlin stationiert, ich glaube, in Zossen, kam häufig auf Urlaub und besuchte uns oft in der Flakstellung. Er ging mit uns spazieren, wir umkreisten die einsamen Geschütze, nur von ferne ein paar Posten sichtbar; da redete Willis Vater auf uns ein, daß wir alles tun müßten, diesen Krieg zu überstehen, erst dann würde das richtige Leben beginnen, ein wirklich neues. In jedem dieser Gespräche beschwor er uns, auf uns achtzugeben, zu überleben, das sei wie ein Auftrag. Ich verstand ihn halb, natürlich wollte ich leben, auch nach dem Krieg, aber warum es ein Auftrag sein sollte und ein neuer Anfang, ein wirklicher, ganz anderer, begriff ich nicht.

Willi wußte. Er wußte vieles und hatte vieles erlebt.

Willi hat uns das Leben gerettet! sagten die Eltern mir später.

Bei einer der Haussuchungen hatte man nach verbotenem und verborgenem Material gesucht. Ein Sommertag, der sieben- oder achtjährige Junge steht ängstlich dabei, die Eltern mit erhobenen Händen an der Wand, die Polizisten oder SA-Leute oder Gestapomänner durchwühlen die Wohnung. Die Eltern wissen, es ist das Ende. Sie haben Flugblätter im Haus, hektographierte Zettel, die reichen für Prozeß und Konzentrationslager. Aber diese Zettel werden nicht gefunden, unfaßbar, sie lagen doch im Wäscheschrank, zwischen den Hemden. Diese Hemden werden beiseite geworfen, kein Zettel flattert heraus. Als die Durchsucher ohne Ergebnis abziehen, holt der Junge diese Zettel hervor, er hat sie unter dem Hemd, auf der Brust getragen.

Und woher wußte er denn davon?

Irgendwann, beim Suchen nach irgendwas, muß er sie gefunden haben. Als die Hausdurchsuchung begann, ist er, von den Polizisten oder SA-Leuten als kleiner Junge nicht ernst genommen, ins Zimmer geschlüpft, hat die Zettel herausgenommen und auf seiner Brust versteckt. Und Willi bewahrte auch mich vor großem Schaden, wenn er mir nicht sogar ebenfalls das Leben rettete; wir waren nach einem Luftangriff zu Löscharbeiten eingesetzt, bei denen mir ein großes Stück brennenden Stoffes, getränkt mit einer napalmähnlichen Masse, auf den Nacken fiel. Meine Jacke begann sofort zu lodern; die anderen standen verstört und sahen meinen verzweifelten Versuchen zu, die Flammen zu löschen. Willi rannte herbei, riß mir die Jacke vom Leib und wälzte mich auf dem Boden hin und her. Ein paar Brandwunden, ein Schulterklopfen, ein derbes Wort, mit sechzehn denkt man nicht weiter. Erst später wurde mir deutlich, was er für mich getan hatte.

Willi wußte immer, daß seine Eltern ganz anderes dachten als das, was sonst in Deutschland gedacht wurde, in der Schule gelehrt, in den Zeitungen stand oder über die Kinoleinwand flimmerte. Willi schwieg, versteckte sich, frühreif und unbegreiflich selbstdiszipliniert, unter der Maske eines unbeholfenen, ja skurrilen Burschen. Daß er den Hitlergruß nicht richtig ausführen konnte, kein gestreckter Arm, die Handfläche nicht glatt, sondern daß er, sooft er auch zurücklaufen mußte, den Vorbeimarsch wiederholend, im Froschgang, mit Urlaubssperre belegt, den Arm krumm winkelte, weil er ihn angeblich nicht strecken konnte, auch ein Rest des Unfalls, dies nun glaubte selbst ich nicht. Ich nahm es für unsere übliche Auflehnung, für Willis störrischen, manchmal unberechenbaren Charakter.

Die Eltern, besonders sein Vater, warteten heiß auf seine Rückkehr, ich auch. Jetzt wollte ich mit Willi über alles, aber auch über das Letzte reden, und wir würden nun das tun, was uns verschleiert beschwörend sein Vater geraten hatte: Das neue Leben aufbauen! Aber Willi kam nicht. Er war vor mir eingezogen worden, obwohl wir versucht hatten, durch gleichzeitige Freiwilligenmeldung und Bewerbung zur Offizierslaufbahn, was uns Willis Vater angeraten hatte, zusammenzubleiben wie bisher in den letzten zehn Jahren, durch alle Gefahren hindurch. Willi war nach Dänemark gekommen, als Infanterist, ich hatte noch Briefe von ihm erhalten. An welche Front ich auch komme, ich laufe über, das ist ganz sicher. Ich hatte ihm geschrieben, er solle so etwas nicht sagen, vielleicht würde jemand unsere Briefe lesen und wir würden beide an die Wand gestellt. Überdies wollte ich nicht an jeder Front überlaufen, ich fürchtete mich vor den Russen.

Willis Eltern hatten noch später Post von ihm, aus Danzig, er war mit dem Schiff übergesetzt worden und wartete nun auf eine Weiterfahrt an die Kurlandfront. Ob er je dahin gekommen ist, weiß man nicht. Willi konnte nicht schwimmen, auch dies gehörte zu seinem Programm, wie er nicht radfahren konnte und nicht Fußball spielte und nicht Schlittschuh lief, man weiß ja, der Schädelbruch. Ob sein Schiff torpediert wurde und versank, ob er gleich an die näher rückende Front geworfen wurde, ob er beim Versuch überzulaufen von hinten erschossen oder von einem sowjetischen Maschinengewehr zersiebt wurde, nie wird man es wissen. Er war linkisch und unbeholfen; sein Widerwillen gegen Körperertüchtigung, eine Forderung, die uns eben Tag für Tag eingehämmert wurde, war so stark, daß er wirklich ungeschickt kroch und sprang und lief. Seine Tarnung war über die Jahre zu seinem Wesen geworden. Vielleicht hat er zu spät mit dem weißen Tuch gewinkt oder zu früh.

Wir warteten. Willis Mutter, wieder Mitglied der KPD und dann der Einheitspartei wie ihr Mann, jetzt aktiver Funktionär im Bezirk, und beide wirklich alte Freunde der Sowjetunion. Willis Mutter sagte mir: Vielleicht gibt es doch, wie die im Westen behaupten, Schweigelager in Rußland. Vielleicht ist Willi in ein solches reingeraten. Durch einen dummen Zufall, und er kann keine Post senden. Sie klammerte sich daran, weil sie inbrünstig auf den Sohn wartete und sich um ihren Mann sorgte.

Mutter hatte recht: Willis Vater war ein feiner Mann, ein gutgeschnittenes, männliches Gesicht, die frühe Vollglatze störte nicht, ein heiterer Mensch, zu Späßen aufgelegt, auch mit Frauen, was Mutter genoß. Jetzt arbeitete er aus voller Kraft, der Wiederaufbau, die wirkliche demokratische Ordnung, die Parteifunktionen! Aber er magerte nicht ab, weil er sich überlastete und magenkrank wurde, er litt zu tief an Willis Fernbleiben. Ihm wird seine Frau nicht die Geschichte von Schweigelagern erzählt haben, aber auch er phantasierte sich vieles zusammen, ich half dabei: Willi ist desertiert, wie er immer wollte, hat bei einer polnischen Familie Unterschlupf gesucht und kann sich jetzt nicht als Deutscher zu erkennen geben ... Er ist in einem russischen Gefangenenlager, macht Antifa-Arbeit und findet keine Zeit zum Schreiben ... Der Dampfer, der sie nach Kurland bringen wollte, ist nach Dänemark zurückgeflüchtet, von dorther marschiert Willi zu Fuß heran ...

Willis Vater und ich fürchteten unsere eben erfundenen Geschichten, wir wußten, sie stimmten nicht; nur Frau Mundt wurde getröstet.

Jahre vergingen. Sie sandte Suchmeldung um Suchmeldung ab, hinter dem Rücken ihres Mannes, auch an das amerikanische Rote Kreuz, an Suchstellen in Westdeutschland, von denen sie wußte, daß sie antisowjetisch eingestellt waren. Niemand wußte etwas von Willi, hier wie dort, kein Kamerad, der wenigstens ein Lebenszeichen überbrachte, keine Nachricht, niemand konnte sagen, wo Willi geblieben und was mit ihm geschehen war. Sein Vater wußte es: Willi war tot.

In Mutters Schwarten, die nun über Onkel Eusches Frau aus dem amerikanischen Sektor in unsere Wohnung geschmuggelt wurden, im Bett versteckt, damit Vater sie nicht fand oder gar ich, stand in den traurigen Geschichten von der Jägerstochter und dem reichen Herrn oft das Wort vom gebrochenen Herzen.

Fand ich ein Heft, las ich Mutter solche Stellen aufdringlich betonend vor, und Mutter verstand wohl, was ich damit meinte. Du bist ja richtig zienisch! Sie betonte das Fremdwort, wie immer bei solchen Gelegenheiten, besonders deutlich.

Jetzt sah ich mit an, wie ein Mann an gebrochenem Herzen hinstarb. Ich besuchte noch lange Willis Mutter, die uralt wurde, ertaubte und irgendwann, in den sechziger Jahren, alles, was sie an ihren Sohn erinnerte, Briefe, Fotos, Zeugnisse, Zeichnungen, die bis dahin aufgehobenen Exemplare der Familienzeitungen, verbrannte. Als ich sie fragte, warum sie das getan hätte, zuckte sie mit den Schultern und schrie, und diesmal nicht, weil sie fast taub war, sondern vor Wut und Verzweiflung: Weg ist weg!

Später, hoch in den Achtzigern, wir verkehrten nur noch durch Zettel, schrieb sie mir auf, sie wüßte, wenn sie an einen Willi denke, nicht mehr genau, ob es ihr Mann oder ihr Sohn sei, sie brächte dauernd etwas durcheinander.

Sucht man sich seine Freunde wirklich aus, wie Vater oft sagte? Dann hätte ich mir doch jenen blonden, fixen Burschen aussuchen können. Vater, wenn er freitags Geld bekommen hatte, ging manchmal mit seinen Kollegen in eine Kneipe. Von Stralau, wo er auf dem Kohlenplatz arbeitete, bis zu uns gab es mehrere Möglichkeiten, er bevorzugte die Kneipe am Rudolfplatz. Mutter schickte mich los, mit dem Fahrrad Vater zu begleiten; nicht daß sie Angst hatte, er würde das Geld versaufen, dazu war er zu geizig, nein, nur so aus allgemeiner Vorsicht. Da sah ich diesen Jungen, blond und blauäugig, Fred Rodrian; er saß am Klavier und spielte virtuos. Er stand auf und lachte, das elektrische Klavier spielte allein weiter. Nach dem Krieg trafen wir uns in den Diskussionen der Jugendausschüsse wieder und gerieten aneinander. Erst als wir anfingen, eng zusammenzuarbeiten, er als Leiter des Jugendausschusses, ich als sein Hilfsbibliothekar, kamen wir uns näher und wurden Freunde.

Hätte nicht irgendeine Wohnungsannonce Helmuts Eltern in die Rüdersdorfer Straße gebracht, sondern nach Lichtenberg oder Kreuzberg, wer weiß, ob wir je Freunde geworden wären. Aber selbst als wir so nahe beieinander wohnten, hätte es nicht notwendigerweise zur Freundschaft führen müssen. Mir gefiel der freundliche, noch kindliche Junge, der meine Nähe suchte, mehr als ich die seine, denn außer mir hatte er wohl keinen Freund, während ich Willi und Werner viel länger kannte als ihn. Helmut rief mich vom Hof aus ans Fenster: Halü, ein Kosewort, das er für mich gefunden hatte und das mich rührte, obgleich man das nicht so weiß, wenn man elf Jahre alt ist. So rief ich ihn auch, wenn ich morgens vor seinem Haus stand und ihn zum Schulgang abholte; er riß das Fenster auf, Halü, winkte und stürmte die Treppen herunter.

An ihm gefiel mir auch seine Beharrlichkeit, selbst da, wo sie mir komisch vorkam, im Vegetarischen. Helmut hielt an Kohl und Möhren, an Rohrzucker und Mandelkleie bis tief in den Krieg hinein fest, und da waren Wurst und Buletten schon keine Verlockung mehr, sondern bedeuteten einfach Überleben. Ja, es spielte bei mir auch Egoismus hinein. Als wir nach Glockersdorf geschickt wurden und Helmut das erste Vierteljahr dort war, ehe ihn seine Mutter zurückholte, saßen wir natürlich Seite an Seite und schliefen Bett an Bett. Wir hungerten dank den Unterschlagungen des SA-Sturmführers Deutsch schon sehr, doch Helmut hielt auch hier durch, ich bewunderte ihn und nahm seine Wurst und die dünnen Fleischscheiben, die er mir auf den Teller schob, dankbar und schnell.

Helmut hatte auch Mut. An jedem Schuljahresanfang wurden die Klassenbücher neu geschrieben, die alten Daten überprüft und verglichen, und Hollenbach oder Lammers fragte jeden auch nach seiner Religion. Helmut erhob sich, schaute dem Lehrer ins Gesicht und sagte, etwas verlegen und sehr störrisch: religiöser Dissident. Er war der einzige in der Klasse, und ich mußte ihn fragen, was das bedeutete. Helmut erklärte mir, dies heiße ungläubig, gottlos, Heide. Vater schrieb in Fragebögen: gottlos, Mutter hatte mir angeraten, in der Schule bei solchen Fragen zu antworten: evangelisch. Du bist so getauft, was du denkst, ist egal, aber gottlos ist schlimm, auch in der hohen Schule, glaub mir, mach es so. Ich machte es so, wie Mutter es mir angeraten hatte, und bewunderte meinen Freund, der sich gegen alle einen Ungläubigen nannte. Die Lehrer stutzten dann, sagten nichts, aber wir alle fühlten, daß es nicht gut war, was Helmut da von sich behauptete. Denn ein Hauch von christlichem Konservatismus hing immer noch in unserer Schule; Dissident aber roch nach Freidenkertum, kämpferischem Atheismus, und woher der kam, wußten auch unsere Studienräte.

Helmut war offen und suchte das Gespräch mit mir, während ich, nach Vaters Erbteil, mich häufig verschlossen zeigte, zwar gern hörte, was Helmut mir von sich und seinen Gefühlen und Erlebnissen berichtete, mich ihm aber nicht öffnete. Er erzählte mir aufgeregt von seinem ersten großen erotischen Erlebnis: Das Mädchen war vor ihm die Treppe hochgestiegen, und er hatte die strammen Beine gesehen, die knusprigen Waden unmittelbar vor seinen Augen, sie lächelten, und der kleine Hintern wippte vor seiner Nase. Helmut war so erfüllt, daß er es mir gleich erzählen mußte, mich teilhaben ließ an diesem großen Wunder der Welt, ich hörte und schwieg und dachte mir meins. Auch die bösen Dinge mußte er mit mir teilen: Des Abends pfiff und schrie er über den Pferdestall hinweg, bis ich es hörte, und ich weiß heute nicht mehr, ob er seine zärtliche Erfindung Halü gerufen oder voller Verzweiflung meinen Vornamen geschrien hatte. Nach einem Luftangriff, auf dem Weg zu Verwandten, hatte er viele Tote gesehen, Verbrannte, zusammengezogen zu schwarzer Verschrumpftheit, als übten Zwerge Liegestütz. Helmut warf sich vor mir auf die Erde und zeigte mir, wie sie gelegen hatten, hochgerichtet und schwarz, Tränen standen in seinen Augen.

Mit Helmut zusammen lief ich zum Jungvolkdienst, vieles machte uns Spaß, wir wurden befördert, aber Helmut hatte auch da seinen eigenen Kopf, er hielt sich mehr zurück als ich, ließ sich nicht soviel von Deutschland und Vaterland, wir kommen schon, einträufeln; so kindlich er lange Zeit blieb, so strikt lehnte er schon früh den Krieg ab, und als ich auch soweit war, führten wir lange Gespräche über das, was nachher kommen würde. Ich stellte mir es als eine Art freundlichen Führerstaat vor, Helmut hatte ein mir noch unbekanntes Fremdwort zur Hand: Demokratie.

Gemeinsam begannen wir das neue Leben. Werner war gefallen, Willi verschollen, wir kannten uns so lange, als hätten wir unser ganzes Leben miteinander verbracht, jetzt würden wir, Helmut Hauptmann und ich, gemeinsam alles anders machen, die Welt besser bauen, nach unseren wirren und kühnen Träumen.

Ja, Verwandtschaft ist zufällig und kann pucklig sein, man muß sich ihr nicht unterwerfen, da gab ich Vater völlig recht. Aber auch Freundschaften entstehen durch Zufall, es kommt darauf an, etwas aus einer Begegnung, einem kurzen Treffen, einem Wohnungstausch zu machen, und zwar dauerhaft.

Vater fuhr, übermüdet von der Arbeit, einem Auftrag seines Freundes Fritz folgend, in den Tod. Ich habe Willi nicht bewahren können; es war unsinnig, sich Vorwürfe zu machen; unsere naiven Versuche, bis zuletzt zusammenzubleiben, waren ja nicht durch meine Schuld gescheitert, er war nach Dänemark, ich nach Neuruppin gekommen. Doch viele Jahre lang verließ mich nicht, gegen alle Vernunft, das Gefühl, dem ersten und wichtigsten Freund gegenüber versagt zu haben. Ich besitze noch ein paar Briefe und Fotos, ein normales, unbedeutendes Kindergesicht; ich aber weiß, nun als einziger auf dieser großen Welt, welch starker Charakter hinter dieser unschuldigen, ein wenig törichten, ein wenig undurchsichtigen Miene verborgen war.

Traum

Ich war irgendwie darauf aus, irgendwem unseren neuen Bungalow zu zeigen. Eigentlich kein Bungalow, sondern eine Laube, ähnlich der früheren von Vater, dachpappeverkleidet, mit kleinem Fenster. Vor nicht allzu langer Zeit, das wußte ich, hatte ich sie gekauft, ich wußte auch genau, wo, in der Schönhauser Allee unter dem Hochbahnbogen. Jetzt war ich unterwegs, um nicht mehr irgendwem, sondern einer Frau, die mir sehr bekannt vorkam, diese Laube zu zeigen. Als ich die Laube gefunden hatte, stand sie in einer großen Halle, die völlig dunkel war und still. Aber die Laube konnte man genau erkennen, als sei es heller Tag. Die Frau ging um meine Laube herum, fand sie nicht übel, da ich sie aber benutzen wollte, um in Ruhe zu arbeiten, meinte sie, dazu sei der Raum zu klein. Außerdem sei es blöd von mir, diese Laube in die große Halle zu stellen, da könnte ich doch nie arbeiten, es sei viel zu dunkel.

Jetzt kam mein großer Augenblick. Ich schaltete das Licht ein mit einem Gefühl völliger Überlegenheit und großen Wissens. Im hellen Licht sahen wir nun, daß wir uns in einem großen Stall befanden, an den Wänden riesige Boxen, in denen viele Pferde standen, die Köpfe hoch erhoben, leise schnaubend. Vor den Boxen drängten sich sehr viele Menschen; allerdings wandten sie sich alle von den Pferden ab, stellten sich mit dem Rücken zu ihnen, so als wollten sie die Pferde schützen. Die Menschen trugen Mäntel, hatten Hüte auf und die Kragen hochgeschlagen. Unter ihnen viele alte Leute und kleine Kinder. Und immer noch völlige Stille. Es war ein Moment wie unmittelbar vor Kriegsausbruch oder vor einer anderen Katastrophe. Schnell schaltete ich das Licht aus, und das Bedrückende schwand sofort, nur die Laube war zu sehen und wurde von uns weiterhin besichtigt, keine Menschen und Pferde mehr in der Nähe. Wir gingen dann rasch ins Freie, aber ohne Sorgen, und verriegelten sorgfältig eine große Eisentür. Draußen war heller Tag, und die Frau – ich kannte sie bestimmt – wollte wen anrufen. Ich wunderte mich, da ich doch wußte, den sie anrufen wollte, Willi, war schon Jahre tot. Ich wartete mit sehr großer Neugierde darauf, was der Anruf bringen würde, und fand mich gleichzeitig lächerlich und oberflächlich.

Andrianer stian

Seinen Lehrern gegenüber bleibt man stets in widersprüchlicher Haltung. Sie verlieren, je älter man als Kind wird, schnell ihre unabdingbare Autorität, wir sehen sie kritisch, ja überkritisch, wir verachten oder hassen sie. Wir verachten und hassen uns selbst, weil wir einmal so gläubig zu unseren Lehrern aufgeblickt haben. Aber es bleibt auch etwas bestehen von der Abhängigkeit, sie haben in uns Lernlust und Lebensneugier geweckt, und manches hat man wirklich gelernt von seinen Lehrern; und es bleibt etwas von jener Angst übrig, die man einst erlitten hat, vor einer Klassenarbeit, nach einer Klassenarbeit, vor der Zeugnisausgabe.

Als ich meinen Schuldirektor, nun emeritierter Professor, dreißig Jahre nach dem Schulabgang im Café wiedersah und ihn ansprach, hatte ich plötzlich das Gefühl, etwas sehr Unziemliches zu tun; ich wurde wieder Schüler, man wäre doch nie auf den Gedanken gekommen, seinen Lehrer außerhalb der Schule anzusprechen, im Café gar, unausdenklich. Etwas davon, wie ich mich damals in Wigstadl gefühlt hatte, empfand ich wieder, irgendwie erwischt. Wir waren zu viert in der Mittagspause durch das Parterrefenster geklettert, über den Zaun hinweg, den Ackerweg entlang, hinüber nach Wigstadl ins beste Haus am Platz: Hotel zur Birne. Dort setzten wir uns krachend, Werner, Ferdinand, Grock und ich, und Ferdinand winkte herrisch dem Wirt, der sich dienernd näherte. Wir waren zwölf, dreizehn Jahre alt, aber aus dem Altreich, man wußte, das sind Gymnasiasten mit Geld in der Tasche und Lebensmittelmarken genug, die wir aber aus der unbewachten Fleischerei und dem Bäckerladen in Glockersdorf gestohlen hatten. Wir bestellten Bier, Zigarren und Schnitzel. Als wir so aßen und tranken und rauchten, geziert, mit scharfem Griff zum Glas, große Herren, bereit, nicht nur Wigstadl, sondern die Welt als unbedeutend zu betrachten, es mit jedem Trapper oder Indianer aufzunehmen, auch mit Engländern und Russen oder, wenn es sein mußte, mit Hans Dominiks Weltraumbanditen, öffnete sich die Tür zum Vereinszimmer. Sie blieb offen, Tolkmit, unser Turnlehrer, war herausgetreten und blieb erstarrt stehen. Wenige Schritt vor ihm ein Tisch mit vier Schülern, Untersekunda, Zigarren im Gesicht, halbleere Biergläser vor sich. Er konnte es nicht fassen. Wir sahen ebenso erstarrt durch die geöffnete Tür in den Raum hinein, wo unsere Lehrer saßen, Schmerse goldbraun, der dünne Moslé, Moppel Schröder, Ackerpaule, alle um einen Tisch geschart, voller abgegessener Teller, Bierseidel, Schnapsgläser. Unsere Lehrer trugen die Zigarre unter der Nase wie wir.

Wir starrten einander einige Sekunden an, ehe Schmerse sich erhob, im schleppenden Schritt näher kam, wie gebrochen. Seid ihr noch nicht raus? Deserteure, Bettruheschänder! Zigarren und Bier, und das wollen deutsche Jungs sein. Des Reiches Zukunft!

Ich bitt schön, aber bezahlen müssen die Herren, klagte der Wirt.

Mit Ihnen red ich noch!

Wir warfen das Geld auf den Tisch und rannten davon, es hallte uns nach: Meldung um sieben in meinem Zimmer! Wir wußten, es würde ein schwirrender Rohrstock dazugehören. Und das seltsamste, wir alle empfanden Entdeckung und Bestrafung als gerecht, es gehörte sich einfach nicht, zur selben Zeit einen Herrenabend abzuhalten wie seine Lehrer; ja, allein im Lokal hätte es uns allemal zugestanden, Bier, Zigarre und Schnitzel, wir aus dem Altreich; aber zusammen mit den Lehrern, nein, das nicht, wir ließen uns schweigend, ja verständnisvoll mit dem Rohrstock eins überziehen und Stubenarrest aufbrummen.

Mein erster Lehrer war ein alter müder Mann, der widerwillig strafte. Er schlug mit zugekniffenen Augen, aber das Lineal traf die Fingerspitzen, ein schmerzhafter Hieb. Über der Klassentür hatte er ein Transparent angenagelt: Wer nicht hören will, muß fühlen!

Der alte Ermler ging bald in Pension, und Herr Breil trat seine Nachfolge an, ein untersetzter, fixer Mann von etwa vierzig Jahren, immer über irgend etwas erregt und wütend, über unsere Faulheit, unsere Begriffsstutzigkeit, aber ebenso ärgerlich war er, wenn wir etwas seiner Meinung nach zu schnell verstanden und niemand sich fand, der auf seine Fragen eine falsche Antwort gab. Häufig steigerte sich sein Ärger zu wildem Zorn, er schlug dann blind und hemmungslos um sich, gleichgültig, wen es traf.

Der hat ja was am Kopf, sagte Mutter.

Dies stimmte. Breil, Weltkriegsteilnehmer, Vizefeldwebel, Schützengrabenkämpfer bei Verdun, trug eine furchtbare Narbe: in der Mitte der Stirn eine tiefe Delle, an ihrem Grund ein bläulich funkelnder Punkt. Wir glaubten, daß, wenn man ganz dicht herangehen würde, was bei einem Lehrer ja unmöglich war, man in den Kopf hineinblicken könnte.

Wenn er die ganze Klasse durchgeprügelt hatte, mit einem sehr dünnen, biegsamen Rohrstock, der scharfe Striemen hinterließ, wenn wir in der Pause stolz und immer noch aufsässig uns diese Striemen vorwiesen, sagte Klecha, der damals in unserem Haus im Seitenflügelkeller wohnte: Dem Breil kann man bestimmt durch das Loch in der Stirn ins Gehirn pinkeln. Wenn er mal umfällt, mach ich das. Dann ist er tot oder wird ganz verrückt.

Wir warteten sehr darauf. War Breil auf dem Höhepunkt seiner Tobsucht angelangt, lief er blauviolett an, nur die Stirndelle verfärbte sich rosa und jener interessante Punkt in ihrer Mitte schwärzlich. Breil brüllte, schlug um sich, stürmte durch die Reihen, er war sicher einer Ohnmacht nahe, aber sie trat nie ein, und Klecha konnte nicht den von uns allen heißerwünschten Versuch, ihm ins Gehirn zu pinkeln, ausführen.

Breil verteilte das Wissen pflichtgemäß und methodisch, wichtiger war ihm die Moral. Die ruhte auf zwei Säulen: Sauberkeit und Tapferkeit.

Sauberkeit verstand er zuerst körperlich. Jede tropfende Nase, jeder schmutzige Fingernagel trieb Lehrer Breil in Wut und Gebrüll hinein; jede grobgeflickte Hose, jedes Loch im Strumpf machte ihn rasend; er konnte sich nicht damit abfinden, daß er Jungen unterrichtete, die aus dem Scheunenviertel des Schlesischen Bahnhofs stammten.

Seine Sauberkeit hatte eine noch wichtigere Seite: klare Hände, klare Augen, klarer Sinn! Und den klaren Sinn sah er oft gefährdet durch unsere Unlust, Verspieltheit, durch unsere Dummheit, am meisten durch unsere Unwissenheit in preußisch-deutscher Geschichte und Gegenwart. Am meisten aber sah er unsere sittliche Sauberkeit bedroht. Ihr kämpft mir zuwenig mit dem inneren Schweinehund!

Einmal führte er eine terroristische Untersuchung mit Ohrfeigen, Stockhieben, langen Verhören durch. Als wir von der Hofpause kamen, hatte jemand, sicherlich aus einer oberen Klasse, etwas an die Tafel gemalt, einen großen Rhombus, ein Strich in seiner Mitte und viele kleine Striche ringsum. Wir kicherten, denn wir wußten, was diese Zeichnung zu bedeuten hatte; wir wischten sie nicht weg, vielleicht, weil wir hofften, Breil würde nun wirklich ohnmächtig werden und Klecha könnte es wagen. Breil prallte sofort zurück, als er wie immer die Klassentür heftig aufriß. Habe ich euch nicht gesagt: ... klarer Sinn. Nun dies! Undeutsche Schweinerei! Er blieb zitternd am Pult stehen, blickte mit blutunterlaufenen Augen auf uns herab, die Delle auf seiner Stirn schien wirklich in Flammen zu stehen. Wer hat das gemacht? Das Schwein soll sich sofort melden!

Da es aber niemand von uns gewesen war, konnte sich auch niemand melden, und Breil begann auf dem Schulflur, uns einzeln hinausrufend, seine Verhöre. Sie dauerten die Stunde über, die nächste noch dazu. Er fragte, ob wir wüßten, was dieses gemeine Zeichen bedeutete, ob wir andere kannten, Wörter und Wendungen, Schweinereien, und ob wir die Sache selbst …

Ja, wir wußten alles; seinen Ohrfeigen, seinem pfeifenden Rohrstock ausgeliefert, gaben wir alle Wörter und Wendungen preis; Breil ächzte und notierte hinter dem jeweiligen Namen diese welschen Sauereien: Mädchenbein schmeckt nach Pökelkamm, wer's nicht glaubt, der leckt mal dran.

Breil wird sie seiner Frau vorlesen, abends im Bett, sagte Vater, als ich verlegen, aber durch einen Brief Breils verpflichtet, den Eltern davon berichtete.

Noch wichtiger als äußere und innere Sauberkeit war für Breil die germanische Tapferkeit. Tapferkeit zeigte sich am besten und edelsten im Krieg. Und diesen Krieg mußten wir gegen die Franzosen führen. Engländer oder Russen oder Italiener als Gegner des ersten Weltkrieges erwähnte er nicht, Breil hatte gegen die Franzosen gekämpft, ihnen galt sein ganzer Haß. Wenn es gegen die Franzmänner geht, dann bin ich noch einmal dabei, da hält mich nichts. Aber diesmal geben wir ihnen eins auf die Badehose!

Keine Stunde ohne Franzmänner und Badehose. Lange stellte ich mir vor, die Franzosen seien so angezogen in den Krieg gegangen: Helm, Gewehr, keine Uniform, nur Badehose. Und Lehrer Breil, der deutsche Vizefeldwebel, ruft die Franzmänner einzeln vor und gibt ihnen mit seinem biegsamen Stock eins auf diese Badehose, daß sie aufheulen wie wir.

Lehrer Breil redete meinen Eltern zu, mich auf die hohe Schule zu schicken, und ohne Zustimmung meiner Eltern, vielleicht fürchtete er, sie würden ablehnen, schickte Breil meine Zeugnisse, Diktate, Rechenarbeiten, Zeichnungen an den Direktor des Andreas-Realgymnasiums. –

Anfangs fand ich diese hohe Schule nicht anders als die in der Bromberger Straße. Als ich sie betrat, sah ich die Unterschiede: ein hoher Turm mit Sternwarte, eine große feierliche Aula, an deren Stirnseite eine Orgel prunkte, für Physik-, Mathematik-, Biologieunterricht keine Klassenräume, sondern Hörsäle, die Bänke aufwärts gestaffelt, hinter diesen Hörsälen große Räume mit Demonstrationsmaterial, eine Schülerbibliothek, Pausenhallen, in deren Mitte dicke Säulen aufragten. Im ersten Jahr, später wurde es verboten, mußten wir Schülermützen tragen, mit bunter Paspel und Lackschirm, die uns als Andreaner auswiesen.

Der Nazismus befand sich 1938 auf seinem Höhepunkt, das Heil-Gebrüll durchzitterte selbst unseren Schlaf. Diese Schule hier hatte sich zwar nicht frei machen können und wollen, aber sie befand sich merkwürdig am Rand faschistischen Denkens und Glaubens. Es galten noch immer Lernen und Wissen als Werte, wenn auch in mechanischer Weise. Befreiungen vom Unterricht zum Jungvolkdienst wurden nicht erteilt; Ausreden, man hätte die Schularbeiten versäumen müssen, weil man zum Appell befohlen worden sei, galten nicht; Uniformen wurden in der Schule geduldet, aber nicht gern gesehen. Das Militärische stand zwar hoch, keine Feier ohne Aufmarsch, Kommandos, Fahnenhissen und -senken, Drill in der Turnstunde, aber dies alles mehr traditionell, deutschnational, mehr Turnvater Jahn, Theodor Körner, Hindenburg und Kampfflieger Richthofen.

Die Lehrer waren fast alles alte Herren, im Unterschied zur Volksschule mußten wir sie mit Herr Studienrat oder Herr Doktor ansprechen. Viele standen lange im Schuldienst, manche schon von Kaisers Zeiten her, viele waren als Offiziere im Krieg gewesen; manche trugen Schmisse, viele prügelten, gaben Ohrfeigen oder schlugen mit dem Stock, Doktor Klein zwirbelte die Schläfenhaare oder verdrehte schmerzhaft unsere Ohren. Ihren Unterricht hielten sie seit Jahrzehnten gleich; Stoffe und Themen wandelten sie nicht ab, sie fühlten immer national, immer konservativ, kaisertreu, gegen Demokratie und Schwarzrotgold. Der einzige jüngere Lehrer wurde von uns verehrt, nicht nur des leichten Fachs wegen, Musikunterricht, sondern eben weil er jung war. Er zog als erster und einziger Lehrer gleich 1939 in den Krieg.

Bei einem Empfang, in mühsam belebter Langeweile, stand ich mit Minister Haid an der Wand, hin und wieder nickten wir jemandem übertrieben freundlich und scheinbar überrascht zu, nippten am Weinglas. Träge sprachen wir über dieses und jenes, und dabei stellte sich heraus, Haid hatte am Petersburger Platz gewohnt und wie ich die Andreas-Schule besucht. Wir belebten uns, Schulscherze, Streiche, ich erzählte von meinem Ordinarius, den Haid nicht kennen konnte, da er viele Jahre vor mir, lange vor Hitler, unsere gemeinsame Schule besucht hatte:

Nun kommst du wieder zu spät, det vierte Mal in diesen Monat, sag mal, wo wohnst du? Der Sünder nannte seinen Wohnort, zehn Minuten entfernt, in der Frankfurter Allee.

Da hast du nicht weit zu loofen, ick aber komme jeden Morgen von Schöneweide zu Fuß. Hast du einmal erlebt, det ick zu spät gekommen bin?

Da konnte man nur zerknirscht den Kopf schütteln, nein, Doktor Hollenbach kam nie zu spät, jeden Morgen erschien er pünktlich vor der Schule, den Rucksack, aus dem ein langes Lineal herausragte, über der Schulter.

Du hast nu bloß zehn Minuten zu loofen und bist schon viermal zu spät. Du hast einfach keene Lust! Da bestell mal deinen Vater einen schönen Gruß von mir, er soll uff die Oberbaumbrücke gehen, ein Zwanzigmarkstück nehmen, dein verdammtes Schulgeld, und et in de Spree schmeißen ...

Der Minister fuhr fort, in jenem langgezogenen Singsang zu reden wie Hollenbach: ... da hört dein Vater et wenigstens plumpsen.

Wir lachten, man drehte sich nach uns um, weil auf Empfängen nicht laut gelacht wird. Studienrat Hollenbach war auch sein Ordinarius gewesen wie später der meine. Generationen hatten sich in den Bänken abgewechselt, Hollenbach wie die anderen Lehrer hatten stets dieselben Sprüche und Witze über Jahrzehnte hinweg losgelassen und waren sich in allem gleichgeblieben.

Hollenbach war nicht der schlechteste Lehrer unserer Schule, er besaß Berliner Humor. Bei unseren Streichen, unserer Faulheit blieb er gelassen und schüttelte häufig nur den Kopf; er trug andere Ideale in sich: die der preußischen Pflicht, der stillen unverdrossenen Arbeit, aber auch das unzeitgemäße Ideal der Güte. Freundlich fragte er einen, der seine Schularbeiten nicht gemacht hatte oder mitten in der Stunde wie ein Hahn krähte: Aber du willst doch ein guter Mensch sein, nicht wahr?

Man nickte ergeben. Doch man wollte nicht. Hollenbach gab sich nicht allzuviel Mühe, er hatte längst resigniert, aber er versuchte dennoch, uns zu guten Menschen zu machen. Die Zeiten wollten anderes.

Außer mit unserem jungen Musiklehrer und Hollenbach standen wir nur noch gut mit Doktor Moslé. Dieser, ein Hugenottensproß, sah aus wie ein Südfranzose, er trug auch eine Baskenmütze; nach den Ferien erschien er tief gebräunt, sein Menjoubärtchen über den Lippen funkelte wie geölt, kein arisch-blonder Anblick. Bei Moslé lernten wir Englisch, er sang mit uns Lieder: It is a long way to Tipperary, auch im Krieg, da wir doch mit den Plutokraten einen großen Kampf führten. Wer Geburtstag hatte, konnte sich ein Lied wünschen; jeder von uns hatte fünf-, sechsmal im Jahr Geburtstag; Hollenbach besah sich das Klassenbuch, für das er verantwortlich war. Ich weeß nich, ich weeß nich, bei euren Daten fummelt irgendwer rum …

Moslé war etwa fünfzig Jahre alt und mußte bessere Tage

gesehen haben; seinen Englischunterricht versuchte er interessant zu machen, er dichtete kleine englische Verse, um uns das Lernen zu erleichtern, in Glockersdorf war er es – und nicht der Sportlehrer Tolkmit, der von sich behauptete, den Bergsteigerschritt erfunden zu haben, durchgedrückte Knie und über den Ballen abrollen! –, der mit uns Skikurse veranstaltete. Die erste Ausfahrt mit zusammengesuchten und geborgten Brettern, wir standen oben am Hang, Moslé erklärte uns, wie man einen Stemmbogen anzusetzen habe, er stürzte, beide Skispitzen gebrochen. Moslé lachte nur. Er war es auch, der mit uns Theater spielte, Goldoni und Molière, er hatte vielleicht unter dem von den Nazis entlassenen Direktor andere Erziehungsideale gehabt, und dies war ein Nachklang fortschrittlicherer Methoden. Aber derselbe Moslé dichtete auf Schmerses Befehl das Lagerlied, mit dem wir durch das große langgestreckte Dorf zogen oder hinüber nach Wigstadl oder nach Ostrau oder Bautsch, dem Städtchen mit der schönen Kirche. Dies Lied begann so:

> Der Tscheche ließ die Deutschen darben,
> ihn kümmert nicht, wie viele starben.
> Doch für die junge Tschechenbrut,
> da war das Beste gerade gut genug …

Mehr weiß ich von diesem Text nicht, und ich kann mir denken, was darüber die Tschechen dachten, die etwa die Hälfte der Bevölkerung ausmachten. Sie verstanden alle Deutsch und sprachen es ebenso wie die Sudetendeutschen mit einem für unsere Ohren komischen Akzent. Das Heim, in dem wir lebten, hatte der tschechoslowakische Gewerkschaftsbund für seine Kinder, Bergarbeiter von ihren Groschen für Bergarbeiterkinder, gebaut. An den Metallzäunen sah man die gekreuzten Hämmer. Die SA hatte den Gewerkschaften das Haus gestohlen und eine Schule daraus gemacht, an deren Spitze ein Sturmführer stand mit dem bezeichnenden Namen Deutsch. Dieser Sturmführer Deutsch war als Lagerverwalter geblieben, als das Heim während der Kinderlandverschickung unserer Schule übergeben wurde. Er verschob so viel Lebensmittel, daß die Proteste unserer Eltern eine Untersuchung bewirkten, die zu seiner Degradierung und Verhaftung führten. Aber wir sangen dieses Lied, das der freundliche, an seinen Schülern interessierte Lehrer Moslé geschrieben hatte.

Die anderen Lehrer ähnelten Breil. Der Hauptmann a. D., worauf er häufig hinwies, Doktor Ackermann, von uns voller Wut und Furcht Ackerpaule gerufen, prügelte in jeder Stunde nach Losentscheid eine Reihe durch, ohne Anlaß, vorbeugend, wie er sagte. Oft kam er nicht bis zum letzten, weil er sich den Schlagarm auskugelte, Folge einer Kriegsverletzung. Bei Paule drängte sich jeder, möglichst auf dem letzten Platz zu sitzen.

Ebenfalls Hauptmann a. D. war Doktor Hase, Geographielehrer, ständiger Vertretungspauker. Er trug wie Ackermann Schmisse, war also Korpsstudent gewesen, ein Schmiß hatte ihm den Mundwinkel zerfetzt, die wulstige Narbe sprang hoch bis vor seine blondbehaarte Hakennase. Hase lispelte deshalb. Er und Ackerpaule hatten den höchsten Dienstrang unter den Lehrern, hämisch sagte er: Unser sehr verehrter Herr Direktor Friedrich war Oberleutnant, nicht schlecht, aber eben nur Oberleutnant …

Erkrankte ein Lehrer, erschien Hase an seiner Stelle. Er setzte sich ans Katheder, wir riefen im Takt: Lesen Sie uns doch das Kriegsgedicht vor!

Hase war jedesmal erstaunt: Woher wißt ihr, daß ich es gerade tun will, Jongs?

Er stellte sich auf, der massige Mann mit dem zerfurchten Kürbiskopf ragte hoch über uns hinaus, räusperte sich: Die Trompete von Vionville! Und stets setzte er nach kurzer Pause hinzu: ausgezeichnet verfaßt von Ferdinand Freiligrath.

Sie haben Tod und Verderben gespien,
wir haben es nicht gelitten.
Zwei Kolonnen Fußvolk, zwei Batterien,
wir haben sie niedergeritten …

Hase rezitierte auswendig, mit geschlossenen Augen.

Um die Tapferen, die Treuen, die Wacht am Rhein,
um die Brüder, die heut gefallen,
um sie alle – es ging uns durch Mark und Bein –
erhub sie gebrochenes Lallen …

Hase stand so noch lange, dann raffte er sich auf und sagte: Jetzt schreibt ihr das Gedicht dreimal ab und prägt es euch ein, das Lied von der deutschen Trompete.

Er setzte sich, schloß die Augen und öffnete sie erst wieder, wenn das Pausenklingeln ertönte. Ob er schlief oder nur seiner inneren Schau folgte, haben wir nie herausbekommen. Dann sammelte er die Abschriften ein, exerzierte noch ein wenig, wie er es liebte: Stets ließ er uns zu Beginn und am Ende der Stunde auf- und niederschnellen, strammstehen; mit seiner gespaltenen Lippe schrie er Heiter, was Heil Hitler! bedeuten sollte, also brüllten wir auch Heiter. Für Hase immer zu leise, so ließ er uns lange brüllen und strammstehen, bis er zufrieden war. Und wir verloren Zeit von der kostbaren Pause.

Wir hatten stets mehrere Abschriften des Gedichts in der Tasche, und während Hase vorn schlief oder sinnierte, lasen wir inzwischen ein neues Heft der Abenteuerserie Tom Kling oder spielten Schiffeversenken.

Hase unterrichtete Geographie auf seltsame Weise: Nachdem er fünf Minuten exerziert hatte, ließ er uns setzen und sagte gewöhnlich: Alle schließen wir jetzt die Augen! Wir konzentrieren uns nun auf unser geistiges Auge. Deutsche Jongs haben ein geistiges Auge! Ein geistiges Auge werdet ihr sonst bei Knaben auf der ganzen Welt nicht finden, aber wir Deutschen haben eins. Und vor diesem geistigen Auge erscheint jetzt eine Wöste, die Wöste bei Kairo in Ägypten. Gelber körniger Sand, Wöste, blauer Hömmel, strahlende Sonne … Seht ihr das vor eurem geistigen Auge?

Wir brüllten: Ja! und grinsten uns an.

Nun wandern wir, das geistige Auge weit geöffnet, wir bekommen Dorst, aber das macht einem deutschen Jongen nichts. Da, in der Wöste, tauchen Pyramiden auf, gewaltige, große Quadern, hoch in den Hömmel, seht ihr das alles mit eurem geistigen Auge?

Wir brüllten bereitwillig, daß wir mit dem geistigen Auge alles sähen, und Hase stellte uns auf diese Weise Ägypten vor, Kairo, Alexandrien, den Nil. Wir hörten kaum hin und lasen Tom Kling. Riß sich Hase aber plötzlich von seinem geistigen Auge los und öffnete das armselige biologische, und erwischte er dann wen, der, statt sein deutsches geistiges Auge zu benutzen, so ein buntes Heft las, lief er vor Wut rot an und schrie: Du bist nicht wert, ein deutscher Jonge zu sein! Geh zu Herrn Eggert und laß dir den gelben Onkel aus Amerika geben.

Man mußte dann zum Hausmeister laufen, bei dem stand Hases Schlaggerät im Schrank, ein fast zwei Meter langer hellgelber Rohrstock, man erlitt die Prügel schon auf dem langen Weg zurück zu Hase, das Marterwerkzeug in der Hand. Der ließ sich den Stock geben, besah ihn zärtlich und sagte dann: Die Amerikaner sind böse Plutokraten; im Onterschied zu uns Deutschen, die wir die Dinge um ihrer selbst willen ton, denken sie nur ans Money. Aber sie haben schöne Rohrstöcke. Non, tu dein Werk, du Onkel aus Amerika. Unbarmherzig drosch Doktor Hase auf uns deutsche Jongs ein; wir nannten den Lehrer gewöhnlich gelber Onkel aus Amerika.

In der großen Lehrerschar befanden sich nur vier echte Nazis, Uniform trug einer.

Doktor Nau gab Biologie. Ich habe nirgendwo und nirgendwann wieder einen so geifernden Judenhasser getroffen. Einen, der sich, wenn er auf dieses Thema kam, und er geriet jede Schulstunde dahin, so steigerte, daß er Schaum vor dem Maul hatte, wie wir es nannten; wirklich, sein Speichel sprühte durch die Klasse, wir hatten Taschentücher neben unseren Heften liegen, wenn Nau seinen Unterricht gab.

Nau war ein kleiner wulstiger Herr, kahlköpfig, mit ein paar schwarzen Kräuseln über den großen Ohren. Ich ahmte ihn zu Hause nach, brüllte wie er: Alle Juden müssen hingebracht werden nach Tel Aviv, er bestand gerade auf dieser Stadt. Mutter schüttelte den Kopf, Vater fragte, wie er denn so aussehe, und als ich ihn geschildert hatte, lachte Vater böse. Da sieht er genau aus wie ein blonder Arier, blonde Locken, große Figur … Wie der Goebbels und der Streicher.

Ich verstand nicht, was Vater damit meinte, den Namen Streicher hatte ich nie gehört; später fand ich, daß Vater recht hatte, Nau sah Streicher ähnlich, nur war er dicker.

Glücklich tanzend, die kurzen Arme schwingend, habe ich Nau, den ewig schimpfenden, auch uns ständig begeifernden Mann, nur am Morgen der Kristallnacht gefunden. Da wirbelte er durch die Klasse, schreiend: Jetzt haben wir sie, jetzt haben wir sie!

In unserer Klasse befand sich damals noch Alfred, Achteljude, wie es hieß, der aber der Schulbehörde eine Zeitlang seinen Makel hatte verschweigen können, ein intelligenter, pfiffiger Bursche, den wir gut leiden konnten, und niemanden von uns störte sein Achtel undeutschen Blutes, nicht einmal unseren Klassenkameraden Ardner, einen straffen Jungvolkführer, der tagelang heulte, weil man ihn an der Adolf-Hitler-Schule abgewiesen hatte. Nau wußte gleichfalls nichts vom schandhaften Blutzusatz des Alfred, manchmal lobte er ihn sogar, weil er ein guter Schüler war.

Als ich Vater erzählte, daß Nau das verfluchte jüdische Blut, den bösen Feind der Deutschen, neben sich nicht bemerkt hatte, sondern Alfred seiner guten Leistungen und seines umgänglichen Wesens wegen sogar bevorzugte, sagte er: Da siehst du, was das für ein Quatsch ist mit dem Blut und den Ahnen und all dem Zeug.

Doch als kurz darauf Alfred von der Schule verwiesen wurde, weil das böse Achtel herausgekommen war, bekam Nau einen seiner Tobsuchtsanfälle. Lügner und Heuchler! Diese typisch jüdische Verschlagenheit, nichts von seiner Schande zu sagen, uns alle zu hintergehen, da habt ihr es! Tut, als könnte er kein Wässerchen trüben, mauschelt und schiebt die ganze jüdische Gemeinheit in unsere saubere Schule. Ab nach Tel Aviv!

Aber auch Nau verschwand kurz darauf von der Schule. Man erzählte, er selbst, ahnenforschend, habe entdeckt, daß auch in seinen Adern schwarzes jüdisches Blut schäumte, daß er ein Vierundzwanzigsteljude sei und sich deshalb umgebracht hätte. Das Gerücht wurde wohl von einem phantasievollen Schüler der oberen Klassen in die Welt gesetzt, aber wir gönnten es Nau, dem finsteren Antisemiten.

Ein anderer Nazi war Studienrat Doktor Lammers, Geschichts- und Deutschlehrer, nach Hollenbach unser Ordinarius. Er trug das runde Parteiabzeichen, Bonbon oder Wollhandkrabbe, wie wir es nannten, er beklopfte es oft mit dem rechten Zeigefinger, räusperte sich und sagte: Ich bin ein alter Nazi. Ich gehörte der Partei an, als andere noch Sozis wählten oder Schwarzweißrot. Ist das klar? Menschenskinder, Kaffern! Fast hätte ich den Blutorden bekommen.

Obwohl er also ein alter Nazi war, liebte er, ganz im Gegensatz zu Lehrer Breil seinerzeit, alles Französische, schwärmte von französischer Landschaft und französischem Wein, vom französischen Essen, und er würzte seine Vorträge mit französischen Ausdrücken, die wir nicht verstanden und die auch nicht in die Hohenstaufer Zeit gehörten, die wir gerade durchnahmen: Cherchez la femme! oder: Ecrasez l'infame, und nannte als sein großes Vorbild Voltaire.

Ein kleiner bulliger Typ mit buckligem Kahlkopf und heftigen Bewegungen, unterbrach er sich plötzlich, um lange nachzudenken, sich selbst zu kritisieren, wenn wir etwas nicht begriffen hatten oder ihn darauf hinwiesen, daß er sich geirrt hatte. Oft versuchten wir einfach, ihn zu düpieren und abzulenken, indem wir zum Beispiel behaupteten, die Schlacht bei Leuthen, die wir gerade behandelten, habe nicht, wie Lammers sagte, 1757 stattgefunden, sondern ein Jahr später. Lammers grübelte dann verlegen nach, blätterte in seinen Aufzeichnungen, rannte fort in die Lehrerbibliothek und kam triumphierend zurück: Menschenskinder, Kaffern, ich hatte doch recht!

Bei einer Zeugnisausgabe ging der faule und renitente Plomann, nachdem er eben aus Lammers' Hand das Blatt empfangen und kurz besichtigt hatte, zum Papierkorb und zerriß sein Zeugnis dort in kleine Schnipsel. Lammers zuckte zusammen: Menschenskinder, Kaffer ... Plomann, was du da machst, ist ungewöhnlich, sehr ungewöhnlich. Lammers grübelte und stützte dabei die derbe Faust an die Schläfe. Wenn ich es recht bedenke, ist das aber deine Sache, Plomann, Kaffer. Mit deinem Zeugnis kannst du machen, was du willst. Bitte schön, willst du dein Zeugnis nicht aufheben, und es ist ja nicht danach, dann zerreiß es, Menschenskind.

Lammers belästigte uns nicht mit Weltkriegsgeschichten und kehrte nicht den alten Offizier hervor wie Ackerpaule oder Hase, der gelbe Onkel aus Amerika. Aber er befaßte sich leidenschaftlich mit dem neuen, eben ausgebrochenen Krieg und ließ auch dem Feind, falls er sich nach seiner Meinung als tapfer erwiesen hatte, Gerechtigkeit widerfahren. In jeder Geschichtsstunde mußte einer von uns den Wehrmachtsbericht vorlesen, und er kommentierte dann die Lage. Lammers erläuterte uns die strategische Situation, die überlegen taktischen Winkelzüge unserer Generale, sah Angriffspläne voraus auf Indien, hinunter nach Abessinien. Manchmal, wenn er Post erhalten hatte, berichtete er uns von seinem Sohn, der als Leutnant an der Front stand. Er las uns Briefstellen vor, soweit sie militärische Dinge betrafen, zeichnete Landkarten an die Tafel, markierte unsere Truppen und den Feind, der sich gerade wieder zurückzog.

Dieser Sohn fiel in Stalingrad, und Lammers brach zusammen. Er schleppte sich verschrumpft und grau in unsere Klasse, hatte seine stolpernde Beredsamkeit eingebüßt, verzichtete auf französische Einschübe und sprach nur noch wenig über den Krieg. Er erschien weiterhin pünktlich, auch zum Unterricht in der Flakbatterie bei Buchholz, er radelte auf einem alten Fahrrad heran, in einen schäbigen Mantel gewickelt, aus einer alten Pferdedecke geschneidert, meinten wir. Lammers las mit uns Schiller und Walter Scott, aber eigentlich immer abwesend, in sich gekehrt. Er bedankte sich auch nur müde, wenn wir ihm Brot zusteckten, das einzige Lebensmittel, das wir reichlich hatten; Lehrer bekamen nur schlechte Rationen. Und er versuchte jetzt, mit uns ins väterliche Gespräch zu kommen, gab uns gute Ratschläge, defätistische schon fast, wie wir heil über den Krieg kommen könnten.

Lammers soll dann, beim Kampf um Berlin als Volkssturmmann, in seinen schäbigen Mantel gehüllt, eine Panzerfaust im Arm, den Tod suchend, einem sowjetischen Panzer entgegengegangen und von dessen Maschinengewehrfeuer zersägt worden sein.

Oberstudienrat Friedrich, der den milden Direktor Groth aus seinem Amte verdrängt hatte, war der dritte Nazilehrer. Er sagte uns manchmal, er sei SS-Mann, und wenn er an unseren Gesichtern sah, wir glaubten ihm nicht, reckte er sich, fast zwei Meter groß, auf, stieß den rauhen Spitzbart noch höher und schrie von oben: Ist dies das rechte arische Maß? Wenn wir ihm immer noch nicht glaubten, fügte er hinzu: Leider bin ich etwas zu alt, ich wäre längst draußen, bei der tapferen Waffen-SS, aber zahlendes Mitglied bin ich, und darauf könnt auch ihr stolz sein.

Pupe Friedrich fürchteten alle, Lehrer wie Schüler. In ihm steckte wahrhaft germanische Kraft, Vandalenblut nannte er es selbst, und er bewies es uns. Beschwingt und vor sich hin summend, schritt er schnell durch die Pausenräume, einen Rohrstock in der Hand, mit dem er, ohne Seitenblick, hinter die Säulen schlug. Dort vermutete er Schüler, die sich vorm Hofgang gedrückt hatten, häufig genug zu Recht. Man verbiß sich den Aufschrei; hörte er etwas, packte er mit der großen Faust zu, man bekam schallende Ohrfeigen nachgeliefert und eine Eintragung ins Klassenbuch.

Zu unserem Entsetzen bekamen wir Friedrich als Lateinlehrer.

Ich kenn euch Bande, aber ich zwinge eure welsche Faulheit, schrie er uns in der ersten Stunde an. Er drosch die lateinische Grammatik in uns hinein, mit Fäusten wie Dampfhämmer. Friedrich, mit dem Kopf fast die Decke des Klassenzimmers berührend, ließ konjugieren. Laudabam, laudabas ... Jeden Kasus begleitete er mit einem Faustschlag auf den Oberarm, schlimm genug; kam man nicht auf laudabamus, paukte er so lange, bis es einem einfiel oder man den vorsagenden Kameraden verstanden hatte. Beim Turnunterricht konnte man an der Größe der blauen Flecke erkennen, wer die erste Konjugation einigermaßen beherrschte oder an ihr gescheitert war.

Höhepunkte seines Daseins waren Schulfeiern. Im Krieg häuften sie sich, jeder Sieg auf dem Schlachtfeld, jede Kapitulation eines Feindes wurde in der Aula gefeiert. Klassenweise, wie Kompanien in die Kaserne, rückten wir im Gleichschritt ein, bis die Schule versammelt war, mehrere hundert erstarrter, stracks geradeaus blickender Jungen. Auf dem Podest an der Stirnseite stand Oberlehrer Schmerse und kommandierte: Klassen zur Meldung Augen rechts!

Aus jeder Klasse marschierte dann ein Schüler im Stechschritt nach vorn und meldete Schmerse; völlig sinnlos, da

Schmerse überblicken konnte, welche Klasse anwesend war und welche nicht. Dann holte Schmerse tief Luft und schrie donnernd: Andrianer stian! Wir klappten die Hacken zusammen. Hinter der inzwischen wieder geschlossenen Tür zur Aula hörten wir Pupe Friedrich heranstampfen. Wir wußten, er stand längst dort und trat nun auf der Stelle, der Steinfußboden hallte unter seinen Stiefeln. Friedrich kam herein, wie er es in den Wochenschauen vom Führer gesehen hatte, nach vorn geneigt, die rechte Hand zum Gruß erhoben, die linke um ein unsichtbares Koppelschloß gekrampft, dort, wo er den Hosenbund unter der Jacke fühlte. Friedrich dröhnte die Stufen zum Podest empor, und nun umzackten sich Schmerse und Friedrich mit Meldungen und Grüßen; Schmerse marschierte ab. Friedrich brüllte sein: Heil Andrianer! in die Aula, wir heilten zurück. Dann folgten allseits gefürchtete Minuten.

Wir standen, unbeweglich geradeaus blickend, ab und zu ängstlich Friedrich anblinzelnd; der stand riesig oben, sah auf uns herab und wartete. Irgendeiner hielt es nicht aus, zuckte oder zappelte, elf Jahre war man alt, die Schultern ruckten, oder der Kopf neigte sich nach rechts zum verstohlen grienenden Nachbarn.

Du da, in der vierten Reihe, ich glaube, Quarta, ja du, komm nach oben … Und du auch da hinten in der vorletzten Reihe, du denkst, ich seh das nicht …

Die Aufgerufenen marschierten im Stechschritt nach vorn, Pupe Friedrich stellte sich in Armlänge vor ihnen auf, dann schlug er jedem eine schallende Ohrfeige und schickte sie hinunter. Ohne dieses Zeremoniell keine Feier, mindestens einer mußte erwischt werden. Es konnte auch vorkommen, an unruhigen Tagen, wenn ein Gewitter in der Luft lag und uns stach, daß dort zehn aufgebaut waren vor Pupe Friedrich. Danach lief die Feier ab, Rede, Gesang, Rezitation, am Ende Orgelspiel, Moppel Schröder mit der Wacht am Rhein und dem Deutschlandlied.

Wir verloren Friedrich später aus den Augen, als wir zur

Flak eingezogen wurden und Schule uns nichts mehr bedeutete oder nur sehr wenig. Im September 1945 erschien er wieder, wollte Lateinunterricht erteilen, ein alter Mann, mit schneeweißem Spitzbart nun, milde und ohne Faustschläge. Wir weigerten uns, der Schülerrat organisierte einen Streik, Friedrich verschwand für immer von der Schule.

Der vierte Nazi, Oberlehrer Schmerse, trug als einziger Uniform, leuchtendes Braun, er hatte auch hellbraune Stiefel an und rote und goldene Paspeln an Mütze und Kragen. Schmerse gab Deutschunterricht in den unteren Klassen; da er nur Oberlehrer war, durfte er nicht in die höheren. Dies schien ihn zu schmerzen; er erhob sich über alle, indem er Uniform trug.

Ihr müßt Herrn Schmerse stets gehorchen, Jongs, sagte Hase, der gelbe Onkel aus Amerika, und ließ seine Lippen lächelnd auseinanderklaffen, der war schließlich im Weltkrieg ein tapferer Unteroffizier. Seht mit eurem geistigen Auge, wie er über die feindlichen Schützengräben voranstürmt!

Wir bemerkten die Gemeinheit des Hauptmanns a. D., Studienrats und Doktors und grinsten.

Als wir vor den sich häufenden englischen Fliegerangriffen ins Sudetenland geschickt wurden, begann für Schmerse die beste Zeit. Da nur die unteren Klassen verschickt wurden, blieben der Direktor und viele andere Lehrer in Berlin zurück, Schmerse wurde Lagerleiter und Kommandant, jetzt hatte er freie Hand, Oberster Befehlshaber, gleich einem General.

Er ließ sich einen kleinen grauen Hitlerbart wachsen; aber da er selbst bei größter Anstrengung sein grobfleischiges Gesicht zu keiner Ähnlichkeit mit dem Führer wandeln konnte, besonders die Hitlertolle gelang nicht mit seinem störrischen grauen Haar, ließ er sich eine Hindenburgbürste schneiden: Nun sah er wirklich aus wie der Feldmarschall, nur jünger. Schmerse empfand sich als doppelt: Sieger bei Tannenberg und Führer des großdeutschen Volkes. Wir waren sein Volk, wir und die Leute ringsum. Die sudetendeutschen Bewohner des Dorfes Großglockersdorf bei Troppau grüßten ihn scheu und verlegen, wenn sie ihn trafen. Die Tschechen verschwanden von der Dorfstraße, drückten sich in die Gärten, um nicht grüßen zu müssen. Die mitgefahrenen Lehrer, denen der simple Unteroffizier und Oberlehrer vorgesetzt war, grüßten widerwillig, aber devot.

Wir aber waren ganz ausgeliefert, erschaffen, seinen großen Ideen und Plänen zu dienen. Und diese Ideen bestanden in ständigen Aufmärschen, Appellen, Meldungen und Gelöbnissen, wie Schmerse sie von den Reichsparteitagen abgesehen hatte. Jeder Tag begann mit einem ausgedehnten Morgendienst. Die Lehrer stampften sich mißmutig im feuchten Herbstnebel warm, wir durften das nicht, wir hatten die Hand an die Hosennaht zu pressen und strikt geradeaus zu sehen zum Horizont hin, wie Schmerse befahl, wo Deutschlands Zukunft lag. Schmerse kommandierte Schwenkungen großen Stils, ließ halten: Richt euch, Meldungen der Stubenältesten, Trommelwirbel, jämmerliches Geschmetter einer Fanfare. Zu diesen Appellen erfand Schmerse den Kernspruch der Woche. Er schrie ein Dichterwort hinaus, Weinheber, Körner oder Arndt, häufiger ein Führerwort, einen Nietzschesatz oder eine Briefstelle des Feldmarschalls von Mackensen. Einmal, im tiefen Winter, wir froren entsetzlich, und Doktor Moslé, der neben uns heranmarschiert war, ließ heimlich die Hände in den Manteltaschen verschwinden, blieb Schmerse stecken. Kernspruch der Woche: Der Führer hat gesagt, der Verstand … Nun sollte so etwas folgen, was wir schon oft gehört hatten, etwa, daß der Verstand nichts bedeute, unwichtig sei, das nordische Blut aber unser Höchstes. Schmerse hatte den Spruch vergessen, stammelte noch einmal: Der Verstand …, die goldbraune Mütze schwankte, und eine helle Knabenstimme rief in den dämmernden Morgen: ... ist ihm eingefroren! Gekicher brach auf, lautes Lachen die strammen Kolonnen entlang. Schmerse erbleichte und kommandierte schnell die Fortsetzung des Appells, Trommelwirbel, Fahnenhissen, im Gleichschritt marsch, rechts schwenkt.

Der Verstand, so hieß Schmerse jetzt bei uns, die Lehrer hörten es, wenn wir ihn so nannten, sie lächelten verstohlen. Als wir nach einjährigem Aufenthalt wieder in Berlin zur Schule gingen, verschwand dieser Spitzname, nur wer dabeigewesen war, wußte ihn zu genießen: Verstand und Oberlehrer Schmerse, das ging selbst als Parodie nicht zusammen.

Auch mit Kommandos und Aufmärschen konnte man dreihundert Berliner Jungen zwischen zehn und vierzehn Jahren schwerlich bändigen. Schmerse schlug Ordnung in die Lagermannschaft. Reihenweise verteilte er Ohrfeigen mit seiner kleinen schwammigen Hand. Sie taten nicht weh, Schmerse bemerkte es. Da ließ er Täter und Sünder, Verdächtige, kurz alle der Reihe nach in sein spartanisch kleines Dienstzimmer kommen. Schmerse zog die Uniformjacke aus, stand im Braunhemd, das von breiten bunten Hosenträgern durchschnitten war, eine ungehörige, fast zivile Aufmachung, vor uns, man beteuerte seine Unschuld, es half nichts, man hatte sich zu bücken, die Finger mußten den Fußboden berühren. Auch noch unsportlich, was? fragte Schmerse höhnisch. Dann schlug er zwei-, dreimal scharf auf den emporgewölbten Hintern. Das schmerzte sehr, man wurde hinausgeschickt, den nächsten hereinzurufen. Draußen stand Schmerses kleine zittrige Frau mit Tränen in den Augen, aus einer großen Tüte verteilte sie Bonbons an diejenigen, die schon geprügelt worden waren. Näherten sich Schmerses Stiefelschritte der Tür, huschte sie davon, sie fürchtete wohl, für diese undeutsche Mitleidstat auch bestraft zu werden und dabei die Finger nicht auf den Fußboden zu bekommen. –

Ohne eigentlich an Schmerse zu denken, machte uns eines Abends der dicke Täubler eine große Freude. Er kam auf die Idee, nach Zapfenstreich, wie Schmerse die Bettruhe bezeichnete, durch die Korridore zu schleichen und alle Türklinken mit Schuhwichse einzuschmieren. Manchen Abend ging Schmerse durchs Heim, lauschte an den Türen, öffnete sie, so leise er nur konnte, um wen zu packen, am liebsten bei Schweinischem. Auch an diesem Abend strich er durchs Heim, erfolglos, ging hinüber in sein Zimmer, setzte sich noch ein Stündchen hin, vielleicht den nächsten Aufmarschplan der Lagermannschaft bedenkend, bis er das Unheil entdeckte.

Gegen Mitternacht weckte er uns mit lautem Gebrüll, wir mußten im Lichthof antreten, weiße Nachthemdkolonnen, schlaftrunken, Schmerse brüllte. Welcher Schweinehund hat das getan? Diese Schande! Das Kleid des Führers entehrt. Hochverrat! Da hätte dieser Verbrecher doch gleich das Schanddiktat von Versailles unterzeichnen können, die Hand soll ihm abfaulen! Wer war das? Vortreten!

Wir wurden langsam wach und sahen Schmerses braune Uniform mit schwarzer Befleckung. Niemand trat vor. Schmerse ließ uns Kniebeugen machen, sechzig, brüllte dazwischen seine Wut und Verzweiflung heraus ..., des Führers Ehrenkleid! Wieder fragte er nach dem Übeltäter, niemand meldete sich. Schmerse ließ uns die Knie beugen. Da kam er auf einen richtigen Gedanken, der Verstand: Er ließ unsere Reihen auseinanderziehen, jedermann mußte die Hände vorstrecken, Schmerse ging entlang, kurzsichtig gebeugt, besah und beschnüffelte er unsere Hände. Und fand die schwarzen Ränder unter Täublers Fingernägeln und die Schuhwichsflecke am Handballen.

Du ehrloser Strolch! Schmerse ohrfeigte den dicken Täubler, der den Kopf unter den Armen barg. Schmerse trommelte den Jungen zu Boden, stieß ihn mit den braunen Stiefeln, schrie, kniete sich neben Täubler nieder und schlug ihm die weißen schlaffen Fäuste in den Körper.

Am nächsten Morgen fand der Appell ohne Schmerse statt, ohne den dicken Täubler auch, der uns durch die Kellertür zurief, er habe vier Wochen verschärften Arrest. Beim Appell versuchte Turnlehrer Tolkmit, der Erfinder des federnden Bergsteigerschritts, Schmerse nachzuahmen, er schrie und kommandierte, aber unsere Reihen gerieten durcheinander, wir stolperten schwatzend heran, die Lehrer unterhielten sich, es war ein wundervoller Morgen.

Eine ganze Woche lang ließ sich Schmerse nicht blicken, er lag im Bett, seine mausgraue Frau war mit einem großen Paket unter dem Arm gesehen worden, wie sie in Wigstadl in den Zug nach Troppau stieg. Die Reinigung eines Anzugs, auch wenn es die glänzende Uniform eines Amtswalters und Lagerleiters war, dauerte eben ihre Zeit.

Er steht nicht auf, ich habe richtige Angst um ihn, er ist wie gebrochen, hörten wir Frau Schmerse zu einer anderen Lehrersfrau sagen. Dann trat Schmerse wieder vor uns hin, hellbraun, fast weißlich leuchtend, die säubernde Chemie hatte die Farbe verändert; Schmerse ließ uns wie früher aufmarschieren, belferte Kommandos. In Ahnung, daß da Böses kommen könnte, taten wir heute alles besonders exakt. Schmerse verzichtete auf den Kernspruch der Woche, er hielt eine Rede: Über den Verrat in der deutschen Geschichte, wie die Hohenstaufen verraten worden seien, die Hohenzollern, Friedrich der Große und Wilhelm II., wie Österreich Preußen verraten habe und Bismarck den Kaiser und der Kaiser Bismarck, welchen Verrat das deutsche Volk an den deutschen Soldaten verübt habe, wie man selbst versucht habe, den Führer immer wieder zu verraten, man denke nur an die Schurken, die ihn für den Marsch zur Feldherrnhalle in die Festung steckten, oder an die moralisch unsauberen Männer, die vor einigen Jahren einen Putsch geplant hatten und dafür die gerechte Strafe aller Verräter erhielten. Mit Verrätern werden wir fertig! Schmerse rollte das R wie Hitler. Er nannte Täubler nicht, der in der Besenkammer saß, wir alle wußten, er meinte ihn. Und Schmerse war Friedrich und Wilhelm und Hitler zugleich und Täubler alles Unedle, was je Verrat in der deutschen Geschichte geübt hatte. Schmerse schrie und ließ uns abmarschieren, wir taten es nicht so stramm wie beim Hermarsch, wir hatten gespürt, es war der alte Schmerse nicht mehr.

Jokel Klein, Englischlehrer, der uns nur mit erfundenen Namen ansprach, Schnürsenkel, Hopfenstange, Ofenrohr, der uns mit Ohrverdrehen und Zwirbeln des Schläfenhaares grausam peinigte, erzählte uns, statt Vokabeln abzuhören – Fotoknowabeln sagte er – die Geschichte von Simson und Delila. Mancher Knabi ist erledigt, wenn er seinen Schopf verliert, damned boys, mancher ist erledigt, wenn man ihm nur einen Butterfleck ins Hemd macht.

Wir zählten erst zwölf Jahre, aber wir verstanden gut, was der lässige Lehrer, die Füße nach amerikanischer Sitte auf den Tisch gelegt, uns da mitteilen wollte, wir hatten es ja längst bemerkt: Schmerse erholte sich nie mehr von dieser Woche ohne Uniform.

Auch Schmerse verloren wir mit unserer Einberufung zur Flak aus den Augen. Als wir nach der Befreiung wieder auf der Schulbank saßen, warteten wir begierig darauf, daß sich Schmerse zu den anderen alten Lehrern gesellen würde. Wenn Friedrich sich herwagte, warum nicht auch er? Schmerse kam natürlich nicht, aber ein Jahr später, als sich manches in Berlin verändert hatte, besuchte Moslé, nun ganz kahlköpfig, die alte Schule, er tat Dienst in einem Charlottenburger Gymnasium und erzählte uns, daß dort auch Schmerse wieder Lehrer sei, er träfe ihn manchmal bei sozialdemokratischen Parteiveranstaltungen, er, Moslé, sei Sozialdemokrat, schon immer gewesen, nicht wahr, und Schmerse wohl auch, wenn er ihn recht verstanden habe.

Die abgelebten Herren Studienräte, die nicht der Nazipartei angehört hatten, begannen nach dem Krieg den Unterricht von neuem; sie hatten Kaiserreich und Weimarer Republik, sie hatten die Nazizeit überstanden, nun unterrichteten sie wieder, matt, interesselos, furchtsam vor den Prüfungen, die ihnen diese Zeit bringen würde; sie waren geholt worden, weil andere Lehrer fehlten, alt und gebrechlich unterrichteten sie, des Geldes und der Lebensmittelkarten wegen.

Sie unterrichteten auch uns, die interesselos waren wie sie, Haudegen, ehemalige Landser, die im Keller Handgranaten explodieren ließen, Einarmige, Einbeinige, denen das Kriegsabitur nicht anerkannt worden war und die nun weder Bildung noch Wissen brauchten, nur den Stempel, den sie zum Weiterkommen benötigten.

Viele der alten Lehrer waren zur Stelle. Doktor Nickel, unser früherer Physiklehrer, lief mit einem Rucksack in kleinen und großen Betrieben herum und erbettelte halbzerstörte Geräte für die vernichtete physikalische Sammlung. Wer gab damals schon etwas her? Als ich einmal eine 500-Watt-Glühlampe brachte, die sogar noch funktionierte, was aber nur für Sekunden geprüft werden durfte, um nicht das Stromkontingent zu überschreiten – ich hatte diese Lampe in einem gesprengten Bunker gefunden und ausgeschraubt –, gab mir Nickel ein Sehr gut, das mich über viele Arbeiten rettete, unter die er sonst genial liederlich schrieb.

Nickel begann jede Schulstunde mit dem Hitlergruß; er hob den Arm, dann fiel ihm ein, daß diese Zeit, die er als braver Schwarzweißroter nicht geliebt hatte, vorüber war und dieser Gruß eine Provokation. Er griff zum Kneifer oder fuhr sich über das schüttere Haar oder rieb sich den Nacken, irgendeine tarnende Bewegung; wir warteten darauf, lachten dem alten verwirrten Mann ins Gesicht, er errötete und begann unsicher seinen Unterricht.

Auch Studienrat Doktor Totzke fand sich ein, Friedel gerufen, ein langer schlangengleicher Mensch, durchsichtig, als wäre er aus milchigem Glas, er lebte von Melde und

Brennesseln; ihm war im Biologieunterricht aufgegeben, uns über Geschlechtskrankheiten aufzuklären, die kannten wir besser als er, und er verließ das Klassenzimmer weinend, als wir ihm erklärten, wie es in einem Puff zuging. Eines Wintertages verletzte er sich schwer. Er hatte eine Seltersflasche in die Ofenröhre gestellt, als er die Tür öffnete, das gewärmte Wasser zu trinken, explodierte die Flasche und zerschnitt ihm das Gesicht. Nach seiner Heilung ging er als Laienbruder in ein Kloster zu Kaufbeuren. Aber wir vergaßen nicht, daß er uns einst bei einer Nachtwache mit Glaesers Jahrgang 1902 ertappt hatte, einem verbotenen Buch, darin eine Stelle, wo ein junger Mann einem Mädchen unter den Rock greift, dies schon schlimm genug für den frommen Junggesellen Friedel, und das Buch verbrecherisch dazu. Friedel hat es niemandem gesagt, weder Schmerse noch Friedrich.

Neu waren zwei Lehrer, darunter eine Frau, welcher Umsturz, ja Ahnung von Revolution an unserer ehrwürdigen Schule! Wir verehrten sie sogleich, zeigten uns von unserer besten Seite, entwickelten uns bis dahin unbekannte Umgangsformen, hielten ihr die Tür auf, halfen ihr in den Mantel, begleiteten sie die Treppe hinab, links an ihrer Seite.

Studienrätin Doktor Forsting, Frau Aja genannt, was sie gerne hörte, war eine charmante sechzigjährige weißhaarige Dame, gepflegt, selbst die Holzschuhe und das abgenutzte graue Kostüm trug sie mit großer Eleganz. Sie unterrichtete Latein. Wenn sie uns nach dem Gerundium fragte und wir die Schultern hoben, zog sie nur die Augenbrauen hoch und sagte: Na hörn Sie mal … Über jede richtige Antwort freute sie sich aufrichtig. Reizend, rief sie, wenn wir endlich einmal einen Satz richtig übersetzt hatten, und zog das ei sehr lang.

Was uns bis dahin völlig unbekannt war: Sie, ein Lehrer, erwachsener älterer Mensch, hochgebildet, erzählte von sich, ihren Problemen und Vorstellungen: daß sie Ende der dreißiger Jahre wegen ihrer Auffassungen aus dem Schuldienst entfernt worden war, daß sie jetzt darauf gedrungen habe, hierher in den Berliner Osten an eine Schule versetzt zu werden, sie hätte es viel günstiger haben können, von der Kantstraße zur Koppenstraße sei ein weiter Weg, na hörn Sie mal! Hier aber wären andere Kinder, andere junge Leute, voll Lerneifer und Dankbarkeit, voll Respekt, voll geistiger Leistung, das Proletariat, Wissen ist Macht! Wir bemerkten von alledem an uns und den anderen Schülern nichts, doch wir hörten es gern, wenn Frau Aja so etwas sagte. Sie erklärte zu unserem Erstaunen und Entzücken, sie sei schon immer Anarchistin gewesen, was wohl nicht stimmte, uns deshalb noch mehr gefiel. Sie sprach von ihrem verstorbenen Mann, den sie sehr geliebt habe, einem christlichen Demokraten, Journalist, der bei der Täglichen Rundschau tätig gewesen sei. Dies verwunderte uns nun doch, denn die Tägliche Rundschau war eine Tageszeitung der sowjetischen Militäradministration. Als wir sie fragten, wie das denn möglich sei, christlicher Demokrat und sowjetische Zeitung, rief sie: Na hörn Sie mal! Die Zeitung gab es doch schon vor Hitler, ein christlich-sozialliberales fortschrittliches Blatt.

Oft erzählte sie von Gisevius, einem engen Freund, den sie manchmal in der Schweiz besucht habe, um Material zu überbringen, sie deutete an, in nicht ungefährlicher Mission, als Kurier gewissermaßen. Gisevius, unser Freund, na, ich hoffe, Sie wissen schon, er arbeitete für Admiral Canaris.

Irgendwo hatte ich von Canaris gehört, und vielleicht hatte man die arglos-anarchistische, spontan-philanthropische Dame Forsting als Kurier benutzt oder für irgendeine ihr völlig undurchsichtige Aktion; sie wußte wahrscheinlich selber nicht genau, wer Canaris oder Allan Dulles waren, und für beide Geheimdienste arbeitete ihr Freund Gisevius.

Über die Schule hinaus interessierte sich Frau Aja für unser geistiges Fortkommen, und nicht nur für das. Sie kuppelte gern ein wenig, lud uns zu Teenachmittagen in ihre kleine Wohnung ein, wir trafen dort Studenten, Schüler anderer Gymnasien, besonders Mädchen vor.

Eine reizende kleine Frau! stellte mir Frau Forsting ein achtzehnjähriges Mädchen vor, eine junge Dichterin, die sie aufgeregt protegierte. Museumsprofessoren fanden sich ein, einer, ein fahler, bärtiger Herr, bemühte sich um unsere Lehrerin, die das selbstverständlich bemerkte und reizend fand.

Frau Forsting gab mir aus ihrer reichhaltigen Bibliothek Bücher zum lesen, sie verehrte Dostojewski und Tolstoi, am meisten aber die Skandinavier Hamsun, Björnson und Bang, Strindberg, Ibsen. Thomas Mann konnte sie nicht ausstehen, Frau Aja rügte sein Artistentum; noch weniger hielt sie von Heinrich Mann: fehlendes Herzblut, frostiger Rationalismus.

Obwohl es besser war, dies nun nicht zuzugeben, teilte sie mit: Ich wage es zu sagen, ich beklage zwar höchlichst die hitlerische Judenvernichtung, aber eine Überjudung des Kulturlebens vor 1933 hat auch mein Mann erkannt, und ich bin immer noch asemitisch. Nicht anti-, nur asemitisch, hörn Sie mal.

Auch für den Sozialismus konnte sie sich – nach tiefem Studium und langer Prüfung – nicht entscheiden, die konservative Seite ihres Wesens sei stärker als jede Anziehung, die sie auch beim Sozialismus finde. Immerhin hätte sich ein Heinrich Heine, dessen Feuilletonismus und zersetzende Ironie ihr nie behagt habe, vor dem Kommunismus gefürchtet: er werde die Gedichtblätter zu Gewürztüten verwenden; dies sei zwar ein Irrtum Heines, sie begreife jetzt wohl, daß auch der Kommunismus Kultur tolerieren werde, eigenschöpferisch aber sei er nicht. Als ich ihr den neuentdeckten Namen Brecht entgegenhielt, lächelte sie milde. Na hörn Sie mal, das ist doch kein Dichter, sondern ein geistiger Dieb und Salonbolschewist!

Doktor Forsting, Frau Aja, bezauberte uns, riß uns aus der Gleichgültigkeit, rührte den trüben Bodensatz in unseren Köpfen auf, wir kamen durch sie zu Entdeckungen, schmetterten unsere Urteile und Vorurteile in ihre Teestunden hinein, fühlten uns plötzlich als Intellektuelle. Sie drückte einem zum Abschied ein Buch in die Hand, das müssen Sie unbedingt lesen, reizend! Jetzt erst fühlten wir, was uns in unserer langen Schulzeit verlorengegangen war, weil wir vor ihr nicht eine einzige Lehrerin gehabt hatten. Frau Aja war eine gebildete, aufgeschlossene, ein wenig kupplerische, ein wenig anarchistische, ein wenig antifaschistische, ein wenig asemitische Dame.

Auch unser neuer Direktor Doktor Erich Schönebeck war für uns eine uns völlig unbekannte Art Lehrer, ein kleiner wirbliger Herr mit immer angespanntem Gesicht, selten lächelnd, dann nur ironisch; die buschigen graumelierten Augenbrauen paßten nicht in dieses Gesicht, sie gaben ihm etwas von einem Provinzkomödianten. Ein Zeigefinger war verkrüppelt, mit dem pikte er sich bei Aufregungen häufig an die Stirn.

Ein Foto auf dem Schulhof zeigt unsere Oberprima: mager, Langeweile und Überheblichkeit im Gesicht; in unserer Mitte Schönebeck, die Beine kokett übereinandergeschlagen; schon dies wäre für einen späteren Beschauer des Fotos ein Indiz, daß diese Aufnahme nicht in der Nazizeit gemacht worden war; Friedrich hätte nie so gesessen, sondern gestanden, uns überragend, real und symbolisch, germanisch aufrecht, die Füße im rechten Winkel auseinander, Bauch rein, Brust raus! Aber niemals die Beine übereinander, die Arme lasziv verschränkt!

Schönebeck war von großem pädagogischem Eifer, von Verständnis und Anfeuerungswünschen erfüllt, er prügelte uns nicht vorwärts oder sah gelangweilt unserer mühsamen Lernbewegung zu, er wollte uns als wirkliche Partner mitnehmen ins große Land des Wissens. Schönebeck hörte, wenn auch seine Mißbilligung nur mühsam beherrschend, unsere Meinung an, und diese war häufig genug ungebildet und grob, er stritt sich mit uns, leicht erregbar, aber um Gleichberechtigung der Mitteilungen und Anschauungen bemüht. Er führte als erster in Berlin, wohl ohne die Schulbehörde zu fragen, die Selbstverwaltung ein, ließ einen Schülerrat wählen. Stadtschulrat Wildangel kam oft, hospitierte, diskutierte mit Schönebeck, vielleicht nicht ohne Bedenken über dessen Auffassung von Schuldemokratie.

Schönebeck stammte aus einer Berliner Lehrerfamilie, der Vater war Oberlehrer in einer Taubstummenschule. Schönebeck hatte 1910 an der Berliner Universität studiert und promoviert. Seit 1925 leitete er das Andreas-Realgymnasium. Er war begeisterter Reformpädagoge, gehörte der SPD und dem Reichsbanner an und leitete die Ortsgruppe Berlin der Friedensgesellschaft. Im Mai 1933 entfernten ihn die Nazis aus dem Dienst, aus politischen Gründen und auch weil seine Mutter Jüdin gewesen war. Schönebeck, komödiantisch veranlagt, was durchaus mit einem pädagogischen Beruf harmonisieren kann, schlug sich als Vortragender, als Rezitator durch und gab Nachhilfestunden. Er hatte sich auch als Schriftsteller versucht, 1924 eine Broschüre Europas Totentanz verfaßt, von der Nazi-Reichskulturkammer erhielt er Schreibverbot.

Nun war er nach dieser schmerzlichen Unterbrechung an seine alte Schule zurückgekehrt, leidenschaftlich warf er sich in die pädagogische Arbeit, die letzten Salven donnerten noch, da erschien er von Lichtenberg her, wo er wohnte, über Trümmer kletternd, in seiner Schule. Hausmeister Eggert, Zwölfender und Grobian, stürzte aus der Dienstwohnung und meldete sich befehlsgemäß zur Stelle; er hatte Plünderer verjagt, den brennenden Dachstuhl zwar nicht ganz löschen können, Aula und Orgel waren verbrannt, aber unter seiner Kommandogewalt hatte man den Rest des Daches gerettet.

Hiermit übernehme ich die Schule wieder und eröffne

den Unterricht! soll Schönebeck zu Eggert gesagt haben, niemand in der Nähe, ferne Schüsse. In der ersten Schule in Berlin begann der Unterricht, Schönebeck sagte zu Eggert: Machen Sie weiter!

Wir, die überalterte, vom Krieg gezeichnete, narbige Oberprima, waren seine Lieblingsklasse, hier konnte er diskutieren und Streitgespräche anfachen, konnte er seiner Theaterleidenschaft frönen. Wir lasen Stücke mit verteilten Rollen, Schönebeck suchte sich oft die beste aus, protestierten wir zu laut, nahm er auch eine kleine und zeigte uns, wie man selbst die mit Leben ausfüllt.

Faust, erster Teil, Schönebeck liest die Marthe, ich bekomme den Faust zugeteilt und rufe ihm verächtlich zu: Du Metze!

Schönebeck tippt sich an die Stirn. Ich weiß nicht, der Ton ist etwas scharf und sehr persönlich, mein Lieber. Ich vermute, Sie reagieren da bestimmte Emotionen ab.

Es stimmte nicht, wir hatten gegen ihn nichts abzureagieren, Schönebecks Wissen, seine Beredsamkeit bezwangen und begeisterten uns. Er unterrichtete uns nicht in den mühsam hergerichteten Klassen im ehemaligen Luftschutzkeller, sondern in seinem Dienstzimmer. Wir fläzten uns in das große durchgesessene Ledersofa, in die zerschlissenen Sessel, Schönebeck mitten unter uns. Er versuchte dann, uns die große Bedeutsamkeit Heinrich Heines klarzumachen, für Literatur wie für Philosophie und Pressegeschichte, ein Vorläufer von Marx gar. Denselben Heinrich Heine, den die geliebte Frau Aja nicht mochte, das war wohl Demokratie, wie wir meinten.

Als ich in geheimer Wahl zum Vorsitzenden des Schülerrats gewählt worden war, gratulierte mir Schönebeck aufrichtig, obwohl ihm meine radikalen Auffassungen nicht geheuer waren. Er freute sich dennoch, hängte sich bei mir ein, man denke, ein Gymnasiumsdirektor und ein Schüler Arm in Arm, so spazierten wir um den Schulhof und planten gemeinsam Umwandlungen unseres Instituts in ein sich selbst verwaltendes, sich selbst anfeuerndes, unermüdlich sich weiterbildendes pädagogisches Unternehmen, Beispiel einer neuen Zeit. Schönebeck setzte durch, daß ich zu den Kollegiumssitzungen eingeladen wurde, mit beratender Stimme natürlich nur. Anfangs saß ich gehemmt zwischen den Lehrern, immer bleibt man Schüler, und die meisten, die da neben mir saßen am langen Tisch, hatten mir über Jahre hinweg befriedigende oder unbefriedigende Leistungen bescheinigt, hatten mich getadelt oder gar geschlagen. Ich spürte den zähen Widerstand gegen Schönebeck, der schon vor 1933 ihr Direktor gewesen war. Mit feindseligem Schweigen oder leisem, sehr leisem Murren nahmen sie seine Anordnungen entgegen: Das Aufstehen der Schüler bei Eintritt des Lehrers habe zu unterbleiben, es gäbe keinen Kadavergehorsam mehr; beim Englischunterricht dürfe man nicht mehr die alten reaktionären Texte benutzen, die nur von der alten Bourgeoisie und ihren Sitten handelten, sondern man müsse die Beispiele aus Theaterstücken nutzen, Thornton Wilder etwa, den man gerade spielte.

An eine Diskussion erinnere ich mich genau. Es ging um die Teilnahme der Schule an der Maidemonstration. Schönebeck schlug vor, daß die Schule, Lehrerkollegium und Schüler, geschlossen teilnehmen sollte. Es war die erste freie Maidemonstration, 1946, nach dem Krieg. Jetzt gab es einen scharfen Wortwechsel, denn bisher hatten die Lehrer, trotz inneren Widerstandes, den Vorschlägen und Weisungen Schönebecks gehorcht und nur die Faust in der Tasche geballt. Diesmal Widerspruch: die Schule sei unpolitisch, von Aufmärschen und Demonstrationen habe man in den letzten zwölf Jahren genug gehabt, und parteipolitisch könne man sich schon überhaupt nicht entscheiden, unter der roten Fahne, wo kämen wir denn da hin! Frau Doktor Forsting schwieg neutral, als konservative Anarchistin lehnte sie rote Fahnen ab. Schönebeck redete mir zu lahm, er sprach etwas von Seite an Seite, alle gemeinsam, von christlicher Botschaft und Bergpredigt, und die rote Fahne dürfe man nicht verstehen als Zeichen irgendeiner Partei, sondern als Signum aufblühenden neuen Lebens. Da hieb ich anders rein und zeigte die Faust, Schönebeck hob seine buschigen Augenbrauen und pikte sich kopfschüttelnd an die Stirn.

Später sah er mich mit dem Parteiabzeichen am Rockaufschlag. Ich verstehe Sie nicht, mein Lieber! Natürlich verstehe ich Sie doch, Sie haben sich entschieden, Sie wollen sich bekennen, aber hätten Sie lieber abgewartet! Die Menschheit braucht Toleranz und Abgeklärtheit und keinen Fanatismus. Ich trete keiner Partei mehr bei, ich habe bitter gelernt, und Sie werden nicht sagen können, daß ich nicht weiß, wo die richtige Seite ist …

Aber an jenem Ersten Mai, der wirklich der erste freie war, trafen wir uns auf der Weberwiese, an jenem Ort, den ich so oft als Kind besucht hatte, Zigarettenbilder zu tauschen, wo Schmitt-Seekuhs Vater verblutet war. Dort, im grauen Sand, unter den Bäumen, die noch Splitternarben trugen, versammelte sich der Zug aus dem Bezirk Friedrichshain. Sehr wenige Schüler, kaum ein Dutzend, Erich Schönebeck und der alte Doktor Müller, ein reaktivierter Lehrer, der uns in Philosophie unterrichtete, nach einem uralten Buch alphabetisch: Anaxagoras, Anaximander … Er kam nicht, weil er seinem Direktor folgen wollte, sondern aus christlicher Verantwortung. An der Spitze unseres winzigen Häufleins der Direktor und der Schülerratsvorsitzende mit der papiernen roten Blume im Knopfloch.

Da sehn Sie, sagte Schönebeck, es wird alles sehr lange dauern!

Schönebeck liebte auch Feste und Feten und Theaterspiel, zwar war sein Versuch, mit uns Schillers Turandot einzustudieren, gescheitert, aber Rezitationsabende, durchmischt von Foxtrott und Tango, da war er stets zur Stelle, brachte seine Tochter mit, eine hagere schwarze Schönheit, gewann im Bund mit Frau Forsting die Mädchen des Händel-Lyzeums zu unseren Festen, wir tanzten wild und unermüdlich, Schönebeck, der Direktor, unvorstellbar früher, unter uns, die kleinen Schuhe, damenhaft winzig, hochwerfend und dann Heines Die schlesischen Weber rezitierend.

Als er bei der Abiturprüfung vor großem Kollegium, in dem sich auch wieder Wildangel befand, die Zettel ziehen ließ und ich die Lautverschiebungen erwischte, die mich nie interessiert hatten und zu denen ich auch nicht einen einzigen Satz hätte hervorbringen können, erbat ich eine schwierigere Frage; Schönebeck hatte verstanden, zwinkerte mir theatralisch-unauffällig zu, ließ mich erneut ziehen: Hölderlin! Da war die Eins sicher. Er schrieb mir ins Abiturzeugnis etwas von meiner wichtigen Tätigkeit als Schülerratsvorsitzender. Dies nicht nur ein Lob; einerseits gefiel ihm mein demokratischer Eifer, andererseits war ich ihm zu linksradikal, ich gehörte als einziger, kein anderer Schüler noch Lehrer, der Partei an. Er hatte sicher gehört, wie man mir in der Hofpause Spartakist nachschrie. Diese Partei war ihm zu diktatorisch, und wer weiß, ob sie nicht doch zum Kommunismus gelangen wollte? Und so enthielt der Hinweis auf meine Tätigkeit als Schülerratsvorsitzender ein Lob und eine Warnung, einen Hinweis an spätere Prüfer und Beurteiler: Der Mann ist eigentlich nicht schlecht von Charakter und Wollen, aber mit Vorsicht zu genießen.

Wenige Wochen später schickte mich die Partei zu einem Lehrgang. Wir fuhren mit der Straßenbahn und liefen dann zu Fuß hinaus nach Karolinenhof, zur Landesparteischule, einem ehemaligen Jachtklub. Dort traf ich Mitschüler, die dachten und fühlten wie ich, und Lehrer ebenso, sie schliefen mit uns in den harten Doppelstockbetten, aßen wie wir die klütrige Mehlsuppe, belehrten uns nicht von oben herab, sie begeisterten sich mit uns an der Eroberung des dialektischen und historischen Materialismus, obgleich sie natürlich viel mehr wußten als wir. Aber auch sie entdeckten ihn neu und freuten sich, neue Genossen gefunden zu haben, die ihnen folgten, diskutierten, stritten, fragten: Klaus Zweiling, Spezialist für dialektischen Materialismus, mit reichen naturwissenschaftlichen Kenntnissen. Was Chemie- und Physiklehrer nie erreicht hatten, hier begriff ich den Umschlag von Quantität in Qualität, und sei es durch dieses einfache Beispiel des kochenden Wassers; was Doktor Nickel nicht vermocht hatte, in Zweilings Lektionen und den folgenden nächtelangen Debatten begann ich zu begreifen, was unter Materie zu verstehen ist, nichts Simples, Handgreifliches, und Materialismus kein Schimpfwort; ich begriff staunend die Natur des Lichtes; Welle und Partikel, Kontinuität und Diskontinuität ... Der alte Schulspruch Non scholae, sed vitae discimus, er hatte versagt; hier in den kurzen Tagen lernte ich mehr als je zuvor auch über das, was die Gesellschaft zusammenhielt und auseinanderbrachte, bewegte, vorwärtstrieb, revolutionierte oder hemmte. Es war Eva Altmann, die Ökonomin, die uns das einfachste und verwirrendste Geheimnis der kapitalistischen Wirtschaft verdeutlichte: die Produktion des Mehrwerts. Und alles, was daraus folgte, bis hin zu unserer heutigen Mitgliedschaft in der Partei und zur Teilnahme an diesem Kursus.

Eva Altmann war viel weniger herzlich als Frau Forsting, weniger nachsichtig, manchmal kühl. Aber wir duzten uns, und das bedeutete uns mehr als Tradition deutscher Arbeiterbewegung. Wir wurden von diesen klugen Menschen, die soviel erlebt und erlitten, nicht als bloße Schüler angesehen, die wir ja waren, sondern gleichzeitig als Kampfgefährten, Freunde, Genossen.

Ich schrieb Frau Forsting einen Kartengruß, sie antwortete: Mein Lieber, lassen Sie sich bloß nicht verwirren! Ich bitte Sie sehr. Außerdem habe ich für Sie ein Mädchen kennengelernt, reizend!

1. September 1939

Wie ich diesen Tag verbrachte, ob es in der Schule große Aufregung gegeben hat, einen der berüchtigten Appelle mit Orgelspiel, langen Reden und Gesang, weiß ich nicht mehr. Es hat dies alles mich nicht sehr beeindruckt. Ich war zu sehr an Kriegsgeschrei gewöhnt, es hatte abgestumpft; es gab kein Hurra, keinen Taumel, keine Versammlungen unter freiem Himmel, kein Heil-Rufen. In meiner Erinnerung ging der 1. Septembervormittag dahin wie jeder davor und viele nachher.

Am Spätnachmittag war ich mit den Schularbeiten fertig und lief auf die Straße, zu spielen, umherzustreifen. Weshalb ich in die Gubener Straße rannte, bis hinauf an die Ecke der Frankfurter Allee, erinnere ich mich nicht. Die Gubener Straße galt für uns aus der Rüdersdorfer als feindliches Terrain, wir schlugen uns erbarmungslos mit denen aus dieser Straße, wir haßten einander, obwohl wir mit manchen von ihnen zusammen auf der Schulbank saßen. Die Ursache dieser gegenseitigen Ablehnung und Feindschaft war uns nur halb bewußt, erst später kam ich darauf. Mit der Gubener Straße, hin zur Warschauer, herüber zur Frankfurter Allee, begann die Balkongegend. Unsere Mietskasernen standen grau ausgerichtet, ohne Erker, starr in langen, kahlen Kolonnen. Wohnhölle Rüdersdorfer Straße hatte die Rote Fahne wenige Jahre zuvor einen Bericht überschrieben. Schon der kleine soziale Unterschied zwischen unseren Straßen erbitterte uns, trieb uns gegeneinander, unsere Abneigung wurde ausgefochten mit Stöcken und Steinen.

Ich renne die Gubener Straße hoch bis zur Frankfurter Allee, möglicherweise will ich einen Schulkameraden besuchen, den dünnen Göre, den Sohn eines Schneidermeisters, der hier wohnt. Vielleicht will ich zur Weberwiese, unserem alten Spielplatz, dort, wo auf den flachen Steintreppen die Bildertauscher sitzen. Sie haben kleine Bauchläden vor sich, in denen, ordentlich mit rotem Gummi eingefaßt, komplette Serien von Zigarettenbildern zum Tausch angeboten werden oder einzelne Bilder; man handelt, man feilscht, als wäre man kein nordischer Lichtmensch, sondern ein welscher Schacherer.

Es ist kurz vor sieben, aber noch hell. Da heulen die Sirenen. Fliegeralarm!

Es ist ja Krieg und Fliegeralarm! Das bedeutet Tod und Verderben, jetzt schon, so wenige Stunden nachdem in Polen zurückgeschossen wurde. Ich krümme mich unter den auf- und abschwellenden Tönen, die Leute bleiben stehen, reißen schreckensbleich die Gesichter nach oben, erwarten die geflügelten Ungeheuer schon über den Dächern, die sausenden Bomben, die tödlichen Splitter. Frauen schreien auf. Man beginnt zu rennen, sinnlos in alle Richtungen, nur fort von diesem schrecklichen Himmel. Mitten auf dem Damm der Gubener Straße bleibt ein Mann stehen, beide Fäuste nach oben gereckt, und schreit: Dahin haben sie uns gebracht, diese Schweinehunde. Nun haben sie ihren Krieg! Verrecken sollen sie, diese Schweinehunde. Und wenn wir alle verrecken müssen, dann die braune Pest mit ...! Eine Frau versucht vergeblich, ihn zu beruhigen, zerrt ihn mit sich, der nicht zu schreien aufhört, die Fäuste nach oben gereckt. Niemand achtet auf ihn, niemand hält ihn auf, keiner bringt ihn zum Schweigen, niemand nimmt ihn fest, alle hören und hören doch nicht.

Ich hetze die Gubener Straße entlang über den Comeniusplatz hin zu unserem Haus, hin zum Luftschutzkeller, ich will dort sein, ehe die Bomben fallen, ehe ich selbst in lauter kleine Stücke zerberste, heiß und blutend; ich habe nur den einen Wunsch, meine Mutter zu erreichen, mich in ihren Schoß zu werfen, ehe der Tod über uns kommt. Noch bin ich nicht in der Rüdersdorfer Straße, als die Sirenen erneut heulen, Entwarnung.

Tags darauf wurde berichtet, zwei polnische Flugzeuge seien weit von Berlin entfernt zurückgeschlagen worden.

Den Sommer über, bis tief in den Herbst hinein, fuhren wir am Wochenende, wenn es nur irgend möglich war, zum Angeln. Vater kam Sonnabend mittags von der Arbeit, wusch sich, richtete die Fahrräder her, überprüfte das Angelgerät, rührte den Köderteig an, band die Angel am Fahrrad fest, so sicher, daß nicht einmal ein Vulkanausbruch sie hätte vom Rahmen losreißen können, und legte sich früh schlafen. Gegen Mitternacht wurde ich geweckt, zog mich schlaftrunken taumelnd an, hängte den Rucksack mit der Thermosflasche voll Maggibrühe und den Blechbüchsen mit Schnitten über und stieg aufs Fahrrad, wir fuhren los. Immer fröstelte ich, selbst im hohen Sommer blieben die Nächte kühl, und erst hinter Friedrichsfelde wurde ich warm, auf der stillen Chaussee, die nur vom Lärm unserer Dynamos gestört wurde.

Biesdorf, Kaulsdorf, weiter hinaus. Ich liebte diese Fahrten durch die Nacht. Sechsunddreißig Kilometer weit war unser Weg zum Stienitzsee, wenn wir anlangten, dämmerte es schon. Meist legten wir uns nicht mehr nieder, manchmal nur, wenn es regnete oder wenn ich Vater zu müde schien.

Sonntag nachmittags fuhren wir zurück, oft in scharfer Sonne, müde, aber glücklich, die leeren Stullenbüchsen klapperten in meinem Beutel, aber der Rucksack blieb schwer, die Fische! Es waren kümmerliche Plötzen, Güstern, fingerlange Barsche, wir nahmen alles, was anbiß. Und wir waren stolz auf unsere Fänge, zählten begeistert die Fische, schimpften, daß uns der größte entkommen war. Wenn wir unseren Fang ausschütteten, schrie Mutter schon: Ist das wieder einmal alles, diese Stäkerbutzen, wer soll die putzen und schuppen? Mutter putzte und schuppte die Fische und briet sie gleich, das herrlichste Abendbrot.

So sind wir auch in der Nacht vom 2. zum 3. September losgezogen, die stille Chaussee entlang ostwärts. Kurz vor dem Ziel eine Autobahnbrücke. Manchmal bemerkte ich sie kaum, denn Verkehr gab es zu dieser Nachtzeit nicht. Diesmal, im Dämmerfahl, fuhr eine unendlich lange Kolonne auf der Autobahn ostwärts.

Wir springen vom Fahrrad und beugen uns über das Geländer. Lastwagen hinter Lastwagen, dann eine Geschützkolonne, Tankwagen, Transporter, wieder Kanonen. Ich wäre gern dort geblieben, um dem Zug nachzuschauen, Benzindunst einschnüffelnd, das gewalttätige Rattern belauschend. Vater steht schweigend und erwidert nichts auf meine Begeisterungsrufe. Dann sagt er kurz: Damit du es weißt, das ist nun Krieg! Und der Anfang vom Ende!

Wir fuhren zum Stienitzsee und angelten, zurück in die Rüdersdorfer Straße, Vater noch schweigsamer als sonst. Auch er hatte, wie wir alle, die Ereignisse des 1. September nicht allzu ernst genommen, ein bißchen Schießerei, einige Kämpfe, na und? Hitler hat doch bisher alles so an sich gebracht: Österreich, Böhmen und Mähren, warum nicht auch Danzig und Oberschlesien und den deutschen Korridor? Als Vater am 3. September nachts die Truppenkolonnen sah, mit abgedunkelten Scheinwerfern ostwärts fahrend, da sah er, es war nun wirklich Krieg.

Ich aber begeisterte mich an den Kanonen und fuhr nur zögernd weiter zum sonst so geliebten Stienitzsee. Ach was, der Krieg würde so sein wie der vorgestrige Alarm, ein paar Minuten Aufregung und Angst und dann die erwartete Entwarnung. Vaters finstere Miene beeindruckte mich nicht; ich war in dem Alter, wo man anfängt, seinen Eltern kritisch gegenüberzutreten. Ich dachte: Der ist wieder schlecht gelaunt! Aber er soll mir den Tag nicht kaputtmachen mit seinem Gerede! Der nicht!

Traum

Ich befinde mich in einer sauberen, hellen Klinik und warte auf eine ärztliche Untersuchung. Es kann auch eine andere Untersuchung sein, eine gerichtliche oder polizeiliche Kontrolle. Ein bärtiger Mann, gelangweilt und voller Ekel auf mich blickend, ruft durch ein Megaphon das Ergebnis aus. Mein Ergebnis lautet: Sieben zu fünf!

Ich bin unsicher, was dieses Ergebnis bedeutet, und frage den Mann, der mich an den Chef der Untersuchung verweist. Der Chef hat wenig Zeit, so nebenher teilt er mir mit: Das bedeutet in unserer Gegend, im nächsten Vierteljahr eventuell Tod durch Zufall! Ich bin sehr beruhigt über diese Mitteilung, besonders erfreut mich das Wort eventuell, fröhlich beschließe ich, eine längere Radfahrt anzutreten.

Drüben wohn' auch Leute

Mutter urteilte schnell und oft hart, sie stritt sich und schimpfte, aber meistens fühlte man, daß sie es nicht wirklich ernst meinte, und wenn sie merkte, daß sie zu weit gegangen war, sagte sie ihren Spruch: Ich bin ja verwachsen und vorbestraft, und wenn sie spürte, daß wer dumm über wen hergezogen hatte, sagte sie: Drüben wohn' auch Leute! Dies war unumstößliches Gesetz, sie ging nie davon ab, bis auf eine Ausnahme.

Ich glaubte anfangs, Mutter meinte es wortwörtlich; denn wirklich wohnten drüben überall Leute, man konnte über den Hof weg in ihre Fenster sehn. Tatsächlich bezog sich Mutters Wort auch auf die Nachbarn. Wenn die Baptisten aus der Parterrewohnung sich geschlagen hatten und Frau Pawlitzky mit abgewandtem Gesicht das Blut von der Treppe wischte und leise zu Mutter sagte, damit die Baptistin nichts hörte und nicht auch sie mit der Eisenpfanne bearbeitete: Diese Mistkerle, diese Saufamilie, die müßte man doch gemeinsam aufbammeln oder mit Peitschen aus dem Haus jagen ...

Dann sagte Mutter, die eben noch an der Schlägerei ihren Spaß gehabt hatte, ihr feststehendes Wort von den Leuten, die drüben wohnen. Ich verstand, Mutter meinte auch Leute, die anders lebten als wir und anders aussahen. Ausländer, Neger gar, Gelbe. Lange vermutete ich, es gäbe solche Leute gar nicht, denn ich hatte, wie alle Kinder, den Kunstgriff der Märchen und Trapperfilme durchschaut: keine Wirklichkeit, sondern nur Schein; in meine Angst, ob der mit geretteter Braut fliehende Cowboy nun von den blutdürstigen Sioux eingefangen würde, eine Angst, hin bis zum heftigen Drang, sich in die Hose zu machen, mischte sich beruhigend das Wissen: Es ist nur ein Film, keine Wahrheit.

Da ich nie das Meer gesehen hatte, gab es vielleicht keine Länder oder Erdteile hinter den Meeren. Und da ich keine Menschen kannte außer den Nachbarn und der puckligen Verwandtschaft, außer Lehrern und Schulfreunden, existierten vielleicht keine mit schwarzer Haut, die, wenn sie besonderen Appetit hatten, Menschen fraßen, gab es keine gelben Menschen mit Zöpfen, keine federgeschmückten Indianer, die brennende Pfeile verschossen ... Es blieb zwar eine kleine Unsicherheit: Bei Tante Hede und Onkel Paul sollte einst ein Inder gelebt haben, aber weil jetzt der bleiche, scheue Herr Neuner dort wohnte, konnte auch der Inder eine Erfindung sein wie die der Filme, ein Spaß der Erwachsenen, den sie mit sich selbst trieben und mit mir.

Aber dann geschah es wirklich! Ich spielte mit meinen Kameraden auf dem Comeniusplatz im Sandkasten, wir bauten Burgen, die wir mit Steinwürfen zertrümmerten; wer die erste völlig zerstört hatte, war Sieger und schrie: Licht aus! oder: Sieg Heil! Plötzlich rannte ein Junge vorüber und schrie: Ein Neger! Hier ist ein Neger!

Wir ließen die Sandburgen zurück und folgten dem, der schrie und dem immer mehr folgten, die Memeler Straße hoch zur Warschauer Brücke hin. Ganz vorn ging ein Mann im Mantel, grobes Karo, gelbe Schuhe, eine karierte Schiebermütze; ich sah so genau hin, erregt und irgend etwas Ungeheuerliches erwartend, daß, hätte ich das Talent des Kunstmalers, wie die pucklige Verwandtschaft meinte, ich die Rückenansicht dieses Mannes noch heute mit jedem Farbton wiedergeben könnte.

Der Junge, vor uns laufend, schrie: Neger, Neger, dreh dich um!

Der Mann ging weiter, beachtete uns nicht, doch es wurden immer mehr Kinder, meist Jungen, wir trauten uns zwar nicht näher, wir genossen den Kitzel zwischen Frucht und Neugier und begannen auch zu schreien: Neger, Neger, dreh dich um!

Der Mann drehte sich um, sah uns aus einem alten, müden Gesicht an. Und dieses Gesicht hatte schwarze Haut, vielmehr eine grauschwarze. Die Neger der Filme hatte ich in leuchtendem Schwarz gesehen und gewußt, es war angemalt, vielleicht mit Schuhwichse. Diese Haut war echt. Wir standen einem Neger gegenüber, fassungslos, es gab sie also wirklich!

Dem Mann dauerte unser Anstarren zu lange, war die Zahl der Kinder, die hinter ihm hergehetzt waren, zu groß, er stampfte plötzlich auf und sagte in klarem und zornigem Deutsch: Haut endlich ab! Los! Abhauen!

Wir stoben auseinander, neu erschreckt. Hätte er aus dem Mantel eine Buschtrommel gezogen, dies wäre uns normal vorgekommen, aber in der gleichen Sprache wie wir zu reden und befehlend wie ein Lehrer, wir stoben davon, zurück zum Comeniusplatz, zu unseren Sandburgen, aber wir konnten uns nicht beruhigen.

Abends erzählte ich den Eltern davon; Vater lachte und sagte, es sei sicherlich ein Mann vom Zirkus gewesen, einer, der in Deutschland aufgewachsen sei, er habe einen gekannt, der aus den früheren deutschen Kolonien hierhergebracht worden sei und als Barmixer gearbeitet habe, der könne besser bayrisch reden als jeder Bayer. Mutter schüttelte den Kopf, ein Neger, ein Mensch mit schwarzer Haut, war nicht nach ihrem Geschmack, aber sie sagte, um mich zu trösten: Drüben wohn' auch Leute.

Seitdem wußte ich, daß sie wirklich recht hatte, und bald darauf stießen wir auf andere Leute von drüben: Wir hatten Pfennas besucht, und aus irgendeinem Grund lief Mutter mit mir nicht gleich nach Hause, sondern über den Alexanderplatz bis zur Ackerstraße hinüber. Auf dem Weg wurde Mutter mehrfach in einer fremden Sprache angesprochen. Ich verstand kein Wort, also Leute von drüben, hier mitten in Berlin; und das Merkwürdigste, Mutter lachte, antwortete in deren Sprache, schüttelte den Kopf, man ging auseinander.

Die Frauen sahen Mutter irgendwie ähnlich: mit dunklem langem Rock und Schürze, darüber eine dunkle Bluse, das Haar straff zurückgekämmt und zu einem Dutt aufgesteckt; sie ähnelten ihr, obgleich manche dick, andere älter oder jünger waren als Mutter.

Czy ty mowisz po polsku? riefen sie; oder: Czy ty jestes Polka?

Mutter lachte, machte eine derb abwehrende Bewegung und antwortete zu meinem großen Staunen in fremder Sprache: Nie, ty kowa!

Dies geschah auf dem Weg einige Male, und es machte Mutter Spaß und ärgerte sie gleichzeitig. Ich fragte sie, was das für Menschen seien und welche Sprache sie sprächen.

Eigentlich müßten dir doch die Ohren klingen, du alter Kacker, du müßtest es doch verstehen, du gerade!

Mutter, die sonst geradeaus redete, klar und verständlich, sprach mit mir in so dunklen Sätzen, daß mir unheimlich wurde. Dann erklärte sie mir doch: Das sind Pollacken, die hausen hier im Dreh.

Und warum reden sie mit dir?

Mutter lachte wieder auf, amüsiert und gehässig zugleich. Die denken, ich bin auch eine Pollacksche. Seh ich etwa so aus?

Ja, sie sah so aus wie die anderen Frauen; ich hatte es bemerkt, sagte aber lieber nichts.

Auch später, in der Gegend des Schlesischen Bahnhofs, geschah es manchmal, daß Mutter so angeredet wurde; sie kannte von der Heimat her ein paar Brocken Polnisch und konnte sich verständlich machen.

Als der Krieg begann und nach der Niederlage Polens Hunderttausende Gefangene und Zivilisten, die zu ihrer Kennzeichnung ein P auf der Brust tragen mußten, in das Deutsche Reich geschafft wurden, auch nach Berlin, regte sich Mutter laut auf: Drüben wohn' doch auch Leute! Das sind doch auch bloß Menschen, wir haben zu Hause mit ihnen zusammengearbeitet und mit ihnen im Heu gelegen, die machten es nicht schlechter als die deutschen Jungens, ne, ich sag euch, besser! Und jetzt laufen sie rum wie die Tiere, mit Zeichen, fehlt nur noch, daß man ihnen das P in die Haut brennt! Jesusmariajosef …

Sie ließ sich von ihrer Freundschaft kaum zur Ruhe bringen, die Frauen sahen sich ängstlich um.

Quasts, die nie vergaßen, wie Vater ihre Ehe repariert hatte, luden mich ein, die Sommerferien 1940 bei Ilse Quasts Eltern zu verbringen. Der Vater war Schmied auf einem riesigen Gut, Essen und Trinken nach Belieben, die plombierte Zentrifuge wurde in Gang gebracht, es gab sogar Schlagsahne, das süße weiße Wunder. Mehr als das Essen und die milde hügelige Landschaft, selbst als das Angeln in den Teichen, zog mich die Schmiede an. Dort arbeiteten zwei polnische Kriegsgefangene; sie lebten tagsüber ziemlich frei, abends gingen sie in ihr stacheldrahtumzäuntes Lager zurück. Ich sah den beiden starken und lustigen Gesellen zu, bewunderte Kraft und Geschick und besonders den wie eine Flamme strahlenden großen rötlichen Schnurrbart des Älteren der beiden. Sie lachten, wenn ich versuchte, den Hammer anzuheben, sie ließen mich den Blasebalg ziehen, sie pfiffen den drallen Dorfschönen hinterher und zeigten mit Gesten, was sie gern mit ihnen tun würden. Pipkra stoi, sagte der Jüngere, ein Bär, und grinste.

Mutter kam die letzte Ferienwoche auch hin und begann sofort, mit den beiden Polen zu radebrechen, ja, ich sah das erste und einzige Mal, meine Mutter konnte mit Männern aufreizend scherzen, wie mir mit meinen zwölf Jahren aufging; ich schämte mich für sie und zog mich aus der Schmiede zurück. Von dort Mutters kurzes, hitziges Lachen und das breite Gelächter von Ilse Quast.

Mit Herbert, Quasts Sohn, ging ich zum Schloß, zum großen Park, dessen Geheimnisse wir, die hohe Mauer übersteigend, erkunden wollten. Es gab nur gepflegten Rasen, Kieswege, Büsche, langweilig für zwei abenteuersüchtige Jungen. Aber es gab den jungen Grafen, den Herrn von Flügge. Wir hatten ihn, etwa so alt wie wir, schon mehrfach gesehen, an der Schmiede vorüberreitend, im eleganten Anzug, mit helmartiger Mütze, hinter sich seinen Reitlehrer.

Auf den stießen wir jetzt, er hatte eine Luftbüchse in der Hand, vielleicht war er auf Vogeljagd oder wollte Eichhörnchen schießen. Ohne ein Wort zu sagen, freundlich lächelnd, hob er die Büchse, zielte auf uns und schoß. Wir stoben, von weiteren Schüssen verfolgt, davon und überkletterten die Mauer; ich war getroffen, aber die Bleikugel schon zu müde, als daß sie mir mehr als einen blauen Fleck am Oberschenkel beibrachte.

Mutter war von Ilse Quasts Eltern nur schwer davon abzubringen, ins Schloß zu rennen und Krach zu schlagen. Wenn du ihn nächstens siehst, haust du dem Bengel die Hucke voll, oder ich machs. Ich hab drin Übung! Die Pollacken, das sind Kerle, aber für die Grafen da sind wir nicht mal Menschen, für die wohn wir nicht mit ihnen auf dieser Erde.

Mutter hatte, ohne es zu merken, die Umkehrung ihres Bekenntnissatzes deutlich gemacht. Als nach Einmarsch der sowjetischen Truppen die Gräfin aus dem riesigen Schloß gejagt wurde und, am Dorfbrunnen stehend, ihre Strümpfe wusch, umstanden sie viele Frauen des Dorfes, auch die Mutter Ilse Quasts: Die arme gnädige Frau! Selbst die Strümpfe waschen! Nein, schrecklich! Und sie hätten ihr die Strümpfe aus der Hand gerissen und die Gräfin bedient, wenn nicht der sowjetische Posten die weinenden Landarbeiterfrauen verjagt hätte. Als Frau Quast irgendwann nach dem Krieg diese Geschichte erzählte, sagte Mutter: Diese dämlichen Weiber, ins Kreuz eins der Gräfin! –

Eine Ausnahme ihrer allumfassenden Menschenfreundlichkeit gab es doch, die Zigeuner. Auch Zigeuner sollen in unserer Nähe am Schlesischen Bahnhof gewohnt haben, aber ich habe, bewußt jedenfalls, keine gesehen. Aus Nebenbemerkungen erfuhr ich, daß Mutter nicht bereit schien, bei Zigeunern ihren bekannten Satz gelten zu lassen. Um so neugieriger war ich und wollte gern Zigeuner treffen, ein Zufall half mir.

Wir waren zu einem der üblichen Sonntagsbesuche in Tante Bertas und Onkel Fritz' Garten gefahren, und da Vater wieder begann, voller Lust den Komposthaufen umzusetzen, und am Ende mich dazugerufen hätte, schwang ich mich aufs Fahrrad und radelte davon in die ebene, waldlose Landschaft zwischen Lindenberg und Ahrensfelde. In der Nähe der Bahn stieß ich auf ein Lager: Pferdewagen, zu einem Kreis geschlossen, mitten in der Tagesglut ein Lagerfeuer, ruhende, seltsam fremde Leute, spielende Kinder. Es sah aus wie eine Wagenburg aus einem Wildwestfilm. Langsam fuhr ich näher, ein echtes Lager, Frauen mit wehenden bunten Röcken, seltsame Kinder, rauchende Männer: ich wußte es plötzlich, Zigeuner.

Vorsichtig schob ich das Rad weiter, blieb im gehörigen Abstand stehen, um fliehen zu können, wenn man mich einfangen sollte, diese wilden Leute, wenn selbst Mutter ..., ich stand und starrte offenen Mundes und mit Schafsgesicht. Da winkte mich ein alter Mann heran, ja, er erhob sich ächzend aus der Nähe des Feuers, kam näher, lächelte mit seinem zahnlosen Mund. Er sprach mich an, in deutsch zu meinem Erstaunen, aber ich erschrak nicht mehr wie damals beim Neger in der Memeler Straße.

Komm, setz dich zu uns, hab keine Angst! Der Zigeuner griff mir leise an die Schulter und schob mich vorsichtig, fast zärtlich voran, ich blieb mißtrauisch, aber als ich die lächelnden Gesichter sah, der jungen und der alten Frauen, das Lachen der Kinder, verlor ich die Scheu, stellte mein Fahrrad an einen der Wagen und setzte mich ans Feuer, an dem gerade Essen gekocht wurde. Niemand belästigte mich, fragte mich aus, man ließ mich in Ruhe sitzen, als sei ich einer von ihnen. Und als sie das Essen fertig hatten, eine dicke Suppe, bekam ich eine Blechschüssel und einen blechernen Löffel, ich aß, es schmeckte wunderbar nach Rauch und Salz. Einige Zigeuner schliefen ein, die Kinder tobten hinter den Wagen, ich wurde auch müde.

Eins beschäftigte mich und bewies mir, daß ich bei Leuten von drüben war: Eine alte dicke Frau mit einem kleinen goldenen Ohrring im linken Ohr steckte sich eine Pfeife an. Niemand schien sich darüber zu wundern, kein Mann, kein Kind. Ich stellte mir vor, Mutter oder gar Großmutter wären auf einen solchen Gedanken gekommen, ich konnte mir Onkel Hugos giftige Bemerkungen denken, wie ärgerlich Vater geworden wäre, wie pikiert Onkel Paul, auch Tante Hede hätte es überaus unziemlich gefunden, kurz, die ganze pucklige Verwandtschaft wäre, jeder auf seine Art, fassungslos gewesen. Hier nahm überhaupt keiner Anstoß, die alte dicke Frau rauchte ihr Pfeifchen, und ich konnte nicht aufhören, sie anzustarren. Ich blieb lange dort sitzen, ohne zu reden, von der Hitze und vom Essen ermattet, selig dösend; dann zog ich los, es war Zeit, wir mußten bald nach Hause fahren. Die Zigeuner winkten mir nach.

Natürlich schimpfte Mutter, wo ich denn so lange geblieben sei, und als ich erzählte, daß ich in einem Zigeunerlager gewesen und Suppe gegessen hätte, schrie sie auf: Die hätten dich doch glatt rauben können. Das solln die doch machen: Christenkinder mitnehmen ...

Der Junge ist kein Christ, sagte Vater.

Onkel Fritz mischte sich ein, redete lange vom Unsinn der Rassenideologie, erklärte die indische Herkunft der Zigeuner, daß sie eine festgefügte Sippenstruktur hätten mit Königen und Generalversammlungen, eine Art Urdemokratie ... Niemand hörte zu.

Mutter fragte: Und sie haben dir Suppe gegeben, eine ganze Schüssel voll?

Wer Essen gab, gab mehr als das, gab Gastfreundschaft, Herzenswärme, auch dies eins ihrer unumstößlichen Lebensgesetze, sie dachte lange nach und sagte dann: Schade, daß wir nu gehn müssen, es wird zu spät, sonst wäre ich auch mal hin, aber nich allein, und am Ende werd ich noch ne Zigeunersche und rauche mir auch eins. Sie lachte schallend; sie hatte die Zigeuner, da sie ihrem Sohn weder etwas getan noch ihn geraubt, sondern ihn im Gegenteil gefüttert hatten, in ihre großzügige Überzeugung aufgenommen. Und sie verstand es überhaupt nicht, als nach dem Krieg Nachrichten bekannt wurden, wie die Zigeuner von den Nazis gejagt worden waren – mein Treffen mit ihnen muß im Sommer 1934 gewesen sein –, wie sie in die KZs geworfen und die Frauen sterilisiert worden waren. Mutter fragte uns fassungslos: Wieso denn ausgerechnet die Zigeuner? Erinnert ihr euch noch, wie der Junge in ihrem Lager war, was haben sie denn Schlechtes getan?

Vater verstand die dummen Fragen seiner Frau nicht, blickte sie verärgert an und sagte: Begreifst du denn gar nichts? Sie waren eben Zigeuner, das genügte den Nazis!

Fünfunddreißig Jahre später, an einem regnerischen Abend, stand ich vor einem ähnlichen Zigeunerlager, keine Pferdewagen, sondern alte, große, zerbeulte Autos, Fords vor allen Dingen, und das Lager befand sich nicht mitten in Feldern, sondern lag in einem Park am Stadtrand von Bologna. Ich erinnerte mich, blieb stehen, starrte, vielleicht mit ähnlichem Gesicht, offenen Mundes und mit Schafsmiene, auf die sitzenden Alten am Lagerfeuer und die spielenden Kinder. Wieder, genau wie damals, winkte mich ein Alter heran, und ich ging wieder zögernd näher. Mit einer grandiosen, weitgreifenden Handbewegung lud er mich ein, sich zu ihm zu setzen. Ich setzte mich vorsichtig, daß ich Mantel und Hose nicht beschmutzte, und wiederum lud man mich zu einer Schüssel dicker Suppe ein, ich aß mit einem Blechlöffel, und ich sah eine alte Frau im bunten Rock sitzen und Pfeife rauchen. Nur dies war anders: Sie versuchten mit mir zu reden, aber ich verstand sie nicht. Sie sprachen kein Deutsch, und meine Versuche, mit ihnen englisch oder russisch zu reden, schlugen fehl, aber eigentlich störte das nicht. So blieb ich lange bei den Zigeunern am Feuer sitzen, ehe ich, von ihrem Winken begleitet, zu meinem Hotel ging. Als ich es Mutter erzählte, erinnerte sie sich an meine erste Begegnung mit Zigeunern. Ich sagte ihr, sie habe damals Zigeuner nicht leiden können, ohne Recht, auch drüben zu wohnen. Da stritt sie es ab und schlug mir derb an den Kopf. Ich hab nie so was gesagt, Quatschkopf, schwindle nicht!

Außer Bolschewisten waren Juden keine Menschen, keine Leute. Die anderen, Franzosen, Jugoslawen, Engländer, Polen, waren Feinde, manchmal Unmenschen, manchmal Untermenschen, aber irgendwie dennoch Menschen. Bolschewisten und Juden sahen nur aus wie Menschen, sie waren in Wahrheit Ungeheuer. Ich hörte in der Schule von den Untaten dieser Juden, von ihrem bösartigen Charakter, wie sie das Unheil der Welt darstellten und das Unglück meines Vaterlandes, nur, ich kannte keine und hatte nie welche gesehen.

Daß mein Klassenkamerad Alfred einen Teil jüdischen Blutes in sich trug, somit auch Unheil und Verderben für uns, hatten wir nie bemerkt. Um so mehr verstörte uns die Kristallnacht. Wir hatten von den nächtlichen Ausschreitungen nichts mitbekommen, auch die Eltern nicht. Früh liefen wir zur Schule wie immer, trafen uns an der Straßenecke, gingen über den Küstriner Platz hinweg, den Braunen Weg entlang, der einmal der Grüne geheißen hatte. Kurz vor der Koppenstraße ein großer Menschenauflauf, wir rannten neugierig näher, Polizei und SA, durcheinanderredende Leute, Glasscherben bis auf den Fahrdamm gestreut. Die Leute sahen begehrlich auf die zertretenen Uhren, den herumliegenden Schmuck, billiger, wie in unserer Gegend üblich, keine Juwelen etwa. Das alles, Ketten, Broschen, lag zusammengescharrt, durcheinandergeworfen in greifbarer Nähe, man brauchte nur zuzulangen, die Polizei sperrte ab.

Wir glaubten an einen Raubüberfall, an eine wilde Kriminalgeschichte, wie wir sie aus dem Kino kannten, Gangster, maskierte Männer, rauchende Colts.

An der Hauswand ein schief gemalter Stern und quer über die Ladentür geschrieben: Juden raus! Wir durften nicht bleiben, der Unterricht begann. Lehrer Nau tanzte mit seinen kurzen Beinen in der Klasse vor uns einher, rieb sich die Hände, so, nun haben sie's, ab nach Tel Aviv mit ihnen!

Wir begriffen immer noch nichts. Nach Schulschluß waren die Scherben weggefegt, der Laden mit großen Brettern vernagelt, wenige Schaulustige, nur die Polizisten noch.

Kurz darauf sah ich leibhaftige Juden, nur, ich wußte es nicht.

Seit Großmutter bei uns wohnte und ich, größer werdend, mehr Platz im eintürigen, sehr kleinen Kleiderschrank beanspruchte, lag Mutter Vater in den Ohren, einen größeren anzuschaffen. Vater, geizig und jeden Luxus verachtend, überhörte lange Mutters Reden. Aber als sie immer wütender wurde und die erste Tasse an der Wand zerschellte, fügte er sich. Er ließ sich von Großmutter die Zeitungsannoncen vorlesen und fand eine passende, in der eine Wohnungsauflösung angekündigt wurde.

Da wird wohl ein Schrank für dich bei sein, sagte Vater zu Mutter, es sollte ironisch klingen.

Wir borgten einen Handwagen, Vater und ich schoben ihn zu einer Wohung in der Nähe des Spittelmarktes. Eine so große Wohnung hatte ich noch nie gesehen, vier oder fünf Zimmer, wie ein Palast. Ein älteres Ehepaar empfing uns und zeigte die Möbel, viele waren nicht mehr übriggeblieben, unsere Schritte hallten in den beinahe leeren Räumen. Schränke? Nur einer noch, leider ...

Vater brauchte nicht erst den Zollstock aus der Hosentasche zu ziehen, er sah sofort, daß dieser Schrank für unsere Stube zu groß war. Und der Spiegel schlecht, man fand sich in lange Streifen zerlegt, Vater winkte grob ab.

Er ist ja auch billig, sehr billig, wir brauchen jeden Pfennig. Er war schon ausrangiert, vom Boden, vielleicht können Sie doch, bitte ...

Ich kannte Vater, er war durch nichts umzustimmen, schon gar nicht durch weinerlichen Ton und Bitten. Aber Vater, ich staunte sehr, kaufte den Schrank und ein Grammophonschränkchen dazu, ohne Gerät darin, ein sinnloses Möbel; über meinen seltsamen Vater konnte ich mich nicht genug wundern.

Mutter wunderte sich nicht, sie schrie auf, als Vater zu Hause den Schrank zusammengebaut hatte: er füllte den Platz zwischen Wand und Betten fast völlig aus, so daß man seine Türen nicht weit öffnen konnte. An Bett und Schrank vorbei, mußte man seitwärts gedreht gehen. Und dieser verrückte Spiegel, wir sind doch nicht aufm Rummel! Den Grammophonschrank kannst du gleich zerhacken. Plötzlich schmeißt du Geld mit vollen Händen raus, wär ich bloß mitgegangen, ihr seid ja zum Sterben zu dämlich, ihr beiden Knacker ...

Vater schwieg verlegen und zeigte Mutter dann erleichtert, daß dieses Schränkchen zwischen Bett und Ofen paßte, und Mutter brachte, halb versöhnt, ihre Unterwäsche darin unter. Aber über den für unsere Stube viel zu großen und selbst in seiner Verschlissenheit pompösen Schrank konnte sie sich lange nicht beruhigen. Selbst als Vater ihr den Grund seiner überraschenden und schlechten Käufe erklärt hatte. Ich war nicht dabei, denn man wollte mich heraushalten, aber aus spionhaft mitgehörten Bemerkungen zu Freunden und Verwandten, die sich auch über das Ungetüm wunderten, erfuhr ich den Grund für Vaters unerklärliches Verhalten. Es waren Juden, die verschreckt und verzweifelt ihre Wohnungseinrichtung verkauften, um auszuwandern, und wirklich jeden Pfennig brauchten.

Also Juden waren die alten Leute gewesen? Ich sah keinen Unterschied zu den Eltern und anderen Erwachsenen: Nur, die Juden redeten leise, zitterig, bittend, die Frau immer den Tränen nahe, so sprach niemand in der puckligen Verwandtschaft oder aus der Freundschaft. Wenn alle Juden so ängstlich waren, dann konnten sie doch nicht so gefährlich sein, wie Nau und Schmerse sie uns malten.

Juden – die ich sofort erkannte, sie trugen den gelben Stern an der Brust –, sah ich erst wieder, als wir vom Schießplatz Stolpmünde zurückfuhren. Es war üblich, daß die Flakbatterien einmal im Jahr dorthin gebracht wurden, um Geräte und Geschütze neu zu justieren. Die Fahrten dauerten lange, wir standen stundenlang auf Nebengleisen oder kleinen Bahnhöfen, hin und zurück mehrere Tage.

Wir hielten, es dämmerte, und ich wurde wach, weckte den neben mir liegenden Willi. Zusammen stiegen wir über unsere schlafenden Kameraden hinweg und gingen zur halbaufgeschobenen Tür des Güterwagens, dort saß der lange Hellenbach. Wir zogen vorsichtig, um die anderen nicht zu wecken, die Tür weiter auf und setzten uns neben ihn, er bot uns Zigaretten an, wir rauchten. Es war der Wunsch nach ein wenig Wärme in der Handhöhle und vor dem Gesicht und das Gefühl, erwachsen zu sein, ein Landser mit uralter Soldatenerfahrung, ein Mann aus Stahl und Eisen. So saßen wir, blicklos, fröstelnd, vom Zigarettenrauch umnebelt. Plötzlich hörten wir drei gleichzeitig ein seltsames, unerklärliches Geräusch. Wie das Scharren eines Tieres, eines unendlichen Tausendfüßlers oder wie das Rascheln Tausender Termiten.

Ein Menschenzug, fünfzig, achtzig Leute, die über den Schotter heranschlurften, sich aneinander haltend, taumelnd, die Füße kaum vom steinigen Boden hebend. Kinder und Greise, Frauen, schmutzige Kleidung, zerdrückt;

vor ihnen ging ein bewaffneter SS-Mann, am Schluß des Zuges ein anderer. Ohne Wort oder Befehl, nur die schleifenden Füße und die raschelnde Antwort des Schotters.

Sie näherten sich und zogen an uns vorüber. Unsere herunterbaumelnden Füße berührten fast die Köpfe der Menschen. Niemand sah zu uns hoch; oder doch, eine junge Frau mit verpelztem Haar blickte uns kurz an, eine winzige, schlimme Sekunde, und senkte dann sofort den Kopf. Wir neigten uns vor, zu sehen, wohin der Zug ging. Hundert Meter weiter hielt er an einem Wasserkran, weißschäumend schoß die Flüssigkeit heraus, die Leute drängten und schoben, wuschen sich und tranken, drückten einander fort, schlugen sich. Man ließ sie eine Weile gewähren, dann wurde das Wasser abgestellt, die Kolonne wieder formiert, das Rauschen des Schotters begann von neuem, der Zug zog noch einmal an uns vorüber. Ich entdeckte die junge Frau nicht, die Leute liefen mit gesenktem Kopf, die Haare naß, Wasser tropfte von der Kleidung.

Der Wachtposten am Schluß des Zuges sah uns sitzen und kam näher. Wie auf ein inneres Kommando zogen wir drei gleichzeitig unsere Beine hoch, so als fürchteten wir, von dem SS-Mann ergriffen, heruntergerissen und dem schauerlichen Zug zugesellt zu werden. Ein junges lustiges Gesicht blickte unter dem Stahlhelm hervor.

He! Habt ihr eine für mich übrig?

Hellenbach zog schnell die Schachtel hervor und warf sie ihm zu. Als der SS-Mann eine Zigarette herausziehen wollte, rief er hastig: Kannst sie behalten, Mensch, behalt sie, wir haben genug!

Der SS-Soldat tippte an den Helm, rückte sein Gewehr zurecht und ging dem Zug nach. Wir sahen, wie sich die Kolonne nach links wandte, über Gleise wegzog und weit hinten die Wagen eines Güterzuges erkletterte.

Hellenbach hatte gelogen, wir durften zwar an unseren Geschützen sterben, aber nicht rauchen. Die Zigaretten hatte er irgendwo eingetauscht oder geschickt bekommen, und nun hatte er die ganze Schachtel dem SS-Mann zugeworfen. Wir wußten es, aus Angst und schlechtem Gewissen.

Langsam setzte sich unser Güterzug in Bewegung, im glitzernden Morgen verschwand der Bahnhof von Stargard aus unseren Blicken und mit ihm der andere Güterzug.

Über diesen Morgen und diesen Zug, über den Posten und den Blick der jungen Frau, über das weißschäumende Wasser, über die sich schiebenden, drängenden, prügelnden Menschen, über das schlimme Scharren der Füße und das tierische Rascheln des Schotters haben wir nie gesprochen: Willi und ich nicht, die wir sonst über alles sprachen; auch mit seinem Vater nicht, der uns in den wichtigsten Fragen des Lebens beriet. Ich habe zu Hause nie davon erzählt, weder Vater noch Mutter, Onkel Fritz nicht, niemandem. Wir sprachen auch nicht darüber mit Hellenbach und Hellenbach nicht mit uns. Wir kannten Hellenbach kaum, damals war die Mannschaft schon sehr gemischt, aus anderen Schulen, aus anderen Städten hatte man Luftwaffenhelfer in unsere Batterie gezogen. Hellenbach kam vom Grauen Kloster, diente in der Geschützstaffel, und wir wußten bloß, daß sein Vater Jurist war, vielleicht sogar Militärrichter.

Jener Neger mit dem karierten Mantel war der erste Mensch wirklich von drüben gewesen. Wenige Jahre später traf ich andere, wir standen uns gegenüber und lachten uns an. Kaum in das Andreas-Realgymnasium aufgenommen, Füchse rief man uns hohnlachend nach, und wir mußten uns während der Pausen die Hänseleien der Quinta und Quarta gefallen lassen, trafen wir die von drüben. Jungen wie wir, nicht so verlegen, nicht so neugierig, sicherer, doch nicht herausfordernd, obwohl einige von ihnen die Hände in den Hosentaschen hielten. Engländer! Sie trugen eine Art eleganter Uniform, auffallend die dunkelblaue

Jacke mit einem großen Schulwappen auf der linken Brusttasche.

Hallo! How do you do?

How do you do? echoten wir, soviel hatten wir eben gelernt, und als Grock auf einen Engländer zuging, ihm auf die Schulter schlug: I say good day to you, lachten die Engländer herzhaft und wir auch.

Doktor Hollenbach erklärte uns die Sache. Unser Gymnasium lud seit vielen Jahren Austauschschüler ein, und Jungen von uns gingen nach England, vier Wochen in der Ferienzeit. Und wer von euch will denn ooch da rüber und sich mal Old-England bekieken, den John Bull?

Wir meldeten uns alle begeistert. Ich würde es dann genau wissen: Drüben wohn' auch Leute!

Mutter konnte sich nicht beruhigen: Du? Nach England? Wie willst du denn da reden, schapp-schapp oder so? Und woher willst du das Geld nehmen für Dampfer und Hotel? Klauen etwa?

Großmutter mischte sich ein: Maika, lot den Jungen, vielleicht kann er …

Mutter warf die Pfanne in die Ofenringe, daß die Glut aufsprühte.

Als ich beschwörend berichtete, daß man ja gar kein Hotel brauche, sondern in der Familie wohne, der Brite bei uns, ich bei seiner, da lachte und schrie sie von neuem: Wo soll dein Lord bei uns wohnen? Auf dem Küchentisch, oder soll er bei Großmutter im Bett schlafen?

Ich gab noch nicht auf. Vielleicht in der Laube?

Da stinkt es nach Teer, Vater kennst du doch, der stapelt immer neuen Pferdemist auf. Ein Lord ausm Schloß in unsere Laube … Du bleib mal hier, wo du hingehörst! Du und ein Lord!

Mutter konnte den Lord nicht lassen; abends erzählte sie es Vater, der sah es anders an. Ich war ja im Krieg auch in Flandern, warum soll der Junge nicht mal weg von hier? Ich wünsch es ihm.

Er zerstörte dennoch gleich meine neu entfachten Hoffnungen. Aber das wird nichts werden, Mutter hat recht, sind doch alles feine Jungens, und wenn er auch kein Lord ist. Wo soll er denn wirklich hausen? Hier?

Ich schlug Tante Hede und Onkel Paul vor, die hatten doch die schönste Wohnung.

Und wo soll Herr Neuner hin, vielleicht in unsere Laube?

Ich wollte diese aufregende Möglichkeit, einmal nach drüben zu gelangen, wo, wie ich inzwischen wußte, wirklich Leute wohnten, nicht einfach fallenlassen und bedrängte die Eltern weiter.

Es waren die letzten Austauschschüler, im nächsten Jahr kam der Krieg. Als ich dann im Januar 1953 wirklich meine erste Auslandsreise machte, in die Sowjetunion, nach Moskau und Leningrad, und als Weitgereister zurückkehrte, hatte ich jenen Disput von damals längst vergessen, aber Vater sagte: Siehst du, Mulle, nun ist der Junge doch im Ausland gewesen, und du hast gesagt, er wird nie rauskommen!

Mutter verstand anfangs nicht, worauf Vater anspielte, dann, als sie begriffen hatte, erwiderte sie aufgebracht: Aber sie haben ihn in die Kälte geschickt, er hat doch selbst gesagt, fünfundzwanzig Grad, und dann mit seine Halbschuhe! Schöne Auslandsreise. Kannst du mir schenken, das kalte Rußland. Und außerdem ist es nicht England, der wird doch nie nach England kommen, zu den Lords.

Dies glaubte ich auch. Vater und Mutter waren tot, als ich nach England reiste. Mutter hätte sicher irgend etwas zu kritteln gefunden, und sei es, daß ich nicht die Königin gesehen oder mit einem echten Lord verkehrt hatte.

Gerade ein Engländer war es, der mir in lebensentscheidender Zeit Mut machte, ein Mensch von drüben, ihm und dem deutschen Schriftsteller Fritz Reuter verdanke ich, mich nicht aufgegeben zu haben, vielleicht, daß ich noch lebe …

Aus Lethargie und Todessehnsucht, aus der stillen Bereitschaft, zu enden wie so viele neben mir, hatte mich Reuters Onkel Bräsig gerissen, die Zufallslektüre. Ich war tastend aus der selbstgegrabenen Gruft geklettert, hatte die Uniform abgelegt und war im Trainingsanzug mit der Autofahrerkappe auf dem eingeschrumpften Kinderkopf durch das Tor geschlendert, einer der vielen Jungens aus den umliegenden Dörfern. Ich ging einen Feldweg entlang, hörte weder Lerchen noch Grillen, setzte mich immer wieder in den staubigen Wegrand, bezwang die Schwäche von neuem und taumelte vorwärts. Und sah ihn entgegenkommen, riesig vergrößert gegen die Sonne, einen einzelnen Mann, einen Alliierten, einen Feind. Jetzt die Frage: Soldat? Festnahme, eine weiße Wand, eine Salve – das Ende. Ich setzte mich hin, jetzt vor Schreck.

Es war ein englischer Soldat, aber er trug eine zivile Mütze und elegante Halbschuhe. Er sprach mich mit einem Gemisch aus deutschen und englischen Wörtern an; ich antwortete ebenso, nahm all mein Schulenglisch zusammen. Ein ehemaliger englischer Kriegsgefangener, der hier in der Nähe auf seinen Transport nach Hamburg wartete, und von dort nach Hause, nach drüben. Sein Gesicht war von kleinen dunkelblauen Flecken übersät; er sah, daß ich es bemerkte, und erzählte mir, dies seien keine Kriegsverletzungen, keine Sorge, my dear, sondern Zeichen seines Berufes. Er war Bergmann, bei einer mißglückten Sprengung seien ihm Tausende Kohleteilchen unter die Haut geschlagen worden, dies seien nun ewige Narben. Erst habe er sich der Schönheit wegen gegrämt, nun aber sähe er es als ein Ehrenzeichen an. Er war während des Frankreichfeldzuges in deutsche Gefangenschaft geraten und hatte viel erlebt, wohl auch Verzweiflung wie ich; ich faßte Vertrauen und erzählte von meiner Hoffnungslosigkeit und wie ich jetzt versuchte, irgendwie zu Eßbarem zu kommen, einen Weg zu suchen, wie ich weiterleben könnte. Er klopfte mir derb auf die Schulter, er dachte nicht daran, mich festzunehmen und auszuliefern, zu essen hatte er nichts bei sich, sagte er entschuldigend, und mitnehmen ins Sammellager konnte er mich nicht, das müßte ich verstehen. Der Engländer erhob sich, zog mich hoch, klopfte erst mir, dann sich den Staub von der Hose, lächelte und sagte: War is over! Chin up, boy! Tippte mir noch einmal an die Schulter und ging weiter. Er sah sich nicht um, hatte genug Zeit mit mir verloren. Und so überaus wichtig wird ihm mein weiteres Schicksal nicht gewesen sein. Er hatte sein Böses hinter sich gebracht und wartete auf die Heimkehr, auf die geliebte, verfluchte Arbeit im Schacht.

Mir hatte er einen großen Dienst erwiesen, als er mir noch einmal einprägte, daß der Krieg wirklich vorüber war und daß man den Kopf oben behalten müsse, als er mir den Staub abgeklopft hatte, den Staub der Vergangenheit. Ich ging weiter, schwor, nicht aufzugeben; ich wollte alles tun, zu überleben. Der Krieg war vorbei, ich mußte den Frieden gewinnen!

Daß es ausgerechnet ein Bergarbeiter gewesen war, dem ich diese Erkenntnis und dieses Aufbäumen des Willens verdankte, dessen breitflächiges Gesicht von kleinen bläulichschwarzen Punkten übersät war und der nicht einmal als Kind so ausgesehen hatte wie die jungen Burschen auf dem Schulhof, die Mutter Lords genannt hatte, sondern Vater ähnelte bis zur Kohlenschwärze hin, das gab mir einen neuen, wichtigen Anstoß und riesigen, wenn auch übertriebenen Mut.

Ich kehrte nach Berlin zurück, fand die Eltern lebend, ging wieder zur Schule, Direktor Schönebeck ließ mich rufen. Ich habe gedacht, daß Sie als Schülerratsvorsitzender besonders geeignet sind, dem amerikanischen Herrn Denken und Fühlen der heutigen deutschen Jugend begreifbar zu machen. Auch das, was wir gemeinsam versuchen an Demokratie in unserer Schule herzustellen oder neu zu gewinnen. Hier Adresse und Stunde, der Herr hat lange in

Deutschland gelebt, ist Journalist, spricht Deutsch, obwohl ich hoffe, Ihr Englisch wird zu einem Gespräch auch ausreichen, nicht wahr?

Schönebeck schickte mich zum Korrespondenten der New York Herald Tribune in Berlin, zu Mister Russell Hill. Als ich den Eltern abends dann erzählte, sagte Mutter: Da geh unbedingt hin! Die Russen haben ja selbst nichts zu fressen, aber die Amerikaner leben in Saus und Braus, vielleicht kannst du ein Paket erwischen mit ihren Konserven. Vater bringt ja bloß Dreck nach Hause, aber selbst der Amidreck hilft!

Vaters Firma Emil Herrmann & Co. produzierte zwar noch den gräßlichen Ersatzkaffee Sum, aber da es gar keinen echten Kaffee zu brennen gab, nutzte man den überflüssigen Raum als Lager für amerikanisches Weizenmehl, wunderbares, weißer noch als Schnee, und es gelang Vater manchmal beim Auskehren, eine Mischung von Staub und Mehl in ein Säckchen zu verstecken und auf den Rücken gebunden nach Hause zu schaffen. Die Suppe daraus sah grau aus und knirschte zwischen den Zähnen, sie schmeckte dennoch und nährte.

Vielleicht kriegst du Bananen, ich habe gelesen, sie fressen auch Mais in Amerika, ist mir ganz egal, bring was mit, red nicht von eurem beschissenen Kommunismus, halt dich aus der Poletik raus, paß nur aufs Fressen auf!

Traf Mutters Wort von den Drüben-Menschen auch auf Amerikaner zu? Ich hatte sie in ihren Filmen gesehen. Leute mit großen Hüten und Lederhosen, den Colt locker in der Pistolentasche, wild reitend, das gefiel mir. Sie lebten in kernigen Holzhäusern, Großformaten von Vaters Laube, oder in wundersamen Palästen mit schwarzen Dienern. Und ihre schöne Musik, der herrliche Jazz, oder was wir so nannten, und ihre schönen Frauen und ihre noch schöneren Autos ... Wie gut ließ es sich da leben, so oder so! Die letzten Filme dieser Art, manchmal nur Ausschnitte, hatte ich durch Grock gesehen, verbotene Filme, die nur für Goebbels reserviert waren. Damals beneidete ich diese Leute, die dort drüben wohnten; ich begann sie aber auch zu fürchten und zu hassen. Sie wälzten sich mit ungeheuren Bombergeschwadern über meine Stadt hinweg und hinterließen Tod und Vernichtung, töteten Kinder und Greise, Frauen und Säuglinge, legten ganze Wohnviertel in Schutt und Asche; ich hatte alles selbst gesehen und erlitten, und wie es Zeitungen und Rundfunk sagten, empfand ich es als Unmenschlichkeit und Terror.

Direkt begegnete ich ihnen während meiner kurzen Gefangenschaft. Da mischten sich in meinem Gefühl wieder seltsam Bewunderung und Abscheu. Wie der Posten lässig auf der Holzkiste vor dem Feuerchen saß und die aus der Dämmerung auftauchenden schwerbewaffneten Kolonnen deutscher Soldaten gelangweilt weiterwies, der Mann in der sauberen, eleganten Uniform, mit hohen Schnürschuhen und einem blinkenden Helm, ein GI der achten Infanteriedivision, goldblinkend der Helm, das machte sofort alles klar: die große reiche Welt und wir armen Schweine, grau und geschlagen!

Dieselben Posten, mit diesen sauberen Uniformen und blinkenden Helmen, die unser riesiges, mit Stacheldraht umzirkeltes Lager bewachten, lachten, wenn einer nach tagelangem Hunger tobsüchtig wurde, um sich schlug und in den Draht sprang. Sie lachten, als sie die Pferde ins Lager trieben, die wir mit bloßen Händen zerrissen. Ihre Sanitäter in weißen Mänteln, mit riesigen Rotkreuzzeichen auf Rükken und Brust, trugen Tote und Sterbende auf den Tragen davon, sich laut unterhaltend, Kaugummi kauend; es sah aus, als lachten sie auch. Die Posten, die Bäuerinnen, die uns Milch brachten, Kannen und Eimer umstießen, so daß die köstlich schäumende Milch, unsere Rettung, im Gras versickerte und wir vor Wut und Schmerz aufheulten, lachten und kauten. Die mit dem Schild Airborn auf dem Oberarm, Fallschirmjäger, die die Dörfer beherrschten, in denen ich nach der Flucht wohnte, waren ewig betrunken, schießwütig, die Mädchen ins Gebüsch zerrend, plündernd; hörte man einen Jeep von weitem, war es gut, sich sofort zu verstecken.

Galt auch für Amerikaner Mutters eiserner Grundsatz?

Ich fuhr in die Westberliner Villengegend, ein gepflegtes großes Haus, Rasen, Kiesweg, ach, ich erinnerte mich an die Briefe eines gewissen reichen Mädchens. Ein Diener, oder sagte man nicht besser Butler, empfing mich und geleitete mich. Ich sah nun, was ich nur aus Filmen kannte, wie man schön, angenehm und großzügig wohnt.

Auf der Terrasse, unter einem bunten Sonnendach, saßen schon mehrere meinesgleichen, Gymnasiasten, Mädchen aus Lyzeen, zwischen ihnen ein junger, gutaussehender, sympathischer Mann mit braunem Haar, Russell Hill, der Korrespondent der New York Herald Tribune. Ich stellte mich vor, er mich allen, als der einzige aus dem sowjetischen Sektor, er lächelte gewinnend. Dann erzählte er von sich, daß er vor dem Krieg Leiter des Berliner Büros seiner Zeitung gewesen war und während des letzten halben Jahres Leitartikler der New Yorker Ausgabe. Er sprach gut deutsch, mit großer Kenntnis deutschen Lebens, deutscher Geschichte, durchsetzte seine Rede mit witzigen Bemerkungen, auch ironischen an die eigene Adresse, die darauf schließen ließen, daß er nicht nur die Sprache beherrschte, sondern auch die Berliner Art zu leben und zu lachen genau verstand.

Er gefiel mir. Hill, an der Brüstung der Terrasse stehend, die Hände in den Taschen, sprach von seinen Kollegen Walter Kerr, Ned Rusell und William Attwood, von ihren Plänen, die Ostländer zu besuchen, in Paris ihre Notizen zu sammeln und zu veröffentlichen, vielleicht als Buch, auf jeden Fall wollten sie ihre Eindrücke in sechzigtausend Wörtern zusammenfassen.

Aha, das nannte man amerikanischen Journalismus, sie zählten die Wörter genau bis in die Tausende hinauf, es imponierte. Hill fragte nach unserer Meinung von Amerikanern und Russen, vom Nazismus, von Demokratie, und nach und nach, aus feinen Andeutungen, merkte ich, daß er die Russen nicht liebte, überhaupt die Kommunisten nicht, daß er nach verwertbaren Informationen forschte, wie wir die Lage in Berlin sähen, wie den Kommunisten beizukommen wäre, wie man ihren Einfluß zurückdrängen könnte.

Aber Sie sind doch Verbündete, Sie haben miteinander gegen Hitler gekämpft, Sie haben sich an der Elbe verbrüdert!

Russell Hill sah mich freundlich, vielleicht auch belustigt an und schwieg, die anderen jungen Leute fielen über mich her, ein Dummkopf, ein Narr, vielleicht ein Russenknecht; sähe ich denn nicht, daß Europa in den Abgrund von Unkultur und Diktatur treibe und ohne die Amerikaner verloren wäre?

Russell Hill verteidigte mich, es gehöre zu den Tugenden der amerikanischen Demokratie, den anderen reden zu lassen, selbst wenn er eine andere Meinung vertrete, eine törichte, unsinnige, er soll aber reden dürfen. Wissen Sie, es ist mit den Grundrechten in Osteuropa so wie mit den Negern in den USA, sagte Russell Hill zu meiner Verblüffung, in dem einen USA-Staat können sie ohne weiteres zur Wahlurne gehen, aber in einem anderen, in Mississippi zum Beispiel, fürchten sie sich. Genauso ist es bei Ihnen, in einigen Ländern ist mehr Freiheit, in einigen weniger, und nun erzählen Sie mir doch bitte, wie es in Ihren Schulen ist: Dürfen Sie sagen, was Sie wollen? Kontrollieren die Lehrer und Direktoren Ihre Meinung? Gibt es demokratische Institutionen der Schüler …

Ich berichtete vom Schülerrat und von der guten Zusammenarbeit mit Kapitän Lebedjew. Da schrien die anderen wieder auf, und ein schönes mageres Mädchen sagte: Mister Hill, es wird wohl besser sein, hier nichts weiter zu sagen, das wird doch alles der GPU gemeldet von diesem Kerl hier.

Russell Hill beruhigte die Gemüter, machte sich ein paar Notizen, wie es ein Journalist wohl tun muß, und winkte dem Diener oder Butler, es wurde Orangensaft gebracht und Whisky, zwei Dinge, von denen ich zwar gehört, aber die ich in meinem Leben weder gesehen noch genossen hatte, und kleine Weißbrotschnitten, belegt mit Leckereien, deren Namen ich nicht einmal kannte. Die anderen griffen gierig zu, sie aßen und tranken, vergaßen Russell Hills Fragen, fraßen den Tisch buchstäblich in Sekunden leer; Hill winkte dem Butler, ein neues Tablett dieser wundervollen Dinge erschien.

Ich rührte weder ein Glas an, obgleich allein der Duft dieses bräunlichen Whiskys mich benebelte, noch aß ich ein einziges Krümchen dieses weißen Brotes mit dem gerollten rosa Schinken. Da redeten sie über Demokratie und Freiheit und gaben sich preis, zeigten sich als korrumpierbar, ein Gläschen Saft, und sie verloren ihre Haltung und morgen ihre Meinung. Das alles dachte ich und wurde fast ohnmächtig vor Hunger und Durst. Aber ich wollte beweisen, daß dies nicht der Weg ist, jemanden zu gewinnen.

Die anderen aßen und tranken und redeten von Freiheit, vom Recht der Persönlichkeit, ich verachtete sie mit knurrendem Magen. Russell Hill schien nichts zu bemerken, er rückte mir näher und fragte, wie denn mein Verhältnis zu dem sowjetischen Schuloffizier sei, wie oft ich zu berichten hätte, welchen Einfluß er in der Schule besitze, ob er dem Direktor Kommandos geben könne und wie oft er in der Klasse kontrollierte.

Ich dachte an Lebedjew, den immer bedrückten Kapitän, der nicht das gute ins Berlinische spielende Deutsch des amerikanischen Journalisten sprach, der mir nie Wodka angeboten hatte oder belegte Brote, aber der mir hundertmal näher stand als dieser sympathische Journalist, als diese Gruppe schmatzender und redender junger Leute aus Charlottenburg, Dahlem oder vom Ufer des Wannsees.

Brüsk erhob ich mich. Ich danke für die Einladung! In Zukunft können Sie auf mich verzichten! Hoffte, es hätte kalt und höhnisch geklungen. Der Butler begleitete mich höflich hinaus. Als Schönebeck mich fragte, wie das Gespräch ausgegangen sei, erzählte ich ihm , was ich erlebt und wie ich es beendet hatte.

Sie sehen alles zu übertrieben! Sie waren geradezu fatal unhöflich; ist mir peinlich, wenn der Herr noch mal anruft.

Hill, amerikanischer Journalist, zäh, rief wieder an, Schönebeck schickte zum nächsten Treffen Bertram Störzbecher, Apothekersohn, der zwar die Schülerzeitung abtippte, aber stets betonte, daß er konservativ und national dächte; als Zeichen hingen zwei Bilder in seinem Zimmer: Bismarck und Fridericus Rex. Störzbecher war nicht bereit, sie abzunehmen, sosehr seine Eltern ihn bedrängten. Und wenn sie mich nach Sibirien schicken, das sind meine Vorbilder; ich bleibe deutsch!

Ich weiß nicht, ob Russell Hill Gefallen an ihm fand. Kapitän Lebedjew erzählte ich von meinem ersten Besuch in der Wohnung eines Ausländers und wie enttäuscht ich gewesen war, daß Verbündete, Alliierte, die gemeinsam den Faschismus bekämpft hatten, nun feindselig voneinander sprachen oder zumindest es zuließen, daß andere es taten. Lebedjew nickte bekümmert, aber es schien ihn nicht sehr zu berühren, viel mehr, daß der alte Steinway-Flügel unserer Schule, der den Krieg überstanden hatte, hoffnungslos verstimmt klang und weder im Bezirk noch im ganzen sowjetischen Sektor ein Klavierstimmer aufzufinden war. Vielleicht müssen wir im amerikanischen Sektor suchen und finden dort, sagte Lebedjew.

Ich nicht! Mich schicken Sie da nicht hin, ich will mit den Amerikanern nichts zu tun haben.

Lebedjew wiegte sorgenvoll den Kopf. Das ist zu schnell gedacht und unmarxistisch, es gibt mehrere Amerika! Wohin Ihr Journalist gehört, weiß ich nicht, es leben auch dort sehr viele gute Menschen, Humanisten, und wenn ein Klavierstimmer im amerikanischen Sektor und wenn er kapitalistisch denkt, egal, das Klavier ...

Das klang ähnlich wie Mutters Wort.

Mutters Gesetz, das mir geholfen hatte, dem Chauvinismus zu entgehen, galt nicht unterschiedslos für alle. Drüben wohn auch Leute! hieß: Habe keine Vorurteile, tritt jedem, auch dem Fremdesten, entgegen, als wäre er dein Bruder, verachte nichts, was du nur noch nicht kennst, schau hin, höre zu, lerne begreifen!

Sie unterschied dennoch zwischen sich, denen da drüben und Feinden; sie hatte ein Gefühl für bourgeoise Anmaßung, und ihr spezieller Haß auf Chamberlain war zwar durch Nazipropaganda verstärkt, hatte aber eine richtige Ursache: Sie sah in diesem Mann mit Melonenhut auf dem Kopf und Schirm unter dem Arm, ohne so genau es zu wissen, ohne es überhaupt ausdrücken zu können, den bornierten Vertreter der englischen Großbourgeoisie, der er wirklich war. Drüben ... hieß zuerst, da wohnen Arbeiter, Kumpel, Freundschaften, auch merkwürdige Leute, bitte schön, mach dich über sie lustig, streite mit ihnen, zieh ihnen auch mal mit der Harke einen blutigen Scheitel, aber vergiß nicht, es sind doch deine Leute.

Wir feierten im New-Yorker UNO-Gebäude den 30. Jahrestag der DDR. Ich kam mit Amerikanern ins Gespräch, Mitgliedern des ZK der amerikanischen Kommunistischen Partei. Sie arbeiteten jeweils eine Woche lang im Betrieb eines Genossen, um in der anderen Woche Geld zum Leben und Zeit für Parteiarbeit zu haben. Sie hatten Hunger wie ich seinerzeit auf Hills Terrasse; ich führte sie ans Büfett.

Und was ist in diesen Gläsern dort, Genosse?

Krabbencocktail, wenn ich mich nicht irre.

Krabben? Oh, sie hatten noch nie welche gegessen und kosteten vorsichtig.

Genossen, eßt und trinkt! Sie aßen und tranken herzhaft, und ich achtete und liebte sie.

Einer der drei Genossen hatte eine dunkle Hautfarbe. Daß es solche anderen Menschen gibt, hatte ich zum erstenmal begriffen in der Memeler Straße, bei einem, der so ähnlich wie dieser hier aussah.

Mutter hätte es nimmer geglaubt, daß ich hier stand, in New York, Manhattan, und mich mit einem Genossen umarmte, dessen Haut tiefschwarz schimmerte. Sie hätte sich mit einem Schimpfwort gewehrt, wenn ich ihr gesagt hätte, daß mein Dortsein, zusammen mit diesen Freunden von drüben, auch durch sie und ihre Haltung geprägt war, von klein auf. Blas dich nich auf, hätte sie gesagt, alter Dämel, das ist doch nichts Besonderes. Drüben wohn … Schon gut, Mutter!

20. Juli 1944

Ein heißer, schwüler Sommertag. Bis zum Nachmittag verläuft er normal. Wecken mit der Trillerpfeife, Frühsport, aus der großen Emaillekanne der trübe, bittere Kaffee zum Frühstück, ein wenig Unterricht, zusammengepfercht in der engen Barackenstube, Doktor Landes, der stets betont, daß er eigentlich zum Zehlendorfer Gymnasium gehört und nur umständehalber uns aus dem Berliner Osten unterrichten muß, plagt sich fassungslos mit unserer mathematischen Insuffizienz; Doktor Lammers will uns Schillers Pathos und Patriotismus nahebringen. Die dünne Mittagssuppe, dann Geschützexerzieren, längst eingeschliffene Handgriffe ewig wiederholend, die Kommandos wie in Trance, dann Gas-Lehrunterricht.

Am späten Nachmittag Alarm. Der wievielte? Ich zähle nicht mehr, Anfang April hatten wir bereits den hundertsten dieses Jahres, seitdem ging es weiter, Tag und Nacht, Nacht und Tag. Diesmal ist es ein anderer, ein besonderer Alarm. Wir bekommen Befehl, die Schutzwälle um unsere Kanonen wegzuschaufeln. Zuerst jene Seite, die nach Buch und Bernau weist. Die Unteroffiziere werden abberufen, kehren aufgeregt zurück und beginnen zu räsonieren, wie man denn nun die Zünder bei direktem Schuß einzustellen habe, man sei doch da ganz raus. Gerüchte flackern auf, schwirren von Geschütz zu Geschütz, auf unterirdischem Weg zur B1 hin und aufgeschwemmt wieder zurück: Die Russen in Pommern gelandet und im Anmarsch auf Berlin, eine amerikanische Fallschirmdivision über dem Harz abgesprungen ... Dann, immer zäher und eindeutiger: Die SS hat einen Aufstand versucht, und die Wehrmacht muß ihn zerschlagen! Wir, das wird immer deutlicher, haben die

Aufgabe, die SS-Panzereinheit, die in den Kasernen bei Bernau liegt, niederzuhalten, wenn's sein muß in scharfem Schuß. Immerhin, unsere Großraumbatterie umfaßt vierundzwanzig schwere Geschütze, eine gewaltige Feuerkraft, die es auch mit einer großen Panzereinheit aufnehmen kann. Ein Spähtrupp wird zur Chaussee ausgesandt, mit Ferngläsern suchen die Unteroffiziere den Horizont ab.

Grimmige Fröhlichkeit breitet sich aus: Den Kerlen werden wir es zeigen, sie sollen nur ihre Nase herausstecken, die putzen wir weg! Niemand sagt: Das sind doch unsere Kameraden, auf die kann man doch nicht schießen. Vor einigen Monaten erst war ein Werbeoffizier erschienen, der uns beschwor, sich für die Waffen-SS zu entscheiden. Niemand meldete sich. Der Offizier drohte und bedrängte uns, wir waren sechzehn Jahre alt, da hält man einem Erwachsenen, einem forschen, vielfach dekorierten Offizier nicht lange stand. Der Werber begann zu schmeicheln: Er habe nichts gegen die alten Flak-Onkels, bitte sehr, aber wie gehe es denn in der Wehrmacht zu? Herr Hauptmann vorn, Herr Leutnant in der Mitte und Herr Unteroffizier hinten. In der Waffen-SS sei es mit dem Herrn vorbei, da sage man Sturmführer, und jeder sei wirklich des anderen Kamerad. Dennoch meldete sich niemand. Da zog der SS-Offizier andere Seiten auf, wir seien wohl schlimme Pfeifen, der großen Blutsgemeinschaft von SS-Leuten gar nicht wert, Defätisten, Versager, das hätte er nicht von uns geglaubt, das könne man nur abwaschen, wenn man in der Waffen-SS kämpfe.

Endlich trat einer vor, Albert Koselowski. Der Werbeoffizier sah ihn nicht begeistert an, Koselowski gehörte zu den Kleinsten, ein rundes Katzengesicht, schwarzflockiges Haar, also keine arische Erscheinung mit blondem Blut. Wir kannten Albert Koselowskis Charakter dazu. Weder hier bei der Flak noch in der langen Zeit der Kinderlandverschickung hatte Koselowski den Inhalt auch nur eines der vielen Pakete, die er erhielt, kameradschaftlich aufgeteilt, wie es üblich war. Seine Eltern besaßen eine große Konditorei in der Warschauer Straße, und bis in dieses späte Kriegsjahr hinein strotzten seine Pakete von Marzipangebäck und Nougatstangen, von Baisers und Keksen. Koselowski wühlte alles durch, stopfte sich irgend etwas Süßes in den Mund und verschloß eilig sein Paket im Schrank.

Oberfeldwebel Mundt, Willis Vater, wurde unruhig, er wußte, daß ganze Flakhelfereinheiten in die SS übergeführt worden waren. Er überlegte lange und brachte dann einen Vorschlag, der uns verblüffte; wir sollten uns kriegsfreiwillig melden, am besten als Offiziersbewerber. Bisher hatte er uns immer beschworen, sich niemals hervorzutun, sich für nichts zu melden, sich nicht vorzudrängen, nur mitzulaufen, in der Mitte der Kette. Auch nicht negativ aufzufallen, die Kehrseite der Medaille. Nun riet er uns zur freiwilligen Offizierslaufbahn! Da können die SS-Werber nicht ran, als Offiziersbewerber seid ihr festgelegt, hier hört ihre Macht auf. Als Offiziersbewerber müßt ihr diesen und jenen Kurs machen, ein Vierteljahr hier, ein Vierteljahr dort, und inzwischen geht der Krieg hin. Besser, man sitzt auf einer Kriegsschule als irgendwo an der Front.

Und wenn wir uns beide, Willi und ich, zur gleichen Zeit, zur selben Waffengattung meldeten, bestünde doch die Hoffnung, daß wir zusammenbleiben könnten. In der Woche drauf meldeten wir uns beide freiwillig als Reserveoffiziersbewerber. Wir wählten Panzergrenadiere. Willi meinte, Infanterie müßte zuviel laufen, im Panzer bekäme er Platzangst, im gepanzerten Mannschaftswagen dagegen sei man einerseits sicherer, habe es bequemer, den offenen Himmel über sich, und im Notfall könne man sich beiseite drücken.

Der SS-Offizier erschien bald wieder, begann die dringliche Werbung neu, diesmal setzte er sich in die Schreibstube, holte jeden einzelnen von uns ins Zimmer, duzte ihn, Kamerad, hast du es dir schon überlegt? Als ich ihm sagte, ich sei Offiziersbewerber, ließ er mich gleich gehen, Willi auch.

Wir verachteten die Waffen-SS und hatten Furcht vor ihr: Die bessere Bewaffnung und Kleidung, ihr gefürchteter Chef, Himmler, Gymnasiallehrer und Reichsheini, ihre Forschheit, ihr Elitebewußtsein, aber auch der Ruf, daß sie keine Gefangenen machten und Zivilisten erschossen – alles das vermischte sich in uns zum festen Entschluß, auf keinen Fall sich werben zu lassen.

Und was war mit uns, heute, Juli vierundvierzig? Der Batteriechef, jetzt ein Major Schmauser, ein kleiner wirrer älterer Herr, Ballistiker, Wissenschaftler, kurzerhand aus dem Labor gefegt und an die Flakfront; er kommandierte nicht, er bat, uns hielt er Vorträge in Mathematik und Geographie und richtete einen Stenografiezirkel ein, niemand meldete sich. Er trug eine weiße Galajacke, auf deren Rükken ihm jemand ein obszönes Zeichen aufgemalt hatte; niemand sagte es ihm, selbst der Spieß nicht. Oberleutnant Hartmann, der frühere HJ-Bannführer, Leutnant Bussmann, der so gern mit den Russen exerziert hatte, brüllend, wenn sie seine Kommandos nicht verstanden, und sie mit seinen glänzenden Schaftstiefeln zu Boden tretend, beide versetzt, Erdkampf an der Ostfront, wir gönnten es ihnen.

An ihrer Stelle der feine, empfindliche Leutnant Brandl aus Wien und Leutnant Vaupel, ein blonder frecher Berliner, zu Streichen aufgelegt, es hieß, er habe den Rock des Majors so deutlich verziert; Witze über Hitler erzählend, über Göring. Wißt ihr, daß der Große Stern hinterm Tiergarten weg ist, einfach verschwunden? Ne, den hat Göring abtragen lassen und sich angebammelt, es war der einzige Orden, den er nicht hatte! Wachtmeister und Unteroffiziere, Reste der 1. Flakdivision, die meist aus Hamburgern bestand, gemütlich norddeutsch, kein Nazi unter ihnen, ein paar Schleifer und Kommißköppe, aber kein Sieg und kein Heil. Und wir, die Luftwaffenhelfer? Dieses Jahr hatte uns kleingeschlagen, unser Hurra war verraucht, unser

Stolz auf Uniform und Helm zerschlissen; wir wurden, je mehr wir die Herrschaft über die Batterie übernahmen, noch unlustiger und aufsässiger; wir wurden weiterhin wie Kinder gehalten und durften sterben; wir rissen die HJ-Binde von der Ausgehuniform und bliesen Major Schmauser Zigarettenqualm ins Gesicht, der Chef sagte bloß: Aber, meine Herren!

Dies alles zusammengenommen war natürlich kein Antifaschismus, doch etwas, was man seine latente Vorform nennen könnte. Aus der etwas hätte wachsen können. Wenn ...

Schaufelt, schaufelt, vorwärts, damit wir ihnen eins auf den Deckel geben können! Das ruft der blonde Leutnant Vaupel, der lustige Bursche, den wir schon lange kennen, als Gefreiten noch, wie Brandl als Fähnrich.

Wir stehen und warten, nichts geschieht. Am Abend, noch glutet die Sonne, heißt es: Befehl zurück! Wir schleppen und sortieren die Granaten wieder in die Bunker und beginnen, die Schutzwälle neu aufzuschippen. Wir gehen zu Bett, flüstern und überlegen; ein neues Gerücht flattert durch die Stuben, es sei eine große Übung gewesen, um die Erdkampfbereitschaft festzustellen. Bald werden wir wieder geweckt, ohne Alarm diesmal, wir müssen in die Troßbaracke gehen, jeder seinen harten Schemel unterm Arm. Dort sitzen wir und warten wieder, vorn auf dem Tisch ist ein Radio aufgebaut. Endlich, spätabends, erklingt Hitlers rauhe Stimme, wir hören seine Rede, in der er vom Putsch und von seiner wunderbaren Rettung berichtet. Da wissen wir nun, was wirklich geschehen war und auf welcher Seite wir gestanden hatten. Unsere Oberen bleiben still, Leutnant Vaupel sitzt steif aufgerichtet in der ersten Reihe.

Einige Zeit später, noch im Sommer, denn die Kornpuppen stehen auf den Feldern rings um die Batterie, wird eine Felddienstübung befohlen. Warum gerade wir ausgesucht werden und nicht die Nachbarbatterien, die wie wir alarmiert worden sind und wie wir dem Befehl Walküre folgten, die ganze Abteilung, weiß ich nicht zu erklären. Vielleicht sind wir diejenigen, die zu schnell die Geschütze in Stellung gebracht, zu viele Spähtrupps ausgesandt und zu aufsässige Reden geführt haben?

Wir simulieren Erdkampf, drehen die Geschütze sinnlos nach allen Seiten und erhalten bald den Befehl zur Sprengung, ein Persilkarton wird neben das Geschütz gestellt, und wir rufen: Peng! Dann werden wir in den Kampf geworfen und liegen hinter den Kornpuppen. Drüben aus dem Laubengelände von Neulindenberg entfaltet sich der Infanterieangriff. In der Batterie gibt es nur wenige Gewehre für die Postengänger; so liegen wir hinter unseren Kornpuppen und zielen über den Zeigefinger auf die Soldaten, die uns immer näher kommen, und machen wieder: Peng, peng! Schließlich werden wir überrannt, die Übung wird abgepfiffen, Manöverkritik. Wir treten in offenem Viereck an, links unsere Batterie, uns gegenüber ein Bataillon des Regiments Großdeutschland. Die Manöverkritik hält ein junger Oberst, ein straffer Kerl, viele Auszeichnungen auf der Brust, auch das goldene HJ-Abzeichen. Er beschimpft uns und höhnt: Was wir uns denn eingebildet hätten, mit ein paar Kanonen etwas ausrichten zu wollen. Wir hätten ja gesehen, ein einziges Bataillon, nein, eine kampferprobte Kompanie reichte aus, uns zu stürmen und niederzumachen. Wir stehen stumm und hören an, wie blöd wir sind, wie schwach und unzulänglich unsere Feuerkraft ist, und schießen doch Tag und Nacht, bis die Rohre glühen und die Farbe beizend abbrennt, unsere Granaten in den Himmel gegen britische und amerikanische Flugzeuge. Unsere Offiziere stehen mit gesenktem Kopf, auch die Wachtmeister und Unteroffiziere blicken bedrückt zu Boden. Wir wissen längst, wer da spricht und seinen Spott und Hohn über uns auskübelt: Es ist der Oberst Remer, der Kommandeur des Bataillons, das auf Befehl von Goebbels und Hitler den Putsch niederwarf. Da war er noch Major, heute ist er schon Oberst und schreit uns an. Dann ziehen die Soldaten ab, und wir trotten in unsere Baracken zurück.

Weiter geschah nichts, keiner wurde bestraft, keiner kam vors Kriegsgericht, niemand wurde versetzt, an die Front oder ins Strafbataillon, keiner von uns, kein Unteroffizier, auch nicht der freche Leutnant Vaupel. Der Krieg ging weiter, wir schossen weiter.

Onkel Fritz war außer sich. Er zog mich in die alte Laube und ließ sich vom 20. Juli erzählen. Das war die große Chance, aber die Generale haben sie nicht genutzt!

Der 20. Juli war ein Sommertag besonderer Güte und gewitterschwül, aber das Gewitter brach nicht los.

Sport ist Mord

Mutter wurde immer wütend, wenn die Rede auf Sport kam; sie stampfte auf und schrie: Sport ist Mord! Dieses affige Rumgerenne und diese blödsinnige Prügelei, wo ihr euch die Lunge aus dem Hals schlagt. Fang du bloß nicht damit an! Mutter sah aufgebracht zu mir hin, als hätte ich sie beleidigt. Und du, sie wandte sich an Vater, du willst wohl auch noch olympisch werden? Sie sprach das Wort höhnisch und gedehnt aus, o-lim-piesch!

Vielleicht rührte Mutters Sporthaß von ihrem Körperschaden her, von ihrer schwachen Gesundheit, die sie durch ungeheure Zähigkeit überwand, deren Gegensatz zu Vaters Kraft und unerschütterlichem Wohlsein sie wahrscheinlich doch schmerzlich empfand. Oder der Haß wuchs aus Vaters aktiver Laufbahn, Anfang der zwanziger Jahre und später, aus der Zeit engster Freundschaft mit Onkel Jule. Mutter war wohl eifersüchtig auf den Mann, den Vater so verehrte.

Ich wundere mich, daß meine Erinnerungen an Onkel Jule so sonderbar verblaßt sind, ganz im Unterschied zu denen an andere, Onkel Orje etwa, der doch schon vor Jule starb. Nicht deshalb, weil ich Jule selten sah, Onkel Orje traf ich auch nicht häufiger. Nicht deshalb etwa, weil Jule ein farbloser Mensch gewesen wäre, ohne Erinnerungsanreiz, im Leben schon eine unscharfe Erscheinung, die Vergessen herausfordert. An ihn erinnere ich mich gut, ein athletischer Mann, wortkarg, über einem schönen männlichen Gesicht ungebärdiges schwarzes Haar, durchzogen von grauen Strähnen, was mir damals sonderbar vorkam. Aber ich weiß nicht einmal seinen Nachnamen, nichts von seiner Arbeit, seiner Herkunft. Auch von seinem Begräbnis ist mir nichts im Gedächtnis geblieben, vielleicht nahmen mich die Eltern nicht mit, aber wo blieb ich dann?

Der wirkliche Grund für die Schwäche meiner Erinnerungen liegt wohl in unbewußter Abwehr gegen Onkel Jule. Es war wie bei Mutter blanke Eifersucht. Vater liebte und verehrte Jule wie keinen anderen sonst. Vielleicht mehr als Mutter und mehr als mich? Ich spürte so etwas und wußte mich zu Onkel Jule nicht zu stellen. Dann kränkte es mich auch, daß sich Onkel Jule in den Ringkämpfen manchmal stärker als Vater erwies. Und es störte mich die innere Ähnlichkeit der beiden. Ich hatte Mühe genug, mich Vaters eisernen Charakters zu erwehren, seiner Urkraft. Nun Onkel Jule dazu, der sogar noch konsequenter als Vater war, ein Mann ganz aus Stahl. Da blieb mir nur übrig, zu versuchen, ihn gleichgültiger zu betrachten als alle anderen, ihn zu vergessen, zu verdrängen. So kann ich heute nur ein schwaches Bild des sicher interessantesten Menschen unserer Freundschaft geben; es tröstet mich mein Wissen, daß Vater ihm so ähnlich war, schildere ich ihn, gebe ich ein gutes Stück des legendären Onkels Jule wieder.

Zu allem kam, daß Vater in der ersten Zeit der Ehe so oft mit Jule fortging, daß er nach Mutters Meinung zuviel Zeit verplemperte, dies ärgerte sie; außerdem nahm Vater in der Zeit der Arbeitslosigkeit nicht mehr an Wettkämpfen teil, aber er trainierte noch. Und er verpulverte nach Mutters Meinung seine Kraft sinnlos, statt sie aufzusparen, lief er zu Übungsabenden und Veranstaltungen, statt nach Arbeitsstellen zu suchen. In Wahrheit war der Sport für Vater ein Mittel des moralischen Überlebens, auch in den langen Jahren der Arbeitslosigkeit.

Alles dies floß in Mutters Unverständnis, ja geradezu wütenden Haß auf Sport zusammen. Vielleicht hatte Vater Mutters wegen die aktive Laufbahn beendet, wahrscheinlicher noch, daß er sich wirklich zu alt fühlte und die Arbeit als Kohlenschipper, Ende 1932, ihn auch körperlich voll in Anspruch nahm.

Nun richtete Mutter ihre ganze Wut, ihre Warnung: Sport ist Mord! auf mich. Ich kam ihr zu schwach vor, rachitisch gekrümmt, der Sport würde mich sicher umbringen. Geradezu einen Tobsuchtsanfall bekam sie, einen der heftigsten, den ich je erlebte, als sie in der Zeitung las, daß der Rennfahrer Bernd Rosemeyer tödlich verunglückt war. Sie hatte uns oft am Radio sitzen sehen und den Reportagen über die Autorennen auf der Avus oder auf dem Nürburgring zuhören. Der aus dem Lautsprecher donnernde Motorenlärm störte sie, unser Kommentar auch; es ärgerte sie, daß ich die Fotos der Rennfahrer an die Wand über mein Schulpult klebte: diesen Rosemeyer, Brauchitsch, Caracciola und besonders Hans Stuck, unerklärlicherweise mein Liebling. Wir waren natürlich nie bei einem Rennen gewesen, und wir beabsichtigten nicht, Rennfahrer zu werden, weder Vater noch ich, aber der tödlich verunglückte Rennfahrer brachte Mutter bis zur Weißglut: Sport ist Mord! Da seht ihr es, und wenn ich noch einmal etwas davon höre oder wenn ihr Kacker irgendwo Sport macht, dann zieh ich los, dann haue ich ab …

Wohin denn willst du gehen? fragte Vater, ich habe ihn selten so erheitert gesehen. Du und deine Mutter auf der Walze zusammen mit deinem Pennbruder?

Mutter warf Pfannen und Töpfe klirrend umher und blieb dabei: Sport ist Mord, ein für allemal! Ich laß mich scheiden! Gerade Mutter bewies hier ihren guten Instinkt: Die Rennfahrerei, das Jagen nach Rekorden, der heulende Sieg, das Röhren der Motoren, der Sieger mit dem geschwärzten Gesicht, alles das gehörte am tiefsten zur Zeit, war der am meisten faschistische Sport; man hörte schon die Panzermotoren donnern, die blitzenden Wagen nahmen die Divisionen der Blitzkriege vorweg, der Sieger den großen Sieg … Vater und ich merkten nichts, Mutter fühlte die Bedrohung, und mit Rosemeyers Tod ahnte sie den großen Tod. Da war sie in ihrer Wut klüger als wir alle.

Ich erinnere mich nicht, ob Vater vorsichtigerweise die

Besuche von Sportveranstaltungen ein paar Wochen lang einstellte oder nicht, aber dann ließen wir uns von der Ankündigung eines interessanten Wettkampfes nicht abbringen, Ringen, Boxen, Gewichtheben, wir liefen trotz Mutters Zetern hin.

Völlig aus der Fassung geriet Mutter, wenn sie auf wirkliche Sportausübung stieß, was selten genug vorkam; auf dem Comeniusplatz zwei junge Burschen mit löchrigen Boxhandschuhen beim Kampf, wir feuerten sie grölend an. Mutter schimpfte von der Bank her: So was Dämliches, aufhören! Ihr schlagt euch den Schädel ein um nichts und wieder nichts! Schluß jetzt!

Ein schlapper, abgewetzter Fußball war aufgetaucht, wir bildeten zwei Mannschaften und jagten über den sandigen Platz, Mutter schrie von der Bank her: Komm sofort zurück, du wirst dir das Herz aus dem Leib rennen, hast sowieso schon eine Hühnerbrust! Und an die Schuhe, denkst du vielleicht daran!

Das alles war nichts gegen ihre Wut, wenn sie Vater beim sportlichen Tun erblickte, zusammen mit Onkel Jule.

Der wohnte allein in einer sogenannten Kochstube, Küche, Wohnzimmer, Schlafplatz, Ausguß – alles in einem, in der Krachtstraße auf der Stralauer Halbinsel. Seine Frau habe ich nicht mehr gekannt. An Jules zwei Söhne erinnere ich mich flüchtig, große, elegante Kerle wie ihr Vater; sie wollten mir das Schwimmen beibringen, waren wohl selbst in einem Schwimmverein, zogen mit mir in eine Schwimmhalle, und einer schoß in den hallenden Gängen ein Tesching ab, daß es weithin dröhnte. In der Nazizeit verschwanden beide, ich glaube, sie emigrierten. Jule wurde inhaftiert, er starb kurz nach seiner Freilassung, ähnlich wie Onkel Orje. Noch jahrelang redete Vater von ihm, als wäre Jule lebendig. Jetzt hätte Jule gesagt …

Woher sich Onkel Jule und Vater kannten, ist mir unbekannt geblieben. Möglicherweise trafen sie sich bei der Marine oder als Rote Matrosen in Berlin, denn Onkel Jule trug wie Vater am linken Unterarm eine Tätowierung, einen blauen Anker. Sie waren beide Mitglieder des Arbeiter-Athletikbundes gewesen, ich vermute entweder Gewichtheben oder Ringen.

Also kein Sport, das kann ich dir sagen, rief Mutter warnend, bevor wir Onkel Jule besuchen gingen. Vater nickte nur mürrisch und fing auch nicht vom Sport an. Aber Onkel Jule: Weißt du, August, wie man todsicher aus dem Doppelnelson herauskommt?

Geht es schon wieder los? kreischte Mutter. Jule, ich hau dir die Pfanne auf den Kopf! Mutter schoß vom Herd heran, an dem sie Kartoffeln briet. Zu spät, die Männer trugen Tisch und Stühle auf den kleinen Korridor, türmten sie übereinander, zogen Jacke und Hemd aus und begannen zu ringen, Vater nahm Jule in den Doppelnelson, Jule ächzte unter Vaters eisernem Griff, paß auf, jetzt zeig ich dir, wie man doch rauskommt ...

Bei gutem Wetter, selbst im Winter, gingen sie auf den Hof, stellten sich in die Mitte der kleinen grauen Grasfläche und begannen dort zu kämpfen.

Da siehst du es! Mutter pochte mir mit dem Zeigefinger hart an die Stirn, Sport ist glatt Mord!

Nein, ich sah es nicht, ich fand Sport herrlich und bewunderte rückhaltlos die zwei starken Männer, meinen Vater und Onkel Jule. Beide in braunen Manchesterhosen mit schwarzem Ledergurt und nacktem Oberkörper. Jule einen Kopf größer als Vater, breiter, wie aus dem anatomischen Musterbuch. Vater gedrungen, nicht so gut proportioniert wie Jule, aber auch seine Kraft protzte nicht mit Knollenmuskeln. Federnd standen sie sich gegenüber, suchten sich zu fassen, die Griffe anzubringen. Oder sie stemmten Kohlensäcke, Ausfallschritt, dann den Sack hoch über den Scheitel gerissen und stramm gehalten.

Wenn ihr jetzt nicht aufhört und nicht hereinkommt, schmeiß ich das ganze Geschirr kaputt, schrie Mutter aus dem Fenster. Die Männer wußten, Mutter machte unverzüglich ihre Drohung wahr, und hörten auf.

Ein paarmal begleitete uns Jule auch zu Sportveranstaltungen, das weiß ich noch. Später, in der Mitte der dreißiger Jahre, als Onkel Jule längst tot war, murmelte Vater oft: Diesen Kampf hätte Jule erleben sollen, der hätte sich totgelacht.

Wir gingen häufig zu Ringkämpfen. Vater, sonst verschlossen und gegen lautes Reden empfindlich, erhitzte sich dort und rief etwas Höhnisches oder Zustimmendes in den Saal. Er stritt sich zornig mit dem Nachbarn über die Auslegung von Regeln und ob nicht dieser besser oder jener schlechter gewesen sei, als die Schiedsrichter es gesehen haben wollten.

Die Ringkampfregeln waren schwer zu begreifen, außer wenn jemand aufs Kreuz gelegt worden war. Hinter das Punktesystem kam ich nicht. Beim Gewichtheben dagegen war es einfach: Brachte der Kämpe das Gewicht in die Hochstrecke, hatte er gesiegt. Mir gefiel besonders, wenn die Sportler dann stolz die Stange mit den kreisrunden schwarzschimmernden Gewichten herunterpoltern ließen. Das Gerät sprang noch ein paarmal hoch, ehe es in seiner Massigkeit ruhig lag. Gespannt wartete ich jedesmal auf die Katastrophe, das herunterdonnernde Gerät wird den Boden durchschlagen, hinabsausen in den Keller, ein riesiges Loch hinterlassend, tief wie ein Bergwerksschacht. Leider kam es nie dazu, die Gewichtheber bezwangen ihr Gerät oder nicht, wir klatschten oder pfiffen, und Vater nickte tief befriedigt, wenn der Athlet immer neue Kilogewichte auflegen ließ.

Besonders wurde Mutter wild, wenn sie hörte, daß wir zu Gewichtheberwettkämpfen gingen. Der blödeste Sport, den es gibt! Da sollen sie den Leuten lieber die Kohlen hochtragen oder sich als Pferd vor den Wagen spannen. Aber dieses dußlige Hochheben von Eisenrollen. Verdirb mir nicht den Jungen.

Später interessierten wir uns mehr für Boxen und gingen gar nicht mehr zu den Gewichthebern und seltener zu den Ringern.

Wer von einem kurzen trockenen Haken, geschlagen zum Kinn, zu Boden ging und sich in der Ringecke krümmte, bis der weißgekleidete Kampfrichter sich über ihn beugte und mit erhobener Hand auszählte, der war k. o. geschlagen, klare Sache. Aber auch hier ging es mit den Urteilen der Punktrichter selten glatt. Stets hatte jeder der beiden Kämpfer seine Vereinskameraden und Anhänger im Saal sitzen, die oft andere Punkte sammelten als die dazu bestellten Richter. Wenn dann das Urteil verkündet wurde, gab es Pfeifkonzerte, Beschimpfungen bis hin zu Schlägereien, die den Kampf im Ring fortsetzten, nur ohne Regeln. Auch hier blieb Vater nicht ruhig und gelassen, sondern mischte sich ein, allerdings ohne Anhänger eines bestimmten Vereins oder Boxers zu sein, nur so, aus Spaß, seine sonst gebändigte Leidenschaft riß ihn hin. Er steckte die kurzen breiten Finger in den Mund und pfiff gellend; ich versuchte es auch und schaffte es nie, nur ein dünnes Piepsen, da schrie ich mit heller Stimme: Schiebung, Schiebung!

Die Boxkämpfe wurden häufig in den Lagerhallen der Reichsbahn ausgetragen, Wriezener Bahnhof oder Ausbesserungswerk Revaler Straße; dunkle Säle, vollgeraucht, harte, knarrende Bänke, über dem Ring trübes Licht. Das Publikum, jedenfalls die Mehrzahl, kam aus den umliegenden Straßen, lachlustig und jederzeit zur Rauferei bereit. Einmal, in der Packhalle des Wriezener Bahnhofs, war als Kämpfer der Europameister im Leichtgewicht Herbert Nürnberg angekündigt. Er war sicher nur als Zugnummer aufgestellt worden, um möglichst viele Besucher anzulokken, denn ansonsten bevorzugte die Meisterklasse nicht das Scheunenviertel um den Schlesischen Bahnhof mit den kleinen, sportlich unbedeutenden Vereinen. Selbst Vater, von mißtrauischem Wesen, fiel herein und freute sich auf den Meister. Wir saßen im dunklen Saal und fieberten dem Leichtgewichtkampf entgegen. Aber Herbert Nürnberg erschien nicht, der Veranstalter gab bekannt, daß der Meister aus dringenden Gründen nicht hatte anreisen können.

Schwindel, schrie Vater und pfiff, Schiebung, heulte ich, die Zuschauer tobten, trampelten und johlten, es begann eine große Schlägerei, man prügelte sich heiter und wütend. Jeder packte jeden und hieb auf ihn ein, Vater verteilte kurze Schläge nach allen Richtungen, ich duckte mich hinter seinem Rücken und schrie ununterbrochen: Schiebung! Bänke krachten zusammen, Kampfrichter und Vereinsvorstand flüchteten, endlich schlug ein geistesgegenwärtiger Mann, der das Publikum gut kannte, an den Gong. Im Augenblick wurde es still, eine tiefe Stimme rief: Zum nächsten Kampf stellen sich ..., und die Zuschauer, die sich eben noch geprügelt hatten, schoben die umgestürzten Bänke zurecht, setzten sich sofort brav auf ihre Plätze, nickten sich zu, wischten sich das Blut von der Nase, und schon ertönten die ersten gutmütig hänselnden Zurufe.

Vater und ich waren anfangs große Anhänger von Max Schmeling, dessen Erfolge bis hin zur Weltmeisterschaft in jene Jahre fielen. Mutter konnte ihn natürlich überhaupt nicht leiden. So ein kräftiger Kerl, der soll Holz hacken oder seiner Frau helfen. Als sie las, daß der Boxer eine hübsche Filmschauspielerin geheiratet hatte, erregte sie sich, als sei dies eine Verwandte von ihr: Dieses kleine Persönchen, dieses nette Mädchen, und dann dieser Orang. Der drückt sie doch glatt im Bett tot, der alte Knacker!

Mutter glaubte dann endgültig, daß Vater und ich des Sports wegen verrückt geworden waren. Als der Weltmeisterschaftskampf zwischen Schmeling und Joe Louis in New York im Radio übertragen wurde, stellte Vater, der doch den Nachtschlaf dringend brauchte, den Wecker, um mitten in der Nacht aufzustehen. Mich beschäftigte sehr, wie es möglich sei, daß dort, am anderen Ende der Welt, etwas geschehe, was ich im selben Moment hier in der Rüdersdorfer Straße, Seitenflügel, drei Treppen, hören konnte. Ich fragte Vater, er antwortete: Das wird mit Wellen gemacht, eben Radiowellen. Ich wußte nicht mehr als vorher. So ganz konnte ich es nicht glauben; ich wußte schon, der Schall pflanzt sich in einer bestimmten Zeit fort, dann konnte doch nicht gleichzeitig eine Sache dort geschehen und hier zu hören sein, ohne Zeitverschiebung! Überhaupt war New York ein seltsam unwirklicher Ort, angefüllt mit Gangstern, denen die Revolver locker saßen, mit reichen Leuten, die Milliarden Dollar besaßen und in Häusern wohnten, die wahrhaftig an den Wolken kratzten.

Vater rüttelte mich wach, wir saßen im Nachthemd am Radio, aus dem sich wirklich eine knisternde Stimme meldete und behauptete, sie spräche eben jetzt aus New York. Im Hintergrund Stimmengewirr, Beifallsklatschen, dann das bekannte Zeichen, der Gongschlag. Der Reporter schilderte den beginnenden Kampf, aber er hatte kaum den ersten Satz vollendet, da schrie er plötzlich auf:

Max, was ist los? Max, steh doch auf ...

Max Schmeling, unser Idol, war nach wenigen Kampfsekunden k. o. gegangen.

Vater erbleichte und starrte düster auf den Apparat. Der Reporter behauptete, einen Nierenschlag des braunen Bombers Joe Louis gesehen zu haben. Vater schüttelte den Kopf, und er ließ sich auch später nicht davon abbringen, daß Max Schmeling schändlich versagt und verloren hatte, daß es keine Tücke eines farbigen Untermenschen gewesen war, keine Gemeinheit gegen die blonde Rasse. Der Mann ist eben besser, sagte Vater nur grimmig. Er war damit, wie es seiner Art entsprach, mit Schmeling für immer fertig ...

Mutter war für diese Nacht ausgezogen, das einzige Mal in ihrer Ehe, schlief bei Minna und Otto auf dem Sofa. Sie kam am Morgen und machte mir Frühstück. Ich wollte vom Kampf erzählen.

Halt's Maul, sagte Mutter, noch mal so was, und ich laß mich scheiden! Ich tu's, daß ihr's wißt!

Solche Drohungen hörte ich nur von ihr, wenn es um Sport ging.

Einmal hatten wir während der ersten Kriegszeit Gelegenheit, bei einem Amateurboxkampf zwischen Deutschland und Italien den berühmten Boxer zu sehen. Soviel ich Vater auch bettelte, er ging nicht hin, er wollte Schmeling nicht sehen, den Jämmerling – und überdies war ihm der Eintrittspreis zu hoch. Ich beschwatzte Willi und dessen Vater, wir sahen die Kämpfe und begeisterten uns an einem jungen deutschen Boxer mit dem seltsamen Namen Hein ten Hoff, und dann, in einer Kampfpause, wurde Max Schmeling aufgerufen. Ein Feldwebel der Luftwaffe, ein Fallschirmjäger mit dem Eisernen Kreuz an der Brust, kletterte durch die Seile, ließ sich bejubeln als Boxer und siegreicher Soldat, verbeugte sich nach allen Seiten und stieg wieder hinunter. Als ich Vater von Schmelings Auftritt erzählte, sagte er nur: Genauso hab ich's mir gedacht, ein Fallschirmfeldwebel, schöner Sportler mit Eisernem Kreuz!

In der Nähe des S-Bahnhofs Treptower Park lärmte ein kleiner Rummel, Glücksbuden, Kinderkarussells, Kettenrad – und ein Sportzelt. Auf dem Podest vor diesem Zelt stellte ein Mann mit überanstrengter heiserer Stimme die Kämpfer vor, Weltmeister allesamt, mindestens Landesmeister, Ali aus der Türkei gegen Wilhelm aus Prenzlau, der dicke Franzose Jacques gegen den italienischen Exweltmeister Giovanni. Die Vorgestellten traten in bunten, ausgeblichenen Trikots vor, ließen die Muskeln spielen, blähten sich auf, wirbelten auf den Fußballen herum und versprachen großartige Kämpfe. Boxen, Ringkampf, Freistil oder unorthodox. Dann wurde ein Champion aller Klassen aufgerufen, der Boxer William. Für denjenigen, der William in einem Dreirundenkampf besiege, gäbe es fünf Mark Prämie, gewänne er durch K. o., sogar zehn. Und verlöre der Herausforderer, so krächzte der Mann ins Mikrofon, müßte er dennoch dankbar sein, er habe kostenlosen Boxunterricht genossen, eine Lehrstunde, die er nicht vergessen würde.

Mutter muß der Teufel geritten haben, sie kannte doch ihren Mann und wie er reagieren würde. Na, ihr Scheißer, sagte sie laut zu Vater und Onkel Otto, wollt ihr euch nicht den Zehner verdienen, oder traut ihr euch nicht ran?

Wenn du willst, hol ich ihn mir, sagte Vater und rief laut: Hier hängt er!

Mutter versuchte jetzt, ihren Mann zurückzuhalten, Otto und Minna auch; ich schwieg, ich wollte Vater siegen sehen. Wir mußten Eintritt bezahlen. Otto lamentierend, daß er Geld einbüße und dann seinen Schwager nach Hause schleppen dürfe.

Vater erschien, wie ich ihn mit Onkel Jule gesehen hatte, Manchesterhosen und nackter Oberkörper. Die unförmigen Boxhandschuhe kamen mir an Vaters Händen häßlich vor. Boxer William stolzierte in einem bunten Bademantel herein, wurde mit Gebrüll begrüßt, winkte ins Publikum und maß Vater mit geringschätzigen Blicken. Wie Onkel Jule war Boxer William einen Kopf größer als Vater und hatte auch breitere Schultern. Ich starrte auf die Krampfadern, die Boxer Williams Beine wie ein blaues Netz überzogen. Seltsamerweise beruhigten mich diese Krampfadern, sie gaben mir die feste Gewißheit, daß Vater siegen würde.

Doch anfangs mußte ich um ihn fürchten; in meine Angst mischte sich auch Scham, daß er da oben im Ring stand, für fünf oder zehn Mark, und sich prügelte und nicht gut aussah als Kämpfer. In der ersten Runde steckte Vater viele Schläge ein. William schlug los, Vater nahm die Treffer hin, er verzog sein Gesicht, das von den Schlägen, vielleicht auch vor Wut immer röter anlief.

Mutter ächzte neben mir: Mein Gott, wie konnte ich das

bloß sagen, der haut ihn ja kaputt …, immer in die Fresse … Ich wußt's doch, daß Sport Mord ist.

In der Pause rief ich Vater zu: Durchhalten, Pappa, du schaffst ihn! Ich wollte ihm noch das von Williams Krampfadern sagen, Vater grinste schief zu mir herunter und atmete schwer.

In der zweiten Runde geriet er in noch größere Bedrängnis, verlor mehrmals die Übersicht und begann durch den Ring zu taumeln. Die Zuschauer schrien: William, mach ihn fertig, gib ihm den Rest!

Ich brüllte, wie ich es bei den Besuchen anderer Boxveranstaltungen getan hatte: Schiebung! Schnauze halten, ihr Schweine! Manche Zuschauer lachten. Mutter sagte nur leise: Jesusmariajosefgott, dessen Klageliedersingenadamundeva …

Wie es dann geschah, wußte niemand zu sagen, selbst später Vater nicht: Plötzlich lag der große William am Boden, krümmte sich, der Ringrichter mit schmuddligen Turnschuhen an den Füßen zählte bis zehn. Vielleicht ließ sich William auch nur auszählen, weil er nach dem schweren Hieb, den er von Vaters Eisenfaust erhalten hatte, ahnte, was ihm blühte, wenn dieser kleine, eckige Kerl noch mal und besser durchkam.

Vater war umjubelter Sieger, die eben noch für William gewesen waren, brüllten nun für ihn. Ich kletterte auf die Bank und schrie weiter: Schiebung, Schiebung …! Ich hatte es noch nicht ganz begriffen.

Der Chef des Sportzeltes, der Mann mit der heiseren Stimme, steckte Vater zehn Mark in den rissigen Boxhandschuh und schob ihn, einen grimmigen Blick auf Boxer William werfend, der gekrümmt in seiner Ecke stand, aus dem Ring. Vater ging zu William und schlug ihm auf die Schulter.

Warst mal ganz gut, Junge! Früher hättest du Hackepeter aus mir gemacht, aber laß die Linke nicht so hängen.

Vater prahlte geradezu, ich kannte ihn so nicht. Trotz

der gewonnenen zehn Mark schimpfte Mutter den langen Weg bis nach Hause, da Vaters linkes Auge anschwoll und sich blauviolett färbte. Hättest du nicht besser aufpassen können? Jetzt wird das ganze Haus über uns herziehen und denken, wir haben die Baptisten nachgemacht ...

Die Baptisten, ich kannte sie nur unter diesem Namen, das fromme Ehepaar, das in unserem Aufgang im Parterre wohnte; man hörte sie oft Kirchenlieder singen und beten. Sonntags früh gingen sie Arm in Arm, jeder ein Gesangbuch in der Hand, zum Gottesdienst. Aber zwischendurch und dazu regelmäßig Freitag abends schlugen sie sich, prügelten sich gegenseitig auf den Treppenflur hinaus, daß alle Bewohner zusehen und zuhören konnten. Anfangs bedachten sich die Baptisten mit Schimpfwörtern, die selbst in unserer Gegend Aufsehen hervorriefen. Ich hatte mir, aus welchen Gründen immer, vielleicht als ahnungslosen Vorgriff auf spätere literarische Notizen, die schönsten Ausdrücke aufgeschrieben; leider verbrannte die Liste, aber einiges, mit dem sie sich bedachten, ist mir unvergeßlich geblieben: schrille Arschgeige, sabbernder Pippmeier, krumme Pickelneese, Nuttenarsch, Drecklappen, silbernes Saustück ... Besonders gefielen mir solche unerklärlichen Beschimpfungen: beschissener Apothekenscheiß und alter ausgespiener Pflaumenkern.

Nach der Schimpfsalve kam es stets zu Handgreiflichkeiten, bei denen oft der Mann den kürzeren zog, die Frau sprang zurück in die Küche und erschien mit Rührkeule, Topf, Quirl, jedenfalls etwas Handfestem, das sie dann ihrem Mann an den Kopf schmetterte, bis er aufheulend über den Hof auf die Straße floh. Tagelang trug der Baptist die Wundzeichen der Prügelei, Schrammen auf der Stirn, geschwollene Nase, lila verklebte Augen.

Du grade wirst mich über den Hof jagen, sagte Vater gutgelaunt und betupfte sein tränendes Auge mit dem Taschentuch.

Nun schmeiß schon ne Lage, sagte Mutter, was Vaters

Hochstimmung sofort herabsetzte. Aber da auch Otto ölige Bemerkungen über Gewinnsucht und Geiz machte, ging er mit uns in eine Kneipe und gab einen Teil seines tapfer erboxten Geldes aus.

Kamen wir später an solchen Ringerbuden oder Boxerzelten vorbei, während des Stralauer Fischzuges etwa, fragte Vater: Soll ich? Und Mutter erwiderte schnell: Ne, laß das mal sein, bis dir doch einer von den Dämels die Nase breit haut, einmal hast du Glück gehabt, aber einmal ist keinmal!

Vater begann mich zu drängen, ich hätte zwar eine dünne Figur, aber für die Kindergruppe reiche es immer noch, ich sollte mich bei einem Sportverein für Boxen, Ringen oder Gewichtheben anmelden.

Mutter geriet wieder in heftige Erregung. Du wirst den Jungen mit seiner Blutarmut noch umbringen, sie werden ihm die Hühnerbrust einschlagen. Solange ich etwas zu sagen habe …

Vater, was ganz selten vorkam, versuchte ruhig mit seiner Frau zu reden und sie zu überzeugen: Also hör mal, der Junge hat die englische Krankheit gehabt, das ist es ja, gerade deshalb muß er Sport treiben. Das hat Jule schon damals gesagt. Und solche Sportarten stärken die Muskeln. Genau!

Mutter blieb Sieger; ich durfte aber in den SC Süd, einen kleinen Sportverein in der Nähe der Warschauer Brücke, eintreten, Leichtathletik, Laufen, Hochspringen, Speerwerfen. Vater war enttäuscht, zeigte es aber nicht. Während eines Trainingslaufs um die Aschenbahn des Lasker-Sportplatzes, bei dem ich hinter großen Kerlen, an ihre Hacken geheftet, Runde um Runde drehte, erblickte ich ihn auf der Straße hinter der Hecke stehend, mich beobachtend. Ich war gespannt, ob er mit mir am Abend über seinen Eindruck reden und was er mir raten würde. Vater sagte nichts, löffelte den Kohleintopf, da schwieg ich auch beleidigt. Nein, Leichtathletik war nichts für einen aus unserer Familie. Ich entschloß mich, eine Sportart zu wählen, die Vaters Wünschen nahekam: Jiu-Jitsu. Ich war jetzt wirklich auf Muskeln aus, wegen der Mädchen, ich dachte an männliche Schönheit und hoffte, mit dieser leisen, feinen Kampfart Nebenbuhler, und seien sie fünf Jahre älter und einen halben Meter größer als ich, ausschalten zu können.

Jiu-Jitsu wurde im Verein, dem ich nun beitrat, nicht gelehrt, aber Judo, etwas Ähnliches. Der Übungsraum befand sich in einem Hinterhof der Fruchtstraße, nahe der Frankfurter Allee; ein altes Fabrikgebäude, ein ausgedienter Maschinensaal, keine Sonntagsschule diesmal, sondern Trainingssaal für Ringer und Judokämpfer. Ich lernte die verschiedenen Fallübungen, schlug mir den Rücken blau und verbarg alles vor Mutter. Ich lernte die ersten Griffe und Fußtritte, Vater war eingeweiht, freute sich und beschloß, eines Abends beim Training zuzusehen. Ich hatte die Anfangsgründe hinter mir und hoffte, Vater imponieren zu können.

Wir bogen in die Fruchtstraße ein, ein paar junge Männer kamen uns entgegen. Sie hielten an und schüttelten Vater die Hand wie Leute, die sich kannten und lange nicht gesehen hatten. Man unterhielt sich und sprach sich mit Namen an. Ich wurde von Vater, was mir peinlich war, als junger Judokämpfer vorgestellt, und einer der Männer sah mich prüfend an, den kannte ich doch. Es war ein Ringer, den ich manchmal hatte kämpfen und meist gewinnen sehen, der manchmal auf der anderen Seite unseres Saales trainierte. Nachdem wir uns getrennt hatten, sagte Vater voller Achtung: Das ist Werner, Werner Seelenbinder, da kannst du dir eine Scheibe abschneiden, der ist wirklich große Klasse. Und auch sonst!

Mir ist die Begegnung mit diesem Mann nicht wichtig gewesen, auch Vaters Worte waren es nicht, vielleicht habe ich Seelenbinder noch gesehen, in der Saalecke, wo die Ringer trainierten. Nach dem Krieg sprachen wir manchmal von Seelenbinder, der nicht weit von uns gewohnt hatte, und ich fühlte, daß Werner Seelenbinder wie Onkel

Jule zu den wenigen Menschen zählte, die Vater ohne Einschränkung verehrte. Er wußte nun auch, daß Seelenbinder Widerstandskämpfer gewesen und hingerichtet worden war. Aus Vaters kargen Bemerkungen entnahm ich, daß er ihn schon vor der Nazizeit gekannt hatte und ihn später oft gesehen und manchmal gesprochen hatte. Leider habe ich versäumt, Vater genauer nach der Bekanntschaft mit Werner Seelenbinder zu befragen. Ich hörte ja später viel von ihm, las seinen bewegenden Abschiedsbrief, lernte Leute kennen, die mit Seelenbinder zusammen Ringen und Judo trainiert und Arbeiterversammlungen geschützt hatten. Doch ich drängte weder Vater noch meine Bekannten danach, zu erzählen, wie Seelenbinder in den kleinen Trainingssaal des Sportvereins in der Fruchtstraße gekommen war, was er dort trieb, und besonders schmerzlich empfinde ich, daß ich Vater nie entlockt habe, was ihn mit Werner Seelenbinder verband, wie er ihn kennenlernte, wo und wann. Nur Vaters erfreutes Begrüßungswort und daß er ihn mit seinem Vornamen ansprach, habe ich nicht vergessen.

Da seht ihr, wohin der ganze Sport führt. Sie haben ihn umgebracht, ich habe euch doch immer gesagt: Sport ist …

Jetzt hör auf, Mulle! sagte Vater leise, und Mutter kannte ihren Mann zu gut, um diesmal nicht still zu sein und ihr ewig benutztes und zermürbendes Wort nicht auszusprechen.

Zwei Dinge behinderten und beendeten meine Laufbahn als Judokämpfer. Ich besaß keine Judokleidung, und Vater konnte mir keine kaufen, nicht einmal heimlich. Beim Training bekam ich zwar eine alte mürbe Jacke vom Trainer, die beim festen Zupacken aufriß und immer wieder neu zusammengenäht werden mußte, für einen Wettkampf war sie aber längst ungeeignet. Vielleicht hätte Vater, der mich gern als Judoka sah, einen Ausweg gefunden, doch die Luftangriffe häuften sich, und wir wurden mit der Klasse ins Sudetenland verschickt. –

Nach dem Krieg erlosch Vaters Interesse am Sport, wir gingen nicht mehr zu Boxkämpfen, obgleich die große Zeit der Profikämpfe begann, Dietrich Hucks, der Hufschmied vom Rhein, boxte in der Waldbühne alles nieder. Gewichtheben jedoch wurde wohl überhaupt nicht mehr betrieben, wo denn sollten die Kämpfer die riesigen Fleischportionen herbekommen, die zur Grundlage ihres Sports gehörten. Auch vom Ringen war wenig zu hören. Vater war gealtert und brauchte seine Kraft für Arbeit und Feld.

Inzwischen hatte ich ästhetische Interessen erworben und wollte sie durch eleganten Sport ergänzen, so meldete ich mich zum Florettfechten bei einem Klub in der Ackerstraße an. Der Fechtmeister behandelte uns herablassend, er schüttelte nur stumm den Kopf, denn er war Fechtlehrer in einer Offiziersschule gewesen. Damit Sie es wissen, mein spezieller Schützling, ein Oberstleutnant, war Deutscher Meister – und jetzt Sie ... Der Fechtlehrer atmete tief.

Seinerzeit hatte ich mir keinen Judoanzug leisten können, jetzt gab es keine Fechtkleidung, ich absolvierte die Übungen in Vaters dickem weißem Barchentunterhemd, schöne Eleganz! Ich gab das Fechten auf und spielte Handball. Ich stand im Tor, man zog mich dem Mitbewerber Pankonin vor, der in den Sturm geschickt wurde. Pankonin war dann lange Jahre hindurch Torwart der westdeutschen Nationalmannschaft, ein schlechter Keeper also kann ich tatsächlich nicht gewesen sein.

Bei einem Spiel setzte der Ball unglücklich vor mir auf und sprang mir so an die Hand, daß ich mir einen Finger ausrenkte. Als Mutter mich sah, den Ringfinger unnatürlich abgespreizt, vor Schmerzen stöhnend, rief sie triumphierend und wütend: Na bitte, Sport ist wirklich Mord! Der Finger ist schon futsch, bald kannst du dich ganz begraben lassen, den Krieg überstanden und vom Sport erschossen. Deine Halbschuhe hast du auch hingemacht, es sind deine einzigen!

Mutter hatte recht, da ich keine Turnschuhe besaß, spielte ich in Halbschuhen, meinen einzigen, sie sahen entsprechend aus.

Ob ich Sport trieb oder nicht, durch alle Jahre der Kindheit und Jugend dachte ich sehnsüchtig und begehrlich an drei Dinge, Symbole von Sport und Schönheit – und alle unerreichbar: an Töppen, an ein Fahrrad mit Gangschaltung und an Schlittschuhe, bei denen Stiefel und Kufen zusammengenietet waren, eine elegante Einheit.

In der Schule spielten wir nie Fußball, Sportlehrer Tolkmit, der Erfinder des Bergsteigerschritts, bevorzugte Völkerball. Fußball spielten wir in der stillen Bromberger Straße oder auf dem Comeniusplatz mit einem ausgedienten mausgrauen Tennisball. Manchmal sah ich mir mit Willi Spiele von Hertha auf deren Platz in Wedding, an der Plumpe, an, Hertha war Willis Lieblingsverein. Ich bevorzugte aus einem mir unbekannten Grund Minerva 93 und von den auswärtigen Vereinen Schalke 04. Ich hörte die Übertragungen von Schalkes Spielen am Radio und las begierig Zeitungsberichte, schnitt die Fotos aus und klebte ein Album damit voll.

Die Knappen, Bergleute also, waren berühmt für ihren Schalker Kreisel; mit kurzen Pässen drehten sie sich ans gegnerische Tor heran, so siegten sie. Mir gefiel es, daß Bergleute, kohlegeschwärzt wie Vater stellte ich sie mir wochentags vor, Fußball spielten, hervorragend, meisterhaft, wie ich tiefbefriedigt hörte und las. Und ihre Namen klangen so heimisch slawisch: Kuzorra, Szepan …

Natürlich wäre ich selbst gern einem Fußballklub beigetreten, aber, das wußte ich, ich würde gleich an den fehlenden Töppen scheitern. So hießen bei uns die Fußballschuhe, schwarze Stiefel mit Lederstollen unter der Sohle.

Vater wollte mich für die Schwerathletik werben, Fußball lehnte er ab, und ihn um Geld für Töppen zu bitten, da hätte ich gleich nach einem Ticket für eine Dampferfahrt nach Amerika, erster Klasse, anfragen können.

Mutter klagte in jenen Jahren über meine schnell wachsenden Füße: Junge, du und deine Quadratlatschen, wir können dir doch nicht alle halbe Jahre neue Schuhe kaufen.

Als ich einmal in der Vorweihnachtszeit vorsichtig von solchen Töppen zu reden anfing, lachte Mutter nur höhnisch auf: Kannst du damit zur Schule gehen? Nein? Dann schlag dir das mal schnell aus dem Kopf.

Die Töppen blieben ein Wunschtraum; lange nach dem Krieg kaufte ich mir ein Paar gebrauchte, viel zu enge, sie nutzten mir nichts, ich warf sie bald in die Ecke. Mutter ließ sich von Vater die Stollen abreißen und trug sie im Garten, mit dicken Einlegesohlen und Wollsocken.

Der lange Gruban brachte jeweils nach den Ferien einen Korb mit Weinflaschen für die Lehrer mit; sie, die uns sonst beschimpften oder schlugen, bedankten sich höflich bei Gruban, dessen Eltern eine große Weinhandlung in der Frankfurter Allee besaßen. An diesem ersten Tag nach den Ferien erschien Gruban zu Fuß, in der einen Hand die Schultasche, in der anderen den Weinkorb. Sonst fuhr er mit einem Sportrad zur Schule, aus Angeberei, wie wir wußten, er wohnte ja nicht weit entfernt. Dieses Rad besaß eine Gangschaltung, Gruban benutzte sie ununterbrochen, sinnlos, sich wichtig machend, er ließ die Pedale schnarrend rückwärts laufen, sah unsere Sehnsucht und unseren Neid.

Ich kannte natürlich die Helden der Tour de France beim Namen und die der Radfahrer, die sich jedes Jahr über die Etappen der Deutschlandfahrt quälten. Mir gefiel besonders Otto Weckerling, warum, habe ich mich nie gefragt; er zählte zwar zu den Guten, war aber andererseits kein alle überragender Rennfahrer.

Fuhr ich mit Vater sonnabends nachts zum Angeln,

sechsunddreißig Kilometer zum Stienitzsee hin und sonntags die sechsunddreißig wieder zurück, fühlte ich mich wie Otto Weckerling, hielt den Buckel krumm, beugte mich tief hinab und jagte Vater davon, der berühmte Ausreißer. Nur daß ich, wie mein Held Weckerling, auch vor dem Ziel abgefangen wurde, von Vater, der mit gemeinem Lächeln an mir vorbeiflog. Bei der Radfahrbesessenheit Vaters hoffte ich auf Unterstützung, ich begann, verschwommen von einer Gangschaltung zu reden.

Vater lehnte mit ähnlich praktischen Gründen wie Mutter die Fußballstiefel das Rad mit Gangschaltung ab. Du brauchst keine! Quatsch! Für unsere Fahrten genügen unsere Tourenräder. Gangschaltung stört nur, und im Straßenverkehr brauchst du Rücktritt, der funktioniert immer. Gangschaltung ist Quatsch!

Erst vor wenigen Jahren kaufte ich mir ein solches Rad, eitel, wie ich zugebe, denn auf den sandigen Waldwegen um Rheinsberg benötige ich wirklich keine Gangschaltung; sie ist tatsächlich Quatsch, wie Vater gesagt hat, aber ein erfüllter Traum. Und unerfüllte Träume schmerzen sehr lange. Ich fahre stolz, ich schalte ununterbrochen wie damals Gruban, lächle dabei ebenso töricht wie er und lasse die Pedale rückwärts kreisen.

Im Winter tummelten wir uns auf den Schlidderbahnen; das war unser einziger Wintersport. Einmal errang ich auf solcher Bahn einen schönen Preis.

Wer am weitesten schliddert, kann mich als Freundin haben! Mich überraschte am meisten mein weiter Weg, vorbei an den fassungslosen oder verärgerten Gesichtern der Spielkameraden. Ich gewann den schönen Preis, Ruth Rindtfus. Der Gewinn Ruth Rindtfus ging bald verloren, ich schlidderte weiter, aber mein Traum blieben Schlittschuhe, selbst dann, wenn man mit ihnen keine Freundin gewinnen konnte.

Schließlich lagen Schlittschuhe unter dem Weihnachtsbaum, Sorte Holländer, deren Spitzen sich nach oben bogen.

Obgleich Mutter an diesem Geschenk beteiligt war oder es mindestens genehmigt hatte, zeterte sie los, als ich mir die Schlittschuhe probehalber an die Stiefel schnallte: Du hörst sofort auf, zerkratzt mir ja den Linoleum, du Dämel. Überhaupt, du wirst dir die Füße brechen, und dann wirst du dir die Hacken von den Stiefeln reißen. Bleib lieber zu Hause und tu was Vernünftiges!

Das mit den Hacken stimmte; wir nannten diese Schlittschuhe, die man an die Stiefel schrauben mußte, Hackenabreißer. Denn oft genug klafften nach wildem Lauf die Hakken tatsächlich von der Sohle, und auch die Sohle wies an ihrer Spitze, dort, wo sich die Klemmen eingegraben hatten, Risse und Sprünge auf.

Selig und elegant holländerte ich über den festgetretenen Schneeboden des Comeniusplatzes, merkwürdigerweise gelang mir nur der Kreis linksherum, versuchte ich einen Rechtskreis zu laufen, stürzte ich gewöhnlich. Onkel Fritz, den wirklichen Wissenschaftler der Familie, wenn ich seinem gewisperten Wissen auch nicht immer traute, fragte ich, weshalb mir der Kreis immer nur linksherum geriet; Onkel Fritz überlegte, lächelte dann wie ein Film-Chinese und flüsterte mir zu: Das kommt aus dem Gehirn! Das Gehirn ist ein Teil der Materie, und die Materie ist das Weltall, lauter Spiralnebel, und wenn ich Haeckel richtig verstanden habe, dreht sich das ganze Weltall linksherum, also auch dein Gehirn, auch dein Schlittschuh. Mach dir da keine Sorgen, das Sein bestimmt das Bewußtsein, und linksrum ist auch nicht schlecht! Onkel Fritz lachte leise und meckernd, er hatte zur Erklärung, von der ich kein Wort verstand, zusätzlich einen Witz gemacht, den ich überhaupt nicht begriff.

Besaß ich etwas Geld, lief ich zum Friedrichshain, zur Eisbahn, Eintritt fünf Pfennig. Das Eis glitzerte unter großen Lampen, es dunkelte ja schon am Nachmittag; mehr noch als die Beleuchtung, die bei Schneefall silbern flimmerte, gefiel mir die Musik, die aus Lautsprechern auf uns herabrieselte. Verloren schließlich die Füße alles Gefühl, zwei Eisblöcke in den zerschrammten Stiefeln, und klimperte noch Geld in der Tasche, leistete man sich ein Heißgetränk, fünf Pfennig. Ein greulich gewürztes, undefinierbares Gebräu, dunkelrot, aber wirklich heiß und daher köstlich.

Vor allem aber ging ich der Tänzer wegen zur Eisbahn. Mitten in unser endloses Hinundhergeschiebe, unser Kreischen, Rutschen, Fallen verkündete aus dem Lautsprecher eine knarrende Stimme: Jetzt macht mal Pause und laßt die Tänzer ran! Wir bildeten einen großen Kreis, knickten die Beine ein, um unsere ermüdeten Füße zu entlasten, und warteten auf den willkommenen Genuß: Zwei Paare erschienen, Walzermusik erklang, der Tanz begann.

Ich sah atemlos zu, wie der Tänzer seine Tänzerin herumwirbelte, bis das kurze Röckchen waagerecht in der Luft stand, wie die beiden auseinanderfuhren – rückwärts im schnellen Tempo, was ich immer wieder versuchte und was mir nie gelang –, sich wieder vereinigten, drehten, immer schneller liefen, wunderbar unterbrochen von einer Pirouette. Verklang die Walzermusik und die Paare hielten schweratmend ein, spendeten wir aufrichtig Beifall; es war das erstemal in meinem Leben, daß ich Schönheit empfunden und wahrgenommen hatte; Menschenschönheit, Harmonie der Bewegungen, das anmutig wirbelnde Bein, der geneigte Kopf. Es bedurfte noch einiger Jahre, ehe ich, auch an einem Winterabend, begriff, daß es wirkliche Schönheit gab, etwas, von dem ich bis dahin weder in der Schule noch in der Familie etwas gehört hatte. Nur dies, wenn das Essen besonders lecker gewesen war, sagte ich: Es hat schön geschmeckt! ... genießen und Genossen! rief Mutter, und Vater leckte bedächtig den Löffel ab.

Besaß man so wunderbare Schlittschuhe wie die Tänzer,

würde man es vielleicht auch können; weiche Stiefel, hochgeschnürt, an ihnen befestigt die Schlittschuhe, nicht angeschraubt wie bei uns, sondern in eins Schuh und Kufe. Man würde laufen können, springen, sich drehen … Ich wußte gleich, es war absurd, daran zu denken, solche Schlittschuhe je zu besitzen oder einem Verein beizutreten, in dem man das Tanzen einschließlich Rückwärtslauf erlernen konnte. Deshalb versuchte ich überhaupt nicht, wie bei Fußball-Töppen oder Fahrrad-Gangschaltung, meinen Wunsch vorsichtig zu äußern. Ein Fahrrad mit Gangschaltung konnte auch benutzt werden, um mit Vater zum Angeln zu fahren oder in den Ferien nach Schlesien; Fußball-Töppen konnte man zur Not als Sportschuhe jeder Art benutzen oder im Garten oder vielleicht sogar mit ihnen ins Kino gehen – aber diese Schlittschuhe stellten reinsten Luxus dar, und den durfte man sich nicht nur nicht wünschen, an den durfte man nicht einmal denken.

Während ich mir später viele Träume verwirklichte: das blinkende Sportrad mit Gangschaltung, elegantes Angelzeug, Boxbirne und Luftgewehr mit Zieleinrichtung, hatte ich die silbernen Schlittschuhe unter den schwarzen Stiefeln so tief im Gedächtnis vergraben, daß ich sie, als ich sie im Sportgeschäft liegen sah, nahe, zu erreichen durch einen einzigen Griff zur Brieftasche, doch nicht sah. Bis ich dann eines Tages, schon ein feister Vierziger, rasch, wie unter einem Zwang mich umblickend, als schieße gleich Mutter aus einer Ecke hervor und ob die anderen Kunden nicht etwa höhnisch auflachten, ein Paar solche Schlittschuhe kaufte.

Heimlich zog ich zum Dunkelsee auf das singende Eis hinaus. Es lief sich wunderbar, genau wie erträumt. Ich zog Schleifen, hob elegant, so hoffte ich, ein Bein, auf dem Standbein surrte ich vorwärts. Rechtskreis, Linkskreis, wie prächtig hatte sich mein Gehirn entwickelt, ich lief und lief, immer schneller wie in einem Rausch.

Tyrannisch habe ich solche Schlittschuhe der Familie und den Freunden aufgedrängt, so, als könnte ich meinen späten Genuß, die wunderbare Verbindung von Sport und Schönheit, vervielfältigen. Vor Mutter, die damals noch lebte, verbarg ich die Schlittschuhe wie das Gangschaltungsrad. Ich wußte, sie würde unendlich zetern, mich vor den Kindern einen alten Idioten nennen und bei ihrem Wort enden, das sie so verbissen jahrzehntelang wiederholte: Sport ist Mord! Du wirst noch sehen!

Ofentüre zu!

Die frühen Jahre der Kindheit verliefen ohne Musik, fast tonlos. Ich entsinne mich nur des scharfen Kreischens, mit dem die Straßenbahn von der Birkenstraße in die Stromstraße einbog, dort hielt sie, und wir bettelten den Schaffner um einen leeren Block an.

Wenn Mutter gute Laune hatte, stampfte sie auf den Fußboden, warf die Pantoffeln vom Fuß, packte mich, jagte uns beide in scharfem Polkaschritt durch die Küche und sang dabei: Lottisdot, Juleliggtimgrowa, hättakind, hältdenmorsnabowa ... Ich wurde von der kleinen flinken Mutter hin und her gewirbelt. Die Großmutter saß im Stuhl am Fenster und lachte, daß der dicke Bauch wabbelte. Manchmal, wenn sie Kartoffeln schälte oder Mohrrüben schabte, sang meine Mutter auch: Mariechen saß weinend im Garten oder: Ich weiß nicht, was soll es bedeuten. Doch diese Lieder nahm ich nicht als Lieder wahr, als Töne, als Musik, sie gehörten einfach zur Mutter, zu dem, was sie sagte, wie sie lachte oder schimpfte.

Die Musik überfiel mich Jahre später, ich war schon sieben, in der Kochstube der Frau Naujop. Oder sagte man nicht vielmehr Fräulein Naujop? Sie war um die Dreißig, hatte zwei Söhne, die bei den Großeltern aufwuchsen, die unter uns wohnten; Fräulein Naujop erhielt, vielleicht von einem Verehrer, ein Radio geschenkt und führte es jedem, dessen sie habhaft werden konnte, vor. Ein kleiner Holzkasten mit kunstvoll ausgesägtem Lautsprecherloch, über dem samtiger Stoff vibrierte. Ihre beiden Söhne und ich saßen davor, Fräulein Naujop drehte an den Knöpfen – und es erschallte Musik, unaufhörlich, wie aus dem Wasserhahn. Aber das Erstaunlichste und Beeindruckendste war,

Fräulein Naujop kannte alle diese Melodien, summte mit, sang lauthals, den Text treffend oder einfach einen neuen erfindend: Mein Herz, das ist ein Bienenhaus, die Mädchen sind darin die Bienen ... Was nützet mir ein schöner Garten, wenn andere drin spazierengehn ... Schwarzbraun ist die Haselnuß ...

Ein paar Jahre später hatte ich ein fast bedrohliches Erlebnis. Ich war zu Schmitt-Seekuh zum Geburtstag eingeladen. Schmitts besaßen ein Grammophon, einen kleinen Schrank mit einer vernickelten Kurbel an der Seite. Schmitt-Seekuh hatte drei Schwestern und mehrere Kusinen. Am Nachmittag, nach Kakao und Kuchen, bestanden die Mädchen darauf, zu tanzen. Mit wem wollten die das denn tun? Die älteste Kusine, so an die Sechzehn, breitbusig und immer lächelnd, sah mich an und zeigte auf mich, denn Schmitt-Seekuh hatte gleich geschrien: Mit mir nicht, ich habe Geburtstag, ich tanze nicht, ich habe Geburtstag! – Kannst du Lambeth-Walk? fragte sie mich. Ich hatte nie davon gehört, aber sie erwartete auch keine Antwort, die Kurbel wurde gedreht, die Platte aufgelegt, die Nadel festgezogen. Das Mädchen nahm mich in den Arm, nicht allzu dicht anfangs, damit ich auf ihre und meine Füße schauen konnte, nur unsere Stirnen berührten sich. Dann krähte der Lautsprecher diesen seltsamen Lambeth-Walk heraus, etwas Süßes und Hinziehendes immerhin, die Kusine begann mich zu drehen, voran-, seitwärts und wieder zurückzuschieben. So schwebte ich an der weichen Brust der großen Kusine um den Tisch in der Mitte des Zimmers, wurde später an die jüngeren Kusinen weitergegeben, eine nach der anderen, ich erhitzte mich, der Schweiß lief mir übers Gesicht. Ich begriff, wieviel Musik bewirken kann; nur Schmitt-Seekuh war beleidigt, sein Geburtstag war gestört, durch mich, den hinreißend Lambeth-Walk Tanzenden.

Aber der Musikunterricht in der Schule? Gewiß, ich sang gern und kräftig mit, am dauerhaftesten Beethovens Die

Himmel rühmen … Aber das war Unterricht, und wie ich den Singsang der Mutter nicht als Lied, sondern der Mutter zugehörig empfunden hatte, so empfand ich Die Himmel rühmen … eben zur Schule passend – noch einmal, bitte jetzt einen sauberen Einsatz …

Als wir später selber einen Radioapparat hatten, einen Volksempfänger, begann meine Achtung vor Fräulein Naujop schnell zu sinken, viele Lieder und Texte kannte ich nun selbst und sang sie laut mit. Geriet einmal ein Opernsänger dazwischen oder Beethoven oder Bach, sah Vater grimmig zum Apparat und knurrte entweder: Die hat wohl großen Hunger! – Damit meinte er die Koloratursängerin, oder er brummte in tiefster Verachtung: Ofentüre zu!

Die Begegnung mit Musikausübenden bescherte mir die Plaza am Küstriner Platz, ein Varieté, in dessen Nähe wir wohnten. Hier bearbeitete ein kleiner dicklicher Herr ein großes Xylophon. Die Schlegel in seinen Händen wirbelten zauberhaft durcheinander, das Xylophon quarrte und klingelte, der Beifall schwoll an – aber ich hörte kaum zu, ich fieberte nur dem Schluß entgegen. Denn jedesmal, wenn der kleine Dicke hinter dem Xylophon den letzten Triller geschlagen hatte, sprang er mit einer eleganten Flanke über das Musikgerät und verneigte sich an der Rampe vor dem jubelnden Publikum. Ich wußte, was eine solche Flanke bedeutete, hatte sie in der Schule am Reck zu üben, und so wurde mir jäh klar, wie sehr die Musik den Körper beschwingen kann, zu Höchstleistungen anspornt; woher sonst sollte dieser kleine dicke Mann, der Herr Kurt Engel, die Kraft nehmen, so hoch und so elegant über sein Xylophon zu springen?

Mit der Zeit kam eine andere Musik auf, die ich jedoch weniger als Musik empfand: das Marschlied! Ein Lied, so hatte man uns verkündet, riß die müden Knochen hoch, schweißte zusammen zu eiserner Gemeinschaft. Die benagelten Stiefel ratschten über die Straße. Drunten im Tale liegt Haberstroh, Haberstroh, Haberstroh.

Nun kommandierte uns in der 5. schweren Flakbatterie ein sehr kunstsinniger Oberleutnant, ein Studienrat aus Stettin, der ein dunkelbraunes Klavier in seine Barackenstube mitgebracht hatte und abends trübe Melodien spielte. Er hielt darauf, daß wir unser Brot auf zierlichen Stullenbrettchen schnitten, die weiß gescheuert werden mußten. Oberleutnant Becker war Mathematiker, aber auch ein Freund der Musik; so wünschte er nicht die alten Marschlieder, sondern bleute seinen Offizieren und dem Spieß ein, daß ihm alle vier Wochen ein neues Batterielied vorgetragen werden sollte, in der Kantinenbaracke oder im schneidigen Vorbeimarsch.

Es wurden kühne Vorschläge gemacht. Drei, vier, sah ein Knab' ein Röslein stehn oder Frauen sind keine Engel, der Oberleutnant war nicht zufrieden, das richtige Lied, das uns von den umliegenden Batterien unterschied, das schöne, straffende, auch Schießergebnisse erzeugende Lied wurde nicht gefunden.

Eines Tages brachte Ferdinand einige Schallplatten mit, aus den Tiefen des väterlichen Bücherschranks herausgewühlt. Drei dieser Platten hatten es uns besonders angetan. Under the red moon of the pampa, gesungen von kreischenden Frauenstimmen, schnell und wild, wie die Alarmglocke unserer Baracke. Höher noch im Kurs stand Louis Armstrongs Jeepers creepers. Einer stand Wache, lauschte in den Barackengang hinaus, Armstrong war verboten, entartete Musik, Niggergetön. Die dritte Schallplatte, deren Etikett abgekratzt war, begeisterte uns am meisten. Eine resche Stimme sang zu wilder Musik von Soldaten, die auf Kanonen wohnen. Waren nicht wir gemeint, die wir unser kurzes Leben lang auf Kanonen gewohnt hatten, machten wir nicht auch aus anderen ein Beefsteak Tatar? Und war nicht auch der und jener, mit dem wir uns geschlagen und die Schulbank gedrückt hatten, gestorben und verdorben? Dazu die eisig hämmernde Musik, eine andere als unsere dumpfen Marschlieder.

Die Platte lief ständig, wir fischten den Text aus dem quakigen Lautsprecher, dichteten ihn, wo wir ihn nicht verstanden, um, und dann, eines Tages, hatten wir es so weit gebracht, daß unser Lied zum Batterielied erklärt wurde. Wir sangen es im Vorbeimarsch an Oberleutnant Becker, der danach eine kurze Ansprache hielt: Männer! Ich muß sagen, endlich hat mir das Lied gefallen, das geht ins Blut, das reißt uns hoch! In diesem Sinne weitermachen!

Wir zogen mit diesem Lied über den Buchholzer Acker, zur Badeanstalt nach Berlin, wir sangen es auf dem Schießplatz in Stolpmünde, auf der Bahnfahrt hin und zurück, wir trampelten damit durch Marzahn und Bernau. Vielleicht hat einer laut gelacht hinter zugezogener Gardine, vielleicht hat mancher den Kopf geschüttelt, vielleicht hat wer gedacht, er habe sich verhört. Wir aber, unser uniformierter Studienrat aus Stettin, die Unteroffiziere und Wachtmeister bemerkten nichts. Auch unsere Schießergebnisse besserten sich nicht. Die amerikanischen Bomber zogen zu Hunderten ihre milchigen Kondensstreifen über uns, walzten uns nieder, nachts jagten die englischen Maschinen über die brennende Stadt hin.

Nach der Aufführung der Mutter Courage veranstaltete die FDJ Anfang Februar 1949 eine Diskussion im Kulturbundklub. Ich sollte mit Helene Weigel und Bertolt Brecht reden und sie bitten, mit jungen Leuten über das Stück zu diskutieren. Helene Weigel war sofort einverstanden, sie sagte, sie würde Brecht davon überzeugen. Brecht nahm teil, es war eine der wenigen Veranstaltungen, bei denen er sich den Fragen des Publikums stellte: Herr Brecht, warum haben Sie die kämpferische Arbeiterklasse nicht in Ihr Stück gebracht? Ist die Mutter Courage nicht ein Lob des Kleinbürgertums? Sind Sie nicht im Pazifismus steckengeblieben, wo ist der Ausweg nach vorn, Genosse Brecht?

Helene Weigel forschte mich aus, woher ich käme, was ich früher getan und gedacht hätte. Ich kannte inzwischen den Ursprung von Text und Musik unseres berühmten Batterieliedes, ich wußte, wie schlimm es für den armen Vater des Ferdinand hätte ausgehen können. Helene Weigel rief: Das mußt du dem Brecht erzählen! Sie lief fort und kam mit ihm zurück, herrisch sagte sie zu mir: Noch mal! Und ich erzählte die Geschichte seines Liedes bei der 5. schweren Flakbatterie, von unseren Versuchen, die nie die Sympathie des Batteriechefs gefunden hatten, und wie wir sie dann doch erlangten und unsere Stube als Erfinder oder Finder dieses Liedes einen Sonderurlaub bekam: von vierzehn bis zwanzig Uhr, das hieß eine Fahrt in die Stadt und ins Kino, Standschütze Bruggler. Als ich die Ansprache des Oberleutnants nachahmte, schüttelte sich Brecht vor Lachen. Das ist doch nicht möglich! Also in voller Uniform? Als Batterielied, hehe ...

Er ließ sich meine Geschichte noch einmal genau erzählen und fragte zwischendurch, von neuem lachend: Wann war das? 1943? Eine ganze Batterie Soldaten? Und keiner hat's gemerkt?

Aber die seltsamste Begegnung mit Musik hatte ich lange nach dem Batterielied, Anfang 1945.

Er hatte an die Tür geklopft, war eingetreten, hatte sich verbeugt und gesagt: Bitte um Verzeihung, aber man hat mich an dieses Zimmer verwiesen! Gott, wat 'n komischen Vogel, rief einer. Unteroffizier Mommert sagte bloß: Schnauze, wir sind doch alles komische Vögel.

Ja, wir waren alle komische Vögel, picklige Exflakhelfer, Leichtmatrosen und Schiffsjungen, der dicke Grünkramhändler aus Berlin, Stabsgefreiter Brose, mit abgefrorenen Hacken seit Rußland, Unteroffizier Mommert, das Gesicht von einem englischen Flammenwerfer bei Tobruk verwüstet. In schlottrigen Uniformen liefen wir herum, einige mit graublauen belgischen Käppis, der Grünkramhändler hatte einen belgischen Mantel erwischt, flauschig, Friedensware, wie er sagte.

Ja, wir waren komische Vögel, aber der komischste war

wirklich er. Mitten in der Stube fiel ihm alles aus der Hand, das lange holländische Gewehr, Gasmaskenbüchse und Wäschebeutel, Seitengewehr und Rucksack. Nur ein unförmiges Gebilde, fest eingenäht, hielt er an die Brust gepreßt. Kindersarg, wie? fragte einer. Friedrich Michael wankte neben mir zum Granatwerfer-Übungsschießen, ich trug seine Bodenplatte, nachdem sie ihm beim Hinlegen fast den Kopf abgequetscht hatte.

Und was haste bisher gemacht, du Pfeife?

Ich war unabkömmlich abgestellt, bin Musiker.

Ach, du liebe Güte, ein Musiker. Unteroffizier Mommert schüttelte sich. Mal herhören, Arsch Michael ist Musiker, na, dann hotte uns mal was vor. Michael schüttelte den Kopf, nein, er sei Konzertmeister an der Berliner Philharmonie. An was? fragte Stabsgefreiter Brose und warf seine verkrüppelten Füße hoch. Philharmonie, antwortete Friedrich Michael, verlegen lächelnd.

Ich nahm bald Vaterfunktion beim Panzergrenadier Michael ein; Mommert hatte mich ermahnt: Hör mal zu, du Pfeife, kümmre dich um die Arschgeige Michael. Der Unteroffizier hielt ein, und dort, wo einst sein Mund gewesen war, verzerrte sich die bläuliche Narbe, er grinste wohl. Arschgeige paßt ganz gut für den, also halt mal den Daumen drauf, der versaut uns sonst alles.

Kompaniechef von Bassewitz liebte es, Schlumpschützen und ähnliches Gelichter zum Wachdienst einzuteilen. Uns war das zweimal wegen Friedrich Michael geschehen, die kärgliche Freizeit versaut. Also kümmerte ich mich um den komischen Vogel. Ich schoß für Friedrich Michael, meldete mich als Grenadier Michael bei Unteroffizier Mommert, dessen Narben aufzuckten, als er das gute Ergebnis in die Kladde schrieb, ich sorgte dafür, daß er das Seitengewehr umschnallte und die Gasmaskenbüchse nicht vergaß.

Friedrich Michael wurde aufgeschlossener, er erzählte mir von seinen ersten Konzertreisen nach Bremen und Posen – und nach Dänemark. Ich wurde hellwach, nach Dänemark, an die Schlagsahnefront, wo die Butterstullen auf den Bäumen wachsen sollen. In Kopenhagen hatte Friedrich Michael seinen größten Triumph gefeiert, immer wieder erzählte er mir davon. Kopenhagen, das Paradies, eine Feldpostkarte von Freund Willi war vor acht Wochen von dort eingetroffen. Man müßte nach Kopenhagen, sagte ich. Wir redeten, wie wir alle quatschten vom Schlußmachen, vom beschissenen Endsieg; nein, nach Hause nicht, nach Berlin, da haben sie dich nach zehn Schritten am Hintern, die Kettenhunde, am besten, wir hauen ab nach Dänemark. Ich hatte das gesagt, wie man, müde, verzweifelt und hungrig, allerlei ausspuckt. Friedrich Michael kam dicht an mich heran: Ich sag dir, wir sollten es wirklich versuchen, ich kenne Leute, da halten wir es aus bis weit nach dem Endsieg.

Ich war genau halb so alt wie Friedrich Michael, aber ich klopfte ihm väterlich auf die Schulter, laß mal sein, mein Junge, schlag dir das aus dem Kopf, wir sind doch nicht lebensmüde. Eben nicht, sagte Friedrich Michael verbissen, wie ich ihn noch nicht erlebt hatte.

Zwei Ereignisse, die kurz aufeinanderfolgten, machten aus unserem Umhergerede einen ernsthaften Plan: die Bombardierung Potsdams und die Erschießung von Deserteuren.

Die Zerstörung Potsdams erlebten wir im Splittergraben des Kasernengeländes. In der Morgendämmerung marschierten wir in das brennende, schreiende Chaos. Wir bargen Verwundete und Leichen, räumten Wohnungen aus, sollten Menschen sammeln und beruhigen, sollten auf Plünderer schießen, plünderten selbst ein wenig. Einen schimmligen Kanten kauend, hockten wir auf einem Trümmerberg, Friedrich Michael flüsterte mir heiser zu: Ich halte das nicht aus, ich sag dir's, ich mache Schluß! Ich mißverstand ihn, aber Friedrich Michael wiederholte: Ich mache Schluß, so oder so!

Zwei Tage später wurden wir plötzlich alarmiert, Leutnant von Bassewitz hinkte heran, zeigte auf den und jenen, Friedrich Michael war auch darunter, Mommert blickte mich mit seinen tränenden Augen an, das hieß: Kümmre dich um den komischen Vogel! Ich schloß mich den Ausgewählten an, aus allen Kasernengebäuden zogen Gruppen ins Waldgelände, zu einem offenen Viereck. Vorn steckten zwei Pfähle im Sand, ein Peloton stand davor. Zwei Soldaten, ein Feldwebel und ein Obergefreiter, wurden im Auto gebracht. Ein kleiner Gerichtsoffizier, der Helm hing ihm wie ein Faschingshut schief auf dem kantigen Schädel, verlas das Urteil: Tod durch Erschießen wegen Fahnenflucht. Schulterstücke und Orden wurden abgerissen, ein Kommando, knatterndes Schießen, die beiden sanken zusammen. Der Feldwebel warf einen Fuß hoch und schrie, ein Offizier stakte nach vorn, schoß den Feldwebel in den Kopf, man schnitt die Toten los, zerrte sie in Papiersäcke und warf sie ins Auto.

Friedrich Michael schwankte, ich preßte seinen Ellenbogen, er flüsterte: Ich kann nicht mehr, ich halt das nicht aus, ich mach nicht mehr mit! Hoffentlich hatte man das gefährliche Flüstern nicht gehört; doch überall wurde geflüstert, gezischt, geflucht. Menschenskind, reiß dich zusammen, die Scheiße ist sowieso bald vorbei! Friedrich Michael wiederholte nur immer: Ich gehe fort, du kannst sagen, was du willst, ich haue ab.

Nach Dänemark?

Ist mir egal.

Wohin denn sonst?

Während einer Nachtübung, eines Schulgefechtsschießens, zog ich Friedrich Michael aus der Kolonne, wir stiefelten los.

Was mich dazu bewog, nachdem ich eben gesehen hatte, wie denen geschah, die erwischt wurden? Ein Gemisch unklarer, halbgarer Gedanken und Überlegungen, unsicherer Gefühle und ein starker Drang zu überleben. Vieles lief zusammen: Hunger vor allem, Schlagsahne in Kopenhagen, Angst, Abscheu vor Drill und Verheiztwerden, die Erinnerung an Onkel Fritz, dessen heisere, brüchige Stimme: Du darfst da nicht mitmachen, das ist nicht deine Sache! Daß Onkel Fritz im KZ gesessen hatte, wußte ich, aber nicht genau, was das bedeutete. Die immer wiederholte Beschwörung des Oberfeldwebels Mundt: Ihr müßt überleben! Abenteuerlust kam dazu, siebzehnjährige Leichtfertigkeit, wir werden das Ding schon schaukeln, das kann doch einen Seemann nicht erschüttern, die unsinnige Sicherheit, mir könnte absolut nichts passieren, die paar Kratzer bisher bestätigten das scheinbar. Aber vor allem der Hunger und der von Friedrich Michael geweckte Wunsch, etwas zu erleben, was ganz außerhalb meines bisherigen Lebens lag, ins friedliche Ausland, nach drüben, zu gelangen, zu Kuchen und Schlagsahne.

Wir zogen in großen Schleifen, in Zickzackwegen nordwärts. Die Tage verbrachten wir in abgelegenen Scheunen, in Schonungen oder alten Strohmieten, frierend, verschmutzt, hungrig. Manchmal schlossen wir uns für Stunden einem Treck an, einmal hielten wir im Morgendämmer ein Auto an, um mitzufahren; ein General blökte heraus, wir gaben uns als Streife aus und wurden barsch gelobt. Dann fanden wir tief im Wald eine Försterei, in der ein Lebensmitteltransport des Arbeitsdienstes eine lange Pause machte. In der Stube saßen betrunkene Männer, nackte Frauen und Mädchen lagen ineinander geknäuelt auf dem roten Sofa. Der Förster wollte mein Gewehr kaufen, er dachte wohl schon an friedliche Jagd auf Rehe und Hasen. Wir füllten uns die Feldflasche mit Kognak und säbelten ein großes Stück Speck in den Brotbeutel.

Amerikanische Jagdbomber beschossen uns häufig. Ein Wunder jener Volkssturmmann, der uns im hellen Mondschein ängstlich anrief. Wir antworteten: Gut Freund! Da lachte er und gab uns eine Schmalzschnitte, richtiges Bauernbrot, gelbes, schaumiges Schmalz, Grieben und schwärzliche Zwiebeln!

Der Krieg begann uns einzuholen, wir hörten Artillerie, sahen Feuerschein, die Kolonnen Flüchtender stauten sich, dazwischen Züge von bleichen Männern mit kahlgeschorenen Köpfen, in gestreiften Jacken und Hosen, mit Holzpantinen, KZ-Häftlinge.

Eines Morgens, wir hatten die Nacht im zerbrochenen Leiterwagen eines Trecks verbracht, schlich ich ins Dorf Raduhn in der Nähe von Parchim. Wie immer blieb Friedrich Michael zurück, der Unsoldat; es hätte ja sein können, das Dorf war von SS oder Feldgendarmerie besetzt ... Ich schlich von der Rückseite an das erste Haus heran, pochte, das Gewehr im Anschlag, leise an die Tür; eine junge Frau öffnete. Ich hörte Milchkannen klappern, eine andere Frau trat hinzu, eine Ostarbeiterin. Ich erzählte Geschichten, tastete mich vor, ob sie Einquartierung hätten, redete von Versprengten, die junge Bäuerin lachte. Du bist abgehauen, ich seh dir's doch an, komm rein, du brauchst dich nicht zu fürchten, das ist Maria, meine Ukrainerin, wir sind wie Schwestern ...

Ich stiefelte mißtrauisch durchs Haus. Hier, so versicherten mir die Frauen, sei alles ruhig. Ich ging Friedrich Michael holen. Wir schliefen den ganzen Tag, eingegraben in Stroh, schwer und traumlos. Dann wurden wir beide gleichzeitig wach: Schreien und dumpfe, polternde Schläge. Wir spähten durch eine Bretterlücke, SS-Männer, armdicke Knüppel in der Hand, trieben KZ-Häftlinge im Laufschritt vorbei. Friedrich Michael stöhnte, schieß auf die Schweine, ich hatte den Finger schon am Abzug – und schoß nicht einen Schuß.

Am Abend holten uns die beiden Frauen in die gute Stube des Hauses. Die Fenster streng verdunkelt, Kerzen brannten, der Tisch war festlich gedeckt – Flaschen, Brot, Wurst, Braten. Uns gingen die Augen über. Milchiger Stachelbeerwein floß in die Gläser, Friedrich Michael, auf einmal Weltmann, fragte: Womit verdienen wir diese Ehre, meine Damen?

Die junge Bäuerin hatte Geburtstag. Da tat Friedrich Michael etwas Ungeheuerliches, und ich empfand es auch als

Verrat an mir: Er ergriff die Hand der jungen Bäuerin und küßte sie. Dann beging er die zweite Ungeheuerlichkeit, er rannte zurück, kam mit seinem Brotbeutel und dem eingenähten Kasten zurück. Aus dem Brotbeutel zog er unsere letzte eiserne Reserve, eine runde Blechschachtel, Fliegerverpflegung, Schoca-Cola. Mit einer galanten, affigen Verbeugung und einem erneuten Handkuß überreichte er sein Geschenk, ohne zu erwähnen, daß es ja unsere gemeinsame Gabe war.

Die junge Bäuerin errötete verlegen und verwirrt über diese unbegreiflichen Handküsse. Der Wein machte uns schnell trunken. Friedrich Michael erzählte laut von sich, von seinen ersten erfolgreichen Konzerten, der großen Reise nach Dänemark. Die Frauen hörten gebannt zu, ich kannte diese Geschichten, zum Teufel mit ihnen! Schließlich zog Friedrich Michael aus der Brieftasche sorgsam zusammengefaltete Zeitungsausschnitte hervor, Berichte über seine Konzerte. Warum hatte er die mir nie gezeigt, war ich ein Analphabet? Die Frauen lasen stockend und sahen zu ihm auf. Dann sagte die Ukrainerin, die sonst wenig sprach: Wollen Sie nicht bitte etwas spielen?

Den Kasten rührt er nicht an, eher läßt er sich zerhacken, rief ich und war meiner Sache sicher. Doch Friedrich Michael verriet mich wiederum. Er willigte ein, weshalb hätte er den Kasten sonst geholt? Die junge Bäuerin schnitt vorsichtig mit einer großen Schere die Naht auf, ein dunkler Geigenkasten kam zum Vorschein, das Schloß sprang krachend auf, wir alle erblickten die braune, glänzende, stumme Geige.

Friedrich Michael, nervös jetzt, stimmte lange sein Instrument, spannte den Bogen, stimmte erneut, Mißtöne.

Ich hatte Lust, Ofentüre zu! zu brüllen.

Ich spiele Ihnen, liebes verehrtes Fräulein, zu Ehren Ihres Geburtstages aus Opus neununddreißig von Brahms den Geburtstagswalzer.

Opus, Brahms, das kann ja heiter werden! Friedrich Michael stellte sich in Positur, starrte über die Geige hinweg ins Leere. Und dieses Dastehen, dieses alberne Gehabe erbitterte mich neu.

Friedrich Michael spielte. Nicht so laut, du Idiot, dachte ich, du spielst uns den Teufel auf den Hals. Aber er hatte vergessen, was ich ihm mühevoll an Vorsicht und Raubtierinstinkt beigebracht hatte. Außerdem gefiel mir natürlich nicht, was er uns vorkratzte, dieser Geiger. Nach dem letzten Bogenstrich stand er wie benommen, dann verbeugte er sich, wie ich es aus den Filmen kannte. Die Ukrainerin fing an zu klatschen, wir klatschten schließlich zu dritt, ich wunderte mich über nichts mehr, nicht einmal mehr über mich selbst. Die Ukrainerin forderte eine Zugabe, aber Friedrich Michael schüttelte den Kopf, sorgsam verpackte er Geige und Bogen und bestand darauf, daß man den Kasten sofort wieder einnähte. Die junge Bäuerin tat es, Friedrich Michael wachte mit wilden Blicken über die Nadelstiche. Später erzählte er, zur Ukrainerin geneigt, von diesem verfluchten Brahms und seinem Opus, es sei ein Zyklus von Walzern, entstanden für Klavier, dann hätte Brahms die Sache überarbeitet. Diese Walzer hingen mit Brahms' Entscheidung zusammen, nach Wien zu gehen; es seien keine heiteren Werke, meinte Friedrich Michael gestikulierend, allerdings spüre man in ihnen Brahms' Ungarnseligkeit, auch etwas Weanerisches, Süße und Melancholie. Er habe den fünfzehnten Walzer, Geburtstagswalzer genannt, gespielt, doch er wisse nicht, ob die Berühmtheit dieses Walzers zu Recht bestehe.

Friedrich Michael hörte nicht auf zu reden und schenkte sich von neuem ein, der fiedelnde Verräter. Ich stand polternd auf, ging zum Tisch und goß mir ebenfalls ein. Die junge Bäuerin, wie erlöst, folgte mir, nur die Ukrainerin bat ihn, mehr zu erzählen. Friedrich Michael setzte sich zu ihr aufs Sofa. Ich hörte sie über Liebesliederwalzer und Neue Liebesliederwalzer reden. Rede du über Opus fünftausend, dachte ich erbittert und goß mir weiter ein.

Wir waren wohl betrunken, denn die junge Bäuerin küßte mich, da triumphierte ich an diesem Abend auch, denn Friedrich Michael saß noch immer mit der Ukrainerin auf dem Sofa und redete von einem anderen Musiker, dessen Namen ich nie gehört hatte. Mir war nach dem Heuboden zumute, ich redete auf die junge Bäuerin ein, mit mir hinaufzuklettern, die Flasche würden wir mitnehmen und eine Hühnerkeule auch.

Wir waren lachend auf dem Weg dahin, als in der Nähe Schüsse ertönten. Ich stieß die junge Bäuerin beiseite und löschte die Kerze. Nach kurzer Stille wieder Schießen, stärker, MG-Salven, Handgranaten. Gläser fielen um, Friedrich Michael prallte mit mir zusammen, wir jagten die Leiter zum Heuboden empor, suchten unsere Sachen zusammen und lauschten verstört auf das Schießen, ein Hund heulte auf.

Hinten raus, übern Zaun, zischte ich Friedrich Michael zu und öffnete die Tür mit einem Schulterstoß. Ich hetzte über den Hof, sprang über einen Zaun. Irgendwo in der Nähe hörte ich Friedrich Michael keuchen. Halblaut rief ich: Geradeaus, hinten ist Wald. Ich stampfte durch Ackerboden, das feuchte Korn näßte mir die Hosen. Leuchtspurengeschosse zwitscherten vorüber. In meiner Panik glaubte ich, man hätte uns entdeckt. Eine Frau schrie hoch und schrill auf. Doch nicht etwa die junge Bäuerin? Ich rannte durch eine Schonung, über einen sandigen Weg und warf mich, schon ruhiger, hinter einem Busch zu Boden. Im Dorf knatterte es noch ein paarmal. Quatsch, natürlich suchte man uns nicht, das hätten die bequemer gehabt, als wir im Zimmer hockten und fraßen und soffen. Halblaut rief ich nach Friedrich Michael. Später begann ich vorsichtig, lange Schleifen gehend, Friedrich Michael zu suchen. Ich pfiff unseren vereinbarten Vogelpfiff. Es kam keine Antwort.

Den Rest der Nacht verbrachte ich im Wald, mich fror, und ich hatte Kopfschmerzen. Im Morgendämmer lag das

Dorf wieder friedlich, blinder Alarm wahrscheinlich, vielleicht hatte ein betrunkener Soldat um sich geschossen und die wilde Knallerei verursacht. Und Friedrich Michael war längst zum Haus zurückgekehrt, angezogen von Hühnerbein, Wein und Beifall für Opus 39. Fluchend kroch ich in einem trockenen Graben dem Dorf zu und robbte mich wieder an das Haus heran. Schließlich, als ich mich genau überzeugt hatte, daß keine Gefahr drohte, sprang ich über den Zaun und pochte vorsichtig an die Tür. Die jungen Frauen öffneten sofort, auch sie hatten nicht geschlafen. Aber Friedrich Michael war nicht gekommen. Da es immer heller wurde, wollte ich ihn nicht suchen, er würde schon irgendwo warten, wie ich ihm eingeschärft hatte: Nie vergessen, Fritz, in Deckung und still, niemals wegrennen, falls wir uns mal verlieren!

Die jungen Frauen brieten mir eine Pfanne Speckeier, ich saß und frühstückte, als es an die Tür donnerte. Ehe ich verschwinden konnte, standen zwei Feldgendarmen in der Tür. Der eine, ein dünner Unteroffizier mit rötlichen Augenwimpern, schwieg und sah mürrisch auf den festlichen Tisch, der andere, ein beleibter Feldwebel, fragte mich ab, hörte gelangweilt meine Ausreden, nahm mein Gewehr und befahl mir, mitzukommen. Die Frauen starrten mir entgeistert nach, als ich auf die Motorhaube des Kübelwagens kletterte. Man las noch einen Soldaten auf, einen ältlichen Zahlmeister. Wir wurden in ein Gutsdorf gefahren und in eine große Scheune gesperrt, in der schon fünf Männer hockten. Man holte mich zum Verhör, ein müder Hauptmann, der nach jedem Husten in sein Taschentuch schaute, fragte mich aus, lachte trocken bei meinen Lügen und sagte zu dem Posten: Wie die andern!

Wie die andern? Am Dorfeingang lagen drei Soldaten im Graben, ein Genickschuß, die Hände gefesselt, das Gras blutig.

Ein amerikanischer Tieffliegerangriff rettete uns das Leben, die Scheune begann zu brennen, wir brachen aus, auf dem Hof lagen unsere Waffen, wir schossen uns mit den Feldgendarmen.

Zwei Tage später traf ich, aus den Nebelschwaden der Lewitz tretend, einen amerikanischen Soldaten auf einer Holzkiste sitzend, er hielt die Stiefel an ein kleines Feuerchen und erschrak überhaupt nicht, als ich auftauchte, behelmt, in der Hand mein Gewehr, zehn Schuß und Zielfernrohr, er zeigte nur mit dem Daumen dorthin, wo im Wassergraben Hunderte Gewehre, Maschinenpistolen, Panzerfäuste, Rucksäcke, Munitionsgurte lagen. Voller Bedauern warf ich mein Gewehr dazu und ging an ihm vorbei, er sah mich kaum an.

Der Krieg war für mich zu Ende, auch wenn wir nicht Dänemark und Kopenhagen erreicht hatten. Die kurze Gefangenschaft beendete ich durch Flucht. Als Jungknecht arbeitete ich in Jasnitz, einem kleinen Dorf bei Ludwigslust, schlief in einer winzigen Kammer neben dem Pferdestall, das Schnauben der Pferde war wohl das erste Geräusch des Friedens, das ich wirklich wahrnahm. Sonst schwieg die Welt wie in den frühen Jahren der Kindheit. Statt der kreischenden Straßenbahn Ecke Birken-/Stromstraße hörte ich jetzt nur das Prusten und Schnauben der Pferde. Kein Grammophon mit Fox und Lambeth-Walk. Keine Radiomusik, nichts von: Die hat wohl großen Hunger! oder: Ofentüre zu! Die Apparate hatten den Amerikanern abgeliefert werden müssen. Nur selten preschte ein amerikanischer Jeep durchs Dorf, die nahe Bahnlinie lag still, einmal fuhr eine handgetriebene Draisine, mit drei heiteren Soldaten besetzt, die in der Sonne wie Steinkohle funkelte, vorbei.

Im Nachbardorf fand ich im Keller eines Bauernhauses, als ich dort versteckte Kartoffeln holen sollte, einen Radioapparat, ein vergessenes, halbverrottetes Stück. Lange bastelte ich daran herum und wollte schon aufgeben, als ein beseligendes Knacken und Knistern mir anzeigte, daß der Apparat doch funktionierte. Aber ich fand keinen Sender, entweder arbeitete noch keiner, oder die Reichweite meines mühsam geflickten Radios war zu gering.

Plötzlich, an einem Sonntagmorgen, als ich wieder ohne Hoffnung an den Knöpfen drehte, hörte ich eine Stimme, stellte aufgeregt schärfer und lauter. Der Berliner Rundfunksender! Hatten die Vorüberschlurfenden von hüben nach drüben, die von Nord nach Süd Ziehenden, die entlaufenen und entlassenen Soldaten, die versprengten Familien, die wüsten Einzelgänger, die in sinnloser Kameradschaft zusammenhängenden Gruppen nicht die seltsamsten Gerüchte von dort erzählt? Berlin bis auf den letzten Stein zerstört. Alle Berliner nach Sibirien getrieben. In Berlin gibt es sogar Lebensmittelkarten. Die Russen erschießen jeden unter Fünfzig. Die Russen verteilen Suppe. Wer lacht, wird verhaftet. Berlin gibt es nicht mehr.

Nun meldete sich ein Rundfunksender aus Berlin, von wo ich gekommen war und wohin ich wieder wollte. Die Worte hatte ich nur schlecht verstanden, die Musik war schon deutlicher. Nicht Beethovens Eroica, nicht Mozarts Zauberflöte, auch kein Tschaikowsky, nicht der Herrliche Baikal – was da ertönte, hatte ich schon irgendwann gehört, sicherlich bei der Flak vom feindlichen Soldatensender West. Jetzt aber bohrte es sich mir ins Ohr. In the mood!

Dies war der erste richtige Ton des Friedens, seine Musik. Jetzt wußte ich endgültig, daß ich überstanden hatte. Am Abend jenes Tages, als das altersschwache Radio, dem ein übler Dunst nach verfaulten Kartoffeln entströmte, sich knisternd und knatternd gemeldet hatte und die heitere Musik Glenn Millers aus dem Lautsprecher schwang, am Abend jenes seligen Tages packte ich meinen Rucksack, stahl mich in der Dunkelheit aus dem Haus, hin zu den Schienen, und lief, teils auf dem Stahl balancierend, teils im unbequemen Takt auf den Schwellen, nach Osten.

In Berlin, nach Wiedersehensfreude und Tränen, nach den ersten betäubenden Tagen, fuhr ich mit dem Fahrrad nach Spandau und suchte nach Spuren von Friedrich Michael. Er hatte mir gesagt, wo sich das große Geschäft seiner Eltern befand, Handschuhe, Hüte, Schirme. Ich sah nur ausgebrannte Mauern und Kreidemitteilungen: Vater, ich lebe ..., Paul, wir gehen nach Wittstock ... Von der Familie Michael fand ich niemanden, keine Spur, keine Mitteilung. Nicht viel später las ich von einem Konzert im Sendesaal des Rundfunks. Was da auch gefiedelt wurde und an Opussen umhertönte ... vielleicht war Friedrich Michael in der Kapelle, vielleicht hatte er auch nach Hause gefunden, mit dieser dämlichen Geige im Kasten eingenäht. Ich ging ins Konzert, ich lief in andere, ich hörte im Radio Opus und Ouvertüre, begriff, daß es Solisten gibt, Klavier, Geige, Oboe, Flöte, lernte Namen von Komponisten und Dirigenten, aber niemals fand ich eine Spur von Friedrich Michael.

So gewann ich aus schlimmem Anfang die Liebe zur Musik. Vielleicht wäre ich zu allem gekommen und alles zu mir, so mit der Zeit, wie gegen meinen Willen, aber vielleicht wäre es nicht geworden ohne Friedrich Michael, ohne sein Konzert in der guten Stube von Raduhn, ohne sein jähes Verschwinden. Bis Raduhn hatte ich ihn gebracht und dann verloren für immer, ich, der junge Vater, meinen älteren Sohn.

Mozarts Sonate in D-Dur. Statt des jungen Geigers, der das Andante cantabile des zweiten Satzes spielt, sehe ich immer den ungelenken Panzergrenadier Friedrich Michael, wie er in der kleinen muffigen Bauernstube steht. Ich sehe seine Geige und wie diese Geige erschossen wird, das edle Holz reißt auf, die Knebel zischen wie Splitter davon. Das Allegretto, ein bißchen französisch, ein bißchen italienisch, flüstert mir der Musikkenner zu. Ich nicke, aber ich kann mich nicht konzentrieren, wart noch eine Sekunde, lieber Freund, ich höre ja gleich wieder zu.

8. Mai 1945

Die Maitage glänzen licht, drüben in den Dörfern schäumen die Bäume in Blüten und funkeln noch in der Dunkelheit zu uns herüber. Nachts kommt kein Frost, aber es wird empfindlich kalt, und wir frieren in unseren Erdlöchern. Wir werden von Tag zu Tag apathischer, denn wir haben seit einer Woche kein Essen erhalten, unsere Reserven aus dem Brotbeutel sind aufgebraucht; Krankheiten brechen aus, viele sterben, manche Tote liegen lange in ihrem Loch, ehe man es bemerkt. Amerikanische Sanitäter mit schönen weißbezogenen Pritschen holen sie dann heraus und werfen sie schwungvoll auf die großen sauberen Lastwagen, die vor dem Tor halten.

Nur die Gerüchte bleiben aktiv, überschwemmen das Lager, reißen uns aus unseren Löchern. Wir stehen erregt, diskutieren in Gruppen oder rufen uns, von Loch zu Loch, die Neuigkeit zu. Eine ganz sichere, aus bester Quelle; allen Soldaten unter achtzehn Jahren werden die Hosen abgeschnitten, sie erhalten eine große Ration Schokolade und werden nach Hause geschickt ... Alle Soldaten aus Gebieten, die von den Sowjets besetzt sind, werden ausgeliefert und nach Sibirien transportiert ... Die Amerikaner wollen ihre Gefangenen in die USA schicken, als weiße Sklaven auf die Baumwollplantagen ... Unser Lager wird an die Belgier übergeben ... Unser Lager wird an die Franzosen übergeben, als Sühneopfer ... Die Amerikaner haben beschlossen, das Lager zu dezimieren und erst zu verpflegen, wenn nur noch jeder fünfte Mann lebt ...

So zwischen Dahindämmern, Panik und Hoffnung gehen die Tage und Nächte Anfang Mai vorüber.

Dann, an einem Tag wie jedem anderen vorher, sonnigwarm, leicht bewölkt, Hunger, Durst, Krankheit, Apathie, Gerüchte, beginnt in Kraak, in Rastow, überall ein wildes Geschieße. Leuchtkugeln steigen auf, ziehen einen rauchenden Bogen, Gebrüll, Feuerstöße, Detonation von Handgranaten. Wir kriechen aus unseren Löchern und rennen zum Stacheldrahtzaun. Einer weiß es: Jetzt beginnt die Vergeltung, sie fangen an, die Zivilbevölkerung zu erschießen, danach sind wir dran! Wir rennen in unsere Löcher zurück, ich ziehe das alte zerrissene Autoverdeck, das mir als Unterlage und Zudeck zugleich dient, über mich, vielleicht sieht man mich nicht, und ich kann so dem Gemetzel entgehen.

Schießen und Schreien kommen näher. Die amerikanischen Soldaten am Tor beginnen auch zu schießen, sie schreien etwas ins Lager hinein, ich höre: Peace! War is over! Dann schreien auch schon Deutsche: Der Krieg ist aus! Frieden! Wir klettern aus unseren Löchern, wir rennen an den Zaun, draußen läuft ein Amerikaner auf uns zu, wirft uns eine Schachtel Zigaretten hin, um die sich die Kameraden heftig zu schlagen beginnen. Wir umarmen uns, tanzen wie kleine Kinder Ringelreihen. Es ist Frieden, wir sind gerettet! Viele weinen, manche küssen sich; der Ruhrkranke umarmt den Gesunden und steckt ihn an, bringt ihm den Tod. Aber Tod im Frieden.

Einer wird bei dieser Nachricht wahnsinnig, er versucht, über den Zaun zu klettern, reißt sich die Hände blutig, er brüllt einen Frauennamen, man zieht ihn zurück; er kämpft besessen, wird niedergeschlagen, sein Gesicht ist von Speichel und Tränen überströmt. Ich springe in mein Loch zurück, will allein sein, werfe mich auf die feuchte, pilzig riechende Plane und sehe zum Himmel, jenem Himmel, den ich so gehaßt habe, aus dem der Tod herunterstieß oder heulend herabfiel; er leuchtet mattblau, durchwebt von bleichem Gewölk. Ich weiß, es ist Frieden, ich habe überlebt, ich habe überstanden, ich bin gerettet! Ich werde leben! Ich bin überzeugt, ich werde es schaffen, wie das Leben auch immer aussehen wird, und stelle mir vor, ich werde als Tramp leben. Irgendwie verband ich mit den Amerikanern, denen wir wohl nun untertan blieben, das Leben eines Tramps, im Freien kampieren, auf Güterzügen reisen, unter der Achse hängend oder im Bremserhäuschen.

Ich fühle mich plötzlich stark und beschließe in diesem Augenblick, irgendwann zu fliehen, mich nicht an die Franzosen oder Belgier ausliefern zu lassen oder auf Baumwollfeldern zu arbeiten.

Am nächsten Tag indessen, wieder in den Nachmittagsstunden, beginnt das Brüllen und Schießen in den Dörfern von neuem und rückten an unser Lager heran. Wieder verfallen wir in Panik und glauben, erschossen zu werden.

Die amerikanischen Soldaten kommen zum Zaun, schreien von neuem, daß Frieden sei und Deutschland kaputt, werfen Zigaretten herüber und lachen, wenn sich die Kameraden bis aufs Blut schlagen und dabei den köstlichen Tabak in den Boden treten.

Ich begriff lange nicht, weshalb die amerikanischen Soldaten zweimal den Frieden begrüßt hatten, mit Schüssen, mit Geschrei, bis ich fand, daß sie wahrscheinlich einmal die Kapitulation in Reims und einmal die endgültige in Berlin-Karlshorst gefeiert hatten.

Beim zweitenmal aber umarmten wir uns nicht mehr, tanzten nicht, sondern schlichen gleich in unsere Löcher zurück; ein Tag, eine Nacht waren inzwischen vergangen, wieder ohne Essen, mit neuen Kranken. Es starben in unserem Lager mehr in den ersten Stunden des Friedens als vorher.

Ja, es war Frieden, aber das Sterben hörte noch nicht auf.

Und ich wollte um mein Leben kämpfen, mehr als je zuvor! Ich begann, mir den Frieden vorzustellen. Es fiel schwer und forderte alle Phantasie heraus. Den Krieg kannte ich bis in jede Einzelheit, mein ganzes Leben bisher war Vorbereitung und Teilnahme an ihm. Wie war Frieden?

Jesusmariajosef …

Jesusmariajosef, schrie Mutter, wenn es an die Substanz ging.

Alle lernten das Beten wieder, als bei den schweren Luftangriffen das Haus unter den Bombeneinschlägen zu zittern und schwanken begann, die Stützbalken knisterten und der Putz von den Wänden fiel. Mutter rief: Jesusmariajosefgott, dessen Klageliedersingenadamundeva!

Vater betete sowieso nicht; als Luftschutzwart trug er einen französischen Stahlhelm auf dem Kopf, er starrte wütend vor sich hin.

Unter der puckligen Verwandtschaft, unter der zahlreichen Freundschaft gab es keinen einzigen, der betete, zur Kirche ging und aufrichtig und zerknirscht an Gott glaubte; sie waren allesamt Ende der zwanziger Jahre aus der Kirche ausgetreten, abgesehen von Onkel Eusches späterer Frau: Ich danke Gott auf Knien, daß er so lieb an mich gedacht und mich in die Küche der Amis geschickt hat. Ich danke ihm jeden Tag auf Knien. Eusches rundliche Frau war Katholikin.

Bin ich etwa schlechter als du? Warum hat mich dein Gott nicht auch in eine amerikanische Küche geschickt, sondern sendet mir nur dies kleine Säckchen Mehlstaub hier? Bin ich schlechter als du? Scheiß auf deinen Gott!

Eusches Frau bekreuzigte sich, wozu Mutter schallend lachte.

Auch Klara Boger war Katholikin, aber eine laxe, die nie zur Kirche ging, in der Wohnung nicht einmal ein Kruzifix. Alle anderen aber waren naive Atheisten, die durch ähnliche Auffassungen und Erfahrungen zu ähnlichen Ergebnissen wie Mutter und Vater gekommen waren; nur Onkel

Fritz hatte sich theoretisch mit Gott auseinandergesetzt, Resultat seiner Studien war eine feste freidenkerische Meinung. Religion ist Opium fürs Volk, zischte mir Onkel Fritz bedeutsam zu, lies nach bei Lenin! Er sprach ihn Lännin aus.

Vater hatte keinerlei Probleme mit der Religion, er dachte nicht einmal wie Mutter über Tod und Weiterleben nach. Wenn es vorher nicht weh getan hat, als du noch im großen Teich warst, dann wird es nachher auch nicht schlimm werden. Aus ist aus! Er sprach oft grob über Jesus, den er als Weichling und feigen Kerl verachtete. Als Petrus sich wehren wollte und irgendwem schon das Ohr abgesäbelt hatte, verbot Jesus ihm das, aber die Faust hat ..., dieser schlappe Gottessohn, da lache ich bloß!

Mann, versündige dich nicht! sagte Mutter, die sonst drastische Ausdrücke liebte.

Vater verfolgte alles, was mit Religion zu tun hatte, mit Verachtung, ja mit Haß. Von ihm selbst wußte ich es nicht, irgendwer hat es mir einmal erzählt. Er war in der kleinen schlesischen Stadt Bolkenhain Ministrant gewesen. Also Katholik, was Mutter wiederum als wenig christlich ansah; Katholiken schienen ihr schlechtere Menschen als die Evangelischen; Katholiken hießen bei ihr Pollacken, und wenn sie auf Vater zornig war, schimpfte sie ihn so, und war sie besonders wütend, nannte sie ihn katholscher Pollacke. Ob Vater damals an Gott glaubte, an den Sohn und den Heiligen Geist, weiß ich nicht, er ministrierte beim Gottesdienst, aber er besaß keine Schuhe. So versah er barfuß sein Amt, die schmutzigen Füße unter dem weißen Mantel versteckt. Der Kirchenfußboden war eiskalt, er holte sich eine schwere Lungenentzündung. Seitdem war Gott für ihn nicht mehr vorhanden, und sollte es ihn wirklich geben, so war er ein ungerechter, bösartiger Gott, der eine kleine Halbwaise in seiner Kirche vor Kälte fast umkommen ließ. Erledigt.

Sein weiteres Schicksal als Knecht, später als Laufbursche, Hausdiener, Hilfsarbeiter in Berlin, als Kuli in der kaiserlichen Marine hatte Vater nur bestärkt, daß es keinen Gott gibt und Beten nichts bewirkt. Aber er duldete, ohne sarkastische Bemerkung, ein christliches Zeichen in unserer Wohnung: Mutters Konfirmations-Urkunde. Sie hing eingerahmt neben ihrem Bett, der einzige Bildschmuck im Zimmer. Mutter blieb zuweilen davor stehen, sagte Jesusmariajosef und fügte zur Verstärkung noch hinzu: Gott, dessen Klageliedersingenadamundeva ... In der Mitte der Urkunde thronte Jesus über Wolken, von Engeln umwimmelt, er hielt die Hände segnend geöffnet, darunter teils vorgedruckt, teils handgeschrieben die Bestätigung, daß Mutter am Soundsovielten vom Pastor Soundso konfirmiert worden sei, der dann mit Tinte den Konfirmationsspruch eingesetzt hatte: Der Geist ist willig; aber das Fleisch ist schwach, Matthäus 26,41.

Ich hatte oft über diesen Spruch nachgedacht und wie er mit Mutter zusammenhing. Wessen Geist und wieso willig? Mehr noch verwirrte mich das schwache Fleisch. Ich verabscheute fettes, das Mutter gern für die Suppe verwandte, doch kannte ich weder starkes noch schwaches. Später begriff ich, daß der Pastor Mutter hatte ermahnen und kränken wollen. Kurz vor der Einsegnung verhalf ihr die Engelmacherin aus dem Nachbardorf zu einer Fehlgeburt. Im Dorf wußte man das natürlich, der Pfarrer auch; ein gütiger Mann, ein verstehender und verzeihender war er nicht.

Mutter blieb sich ihr ganzes Leben lang nicht schlüssig, ob es Gott gab oder nicht. Falls es ihn gab, worüber auch sie allerdings keine Beweise besaß, mußte man sich mit ihm gut stellen. Also eigentlich glaube ich an den lieben Gott nicht. Aber gibt es ihn und ich sage nein, bin ich gelackmeiert. Also glaube ich ein bißchen an ihn und hoffe, er macht dann was für uns. Gibt es ihn nu nicht, da habe ich auch nichts dabei verloren, in den paar Sekunden, wo ich an ihn denke, kann ich sowieso nicht was Vernünftiges tun. Gibt es ihn aber doch, ist es besser, an ihn gedacht zu haben, sagte Mutter dann entschuldigend und lachte selbst über ihre Taktik.

Sie achtete darauf, daß ich pünktlich den Religionsunterricht besuchte und die aufgegebenen Kapitel in der Bibel nachlas, die noch von Großmutters Eltern stammte. Als religiöse Unterweisungen empfand ich diesen Unterricht nicht, ich hörte von orientalischen Sagen und Märchen, die mir sehr gefielen, und las sie aufgezeichnet in einer seltsamen Sprache, die mir auch zusagte.

Im Gymnasium brachte Lehrer Mäckhöfer uns eine andere Seite der Bibel nahe, er verwies uns gern auf merkwürdig-anzügliche Stellen in der Bibel, die von Loth und seinen Töchtern oder die vom Sohn Onan, bei denen man sich allerlei denken könne. Manche meinten, so Mäckhöfer, den Samen auf die Erde fallen lassen bedeute beim Beischlaf, na ihr wißt schon, was, also nicht bis zuletzt, Dingsda, während andere eine Tätigkeit meinten, die ihr Knaben wohl begreift und ausübt. Und prompt begann Ferdinand es unter der Bank zu tun, wir alle bemerkten es, wahrscheinlich auch Mäckhöfer.

Und er erkannte sein Weib! Na, habt ihr begriffen, was damit gemeint ist? Natürlich kein übliches Erkennen, sein Weib erkennt man durch Größe und Geruch, gewissermaßen im Dunkeln. Da meint die Bibel etwas anderes, begreift ihr endlich, das Dingsda?

Immer ganz Vaters Meinung, also atheistisch von Geburt an, von Mutters bäuerlicher Schläue im Umgang mit dem eventuellen lieben Gott unberührt, meldete ich mich dennoch in der Sonntagsschule an, kurz bevor ich zehn Jahre alt wurde. Die christliche Sonntagsschule befand sich auf einem Hinterhof der Rüdersdorfer Straße in einem unbenutzten, halbverfallenen Fabrikgebäude. Der Gottesdienst wurde in einem großen Raum abgehalten, der noch nach Maschinenöl roch. Dort hatte Pritscher Hoffmann seinen Betsaal eingerichtet.

Ich habe damals nicht überlegt, weshalb der Leiter der Sonntagsschule einen so seltsamen Titel trug und was er bedeutete, ich kannte mich sowieso in den Titeln der Kirche nicht aus, Pfarrer, Bischof, Kaplan, Küster, warum nicht Pritscher? Pritscher Hoffmann war der Chef, und fertig. Erst im Englischunterricht stieß ich darauf, daß es nicht Pritscher, sondern Preacher hieß, also Prediger.

Der große Raum war mit wackligen Stühlen ausgefüllt, ausgesondertem Büromaterial und rostigen, quietschenden Gartenstühlen. Aus einem großen Rollschrank, der einst in einem Büro gedient hatte, entnahm Pritscher Hoffmann die Requisiten für seinen Gottesdienst: eine schwarze bestickte Samtdecke, darauf silberne Monde, Sterne, Tierzeichen, Dreiecke, Kugeln, eine schöne Decke jedenfalls, die er über den Tisch breitete und somit einen Altar schuf, ein Kruzifix und einen silbernen Kelch, in den er Rotwein einschenkte und den er während des Gottesdienstes austrank, sich dabei verneigend.

Wir Kinder versammelten uns sonntags morgens, Pritscher Hoffmann hielt lange Reden. Er hatte aus allem, was ihm in die Hand fiel oder in den Sinn kam, seine Sonderreligion zusammengebastelt bis zu Namen und Chorälen, Symbolen und Gebeten. Wir ermüdeten rasch. Dann warf Pritscher Hoffmann mit einem Schlüsselbund, das er in der Hosentasche bereithielt; er traf den Schlafenden unfehlbar und schrie: Du Scheißkerl, hör gefälligst zu!

Ich saß stets hinter Pritscher Hoffmanns blonder Tochter Helga, die vielleicht ein Jahr älter als ich war und dicke, schwere Zöpfe trug, die über die Stuhllehne fast bis auf den Fußboden herabhingen. Begehrlich versuchte ich meinen Finger in die weiche Haarwurst zu bohren, vorsichtig hob ich, während Pritscher Hoffmann zu neuer langer Rede ansetzte, das Zopfende empor und biß hinein, Helga blieb unbewegt und sah zu ihrem Vater auf. Bei Abschluß unserer Sonntagsschule, wenn Hoffmann Predigt und Gesang beendet, den Weinkelch leer getrunken und den Rollschrank wieder verschlossen hatte, ging er mit Helga zum Schlesischen Bahnhof, immer begleitet von mehreren Jungen, denen er freundlich zunickte. Sicherlich glaubte er, daß wir ihm, von seiner Rednergabe hingerissen, ein Ehrengeleit brachten. Es ging aber um Helga, die mit prallen Waden vor uns her lief und mit langen Zöpfen, an denen ich vorsichtig und zärtlich zog. Des Pritschers Tochter rührte sich nicht.

Überhaupt aber ging es uns um Süßigkeiten. Sie waren der eigentliche Grund, weshalb ich und die anderen in Pritscher Hoffmanns Sonntagsschule eingetreten waren. Von jenen Süßigkeiten – die Süßigkeit Helga entdeckte ich erst später – hatte man auf der Straße erzählt.

Es muß wirklich etwas Seltsames gewesen sein, was Pritscher Hoffmann geoffenbart worden war und was er in Begleitung von Süßigkeiten in die Welt trug. Denn ein wenig später, als der Krieg begann, hörte man im Radio häufig das Lied: Denn wir fahren, denn wir fahren, denn wir fahren gegen Engelland ... Mir kam der Text irgendwie bekannt vor, bis mir einfiel, daß Pritscher Hoffmann mit seinem angenehmen Bariton genau dieses Lied, wenn auch mit einer anderen Melodie und einigen textlichen Veränderungen, uns vorgesungen hatte. Bei ihm hieß es da: Denn wir fahren gegen Kanaan ... Später, beim Lesen von Löns-Gedichten, kam mir wieder manches bekannt vor, Pritscher Hoffmann muß ein guter Kenner und Bewunderer von Hermann Löns gewesen sein: Hab ich kein Geld auf dieser Welt, hab ich einen Schatz, der mir gefällt. Pritscher Hoffmann hatte für Schatz Gott eingesetzt und wieder einen neuen Choral geschaffen.

Pritscher Hoffmann war Generalvertreter einer großen Süßwarenfabrik in Westdeutschland. Während der Sonntagsschule, vor der Predigt oder zum Abschluß, manchmal auch auf dem Weg zum Bahnhof, verteilte er Bonbonbruch, Marzipanreste oder Pfefferminzstücke. Die zerbrochenen klebrigen Bonbons, Birkenblättern oder Stachelbeeren nachgeformt, mochte ich nicht, ich gierte auf die Marzipanbrösel, die er manchmal ausgab. Den üblichen Pfefferminzbruch, mit dem er sehr freigebig war, verabscheute ich, übersüße grüne Brocken, die in den löchrigen Zähnen vulkanische Schmerzen verursachten.

Ich trat im Frühherbst in Pritscher Hoffmanns Sonntagsschule ein, es hieß, er würde zu Weihnachten Süßigkeiten gleich pfundweise verteilen. Weihnachten näherte sich; ich flüsterte Helga zu, sie solle ihren Vater bestimmen, mir ein Marzipanbrot zu reservieren, dann würde ich ihr ewig treu sein und noch lauter singen. Helga tat, als habe sie nichts gehört. Am letzten Sonntag vor Weihnachten, nach einer unendlich langen Rede, die wir aber still aushielten, ohne Schlüsselwurf, verteilte Pritscher Hoffmann wirklich mit vollen Händen seine Süßigkeiten. Auch große Brocken schneeweißen Marzipans, dessen Duft mich schwindlig machte. Aber stets übersah Pritscher Hoffmann meine ausgestreckte Hand, immer erhielt ich diesen abscheulichen Pfefferminzbruch und die zerbrochenen Bonbons. Vielleicht hatte Helga ihren frommen Vater gegen mich aufgehetzt. Ich spürte einen jener Wutanfälle in mir aufrauschen, die ich während meines Lebens so mühsam beherrschen lernen mußte.

Ich warf das ganze süße Zeug auf die Erde, trampelte es zu knirschendem Staub, riß grob an Helga Hoffmanns Zöpfen, stieß mit den Füßen nach Pritscher Hoffmann, der seine Tochter retten wollte, und schrie in das entsetzte Gesicht des Priesters: Ihr Scheißjesus über den Wolken, Ihre Scheißkindelein …

Kindelein, so sprach uns Pritscher Hoffmann an; ebenso oft das Wort süß im Zusammenhang mit Jesus, mit dem Jünger Johannes, mit Paradies und Himmel – Pritscher Hoffmann kam auch beim Gottesdienst nicht von der Berufswerbung los.

Scheißsüße Kindelein, schrie ich und rannte für immer aus der Sonntagsschule fort. –

Im Frühsommer 1942 verkündete Direktor Pupe Friedrich, den eisgrauen Spitzbart nach vorn stechend, Speichel über uns hinsprühend, daß wir vier Monate lang zur Erntehilfe abkommandiert seien, Einsatz in der Erzeugungsschlacht, Lebensraum, jüdische Plutokratie, Mongolenhorden ...

Wir fuhren einen endlosen Tag und eine ebenso endlose Nacht hinunter nach Schlesien, stiegen in Neumittelwalde aus, stellten uns auf dem Bahnhofsvorplatz auf, die Bauern gingen an den Reihen entlang, taxierten uns wie Vieh beim Kauf und suchten denjenigen aus, den sie für stark genug hielten, die Arbeit als Jungknecht zu verrichten.

Mich winkte ein kleiner knorriger Mann aus der Reihe und fuhr mit mir zu seinem Hof hinaus. Klawieg war ein tüchtiger Mittelbauer, zwei Pferde, zwölf Kühe, Schweine, Schafe, Hühner, Enten. Er war einst in die Dreschmaschine geraten, hatte die linke Hand verloren, dennoch arbeitete er mit der verbliebenen rechten geschickt, beherrschte den Hof, war zu einem gewissen Wohlstand gekommen, hart, geizig, unermüdlich. Der Sohn war beim Militär, der Schwiegersohn auch. Frau Klawieg, gütig und leise, war mir zugetan.

Auf dem Hof arbeiteten noch Tochter und Schwiegertochter und mehrmals in der Woche eine Arbeitsmaid. Klawieg konnte mich Jungen, den sie den Studenten aus Berlin nannten, gut gebrauchen. Mir machte die Arbeit Spaß, ich schonte mich nicht, striegelte früh die Pferde, fütterte die Kühe, spannte an und fuhr aufs Feld, verrichtete alle Erntearbeiten, eggte, pflügte; ein guter Sommer und ein guter Herbst, wir ernteten Gerste, Roggen, Hafer und Weizen, Kartoffeln und Zuckerrüben. Beim Drusch packte mir Klawieg zentnerschwere Säcke auf, daß mir die Knie fast durchbrachen. Frau Klawieg steckte mir heimlich ein Honigbrot zu.

Früh, wenn wir uns am Tisch in der Küche versammelten, sprach Klawieg ein Gebet. Ich merkte, es war ein von ihm selbst ausgedachtes. Gott, mach, daß heute keen Gewitter kummt, wir wulln einfahren, wir können keen Gewitter brauchen, laß es vorüberziehen in Gnade ... So fünf Minuten lang, inbrünstig und wortgewandt für einen harten Bauern.

Auf dem Tisch stand eine große Schüssel mit salziger Mehlsuppe, in die wir auf unseren Tellern Kartoffeln einquetschten. Ich kämpfte mit meinem Widerwillen, bezwang den Brechreiz und hörte nicht auf Klawiegs Gebete.

Abends, nach dem schweren Tagwerk, zog Klawieg sich um, Anzug, Hemd und Schlips, und fuhr mit dem Fahrrad fort. Oft hörte ich ihn nicht mehr heimkommen und traf ihn erst in der Frühe im Stall wieder. Ich fragte Martha, die Tochter, die mich morgens mit zärtlichem Kuß und immer intensiverem Streicheln weckte, wohin denn der Vater ginge, und erfuhr, daß Klawieg predigte. Deshalb fuhr er abends weit über die Dörfer, besuchte die Gläubigen und trug seine eigene Art von Religion übers Land. Sonntags ging die Familie, auch die Schwiegertochter hatte sich offenbar bekehrt, zum Gottesdienst, jedesmal in ein anderes Dorf, nicht in die Kirche etwa, sondern in irgendein Haus, aus dem ich sie singen hörte und dann Klawiegs Stimme. Ich kutschierte die beiden von mir besonders gut gestriegelten Pferde, aber ich wartete draußen und ging nicht mit zum Gottesdienst. Klawieg versuchte nie, mich zu bekehren oder auch nur ein Gespräch über seinen oder meinen Glauben zu beginnen. Er sah natürlich, daß ich bei seinem Morgengebet nie die Hände faltete, doch er schwieg.

Ich arbeitete erst ein paar Tage auf Klawiegs Hof, da gab er mir den Auftrag, einen großen Haufen Holz zu hacken, nasses Holz, schwer zu zerschlagen. Ich fluchte vor mich hin, nicht anders, als ich es auch von Vater und Mutter gewöhnt war, Klawieg riß das Fenster auf und rief zu mir hinüber: Bei mir wird nicht geflucht! Gottes Ohr beleidigt jeder Fluch! Fluchen ist Sünde, verstehst du! Solange du bei mir bist, höre ich keinen Fluch mehr!

Selbst als ich die neue Sense bei der Kleemahd an einem Stein zerbrach, fluchte Klawieg nicht, aber es fiel ihm schwer, denn er hatte einen harten, jähzornigen Charakter, einen schlesischen, alter Pollacke hätte Mutter ihn genannt, weil er in manchem Vater ähnlich war.

Die Kartoffelernte war abgeschlossen, und wir eggten das Kraut zusammen. Klawieg hatte drei Eggen anhängen lassen, mir teilte er eine zu, er selbst arbeitete mit zweien. Die Schwiegertochter lenkte die Pferde, ein Trampel, gierig und häßlich, alles gute Essen ihren beiden Kindern zustekkend, eine ehemalige Arbeitsmaid, die der unerfahrene fromme Sohn gleich geschwängert hatte.

Wir zogen das Feld auf und ab, hinterließen genaue Reihen Kartoffelkraut, die Arbeit ging gut voran, doch ich spürte, wie Klawieg sich immer mehr verdüsterte, sosehr er auch dagegen ankämpfte.

Im kleinen Chausseehaus auf dem Hügel lag ein Flugmeldeposten. Ein Unteroffizier und drei Mann lösten sich in der Bedienung eines großen Fernrohres ab, eine sinnlose Tätigkeit, da hier kein feindliches Flugzeug zu erwarten war. Die vier Männer werden sehr froh gewesen sein über dieses Kommando. Einer von ihnen hatte immer frei und lief durch die Dörfer. Die Soldaten kannten alle jungen Mädchen und Frauen ringsum. Den dicken blonden Gefreiten hatte ich abends um unser Haus streichen sehen, die Schwiegertochter band sich die Schürze um und huschte unter irgendeinem Vorwand hinaus, klapperte auffällig laut mit Eimern und Kannen und kam nach einer Stunde wieder, tief atmend und erhitzt. Vielleicht erlegte Klawiegs Glaube ihm Schweigen auf, denn ich hörte nie eine Anspielung von ihm, einen Verweis, obgleich ihm sicherlich das Treiben seiner Schwiegertochter nicht verborgen geblieben war.

Wir fuhren bis an das Chausseehaus heran, wendeten, zogen übers Feld und wieder zurück zum Chausseehaus, auf dessen Dach zwei Männer mit entblößtem Oberkörper saßen – auch der dicke blonde Gefreite. Die Schwiegertochter wurde immer unruhiger, sie fuhr eine Schlangenlinie, blickte zum Haus zurück, wenn wir gewendet hatten. Klawieg zitterte vor Zorn, Schweiß trat ihm auf die Stirn, doch er schwieg. Pritscher Hoffmanns Glaube schloß lange süße Reden ein, der Klawiegs offenbar Schweigen und Dulden.

Jetzt waren wir wieder am Chausseehaus angelangt, die Schwiegertochter wandte den Blick nicht von dem halbnackten Mann, dessen Fleisch in der Sonne dampfte, sie wendete die Pferde fast auf der Stelle, der Bogen wurde zu kurz, da zog sie den Pferden die Peitsche über. Aber weil sie mit Augen und Begierden beim Gefreiten war, traf sie nicht die Pferde, sondern Klawieg und mich. Ich bekam einen scharfen, brennenden Hieb über Ohr und Wange, Klawieg riß die Peitschenschnur einen roten Striemen quer übers Gesicht. Die Schwiegertochter, von unserem gleichzeitigen Schrei aufgeschreckt, hieb auf die Pferde ein, die so scharf ansprangen, daß wir Mühe hatten, die Eggen zu halten. Wir rasten über das Feld, und Klawieg fluchte laut, mit dem Armstumpf das Gesicht reibend: Du Hure! Du Miststück! Du Saubalg! Verflucht sollst du sein, du ehebrecherisches Aas! Wir hetzten über den Acker, die Pferde wild, die Schwiegertochter entsetzt, Klawieg fluchend. Plötzlich verstummte er, kniete sich auf die staubige Erde, betete, kam uns dann nach und schwieg bis zum Ende der Arbeit.

Über diese Sache ist nie ein Wort verloren worden, Klawieg war lange still, in sich gekehrt, er war bedrückt, fuhr abends früher fort als sonst und kam erst nachts zurück. Vielleicht hat er jemandem seine große Sünde, geflucht zu haben, gebeichtet, vielleicht hat er der Gemeinde zerknirscht davon berichtet, vielleicht ist ihm verziehen worden oder große schweigende Buße auferlegt. Es war wohl schon immer ein schweres Los für ihn, ohne Fluch zu leben, sein Wesen war für hemmungsloses Fluchen geradezu geschaffen.

Zum Abschied packte Frau Klawieg meinen Koffer mit Wurst und Schinken, Eiern und Hühnern voll. Und Martha, die Tochter, morgens tief in Vaters Gebet versunken, weckte mich zum letztenmal, mit feuchten Küssen über das ganze Gesicht und mit fingernden Händen, den Körper abwärts.

Mutter bestand hartnäckig darauf, daß ich konfirmiert wurde. Vater war dagegen; diesmal blieb Mutter unnachgiebig, es handelte sich schließlich um mein eventuelles Seelenheil. Und wenn es den lieben Gott gibt, wer weiß das schon, und der Junge ist nicht eingesegnet, da hat er es schwer, in den Himmel zu kommen ...

Ich wollte gern eingesegnet werden, aber nicht zum Konfirmationsunterricht gehen. Mein Lerneifer hatte allgemein gelitten; für religiösen Unterricht, und sei er noch so pikant, kein Interesse. Dennoch ging ich Mutter zuliebe zweimal hin, zum alten milden Pfarrer Kracht, wir saßen auf den langen Bänken, unterhielten uns, lasen oder spielten Schafskopf. Pfarrer Kracht sah dies alles, redete aber näselnd und leise weiter.

Konfirmiert wurde ich in der großen roten Kirche in der Romintner Straße, Mutter ging mit, Tante Hede, Minna, Mutter aus Lichtenberg. Vater hatte nur höhnisch gelacht, als Mutter ihn aufforderte, auch zu kommen. Als wir vor dem Pfarrer knieten, grinsten wir ihn an und schnitten Grimassen, Pfarrer Kracht übersah auch das und segnete uns feierlich ein. Im Gegensatz zu Mutters Dorfpfarrer kannte er uns überhaupt nicht und suchte die Sprüche wahllos aus seiner Kartei zusammen, streute sie über unsere Konfirmations-Urkunden hin. Mir gab er diesen: Ich habe einen guten Kampf gekämpft, ich habe den Lauf vollendet, ich habe Glauben gehalten. 1. Tim. 6,2.

Dieser Spruch gefiel mir, jedenfalls besser als der auf

Mutters Schein. Ich las in Großmutters Bibel nach, konnte aber nur ermitteln, daß ein gewisser Paulus zwei Briefe an einen gewissen Timotheus geschrieben hatte, im zweiten stand mein Spruch. Ich fragte Religions- und Zeichenlehrer Mäckhöfer nach beiden Männern. Die Geschichte vom Saulus, der zum Paulus wurde, war geradezu spannend. Man konnte also aus seiner Haut heraus, ein ganz anderer werden! Auch ich mußte nicht der bleiben, der ich an diesem Einsegnungstag, dem 15. März 1942, war; ich konnte wachsen und breitschultriger werden, mein seidiges Haar, das hunnenhaft herabhing, konnte sich aufrichten und wellen, es war möglich, einmal lax und überlegen mit einem Mädchen zu reden und einmal ein emsiger, jede Aufgabe lösender Mathematiker zu werden, statt meiner Pickel gab es die Chance glatter, männlicher Gesichtshaut!

Mäckhöfer sagte: Jeder kann sein Damaskus finden!

Dies verstand ich nicht, und als mir Mäckhöfer von Paulus sagte, er sei ein jüdischer Teppichweber gewesen, ein strenger Rabbi, der sich zum Christentum bekehrte, und Timotheus ein Halbjude, verstand ich das Ganze noch weniger. Da schreibt mir ein arischer Pfarrer den Spruch in meine Urkunde, daß ich einen guten Kampf kämpfe, und wir kämpfen doch tief in Rußland und in Afrika, und Vater und Onkel Fritz halten das für schlechte Kämpfe, sie meinen, am Ende wird unsere Niederlage stehen. Welchen Glauben soll ich nun halten, den des Paulus, den von Hitler und Goebbels, den Vaters und Onkel Fritzens?

Ich wollte aus verschiedenen Gründen gern eingesegnet werden: Man bekam einen neuen Anzug, einen richtigen Herrenanzug; leider war meine Größe nicht vorrätig, so daß die Hose zu eng war, und das Jackett, dunkelblau mit weißen Nadelstreifen, über dem Rücken spannte. Mit diesem Anzug und dem Myrtensträußchen im Knopfloch war man endgültig und sichtbar ein Mann!

Wir Eingesegneten trafen uns nachmittags auf dem Comeniusplatz, zündeten uns Zigaretten an und liefen in breiter Kette, Rauchwolken ausstoßend, durch die Straßen. Irgendwer hatte ein paar Flaschen Bier mitgebracht, wir öffneten sie knallend, tranken der Reihe nach und rülpsten anschließend, wie wir es von den Männern kannten.

Mit der Einsegnung verband sich noch ein weiterer Vorteil, den man allerdings nur selbst kannte und den die Erwachsenen nicht akzeptierten. Man gestattete sich das Recht, über achtzehn ins Kino zu gehen. Man kam etwas spät, wenn der Film schon lief, schlug vor der Kasse den Mantelkragen hoch, und den über Wasserdampf kühn verformten Hut, genannt Pflaume, tief in die Stirn gedrückt, verlangte man mit heiserer Stimme ein Billett, die Platzanweiserin, im dunklen Saal, leuchtete nicht ins kindliche Gesicht, sondern nur aufs Billett, Reihe vierzehn, bitte folgen Sie …

Doch glaubte ich plötzlich an Gott, und alles das, was man mir im Religionsunterricht, in der Sonntagsschule beigebracht hatte, was ich Bauer Klawiegs Gebeten entnommen und bei Pfarrer Kracht gehört hatte, über das Leben nach dem Tode, über das Paradies, vielleicht auch über die Hölle, alles erwies sich als wahr.

Das ist mein Ende! Ich dachte dies noch, ohne Angst, beinahe zufrieden, daß alles Warten auf den Tod nun vorbei sei, endlich. Kein Film mit vielen Lebensszenen lief sekundenschnell vor meinen Augen ab, wie es Sterbenden geschehen sollte, nichts sah ich und hörte ich, ich fiel und wußte: in den Grund der Ewigkeit.

Die wenigen englischen Flugzeuge mit dem spielerischen Namen Moskitos flogen einen Störangriff. Wir lauschten den Luftlagemeldungen, und da ich lange bei der Flak gewesen war, konnte ich die albernen Geheimworte entziffern, für schwere Bomber Piepmätze und für diese Moskito-Flugzeuge Mücken; auch ihren Weg konnte ich verfolgen. Ist gleich vorbei, ist nichts los, sagte ich zu Vater, und Vater als Luftschutzwart winkte mich, dazu den

Unteroffizier Patzke aus dem Vorderhaus, der sich an der Ostfront die Zehen abgefroren und jetzt nur ruckhaft bewegen konnte, und den herzkranken Paulik hinaus. Mal nachsehen, ob alles in Ordnung war! Wir gingen hoch auf den finsteren Hof, in der Ferne dröhnten Flakgeschütze, oben, unsichtbar, brummte eine einzelne Maschine.

Ist wirklich gleich vorbei, sagte ich, Patzke zündete sich hinter dem Mantelkragen eine Zigarette an. Plötzlich begann Paulik zum Kellereingang zu rennen, los, weg hier, keuchte er. Vater und Patzke folgten ihm, sie froren, ich wollte nicht, weshalb in den dumpfen Keller hinab, es konnte nur noch Minuten dauern bis zur Entwarnung, dieser blöde Paulik!

Komm runter, schrie Paulik, ich folgte betont langsam den Männern und sperrte von innen die hölzerne Kellertür zu.

Da starben wir alle!

Unser Haus hob sich, losgerissen vom Boden, als wollte es fortfliegen. Dann knirschten die Mauern, ächzten tief und brachen über uns zusammen. Ich spürte die ersten Steine auf meine Schultern prasseln, in der Finsternis dachte ich leidenschaftslos: So also ist das, wenn man stirbt, es wird dunkel, es schmerzt nicht, na gut! Dann fühlte ich mich fallen.

Wie lange mein Sterben gedauert hatte, weiß ich nicht. Langsam begann ich zu denken, fröhlich beinahe, verwundert. Also stimmte es doch, was man mir gesagt und ich nie geglaubt hatte. Man war tot, doch man lebte weiter! Dies voll zu begreifen entzückte mich tief, Gottes Gnade war unendlich, auch mich Heiden ließ sie nicht aus. Aber wie war dieses Sein nun? Doch nicht mit meinem alten Körper, der lag doch in der Rüdersdorfer Straße, begraben unter Trümmern. Vielleicht ein geisterhaftes Fliegen und seliges Schweben? Was war ich denn nun? Ein Engel?

Wir hatten Friedel Totzke, unseren Biologielehrer, von dem wir wußten, daß er tief gläubig war, als er die Entwicklungslehre behandelte, höhnisch gefragt, wie er dann fromm sein könnte. Entwicklung oder Erschaffung der Erde in sieben Tagen? Und Gott als Menschenbäcker, wie? Totzke hatte mild gelächelt, sich weit zurückgelehnt und geantwortet, das seien natürlich Bilder aus der Kindheit des Christentums, Gleichnisse, selbstverständlich nicht in sieben Tagen, in sechs, meine Lieben. Gott ist das große transzendente Prinzip und kein Mann mit Rauschebart. Und Engel natürlich nicht mit weißem Kleid und Flügeln, sondern wesenlose Wesen, hört gut zu, kein Paradoxon, wesenlose Wesen …

War ich nun so ein wesenloses Wesen? Wie auch immer, ich bin tot, aber etwas von mir ist da, ist vorhanden, denkt in der Dunkelheit. Ich begann zu spüren, daß ich immer noch Glieder besaß, Leib und Lunge vor allem, und alles schmerzhaft festgebannt. Die Hölle also? Nein, ich begriff plötzlich und schrie auf; ich war verschüttet. Die linke Hand lag frei, und ich begann mich aus Steinen und Schutt zu graben. Beißender Mörtelstaub drohte mich zu erstikken. Endlich konnte ich mich aufrichten und fing an, mich zu bewegen, ich geriet an etwas Weiches und ertastete einen menschlichen Körper, bewegungslos, klebrig. Ich kletterte weiter und berührte plötzlich nur Wände, die Angst machte mich stumm; verschüttet, einzig Überlebender, zum Tode verurteilt, erstickend, verhungernd. Ich war nahe daran, verrückt zu werden. Mir fiel ein altes Beruhigungsmittel ein, ich zählte, zählte lange und überlegte wie im Fieber zitternd nach einem Ausweg. Aber stieß nur an Wände. Dann hörte ich einen Laut, einen Schrei, und wurde sogleich ruhiger, da war also noch ein zweiter, ich begriff jetzt auch, wo ich mich befand. Der Luftschutzraum hatte einst als Kellerwohnung gedient, ich war auf den früheren Küchenherd geklettert, in die äußerste Ecke hin, da waren natürlich nur Wände, wohin ich faßte. Ein schwacher Lichtstrahl durchdrang den Nebelstaub.

Ist da wer? Hallo! Vaters Stimme.

Ich wurde sofort ruhig. Vater klopfte mir nicht auf die Schulter, umarmte mich nicht, er kam nur ganz dicht an mein Gesicht, um mich zu betrachten, was nicht gelang.

Bist du heil? Gut, dann such Mutter und schlag den Gang zum Nachbarhaus frei. Wir kommen hier nicht raus, der Ausgang ist zu.

Mutter saß im Nebenraum, der zur Hälfte eingestürzt war. Die stützenden Balken hatte der Luftdruck weggerissen, sie lehnten wie ein Gitterwerk über Mutter an der Wand. Ich leuchtete mit Vaters Lampe in ihr staubweißes Gesicht. Sie hockte still, die Tasche auf dem Schoß, und sagte ärgerlich: Na endlich, Junge, ich kann nicht aufstehen, mach mal hin, alter Dussel …

Mutters Füße waren eingeklemmt, ich räumte die Steine beiseite, nahm die bereitstehende Picke und schlug gleich neben Mutter das Rettungsloch zum Nachbarhaus. Es ging leicht, die Stelle war vorbereitet und gekennzeichnet. Die Leute im Nachbarkeller schrien auf, als sie mich erblickten, ich wußte anfangs nicht, warum, und sah an mir hinunter. Ich war mit dickem weißem Staub bedeckt und blutbeschmiert.

Wir sind verschüttet! rief ich, holt Hilfe!

Der kleine Wowra, ein Spielkamerad, rannte los zur Feuerwache in der Memeler Straße, sie kamen schnell.

Durch das Loch kletterten die Überlebenden unseres Hauses; Mutter, Klara Boger, andere Nachbarn. Doch viele lagen verletzt zwischen den Steinen, viele tot. Wir trugen Frau Kay heraus, und Amandus Kay, der Verwalter, den wir einst gefürchtet hatten, ging neben uns her, über den Hof zu den Müllkästen unter der Teppichstange, wohin wir die Toten brachten. Er sagte immerzu: Ich bin Herr Kay, Teilnehmer am ersten Weltkrieg, sie ist meine Schwester, Wilhelmine, gelernte Köchin, ich bin Herr Amandus Kay …

Die beiden weißen Schwestern, auch Engerlinge genannt, die in der Kellerwohnung nebenan gehaust hatten, ebenfalls tot. Vorhin war ich über sie hinweggeklettert und hatte in ihre zerstörten Gesichter gefaßt. Ihre Wohnung blieb unversehrt, sie starben nebenan im Luftschutzraum. Unteroffizier Patzke fanden wir in der Nähe des alten Küchenherdes, den ich erstiegen hatte, er lebte noch; seine junge Frau führten wir hinaus, sie trug im Arm ihren vom Luftdruck getöteten Säugling. Auch Paulik gruben wir aus, er lag dort, wo ich geglaubt hatte, ein wesenloses Wesen zu sein, tief im Schutt, er hatte Knochenbrüche und eine schwere Schädelverletzung.

Am Morgen sahen wir, daß eine Luftmine vor unserem Haus niedergegangen war und unsere Straße von einem Ende zum anderen zerstört hatte. Unser Hinterhaus war stehengeblieben, wenn auch mit großen Rissen im Mauerwerk, die wir mit Lumpen zustopften. Im Haus gegenüber hörten wir die Eingeschlossenen um Hilfe klopfen. Gemeinsam mit Soldaten und der Feuerwehr versuchten wir viele Stunden lang, sie zu retten, sie erstickten und verbrannten, der Bäcker hatte seinen Ofen bereits angeheizt, das Feuer schwelte fort und tötete alle.

Ohne Paulik wären wir jetzt aus, sagte Vater.

Mutter, der wir erzählten, wie Paulik plötzlich vom Hof weg in den Keller gedrängt hatte, sah uns ernst an: Wenn das kein Fingerzeig des Herrn ist. Ich hab euch Dämels schon immer gesagt, es gibt ihn, und wenn ich nicht an ihn geglaubt hätte, dann wärt ihr beiden Doofen jetzt tot und ich Witwe. Mutter schrak zusammen. Mich hat er beschützt mit dem Balken, aber euch hat er einen Denkzettel gegeben!

Vater, schon unten, war durch den Raum gewirbelt worden, hinein ins Doppelstockbett an der gegenüberliegenden Wand. Der französische Stahlhelm schützte ihn bei diesem Sturz, abgesehen von einem Bluterguß an der Schulter blieb er unverletzt. Ich hatte mir zwei Rippen angebrochen und den rechten Arm geprellt. Paulik und Unteroffizier Patzke waren beide schwer verletzt, Vater als ersten und mich als letzten hatte es am wenigsten getroffen.

Schöner Gott mit dieser Auswahl, knurrte Vater.

Herrgott, ich danke dir, sagte Mutter mit gefalteten Händen. Ich verschwieg den Eltern und allen anderen meinen kindlichen Glauben an Auferstehung, an seelisches Schweben und Gottes Gnade. Ich wußte jetzt, was auch mit mir geschah, ich würde mich nicht mehr täuschen; ich würde sterben oder ich würde leben.

Und weshalb hat Paulik uns plötzlich so sehr gedrängt, vom Hof wegzugehen, hinab in den Keller? Keine Gefahr, ferne Detonationen, ein einzelner Flieger, keine heranheulende Bombe. Ich kannte alle Geräusche genau, ich wußte, wann es nah einschlug oder weit fort, ich konnte die Höhe der Flugzeuge, ihre Richtung am Motorengeräusch bestimmen, ich hatte nichts bemerkt. Aber Pauliks plötzlicher Eifer, seine jähe Angst? Vielleicht hatte er ein besonders verfeinertes Organ, das die auf uns heruntersausende Bombe eher erfühlte als wir anderen. Paulik, der sonst ein schwer röchelnder, geistig unbeweglicher Mann war, Mitte Vierzig, aber hier von der Natur bevorzugt?

Die Wissenschaft mag es zukünftig ergründen und nennen, wie sie will, ultraschallüberempfindlich, drucksensibilisiert; als ich Mutter meine Vermutungen erzählte, zu denen Vater zustimmend nickte, schlug sie uns beiden an den Kopf, aber sie schwieg, sie dachte nach und sagte dann einen Vers auf, den sie noch aus ihrer Heimat kannte, wo sie zur Kirche gegangen war und fromme Lieder gesungen hatte. Wunderlich ist Gottes Schicken, wunderbarlich ist sein Rat, herrlich ist doch sein Erquicken, dies erweist zuletzt die Tat.

Vater und ich lachten, zu grob, wie ich jetzt meine.

Ich war ordentlich eingesegnet, aber ich lebte heidnisch daher, ein gebürtiger Atheist, und kam doch von Begegnungen mit der Religion nicht los. Als das Manna vom Himmel ausblieb, die Weißbrotschnitten mit Schinken im Chausseegraben von Ludwigslust und auch der sehr würzige Tee und das Irish-Stew, verarmte ich rasch; der hoffnungsvoll angetretene Tagesmarsch zur Feldkasse, wo Millionen auf mich warteten, endete mit einer Enttäuschung, andere hatten sie entdeckt und ausgeplündert. Also mußte ich mir Arbeit suchen, Geld verdienen, sonst würde ich glatt verhungern. Doch Arbeit gab es im Sommer 1945 sehr wenig. Ich fragte bei Fabriken und Handwerkern an, alles geschlossen. Zurück nach Jasnitz, niemals.

Die breite Straße, die zum Ludwigsluster Schloß hinführte, war von Bäumen gesäumt, und diese Bäume hingen voller Zettel, Mitteilungen von Überlebenden an ihre gesuchten Verwandten, Tauschangebote, suche Mehl, biete nagelneuen italienischen Pullover ...

Eines Tages entdeckte ich einen Zettel, dessen Text sauber mit Maschine geschrieben war: Evangelischer Suchdienst benötigt dringend Mitarbeiter. Interessenten melden sich im Pfarrhaus. War ich nicht der richtige Mitarbeiter, erfüllt von Lust zur Tätigkeit, bescheiden, ohne Ansprüche, konnte lesen und schreiben, ausgestattet mit englischen Sprachkenntnissen und minimalen in Mathematik? Ich wäre als Pförtner brauchbar und besaß als Bote Berufserfahrung. Gleich lief ich hin, trug meinen Wunsch vor und wurde sofort vorgelassen.

In einem kleinen Zimmer saß ein grauhaariger Mann mit einem hübschen Spitzbärtchen, und das hätte mich, wäre ich Mutters Abneigung gegen Bartträger gefolgt, stutzig machen müssen. Der Mann bat mich höflich, Platz zu nehmen, hörte mein Anliegen und sagte, ich sei der erste Bewerber, der Zettel hinge erst wenige Minuten. Er musterte mich plötzlich scharf und fragte mit ebenso scharfer Stimme: Waren Sie Soldat? Welchen Rang? Bei welcher Truppengattung haben Sie gedient und wie lange?

Der Mann des evangelischen Suchdienstes in dieser Zeit des eben gewonnenen Friedens konnte mit diesen Fragen doch nur bezwecken, mich auf meine Vergangenheit hin zu prüfen, auf mein friedfertig gelebtes Christentum; ich dachte, wenn ich zugäbe, Soldat gewesen zu sein, ein alter Haudegen mit fast zweijähriger Militärerfahrung, der das modernste Gewehr getragen hatte, den Karabiner 45 mit Zielfernrohr, und Geschützführer bei der Flak gewesen war, würde er mich nicht nehmen. So erwiderte ich fest, hoffend, der Mann hätte mein kurzes Zögern nicht bemerkt: Nein, ich war nie Soldat, bin ja noch sehr jung. Und dann habe ich Plattfüße und Rachitis. Ich hüstelte.

Der Mann ließ den Bleistift fallen, schüttelte enttäuscht den Kopf und sagte wieder mit normaler Stimme: Mann, ich kann Sie nicht gebrauchen. Zivile Figuren, da kommt nichts bei raus, da ist keine Disziplin drin. Ja, wenn Sie Soldat gewesen wären ...

Aber natürlich war ich Soldat, ich bitte um Entschuldigung, ich konnte ja nicht wissen ...

Der Mann nahm an, ich wollte mich mit dieser Lüge in den evangelischen Suchdienst retten, und fragte mich, wieder mit schärferer Stimme: Also binden Sie mir keinen Bären auf, anscheißen lasse ich mich nicht. Wo haben Sie denn gedient?

Militärisch knapp antwortete ich: Juli dreiundvierzig bis Oktober vierundvierzig 5. schwere Flakbatterie 605, dann Arbeitsdienst mit Infanterieausbildung, später 97. Panzergrenadier-Ersatzbataillon ...

Das Gesicht des Mannes hellte sich auf, er fragte mich nach der Flak und was ich dort für Dienst getan hätte.

Fast dreiviertel Jahr in der Umwertung, Ausbildung als E-Messer, dann K1, K2, K6, zuletzt Geschützführer.

Und was haben Sie in der Umwertung bedient? Der Mann beugte sich gespannt zu mir hinüber.

Am Malsitisch war ich, Erfindung des Majors Malsi, mit dem Ding konnte man ohne Funkmeßgeräte Schießwerte liefern und die Flugbahn der feindlichen Maschinen aufzeichnen.

Er sprang auf, lief um den Schreibtisch, packte mich an der Schulter und begann mit mir so etwas wie einen Tanz in der engen Stube. Mensch, Sie waren ja wirklich bei der Flak, ich doch auch, Batteriechef einer schweren Flakbatterie, Ende vierundvierzig hat man mich, leider, leider, aus Gesundheitsgründen in die Reserve versetzt. Mann, Sie sind angestellt, genau einen ehemaligen Flaksoldaten brauche ich, keinen schlaffen Zivilisten, welch guter Zufall!

Meine Batteriechefs waren im bürgerlichen Beruf Studienräte und Physiker gewesen, weshalb nicht auch Pfarrer? Aber es wunderte mich doch, Talar, Bäffchen, Beten und Büßen und dann Feuer frei! kommandieren. Aber es muß wohl gegangen sein, wenn man glaubte: Gott mit uns!

Pastor Zopf, so hieß der Mann, jetzt nicht mehr Chef einer Batterie, sondern des evangelischen Suchdienstes, beförderte mich kurzerhand zum Abteilungsleiter und unterstellte mir den Kurierdienst. Was tat es, daß der Abteilungsleiter nur einen Mitarbeiter hatte, der ich selber war, und nur sechzig Mark Monatsgehalt erhielt. Die reichten für Brot und Milch, Miete zahlte ich im gräflichen Haus nicht. Ich erhielt ein zerbeultes Fahrrad und fuhr damit über die Dörfer, nahm Karteikarten mit und brachte andere zurück, geduldige Frauen, ehrenamtliche Mitarbeiterinnen unseres Suchdienstes, hatten auf ihnen Namen und Daten vermißter Soldaten, verlorengegangener Familienangehöriger notiert. Einmal fuhr ich mit einem Lastauto, das seltsamerweise Altpapier und zerrissene Textilien geladen hatte, über Schwerin nach Lübeck und zurück; ich gab meine Karteikarten beim Schweriner Bischof ab und beim Suchdienst in Lübeck und fuhr mit anderen Karten zurück nach Ludwigslust. Eigentlich war ich glücklich, etwas Sinnvolles zu tun, und froh über mein Geld, das für Brot und Milch reichte.

Bei Pastor Zopf blieb die Vorzugsstellung; manchmal, in einer Arbeitspause, exerzierte er mit mir in seinem kleinen Dienstzimmer: Ziel aufgefaßt, Richtung zwozehn, Cäsar feuerbereit, Feuer frei, Gruppenfeuer, Gruppe! Dabei verlor Zopf viel von Würde und Ruhe, bekam eine schneidende Stimme, richtete sich hoch auf, schrie mich an: Übernehmen Sie die B1 und lassen Sie den Generator anwerfen. Ich schrie zurück: Befehl ausgeführt! Und Pastor Zopf nickte befriedigt.

Zopfs drei Töchter bildeten den schönen Stab seines Suchdienstes. Die Mutter hatten sie während des Trecks aus Ostpreußen verloren, in einem Schneesturm war sie verschwunden. Nicht allein, weil keine Pfarrstelle frei war, sondern weil er sich Vorwürfe machte und hoffte, seine Frau wiederzufinden, leitete er diesen Suchdienst.

Zopf lebte mit seinen drei Töchtern in einem kleinen Zimmer des Pfarrhauses, vollgestellt mit Betten, dazu ein kleiner wackliger Schrank. Das Essen erhielt er aus der Küche des Pfarrers, ich dankte ihm sehr, wenn er mich dazulud, zu wäßrigen Mohrrüben und Pellkartoffeln.

Die Jüngste, sechzehn Jahre alt, mit einem schwarzen Wuschelkopf, derbem Pferdehaar und lustig aufgeworfenen Lippen. Die Mittlere, achtzehn Jahre alt, braun und groß und sinnlich. Die Älteste, zwanzig, mit schwerem blondem Haar, still und lieb, ach, ich konnte die drei gut leiden und sie mich auch. Vielleicht war es nur die völlig andere Art, sich zu geben, als sie bisher in der ostpreußischen Kleinstadt gewohnt waren, vielleicht war ich in ihren Augen wirklich ein fescher, draufgängerischer Kerl. Als ich dreißig Jahre später die Älteste traf, die mit ihrem Mann ein christliches Altersheim leitet, sehr gealtert, grau und müde, da erkannte ich sie nicht wieder. Ich wußte aber, wer sie war. Als ich ihr sagen wollte, daß ich ..., unterbrach sie mich: Warten Sie, warten Sie, ich erinnere mich doch, sind Sie nicht der freche Berliner von damals?

Pastor Zopf bemerkte unser mehrfaches, heiteres, ungetrübtes Verhältnis, nahm mich beiseite und sagte: Keinen Rohrkrepierer! Das bitte ich mir aus, das ist ein Befehl!

Jawohl! rief ich und klappte die Hacken zusammen.

Nur einmal war Pastor Zopf ungehalten, als er uns zu

viert im Bett liegen fand, übereinandergeknäult, kichernd, verschränkte Knie und blitzende Zungen.

Ähnlich wie Klawieg versuchte auch Zopf nicht, mich für seinen Glauben zu werben; vielleicht hatte er keine Zeit dazu, denn die Leitung des Suchdienstes nahm ihn völlig in Anspruch, immer mehr Karteikarten mit den Namen Vermißter und Verschollener flatterten herein, mußten abgeschrieben und in die Zweigstellen versandt werden. Einmal nur nahm Pastor Zopf mich beiseite. Ich predige morgen in der Kirche, es ist das erstemal nach dem Krieg, daß ich auf die Kanzel steige. Heutzutage darf man den Leuten keine Predigt nullachtfünfzehn anbieten, ich arbeite schon lange daran, man muß den Menschen etwas geben. Ich würde mich freuen, wenn Sie kämen.

Das hörte sich gut an, so als wollte er Abrechnung halten, auch mit jenen, die die Kirchbänke gedrückt und Heil! geschrien hatten. Abrechnen, auch mit sich selber, der gestern noch in der graublauen Uniform des Reserveoffiziers umhergelaufen war, ich versprach zu kommen.

Die Kirche in Ludwigslust ist ein merkwürdiger spätbarocker Bau, er soll schön sein. Ich fand ihn häßlich. Die große Tempelanlage, als stünde die Kirche nicht hier, sondern irgendwo bei Piräus, paßte nicht für eine protestantische Kirche.

Sonntags früh, am Kirchplatz wimmelte es von aufgeregten Leuten. Ich entdeckte den Leiter des Suchdienstes, Oberleutnant a. D., diesmal im strengen kirchlichen Ornat; er schüttelte mir schnell und zerstreut die Hand und spähte nach irgendwem aus. Die Blonde, die Braune, die Schwarze begrüßten mich ebenso knapp. Der Abteilungsleiter des Kurierdienstes, ihr lieber Freund und Spaßmacher, unbedeutend und gleichgültig geworden.

Der erste amerikanische Stadtkommandant von Ludwigslust hatte zur Mahnung und Beschämung der Einwohner die toten KZ-Häftlinge des Lagers Reiherhorst mitten in der Stadt begraben lassen, in der Allee, die vom Schloß zur

Kirche führt. Auf vielen Gräbern stand ein weißes Kreuz mit Namen, auf ebenso vielen nur: Unbekannter Häftling. Ich empfand diesen Friedhof mitten in der Stadt, dicht an den Häusern, als eine gerechte Mahnung und Warnung für uns alle. Zopf hatte gesagt: Das kann ja nicht ewig so bleiben, die Straße ist kein Gottesacker.

Vom Schloß her näherte sich, an den Gräbern der Häftlinge vorbei, ein Zug. Die Leute vor der Kirche bildeten ein Halbrund, in dessen Mitte, vor der Kirche, Pastor Zopf stand. Ich erkannte ein paar hohe amerikanische Offiziere, Damen, ein paar ältere zivile Herren dazu. In der Mitte ging herausgehoben ein Mann, man sah ihm den Militär von weitem an. Zopf schritt dem Zug entgegen, verneigte sich und wies auf die offene Kirchentür, hinter der die Orgel zu spielen begann. Die Männer rings um mich herum verbeugten sich tiefer noch als Zopf, einige Frauen, selbst ältere, knicksten. Die Gruppe zog in die Kirche ein, wir anderen folgten. Ich vernahm Wortfetzen des Geflüsters ringsum. Großherzogliche Hoheit, Gott sei Dank gerettet, welch Glück, daß man den General wieder freigelassen hat, bei der SS? Na, so schlimm waren die ja auch nicht …

Es hieß, einer aus der großherzoglichen Familie sei schnell von den Amerikanern aus der Kriegsgefangenschaft entlassen worden und werde nun zum Gottesdienst begleitet. Andere flüsterten, der Großherzog selber sei es, der höherer SS-Führer gewesen war. Wie auch immer, amerikanische Offiziere gaben dem Mann und seiner Familie die Ehre, und mein Pastor Zopf geleitete sie in die Fürstenloge. Jetzt würde er seine große Predigt halten!

Ich drängelte mich mit den letzten in die überfüllte Kirche und hörte Zopf predigen. Es war keine Abrechnung, nicht Reue noch Verurteilung. Er verwies nicht auf die Gräber, an denen der hohe Zug vorbeigeschritten war. Ich verließ die Kirche und warf die Tür unziemlich laut zu. In meinem Zimmer der gräflichen Villa schrieb ich zwei Abschiedsbriefe; das Gesuch um sofortige Entlassung aus dem

Suchdienst, den zweiten an die Mädchen, daß leider unsere schönen, fröhlichen Beziehungen als erloschen anzusehen seien. Denn ich hatte sie sitzen sehen, ihre Gesichter dem predigenden Vater entgegengerichtet, ab und zu einen bewundernden Seitenblick zur großherzoglichen Familie.

Pastor Zopf traf ich nie wieder; die drei Mädchen versuchten nicht, mich umzustimmen, sie schickten eine der älteren Mitarbeiterinnen mit der Arbeitsbescheinigung.

Kurz darauf verließen die amerikanischen Truppen Ludwigslust, ich sah mit einem Gefühl persönlicher Rache, wie die Soldaten im Schloß Gemälde aus den dicken goldenen Rahmen herausschnitten, lachend zusammenrollten und auf Lastwagen warfen. Nach ihnen kamen englische Truppen; in dieser Zeit begegnete ich den drei Schwestern auf der Straße. Anfangs erkannte ich sie nicht in ihrer graublauen strengen Tracht mit dem kleinen Häubchen auf dem schwarzen, blonden, braunen Haar. Wir konnten einander nicht ausweichen.

Wie seht ihr denn aus? Wie Nonnen! Was soll denn das?

Pastor Zopf hatte die Mädchen ins Diakonissenstift gesteckt, nachdem er vom englischen Stadtkommandanten sichere Nachricht erhalten hatte, daß sie demnächst abziehen und sowjetische Truppen die Stadt besetzen würden. Die Russen, so hatte Pastor Zopf erfahren, respektierten die Kirchen und ihre Einrichtungen. Zopf, der nicht mehr weiterwandern wollte, sondern hoffte, nun in der russischen Besatzungszone mehr über seine Frau zu erfahren, hatte sicherheitshalber die drei hübschen Töchter zu den Diakonissen geschickt. Wer weiß, ob die Russen nicht alle Deutschen nach Sibirien verschickten, Diakonissen nicht, hörte man, also ab.

Ich drückte den dreien mitleidig die Hand, die nun streng und demütig in ihrer Tracht vor mir standen, nicht mehr lustig und sinnenfroh wie gestern noch. Wenige Tage später zogen sowjetische Truppen in Ludwigslust ein, ich fuhr nach Berlin.

Nun hatte ich eine ähnliche Enttäuschung wie Vater erlebt, er als Ministrant, ich in der Erwartung einer großen Predigt mit Reue, Abrechnung und Aufbruch. Vater haßte seitdem Religion und Kirche. Auch ich war endgültig mit Gott fertig. Und wenn ich es recht bedenke, dann war meine Entscheidung gar nicht so simpel begründet. Sie rührte vom tiefsten Widerspruch der Religion her, den auch die beste Theologie nicht lösen kann: Dem vom Bösen in Gott. Wenn er allmächtig ist, der liebe, wie Mutter ihn stets nannte, der gütige, dann ist die Existenz des Bösen nicht anders erklärlich, so dachte ich mir. Gott hat den Teufel in sich. Wenn er bewußt das Böse schuf, dann ist er auch ein Untier, das Menschen frißt. Wo denn sonst soll das Böse herkommen, wenn nicht vom allmächtigen Gott? Wie auch immer, ob er das Böse, den Krieg, den ich bis zum bitteren Ende miterlebt hatte, geschehen ließ, ob er es hervorrief, ob er überwältigt wurde – es war geschehen, und wir spürten das ungeheure Elend gerade in unseren Suchdienstkarteien, die Qual der Menschen, der Ozean von Tränen, immer noch, als längst die Kanonen, die Pastor Zopf befehligt hatte, schwiegen.

Nein, wir wollen hier auf Erden schon das Himmelreich errichten! Dies war besser. Wie lange es bis dahin dauern würde, wußte ich damals nicht, aber es hätte mich nicht geschreckt. Aber gewundert hätte es mich damals, daß ich dann zusammen mit guten Christen an diesem irdischen Himmelreich arbeitete.

Traum

Ich heirate. Meine zukünftige Frau ist sehr jung und lang, sie überragt mich. Ich kenne sie überhaupt nicht, habe sie vorher nie gesehen und bin erstaunt, daß wir nun Hochzeit halten. Ich blicke in ihr Gesicht, das von dunklen Sommersprossen übersät ist und von rötlichem Haar eingerahmt. Ich bemerke, auch sie ist überrascht, wir wissen also beide, ihre Eltern haben die Hochzeit arrangiert, Ort und Zeit festgelegt, ohne daß wir es merkten.

Ich sehe jetzt, daß wir kirchlich getraut werden, was ich bisher auch nicht wußte. Als der Pfarrer anfängt, politisch bösartig zu predigen und den Kommunismus zu beschimpfen, sage ich laut in den hallenden Raum: Ich werde mich doch nicht von diesem Hund einsegnen lassen! Meine Knie beuge ich nicht vor ihm! Und da meine Frau und die Hochzeitsgesellschaft über meine Worte betroffen sind, mache ich einen Kompromißvorschlag: Ich tausche höchstens die Ringe! Höchstens! Aber auch dies erscheint mir gleich als zu zahm. Die Zeremonie rollt ab, unaufhaltsam, am Ende werde ich verheiratet sein, kirchlich dazu. Ich sinne verzweifelt auf einen Ausweg, finde aber keinen.

Da öffnet sich knarrend eine Tür, und in alten Radmänteln, wie ich sie von Buchillustrationen kenne oder aus historischen Filmen, in Mänteln mit langen, weichen Kragen, halb vermummt, treten zu meiner Erleichterung die Genossen ein. Unter ihnen Wilhelm Pieck und andere Genossen, die ich gut kenne. Ich blicke mich sehr erleichtert um, mit ihrem Eintritt hat sich das Innere der Kirche verändert, verweltlicht; ich kann nicht genau sagen, auf welche Weise, aber es ist eben keine Kirche mehr.

Ich nicke den Genossen zu und sage: Es war höchste Zeit! Sehr zufrieden und gelöst gehe ich ihnen ein paar Stufen hinunter entgegen, beide Hände weit ausgestreckt, doch ich weiß nicht genau, ob zur Begrüßung oder ob ich sie segnen will.

Der Maler mit dem Pinsel ohne Haar

Birnen aus Onkel Orjes Garten, wir essen die Schüssel leer, die Stiele liegen über den Tisch hin verstreut. Mutter fällt ein Jux ein: Du gehst runter zu Frau Theophil und sagst, Mutter hat Pinsel übrig, ob sie die haben will.

Frau Theophil wohnt zwei Treppen unter uns, ich habe längst gemerkt, daß Vater Frau Theophil nicht leiden kann. Sie putzt und wäscht sich ständig, stets riecht ihre Wohnung nach Terpentin, sie streicht immerzu ihre Fenster. Ich gehe gern zu Frau Theophil, die trotz ihres Waschwahns und Malzwangs eine fröhliche Frau ist; sie hat Zuckerkand für mich.

Die Birnenstiele kleben süß in der Handfläche, ich halte sie hinter dem Rücken und frage Frau Theophil, was Mutter mir aufgetragen hat. Frau Theophil ist froh, sie braucht immer Pinsel, sie malt ja ständig. Ich weise meine Handfläche vor, darauf die Birnenstiele, das sind die Pinsel. Frau Theophil will erst ärgerlich werden, dann lacht sie doch, schiebt mich in die Stube, wäscht mir lange die Hände, dann spielt sie mit mir Schwarzer Peter.

So oder so, du wirst doch Kunstmaler!

Ich zeichnete gern mit Vaters Zimmermannsstift auf Zeitungsrändern und Tütenpapier. Die Erwachsenen sahen sich meine Krakeleien an, blickten bedeutungsvoll und sagten, ich sei wirklich ein kleiner Künstler und werde wohl Maler werden wie er …

Einzig unzufrieden ist Onkel Otto. Da wird nichts draus, wenn ihr das glaubt, der kann ja keine gerade Linie ziehen, aber ein Kunstmaler muß das können, wie nach dem Lineal, und einen Kreis wie mit dem Zirkel, alles aus der freien Hand.

Was ist eigentlich ein Kunstmaler? Die Wohnungsdekken und Wände malte man sich selbst oder klebte Tapeten, Bilder kannte ich nicht, nirgendwo hingen sie, weder bei uns noch bei der puckligen Verwandtschaft, noch bei der Freundschaft. Nur bei Pfennas ein Wandbehang mit Hirschen; aber der war nicht gemalt, sondern gestickt. Was nun ein Kunstmaler tut, konnte ich mir nicht vorstellen. Und wer war Er?

Ich soll ja, so hörte ich immer wieder, Kunstmaler werden wie er, gerade von ihm hätte ich das. Man redete dahin, Verheimlichtes, Verworrenes, mit Seitenblicken auf mich, der ich scheinbar beschäftigt am Boden saß und spielte oder auf einer Tüte einen Omnibus zeichnete, bevölkert von vielen Menschen. Wie den meisten Kindern wuchsen mir tückische Zwergenohren.

Ich höre alles, und vieles verstehe ich auch. Abends, in meinem eisernen Gitterbettchen, setze ich mir die Wörter und Wendungen zusammen zu einem Bild, das so aussieht wie das auf dem Zeitungsrand und den Tüten, schief und krumm, aber erkennbar. Der unbekannte und unerklärbare Kunstmaler ist mein Er. Anders wird er nie genannt, er ist also weder mein Vater noch mein Onkel, irgendwie hängt er dennoch mit mir zusammen. Er hat mir das Malen beigebracht, obschon ich mich nicht daran erinnere. Vielleicht erzeugt er Bilder? Eins bin ich?

Man sagt, er sitzt. Müssen Maler sitzen? Doch schon ahne ich, was dieses Wort bedeutet; sitzt er etwa in der Plötze, an deren Mauern ich manchmal spiele und hochblicke zu den Gitterfenstern an hohen Häusern? Sie denken, ich verstehe und weiß nichts, und ich tue ihnen den Gefallen, aber unsere Art hat ein böses Gedächtnis und scharfe Phantasie. Die kleinen Gestalten, die durch so viele Märchen und Sagen geistern, sind nichts als Erinnerungen aus der Kindheit, so waren wir damals, erfinderisch, scheinheilig und boshaft.

Ich fragte nichts, ich sagte niemandem etwas, ich gab

mich nicht zu erkennen. Aber jeden Wortfetzen schlüsselte ich auf, aha, da kommt ein unbekannter polnischer Großvater, der Pferdeknecht Klawek zutage und eine nie gesehene Großmutter, des Kunstmalers Mutter, die wunderschön heißt, nämlich von der Höh, sie gehört irgendwie auch zu mir. Und dieser Kunstmaler! Ab und zu wird auch später von ihm gesprochen.

Er ist vorigen Monat im Gefängnis gestorben. Sie haben ihn nicht umgebracht und nicht hingerichtet, gestorben, schade war's um den ja nicht, flüsterte Mutter, und Tante Berta hielt den Finger auf die Lippen. Ein Kommunist war er! Mutter lachte und hob die Faust.

Ein Seltsamer muß er gewesen sein, denn zu ihm gehörten Schlägereien, eingedroschene Nasenbeine, ein Raufbold, ein versoffenes Genie, ich habe jede Bezeichnung gehört und behalten. Und nach und nach enthüllte sich das, was in der puckligen Verwandtschaft Kunstmaler und er hieß: Er hatte nach Fotos Postkarten gemalt, Alpenglühen, Weiher im Wald, Die Rasenbank am Elterngrab. Wenn er nicht betrunken war und nicht im Kahn, sie redeten so, als wüßte ich nicht, daß Kahn nichts anderes bedeutet als Gefängnis, malte er diese hübschen Postkarten, und offenbar mit rednerischer Überzeugungsgabe versehen, wanderte er von Tür zu Tür, treppauf und treppab, verkaufte die Karten und verdiente sich so Brot und Schnaps. Manchmal bekam er einen richtigen Auftrag: ein Dienstmädchen abzumalen, recht ähnlich und bunt für den Verlobten, oder ein Bild des Silberhochzeitspaares oder eine kleine Ausschmückung des Milchladens zum fünfundzwanzigsten Geschäftsjubiläum.

Also dies war ein Kunstmaler und sein Leben, ich will lieber keiner sein und möchte nicht ins Gefängnis.

Ich liege und denke über mich und die pucklige Verwandtschaft nach. Aber ganz genau kann ich alles nicht mehr auseinanderhalten. Mutter ist also zugleich meine Tante, Minna, Mutters Schwester, gleichzeitig Mutters

Nichte, und sie steht mit dem Kunstmaler in Verbindung, irgendwie; Mutter in Lichtenberg, Emma, Mutters Schwester, bleibt meine Tante und ist gleichzeitig meine Großmutter, während meine Oma auch meine Urgroßmutter ist. Dann also ist Minna meine Kusine, und ich bin mein eigener Neffe, aber nicht der Neffe meiner Großmutter, ebensowenig wie ich der Urenkel meiner Urgroßmutter, sondern bloß ihr Enkel bin. Am Ende bin ich mein eigener Vater und zugleich mein leibhaftiger Sohn?

Es schien alles verzwickt und enthüllte sich dann im Grunde einfach, Großmutters achtzehn Kinder bekamen selber Kinder, und diese unehelichen, früh gezeugten und früh geborenen Würmchen wuchsen im Haus auf, oft älter als ihre Onkel und Tanten, Großmutter wußte am Ende selbst nicht, was Kind und Enkel war. Und Minna, von diesem wilden Kunstmaler geschwängert, mit einem Fötus versehen, der allen Abtreibungsversuchen widerstand, geriet in große Not. Der überständige und süffisante Junggeselle Otto erklärte sich zwar bereit, Minna, Mutters Schwester, meine Kusine und Tante, gleichgültig, wie man es sieht, zu heiraten, wenn sie sich verpflichtete, nicht allein für den Haushalt, sondern auch für sich selbst, für Miete und Licht zu sorgen. Minna war voller Sehnsucht nach einem eigenen Heim. Otto wollte keine Kinder; sie mußte einen heiligen Eid schwören. Minna, Dienstmädchen in einem Charlottenburger Rechtsanwaltshaus, schwur. Mutter, die nach zwei unehelichen Kindern, die früh starben, und vielen Fehlgeburten nun keine Kinder mehr bekam, war bereit, den Bankert zu nehmen. Auch Vater: Kind ist Kind, soll er gemurmelt haben, da hast du wenigstens Leben in der Bude, wie du es dir immer wünschst.

Ich verwirre mich anfangs in mir und meiner puckligen Verwandtschaft, doch es erschreckt mich nicht, im Grunde berührt es mich nicht, ich versuche nur mein eigenes Märchen zu entwirren, das da heißt: der Kunstmaler mit dem Pinsel ohne Haar! Drehe mich um und schlafe ruhig ein. –

Zur Winterzeit, wenn wir nicht angeln konnten und der Garten ruhte, besuchte Vater sonntags häufig mit mir die Berliner Museen, das Märkische, das Naturkundemuseum, das der Meereskunde, Eisenbahn, Post, der Völkerkunde. Am liebsten gingen wir ins Museum für Meereskunde in der Nähe der Friedrichstraße. Dort konnten wir lange vor dem Modell der Skagerrak-Schlacht stehen, und Vater zeigte mir sein Schiff, die Deutschland, auf dem er gefahren war. Wir kletterten in den Turm des U-Bootes, des berühmten U-9, ich rief Kommandos in die geöffneten Schlünde der Kupferleitungen, war Kapitän und Steuermann zugleich. Hunderte Modelle von Segelschiffen, Raddampfern, Ozeanlinern, Vater begeisterte sich wie ich daran.

Gern besuchten wir das Eisenbahn-Museum am Lehrter Bahnhof; den Salonwagen Kaiser Wilhelms, vielmal größer und schöner als unsere Wohnung, in der die Eltern, Großmutter und ich hausten. Ich liebte diese Museumsbesuche sehr, Saurierknochen und Panoramen, in denen Wölfe wie lebendig herüberglotzten, Indianerschmuck und Negermasken, Ritterrüstungen, bunte Gläser, Muscheln, Briefmarken und uralte Telefonapparate.

Wir kamen stets erschöpft nach Hause, und Vater, der auch sonntags keinen Mittagsschlaf hielt, legte sich nach den Museumsbesuchen ins Bett, ich schlief an seiner Seite.

Bei diesen Besuchen in den verschiedenen Museen machte ich eine unangenehme Entdeckung. Vater war ein anderer Mensch als ich! Und ich ahnte, es war ein Anfang von weiterem Auseinanderleben; ich mußte ich selbst werden und nicht nur Vaters Sohn sein.

Vater verweilte meist lange vor einem Modell, einem Ausstellungsstück; ihm genügte es, in einem einzigen Raum zu bleiben, stundenlang. Jede Einzelheit besah er sich genau, trat ganz dicht heran, dann wieder zurück, um besser betrachten zu können, schüttelte den Kopf, wunderte sich, begriff, zweifelte wieder, staunte und betrachtete von neuem. Ich aber flog berauscht durch die Säle, immer etwas Neues entdeckend, schnell begeistert, schnell gelangweilt. Kaum hatte ich einen Rundgang beendet, begann ich ihn von neuem, die Wiederholung reizte. Vater fand ich noch im ersten Raum, und später, als ich ihn zum drittenmal betrat, stand er noch immer dort.

In den Museen begannen wir uns zu streiten, es ärgerte Vater, wenn ich etwas langweilig fand. Das tausendfach vergrößerte Modell der Stubenfliege interessierte mich nicht, ich lief weiter zur ausgestopften Gemse vor den täuschend nachgeahmten Felsen; Vater konnte sich nicht von der Fliege trennen, ihn beschäftigten die Facettenaugen, war so was möglich, wie konnte das Ding so sehen, und was sah es eigentlich? Ich war schon zur Wolfsschlucht gerannt. Die gemeinsame Freude an den Museumsbesuchen trübte sich, der Unterschied, ja die Gegensätzlichkeit unserer Charaktere begann mir bei so schöner Gelegenheit schmerzhaft deutlich zu werden.

Vater besuchte meinetwegen die Museen, obgleich auch er diese Stunden genoß. Doch sie waren ihm nur ein schwacher Ersatz für wirkliches Leben, sie gehörten zu seiner unkomplizierten Pädagogik, er lebte wirklich auf, wenn es März wurde und das Feld, unser Garten, rief und die Seen eisfrei wurden.

Wir besuchten viele Berliner Museen, aber nie eins, das mit Kunst zu tun hatte, keine Galerien und Ausstellungen. Eisenbahn und Telegrafie, Sitten und Gebräuche, Tiere und Schiffe, alles dies gehörte irgendwie zum wirklichen Leben, wenn auch nach Vaters Meinung nur am Rand. Kunst rechnete überhaupt nicht dazu. Man hatte doch gesehen, was aus einem wird, der versucht, von Kunst zu leben, nicht umsonst hieß es brotlose Kunst, der da … Er war verkommen und verdorben im Gefängnis. Und Schwager Otto, das Großmaul, hatte er nicht allen prophezeit, der Schnellzeichnerstand am Alexanderplatz würde ihn reich machen, aus der Hinterhofwohnung holen in eine Fünfzimmerwohnung mit Balkon? Onkel

Otto arbeitete noch immer in den nassen Grubengängen der GASAG.

So wurde ich festgelegt auf Gleichgültigkeit, mehr noch, auf Verachtung alles dessen, was Malerei hieß oder Plastik, Kunst, Schönheit, unnützes Zeug, sinnlos und gefährlich; seine Zimmerdecke konnte man sich selbst malen, und im Zeichenunterricht wurden Striche mit dem Lineal gefordert, wie Onkel Otto es einst gewünscht hatte. Von Farben kannte ich nur zwei, allerdings mit ästhetischem Urteil. Mutter, wenn jemand eine rote Bluse zu blauem Rock trug, sagte gewöhnlich wütend: Rot und Blau kleid' die Sau! Woher sie den Abscheu vor dieser Farbzusammenstellung hatte, habe ich nie herausbekommen.

Eines Tages indessen begann ich die ganze Welt neu zu sehen und auch mich dabei. Was ich vorher albern gefunden, jetzt gefiel es mir, worüber ich früher nur höhnisch hatte lachen können, nun begeisterte es mich. Die Ursache: ein Mädchen.

Das Mädchen liebte Kinder und wollte Lehrerin werden, der Krieg zwang sie ans Zeichenbrett eines Rüstungsbetriebes. Doch in der Ilsestraße kannten die Kinder sie, rannten zu ihr, sie redete mit ihnen vernünftig, nahm eins der Kleinsten hoch und wirbelte es herum. Ich begann Kinder ebenfalls zu lieben, nahm sie hoch, wirbelte sie herum, stellte ein Erziehungsprogramm für Pepe auf und hakte auf der Tabelle den Punkt ab, wenn er erfüllt schien. Das Mädchen besaß ein schwarzes Klavier und spielte mir vor, kleine Mozartstücke, Etüden, sie bat mich, die Seiten des Notenheftes zu wenden, nickte mir zu, wenn ich umblättern sollte.

Mutter und Tochter schliefen im Ehebett, der Vater war gefallen, nun lagen sie nebeneinander, alles genau wie bei uns zu Hause, nur standen hier am Bett Nachttische, auf dem der Mutter ein schwarzgerahmtes Foto des Mannes, eines ernsten Soldaten, auf dem des Mädchens bunte Postkarten, jede Woche eine andere.

Gefällt dir das Bild? Gemütlich verschnörkelte Häuser, zart rauchende Schornsteine, ruhiger Nachthimmel, freundliche Frauen, alte Männer, die ihre blühenden Blumen gießen, Musikanten, die ein Ständchen bringen, hübsche kleine Bilder einer schönen Welt, die es einmal gegeben haben mußte. Keine Fotos, das sah ich wohl, sondern gemalte Bilder. Das Mädchen liebte diese Bilder; sie waren alle, dies erkannte selbst mein ungeübter Blick, von demselben Maler geschaffen.

Ein Kunstmaler also, da paß nur auf, das ist gefährlich, ich weiß das am besten ...

Das Mädchen begriff nichts, um sie zu trösten, küßte ich sie.

Eines Abends ging ich sehr spät von ihr fort, lange aufgehalten durch einen Fliegerangriff. Ich stieg am Bahnhof Warschauer Straße aus, überquerte die Brücke und lief am Helsingforser Platz vorüber in die Memeler Straße. Die Dezembernacht glänzte kalt. Die Häuser, bisher nur wenige zerstört, lagen in tiefster Verdunklung. Der endlich stille Himmel schimmerte grünlich. Unter meinen Schritten knirschte der Schnee im scharfen Frost. Vorn fingerten die kahlen Äste der Bäume über die eisige Scheibe des weißen Mondes. Ich verstand überhaupt nicht, weshalb mir plötzlich die strenge Schönheit dieser Nacht so naheging, daß ich stehenblieb und mein Herz schlagen hörte. Überdeutlich fühlte ich jeden Farbklang dieser Nacht; ich fühlte das Grün und Weiß, Schwarz und Dunkelrot in mich eindringen, die Formen von Dach und Schornstein, Baum und Häuserwinkel erschlossen sich mir jäh, ich ahnte ihren tieferen Sinn, ihre Ordnung, wie nach einem genauen Entwurf.

Verwirrt kam ich nach Hause, ließ das Verdunklungsrollo hochschnappen, öffnete das Fenster und sah in den Himmel, nach Mond und Sternen, bis Mutter schimpfte, es ist geheizt und ich soll die Kohlen nicht verpulvern und bin nun endgültig doof geworden. Vielleicht war ich es.

Als ich dann die bunten Postkarten auf dem Nachtschränkchen des Mädchens wiedersah, wußte ich, was mir begegnet war, die Entdeckung der Kunst und die Wiederentdeckung des Wirklichen. Nicht nur die einfache Entdekkung von Schönheit und Zauber einer Nacht hatte ich gemacht, belehrt durch einen Maler, sondern gleichzeitig erfuhr ich den ungeheuren Widerspruch zwischen der Schönheit dieser Winternacht und dem röchelnden Schlaf der gepeinigten Stadt, die eben einen Fliegerangriff erlitten hatte.

Wie heißt der Mann?

Carl Spitzweg, sagte das Mädchen, willst du sie haben?

Ich suchte mir einige Karten heraus, die mir besonders gefielen, und befestigte sie an der Wand über meiner Chaiselongue.

Was ist denn das nun wieder? Mutter ging ganz dicht heran, die Bildchen zu besehen.

Das ist der Kunstmaler Spitzweg.

Kunstmaler, na, das wird schöner Asch sein, Kunstmaler, da laß mal bloß die Finger davon.

Mutter schrieb unbarmherzig Postkartengrüße zu Ostern, Pfingsten und Weihnachten, Geburtstage nahm sie nicht wahr. Man konnte ihre kraklige Schrift kaum entziffern, es machte nichts, sie hatte einen pünktlichen Gruß übersandt. Nun schickte sie mich in den kleinen Papierladen in der Memeler Straße, Osterkarten zu kaufen. Diese Karten wurden nie versandt, die Post stellte die Arbeit ein, und unser Haus verbrannte inzwischen. Ich wußte nun, daß Postkarten nicht bloß zum Übersenden von Nachrichten und Grüßen taugten, sondern daß man auf der vorderen Seite, die ich sonst nie beachtet hatte, außer Osterhäschen, drallen Engeln, Blumensträußen auch anderes finden konnte: die Bilder des Malers Spitzweg. Deshalb ließ ich mir viele Postkarten zeigen und stieß auf eine Fotografie, ein nacktes Mädchen, aufsteigend oder emporschwebend. Welch lieblicher Körper, welch schönes, träumendes Gesicht, leicht und verfließend.

Aber war das nicht mein Mädchen aus Neukölln? Warum hatte ich denn nie die Augen aufgemacht und sie so gesehen? Und hätte sie doch so sehen können, nackt und schön. Ich begriff eben jetzt, in dem kleinen Laden, der nach trübem Leim roch, die Schönheit des Mädchens und sah sie, wie ich sie nie gesehen hatte. Wirklich, ich schloß tatsächlich die Augen, wenn wir uns küßten.

Ich kaufte die Karte; auf der Rückseite stand: Hanneles Himmelfahrt. Ich weiß nicht, nach welchem Akt welchen Bildhauers diese Kunstpostkarte reproduziert worden ist. Vielleicht Kolbe, vielleicht ein unbedeutender Bildhauer. Daß Hanneles Himmelfahrt der Titel eines Stückes von Gerhart Hauptmann war, erfuhr ich auch erst später. Alles dies bedeutete mir nichts. Ich wußte nun viel mehr vom menschlichen Körper, von meinem und dem des Mädchens, das hier Hannele hieß und das ich unter einem anderen Namen kannte, aufsteigend, schwebend.

Du bist sehr schön, sagte ich und sah das Mädchen an. Sie schämte sich unter meinen Blicken und zog die Decke bis ans Kinn hoch. Du bist wirklich sehr schön, ich weiß es. Das Mädchen errötete.

Ich wiederholte es immer wieder, so lange, bis sie es zu glauben anfing. Und wenn ich wieder zu Hause war, nahm ich die Postkarte aus der Brieftasche, an die Wand heftete ich sie nicht, aus Furcht vor Mutters groben Bemerkungen, und betrachtete das Bild. Es hatte gemacht, daß ich das Mädchen anders sah, mich selbst, meinen mageren, unschönen Körper. Ich begann darauf zu achten, wie ich ging und mich bewegte; bis gestern hätte ich dies für Blödsinn erklärt, jetzt tat ich es, betrachtete mich vor dem blinden Spiegel des Kleiderschranks, fand mich häßlich und gab mir Mühe, schöner zu werden, ärgerte mich, wie langsam dies Schönwerden fortschritt.

Der idyllische Kleinmeister Spitzweg und die bunten kleinen Kopien seiner Bilder, seit ich sie kannte, begann ich anders zu sehen. In den Frühlingsnächten, da wir nordwärts hetzten, Friedrich Michael und ich, Dörfer mieden, aber in ihre Nähe gelangten, sah ich im blauen Licht die Obstbäume unter den Bergen schneeweißer Blüten fast zusammenbrechen. Die Angst verschwand, schimmernde Gärten versprachen uns eine Zukunft; ich konnte mich nicht losreißen, nun mußte Friedrich Michael mich fortjagen, weiter, weiter. Es war auch dies ein Nachklang jener kleinen Postkarten des Carl Spitzweg, obwohl ich mich an keinen einzigen blühenden Baum in seinen Bildern erinnerte.

Die Spitzweg-Karten waren verbrannt, die Hanneles-Himmelfahrts-Karte verloren, das Mädchen tot, ich begann meine Vorliebe für diesen Maler zu verachten, kleinbürgerliche Betulichkeit, Biedermeier, Spießertum. Undankbar vergaß ich, durch ihn gelernt zu haben, daß die Kunst mit Leben und Leben mit Kunst zusammenhing. Mit großer Anstrengung riß ich mich los von der Erinnerung an ein Mädchen und sein Gesicht und seinen zarten schwebenden Leib.

Jetzt im Frieden kroch die Kunst, unvertilgbar wie das Unkraut, das Ruinen und Trümmerberge begrünte, aus jedem Winkel hervor. Überall gab es Antiquariate, beinahe an jeder Straßenecke schossen Galerien, Kunsthandlungen, Trödler, Bilderläden auf. Daß es nicht die wahre Liebe zur Kunst war, die dies bewirkte, sondern die Not, die viele zwang, ihre geretteten Kunstschätze zu veräußern, und der Geschäftssinn von Händlern, die vorher nichts mit Kunst zu tun gehabt hatten, bemerkte ich nicht oder es störte mich wenig. In der Potsdamer Straße, in einem Kellerladen, fand ich den ganzen Bauernkriegszyklus von Käte Kollwitz, signiert, angeboten für hundertfünfzig Mark. Ich besah mir atemlos die Blätter, Stück für Stück; der Händler fragte mich: Verstehen Sie was davon? Ich find's ja eigentlich häßlich und militaristisch, aber sonst nicht schlecht. Ich geb das Zeug auch für hundertdreißig Mark ab, wenn Sie wollen.

Ich hatte keine Mark in der Tasche, woher auch.

Wie besessen lief ich durch die Stadt, in Galerien und Ausstellungen. Bald fand ich es heraus, zwei Galerien machten Ernst mit der neuen Kunst, man stellte nicht nur aus und verkaufte bloß, hier gab es Kunstgespräche, erregte Debatten, hier wurden Begriffe in den Raum geschleudert, die erschütterten oder zu gellendem Gelächter veranlaßten, Expressionismus, Surrealismus, reine Form, abstrakte Kunst …

Die Galerie Franz in der Kaiserallee stand politisch links; die Galerie Rosen auf dem Kurfürstendamm zeigte neue und neueste Kunstrichtungen, objektivistisch, wie manche meinten. Ach ja, das war schon wieder ein Wort, bei dem die einen Beifall klatschten und die anderen zu Beschimpfungen ansetzten. Konnte ich das Ausgestellte in den Galerien noch überblicken, wenn auch mit Anstrengung, so verwirrten mich die großen Ausstellungen jener Zeit, ihre Fülle, die Möglichkeit, immer wieder völlig Neues zu entdecken. Wie sollte ich einen wirklichen Überblick gewinnen, unterscheiden lernen, bevorzugen oder ablehnen, wenn Auge, Gefühl und Denken in der Fülle ertranken. Eine ganze Generation junger Maler stellte sich vor, französische Malerei der letzten zehn Jahre wurde gezeigt, und gar hundertfünfzig Jahre sozialer Kunst wurden vorgeführt, jede Entdeckung war bestürzend, und eine folgte der anderen. Goya, Baluschek, Beckmann, Daumier, van Gogh, Kollwitz, Munch, Zille, Chagall, Miró, Zadkine …

In den Diskussionen um die Literatur schwieg ich nicht, hier waren wir unter uns, in der Klasse, der Jugendgruppe, unter Freunden; Heinrich Heines Wintermärchen lasen wir viele Male, die schöne feiste Tochter des Sparkassenchefs brachte Cäsar Flaischlen ins Gespräch und Rilkes Cornett, da konnte und mußte man mitreden. In die Galerien und Ausstellungen, zu den Kunstgesprächen ging ich meist allein, einige Male begleitete mich Anita. Sie behauptete, die Mondscheinkanone von Heinz Troekes, ein seltsam leeres, träumerisches Bild, sei sehr sublim gemalt. In der Galerie Rosen, vor abstrakten Plastiken, lehnte sie sich an mich, blickte melancholisch und erklärte mir, sie gäbe sich dem Reiz des Holzes ganz hin, der tiefste Wert bestünde darin, daß es labyrinthisch dufte.

Ich wollte mit ihr wirklich über Kunst reden und über die Möglichkeit einer gemeinsamen Tagung unserer Schülerräte. Anita dachte anderes, ich lud sie zu Galeriebesuchen nicht mehr ein.

Dann sah ich Ausstellungen von E. W. Nay, Seitz, Troekes, Willi Baumeister, Jawlenski, Kubicek, hörte Diskussionen, in denen Oskar Schlemmer vom Bauhaus berichtete und Mac Zimmermann die Gestaltung in reinen Farben und reiner Form forderte. Und wieder eine große Ausstellung: La sculpture française de Rodin à nos jours, ich stand hingerissen, betroffen und unfähig zur Ordnung meiner Eindrücke, Brancusi, Degas, Rodin. Die gestaltete Welt brach über mich herein.

Ich wünschte mir Bilder an den Wänden meines Zimmers oder wenigstens Kopien oder Drucke, aber ich hatte kein Geld, sie zu kaufen. Wie in frühester Kindheit – ach, armer Kunstmaler – hätte ich gern gezeichnet oder gemalt, aber wie damals blieben nur Zeitungsränder oder knittriges Tütenpapier; dies entsprach nicht mehr meiner hohen Meinung von Kunst. So begann ich mit Fensterkunst: Ich legte mich so auf mein Bett, daß ich aus dem Fenster blicken konnte. Die Häuser auf der anderen Straßenseite waren niedergebombt und verbrannt, ich konnte in den Himmel schauen. Dort baute ich mir meine Gemälde. Landschaften mit Wolkentürmen, dünner Himmel, durchzuckt von Mauerseglern, hellgrüner Abendschein, milde durchleuchtet vom Halbmond. Regentage, die folgende Winterdüsternis machten meine Fensterkunst unmöglich, sie befriedigte auch auf Dauer nicht. Doch es gab ja Plakate, eine Unterart von Kunst, wie ich schon begriffen hatte; der Kleister, mit dem sie befestigt waren, taugte nichts, man brauchte nur ein wenig zu ziehen, das Plakat löste sich ab. Ein sowjetischer Posten, der mich dabei erwischte, nahm mich fest; ich lief mit erhobenen Händen, in der einen das zusammengerollte Plakat, zur Kommandantur in der Simon-Dach-Straße, der Soldat mit entsicherter Maschinenpistole hinter mir, das schwarze Auge des Todes blickte mir in den Rücken. Der verhörende Offizier glaubte meinen Beteuerungen nicht, es sei nur die Liebe zur Kunst gewesen, die einzige Möglichkeit, Farbe in mein armseliges Zimmer zu tragen. Erst Kapitän Lebedjew befreite mich von dem grimmigen Verdacht, Saboteur und Werwolf zu sein.

Ich klebte die Plakate an Zimmerdecke und Wände. Jetzt lag ich nicht mehr zur Schöpfung von Fensterkunst auf dem Bett, ich schaute an die Decke, blinzelte und konnte mir denken, eins jener wilden Gemälde zu erblicken, das in der Galerie Rosen von Anita sehr sublim gemalt genannt worden war. Mein Bild wandelte sich aber, ich löste neue Plakate von den Wänden und Anschlagtafeln ab und komponierte sie ins Deckengemälde hinein. Mutter meinte, ihr würde wirr im Kopf, wenn sie nur über die Schwelle träte; andererseits gab sie den Nutzen meiner Plakatkleberei zu. Unsere Wohnung, als Ausweichquartier für die alte zerbombte zugewiesen, war gleichfalls beschädigt worden; man konnte durch die zerstörten Decken und Dächer in den Himmel schauen. Vater hatte das Dach ausgebessert und die Decke eines Zimmers ebenfalls. Das zweite, kleinere, mein neugewonnener Reichtum, blieb zerstört, bis ich zurückkam. So schleppte ich mit Vater Balken und Bretter aus Trümmern heran und richtete damit die Decke meines Zimmers. Aber der Wind pfiff hindurch, und die Plakate, dies sah Mutter hauptsächlich, boten Schutz, je mehr Lagen ich übereinanderklebte, desto besser. Ich machte die Entdeckung, daß Kunst und Nützlichkeit vereinbar sind.

Während ich vier Monate lang in Prieros ein Ferienlager leitete, wollte Vater etwas Gutes für mich tun. Als ich wiederkehrte, hatte er die Decke verputzt und geweißt, die Plakate, das große Mosaik, von mir zu einem besonderen Kunstwerk gestaltet, an dessen Veränderung auch die Freunde teilnahmen, waren für immer verschwunden.

Ich hörte, daß von dem wundervollen Plakat Arno Mohrs zum 1. Mai 1946, dem ersten nach der Befreiung: ein ausgemergelter, aber ungebrochener Arbeiter, der sich eine Nelke ins Knopfloch steckt, nur noch zwei Belege vorhanden sind. Ich habe es Arno Mohr gesagt. Man müsse in jenem Eckhaus, vier Treppen rechts, und ich weiß nicht, wer dort heute haust, in das kleinere der Zimmer gehen und an bestimmter Stelle den Deckenputz abschlagen. Dort klebt, sicherlich unbeschädigt, ein drittes Exemplar dieses Plakats, ich erinnere mich genau.

Zwei Dinge machten mir bei der Kunst zu schaffen, das Geld und die Systematik. Gut, ein neues Buch kostete nicht wenig, ein altes noch mehr, aber im allgemeinen, so schien es mir, entsprachen die Preise dem Wert der Bücher. Die Bilderpreise aber steigerten sich ins unendliche. Es bedrückte mich nicht meinetwegen oder nur wenig; ich hatte meine Plakatdecke und konnte mich in Galerien und Ausstellungen satt sehen. Aber daß die Künstler überhaupt für Geld arbeiteten, für soviel dazu, erschien mir unziemlich und gegen den Sinn und die hohe Aufgabe der Kunst gerichtet. In Lenins berühmten Aprilthesen – ich hatte mir die zwei blauen, widerlich nach Leim riechenden Auswahlbände Lenins gekauft und kannte mich in ihnen genau aus – stand es schwarz auf weiß, daß die Entlohnung der Beamten, die durchweg wählbar und jederzeit absetzbar sein mußten, nicht über den Durchschnittslohn eines qualifizierten Arbeiters hinausgehen durfte. Künstler sind gewiß keine Beamten, zu Künstlern hatte Lenin auch nichts gesagt. Aber waren denn achttausend Mark irgendein Durchschnittslohn? Ich verdiente hundertsechzig Mark, Vater zweihundertzwanzig im Monat. Es blieb mir ein Rätsel, ein fatales dazu, wie Leute, die ich schätzte, für ihre Arbeiten soviel Geld verlangen konnten. Oft traf ich sie beim Buchhändler Schorsch Pinzke, redete mit ihnen von Mann zu Mann, trank mit ihnen aus einer Tasse Tee, hörte von großen Dingen: Neubeginn, Aufbau, Kunstfrühling, Menschheitskunst, Kunst für das Volk. Und sie verlangten Geld dafür! Fritz Duda forderte für ein Bild viertausendfünfhundert Mark, und gestern hatte ich mit ihm zusammen Tee getrunken und in Pinzkes Bücherbergen gewühlt; Ehmsen wollte gar achttausend Mark. Bis zu dieser Entdeckung fand ich Ehmsen sympathisch, irgendwie Vater ähnlich in Figur und Redeweise. Wie sehr verstand ich ihn, wenn er klagte, daß es so schlecht Zeichenpapier gäbe und er Stullenpapier für seine Zeichnungen benutzen müßte. Ich liebte Ehmsen auch deshalb, weil er wie Vater Matrose gewesen war, aus einer Familie mit acht Kindern stammte und in einer Kellerwohnung gehaust hatte, da wußte ich Bescheid.

Wenn Ehmsen sprach, im Hinterzimmer der Buchhandlung oder bei Schorsch draußen in Lehnitz, hörte ich besonders aufmerksam zu. Er redete so interessant über China und die Weltbedeutung seiner Revolution und über Chinas Kunst, er erläuterte mir sogar die Philosophie, die Kategorien Wesen und Erscheinung. Häufig benutzte er das Wort intensiviert, nicht immer am passenden Ort, auch dies gefiel mir. Und auch, wenn er gegen die Gewerkschaften wetterte, die ihn erst gedrängt hätten, Maler und Bildhauer zu sammeln und mit ihnen die Gewerkschaft 17 zu gründen, und die sie nun ablehnten, da es soweit war. Wenn Ehmsen nach Wut und Ärger schließlich lächelte, wich die Härte aus seinem Gesicht, und ich mochte ihn neu und anders. Jetzt sah ich unter einem Bild von ihm das Preisschild, achttausend Mark! Und unter Strempels Bild hing eins mit der Zahl Dreitausend; auch mit Strempel saß ich auf Pinzkes Bücherstapeln, und er redete über die Kunst, frech und herausfordernd, aber kein Wort über Preise …

Den alten Kinderglauben, dem ich auch einst erlegen war, alle Künstler, die Dichter und Maler, seien längst tot, hatte ich natürlich verloren. Noch immer aber glaubte ich fest daran, man dürfe sich für Kunst nicht bezahlen lassen. Talent ist eine Gnade! Die Kunst gehört allen! Und ich schämte mich tief für die Künstler, besonders für diejenigen, die ich kannte. Auch daß Schriftsteller ein Honorar forderten und bekamen, wollte mir nicht einleuchten. Im Redaktionszimmer der Zeitschrift Junge Generation traf ich den von mir hoch verehrten Victor Klemperer und seine Frau Eva, wir redeten über LTI und welchen Eindruck dieses wunderbare Buch mir bereitet hatte, wie ich bestürzt herausgefunden hatte, daß ich noch immer in Begriffen und Worten dieser Lingua Tertii Imperii redete, also dachte. Am Schluß unseres Gesprächs, als der Redakteur schon unmutig wurde, wandte sich Klemperer zu ihm und sagte: Und wenn Sie den Artikel nun drucken, dann gebe ich Ihnen gleich meine Kontonummer und bitte um Überweisung des Honorars.

Ich verfärbte mich: auch du! Wie es mich auch ungeheuer enttäuschte, als ich KuBa kennenlernte, dessen Gedicht vom Menschen wir sehr liebten, und der Dichter mir erklärte: So an die zwanzigtausend Mark mußt du auf der Kante haben, ehe du an ein neues Buch gehst, die Reserve. Sonst kommst du ins Trudeln und wirst hastig.

Auch KuBa sprach vom Geld, pfui Teufel!

Ich rettete mich zu anderen, bei denen ich kein Preisschild gesehen hatte und also annahm, sie wären idealisch geblieben: Hermann Hensel und Hermann Bruse etwa, ärmlich gekleidet beide, ernst, fast düster Hermann Bruse, von Problemen seiner Kunst geplagt. Schorsch Pinzke, wie oft im groben Spott, zeigte auf ihn: Der malt immer an seinem letzten Bild!

Hermann Hensel, mit zerklüftetem Gesicht und Adlernase, voller Pläne und Projekte, der hatte überhaupt keine Zeit, an Geld zu denken.

Ich vergaß, daß Leinwand, Farben, Ateliers Geld kosteten, die Maler benötigten eben Pinsel mit Haar. Doch in meinem naiven Glauben steckte eine richtige Überlegung; daß eines Tages, fern im Kommunismus, die künstlerische Betätigung auch außerhalb finanzieller Beziehungen steht, zur Massenerscheinung wird, Freude, Selbstverwirklichung, der Mensch formiert auch nach den Gesetzen der Schönheit ... Mein Widerwille gegen Gelderwerb durch Kunst kam sicherlich aus persönlichem Erleben, von jenem Kunstmaler her, der seine gemalten Postkarten treppauf und treppab anbot und verkaufte, um eine Flasche Schnaps zu gewinnen. Mit der halbbewußten Erinnerung an ihn und seine Schnorrerei verachtete ich ungerechterweise die Duda, Strempel, Ehmsen, mit denen ich so gern zusammensaß und sprach oder genauer, denen ich zuhörte.

Erst der Besuch im Atelier von Ruthild Hahne versetzte meinem Radikalismus einen Stoß. Ein Freund hatte mich mitgenommen, er kannte sie aus der Roten Kapelle, war lange mit der Bildhauerin befreundet, sie arbeitete an einem Thälmann-Denkmal. Das Atelier befand sich in der Schadowstraße, und während mein Freund und die Bildhauerin sich unterhielten, strich ich durch den Raum, befühlte die großen Bronzeköpfe, hob sie an und begriff, auch Vater hätte da zugestimmt, den Materialwert. Diese Bronze mußte doch bezahlt werden, auch von demjenigen, der sie als Kunstwerk kaufte; und was drauf auch noch für die Mühe, bitte schön.

Wie gern hätte ich das Atelier eines Malers besucht, ich versprach mir viel davon, ihn besser zu verstehen, zu sehen, wie etwas wird, welche Stadien es durchläuft, wie es entworfen und ausgeführt wird. Vielleicht hätte ich dort besser begriffen, weshalb sie Geld für ihre Kunst forderten. Aber ich wagte nicht, ihnen meinen Wunsch mitzuteilen, sie selbst kamen nicht darauf, so blieb es bei Gesprächen in Schorschs Hinterzimmer.

Da war noch die zweite Frage, die nach der Systematik, auch eine Art Kinderglauben, verständlicher, weil jeder davon sprach. Im Unterschied zur Literatur, so schien es mir jedenfalls, gab es in der bildenden Kunst eine große Unübersichtlichkeit, Impressionismus, Expressionismus, Neue Sachlichkeit, Surrealismus, abstrakte Kunst, die neuen und neuesten Richtungen folgten schnell aufeinander und bekämpften sich. Woran wollte man wen und was erkennen? Wofür und wogegen sollte man sich entscheiden? Wer hatte sich wohin gewandelt? Ein fortschrittlicher Dichter war ein fortschrittlicher Dichter, aber ein fortschrittlicher Maler konnte zugleich ein reaktionärer Maler sein, woran hielt man sich da fest?

Wir saßen bei Schorsch Pinzke und redeten über George Grosz. Ich wußte schon von diesem Grafiker, hatte Illustrationen gesehen, die mir in ihrer grausamen Schärfe, in ihrem Kapitalistenhaß gefielen; ich kannte diese Offiziersfressen, auch einige meiner alten Lehrer, Ackerpaule oder der gelbe Onkel aus Amerika hatten ausgesehen wie von George Grosz entworfen. Nun stritt man erbittert über ihn, es ging um ein Bild.

Der kleine Bildhauer kam dazu mit einem etwa zehn Jahre alten Mädchen, das bis auf die Strümpfe rot angezogen war und hübsch lispelte. Der kleine Bildhauer sagte: Du lachst wohl, weil ich diesmal einen Hut auf dem Kopf habe?

Er trug wirklich einen kleinen komischen platten Hut und eine rotgerandete Brille vor den Augen. Ansonsten kannte ich ihn nur in einem abgeschabten braunen Ledermantel, mit brauner Baskenmütze. Der kleine Bildhauer ereiferte sich: Diese Frau ist doch völlig deplaciert. Sie zieht das Auge ab vom revolutionären Inhalt und stellt das entblößte Geschlechtsteil heraus.

Den Bildhauer begleitete seine Freundin, eine charmante junge Frau, sie unterstützte den kleinen Bildhauer: Auch ohne diese Frau ist das Bild möglich, nicht wahr? Mehr noch, ich glaube, die ist vollkommen überflüssig, sie verschandelt das Bild.

Schorsch balancierte mißmutig die Teetasse auf dem Knie, ihm gefiel nicht, was der kleine Bildhauer und seine Freundin von George Grosz sagten, er knurrte: Im Straßenkampf – so hieß wohl das Bild, um das der Streit ging – kommen diese Dinge aber vor, auch solche Weiber!

Der kleine Bildhauer gab das zu, meinte aber erregt, bei George Grosz gewänne die erotische Komponente die Überhand und stelle sich der Klassenfrage in der Kunst entgegen. Seine Hurenbilder veranlaßten nicht zu sagen: Das muß geändert werden!, sondern sie wühlten geradezu in diesem Schmutz.

Schorsch widersprach ärgerlich, der kleine Bildhauer und seine Freundin gaben Schorsch ein wenig nach, ja, gewisse Verdienste habe Grosz, sie boten ein Zahlenverhältnis als Kompromiß an: Seine Bilder haben vierzig Prozent revolutionären Inhalt und sechzig Prozent dekadentes Spielen mit diesen Dingen.

Schorsch Pinzke gab nicht auf. Die revolutionäre Bedeutung von George Grosz, seine revolutionäre Periode, könnt ihr doch nicht wegleugnen.

Natürlich nicht. Aber heute malt er bloß Bildchen. Er ist, ob du es zugibst oder nicht, ins imperialistische Lager übergelaufen. Und das kam nicht von heute auf morgen. Diese Entwicklung muß soziologisch-strukturell schon in seinen früheren Werken nachzuweisen sein. Doch dazu gibt es heutzutage in Deutschland wohl kein Material.

Der kleine Bildhauer redete dann von der Entwicklung eines anderen deutschen Malers, dessen Namen ich nie gehört hatte, vom früheren Revolutionär zum Nazi und dann von der Entwicklung der Malerei in Italien, die vom Futurismus zum Faschismus ging. Leider gäbe es auch hierzu kein einschlägiges Material.

Der kleine Bildhauer hatte es plötzlich eilig, er zog seinen abgeschabten Ledermantel über, seine Freundin wollte ihren Pelzmantel verkaufen, zehntausend müsse er bringen, die hätten sie dringend nötig fürs Atelier und fürs Leben …

Schorsch Pinzke, als die beiden fort waren, suchte in den Bücherhalden nach Ausgaben mit George-Grosz-Illustrationen, die er mir zeigen wollte, er sagte mir nebenbei, daß der kleine Bildhauer und seine Frau Widerstandskämpfer gewesen seien und die charmante junge Frau viele Jahre im Nazizuchthaus gesessen habe …

Zugehört hatte ich genau, aber nichts gesagt; wie sollte ich auch, ich kannte zuwenig, fast nichts von George Grosz; nichts von Futurismus, was er überhaupt war, wo er begann und endete und in den Faschismus hineinwuchs. Wie sollte ich wissen, wieviel Prozent revolutionär und wieviel Prozent dekadent man ausrechnen kann und wie weit die erotische Komponente auf Bildern gehen darf?

Paul Schultz, unser Maler, der in der Jugendschule von Rahnsdorf Kunstvorträge hielt und dem ich von meinen Zweifeln und Schwierigkeiten erzählte, eine politisch klare Übersicht zu gewinnen, Systematik zu erreichen, die Begriffe zu verstehen, hielt die Sache für viel einfacher, als ich sie mir machte. Du mußt in die Galerie Rosen gehen und dir die Leute dort ansehen. Wer da ausstellt, gehört zu den Lauen und Flauen, die kannst du abschreiben! Auch die, die sich nicht organisieren wollen, die Einzelgänger, die Überheblichen in ihrem Elfenbeinturm.

Paul organisierte die Maler im Kulturbund. Aber ich hatte doch Ehmsen sagen hören, daß die Maler in die Gewerkschaft gehen müßten, alles andere sei Unsinn. Paul lichtete das Dickicht nicht.

Womit der Expressionismus beginnt, kann ich dir auf die Sekunde sagen. Er beginnt bei Matthias Grünewald! Paul zog einen alten Kunstkalender hervor mit einer Reproduktion des Isenheimer Altars. Damit es niemand übersah, was er wollte, gab Matthias Grünewald, nebenbei gesagt ein revolutionärer Maler, dem Johannes einen so langen Zeigefinger, einen überlangen, den es nie im Leben gibt, einen expressiven. Das ist die Geburtsstunde des Expressionismus.

Paul zeigte mir einige seiner Bilder, Ruinen, Leidende in düsteren Farben, Grau, Braun, Schwarz. Das verstehe ich, sagte ich, das ist eine klare Aussage, Paul, aber optimistisch ist sie nicht. Wir müssen doch raus aus den Trümmern, wir singen doch: Das neue Leben muß anders werden als dieses Leben, als diese Zeit. Aber du malst bloß die verzweifelte Komponente. Sechzig Prozent Pessimismus, vierzig Prozent Resignation.

Der Maler sah mich wütend an, packte seine Blätter ein. Du kannst mich am Arsch lecken, die ganze Jugendschule kann es, ihr habt keine Ahnung von Kunst, und ihr wollt auch keine haben.

So verlor ich den Maler, der uns in die Welt der Kunst eingeführt hatte, jeweils in Zweistundenkursen, und es vergingen zwanzig Jahre, ehe ich ihn wiedertraf.

Soviel aber hatte ich bereits verstanden, Carl Spitzweg zeigte mir die Wirklichkeit, eine grüne, klirrende Winternacht; ich hatte sie nie so gesehen. Die neuere Kunst, die sich mir tausendfach aufdrängte, wies mir eine Wirklichkeit, jenseits von ihrem genauen Abbild, hinter dem Sichtbaren. Und doch, zu meiner eigenen Überraschung, fühlte ich mich auch durch diese Kunst tiefer in die Welt eindringen, auch auf mich zeigte der überlange Finger des Johannes.

Bisher hatte ich Bilder und Plastiken besichtigt, hatte Streitgesprächen zugehört, Skizzen auf Butterbrotpapier betrachtet und Tänzen zugesehen, mich eingemengt, vorsichtig und bescheiden, wie es sich geziemte bei einem Gebiet, das groß und tief ist wie ein Meer. Nun bekam ich den Auftrag zu entscheiden.

Paul Wandel berief das Herausgebergremium der Bibliothek fortschrittlicher deutscher Schriftsteller. Es sollten die besten Werke fortschrittlicher deutscher Autoren in hohen Auflagen veröffentlicht werden, die Bände in Ganzleinen gebunden, auf holzfreiem Papier gedruckt, mit einem Bild des Autors und einem Nachwort über Leben und Werk versehen. Die besten Aktivisten, Angestellte mit hervorragenden Leistungen und die entschlossensten jungen Friedenskämpfer sollten die Ausgaben als Prämien durch ihre Betriebs- und Gewerkschaftsleitungen und durch den Zentralrat der FDJ erhalten, hieß es.

Das Kollegium wurde von Willi Bredel geleitet, Stellvertreter Alexander Abusch, Mitglieder waren Michael Tschesno-Hell, Erich Wendt, Wilhelm Girnus, Bruno Kaiser ... Oft kamen Gäste zu den Redaktionssitzungen, Wieland Herzfelde, der den Brecht-Band vorbereitete, Alex Wedding und F. C. Weiskopf auf der Durchreise nach China, Eduard Claudius.

Man hatte mich berufen, weil die FDJ es so wollte; ich nahm meine Aufgabe ernst, bereitete mich vor. Im Stralauer Glaswerk legte ich die Bücher auf den Tisch und schrieb mir die Urteile junger Leute auf. Ich tat es beim Kreisvorstand Friedrichshain und während einer Chorleitertagung.

Das Redaktionskollegium traf ich im Kulturbundklub in der Jägerstraße, auf der Tagesordnung stand das Erscheinungsbild unserer Bibliothek, die erste Serie war abgeschlossen, Einschätzung und Beschlußfassung. Ich meldete mich zu Wort und ordnete meine Notizen: Leider muß ich sagen, daß mir, und ich spreche im Namen und Auftrag der Jugend, das Äußere der Bücher überhaupt nicht gefällt. Gewiß, es ist farbenfroh, helle, optimistische Farben. Aber junge Menschen nehmen ihre Bücher, sagen wir mal, zur Arbeit mit in die Stralauer Glashütte, da hat man nicht immer saubere Finger, die Umschläge sind also zu empfindlich. Aber das Wichtigste, die Jugendfreunde begreifen nicht, was dies hier soll. Ich wies die Buchrücken vor, dort, untereinandergesetzt, abstrakte Zeichen, keilartig, schwarz, strenge Ornamente. Ich frage, was das bedeuten soll. Welcher Inhalt? Expressionismus, der Finger des Johannes? Die Jugend sagt, kein Inhalt zu erkennen, nur formalistische Spielerei. So können wir unsere Bibliothek nicht fortsetzen, besonders eben, wenn wir an die Jugend denken. Ich fordere deshalb eine andere Ausstattung!

Man sah sich betreten an, es hatte ja nicht nur ein temperamentvoller, ungebildeter junger Mann gesprochen, er vertrat offensichtlich die Jugend, die Organisation.

Den Einwand der zu hellen Umschläge ließ man nicht gelten, man könne ja, wenn man das Buch zur Arbeit mitnehme, und dies sei zu begrüßen, das Buch in Papier einschlagen und so vor Fettflecken schützen. Aber die abstrakten Ornamente? Ein wirklich starkes Argument.

Irgendwer sagte: John Heartfield wird sich dabei etwas gedacht haben. Vielleicht deuten diese Keile darauf, daß er zeigen will, man muß eine Kruste von Gleichgültigkeit und Unverständnis aufbrechen, eine Bresche für gute Literatur, fortschrittliche Literatur schlagen, keilen.

Ein amerikanischer Grafiker, weshalb denn das? Wir befinden uns in nationaler Wiedergeburt, wir brauchen klare Aussagen, einen festen Standpunkt, den auch die Jugend erkennt und sich zu eigen macht, wandte ich ein.

Die Diskussion lief hin und her, mancher mag wirklich empfunden haben, daß die Einbände zu abstrakt, ja kosmopolitisch gestaltet waren. Ob es nur Opportunismus war oder Überzeugung, ob es gerade andere Schwierigkeiten mit John Heartfield gab, weiß ich heute nicht, Männer wie Willi Bredel oder Erich Wendt wären nie bereit gewesen, auf das erste Argument des unwissenden Jugendvertreters den Rückzug anzutreten. Dennoch wurde beschlossen, die nächste Serie nicht von Heartfield, sondern von

Karl Gossow ausstatten zu lassen. Es wurden schöne, harmonisch gestaltete Bände in gedeckten Farben, dies muß gesagt sein.

Systematik, hatte sich herausgestellt, leitete sich vom politischen Kampf jener Tage ab, sie hatte mit dem kalten Krieg zu tun, es war die beste nicht, mit der sich vieles schnell in Kosmopolitismus und Objektivismus einschachteln ließ, was ich nicht verstand oder nicht schön fand. Aber daß man Strempels Wandgemälde im Bahnhof Friedrichstraße übermalte, störte mich, und von der Verehrung für Barlach ließ ich mich nicht trennen, ich hatte seine Plastik Singender Mann lange umkreist und dann, noch in der Ausstellung, ein Gedicht auf ihn in mein Notizbuch gekritzelt.

Es blieb der seltsam unstillbare Drang zur Kunst; ich kaufte mir jetzt Reproduktionen und kleine grafische Blätter, die ich erstehen konnte, mein Zimmer, von Vater ordentlich verputzt und gestrichen, hing voller Bilder, die ich wechselte, weil ich doch ahnte, daß mit einigen Rezepten und einer simplen Systematik Schönheit und Geheimnis dieser Kunst nicht zu bezwingen waren.

Vater schwieg dazu; Mutter ging von Bild zu Bild, schüttelte den Kopf, alles mißfiel ihr. Die nackte Venus von Botticelli, die Reproduktion eines chinesischen Holzschnitts, die grobe Pinselzeichnung von Paul Schultz, die barbarisch aus einem Buch herausgetrennte und angenagelte Illustration von George Grosz, ein blutiger Proletarierkopf.

Kunstmaler hättest du vielleicht doch werden sollen, du Dussel. Aber doch nicht so was, da wird einem ja schlecht, und wenn es mal was Schönes ist, dann ist es nackt, pfui Deibel. Er ... Mutter stockte. Da war mal ein gewisser Kunstmaler, du weißt schon, er ist glatt verreckt darüber, und Ötte mit seinem Quatsch von Malbüchern. Fang bloß nicht an, mir die Wände zu beklieren. Tu was Vernünftiges!

Ich hatte nie die Absicht gehabt, zu malen oder Kunstmaler zu werden, wie mir prophezeit worden war von der puckligen Verwandtschaft, als ich drei Jahre alt war. Ich liebte diese Kunst sehr und beneidete Maler und Bildhauer; und dieser Neid, der stärker ist als jeder andere, dieser stärkste Neid auf Maler, Grafiker, Bildhauer, hängt am Ende doch mit irgendwem zusammen, den ich nie gekannt habe und kennen will, dessen Schicksal mich nie berührte, dessen Namen ich nur von einer Fotokopie her kenne, die beschafft wurde, die straff-germanische Abkunft zu belegen, was eben nicht gelang. Wer weiß, ob ich nicht doch Kunstmaler hätte werden müssen?

Traum

Meine Wohnung; dennoch anders als sonst, ähnlich große Zimmer, dennoch mehr die eines Schlosses, besonders durch der Höhe der Räume. In meinem Zimmer befinden sich mehrere Männer, die ich nicht kenne, vor allen Dingen weiß ich nichts von ihrer Funktion in der Politik und von ihren jetzigen Aufgaben. Nur daß sie mit mir zu tun haben, vielleicht mit mir zusammenarbeiten. Sie weisen auf meine Fenster; zum erstenmal sehe ich genauer dorthin, es sind Fensterscheiben, wie die in alten Häusern und Schlössern, und ich wundere mich, daß ich es vorher nie bemerkt habe.

Während ich sie anschaue, färben sich die Scheiben in allen Farben des Spektrums und wölben sich, blasen sich wie Seifenblasen auf, noch mehr nach außen ... Ich bin glücklich über die schönen, bisher unbemerkten Fenster. Ein Telefon klingelt, am Apparat ein Mädchen, was ich den anwesenden Männern verbergen will. Sie ruft mehrmals meinen Namen und will etwas sagen, aber vor Weinen bringt sie nichts heraus. Ich erkenne die Stimme des Mädchens nicht und überlege verzweifelt, wer es sein könnte, blicke dabei auf meine Uhr, halb zehn, da lege ich auf, ich weiß, es hat keinen Sinn.

Mach doch kein Theater!

Aufregung, Geschrei, Streit, Heulen, alles Heftige und Laute, von dem Haus und Wohnung erfüllt waren, bezeichnete Mutter als Soeintheater! Auch von Vater war häufig zu hören: Mach doch kein Theater ..., Schluß mit dem Theater! Deshalb glaubte ich lange, dieses Wort bedeute nichts anderes als Aufregung, Geschrei, Streit, Geheul in Familie und Nachbarschaft; bis ich ahnte, daß es auch etwas anderes bezeichnen konnte. Der Anstoß wurde bei einem Streit im Sparverein Glücksklee gegeben.

Den Sinn des Vereins habe ich anfangs nicht begriffen. Er tagte in der Eckkneipe Kliche; man traf sich einmal in der Woche beim Bier, unterhielt sich, trank und ging wieder, soweit das Vereinsleben. An der Wand über der Theke hing ein Sperrholzkasten mit Fächern, auf denen mit Kopierstift die Namen der Mitglieder notiert waren. Beim Vereinsabend warf jedes Mitglied Geld in seinen Kasten, ein Zehnpfennigstück, einen Sechser, manchmal nur einen Pfennig. Daher der Name Sparverein. Einmal im Jahr tagte der Vorstand, die Kästchen wurden herausgezogen, das Geld zusammengeschüttet und gezählt. Von der gemeinsam gesparten Summe wurde bei Kliche Bier gekauft, gewöhnlich ein Fäßchen, dazu Buletten und saure Gurken und ein Kremser gemietet. Anfang Mai, wahrscheinlich als Erinnerung an den alten 1. Mai, fuhr man hinaus, stets nach Müggelheim.

Ich liebte diese Kremserfahrten, wir trugen bunte Papiermützen und sangen Trink'n wir noch 'n Tröpfchen aus dem kleinen Henkeltöpfchen ... In Müggelheim waren die Männer schon angetrunken, die Frauen zeterten, und beim Sackhüpfen, das mit anzüglichen Reden begleitet wurde, fielen wir alle, Kinder wie Erwachsene, kreischend zu Boden.

Es wurden also keine Schätze beim Sparverein Glücksklee angehäuft, alte Gewerkschafter, Arbeiterfamilien hatten sich gefunden, hielten sich auf diese Weise aneinander fest, ein kleiner Protest gegen KdF und NSV, ein wenig unzensierte Geselligkeit.

Die Frauen nun, stimmberechtigt, verfielen bei der Vollversammlung auf den Gedanken, einmal keine Kremserausfahrt zu machen, sondern ins Rose-Theater zu gehen. Es befand sich nicht weit von uns, in der Frankfurter Allee. Also kein Besäufnis, kein Sackhüpfen und keine betrunken-trübsinnige Heimfahrt. Die Männer protestierten, die Frauen gewannen die Oberhand, man wollte sich den Vogelhändler ansehen. Als Vater hörte, Musik und Gesang, knurrte er: Das Theater mache ich nicht mit, Ofentüre zu! Mutter hörte schon schwer und fürchtete, nichts zu verstehen; außerdem machten ihr die Kremserfahrten im Unterschied zu anderen Frauen viel Vergnügen. So gingen wir nicht mit, und ich wußte noch immer nicht, was Theater eigentlich bedeutete.

In Wirklichkeit hatte ich längst selbst Theater gespielt, nur wußte ich es nicht. Wir nannten es Aufführung.

Elternabend im Moabiter Kindergarten, eine Aufführung. Drei kleine Soldaten marschieren auf und ab, der Papphelm rutscht auf die Nase, der Holzsäbel sticht hoch, wir werfen die Beine, Parademarsch, wer will unter die Soldaten, der muß haben ein Gewehr. Die Eltern lachen und klatschen Beifall, wir marschieren noch einmal stramm an ihnen vorüber, da ist ja unser Prinz!

Volksschullehrer Breil hat ein Stück geschrieben, wir werden es in der Aula aufführen. Ein Junge, die Eltern sind arbeitslos, Lehrer Breil spielt den Vater, sammelt Altstoffe und bringt sie zum Trödler, einem Juden. Mit dem erlösten Geld unterstützt er seine arme Familie, er rettet sie vor dem Hungertod. In einer alten Zeitung findet er einen Briefumschlag mit viel Geld, dazu einen Zettel. Wer das findet, soll glücklich werden! Ein reicher Mann hat mehrere solcher Geldumschläge versteckt, er will sein Gewissen erleichtern. Der Trödeljude versucht gemein und hinterlistig, dem Jungen das Geld abzuschwatzen, anfangs scheint es zu gelingen, ein treudeutscher Kunde, ebenfalls gespielt von Breil, jagt dem Juden das Geld ab, die Familie wird wenn auch nicht reich, so doch wohlhabend.

Die ganze Klasse wirkte mit, und da Breil nicht genug Rollen für alle Schüler geschrieben hatte, gab es Volkstanzeinlagen, ich tanzte einen Tiroler Schuhplattler.

Während der Kinderlandverschickung in Großglockersdorf, geplagt von Langeweile und eingezwängt in den öden Dienstbetrieb, entflohen wir dem, indem wir Aufführungen veranstalteten. Doktor Moslé suchte die Stücke aus, übte die Rollen ein, malte mit uns die Dekorationen. Moslé fuhr auch nach Troppau ins Stadttheater und besorgte aus dem Fundus Kostüme, die nicht unbedingt zum Stück paßten, aber er mußte dankbar sein, wenn er überhaupt etwas erhielt, noch dazu in Kindergrößen. Manchmal teilten sich mehrere Spieler ein Kostüm.

Daß ich mich meldete, wenn Mitspieler gesucht wurden, hing mit Schmitt-Seekuh zusammen und einer früheren Aufführung.

Schmitt-Seekuhs Mutter hatte ein Stück geschrieben und wollte es aufführen; Schmitt-Seekuh gewann mich leicht als Mitspieler, ich dachte gleich an seine warmbusige Kusine, die mich den Lambeth-Walk gelehrt hatte. Es muß ein blödsinniges Stück gewesen sein, denn die Mitarbeiter der großen Wäscherei in der Köpenicker Straße, in der Schmitt-Seekuhs Mutter beschäftigt war, lachten bei der Aufführung so laut und ausdauernd, daß wir die Sache kaum zu Ende brachten. Aber ich weiß, das Stück war nicht als Lustspiel gedacht, sondern sollte ein Drama aus der Systemzeit sein, eine politische Familientragödie; Schmitt-Seekuh und ich die Söhne der Familie; Frau Schmitt-Seekuh in einer Doppelrolle die Mutter und auch der Vater. Das erste Gelächter brodelte auf, als Schmitt-Seekuhs Mutter, als Mann verkleidet, erschien. Sie war lang und mager, mit einem schiefen Gesicht, als Vater hatte sie sich eine SA-Uniform angezogen. Ihr dickes schwarzes Haar quoll unter dem kleinen braunen Mützchen hervor, mit gezierter, unmännlicher Bewegung versteckte sie die Strähnen immer von neuem.

Mein Stichwort fiel, ich trat auf, lief durch den Saal, mitten durch die lachende Menge – und hatte das ganze Stück und alles völlig vergessen. Ich wußte kein einziges Wort meiner Rolle mehr, hatte nicht die geringste Ahnung von dem, was wir gerade spielten, wußte weder Anfang noch Ende. Ich stand und schwieg. Schmitt-Seekuhs Mutter, nun SA-Mann, sah mich entgeistert an, dann nickte sie mir aufmunternd zu; Schmitt-Seekuh brütete dumpf vor sich hin, wie meist. Frau Schmitt-Seekuh zischte mir den ersten Einsatz zu, die Zuschauer lachten noch lauter, einer schrie: Der arme Junge, bei son Vater! Frau Schmitt-Seekuh griff mit fahrigen Händen zur Mütze und versteckte ihre herausdrängenden Haare, Schmitt-Seekuh flüsterte mir tückisch zu: Wenn du das Ding versaust und meine Mutter blamierst, hau ich dir die Jacke voll! In diesem Augenblick fiel mir der Text meiner Rolle wieder ein, ich begann schnell zu reden, immer schneller, um die verlorene Zeit einzuholen, neues Gelächter.

Schmitt-Seekuh hat mir mein kurzzeitiges Versagen nie verziehen und immer behauptet, ich sei ungeeignet für derlei Aufführungen. In Wirklichkeit war er es, geistig unbeweglich, phantasielos, träge.

Als er sich nun meldete, um in Moslés Aufführung von Molières Der eingebildete Kranke mitzuwirken, hob ich auch die Hand. Moslé veranstaltete Talentproben, wie er sie nannte, ich wurde unter Dutzendware eingestuft,

Schmitt-Seekuh als völlig ungeeignet. Zu Schmitt-Seekuhs Tugenden gehörte Hartnäckigkeit, er belagerte Moslé so lange, bis der ihn doch nahm, als Souffleur.

Ich erhielt die Rolle des Bruders; mein Eingangssatz lautete: Nun, Bruder, wie geht's, wie steht's mit deinem Befinden? Ich besah mich lange und erregt im Spiegel. Mit Bart und grauem Hut, einer sogenannten Glocke aus dem Troppauer Stadttheater, fand ich mich schick und überaus erwachsen. So elegant werde ich in einigen Jahren also aussehen? Ein feiner Herr nach Mutters Geschmack!

Wir spielten vor den Jungen unseres Lagers, danach vor der Dorfbevölkerung, und weil wir Erfolg hatten, veranstalteten wir eine Tournee durch den Kreis. Donnernder Beifall überall; ein wunderbar trunkenes Gefühl, wenn man da oben stand, sich verneigend, und das Händeklatschen nicht enden wollte.

Moslé, ob er es nun selbst hübsch fand oder nur widerstrebend als Zugeständnis an den verdorbenen Geschmack seiner Zuschauer akzeptierte, vielleicht forderte es der Autor selbst, hatte eine Balletteinlage einstudiert, wilde Tänze einer Arabergruppe, der kleine Naucky als bauchtanzende Sylphide. Ich, der Bruder des eingebildeten Kranken, hatte diese Truppe irgendwo aufgegabelt und wollte mit ihr meinen hinfälligen und jammernden Bruder erquicken. Naucky aber, der zuckende Bauchtänzer, spielte gleichzeitig die Tochter des eingebildeten Kranken, er hatte sich blitzschnell umzuziehen, sich in Sekunden vom sittsamen Mädchen in eine feurige Zigeunerin zu verwandeln. Einmal hatte man die arabische Kleidung verlegt, Naucky verspätete sich, und Moslé, aufgeregt und verstört, zischte mir aus den Kulissen zu, als ich behäbig im Sessel saß und gerade die Truppe ankündigen wollte: Ich stifte dir einen Kracherl – so hieß hier eine Brauselimonade –, wenn du die Sache noch hinziehst, red um Himmels willen ein bißchen, plaudere, Naucky ist nicht fertig!

Ich hielt hin und plauderte umher. Schmitt-Seekuh belauerte mich aus dem Souffleur-Kasten, wie immer begriff er nichts, er glaubte, ich hätte wie im Stück seiner Mutter den Text vergessen. Er rief lauter mein Stichwort, polterte meine ersten Sätze hervor, Moslé schlug die Hände vors Gesicht und zischte erneut: Geh doch zu dem Idioten und sag ihm, er soll das Maul halten, Naucky ist gleich fertig.

Ich schritt über die knarrenden Bretter zu Schmitt-Seekuh und zischte: Du Idiot ...

Nein, schrie Schmitt-Seekuh von unten herauf, so heißt dein Stichwort nicht, paß auf, ich sag es dir jetzt noch mal ...

Die naiven und ganz gebannt sitzenden Dorfkinder begannen nun doch zu merken, daß etwas nicht in Ordnung war, und lachten beifällig. Schmitt-Seekuh, der auch nicht das Gelächter in der Köpenicker Straße vergessen hatte, langte aus dem Kasten und hielt mich am Fuß fest, ich riß mich los, Schmitt-Seekuhs Krakenarm griff erneut nach mir. Glücklicherweise tanzte Naucky herein, ein Fahrtenmesser als Damaszener Dolch in der Faust.

Moslé war vom Erfolg berauscht und beschloß, Goldonis Diener zweier Herren aufzuführen. Schmitt-Seekuh meldete sich wieder, ließ nicht nach, belästigte und belagerte Moslé, der ihm endlich eine kleine Rolle gab, die eines Mannes, der würdig auf dem Marktplatz hin und her geht. Da konnte doch wirklich nichts schiefgehn! Auch ich meldete mich, um nicht hinter Schmitt-Seekuh zurückzustehen und aus einem neuen Grund. Unter den Dorfkindern befand sich ein Mädchen, ein kleines hasenartiges Wesen mit großen Augen. Daß sie beim Rodeln mehrfach auf meinem Schlitten saß, war schließlich Schmitt-Seekuh aufgefallen, er stampfte heran und wies auf seinen großen Schlitten. Es rührte mich sehr, als das Mädchen Schmitt-Seekuh verschmähte. Ich wußte, sie würde im Zuschauerraum sitzen, und Schmitt-Seekuh, mit brokatenem Zylinder und Pumphosen, würde ihr vielleicht jetzt gefallen, und ich war nicht im Spiel. Also meldete ich mich, zu spät, bekam auch bloß eine Komparsenrolle, allerdings hatte ich, was ich triumphierend auch Schmitt-Seekuh sagte, zwei große Gänge mehr.

Da wir nacheinander auftraten, mußten wir das Kostüm teilen; aber weil Schmitt-Seekuh langsam dachte, fiel ihm meine Tücke zu spät auf; ich sagte ihm kurz vor Stückschluß, ich sei noch einmal dran, widerwillig zog Schmitt-Seekuh die pludrige Hose, die samtene Jacke aus und setzte den Brokatzylinder ab. Da war das Stück schon zu Ende, und wir gingen, Hand in Hand, auf die Bühne, dem Beifall entgegen. Ich im eleganten Kostüm des Troppauer Stadttheaters, Schmitt-Seekuh in Turnhose und kariertem Sporthemd. Das kleine hasenartige Wesen, dessen große Augen mich anfunkelten, klatschte begeistert; ich sah, wie das Mädchen zu Schmitt-Seekuh blickte und hell zu lachen begann, andere auch. Da begriff Schmitt-Seekuh endlich, wie er aussah; ich wurde beklatscht, er belacht. Diese Sekunden genießend, glaubte ich, für immer das Hasenwesen gewonnen zu haben, und vergaß Schmitt-Seekuhs eisernen Charakter. Als wir wieder an die Rampe traten, schlich Schmitt-Seekuh von rückwärts an mich heran, hob den brokatenen Zylinder von meinem Kopf und stülpte ihn mir derb wieder auf.

Schmitt-Seekuh und ich waren als alte weißhaarige Herren aufgetreten, wir hatten uns Schlämmkreide ins Haar geschmiert; nun, als er mir den Zylinder auf den Kopf hieb, staubte mein weißes Haar auf, umwölkte mich und rieselte grau auf meine Samtjacke herab. Anlaß eines gellenden Gelächters auf meine Kosten. Daß Moslé uns beide packte und rot vor Wut zischte: Mit euch beiden hab ich nur Ärger, ihr macht mir garantiert bei keiner Aufführung mehr mit!, empfand ich als ungerecht, denn Ärger war immer nur von Schmitt-Seekuh ausgegangen. Viel mehr aber traf es mich, daß dies kleine hasenartige Geschöpf so hemmungslos lachte, auch über mich, den Mißhandelten, ich hatte es gesehen und riß sie aus meinem Herzen.

Ich brauchte Moslé auch nicht mehr, denn zukünftig veranstaltete ich meine Aufführungen selbst, schrieb zwei Stücke in ein blaues Schulheft. Der verratene Student und Mord im Tal. Beide Stücke führten wir im Keller des Heimes auf, Eintritt einen Pfennig. Moslés Aufführungen waren nicht erfolgreicher als meine, im Gegenteil, die Schulkameraden sagten, Moslés Stücke seien eigentlich langweilig gewesen. Bei mir kamen Morde in Masse vor, Dolch und Pistole, Heldentaten, Eifersucht, Liebe und schon wieder Mord, Entführung, Flucht und Sieg.

Vielleicht war Moslé, der im Unterschied zu anderen Lehrern nie zu einer meiner Aufführungen kam, auf diesen Erfolg neidisch; vielleicht war er es, der den Förster alarmierte. Der erschien mit Lagerleiter Schmerse, unsere Aufführungen wurden verboten, mein Heft eingezogen und vernichtet. Wir hatten zu jeder Aufführung viele junge Fichten abgeschlagen, die Waldszenen naturgetreu zu gestalten; Schmerse bellte von Brandgefahr und fehlendem Notausgang und Waldfrevel ... Heute hätte ich gern mein Heft mit diesen Stücken, Mischung von Goldoni und Karl May, Molière und John Kling, Tom-Mix-Filmen, Johannes Heesters und La Janas Tänzen.

Immer wäre ich gern einmal in ein richtiges Theater gegangen. Die Schulkameraden mit ihren Eltern bevorzugten Operetten, Maske in Blau, Chanel Nr. 5, Gasparone, sie tauschten sich am nächsten Tag über ihre Eindrücke aus, trällerten die Melodien. Ich spürte, Theater mußte wirklich etwas Großartiges, Beseligendes, den Menschen ganz Erfüllendes sein.

Du hast doch genug Theater hier, sagte Mutter lachend, Geld für solchen Quatsch kriegst du nicht. Wir gehn mal wieder in die Plaza, das reicht, du Dämlack. Die Plaza am Küstriner Platz war ein Varieté und kein Theater. Dann geh ins Kino, da hast du genug Theater, sagte Mutter versöhnlich.

Sie hatte recht, unser Theater war das Kino. Mutters Liebling und feiner Mann Clark Gable, ihr Paar Jeanette MacDonald und Nelson Eddy, ihr Lieblingsfilm: Das indische Grabmal, immer wieder gesehen und nacherzählt. Aber Kino blieb Kino, das Theater dachte ich mir: unsere armseligen Aufführungen ins Grandiose gesteigert, oben auf der Bühne der Himmel, unten im Zuschauerraum, wo ich sitzen würde, eine Art erschütternder beseligender Hölle.

Emmi kam mir zu Hilfe. Ich werde Schauspielerin, da könn' sie machen, was sie wollen, da könn' sie schreien, soviel sie wollen, ich geh zur Bühne.

Emmi, Wuzzels Tochter, sah mich mit ihren seelenvollen braunen Augen an. Ich, der ich sie in diesem Streben verstand und bewunderte, ich wollte nur einmal ein richtiges Theater sehen, sie wollte die Bühne zu ihrem Leben machen.

Emmi eröffnete mir ihren Plan in einem Bürozimmer der Mohrenstraße. Ich hatte sie besucht, weil ich einmal ein Büro kennenlernen wollte, und war vom nüchternen Schreibtisch, von den Aktenschränken enttäuscht, nicht einmal ein Telefon. Dennoch mußte in solcher Umgebung ein Zug zum Höheren walten, denn einst war die Feine Irma, die Tochter des Taubstummen, von einem solchen Büro in die weite Welt gezogen, nun trieb es Emmi zur Bühne.

Du siehst Zarah Leander verdammt ähnlich, sagte ich. Es war auch ein Teil Kritik in diesem ehrlichen Lob verborgen. Es hieß doch, Zarah Leander hätte O-Beine und verdecke sie mit langen Röcken. Ich kannte Emmis Beine seit frühester Kindheit, auch sie würde lange Röcke tragen müssen.

Emmi war Mitglied im Britzer Theaterverein Elysium geworden und errang dort schnelle und große Erfolge als junge Liebhaberin. Sie lud mich ein, an einer Probe teilzunehmen. Probenraum war das Vereinszimmer einer kleinen Kneipe, Regie führte der Präsident des Vereins. Er schüttelte den Kopf und schrie: Verdammt noch mal, das ist doch kein Ausbruch!

Ich kannte Emmis Ausbrüche seit langen Jahren, Kratzen, Beißen, durchdringendes Heulen. Was sie aber jetzt tat, sich das Haar raufen, der gellende Schrei, das Aufdiekniesinken und Aufdenfußbodenhämmern, ich schämte mich für Emmi, ich wußte, es war nichts Echtes.

Oder vielleicht mache ich es so, sagte Emmi mit plötzlich normaler Stimme. Diesmal sank sie nicht in die Knie, sondern warf sich in den Arm ihres Liebhabers, eines Mannes mit schütterem Haar und so wäßrigen Augen, daß man ihre Farbe nicht erkennen konnte; er war viel kleiner und älter als sie.

Wir gingen nach der Probe spazieren; Emmi fragte aufgeregt: Wie war ich? Ich sagte, sie sei hervorragend, und ich log nicht nur, denn ich verstand ja nichts von richtigem Theater.

Sie lud mich auch zur Erstaufführung ein; ihre Eltern kamen, die Großeltern, das Publikum bestand wohl hauptsächlich aus Verwandten und Bekannten der Darsteller. Es gab viel Beifall, häufig Zwischenrufe, Emmis Großmutter rief: Unsere Kleine! Guck doch bloß! Und Emmi sank in die Knie, schlug mit den Fäusten auf die Bretter, tiefste Verzweiflung, umwirbelt von Staub.

Emmi ging es mit dem Aufstieg zu langsam, sie wechselte zum Verein Vorhang auf, doch ich besuchte keine Probe mehr und keine Aufführung, mir schwante, dies war das richtige Theater, nach dem ich mich sehnte, nicht, und ich zweifelte an Emmis Berufung zur Nachfolgerin von Zarah Leander.

Emmi hielt lange durch, trotz vieler Rückschläge; sie

suchte immer neue Theatervereine und Spielgruppen heim, auch nach dem Krieg. Schließlich gab sie auf, aber sie arbeitete als Platzanweiserin in einem Neuköllner Kino, gewissermaßen dicht bei einer verwandten Kunst, und im Dunkeln glaubte sie noch immer, genauso gut, wenn nicht besser als die Schauspieler zu sein, die die große rechtekkige flimmernde Leinwand bevölkerten.

Den ersten Theaterbesuch meines Lebens, lang ersehnt, April 1944, verdankte ich einer Aufführung. Die Unteroffiziere und Mannschaften, selbst die Offiziere unserer Batterie feierten, sooft es irgend ging, ein Batteriefest. Darin äußerte sich jene wilde Vergnügungssucht derer, die, fürchtend, morgen tot zu sein, ein letztes Mal noch feiern, noch einmal saufen bis zum Umfallen, schunkeln, Zoten erzählen, singen, alles vergessen wollten. Bei einem dieser Feste, schon in Lindenberg, waren alle so betrunken, daß wir lachend und singend in den plötzlich einbrechenden Alarm zogen, wild umherschossen, uns amüsierten, wenn die Granaten dicht über den Einfamilienhäusern und Lauben der Leute zerplatzten.

Nun wünschte man bei diesen Festen mehr seriöse Erheiterung, Oberleutnant Becker, der militaristische Ästhet, drängte auf kulturelle Umrahmung. Sie wurde Oberfähnrich Brandl aufgetragen, einem schüchternen Wiener Studenten, vielleicht ein Germanist oder Altphilologe, ein kulturvoller stiller Mensch, der, die Hacken müde zusammennehmend, jawohl sagte. Er suchte und fand unter uns Luftwaffenhelfern Mitspieler und Schreiber kleiner Couplets und Sketche. Auch ich war ihm dienstbar und schrieb eine Parodie auf Dienstvorschriften. Der B4 kann nun am Verteilerkasten die V-O und den Gebrauchsstufenvorhalt ablesen. Die Bedienung des eingebauten Kreuzgelenkverschlusses erfordert große Vorsicht, da der Druck auf die durch 46 Grad geneigten Einlegekeile sehr groß ist. Er beträgt 820 Meter in der Sekunde.

Dies war eine völlig sinnlose Sammlung von Begriffen,

ähnlich der, die wir für die verschiedensten Geräte und Geschütze auswendig lernen mußten, Gelächter und Beifall waren groß, ich verneigte mich in der Kantine der Troßbaracke, wie einst in Glockersdorf. Oberhelfer Schmitt-Seekuh, ihm war nichts eingefallen, saß düster in der letzten Reihe.

Daß ich diesen Text und einen weiteren noch habe, dazu einen maschinegeschriebenen Programmzettel, also meine ersten literarischen Werke, das Schreibheft mit den zwei erotisch-kriminalistischen Dramen hatte Schmerse ja vernichtet, verdanke ich Vater. Er hatte diese Zettel in die Tasche gesteckt, zu den wichtigsten Urkunden, der eisernen Ration Kaffee und einem Stück harter Wurst, zu Verbandpäckchen und Wollsocken. Ich wußte davon nichts, aber sein keuscher Stolz, der es ihm verbot, mir dies zu sagen, hielt diese wenigen Zettel vielleicht für den Anfang eines wichtigen Lebensweges. Er gab mir diese Zettel lange nach dem Krieg, sie genierten mich und gerieten unter irgendwelche Zeitungsausschnitte, ich fand sie erst vor kurzem wieder, gerührt über meines Vaters Zuversicht.

Ein nächstes Batteriefest folgte bald, Anlaß der hundertste Alarm seit Jahresbeginn, und wieder wurde Brandl beauftragt, zur gehobenen Erheiterung beizutragen. Diesmal wollten wir Szenen aus dem Dienstleben unserer Batterie bringen; ich schrieb einen kleinen Sketch und trug ihn zusammen mit Willi auch vor; er betraf den Batteriechef und den Hauptwachtmeister. Wenn der Batteriechef ärgerlich und besonders verstimmt über unsere unästhetische Lebensweise sich zurückzog in sein Zimmer, hängte er einen metallenen Katzenkopf, wie ihn die Kleingärtner benutzen, um Spatzen zu verscheuchen, an die Tür. Eintritt für jedermann verboten. Er setzte sich ans Klavier und spielte schwermütige Weisen, Variationen irgendwelcher Operettenmelodien ins Düstere transponiert; Becker haßte es, wenn die Unteroffiziere uns anschrien: Ihr Arschlöcher, ihr Essigpfeifen, euch hat's wohl ins Gehirn geregnet! Wenn er merkte, daß selbst er es gern getan hätte, zog er sich zurück und spielte. Niemand durfte ihn stören. Dies stellten wir, Willi und ich, dar, Willi als Oberleutnant an einem Tisch, als spiele er Klavier, ich als Spieß, von einem Fuß auf den anderen tretend, an der Tür vor dem pendelnden Katzenkopf zurückschreckend. Willi trug Brandls Offiziersmütze, irgendein Unteroffizier hatte den Ausgehrock des Spießes entwendet, er schlotterte um meine mageren Schultern, ehe wir noch ein Wort sagen konnten, brüllte die trunkene Bande auf, der Sinn war sogleich verstanden worden. Jetzt kam mein Text: Ich will für dich eine Lanze brechen und befürwortende Worte sprechen!

Ich zeigte auf den Spieß, dann auf den Oberleutnant weisend:

Ledig von deinen Sorgenlasten, wandelnd auf des Lebens Höhen, greifst du in die Tasten – der Spieß muß vor der Türe stehn!

Willi tat, als präludiere er, ich trat als Spieß von einem Bein aufs andere.

Immer fließender verweben nun die Töne ihren Lauf,
bunte Farben leben festlich in deinem Spiele auf.
Du spielst mit jeder Weise, gelb vom Lampenschein umhaucht,
der Spieß, der wartet vor der Tür, ganz leise,
sich ärgernd, wie du jemanden mißbrauchst.
Lächelnd faßt du das Finale, engelgütig am Klavier,
du sitzt so da im blauen Talare – und der Spieß steht vor der Tür!

Mit dem blauen Talare war natürlich die Uniform der Luftwaffe gemeint, die Baracke erzitterte im Beifall, der Spieß trommelte auf die Knie, er saß ja eine Reihe hinter dem Chef; selbst Hauptmann Reichardt, Schinder und Mörder, lachte, und Oberleutnant Becker, was sollte er schon tun, rührte voller Ekel die Hand zum Beifall.

Sie haben Humor, mein Lieber, und Mumm dazu, Sie sind richtig, ab morgen Hilfsschreiber in der Schreibstube, sagte der Spieß zu mir und goß mir, gegen jeden Befehl, ein Wasserglas voll Schnaps ein.

Auch der Batteriechef erwischte mich, stocknüchtern und verärgert: Hauchen Sie mich mal an! Sie haben ja Schnaps getrunken, wer hat Ihnen den gegeben?

Ich schwieg und stand stramm.

Na, dann wollen wir mal eine Probe machen. Sie scheinen ja so eine Intelligenzbestie zu sein. Wann war der Dreißigjährige Krieg?

Ich wußte nicht, wann der Dreißigjährige Krieg gewesen war, obwohl wir ihn bei Lammers schon behandelt hatten. Wallenstein, sagte ich, ziemlich angetrunken, der Schwedenkönig. Das ist doch Gustav Adolfs Page, dieser Leubelfing …

Na, dann werden wir gleich mal anfangen, Ordnung in Ihren Kopf zu bringen, prägen Sie sich ein, der Dreißigjährige Krieg fand 1618 bis 1648 statt. Wiederholen Sie.

In den brodelnden Gesang, in das Gebrüll besoffener Unteroffiziere schrie ich die Zahlen, Oberleutnant Becker nickte lächelnd.

Und nun werden Sie jeden Tag vor meiner Tür, auch wenn da ein Katzenkopf hängt und auch wenn ich an meinem Klavier sitze, engelgütig, wie Sie es finden, im blauen Talare, da werden Sie dort stehen und hundertmal die Zahlen des Dreißigjährigen Krieges brüllen mit den entsprechenden Kniebeugen.

Ich tat es, nach ein paar Tagen die Beine bleischwer. Gleichzeitig lebte ich glänzend als Hilfsschreiber, der nichts weiter zu tun hatte, als ein paar Urlaubsscheine zu sortieren, dafür zu sorgen, daß immer frisches Löschpapier vorhanden war. Hauptwachtmeister Tietz zwinkerte mir zu, während die Kameraden mit aufgestülptem Stahlhelm Fußdienst machten, bis ihnen, wie der Spieß mir schmunzelnd zuflüsterte, das Wasser im Arsch kochte. Eines Morgens, als ich meinen Dienst in der Schreibstube antrat, sagte er: Sie sind doch so ein Theaterfreund? Da werd'n Sie sich auch für andere Dichter und ihr Zeugs interessieren. Hier ist so 'ne neue Frontbühne eröffnet mit einem Uhrmacherstück, haben Sie Lust? Theater, ein richtiges, ein echtes? Natürlich hatte ich Lust, riesige. Der Spieß hielt mir einen Zettel hin und eine Theaterkarte, ab, Mensch! Der Oberfähnrich geht auch! Der Hauptwachtmeister senkte seine Stimme, der hat ja auch 'nen Theaterfimmel, der Sack, Kamerad Schnürschuh, i bitt schön ...

Auf dem Zettel stand, daß Heinrich George – ein Schauspieler, den ich aus vielen Filmen kannte – nach der Zerstörung des Schiller-Theaters in der früheren Kantine eine Frontbühne Schiller-Theater eröffnet habe. Premiere mit Goethes Urfaust. Ich riß dem Spieß den Urlaubsschein aus der Hand, eine saubere Halsbinde, die Mütze auf Hochglanz, Goethes Urfaust, Heinrich George, träumte ich?

Ein Uhrmacherstück? Ich wußte, wie blöd der Spieß war, ein großer Mann mit auffallend gelblicher Hautfarbe, von uns Japaner genannt, mit Schlitzaugen und schwarzem Haar, vielleicht wirklich mit ostasiatischem Einschlag, aber preußisch dumm und gewöhnlich und gemein. Jetzt hätte ich ihn umarmen mögen wegen des Uhrmacherstücks.

Auch der Oberfähnrich erschien geschniegelt und gebügelt, ein Wiener Student, immer höflich, immer ein wenig unsicher, selig wie ich, ins Theater zu gehen, keine Gasübung, kein Alarm.

's wird a Hetz, sagte Brandl und grüßte als erster den Posten, den fetten Obergefreiten Sanner.

Der Theaterraum war klein, zweihundertfünfzig Zuschauer fassend, der Vorhang riß auf, ein winziges Bogenfenster, Bogendecke, ein Zimmer, vollgestapelt mit Büchern, darin Faust: Horst Caspar, blondgelockt, so jung und so majestätisch. Mephisto spielte Will Quadflieg, ganz in Schwarz, ein gemeiner Hund, ein Bösewicht. Das Gretchen, eine frisch nach Berlin geholte unbekannte Schauspielerin namens Erika Pelikowsky, ganz lieb, ganz brav. Wagner, ein kleiner trockener, näselnder Mann, Ernst Legal, ich traf ihn dann nach dem Krieg oft auf Kulturbundveranstaltungen.

Was war Kino? Ein Dreck dagegen! Was unsere armseligen Aufführungen gegen wirkliches Theater? Kindischer Plunder! Wie einstmals die Zuschauer im antiken Theater unterhalb der Akropolis hatte ich mich festlich aufgemacht, den weiten Weg hin ins Theater, und saß dort, bereit, mich erschüttern zu lassen, mich zu befreien, mich zu fürchten, Mitleid zu empfinden, gerichtet und gerettet zu werden.

Die Schauspieler mit seltsamen Bewegungen; Faust oft pathetisch schreitend, Gretchen geduckt und still, Mephisto schleichend und zuckend, alles puppenhafte Bewegungen. Und so war es auch gewollt, der Urfaust als eine Art Puppenspiel mit Schauspielern; ich weiß nicht, ob das ein guter Regieeinfall war, jedenfalls paßte es genau in meine Vorstellungen vom Theater, es geschah wirklich, war menschlich und dennoch abgehoben ins Puppenhafte, unendlich weit und mir greifbar nahe.

Gretchens Klage: Erbarme dich mein, o laß mich leben! Ich bin so jung, so jung … Erbarme dich mein! Was hab ich dir getan? Genauso klang es doch in mir! Klagte dieses Leben an, unser Schicksal. Mir war es gleich, ob diese Klage ein Mädchen aussprach oder ob ich um Erbarmen schrie, der ich mich einst für einen abgebrühten Soldaten gehalten hatte, den nichts und niemand erschüttern konnte.

Dann die gräßlichste Szene des Stückes, Margarethe: Heinrich, küsse mich, sonst küß ich dich.

Die schlimmste Drohung, die ich bisher gehört, mir unverständlich in gewisser Weise, doch mehr als eine Sache zwischen Mann und Frau; dies war, so ungeheuerlich es mir vorkam, auch mein Problem, und war doch gar kein Mädchen in der Nähe, das ich küssen wollte oder sollte. Es ging in dieser Drohung, das fühlte ich erblassend, ums nackte Leben, um mein Leben!

Nach der Vorstellung ging ich hinaus, aufgewühlt, zerschmettert, Brandl wohl auch, denn er ließ mich allein zur Batterie zurückfahren, gab vor, noch eine Besorgung zu haben, wahrscheinlich wollte der sensible Oberfähnrich allein sein.

Was machte es, daß Wachtmeister Carls mich am nächsten Tag ins Gaszelt schickte und mich den Filter wechseln ließ, bis das Tränengas mein Gesicht unförmig aufschwemmte, was machten mir der Neid der Kameraden und die unaufhörlichen Fragen des Hauptwachtmeisters, wie denn die Uhrmachergeschichte ausgegangen sei und ob nicht am Ende jeder eine Taschenuhr als Prämie erhalten hätte, hehe, Sie Sack …

Noch im selben Jahr ging ich das zweitemal ins Theater, es war inzwischen viel geschehen. Ich hatte Hunderte weiterer Alarme erlebt, Tote, Verwundete, Schreiende, Blutende, brennende Häuser und Menschen, ich war mit Werner in Urlaub gefahren, aufs Wochenendgrundstück nach Müggelheim, ich hatte ein braunes Mädchen getroffen, hatte beim Reichsarbeitsdienst an der Weichsel geschanzt und Weiden geschnitten für Granatkörbe, exerziert und gehungert, war wieder entlassen worden und in Berlin erneut in den Hagel der Bomben geraten.

Inzwischen waren alle Theater geschlossen, totaler Krieg. Nur eine einzige Aufführung sollte noch am Silvesterabend sein, am letzten Tag des Jahres 1944. Ich stellte mich sechs Stunden lang in Nässe und Kälte für zwei Karten an. Wiedersehn macht Freude! hieß das Programm des Metropol-Theaters, kein Goethe, kein Urfaust, nur eine Mischung von Szenen und Arien aus Operetten, Bruchstückchen der harmlosen Heiterkeit, immerhin Theater!

Für diesen Tag hatte ich alle Kleiderpunkte gesammelt, auch Vater stiftete seine, am Alexanderplatz kaufte ich mir einen Anzug. Keine große Auswahl, und mein Geschmack war verwildert, also blieb ich bei dem italienischen Anzug, elfenbeinfarben mit großen hellblauen Karos. Eigentlich paßte mir der Anzug nicht, ich mußte die Arme anwinkeln, damit die Hände frei blieben, die Hose schnallte ich fast unter der Brust fest.

So gehe ich los, meinen alten blauen Wintermantel übergezogen, aus dessen zu kurzen Ärmeln das italienische karobescheckte Hell heraushängt, klobige Soldatenstiefel an den Füßen, die ich beim Arbeitsdienst gestohlen habe, dazu mein alter kleiner Einsegnungshut mit scharfem Knick in der Krempe: Mutter fand mich endlich ihrem Ideal des feinen Herrn angenähert. Sie hätte mir noch gern die Haare durchgekreppt, mit der Brennschere bearbeitet und ein Cachenez umgebunden. Wir besaßen natürlich kein Cachenez; und Mutter bot mir als Ersatz ein frisches Handtuch aus dem Wäscheschrank an. Lächerlich, wenn ich an der Garderobe ein weißes Handtuch abgebe. Mutter sagt, du bist ja blöde, Hauptsache am Hals!

Der Theatersaal, der wirklich erste, ist festlich beleuchtet; Putten und goldene Arabesken, Ränge, sich übereinandertürmend, ein riesiger Vorhang, der zauberhaft auseinanderrauscht. Ich hatte soviel Buntes, Schönes nie gesehen und bestaunte das Prächtige, Glänzende und Glitzernde der Bühne, kannte doch nur gnadenlose Verdunklung, Barackenstuben, Bunker, Befehle – Licht aus! – und badete nun im Licht, drückte mich in ein schwellendes Polster.

Selbst das Mädchen und ich, wir beiden kindlichen Geschöpfe, ahnungslos Hand in Hand, spürten eine Ahnung dessen, was die anderen Zuschauer zu Beifallsstürmen hinriß. Der letzte Theaterabend in Berlin! Noch einmal Trallalla, Maskenspiel, Leichtsinn und Spitzentanz, wer dachte da nicht an die düstere Zukunft? An das bevorstehende schreckliche Ende! Selbst wir zwei fühlten so, riefen zu unserer eigenen Überraschung laut bravo, klatschten und trampelten Zugaben herbei, die süßliche Musik machte uns glücklich, das Theater verzauberte jeden, der fallende Vorhang deckte auch das vergangene Jahr zu. Im neuen, das wußte man, würde es keine berauschende Musik mehr geben, nur noch Tod und Auflösung.

Auf der Heimfahrt, ich hatte zweiter Klasse gelöst, violette S-Bahn-Wagen mit Polstersitzen wie im Theater, küßten wir uns bis Neukölln, die ganze halbe Stunde lang, Nachklang von Theater, Vorahnung von Tod!

Es verging fast ein Jahr bis zum nächsten, dem dritten Theaterbesuch meines Lebens. Wir liefen zu Fuß von der Grünberger Straße los, die zertrümmerte Frankfurter Allee entlang, über den Alexanderplatz hinüber zur Schumannstraße ins Deutsche Theater. Es war eine der ersten Vorstellungen von Lessings Nathan der Weise.

Als der Vorhang sich hob, ging ein Raunen der Freude, das Gefühl unverhofften Glücks und auch der Bestürzung durch den Saal. Beifall flatterte zögernd auf, dann klatschten wir alle, schon über das Bühnenbild. Urfaust war auf düsterer Bühne gespielt worden, im Metropol-Theater hatte man einfach Kulissen zusammengeschoben, etwas Knallbuntes damit geschaffen, jetzt aber leuchtete ein wunderschönes Märchen zu uns herunter. Die orientalische Landschaft glänzte hellblau, grüne Palmen, weiße Häuser, rote und blaue, keine grelle Buntheit, sondern fröhliche Farben, gewollter Kontrast gegen die grauen Trümmer, die bis an die Theatertür reichten, lächelndes Zukunftsglück in Dur, zarte Befreiung des Auges, Licht! Schon beim Ansehen des Bühnenbildes weinten die ersten Zuschauer.

Wiedersehen macht Freude! hatte es im Metropol geheißen, auch jetzt ging es um ein Wiedersehen, eins ohne Freude, ein schlimmes Erinnern.

Paul Wegener mit stillem strengem Gesicht, fein vom Bart umrahmt, ein jüdischer Weiser; so mancher mag einen verschollenen, umgebrachten jüdischen Freund in ihm wiedergesehen haben, wir Jüngeren befreiten uns bei seinem

Anblick, durch seine Güte und Menschlichkeit, von dem, was Streicher oder Lehrer Nau von den Juden gesagt hatte und wie wir sie hatten an uns vorüberziehen sehen auf dem Bahnhof von Stargard. Eduard von Winterstein, ein milder Klosterbruder, wenigen seiner Art waren wir begegnet. Gerda Müller, bis ins Gesicht Paul Wegener ähnlich, als sei sie seine Schwester, die Recha, und dann Aribert Wäscher mit hochgewölbtem Bauch und einem unpassend mageren Gesicht:

... tut nichts, der Jude wird verbrannt!

Im Theater ist es totenstill, es ist Herbst, viele sind erkältet und frösteln, aber niemand hustet oder schnauft, wir wagen kaum zu atmen.

Der Jude wird verbrannt!

Eine Frau schluchzt laut, Erich Schönebeck, zwei Plätze neben mir, ist in sich zusammengesunken und weint lautlos. Schauspieler und Zuschauer übereinstimmend in schmerzhafter Erkenntnis, jedem neuen gesprochenen Satz entgegenfiebernd. Das Spiel, ins Leben überschreitend, uns peinigend, und dennoch Hoffnung. Wieder bin ich wie einst die Leute in Athen einen weiten Weg ins Theater gegangen, um mich erschüttern zu lassen, vor Überraschung und Entsetzen aufzustöhnen und endlich mich seelisch zu reinigen, frei zu werden; ich weiß jetzt endgültig, was das Theater ist und vermag.

Wie entfesselt begannen wir Theater zu spielen, und ich unterschied nun nicht mehr zwischen Theater und Aufführungen. Wir spielten in der Schule, in der Jugendgruppe, auf dem Bahnhof Friedrichstraße, in kleinen und großen Sälen, auf riesigen Bühnen und in der kleinen ovalen Freilichtbühne in Prieros, der Verkleinerung jenes Theaters an der Akropolis, der Chor ebenso dumpf, der Aufschrei so hoch und das panische Erschrecken unter den Zuschauern ...

Wir fürchteten nicht die größte Bühne. Einen gemeinschaftlich verfaßten Sprechchor zu den Vier Grundrechten der jungen Generation probten wir auf der Bühne des Admiralspalastes, der nun Staatsoper hieß. Der Chor, dreißig Stimmen, sprach den kargen Text der politischen Forderungen, vor dieser Gruppe kleine Szenen dazu, der Meister beutet den Lehrling aus, alles mit puppenhafter Bewegung, ich hatte nicht vergessen, wie man den Urfaust inszenierte.

Ein kleines Häuflein auf riesiger kalter Fläche, es zog scharf vom Schnürboden herab, Regie führten wir kollektiv, wir hatten auch gemeinsam den Text verfaßt, und wir agierten alle, wechselten die Positionen, ohne uns zu zanken, wenn wir in den Chor zurücktraten.

Der Zuschauerraum begann sich zu füllen; vor uns hatte das Ballett geübt, nun kamen die Mädchen zurück in Röckchen und Pantalons, in löchrigen Pullovern, sie setzten sich, kicherten, begannen lauthals zu lachen. Es wurden immer mehr Schauspieler oder Angestellte, sie setzten sich, hörten ein Weilchen zu und fingen an zu lachen.

Anfangs störte es uns nicht, wie gesagt, vielleicht Theatersitte. Es erinnerte mich an all das Gelächter, das ich vernommen und erlitten hatte in der Köpenicker Straße, in Glockersdorf, immer dann, wenn etwas schiefgegangen war. Aber hier ging ja nichts schief! Wir schrien unseren Text ohne Stockung, die kleinen stegreifartigen Szenen liefen ab wie geplant, der Chor, scharf skandierend, begann: Wir fordern …

Nein, das Gelächter galt uns selbst, dem Text, der Darstellung. Vielleicht unserem Dilettantismus? Dem auch. Sie lachten über unsere Dummheit, sich auf die riesige kahle Bühne zu stellen, bei der Kundgebung würde es nicht anders sein, ein verlorener Haufen, ein jämmerlicher Anblick, dazu dieser Text!

Als das hämische Lachen der Zuschauer so laut wurde, daß wir uns nicht mehr hörten, trat Jochen Weigert an die Rampe und schrie: Reaktionäres Pack! Haltet gefälligst das Maul! Wer jung ist, kämpft mit uns! Auch an diesem Theater wollen die Grundrechte durchgesetzt sein! Er drehte sich zu uns um und begann, uns vorsprechend, zu dirigieren, unser Chor schrie zu den Lachenden hinunter: Raus aus dem Saal …, raus aus dem Saal, kümmert euch selbst … um die vier Grundrechte … hier im Theater!

Der Saal leerte sich rasch, wir setzten die Probe fort mit der Szene, in der das Recht auf Erholung sichtbar gemacht wird: Zwei Mädchen, unsere schönsten, hüpften im Badeanzug – wir sagten tanzen – vor dem Sprechchor auf und ab, Freude und Optimismus darstellend, was gibt es da zu lachen?

Das Theaterspiel war keine Geltungssucht, kein Bildungsfimmel, es gehörte zu unserer Befreiung.

Helmut im Schwank von Hans Sachs, die britische Baskenmütze schief übers Ohr gezogen – das Barett des fahrenden Scholaren. Helmut wollte ein fahrender Scholar sein, er, der bis dahin nur anständiger und disziplinierter Schüler gewesen war, und wenn er sich mehr als fünfzig Kilometer von zu Hause entfernte, tat er das nur auf Befehl. Jetzt, den fahrenden Scholaren darstellend, spielte er sich in die Freiheit.

Spielend lernten wir auch wieder zu lachen, bei Charlys Tante und dem Raub der Sabinerinnen. Grischa Kurella, der sowjetische Jugendoffizier, schlug uns vor, es auf kultiviertere Weise zu tun; er brachte die Textbücher von Tschechows Der Bär und Der Heiratsantrag. Wir spielten sie in Prieros in der großen Bootsbaracke, die von Gelächter erzitterte, ja, Grischa hatte recht, selbst das Lachen mußte man neu lernen und anders.

Da wir nicht genug Stücke fanden, die zur Zeit paßten und die rechte Waffe darstellten, schrieben wir selbst. Anhäufungen von Szenen, nicht Stücke im eigentlichen Sinn, wie den Sprechchor mit zwischengespielten szenischen Bildern, ein mehrstündiges Stück Der deutsche Bauernkrieg, gipfelnd in der Hinrichtung Thomas Müntzers und dem dazu predigenden Fürstenknecht Luther. Ein anderes

Stück hieß Wir Achtundvierziger, es zeigte die Revolution in Berlin, die verschiedenen Klassen säuberlich durch Figuren geteilt; die Schlußszene: der Lehrling Ernst Zinna sterbend auf der Barrikade, gleichzeitig, wir wagten kühne Experimente, der König und General Wrangel tafelnd und jubelnd, die Bourgeoisie trägt die Gläser herein, jenseits der Barrikade.

Der kleine Beuselt aus Schöneberg, Zinna spielend, stürzte von der Barrikade, Beinbruch. Realistisches Theater! Wir können ihn nicht ersetzen, er tritt mit Gipsbein auf. Neue Textstelle: Da seht, so quälte der Feudalherr diesen tapferen Jungen – aber er kämpft!

Unser erfolgreichstes Stück, jedenfalls in bestimmter Beziehung, war eine von uns verfaßte Dramatisierung von Julius Fučiks Reportage unter dem Strang geschrieben. Das Ganze spielte hinter Gittern, also in einer Gestapogefängniswelt. Wir rissen dazu in Prieros die Federböden aus den Betten und stellten sie gegeneinander an die Rampe, daß es wirklich wie eine vergitterte Welt aussah, Schauspieler und Zuschauer mußten dann tagelang auf bloßer Erde und unbequem schlafen.

Plötzlich wird die Schuppentür aufgerissen und eine Wehrmachtsstreife stampft in den Saal, sucht sich einige ahnungslose Zuschauer heraus, prügelt sie, wenn sie sich wehren, und führt sie ab.

So echt mußte unser Theater zugehen. Wir hatten Uniformstücke, Waffen, Helme, Koppel gesammelt, noch lag in den Wäldern, die einst den nördlichsten Teil des berüchtigten Kessels von Halbe gebildet hatten, viel davon herum. Eine sowjetische Streife hätte wirklich glauben können, der Werwolf gehe um, und das Feuer eröffnen können. Nach der Aufführung verbrannten wir das Zeug auf einem Scheiterhaufen, der symbolschwere Schluß unseres Stückes. Zur nächsten Vorstellung würden wir genug dergleichen finden.

Als man Fučik zur Hinrichtung führt, reißt er sich noch

einmal los und wendet sich ans Publikum, dem Volk, der Menschheit zu: Menschen, ich hatte euch lieb, seid wachsam! Vereinigt euch, zieht die Konsequenzen!

Während der langen Aufführung, Pausen gab es nie, keine kleinbürgerliche Bequemlichkeit, hatten klettergewandte und mutige Jungen auf den Balken unter dem Dach unbemerkt im Dunkeln gesessen und gewartet. Jetzt war ihr Stichwort gefallen. Sie warfen Flugblätter in den Saal hinab, als seien es die der weiterkämpfenden tschechischen Kommunisten. Es handelte sich um Aufnahmeformulare für die FDJ.

Wir konnten dem Stadtvorstand mitteilen, daß durch unsere Theaterarbeit – Kunst ist Waffe! – eine große Anzahl neuer Mitglieder geworben werden konnten!

Irgendwann stießen wir im Ferienlager Prieros auf Büchners Woyzeck; es wurde unser liebstes und am meisten gespieltes Stück. Die gepeinigte Kreatur, das unsichere Stammeln Woyzecks, jenes dumpfe Suchen, das nicht zum Ziel kommt, wir sahen hier unsere eigene Vergangenheit.

Den Woyzeck spielt Bruno. Eben hat er seine untreue, brünstige Frau ermordet und das Messer ins schwarze brodelnde Wasser geworfen, nun kniet er am Ufer und sucht nach der versunkenen Mordwaffe. Bruno–Woyzeck hockt an der Rampe und greift mit irren Händen den Zuschauern der ersten Reihe fast ins Gesicht. Eine trübe Glühlampe beleuchtet seinen Kugelkopf, die weit aufgerissenen Augen schimmern milchig im trüben Licht. Schon schluchzen einige Mädchen auf und werden behutsam hinausgeführt.

Woyzecks Weib spielte Hanna, Brunos schöne Freundin. Tagsüber spazierten sie durch die Wälder und Wiesen, kamen lächelnd und erhitzt zurück, die Jungen sahen dem Mädchen nach und pfiffen; abends mordete Bruno seine Hanna, die aufgestaute Eifersucht entlud sich und erschreckte uns alle.

Joffi prangte mit dem Brustkasten des Tambourmajors, er war Sportler und beherrschte die Ausbrüche, wie sie einstmals von Emmi im Theaterverein gefordert worden waren. Der Tambourmajor brüllte und hurte so besessen, daß wieder einige Mädchen aufschrien, erste Ohnmachten, Joffi wußte, daß er gut spielte, es saß. Blieben die Ohnmachten im weiblichen Publikum aus, traf es Joffi am Ende selbst, er taumelte in die Kulissen und sank zusammen. Wir trugen ihn ins Freie, des Sauerstoffs und der wartenden Mädchen wegen. Erika, die Krankenschwester, betupfte ihm mit Kölnischwasser die Stirn. Joffi röchelte, bei den ersten Zusammenbrüchen dieser Art hatten wir Sorge um ihn, jetzt wußten wir, es war Joffis spezieller Auftritt nach einem flauen Abend, für die Mädchen gedacht, die ihn voll Mitleid und Kümmernis umstanden.

Ich gab den Arzt in jenem grasgrünen Frack, der ein Jahr zuvor dem Posten den Spion angezeigt und ihn die MPi hatte heben lassen. Woyzeck, er hat wieder an die Wand gepißt! Und ich sage zum Hauptmann, den Häschen Tasche, satt und dumpf im Stuhl sitzend, gibt: Herr Hauptmann, Sie haben eine apoplektische Konstitution!

Mit dem Text nehmen wir es nicht so genau, es geht mehr um den Sinn, einverstanden? Und ums Aktuelle, um die Waffe. Und außerdem haben wir eine Theorie, und die ist nicht von uns erfunden. Die älteren Genossen haben uns erklärt, die Arbeiterbewegung hat schon immer das Stegreifspiel gepflegt. Einfach los, ohne lange Vorbereitung, das schärft den Geist und läßt schnell auf Ereignisse reagieren. Diese Theorie kam unserem Wunsch, alles schnell zu machen, den Kommunismus, den neuen Menschen, die neue Zeit, ohne lange zu üben und zu proben, entgegen, und wir fühlten uns noch dazu in revolutionärer Tradition. Bei einem Stegreifabend im Ermelerhaus, das noch brüchig in der Breiten Straße stand, schlug Jan Koplowitz vor – wir spielten Weisenborns Die Illegalen –, irgendeinen jungen Besucher aus dem Stegreif mitspielen zu lassen, und nachher sollte man herausfinden, wer es gewesen sei. Als die Zuschauer ihn nicht erkennen konnten, war das ein praktischer Beweis der Theorie. Ein paar kurze einweisende Worte, und jeder ist imstande, sich schöpferisch an der neuen Kultur zu beteiligen.

Prieros besuchten viele Gäste: Heinz Keßler, Erich Ziegler, Gerhard Sprafke von der Leitung, Wissenschaftler, Musiker, die uns in speckigen schwarzen Anzügen, ihre Instrumente vorsichtig durch den Sand der Freilichtbühne schleppend, Mozarts Kleine Nachtmusik vorspielten oder seine frühe Oper Bastien und Bastienne. Schriftsteller erschienen zu Lesungen und Diskussionen, Turek, der den für alle zusammengesparten Stullenteller allein leer fraß, Mundstock, Peter Wipp, Heinz Rein, der über Johannes und seinen dicken Arsch lästerte und Becher meinte, der ihn scharf angegriffen hatte. Auch Langhoff kam. Er sollte über die Moorsoldaten reden, über seine KZ-Haft. Wir wollten ihm Woyzeck vorspielen, der gerade auf unserem Spielplan stand. Langhoff, nicht begeistert, fügte sich, aber nach dem Spiel, als wir alle zusammensaßen, Joffi ohne Ohnmacht, sagte er: Das hätte ich nicht gedacht, Donnerwetter! Besonders euer Woyzeck, Donnerwetter. Wenn ihr wollt, könnt ihr allesamt bei mir anfangen, morgen, bitte schön. Ihr seid wirklich begabt, ich nehme euch alle, wie ihr hier sitzt!

Wir glaubten ihm aufs Wort, und vielleicht meinte es Langhoff in diesem Augenblick auch ernst; natürlich wurde niemand von uns Schauspieler, und Langhoff wird uns und unseren Woyzeck auf der langen, unbequemen Heimfahrt im winzigen Opel P4 schnell vergessen haben.

Dennoch ging ich zu Langhoff ins Deutsche Theater. Leer, ohne Menschen, weder Zuschauer noch Schauspieler, die Foyers still, hatte das Theater viel von seinem Zauber eingebüßt; nichts erinnerte mich an Nathan den Weisen und die gemeinsame Erschütterung, an die Hoffnung auf ein neues Beginnen. Der Schauspieler Paul Bildt ging mit verschlossenem Gesicht an mir vorüber, ohne meinen Gruß zu erwidern.

Ah, du bist da, Jugendfreund, sagte Langhoff, was wollt ihr, was kann ich für euch tun?

Du hast gesagt, du würdest uns in dein Theater aufnehmen, allesamt, da bin ich!

Wolfgang Langhoff, mit faltigem Gesicht, so sprechend, daß man glauben konnte, er habe keinen Zahn im Mund, die grauen Haare herabhängend, erinnerte sich nicht, er wurde sehr reserviert; sich so aufzudrängen mit fingierten Gesprächen kam wohl häufiger vor. Ich erzählte ihm von Prieros, von der Woyzeck-Aufführung. Nun fiel es ihm doch ein. Warum nicht? sagte er unentschlossen. Aber ich hatte ein anderes Anliegen und gehofft, ihn einzustimmen, daß er mich aus meiner Not erlöse.

Das Sekretariat hielt seine Sitzungen bis tief in die Nacht ab, die Tagesordnung unendlich; Punkt zwölf: die Delegiertenkonferenz und Wahl der Delegierten zum Dritten Parlament. Es war wohl schon die zweite Nachtstunde, Punkt vierzehn: Kulturprogramm der Delegiertenkonferenz: Ich wurde als verantwortlich notiert und sollte demnächst berichten.

Auf dieser Sitzung erhielt ich noch andere Aufgaben: neue Betriebsgruppen zu gründen bei Osram und im Glaswerk Stralau, außerdem bekam ich den Auftrag, die Verfassungskommission zu leiten, Hunderte Anträge sichten, eine ungewohnte Arbeit, Paragraphen diskutieren, Vorschläge verarbeiten oder ablehnen.

Wenige Tage vor Konferenzbeginn, wieder zu später Stunde, fragte mich Jochen Weigert, der Vorsitzende, zu Punkt einundzwanzig der Tagesordnung, wie es mit dem Kulturprogramm stünde. Ich erstarrte und kramte in meinen Papieren, Vorlagen, Beschlüssen, und ehe ich antworten konnte, rief Sprafke, dem es immer zu langsam ging:

Das läuft doch alles, klar? Halten wir uns nicht auf, nächster Punkt …

Über Verfassungsdiskussionen, Betriebsgruppen, auch über Anleitungen der Kreise Schöneberg und Lichtenberg, für die ich zuständig war, hatte ich das Kulturprogramm völlig vergessen. Wer wird mir helfen können? Ich grübelte, bis mir Langhoff und sein Angebot, ich nehme euch alle, einfiel. Könnte man es nicht umkehren, wir alle nahmen ihn?

Ich erzählte Langhoff von meiner Not des vergessenen Kulturprogramms, nun, in ein paar Tagen, am ersten Abend unserer Konferenz …

Und da wollt ihr mich als Ersatzmann, wie? Nichts Besseres da, also Langhoff?

Aber nein, Genosse Langhoff, wir verehren dich doch, und wir wissen, daß du der Jugend helfen wirst, unserem stolzen Verband.

Was hast du gespielt, den Woyzeck? Wirklich begabt, ich entsinne mich.

Nein, ich nur den Doktor, den im grünen Frack, aber jetzt bin ich verantwortlich für die Kulturveranstaltung, die ich glatt vergessen habe, das ist viel schlimmer!

Langhoff entsann sich nicht des Doktors im grünen Frack, er zögerte, die dünnsträhnigen Haare fielen ihm in die Stirn.

Brauchst uns ja nicht in dein Ensemble zu nehmen, wie du versprochen hast, aber spiele für uns. Ich bitte dich …

Langhoff sagte endlich zu, ich solle ruhig dem Sekretariat vermelden, es sei alles in bester Ordnung und wir könnten an diesem Abend in die Kammerspiele kommen, aber pünktlich.

Die letzte Sitzung vor der Konferenz, nachts gegen drei, ich berichtete zum Tagesordnungspunkt vierunddreißig: Was das Kulturprogramm betrifft, habe ich mit Genossen Wolfgang Langhoff alles verabredet und beschlossen. In den Kammerspielen, wir müssen pünktlich um sechs abends dort sein …

Einverstanden? Einverstanden! Zum nächsten Punkt ...

Wir sammelten uns am Abend des ersten Konferenztages und zogen die Friedrichstraße hoch zu den Kammerspielen, unser Zug nahm die ganze Breite der Straße ein, wir riefen unsere Losung: Niemals Amboß, immer Hammer! Goethe politisch, als Waffe!

Weigert fragte mich: Was werden wir denn nun sehen und hören beim Genossen Langhoff?

Ich rettete mich in Andeutungen und sang laut von Amurpartisanen, ich wußte ja nicht, was kommen würde. Auf, auf zum Kampf singend, zogen wir ins Theater ein, Foyer und Zuschauerraum beleuchtet, ich beruhigte mich ein wenig. Langhoff hatte uns also nicht vergessen. Wir besetzten singend die Stühle, der Vorhang hob sich nicht. Ich drückte mich an den Rand, Fluchtinstinkt, Weigert beugte sich vor und tippte auf seine Uhr, schon fünf Minuten nach sechs; hinter dem Vorhang kein Laut, keine Bewegung.

Ich nehme euch alle! hatte Langhoff in Prieros versprochen, und es war doch nur hingesagt gewesen in schneller, schmeichelnder Begeisterung. Künstler waren wohl so, sprunghaft, unzuverlässig, mehrdeutig! Ich war aber Funktionär, Berufsrevolutionär, und an strikte Beschlüsse gebunden; dieser lautete: Kulturprogramm anläßlich der Delegiertenkonferenz, Anfang sechs Uhr. Weigert beugte sich noch einmal vor, schon ärgerlich, sieben Minuten zu spät.

Endlich ging der Vorhang flüsternd auf, ohne daß alle meine Sorgen beseitigt waren, ich wußte nicht, was jetzt kam, eine Ersatzmannschaft vielleicht, Operette, Ofentüre zu?

Der Bühnenraum fast leer, an der rechten Seite ein kleiner verschnörkelter Tisch, darauf eine Leselampe, ein Stuhl. Viel zu lange blieb es auf der Bühne still, im Saal wurde es unruhig, Gelächter zuckte auf – ach, diese verfluchten Gelächter meiner eigenen Künstlerlaufbahn –, da erschien Langhoff, hager, im Straßenanzug, die linke Hand in der Hosentasche. Er schaute kurz in den Saal, ging auf den Tisch zu, setzte sich, knipste die Lampe an und schlug das Buch auf, das auf dem Tisch gelegen hatte.

Ich lese euch jetzt, liebe Jugendfreunde, aus Anlaß der Konferenz und zu ihrem Gruß, Goethes Faust, Teil eins.

Und Langhoff las den Faust von der ersten bis zur letzten Zeile, in eine angespannte, atemlose Stille hinein, bis er das Buch schloß und fortging, lässig und federnd.

Das Sekretariat beglückwünschte mich, eine glänzende Idee, den Delegierten im Goethejahr der FDJ den Faust vortragen zu lassen, von Langhoff dazu! Ich glaubte fast selbst daran, daß es meine Idee gewesen sei, ging zu Langhoff hinter die Bühne und bedankte mich.

Fandest du mich gut?

Ich fand dich gut, alles gut.

Langhoff lächelte beglückt und wischte sich den Schweiß von der Stirn. Beinahe wäre es mir gegangen wie dir, ich hatte den Termin vergessen, glatt vergessen, lieber Jugendgenosse, wie war doch dein Name? Aber dir ist in letzter Minute ein rettender Gedanke gekommen, mir auch. Ich konnte euch doch nicht im Stich lassen, und dieser Faust ist schon etwas Ungeheures, nicht wahr? Selbst mir, der ich ihn doch so gut wie auswendig kenne. Und hast du auch bemerkt, daß ich ihn fast auswendig vorgetragen habe?

Ja, ich hatte es bemerkt und bestaunt, tatsächlich, auch Goethe war Waffe!

Emmi ist nie Schauspielerin geworden, natürlich auch Spätbruder Pepe nicht. Doch es muß ein Zwang in uns allen liegen zu spielen.

Der große Dichter, im blauen Frack, nicht im grünen, und im blauen Frack sieht man wohl noch besser aus, hatte gesagt: Sich vorstellen, dies hätte mein Leben sein können …

Selbst Pepe trieb es zum Theater, und er wurde, proletarisches Element, als Student aufgenommen.

Wir hatten heute Konsultation.

So? Wozu denn?

Em El.

Mutter mischt sich ein: Was issen das?

Na, Gesellschaftswissenschaft.

Mutter pocht ihm höhnisch an den Kopf.

Ich frage: Wußtest du denn da etwas zu antworten?

Natürlich, man hat meine Auffassungskraft geprüft. Kuba-Krise und so weiter …

Und sonst?

Heute Bewegungslehre. Sehr schwierig. Wir müssen unseren Körper ganz und gar umstellen. Wir sind nur als Kind oder im Schlaf körperlich so, wie wir es wirklich brauchen. Jetzt müssen wir gehen, daß Fuß, Becken und Kopf eine Linie bilden.

Mutter lacht schallend über das Wort Becken: Du kannst ruhig A-sch sagen.

Wir denken, wenn wir so gehen und stehen, gehen und stehen wir schief, stimmt aber nicht. Die Haltung ist sehr wichtig. Wir müssen uns dann auf den Boden setzen und Wirbel für Wirbel das Rückgrat aufrichten.

Das muß doch sehr schwer sein?

Dazu reicht meine Vorstellungskraft noch nicht aus, die Dozentin sagt, man braucht drei Jahre dazu.

Mutter pocht Pepe erneut an den Kopf, sie nennt seinen Mitstudenten und Schauspielerkollegen Mosjö, und sie lacht jedesmal, wenn sie hört, daß sie sich ernsthaft Studenten nennen, sie fürchtet, daß sie allesamt verhungern werden.

Und das Atmen erst, wir alle atmen falsch, nur bis zum Bauch hin. Bis in die unteren Organe atmet keiner. Pepe klopft sich auf die Schenkel, als müsse man bis dorthin atmen.

Da atme ich nicht, da furze ich, sagt Mutter, und sie weiß genau, daß Pepe nicht Schauspieler werden wird wie seinerzeit Emmi nicht, deren Eltern sich so aufregten. Nein,

Pepe wird nicht Schauspieler, Hanna ist Lehrerin geworden. Langhoff hat niemanden genommen, selbst Bruno, der so großartig den Woyzeck spielte, geht in sein Büro und nicht zur Probe, der grüne Frack ist leider irgendwann verschwunden. Helmut gibt nicht mehr den fahrenden Scholaren.

In der Komischen Oper, dem früheren Metropol-Theater, versuche ich Plätze auf der linken Seite im Parkett zu bekommen, etwa in der zehnten Reihe. Dort saß ich an jenem Silvesterabend, Wiedersehn macht Freude! Dort etwa saß ich fünf Jahre später beim Gastspiel der Peking-Oper: Das weißhaarige Mädchen. Aber das ist eine andere Geschichte, von der ich nichts berichten will.

Traum, oft geträumt

Ich sitze in einem Theater und blicke auf eine riesige Bühne, von der es kalt herabweht. Dort bewegen sich Schauspieler, die Aufführung beginnt eben.

Plötzlich befinde ich mich hinter der Bühne, die Schauspieler sehen mich beschwörend an, man stößt mich vorwärts. Mein Stichwort ist schon gefallen, ich müßte längst auf der Bühne sein.

Ich sträube mich, wehre mich gegen die starken schiebenden Arme, es hilft nichts. Jetzt befinde ich mich neben den Schauspielern auf der sich immer weiter auseinanderfaltenden eiskalten Bühne. Flehend blicken die Schauspieler. Ich muß sprechen.

Ich sehe in den Saal hinab, noch riesiger und kälter als die Bühne, gefüllt bis auf den letzten Platz, erwartungsvolle Gesichter, flehender noch als die der Schauspieler.

Die Pause wird bedrückend, ich verzweifle an mir, an allem, gleich wird eine Katastrophe von ungeheurem Ausmaß eintreten. Diese Katastrophe kann vermieden werden, wenn man mich von der Bühne wegschickt, aus meiner Lage entläßt. Niemand begreift meine Situation. Ich versuche unauffällige Zeichen zu geben mit den Augen, ich bewege die Hände, ich spitze die Lippen. Laut darf ich nichts sagen, denn das würde schon Mitwirkung bedeuten, Mitspiel. Aber ich kenne das Stück nicht. Trotz größter geistiger Anstrengung kann ich nichts erraten, nichts improvisieren, sehe ich keinen Zusammenhang, verstehe nicht, wen und was die Schauspieler, die mich noch immer flehend anblicken, darstellen.

Ich beschließe fortzulaufen, hinter die Bühne, die Treppe hinab. Aber es gibt keine Möglichkeit dazu. Entweder existiert kein Hinterderbühne, oder hinter den Kulissen stehen Kopf an Kopf Leute, die mich zurückjagen werden, mit Gewalt und Drohung.

Ich zermartere mir den Kopf, es muß doch irgendeine Möglichkeit geben, an diesem mir unbekannten Spiel teilzunehmen, oder so zu tun, als ob. Alles wartet. Aus dem Hintergrund des Saales erhebt sich eine Faust. Dann mehrere. Wer hilft mir? Ich weiß, ein einziges Wort würde genügen, daß ich mich in meine Rolle fände. Aber ich komme nicht darauf.

... genießen und Genossen

Mutter hatte eine Sammlung verschiedener Ausrufe, deren Herkunft man sich gar nicht oder schwer erklären konnte und deren Bedeutung sich erst später enthüllte, aber sie gehörten stets zu einem bestimmten Anlaß. So dieses ... genießen und Genossen, immer dann, wenn Mutter etwas besonders gut geschmeckt hatte.

Mutter war, im Gegensatz zu Vater, leckerig, aß gern, obwohl sie oft die Galle oder die Leber oder der Magen oder der Darm quälte, scheiß ins Leben, sagte sie und aß dennoch. Sie achtete darauf, daß es gut schmeckte, und besonders bei der Freundschaft oder der puckligen Verwandtschaft. Und genötigt mußte auch werden; wehe, wenn man nicht das Essen einzwang, wenn man zu schnell den Tisch leer räumte, so gefiel es ihr nicht.

Wie es unumstößliches Gesetz war, zum Essen zu nötigen, ebenso unumstößliches Gesetz blieb bis tief in den Krieg hinein das Mitnehmen. Man mußte, wenn der Besuch fortging, etwas einpacken, Kuchenstücke, belegte Brote oder ein Glas mit Kartoffelsalat.

Da niemand von uns, weder in der Freundschaft noch in der puckligen Verwandtschaft, einen Eisschrank besaß, lag darin die Sorge um übriggebliebenes Essen, das verderben könnte. Aber mehr noch steckte darin die uralte Ahnung, daß man einem Gast Wegzehrung mitzugeben hatte, und die dunkle Gewißheit, käme man irgendwo hungrig zu Gast, daß man nicht nur gespeist, sondern auch für eine kleine Zukunft gesichert wurde.

Zu Hause wurden die kleinen Päckchen ausgepackt und begutachtet. Mein Gott, ist die Wurst schrumplig, sagte Mutter ärgerlich, da hat sie sich beim Fleischer wieder die ältesten Zipfel andrehen lassen! Oder: Minna, das Luder, hat ein schönes Mittelstück vom Pflaumenkuchen bekommen, und mir hat Berta die trockne Kante eingepackt. Na warte!

Aber das, was Mutter für gutes Essen, also ... genießen und Genossen, hielt, hatte eine festumrissene Grenze. Es mußte ihr bekannt sein. Außergewöhnliches, Ausländisches gar oder Gerichte, von denen sie zwar gehört hatte, die aber zu den Genüssen höherer Kreise zählten, dort aß man solchen Dreck, lehnte sie ab. Erfuhr sie davon oder schmeckte ihr irgendwo das Essen nicht, steckte sie, und sei es vor vielen Leuten, die Zunge heraus, machte bäh und sagte: Eetenfretenindiehosegescheten!

Vater wiederum aß alles gleichmütig, er hegte keine Vorliebe, lehnte nichts ab, morgens verstaute er, ohne zu fragen, die großen Blechbüchsen mit Stullen und die abgestoßene Emaillekanne mit Malzkaffee in seinem Rucksack und fuhr davon. Ihm war es gleich, was er bei der puckligen Verwandtschaft oder bei der Freundschaft aß. Aber er hatte Sinn für feines Essen und Trinken, mindestens gefiel es ihm, wenn man darüber sprach, mehr noch, wenn es mich betraf.

Als ich im Januar 1953 von der ersten Reise nach Moskau zurückkam, mußte ich lange erzählen, und Mutter, immer interessiert, was es zu essen gab, schüttelte sich und schrie ihr Eetenfretenindiehosegescheten, als ich von Kaviar sprach. Was hast du gegessen? Hundeeier? Oder Fischeier, ist ja egal, du Dussel, wie kann man das ins Maul nehmen, und wie leben die Russen bloß, wenn sie dauernd solch Zeugs fressen?

Vater nickte befriedigt, er kannte Kaviar, er hatte davon gehört, vielleicht in den frühen Zeiten, als er Hausdiener in einer großen Berliner Gastwirtschaft gewesen war und später sogar am Ausschank gestanden hatte. Ihm gefiel es, daß sein Sohn, in gewisser Weise also auch er, von diesem Kaviar, den hier nur die Reichen aßen, gekostet hatte.

Aus Moskau brachte ich auch die erste Flasche Sekt mit; getrunken hatte ich schon mal hier und da ein Glas, das erste bei einem Treffen 1948 von FDJlern mit Komsomolzen im Haus der sowjetischen Kultur. Das Zeug schmeckte, und ich fragte Bruno, was da in kyrillischen Buchstaben auf dem Etikett zu lesen stand, denn Bruno studierte Slawistik.

Krasnaja Tschapotschka!

Und was heißt das?

Rote Wintermütze, sagte Bruno und prostete einer hübschen Komsomolzin zu.

So hieß Sekt für mich lange Rotes Wintermützchen, bis eines Tages auf diesen Flaschen mit dem roten Stanniolkopf gut deutsch zu lesen war: Rotkäppchen.

Nun hatte ich eine ganze Flasche davon mitgebracht: Krimsekt, wohl das Feinste der Welt. Mutter kostete vorsichtig und goß ihr Glas fort. Jesusmariajosef, die Plärre soll schmecken? Da ist unser Sommerhuhn allemal besser, aber trinkt nur, ihr Scheißer …

Im Grunde hatte Mutter recht; es gab nichts Schöneres bei Hitze. Das, was Mutter Sommerhuhn nannte, war eine Mischung aus Wasser, Zucker und Essig, versetzt mit einer Prise Natron, bis es schön schäumte.

Als ich Mutter von einer Reise nach Zürich erzählen mußte – sie ließ sich immer von Reisen berichten, im In- wie im Ausland, begierig auf Neuigkeiten, Pikanterien und Seltsames –, redete ich von einer Einladung in die Kronenhalle von Zürich, das feinste Lokal am Platz. Dies gefiel Mutter einerseits, aber sie wurde schon unruhig, weil sie an das Essen dachte. Ich erzählte ihr, daß man mir den Platz gezeigt habe, wo Thomas Mann seine Petits fours aß, die er nach der Erzählung meines Gastgebers sehr liebte, sich dabei das Jackett bekleckernd.

Was sind das für Furs?

Ich sprach schnell weiter und kam auf Hemingway und daß drüben in der Ecke, leibhaftig, dürr wie eine Wurzel,

Walter Mehring gesessen hatte, den mir mein Begleiter zeigte. Mutter winkte ab, alles uninteressante unbekannte Leute für sie. An den Wänden echte französische Impressionisten, und dann die Besitzerin, Frau Hulda Zumsteg, eine uralte Dame, dick geschminkt, sie ging von Gast zu Gast und begrüßte jeden, auch mich, ich wurde vorgestellt, aus Ostdeutschland, oh! die puppenhafte Greisin.

Ich weiß nicht, wo du da hinfährst und was das für ein Quatsch ist, sagte Mutter. Was habt ihr gegessen?

Ich wußte, darum ging es ihr. Ich erzählte, daß auf meinen Wunsch hin Artischocken bestellt wurden, und ich erläuterte, wie man sie aß.

Mutter geriet außer sich. So abknabbern? Wie eine Ziege? Na, da brauchst du gar nicht so weit zu fahren, bis in diese Schweiz da, da friß doch gleich in Gaarz Kohlköpfe an oder Brennesseln! Nee, Junge, du wirst immer blöder.

Vater war damals schon tot, meine Schilderung hätte ihm gefallen.

Ums Essen ging es bis hin zur Gefährdung des Lebens. Mutter hatte während des Krieges hinter dem Stubenofen eine harte Wurst hängen, eingetauscht bei Schlächter Schwenk gegen Kaffeestaub und Kaffeebohnenreste, die Vater in seinem Säckchen auf dem Rücken mitgebracht hatte. Die eiserne Ration, und niemand geht da ran, belehrte uns Mutter häufig. Wir wußten, sie würde zur Furie werden, wenn wir wagten, diese Wurst anzuschneiden. Die wurde immer härter, schrumpfte ein, Vater und ich murrten, Mutter sagte: Die Kraft bleibt drin, da zieht nur Wasser ab. Es ist die eiserne Ration.

Als unser Haus abbrannte, rannte Vater in die Wohnung hoch, warf die Wäsche aus dem Fenster zu Mutter hinab, riß die Bettgestelle auseinander und trug sie auf den Hof, hetzte in unsere Wohnung zurück, holte Kleidung aus dem Schrank und schaffte es, ein letztes Mal etwas zu retten, da knisterte schon die Decke, und die Flammen fraßen sich die Treppe abwärts.

Aber Vater hatte nicht die Wurst hinter dem Ofen gerettet! Mutter war außer sich. Immer wieder hat sie davon angefangen, selbst mir hat sie es Monate später voller Erbitterung berichtet: Die Teller hat er gegriffen und die Gabeln und lauter solchen Unsinn, aber die Wurst hat er verbrennen lassen. Ohne Bettbezug kannst du schlafen, das macht überhaupt nichts, aber essen mußt du immer. Da holt er allerhand Quatsch zusammen, rennt rauf wie ein Verrückter und vergißt die Wurst! Irgendwie fühlte Vater, daß Mutter hier recht hatte, er schwieg zu ihren Vorwürfen, verteidigte sich nicht, knurrte nicht einmal. Er hätte die Wurst aus dem Fenster werfen müssen, kannst du sagen, was du willst!

Ums Essen drehte sich mehr als die Hälfte unseres Lebens. Nicht daß über das Essen viel geredet wurde, im Gegenteil, fast gar nicht, man aß, man wurde genötigt, es schmeckte oder man fürchtete Mutters kritischen Ruf: Eetenfretenindiehosegescheten. Und doch gab es ein Zeichen dafür, wie wichtig alles das gehalten wurde, was mit dem Essen zusammenhing. Saßen wir bei irgendwem der puckligen Verwandtschaft, gleich bei wem, selbst bei der feinen Tante Hede, im Garten und lockerte der Stachelbeerwein die Zungen, dann sangen alle lauthals los. Doch stets waren es die Lieder von Küche und Keller: Trinken wir noch ein Tröpfchen aus dem kleinen Henkeltöpfchen ... Wenn das Wasser im Rhein goldner Wein wär ... Dies beim Trinken und beim Essen: Hinaus in die Ferne für'n Sechser fetten Speck, den eß ick ja so gerne, den nimmt mir keener weg, und wer det tut, den hau ick uf'n Hut, den hau ick uf die Neese, bis sie blut'. Oder: Ein Jäger aus Kurpfalz, der reitet durch das Gänseschmalz, bis daß die Schwarte knackt ... Für eins dieser Lieder hatte Mutter zwei Fassungen. Beim Kartoffelschälen sang sie: Mariechen saß weinend im Garten, im Grase da schlummert ihr Kind ... Vor dem Kartoffelsalat sitzend, stimmte sie an: Mariechen aß weinend die Suppe, die Pampe aus Kohl und aus Rind ...

Kein Treffen mit der puckligen Verwandtschaft oder der Freundschaft ohne ausgiebiges Essen, und jeder hatte seine kleine Spezialität, die er stolz, aber ohne weiter damit zu prahlen, auf den Tisch brachte. Bogers die Berge von Kartoffelsalat, Minna Salzstangen und Wiener Würstchen von einem Schlächter, zu dem hin sie eine halbe Stunde lief, Tante Berta Stachelbeerkuchen, bei Kröbers riesige Berge von belegten Brötchen, Schmalz und Harzer Käse, bei Pfennas Kochkäse mit Kümmel, der sich wie Gummi ziehen ließ, bei Wuzzels Streuselkuchen und starker Kaffee, in den Schnaps gegossen wurde; natürlich an der Spitze Tante Hede und Onkel Paul mit Schnitten, bekränzt von Petersilie und Sardellenpaste, Eier, mit silbernem Schneider geschnitten, Apfelkuchen, heute mal gedeckt, sagte Tante Hede.

Man genoß und rekelte sich und griff danach zum Trudelbecher für das Mensch-ärgere-dich-nicht-Spiel oder zu den Karten für das Schafskopfklopfen, man saß im Garten und tauschte Erfahrungen über die Anlage von Kompost aus, man sprach über Politik, Vaters leidenschaftliches Thema, aber gleich mußte wieder gegessen werden. Erfahrungen von Generationen, die gehungert hatten oder am Rande des Hungers gelebt, hatten sich vererbt, aber es gab auch eigene. So als sei es ein lustiges Abenteuer gewesen, erzählte Mutter manchmal lachend von der Kohlrübenzeit, wie sie es nannte, von der Endzeit des ersten Weltkrieges und den ersten Jahren danach. Wie man fast nur von Kohlrüben gelebt hatte, gebraten, als Brot, als Marmelade, Kohlrüben, Kohlrüben.

Diese Erzählungen verleideten mir die Kohlrüben so, daß ich sie nicht aß. Mutter machte häufig einen Kohlrübeneintopf mit fettem Fleisch, beides haßte ich, und Vater, der Mäkelei nicht leiden konnte, gab mir manche Ohrfeige, weil ich vor dem vollen Teller sitzen blieb und den Löffel nicht hob.

Die erste Erinnerung, die ich habe, die früheste Vorstellung von mir selbst, ist von Hunger geprägt. Ich stehe in dem kleinen rostigen Gitterbett. Es ist dämmerdunkel, noch erkenne ich die Gegenstände in der Stube, aber ich bin allein und habe Hunger. Es ist kalt dazu, mein kleiner Magen krampft sich zusammen, meine Finger kleben kalt an den Eisenstäben des Bettes. Ich weiß, meine Eltern haben mich verlassen, ich werde für immer allein bleiben, ich schreie vor Angst, vor Hunger und Kälte. Plötzlich sind Vater und Mutter wieder da, es wird hell und warm, Mutter füttert mich mit Pappchen, warmer, süßer Milch, in die weißes Brot gebrockt ist.

Später habe ich erfahren, wie genau meine Erinnerung mit der Situation übereinstimmte. Vater war lange arbeitslos und ausgesteuert. Wir hatten kein Geld, keine Heizung, nichts zu essen, verzweifelt sind wir losgerannt zu Freunden, Kohlen borgen, Milch, ein Stückchen Brot, ein paar Löffel Zucker. Als wir zurückkamen, standest du im Bett, blaugefroren, und schriest wie am Spieß.

Dies war wohl ihre schlimmste Stunde; später erinnere ich mich nicht an wirklichen Hunger. Wenn ich Mutter ein wenig ärgern wollte, dann erzählte ich, wie schwer wir es gehabt hatten, wie arm wir gewesen waren und wie mager es mit dem Essen stand.

Du spinnst ja, du Dussel, schrie Mutter dann, gab mir zur Freude aller eine knallende Ohrfeige, wir hatten doch alles! Vater hat gesorgt, wir hatten alles!

Einen ihrer wildesten Wutanfälle erlebte ich im Zusammenhang mit dem Essen. Mutter handelte gern nach dem Motto: Mitnehmen, alles mitnehmen! Da war es ihr gleich, ob es um den Unternehmer ging oder die FDJ, bei der ich angestellt war, ob um kapitalistischen oder sozialistischen Staat.

Dem widersprach Vaters gerader, grundehrlicher Charakter, mancher Streit entwickelte sich daraus, daß Mutter unsere Dummheit nicht billigte. So, als Vater beim Kohlenschleppen ein Trinkgeld abgeschlagen hatte, weil der Mann es den Leuten nicht selbst gegeben, sondern durch das Dienstmädchen hatte überbringen lassen; und als ich eine Liste aufstellte, wer die von der sowjetischen Kommandantur gestifteten Pakete mit Fleisch, Butter und Brot erhalten sollte, fragte sie: Wo stehst du? Ich konnte ihr nie klarmachen, daß es sich nicht ziemte: Mutter, wenn die Leitung sich die Prämien zuschiebt, dann kannst du doch keinen überzeugen ...

Sie zeigte mir einen Vogel wie damals dem stolzen Vater, der kein Trinkgeld genommen hatte, ihr seid zwei Idioten, ihr werd' noch verhungern, ihr geht ein, wenn ich erst tot bin.

Aber jener größte Krakeel galt nicht uns, sondern einem biederen Beamten. Sie hatte gehört, daß Kinder armer Leute kostenlos an schöne Orte verschickt werden zur Kräftigung und Erholung, und lief mit mir sofort zum Sozialamt. Nachdem der Beamte ihre Angaben überprüft hatte, schien er einverstanden und schlug für mich eine Reise zur Insel Norderney vor, Mutter war's zufrieden! Der Mann zog ein Formular heraus, Mutter diktierte die Angaben, bis sie an den Punkt gelangten, bei dem der Grund, die Notwendigkeit der Verschickung begründet werden mußten. Der Beamte sah nicht auf, er sagte: Hier schreiben wir Unterernährung.

Was? Mutter schlug auf den Tisch, der Junge ist blaß, gut, er ist spack, gut, aber Sie woll'n doch nicht sagen, daß ich ihm nicht genug zu essen gebe, wie? Sie sind wohl ...

Mutter begann zu schreien und zu toben. Der gutmütige Beamte hatte Mühe, sie zu besänftigen, und ich erinnere mich nicht mehr, was in die entsprechende Rubrik eingetragen wurde, jedenfalls nicht Unterernährung; noch auf dem Heimweg schimpfte sie vor sich hin: Unterernährt, da kann ich bloß lachen, wir haben doch alles.

Ich fuhr nach Norderney in ein militärisch organisiertes Heim und wurde der Gruppe Major Schill zugeteilt. Ob ich mich erholt habe, weiß ich nicht, ich brachte getrocknete Seesterne mit nach Hause, hatte marschieren und in der Kolonne schwenken gelernt.

Was ihre und Vaters Bedürfnisse betraf, die der puckligen Verwandtschaft und der Freundschaft, so stimmte es, wir hatten alles! Graupen mit Fleisch und Kohlrüben mit Fleisch, Kohleintopf, Mohrrübeneintopf, Kohlrabieintopf, Erbsen, Bohnen, Linsen, Milchreis und Milchnudeln, Blutwurst mit Kartoffelbrei und sonntags Kartoffeln, Rotkohl und Schmorfleisch oder gar Kotelett, zu Feiertagen Rouladen. Manchmal, wenn Mutter gut gelaunt war und sie sich über Vater nicht geärgert hatte, was sie grundlos und häufig tat, kochte sie schlesische Klöße, weil Vater die liebte, Klöße aus gekochten Kartoffeln, faustgroß, die wie Steine im Magen lagen. Zu Weihnachten gab es eine Gans, mit geringem Gewinn bei Onkel Otto gekauft, oder ein Karnickel aus dem eigenen Stall.

Sonntags aßen wir Kuchen; Mutter backte nur drei Arten: Napfkuchen, Streuselkuchen, im Sommer und Herbst Apfelkuchen. Sie rührte ihn in der großen tönernen Schüssel an, mit einer Reibekeule, sie schlug den Teig, schwitzte, der kleine Dutt zitterte und löste sich manchmal auf. Dazu, jedenfalls vor dem Krieg, Bohnenkaffee. Und alles mit Fett gekocht, gebraten oder gebacken, daß es triefte, ... genießen und Genossen!

Vater setzte, beraten von Ede Pfenna, sogar der philosophische Onkel Fritz zeigte sich hier als Meister, Obstwein an aus Stachelbeeren und Johannisbeeren und auch immer einen Bottich mit Kirschlikör. Zu saufen hatten wir immer, sagte Mutter. Und dann die Buletten! Mutter schnalzte. Wir hatten doch wirklich alles!

Ja, Buletten briet Mutter oft, gestreckt mit Brötchen, manchmal knirschend, weiß und galmig; sie standen eßbereit im kleinen Schrank über dem Gasometer, den man mit Groschen fütterte, damit die Gasflamme brannte. Manchmal, vor Geburtstagsbesuch, lief Mutter zum Viehhof hoch, zum Freibankverkauf, und kaufte große Fleischstücke fürs Gulasch, das dann in einer Waschschüssel auf den Tisch gebracht wurde und mit Brot aufgetunkt. Oder sie schickte mich in die Posener Straße zum Pferdefleischer, der sein Geschäft in einem Keller betrieb. Aber sag's keinem, hier hast du noch einen Sechser für eine Pferdebulette extra.

Sie waren sehr groß und schmeckten etwas süßlich. Wie konnte ich nur sagen, daß wir zwar nicht eben gehungert, aber auch nicht besonders gut gegessen hatten?

Bist du nicht satt geworden? Jeden Mittag, wenn du aus der Schule kamst, stand schon das Essen bereit!

Ja, jeden Tag stand das Essen bereit, und es bestand auch jeden Tag aus goldgelb gebratenen, herrlich duftenden, zwischen den Zähnen knisternden Bratkartoffeln. Und zu den frisch aus der Pfanne gefischten Bratkartoffeln gab es einen Teller Tütensuppe, mal mit kleinen Teigsternchen, mal mit dünnen Fadennudeln. Ich nahm den Löffel voll Bratkartoffeln, ließ sie in der Suppe ertrinken und schlürfte beides zusammen.

Igitt, wie dein dußliger Vater. Die Pollacken werden nie vernünftig, alles tunken sie ein, Kuchen und Kartoffeln.

Jahr für Jahr, Tag für Tag Tütensuppe und Bratkartoffeln, es schmeckte, und ich hatte alles, ... genießen und Genossen!

Vielleicht ging es uns dann im Krieg sogar besser als manchen anderen, als den Studienräten, die wir zwar mit Herr Doktor anreden mußten, die aber vor Hunger langsam verfielen. Bei der Schlächtersfrau tauschte Mutter Wurst gegen Kaffeestaub ein, bei der Bäckersfrau ein Stück Brot. Bis tief in den Krieg hinein konnte Mutter deshalb an ihrem eisernen Gesetz festhalten, wer zu uns kam, wurde bewirtet. Der gute Gast war heilig, er wurde genötigt und mußte essen. Je länger der Krieg dauerte, desto weniger mußte man nötigen.

Mutter sah es als Zeichen aufrichtiger Freundschaft an, wenn jemand kräftig einhaute. Kam Willi mich besuchen, dann freute sie sich, wie viel er aß. Willi, ein grobknochiger Bursche, konnte ungeheure Mengen vertilgen. Mutter liebte ihn gerade deswegen. Mit Helmut dagegen hatte sie große Sorgen, sie litt und konnte sich nie beruhigen. Helmuts Vater erzog auch den Sohn streng vegetarisch, Helmut wuchs pflichtgemäß ohne Fleisch auf. Auch ich wurde, wie üblich, bei ihnen zum Essen geladen und fand großes Gefallen an den gebackenen Selleriescheiben oder den wunderbaren Schwarzwurzeln, von denen man sagte, daß sie wie Spargel schmeckten, ein Essen feiner Leute, von dem auch ich schon gehört hatte.

Mutter schüttelte den Kopf, wenn ich ihr davon erzählte, ohne Fleisch, mit Sellerie und Nußmus, da kann doch bei den Leuten was nicht stimmen! Und sie versuchte den armen Freund: Helmutchen, kuck mal, die Kartoffelsuppe, richtig mit Speck gebraten und ein paar Würstchen reingeschnitten, koste mal, nur ein winziges Stück …

Helmut schüttelte den Kopf, er ekelte sich.

Aber Helmut, nur eine Scheibe Wurst, probier mal … Sieh mal, die Bulette hier, dein Freund frißt zehn davon, sie zeigte mit ihrem krummen Finger auf mich und lachte, versuch's doch mal mit einer einzigen.

Helmut blieb standhaft, und Mutter wurde fast krank vor Kummer um den Freund, sie konnte sich jahrelang nicht beruhigen. Immer noch Wegetarir, Helmut? Das nimmt ein schlimmes Ende!

Und was ist dein Lieblingsessen, Mutter?

Mutter schmatzte: das Blutgericht, die Plinsen.

Ich weiß nicht, wer den Namen erfunden hat, denn es handelte sich um einfache Kartoffelpuffer. Mutter hätte sie am liebsten jeden Tag gegessen, aber auch Vater und ich liebten sie. Blutgericht hießen die Puffer, weil sich Mutter beim Reiben stets die Fingerknöchel blutig schürfte. Deshalb schmecken euch die Plinsen besonders gut! sagte Mutter, streute dick Zucker über die knusprigen Scheiben und schlang sie, so heiß es nur ging, in sich hinein.

Als wir während der Kinderlandverschickung in Großglockersdorf den Unterschlagungen des SA-Sturmführers Deutsch ausgesetzt waren und ich in einem Vierteljahr zwölf Pfund abgenommen hatte, schrieb Mutter, wie andere Eltern auch, einen gepfefferten Brief an den Lagerleiter, Oberlehrer Schmerse, und sie schickte mir ein großes Paket, das einzige Essen, das sie noch reichlich zu versenden hatte und das sie, nach ihrer Meinung, auch versenden konnte, weil es nicht schlecht wurde: das Blutgericht. Die Kartoffelpuffer kamen hart und schimmlig an, ich aß sie dennoch vor Hunger und Heimweh.

Kartoffelpuffer waren es auch, die mich an den Rand des Mordes brachten, eines wahrhaftigen, und die Frau, die ich ermorden wollte, hatte es auch gemerkt.

Je länger der Krieg dauerte, desto mehr fürchtete ich den Hunger, mehr als Verwundung und Tod. Als Flakhelfer bekamen wir noch genügend Brot, beim Arbeitsdienst schon nicht mehr. Wir schlugen zehn Stunden des Tages an den Weichselufern mit Buschmessern die Weidendickichte nieder, man sagte uns, um Schußfeld frei zu machen. Nach der zermürbenden Arbeit, mit ein paar Schnitten Margarinebrot im Leib, mußten wir die zentnerschweren Weidenbündel kilometerweit ins Lager schleppen. Am schlimmsten wurde es in Neuruppin und Potsdam-Krampnitz, wir hungerten nun wirklich, versuchten, uns bei der Essenausgabe wieder anzustellen, tauschten Käppi gegen Schirmmütze, um ein anderer Soldat zu sein, der noch nichts empfangen hatte. Der Küchenfeldwebel merkte es gewöhnlich und jagte uns davon, in der Hand hielten wir ein paar faulige Pellkartoffeln, im Kochgeschirr eine trübe Tunke. Auf der Flucht mit Friedrich Michael hungerte ich oft, doch ich spürte es nicht so heftig, weil vor mir Dänemark lag, das Land des Essens, nur noch ein wenig aushalten, und ich würde schlemmen, was das Herz begehrte, Buletten, Rouladen, Milchreis, selbst Kohlrübeneintopf.

Dann der bittere, die Kraft schnell aushöhlende, an Seele und Körper nagende Hunger des amerikanischen Auffanglagers. Nach ein paar Tagen ließ der Leibschmerz nach, auch den andern wurde leichter. Wir hatten seit mehreren Tagen nichts zu essen bekommen, eine Woche fast, wir lagen in unseren Löchern, still und schmerzlos, wir taumelten, aber wir lächelten, und wer einen Tobsuchtsanfall bekam oder schreiend vor sich hin starb, den holten die amerikanischen Sanitäter. Was kümmerte es uns, wir dämmerten dahin, ich wunderte mich, auf welche schöne Weise mir der Hunger vergangen war.

Als das zerknitterte Büchlein von Fritz Reuter mich aufgeweckt hatte und ich tageweise ausbrach, als Dorfjunge verkleidet, an den gelangweilten Posten vorbei, da meldete sich der Hunger wieder, wühlend, eine wilde Marter. Aber ich wollte leben, also suchte ich nach Eßbarem, ich mußte mich kräftigen, ich mußte essen, essen, essen, um in den Frieden zu kommen.

Auf einem dieser Ausflüge geriet ich in einen Wald. Mir waren an seinem Rand große rote Wagen aufgefallen, Feuerwehrautos mit Berliner Kennzeichen, und Doppelstockbusse, auch aus Berlin. Ich wunderte mich nicht, in dieser Zeit hatte man das Wundern verlernt, alles war möglich und nichts überraschend; ich freute mich über das Zeichen aus der Heimat. Leute ließen sich nicht sehen, ich ging tiefer in den Wald und blieb plötzlich stehen, als hätte man mir mit einem Hammer vor den Kopf geschlagen. Es roch nach frischen Kartoffelpuffern, nach Mutters Plinsen, dem Blutgericht!

Es roch wild und durchdringend, betäubend, eine Halluzination, Zeichen des galoppierenden Irrsinns? Ach, ich kannte das, hatte Stimmen gehört in der Zeit der Lethargie, Gestalten am dünnblauen Himmel, fliegende, winkende

Menschen, man hatte mit mir geredet, süße Stimmen, die es in Wirklichkeit nicht gab. Nun roch ich eine Vision, die Knie wurden mir weich, ich mußte mich an einem Baumstamm festhalten.

Da sah ich sie, ein Wachtraum, ein Wahnbild! Nicht weit von mir saß eine Frau in mittleren Jahren, jünger als Mutter, anders aussehend, aber vor sich eine eiserne Pfanne, genauso groß wie Mutters, in der sie Kartoffelpuffer, Mutters Plinsen, briet. Zwischen Steinen flackerte ein Feuer; neben sich hatte die Frau einen Topf mit dem Brei geriebener Kartoffeln stehen, und auf einem Holzbrett lag ein kleiner Stapel dieser goldgelben Dinger, genau wie sie Mutter gestapelt hatte, ehe wir sie uns griffen, je heißer, desto lieber, und dick mit Zucker bestreut hineinschlangen.

Ich roch es. Ich sah es. Ich trat ein paar Schritte näher; es war kein Traum, keine Hungervision, und war dennoch ein neuer Hammerschlag gegen den Kopf, die Plinsen wurden nicht für mich bereitet.

Die Frau ließ einen fertigen Puffer auf den Stapel gleiten, rieb die Pfanne mit einer Speckschwarte ein und füllte den Kartoffelbrei nach, der zischend sich bräunte, warf ein paar Kiefernzapfen in die Flammen; ich trat noch näher. Die Frau hatte mich längst bemerkt, blickte gleichmütig auf und wieder hin zu ihrer Pfanne und wendete mit einem geschickten Wurf den Kartoffelfladen auf die andere Seite. Mutter hatte das nie getan, ich bin zu doof dazu, sie nahm eine Kelle und drehte die Plinsen auf die andere Seite.

Diese Frau hatte mit aufreizender Geschicklichkeit den Puffer durch die Luft fliegen und sich überschlagen lassen; und genau in diesem Augenblick beschloß ich, sie zu ermorden.

Bis dahin hatte ich überhaupt nichts gedacht, nicht einmal daran, sie um eins dieser goldgelben Dinger zu bitten, um einen einzigen Bissen, jetzt mußte ich die ganze Pfanne haben. Auch, weil sie den Puffer so hochgeworfen hatte, nicht einmal hinsehend, sondern mich angeblickt hatte, eitel lächelnd.

Ich haßte sie, weil sie etwas tat, was Mutter nicht konnte: Ich haßte sie, weil sie das schönste Gericht der Welt briet und die Puffer stapelte, und wenige Kilometer weiter verhungerten ich und meine Kameraden. Ich haßte sie, weil sie nicht gesagt hatte, komm doch her und nimm dir einen, Junge. Unser ehernes Gesetz: Kein Gast unserer Familie war ohne Einladung zum Essen geblieben, und sei er noch so fremd oder in schwerer Zeit zu uns gekommen. Dieses ekelhafte Weib briet weiter Plinsen, sah mich hin und wieder kurz an und sagte kein Wort.

Der Hunger, zerreißend und wölfisch, der Haß und der Ekel vor dieser Frau wurden so stark, daß ich nach einem Knüppel suchte, sie zu erschlagen. Niemand war in der Nähe, der ihr hätte zu Hilfe eilen können, und wenn schon, niemand würde mich aufhalten.

Da winkte die Frau und hielt mir die Pfanne entgegen. Ihr Gesicht war vor Angst verzerrt, nichts von Prahlerei oder Gleichgültigkeit; sie hatte mich doch beobachtet und gespürt, was in mir vorging, sie hatte die Gier bemerkt, aber auch den tödlichen Haß. In jenen Zeiten galt ein Menschenleben wenig, das wußte auch sie, sie fühlte, daß ich sie wirklich umbringen wollte. Ein paar Sekunden später, und ich hätte es vielleicht getan.

Ich riß den Kartoffelpuffer aus der Pfanne und rannte davon, noch im Laufen stopfte ich mir den Plinsen in den Mund, verbrannte mir Zunge und Gaumen, ich fraß ohne Genuß, ich entsetzte mich vor mir selber; denn ich hatte mich nie so erlebt, so erniedrigt und entschlossen, jemanden umzubringen.

Ja, ich hatte auf Menschen geschossen; als Flakhelfer an Leitgeräten und an der großen Kanone, auf kleine silberne Punkte im Scheinwerferkreuz oder ins Dunkle hinein, die Menschen waren Tausende Meter entfernt; wer weiß, ob es sie überhaupt gab. Nur sich bewegende Punkte. Nein, es gab sie; wir schossen einen deutschen Nachtjäger herunter, der zu spät das Erkennungssignal gezeigt hatte, die Maschine prallte wenige hundert Meter von unserer Batterie entfernt in den Acker. Wir nahmen am Begräbnis der toten Besatzung, die wir als leblose, seltsam verdrehte, von Blechstücken bedeckte Körper im Morgengrauen hatten liegen sehen, teil. Sie wurden auf dem Buchholzer Friedhof beigesetzt, Ehrensalve, Pech gehabt. Oberleutnant Becker versagte es sich nicht, bei den Gedächtnisworten darauf hinzuweisen, daß sie leider versäumt hatten, das Erkennungssignal zu schießen, zwei rot, zwei weiß, also selbst schuld gewesen seien …

Auf die wir schossen, die warfen doch die Bomben herab, auf die Häuser unserer Eltern, die Wohnungen der puckligen Verwandtschaft und der Freundschaft, wie du mir, so ich dir. Wirklich auf Menschen geschossen, gezielt, mit dem Wunsch, sie zu treffen, sie zu töten, hatte ich nur ein einziges Mal, auf jenem Gutshof, als die Scheune, in die wir eingesperrt waren, brannte und wir, die Todgeweihten, uns befreiten, aus dem Waffenhaufen ein Gewehr heraus griffen und auf die Feldgendarmen schossen, die uns Stunden vorher verhaftet hatten. Ob ich einen getroffen habe oder nicht, ich kann es nicht sagen, ich hoffe es. Aber eine einsame Frau ermorden zu wollen wegen ein paar heißer, knuspriger Kartoffelpuffer …

Damit fand die Erniedrigung kein Ende. Am nächsten Tag, noch ehe ich loszog, nach Eßbarem zu suchen, jedoch wollte ich um keinen Preis wieder in die Nähe jenes Waldes gelangen, geschah etwas, was mich an den Rand seelischer Vernichtung brachte, weil ich mich, brüllend und schmatzend, daran beteiligt fand.

In der Nähe unseres Auffanglagers hatte eine Kavallerieeinheit kapituliert. Selbst gegen Ende dieses motorisierten Krieges gab es so etwas noch, Reiter und Pferde. Wochen später fand ich die Feldschmiede und die Feldkasse dieser Einheit, mitten im Wald bei Jasnitz, und dort lief mir auch ein schönes Pferd zu, ein Reitpferd mit Brandzeichen, ein wunderbarer Fuchs, mit dem ich ein paarmal die Dorfstraße auf und ab trabte, die Bauern winkten ab, was sollten sie mit einem solchen Zossen, von dieser Sorte gab es viele, unbrauchbar für Wagen und Pflug. Ich scheuchte ihn in den Wald zurück, den schönen Hengst.

An jenem Tag nun brachten die amerikanischen Posten unter Lachen und anfeuernden Schreien ein paar eingefangene Pferde ans Tor und jagten sie mit Schüssen ins Lager. Sie hatten ihren Spaß haben wollen über die scheu gewordenen Pferde, die wild auskeilten und über unsere Schlafgruben galoppierten, an uns, die wir vor den Pferden flüchteten, in diese Löcher hinein. Die Pferde jagten umher, aber wir fürchteten sie nicht mehr und flüchteten nicht weiter vor ihnen. Wir jagten ihnen nach, aufheulend. Wir kreisten sie ein. Wir warfen mit Steinen nach ihnen. Wir sprangen sie an und rissen sie zu Boden. Wir verletzten uns selber durch die Steinwürfe, bluteten von Pferdebissen oder sanken bewußtlos hin, getroffen von den Hufen. Andere rannten herbei, dieser besaß ein Taschenmesser, jener noch ein bisher versteckt gehaltenes Seitengewehr, andere hatten Steine in der Hand – und so töteten wir die Pferde! Die schlugen um sich, röchelten, schrien verzweifelt; sie wieherten nicht, sie schrien vor Angst wie Menschen, Verwundete hatten wir genauso hoch und hell schreien hören.

Wir rissen die Pferde in Stücke. Dann schlugen wir uns um das größte Stück Fleisch, fetzten es dem anderen aus den Händen und liefen davon, blutbeschmiert, Pferdeblut, Menschenblut, auch das eigene aus der Schramme über dem Auge.

Ich hatte, zerrend und beißend, schreiend vor Wut und Triumph, ein Stück Pferdefleisch erwischt und rannte los, das blutige Stück unter der Jacke bergend. Am Nachmittag brannten im Lager überall kleine Feuerchen, an denen wir uns sonst des Nachts bei Tau und Kälte wärmten, jetzt hatten wir die Feuer früh angezündet, das nasse Holz qualmte, und in den eisernen Gasmaskenbüchsen brodelte das trübe Wasser, darin Pferdefleischstücke schwammen.

Die Amerikaner lachten nicht mehr, sie hatten sich abgewandt, ließen an jenem Tag auch keine Dorfjungen ins Lager, die wie stets umherstreiften; die Posten mögen gedacht haben, daß diese Meute imstande war, auch die Kinder und Burschen zu jagen, zu zerreißen, zu braten und zu kochen; die Soldaten spähten aufmerksam ins Lager, die Maschinenpistolen schußbereit.

Gestern, im Wald, hatte ich nur morden wollen; die mir entgegengehaltene Pfanne hatte es verhindert. Heute hatte ich wirklich die wehrlose Kreatur gemordet, einer unter Hunderten; ich hatte über dem zuckenden Tierleib gelegen und mich in das heiße blutige Fleisch gewühlt. Ich war zwar satt wie selten, Kartoffelpuffer und gesottene Fleischstücke, irre Träume noch vorgestern, aber ich war gedemütigt wie nie zuvor. Ich hatte die Erfahrung vieler Generationen, die der hungernden armen Leute, von denen ich herstammte, der demoralisierten, vertierten, verkommenen, nun ganz und gar erlebt. Ach, ich wußte jetzt, warum diese Eßlust und diese Hungersfurcht!

Ich ahnte, würde ich hierbleiben, könnte ein Mörder aus mir werden; ich spürte, daß nicht mehr viel fehlte, und ich würde meinem Nachbarn die Kehle durchbeißen und sein blutendes Fleisch schmecken wie das des armen gemordeten Pferdes.

Schon als Kind fiel mir unter Mutters vielen unerklärlichen Ausrufen dieser besonders auf: Eetenfretenindiehosegescheten – dabei die herausgebläkte Zunge, Abscheu im Gesicht.

Wie kommst du bloß darauf, Mutter?

Kümmere dich um deinen Dreck, du Dämlack, wie soll ich alles wissen?

Vater wußte es und erzählte, daß Mutter einst bei einem Besuch in der Landarbeiterkate ihrer Eltern im westpreußischen Drahnow am gemeinsamen Mittagstisch erlebt hatte, daß eins der Kinder, wahrscheinlich das uneheliche einer ihrer Schwestern, niemand sah in den Verhältnissen dieser großen Familie klar, während des Essens in die Hosen schiß. Oben rein und unten raus. Man hatte gelacht und geschimpft, und Mutter, einen plötzlichen Reim auf der Zunge, hatte geschrien: Eetenfretenindiehosegescheten! Und nun, wenn ihr etwas vorgesetzt wird, was ihr nicht schmeckt, möchte sie am liebsten ..., und weil man das als Erwachsener nicht darf, da schreit sie eben.

Mutter überlegte und nickte dann. Du alter Knacker hast tatsächlich mal recht. Das war damals so, und mir ist heute manchmal so, und deshalb sag ich's auch. Worauf man alles in seinem Leben kommt?

Ich hatte natürlich auch bemerkt, daß, wenn Mutter nach gutem Mahl die Arme auseinanderstreckte, sich zurücklehnte und lächelnd sagte: ... genießen und Genossen!, die Reaktionen bei der Freundschaft und puckligen Verwandtschaft verschieden ausfielen.

Richard Wuzzel sagte etwas ärgerlich: Na, na, na! Onkel Otto verwies es Mutter ebenfalls; Onkel Fritz lachte leise meckernd und sagte: Aber nicht noch lauter; Tante Hede und Onkel Paul erwiderten zwar nichts darauf, schienen aber auch unzufrieden.

Ich hatte gerade entdeckt, daß wir nach einer Grammatik reden, und belehrte meine Mutter: Du sagst es einmal in der Gegenwart und das andere Mal in der Vergangenheit, das geht nicht, entweder so oder so ...

Mutter lachte schallend, auch Vater lächelte schief. Alter Quatschkopf, sagte sie, deine Grammatik ist alles Scheiß. Was ich meine, verstehst du sowieso nicht, und hör mal auf, den Kuchen in den Kaffee zu stippen, mir wird ganz koddrig, wenn ich zusehe, es reicht schon, wenn Vater es macht. Aber der Kuchen ist doch, ... genießen und Genossen!

Nach dem Krieg, als ich mir das Fragen über Mutters Besonderheiten und ihre merkwürdigen Ausrufe längst abgewöhnt hatte, brachte Onkel Fritz die Sache erneut zur Sprache. Du hast da mal gefragt, aber wir konnten dir nichts Richtiges sagen, du weißt ja, in dieser Zeit. So wie Eetenfretenindiehosegescheten ist das mit genießen und Genossen auch passiert.

Er erzählte mir, wie Mutter sich auf irgendeine Familien- oder Freundesfeier gefreut hatte, wo sie hoffte, etwas besonders Leckeres vorgesetzt zu bekommen. Es war die Zeit, in der Vater schon arbeitslos war, Mutters Hoffnung also besonders verständlich. Aber Vater hatte etwas anderes vor, er ging mit seinen Genossen eine Petition überbringen, entweder in den Reichstag oder in den Preußischen Landtag. Mutter war natürlich wütend, andererseits tröstete sie sich, da könnte sie eben für Vater mitessen.

Vater ging nun mit der Delegation seiner Genossen und wurde von allen Fraktionen abgewiesen, nur von den Kommunisten nicht, Wilhelm Pieck empfing sie, nahm die Petition entgegen und unterhielt sich mit den Arbeitern. Vater kam noch gegen Schluß des Familientreffens, da sagte Mutter erstmals dieses Wort. Sie hatte gegessen und genossen, sie war noch dabei, die letzten Reste zu genießen, währenddessen ihr Mann, der Dussel, mit seinen Genossen irgendein Schreiben irgendeinem Genossen überbracht hatte. Ich genieße, und er ist Genosse, genau, so dußlig war er immer. Und beim Pieck wart ihr gewesen? Na ja, der ist der Schlechteste nicht.

Vaters Held war Teddy Thälmann, die Faust hat immer recht, ein Mann ganz nach seinem Geschmack. Doch Vater hatte nicht vergessen, daß Wilhelm Pieck als einziger die Delegation arbeitsloser Bauarbeiter empfangen und angehört hatte, und beim Schafskopfspiel, wenn er eine Pique-Karte auf den Tisch knallte, rief Vater oft betont ausdrucksvoll: Pieck ist Trumpf! Dies war natürlich weniger auffällig als Mutters Ausruf von den Genossen, und nur manchmal hatten Onkel Paul oder Onkel Otto mißbilligend auf Vater geblickt, aber nichts gesagt.

Wir gingen in das Eckhaus in der damaligen Lothringer Straße, den Sitz des Zentralkomitees, stiegen die Treppen hoch zum Arbeitszimmer, das voller Leute war, Wilhelm Pieck freute sich über den Besuch der Jugend und nahm unsere Geburtstagsglückwünsche entgegen; er ließ ein Gruppenfoto machen, schüttelte uns immer wieder die Hände und faßte dabei unsere Ellenbogen an. Daß er auch immer von neuem danke! sagte, danke schön!, rührte mich. Was hatte er sich schon bei uns zu bedanken?

Es traten zwei riesige Kerle ins Zimmer, weiße Blusen und Mützen, große Lederschürzen vor dem Bauch, jeder trug einen Kasten auf der Schulter, Bierkutscher, die ihr Pferdefuhrwerk vor dem Haus angehalten und die Kästen hochgetragen hatten, herzlichen Glückwunsch, Wilhelm, ein Gruß von den Genossen der Brauerei, laß es dir schmecken, ist leider ziemlich dünn.

Na, setzt mal ab, und jeder greift sich eine Flasche, dann wollen wir euer Geschenk gleich niedermachen.

Die Porzellanpfropfen mit den Gummiringen sprangen knallend auf, wir stießen an, die Bierkutscher luden sich bald die leeren Kästen auf die Schultern und gingen, tschüs, Wilhelm.

Du willst bei Wilhelm Pieck gewesen sein und Bier getrunken haben? Ich weiß nicht, was dem Jungen alles einfällt. Nächstens erzählst du noch, du bist mit Motolow spazierengegangen und hast mit Stalin Pfeife geraucht.

Mutter, die immer noch, wie einst Großmutter, die Zeitungen las, kannte sich sehr genau aus, nur machten ihr die russischen Namen Mühe. Vater aber freute es, daß ich von Wilhelm Pieck erzählen konnte, von Geburtstagsbesuchen, daß Wilhelm Pieck zu Versammlungen gekommen war und auch, um unseren tödlich verunglückten Freund Jochen Weigert zu ehren, und daß er häufig, immer auf die Minute pünktlich, das Pionierhaus besuchte. Da es Fotos von diesen Besuchen gab, die mich ganz in der Nähe Piecks zeigten, begann Mutter es zu glauben, und sie wunderte sich noch mehr über diese neue Welt.

Das erstemal hatte ich Wilhelm Pieck während einer Kundgebung auf dem Petersburger Platz gesehen, das Thema seiner Rede: Wie kann ein zweiter Katastrophenwinter verhindert werden? Er sprach bei platschendem Regen von einem Pferdewagen herunter. Am Schluß ein Hoch auf den verehrungswürdigen Genossen Pieck und Rot Front!

Als ich Vater abends davon erzählte und daß es mir vorgekommen sei, als habe Pieck zuviel altmodische Agitation geredet, sah er mich scheel an, sammelte sich und sagte: Davon verstehst du Rotznase nichts, überhaupt nichts!

So hatte er seit vielen Jahren nicht mehr mit mir geredet.

Ich erzählte den Eltern, daß Pieck zu unserer Ausstellung gekommen war. So, da sind wir! Wie er beim Ansehen der Fotos und Dokumente mehr zu sich als zu uns und den begleitenden Kindern sagte: Da war'n wir noch jung ..., sogar mit Spitzbart ..., aha, da sind Karl und Rosa ... Die Toten mahnen uns! Dann beim Anblick seines vom Kunsterzieher des Hauses gemalten, scheußlich naturalistischen Porträts: Na, so dick bin ich wirklich nicht! Als er unseren Ärger und das Erschrecken des Malers bemerkte, sagte er versöhnlich: Die Pioniere sehn aber auch ganz rund aus, sollen alle gut essen. Als ich das erzählte, klatschte Mutter in die Hände, ... genießen und Genossen!

Nachdem Pieck sich ins Gästebuch eingetragen hatte, bat ein Rundfunkreporter ihn um das Verlesen des Textes, Pieck lachte. Ihr seid doch keine Analphabeten! Er las seine Eintragung noch einmal durch, stockte bei einer Wendung und sagte mißmutig: Stilistischer Fehler! Strich das beanstandete Wort durch und schrieb ein anderes darüber, nickte den Kindern zu und sagte: Wie in der Schule, nicht wahr?

Solche Berichte gefielen Mutter. Einmal erzählte ich ihr

eine Geschichte, die ich während einer Konferenzpause vom Schriftsteller Rudolf Leonhard gehört hatte. Wilhelm Pieck befand sich in den zwanziger Jahren auf einer Agitationsreise durch Oberschlesien und übernachtete, wie üblich, bei Genossen, diesmal bei einem Bergarbeiter, er schlief auf dem alten Sofa in der Küche. Der Mann mußte zur Frühschicht und ging noch in der Dunkelheit aus dem Haus; Pieck zog sich an und folgte ihm, er mußte stundenlang umherlaufen, bis die Geschäfte und das Parteibüro geöffnet wurden.

Warum bist du denn nicht geblieben, hättest dich doch ausschlafen können?

Es gehört sich nicht, liebe Genossen, ein fremder Mann allein mit der Frau des Genossen, das schickt sich einfach nicht, und was der Klassenfeind daraus macht, ist noch eine andere Sache! Nun hatte er ganz bei ihr gewonnen: Dein Pieck ist Trumpf, ich glaub, ihr habt recht.

Mutter stritt, und sei es aus Lust, bis aufs Messer, ein solches Bekenntnis wollte etwas heißen. Sie sah, wie Vater sich freute und wie zufrieden ich nickte, da konnte sie es nicht lassen: Aber daß er eine eigene Kuh hat, damit er immer frische Milch bekommt, das ist nicht gut, das machen die Russen falsch, die ham sie ihm doch geschenkt. Sonst ist er wohl in Ordnung, aber das mit die Kuh, ne.

Das Gerücht lief lange um, Mutter hatte es nicht erfunden; vielleicht glaubte sie selbst nicht daran, aber ohne eine Stichelei wollte sie sich doch nicht ergeben. Unsere wütenden Argumente vom Klassenfeind als Gerüchtekoch wies sie lachend ab: Ihr seid ja beide doof, wen man braucht, den füttert man, fragt doch eure Karnickel auf dem Balkon! Schlachte mal wieder eins, ... genießen und Genossen!

Ja, es blieb weiterhin so: Wir verbanden uns der Welt auch durch das, was wir aßen. Nach den Sitzungen der Jugendbuchkommission des Kulturellen Beirats gingen wir, Helmut, Fred, Bruno und ich, ins Restaurant Lukullus; dort sprachen wir unsere Entscheidungen durch, stritten und redeten wie Kenner über Literatur. Dazu tranken wir Dünnbier und bestellten eine Portion Scumbria. Kunst und Scumbria wurden eins, der befeuerte Magen regte das Gehirn zu überscharfen Definitionen, Projekten, zu Witz und Wortspielen an. Was machte es, als wir Jahre danach, der Kulturelle Beirat war längst aufgelöst, bemerkten, daß unser Literaturgericht nichts weiter gewesen war als Makrele in Tomatensoße; seinen hohen Zweck hatte der brave Fisch erfüllt.

Als ich im neunundvierziger Goethejahr der FDJ Weimar besuchte, verantwortlich für das pünktliche Vorhandensein der großen Kränze des Zentralrats und der FDJ Berlins, da setzte ich mich, bevor ich den Weg vom Theater zum Mausoleum abschritt, ins HO-Café und bestellte ein Schweineohr, ein fettiges Blätterteiggebäck, das erste meines Lebens, fünf Mark das Stück. Und immer bleiben dieses Kuchenohr und sein köstlicher Geschmack in meiner Erinnerung verbunden mit dem Weg zu Goethes und Schillers Särgen.

Die letzten Tage ihres Lebens, im Krankenhaus Buch, ließ Mutter ihr Essen stehen, ein böses Zeichen.

Wie geht es, Mutter?

Wie soll's gehn, du Dussel!

Schmeckt's dir nicht?

Mutter erwiderte zuerst nichts, sah uns nur mit ihren hellen, immer noch frischen und frechen Augen an, schüttelte ein wenig traurig den Kopf. Eetenfretenindiehosegescheten …

Es sind dies die letzten Worte, die ich von Mutter gehört habe.

Bei Kraak

Die schnurgerade Straße 106 nach Schwerin. Der alte Wagen keucht, ein Wegweiser nach rechts: Goldenstädt. Ich bremse, wende und fahre zurück, hinein nach Goldenstädt. Vor diesem Dorf, nicht weit von Raduhn, hatte ich mein Gewehr weggeworfen, in den Wassergraben am Wegrand; der GI, auf der Kiste sitzend, ein Feuerchen vor sich, denn aus der Niederung stieg kühl der Frühdunst, winkte uns gelangweilt weiter. Ich besaß ein schönes Gewehr, einen gedrungenen Karabiner, mit kurzem Kammerstengel und großem, rechteckigem Magazin, das zehn Patronen faßte. Auf dem Lauf ein Zielfernrohr, in dessen Glas ein tödliches Fadenkreuz eingearbeitet war: das seltene Gewehr 45, die letzte Waffe dieses Krieges.

Hier ungefähr muß es gewesen sein, wo der Amerikaner gehockt und ich mein Gewehr beklommen und erleichtert ins Wasser geworfen hatte. Ich fahre jenen Weg weiter, den ich als Kriegsgefangener mit anderen müden, erschöpften, zufriedenen Landsern gezogen war: Fahrbinde, Rastow, Kraak. Ich suche den Platz, an dem ich die schlimmen Wochen unter freiem Himmel kampiert habe, im Loch, mit bloßen Händen in die Erde gewühlt, mein Schutz, mein Grab, mitten im grünen Getreide. Ja, dies könnte die Stelle gewesen sein oder hier … oder hier.

Ich werfe mich auf den Boden. So habe ich stundenlang gelegen, die Wolken beschaut, in den blaßblauen Himmel geblickt. Der Himmel ist auch heute blaßblau und wolkig. Fast zwei Wochen gab es nichts zu essen, wir tranken das faulige Wasser aus dem kleinen Fließ. Ruhr brach aus, Typhus, die Leichtverwundeten stöhnten und fieberten, die ersten starben, viele lagen apathisch.

Jungen aus den Dörfern stromerten heran, sie wurden ins Lager gelassen, auch wieder hinaus, und tauschten für ein Ei, das sie aus der Hosentasche zogen, ein Eisernes Kreuz; ich war nicht viel älter als sie, dünn und zarthäutig. Unter meiner Uniform trug ich einen Trainingsanzug, ein dringlicher Rat von Willis Vater; ich zog die Uniform aus; eine alte Autokappe, Gabardine, schmutziggrau, die ich irgendwo gefunden hatte, stülpte ich über und schlenderte neben einem dieser Dorfjungen am Posten vorbei. Ich fragte ihn mit meinem brüchigen Schulenglisch nach der Uhrzeit, vielleicht meinte ich, mich besonders unverdächtig zu machen, indem ich ihn anredete. Der farbige Soldat, ein lässiger Wachtposten, lachte gutmütig und zog den Ärmel zurück, bis hin zum Ellenbogen waren viele Uhren befestigt.

Am Dorfrand von Kraak, in einem Abfalloch der Amerikaner, entdecke ich eine Pappkiste voller Apfelsinen, einen großartigen Schatz. Daß sie angefault sind, gärend, schwarzfleckig, stört mich nicht, die Kiste zwischen meinen Beinen festpressend, sie verteidigend, wühle ich meine Zähne in das spritzende Fruchtfleisch.

Ich schlendere durchs Dorf, aus einem Haus riecht es nach Bratkartoffeln und Speck. Hunger macht selbstmörderisch, ich trete ein. In der großen Bauernküche sitzen Polen, Jugoslawen, Franzosen um eine große Eisenpfanne, in der ein Berg goldener Bratkartoffeln in klarem Fett schwimmt. Die Bäuerin steht demütig an der Tür. Ich kann und will nicht mehr umkehren, mein Gott, diese Bratkartoffeln … Ich rufe: Ick ben Holländer! So stelle ich mir Holländisch vor, wie ich es oft in Radio Hilversum gehört habe, und wäre ein Holländer unter denen oder jemand, der Holländisch versteht, sie hätten mich auf der Stelle totgeschlagen. Ick ben auf 'nen Weg nach Hilversum, radebreche ich, niemand hört mir zu, man schiebt mir einen Löffel hin. Mit dem üblen Sattsein wächst die Furcht, ich verabschiede mich schnell; auf dem Weg ins Lager zurück erbreche ich mich schwer.

Die Rückkehr ins Lager geht ebenso reibungslos wie der Ausgang. Wenn es so leicht gemacht wird, könnte ich doch fliehen! Ich überlege hin und her, aber die mannshohen Plakate in englisch und deutsch an den Häuserwänden von Kraak, unterzeichnet vom General Eisenhower, halten mich ab: Sie drohen mir den Tod durch Erschießen an, wenn ich mich als ehemaliger Soldat der Wehrmacht nicht sofort melde und gefangengebe.

Am nächsten Tag treibt mich der Hunger wieder hinaus, und wieder geht es glatt, doch ich meide das Dorf und laufe weiter, manchmal wird es mir schwarz vor den Augen. In einem Wald stoße ich auf eine Mauer. Ich klettere mühsam hinüber, zwischen den Bäumen stehen Häuser, als Kasernen kenntlich. Weiter hinten eine Rampe, Schienen, einige Güterwagen. Kein Mensch zu sehen, Stille, beruhigend und bedrohlich zugleich. In den Kasernen lange Gänge, Türreihen, ich kenne das; einst erfüllt von Gebrüll, Stiefelscharren, von Hackenknallen und Alarmklingeln.

In den Stuben stehen, wie ich es erwartet habe, eiserne Doppelstockbetten, derbe Holzschemel, Schränke, gescheuerte Tische. Und der Männergeruch nach Schweiß, Urin und Zigarettenrauch hängt noch dick in den Räumen; in den Wänden das stumme Echo der Flüche und Befehle. Manche Schranktür steht offen, einige Hocker liegen umgeworfen. Insgesamt hatte sich der Aufbruch aus diesen Räumen wohl in Ruhe vollzogen.

Ich laufe von Stube zu Stube und finde endlich etwas, eine Gummijacke, wie sie Feuerwehrleute tragen. Sie ist mir viel zu groß, doch ich nehme sie mit; denn ich besitze ja nicht einmal einen Mantel. Dann entdecke ich in einer Stube mehrere Kochgeschirre. Ich kratze an der grauen, schimmligen Masse in ihnen: steinhart gewordener Erbsbrei, zurückgelassen von den letzten vielleicht, die nun doch eilig aufbrachen und ihr Essen stehenließen. Hastig löffle ich ein Kochgeschirr leer, unterdrücke nur mühsam das Verlangen weiterzuessen und wickle die Breibrocken aus den anderen Kochgeschirren in einen Stoffetzen, den ich von einem Bett nehme, und stecke mir alles unter die Trainingsjacke.

Dann gehe ich zu den Bahngleisen und Güterwagen hinüber, um dort vielleicht etwas Brauchbares zu finden. Einige dieser Wagen sind zugeschlossen, bei anderen die Türen geöffnet. Ich stelle mir wunderbare Ladungen vor: Säcke, prall mit Mehl gefüllt, mit Kartoffeln oder Rosinen. Einen der offenen Güterwagen erklettere ich, er enthält große Kisten mit technischen Geräten. Im nächsten Wagen das gleiche. Ein einzelner Güterwagen steht abseits, mühsam schiebe ich die Tür auf, aus dem Dunkeln leuchtet es silbern. Ich erkenne sofort, worum es sich handelt: Im Wehrmachtsbericht, in der Wochenschau, in den beschwörenden Rundfunkkommentaren nannte man es V1, die erste Stufe der Geheimwaffen, den Beginn der Vergeltung, die Kriegsentscheidung in letzter Minute.

Ich erschrecke vor der Wiederkehr des Krieges, vor der Vergeltung, die jetzt nur mir droht, hetze, die Erbsbrocken unter der Trainingsjacke, die schwere Gummijacke im Arm, zur Mauer zurück, renne weiter durch den warmen Wald, über die Feldwege hin zu meinem Lager, schlüpfe in mein Schlafloch. Da liege ich zwar hungernd gefangen, aber in Frieden, den kalten Erbsbrei auf der Brust, das Essen aufsparend bis zur Dunkelheit, damit mich meine Kameraden nicht berauben. Die V1 bleibt hinten zurück für immer, wie ich glaube.

Einige Tage darauf erschüttert eine starke Detonation die Erde, in der Ferne steigt eine riesige schwarze Wolke hoch. Niemand im Lager weiß, was geschehen ist, schweigend krieche ich unter meine Gummijacke.

Ich habe die Stelle gefunden, wo sich unser Lager befand, nun will ich sehen, was von dem Kasernengelände übriggeblieben ist, von den Schienen ... Soviel ich auch umhersuche, es findet sich keine noch so geringe Spur. Selbst nach der Explosion muß doch von diesem riesigen Areal, von den mehrstöckigen Bauten, von den Bahngleisen ein Rest geblieben sein. Wenigstens eine Erinnerung, aber alle Leute, die ich in den Dörfern frage, antworten, sie hätten nie etwas von Kasernen, von Produktionsstätten der V1, von Transportzügen gehört.

Wenn nun diese Güterwagen und Gleise, diese Kasernen, wenn der steinharte, schimmlige Erbsbrei nur eine Erfindung meiner Phantasie sind, eine angelesene und scheinbar in mein Lebenseigentum übergegangene Sache, eine Szene aus einem beliebigen Kriegsfilm, die sich für mein eigenes Erlebnis ausgibt? Oder ein Fiebertraum, den ich in dem selbstgegrabenen Loch, gepeinigt von Hunger, Läusen und Schmutz, geträumt, so eindringlich, daß er jahrzehntelang im Gedächtnis blieb? Sprach nicht manches dafür: die schwere Leere der Häuser, dann ausgerechnet Teile der V1 im Güterwagen? Genau wie ein mittelmäßiger Regisseur sich eine eindringlich symbolische Szene vorstellt?

Wenn es aber diese Gebäude nie gegeben hat, keine Gummijacke, die Güterwagen nicht, dann sicherlich auch nicht die Bauernküche, aus der ein magischer Duft von Bratkartoffeln strömte, nie einen dünnen Siebzehnjährigen, der vorgab, Holländisch zu sprechen, und etwas von Hilversum stammelte. Dann stimmt vielleicht nichts in meinen Erinnerungen, und ich bringe Bücher, Filme, Berichte von Freunden durcheinander, und die Sklerose mit ihrem unmerklichen süßen Gift der Vergeßlichkeit, der Geschwätzigkeit und Verwirrung hat mich schon im Griff.

Ich fahre bedrückt zurück nach Goldenstädt, wahrscheinlich auch dies ein irrer Traum, ein fremdes Stück Leben, angeeignet. Am Rande des Wassergrabens blühen die gelben wilden Lilien wie damals – oder stelle ich mir auch das nur vor, weil ich sie jetzt entzückt betrachte?

Ein alter Mann arbeitet im Garten seines Hauses. Dieses Haus ist neu; ich brauche mich nicht zu prüfen, ob ich damals an ihm vorübergezogen bin. Der Mann sieht mich an und lächelt. Es ist schön warm heute, haben Sie Durst? Sehen Sie, wie gut alles steht, ein gutes Frühjahr.

Ja, ich habe Durst, und ich bedarf eines gewöhnlichen Gesprächs über Salat, über den Fruchtansatz der Apfelbäume, um meine Verzweiflung zu überwinden. Der Mann holt mir in einem Blechtopf Wasser und sieht mir freundlich zu, wie ich gierig trinke.

Jemand hat mir erzählt, er habe hier, nur wenige Meter vor Ihrem Haus, den Krieg beendet und sein Gewehr in den Graben geworfen, sage ich.

Nein, der alte Mann ist kein Hiesiger, er ist nach dem Krieg zugezogen und hat viele Jahre als Lehrer im Dorf gearbeitet. Er ist nun schon Rentner, seine Frau starb vor einigen Jahren, er lebt allein, ganz dem Garten.

Man hat mir von einem Auffanglager der Amerikaner erzählt, drüben zwischen Rastow und Kraak, von einer Gummijacke und Güterwagen ... Aber er hat wohl gelogen, mein Freund, oder er bringt alles durcheinander, wissen Sie?

Wir reden über den Garten, über den Fruchtansatz. Und wie finden Sie mein Haus? Kommen Sie doch rein und sehen Sie sich es an, ich habe alles mit eigenen Händen erbaut, ich war ja nicht immer Lehrer, habe die Bretter gesägt, behobelt und zugeschnitten, Stein für Stein gesammelt und das Fundament gesetzt.

Das Häuschen gefällt mir, auf dem Sockel aus Backsteinen stehen die Wände aus sauber gezimmertem Holz, ein rotes Ziegeldach. Nun wird er gleich anfangen zu erzählen, wie er die Bäume gefällt hat, mit kleiner, schartiger Axt, weil nach dem Krieg nichts anderes vorhanden war, und wie er mühsam alles auf seinen eigenen Schultern hergeschleppt hat. Der alte Mann aber beginnt, von den Steinen des Fundaments zu reden: Die habe ich von ziemlich weither geholt, mit einem Handwagen, das ganze Fundament mit einem alten Handwagen, Fuhre für Fuhre, Stein um Stein.

Na bitte, diese lügnerischen Erinnerungen, vielleicht ist das alles mit einem großen Lastwagen hergefahren worden.

Der alte Mann lächelt. Fuhre für Fuhre, Stein um Stein. Da hinten befand sich nämlich eine Produktionsstätte der SS, die zum KZ Reiherhorst gehörte, die Häftlinge mußten die V1 bauen oder Teile davon zusammensetzen, bis zur letzten Minute.

Nein, das kann nicht sein!

Doch, ich weiß es doch, sagt der alte Mann ärgerlich. Die Leute vergessen zu schnell. Das war ein riesiger Komplex, Fabriken, Kasernen, Verladerampen. Die Russen haben alles gesprengt, als sie hierherkamen. Weiß Gott, wie viele Häuser ringsum von den Steinen, die da herumlagen, gebaut worden sind. Viele zogen mit dem Handwagen los, wie wir, meine Frau und ich, das war doch billiges Baumaterial. Es gab doch sonst keins.

Und von den Kasernen, Fabriken und Verladerampen findet man nichts mehr?

Nichts mehr, kein Steinchen. Da wächst wieder Wald. Wozu sollte etwas von dem Kriegsdreck übrigbleiben? Die Vergangenheit ist begraben. Sie können ja den Mann fragen, der Ihnen erzählt hat, der müßte ja auch davon wissen.

Ich verabschiede mich schnell, um den Erinnerungen des alten Mannes zu entgehen, die Tagung in Schwerin beginnt gleich, ich habe Zeitverzug, muß mich beeilen. Noch bin ich ohne sklerotische Vergeßlichkeit, ohne Sucht nach Vergoldung, ohne alterstrübe Harmonisierung. Noch kann ich mich, auf mich verlassen.

Russen, Bolschewiken, Tataren, Mongolen

Die Wochenschau zeigte sie unrasiert, kahlköpfig, zerlumpt, mit erhobenen Händen. Mongolenhorden, rief der Sprecher, Nahaufnahme, Schlitzaugen, die kannte man schon von den Plakaten und erschrak neu.

Dann tauchten sie wirklich auf, hier in der Rüdersdorfer Straße. Sechs Mann, sitzend auf einem Lastwagen, tatsächlich kahlköpfig, tatsächlich stoppelbärtig, auch ein Mongole dabei. Also die Russen waren Mongolen und die Mongolen Tataren. Lehrer Nau nannte sie Tatarenhorden, Pupe Friedrich Mongolenungeziefer. Wer aber waren nun Russen?

Der Lastwagen hielt an, ein Wachsoldat sprang ins Haus, vielleicht besuchte er schnell seine Frau, ein anderer blieb gelangweilt im Führerhaus sitzen, wir Kinder sammelten uns um das Auto. Eine Frau lief aus einem Haus und warf Kartoffeln zu den gefangenen Russen, Mongolen, Tataren hinauf. Da geschah etwas Unheimliches. Die Russen bissen in die rohen Kartoffeln, gierig, als wären es Äpfel und Pfirsiche. Mein Gott, müssen die Hunger haben, rief eine Frau und rannte fort, sie wollte wohl auch Kartoffeln holen, aber der Wachsoldat erschien wieder, das Lastauto fuhr ab.

Alles dies, was so unwiderlegbar schien, die Siegesmeldungen, die riesenhaften Kessel mit Millionen Gefangenen, die Plakate, Fotos, die Bilder der Wochenschau, Nahaufnahmen, immer die Schlitzaugen, immer die Kahlköpfe, immer unsere vorstoßenden Panzer – alles dies erhielt einen Stoß aus einer unerwarteten Richtung. Lehrer Hollenbach, unser Ordinarius, verpflichtete uns zum Kriegsdienst. Das hieß, wir mußten nach dem Unterricht, um drei Uhr, in irgendeinem Betrieb sein und eine halbe

Schicht leisten, hatten wir nachmittags Unterricht, dann am Vormittag. Unbezahlt natürlich, und wir hörten widerwillig, wie Hollenbach uns nach dem Alphabet aufteilte, einige zur Post, einige in die Käsefabrik, da horchten wir auf, einige ins Krankenhaus, einige ins Propagandaministerium ... Zu denen gehörte ich, wir meldeten uns, ärgerlich, daß es uns hierher verschlagen hatte und nicht zum Käse, am nächsten Tag pünktlich zu viert in der Botenmeisterei, einem kleinen Raum am Hintereingang der Mauerstraße. Zwei kamen irgendwohin, Grock wurde dem Filmvorführer zugeteilt, ich blieb als Bote zurück.

Ich hatte kleine Gänge zu machen, manchmal schloß man eine Aktentasche an meinem Handgelenk fest, ich ging zur Reichskanzlei, Eingang Voßstraße, lange SS-Leute der Leibstandarte, sonst Leere; ich bestaunte die riesigen steinernen Heldenfiguren und hatte stets das Gefühl, durch einen ungeheuren dunkelroten Tunnel zu gehen. Immer fürchtete ich, dem Hitler zu begegnen. Was, um alle Welt, sollte ich ihm melden, ein Schüler mit immer schlechter werdenden Zensuren, nicht mehr so fleißig wie früher, ohne Heldentaten und ohne Aussicht darauf, und immer häufiger schwänzte ich den Pimpfendienst. Aber der Hitler erschien nicht.

Dieser langweilige Botendienst! Botboteur please! riefen mich die feinen Herren. Ach, wäre man doch in die Käsefabrik gekommen oder zum Briefeaustragen, zu den hübschen Soldatenwitwen, von denen Ferdinand erzählte. Ein Vierteljahr später wurde gewechselt; ich kam zum Postamt Tempelhof, wo ich mir mit dem Stempelhammer den Daumen blauschlug. Nur Grock wütete, ihm gefiel es nicht einmal in der Käsefabrik, er verlor seinen wundervollen Posten im Reichspropagandaministerium. Dort hatten wir anderen ihn beneidet.

Grock wurde von uns anderen beneidet, er arbeitete als Gehilfe des Filmvorführers, hatte wenig zu tun und wenn, dann konnte er durch die winzige Glasscheibe herrliche Filme sehen. Goebbels ließ sich in dem kleinen Vorführraum hin und wieder amerikanische, englische, auch sowjetische Filme vorführen. Grock, der sich schnell die technischen Kenntnisse angeeignet hatte, spielte sich und mir, wenn ich mich beiseite drücken konnte, diese Filme vor oder die schönsten Teile davon. So sah ich manchmal die dritte Rolle nach der ersten, doch als geübter Kinogänger machte man sich ein Bild. Die wunderbaren amerikanischen Filme, voll Musik und Steptanz, Liebe und Revolver, auch sowjetische Filme, strenger und düsterer als die amerikanischen, manche auch mit Musik und Lachen; am meisten gefiel mir ein Film, der Zirkus hieß. Wir wunderten uns, daß die russischen Mongolen Filme machen konnten. Zwar sahen wir diese Filme in Angst, erwischt zu werden, denn niemand als Goebbels oder seine Begleiter durften sie sehen, sie galten als streng geheim, aber wir sahen sie uns dennoch heimlich und begeistert an.

Der Botenmeister erhielt einen Telefonanruf, er blickte durch den Raum, nur ich saß dort und versuchte mich erfolglos an der Mathematikaufgabe. Du wirst jetzt immer in die Hermann-Göring-Straße gehen, hinter der Reichskanzlei am Tiergarten, da machst du in Zukunft Dienst, verstanden?

Ich gelangte zu einer großen Villa, von der man gesagt hatte, sie sei einmal die Dienstwohnung von Goebbels gewesen. Ich wurde von einem Herrn erwartet, der Doktor Taubert hieß. Dieser freundliche Mann fragte mich ein wenig aus. Als er hörte, ich ginge ins Gymnasium, begann er englisch mit mir zu sprechen, ebenso wie der zweite, ein Doktor Kurtz oder Kuntz; sie arbeiteten beide in kleinen Zimmern, die zur Straße hin lagen. Doktor Taubert erklärte mir meine Aufgaben. Ich hätte in der Halle zu sitzen, auf Besucher zu warten und diese Besucher anzumelden, ansonsten sei meine wichtigste Aufgabe, Kuchen zum Tee zu holen. Und was Bäckerladen auf englisch hieße?

The baker.

Die beiden Doktoren sahen sich kopfschüttelnd an, was lernt denn die heutige Jugend eigentlich!

Es heißt, mein Lieber, baker's, und warum wohl mit s am Ende?

Woher sollte ich das denn wissen?

Weil es eigentlich baker's shop heißt, aber der sparsame Engländer läßt das zweite Wort weg, behält aber den Genitiv. Und was heißt Fleischerei?

The butcher.

Die Herren Doktoren schüttelten wieder die Köpfe, the butcher's ... mit s ...

Nun saß ich in der Halle, schlimm abgetrennt von der Möglichkeit, meine Botengänge so auszudehnen, daß sie bei Grock im Filmvorführraum endeten. Pünktlich halb vier meldete ich mich bei Doktor Taubert, ich gehe jetzt zum baker's! Man gab mir Kuchenmarken, ich lief zum Potsdamer Platz, holte in einer Konditorei Kuchen, und zurück zu meinen englischsprechenden Doktoren. Ansonsten saß ich an einem kleinen Tisch und wartete. Es kam ganz selten jemand, manchmal ein Offizier, der schnell und grußlos an mir vorübereilte, selten ein Bote, dem ich zu warten befahl, um ihn anzumelden.

Wo bist 'n du jetzt gelandet? fragte Grock.

Ich bin im Generalreferat Ostraum, sagte ich.

Armes Schwein, murmelte Grock, der sich auf einen neuen amerikanischen Film freute.

Ich saß in der großen Halle an meinem kleinen Tisch, erledigte flüchtig meine Schularbeiten und sah mich um. Anfangs hatte ich meinen Augen nicht getraut. Gegenüber an der Wand hingen Plakate, Hitler mit bärtigem Rattengesicht, winzig, flüchtend vor einem riesigen Rotarmisten; Hitler, Göring und Goebbels, aufgespießt auf einem russischen Bajonett. An der Wand hinter mir standen hohe Regale, gefüllt mit russischen Büchern; ich fand auch Kinderbücher, erkannte es an den bunten Umschlägen und den Zeichnungen, schöne, wie ich nie welche gesehen hatte.

Auch die Kinder dieser Zeichnungen waren lustige Gesellen mit kurzen Hosen und Halstüchern. Die Kinder auf den Bildern tollten umher, rannten, spielten, sprangen ins Wasser, alles, als geschehe es hier in Berlin oder ich sei es, jäh versetzt in dieses wilde Russenland. In einem anderen Regal häufte sich Spielzeug, wunderschön bemaltes Holzzeug, Bären und pickende Hühner, alte Jäger, die auf Bären schossen. Also das hatten diese mongolischen Bolschewiken für ihre Kinder angefertigt, dann gab es wirklich richtige Kinder, die spielten, tobten, schwammen wie wir, nicht nur in Büchern. Wann aber wurden aus diesen Kindern, deren Bruder und Freund ich hätte sein können, diese verfluchten Bolschewiken?

Ich erzählte Vater von meiner Tätigkeit, von dieser Halle und was ich dort sah. Vater hielt wohl alles für Ausgeburten meiner Phantasie, er winkte ab und knurrte: Erzähl nicht solchen Quatsch!

Die Herren Doktoren, es arbeiteten dort noch ein paar andere, die ich fast nie sah, die nur auf Dienstreisen waren, wagte ich nicht zu fragen; außerdem hätte ich es in englisch tun müssen, und so etwas Kompliziertes brachte ich nicht zustande. Also blätterte ich in den Büchern und begann diese seltsame Schrift zu entziffern, da ich mehrere russisch-deutsche Lexika gefunden hatte, ganz alte und neue, entzifferte Namen, leichte wie Stalin oder Gaidar, schwerere wie Scholochow oder Serafimowitsch. Ich fand ein Päckchen Postkarten, auf denen Hitler als Weihnachtsmann, Gorilla oder hinter Gittern sitzend dargestellt war.

Niemand half mir, diese verrückte Welt zu entwirren. Die Herren Doktoren interessierten sich nicht für mich, sie glaubten wohl, der dumme Schüler wäre nicht imstande, sich durch dieses Gewirr kyrillischer Zeichen zu finden. In einer Ecke stand eine Schreibmaschine mit russischen Buchstaben, ich tippte eine Seite und ließ meine Klassenkameraden raten, was es bedeuten solle; ich erzählte ihnen, ich hätte meinen Deutschaufsatz ins Russische übertragen.

Sie besaßen also Schreibmaschinen, diese Bolschewiken, und Autos und Straßenbahnen, wie ich an den Illustrationen der Bücher sah. Sie lebten also nicht in Erdhütten und fraßen vor Hunger die Baumrinden ab. Wenn sie vor Hunger in rohe Kartoffeln bissen, wie ich gesehen hatte, dann, weil die Gefangenen nichts zu essen bekamen.

Und sie waren von ihrem Sieg überzeugt! Die Plakate zeigten, daß sie Hitler zerschmettern wollten, trotz der verlorenen Kesselschlachten und der Millionen Kriegsgefangenen, sie besaßen Waffen, sie wollten nicht aufgeben.

Hier im Generalreferat Ostraum, geleitet von Doktor Eberhard Taubert, dem Chef des ideologischen Kampfes gegen die Sowjetunion, in dem Flugblätter, Zeitungen, Rundfunksendungen, die den sowjetischen Widerstandswillen lähmen sollten, erdacht und produziert wurden, hier im Kopf des Apparates Vineta, einer der berüchtigtsten Diversionszentralen des zweiten Weltkrieges, hier, wo in strenger Abgeschlossenheit, wie die heutigen Historiker sagen, Flugblattaktionen in den verschiedenen Sprachen der sowjetischen Völker ausgetüftelt wurden, gerade hier wurde das Bild, das die Propaganda auch mir gezeichnet hatte, umgeworfen. Die Russen sind Menschen, sie drucken Bücher und bauen Spielzeug, sie haben Autos und Straßenbahnen, und sie haben Waffen, sie wehren sich und glauben, Hitler und unsere Wehrmacht vernichten zu können.

Erzähle ich heute davon, wie ich in dieses geheime Zentrum geriet, was ich dort sah und erlebte, wollen es mir, gerade sowjetische Freunde kaum glauben; auch ein Historiker stritt mit mir, es sei kein Generalreferat, sondern eine Abteilung gewesen, die Abteilung Ost des Propagandaministeriums, und wenn ich darauf bestände, in einem Generalreferat Ostraum gearbeitet zu haben, dann müsse ich mich irren. Aber ein anderer Historiker bestätigte mich. Noch im Februar/März 1942, als ich dort in der Halle saß und darauf wartete, zu the baker's gehen zu müssen, hieß es wirklich Generalreferat Ostraum. Mit Doktor Taubert hatte ich eine Schlüsselfigur des Nazismus und seiner Welteroberungspläne getroffen; seit 1931 Mitglied der NSDAP, SA-Sturmführer, enger Mitarbeiter von Goebbels, der ihn gleich 1933 an sein Propagandaministerium holte; dort war er zuständig für die Aktivpropaganda gegen die Juden, später leitete er die Ostabteilung. Daneben war er seit 1938 Richter am Volksgerichtshof und beteiligt an Todesurteilen gegen Widerstandskämpfer. Taubert verschwand 1945, lebte in Südafrika und Persien. Seit 1950 trieb er wieder in der Bundesrepublik sein Wesen. Als Rechtsberater reaktionärer Industriellenkreise, als Vorsitzender des Volksbundes für Frieden und Freiheit e. V. setzte er die psychologische Kriegführung gegen die Sowjetunion fort, und gegen die DDR natürlich auch.

Ein Jahr später kam ich mit Russen, Mongolen, Tataren in engere Berührung. Am Rand der Flakbatterie, in runden Holzhütten, die wir Finnenzelte nannten, lebten russische Gefangene. Man hatte gesiebt und wieder gesiebt, zuverlässige Leute, wie man nun glaubte, die Granaten putzen und schleppen mußten, die Schanzarbeit machten, alles das, was ein deutscher Soldat unlustig tat oder wozu uns, den kindlichen Flakhelfern, die Kraft fehlte.

Uns wurde streng verboten, auch nur ein Wort mit ihnen zu wechseln, jeder Kontakt war untersagt und strafbar. Dennoch schlenderten wir, Willi und ich, in der abendlichen Freizeit wie absichtslos näher heran, wir lauschten ihren Gesängen, den schönen, schwermütigen. Auch wenn sie durch das Gelände marschierten, sangen sie, aber andere, kraftvolle Lieder, mit Pfiffen beendet. Jene Lieder, die sie beim Marschieren sangen, hörte ich nach dem Krieg wieder, vor allem das legendäre von Katjuscha; sie haben uns ihre Lieder ins Gesicht gesungen, diese ausgesiebten Leute, möglicherweise mit dem Refrain: Tod den Faschisten ...

Die Russen erhielten wenig zu essen, aber sie bettelten

uns nicht an, sie wußten, wir hatten nicht viel mehr als sie, nur ausreichend Brot. Sie wollten tauschen. Einer von ihnen zeichnete nach Fotovorlagen Bilder, sehr exakt und schön, wir nannten ihn Rembrandowitz, was er verstand, er erwiderte Gals, Breugel, Potter, was wir allerdings nicht verstanden. Ein anderer hämmerte aus Pfennigstücken Ringe heraus, die wir unseren Freundinnen schenkten. Zur Weihnachtszeit bastelten sie Puppenwiegen und Holzfiguren, pickende Hühner, Bären mit erhobenen Tatzen, kunstvolle Geschenke aus Brennholz, die hoch begehrt waren; ich erinnerte mich an das Spielzeug in der Halle von Doktor Tauberts Generalreferat.

Die Russen bauten sich ein Reck und turnten daran, die Russen hatten sportliche Körper, sie waren muskulöser als wir, Felgaufschwung und Riesenwelle. Einer hatte aus Zigarrenkisten ein seltsames Musikinstrument gebastelt, eine Balalaika, und spielte darauf, dazu sangen sie. Etwas abseits bauten sie einen Unterstand, aus dem es herausdampfte, im Winter ein hoher weißer Schwall.

Eines Morgens wurden wir früher geweckt als sonst, kein Alarm, das übliche Wecken, nur eine Stunde vor der Zeit. Die Offiziere liefen aufgeregt herum, die Wachtmeister brüllten, überbrüllt von den Unteroffizieren.

Einige Russen waren in jener Nacht geflohen, sie hatten die Verschlüsse unserer Geschütze unbrauchbar gemacht, mit Sand gefüllt, die Finnenzelte waren umstellt. Zivilisten in Ledermänteln erschienen, auch wir wußten, was das bedeutete – Gestapo.

Wir hörten die Russen unter Schlägen schreien, man hatte einen Sack mit hartem Brot gefunden, das konnte nur von uns sein, wir beschworen uns zu schweigen, nichts von unseren Tauschgeschäften zu sagen, aber man fragte uns nicht. Die Männer in Ledermänteln blieben den ganzen Tag in der Stellung, und den ganzen Tag lang wurde in den Finnhütten geschlagen.

Am nächsten Tag kam Oberleutnant Becker selbst zur Befehlsausgabe. Da hat man doch den Russen das Leben gelassen, sie in der Gefangenschaft pfleglich behandelt, hat sie gesiebt, die vertrauenswürdigen herausgesucht, die hilfswilligen, die Hiwis. Und man hat ihnen die Chance eingeräumt, mit uns zusammen das Abendland zu verteidigen gegen diese Plutokraten. Aber Dankbarkeit kann man von Russen nicht erwarten, in ihnen steckt eben asiatisches Blut, das haben sie in der Nacht bewiesen. Sie sind ausgerückt mit Hilfe von Ostarbeiterinnen, wie man weiß, die ebenso undankbar sind. Statt ihre Pflicht in der Fabrik zu tun, helfen sie unseren Russen abzuhauen. Aber sie werden nicht weit kommen, das ist gewiß!

Wie weit sie gekommen sind, wir erfuhren es nie, hätte man sie bald erwischt, dies würde man uns doch triumphierend mitgeteilt haben. So merkwürdig es klingt, wir hofften mit den Ausgebrochenen, wir wünschten ihnen, nicht eingefangen zu werden, wir erinnerten uns, wie oft Jungen, von Heimweh geplagt, aus Glockersdorf ausgerückt waren, Rösler, Brettschneider, Meelis. Stets wurden sie eingefangen und standen dann beim Appell vor uns, und Schmerse wies voller Ekel mit seinem grauen Finger auf sie.

Willi hatte beim Abendbrot, als er sich daumendicke Stullen absäbelte und die Margarine pedantisch gleichmäßig darauf verteilte, plötzlich gefragt: Sind die Japaner eigentlich Asiaten?

Natürlich, du Knallkopf.

Dann werden wir den Krieg verlieren, die haben ja einen schlechten Charakter.

Wie kommst du Hornvieh denn darauf?

Na, habt ihr denn vergessen, was der Alte über Asiaten gesagt hat heute morgen?

Als ich mit Friedrich Michael fortlief, von Potsdam-Krampnitz nordwärts zu dem heißersehnten Ziel Dänemark, wollten wir fort vom Krieg, vom Untergang, vom sinnlosen Kampf, vom sinnlosen Tod – aber auch von den Russen.

Aber ich entkam den Russen nicht. Von den Durchzüglern, den Flüchtlingen, Entlassenen schwappten die Parolen auch ins kleine abgelegene Jasnitz. Berlin bis auf den letzten Stein zerstört. Alle Berliner nach Sibirien getrieben. In Berlin gibt es sogar Lebensmittelkarten …

Immer öfter jedoch hörte ich, daß Berlin lebte, und beschloß, dahin zurückzugehen, mitten unter die Russen, Bolschewiken, Tataren, Mongolen … Ich marschierte die Bahnschwellen entlang nach Ludwigslust, übernachtete dort im Wagen einer Eisenbahnflakbatterie, die noch gefechtsbereit herumstand, besah mir noch einmal die Geräte, an denen ich über ein Jahr hantiert hatte, schlenderte einen Tag durch die Stadt, sprach mit dem und jenem, um herauszufinden, wo und wie man am besten über die Demarkationslinie schlüpfen konnte, die sich kurz hinter Ludwigslust befand. Übernachtete wieder in dem stinkenden Mannschaftswagen und zog zu früher Morgenstunde los, vorsichtig, stets in Deckung verharrend, als wäre es mitten im Krieg. Endlich, so glaubte ich, müßte ich die Demarkationslinie hinter mir haben, stellte mich hinter einen Busch und besah aufmerksam das Land vor mir im brodelnden Morgendunst. Das tückische schwarze Auge einer Maschinenpistole zielte auf meine Stirn. Der Posten lag drei Meter vor mir, gut getarnt. Er führte mich ein paar hundert Schritte weiter zu einem einzelnstehenden großen Gehöft, vor dem schon mehrere meinesgleichen lagerten. Wir wurden verhört, ein Offizier befragte mich in mühseligem Deutsch, ich wies meine gefälschten Entlassungspapiere vor. Der Offizier gab sie mir zurück. Dann saßen wir wieder an der Wand, sonnten uns, dösten und warteten auf weiteren Zugang und was sonst noch mit uns geschehen würde. Sowjetische Soldaten kamen und zeigten uns durch Gesten, daß wir aufstehen sollten, wir wurden an die Scheune geführt und mußten uns Schippen und Spaten nehmen, Pikken und Beile. Danach führte man uns hinaus aufs Feld.

Jeder von uns wußte, was dies bedeutete, unser Ende! Flüsterworte zischten hin und her, sollte man einen Ausbruchsversuch wagen? Mit dem Spaten, mit dem Beil über die Wachmannschaften her? Die Iwans würden uns mit ihren MPis niedermachen, und wer dennoch entkäme, der müßte über den Acker weg, keine Deckung in der Nähe. Wir senkten die Köpfe und schlurften vorwärts. Das Schlimmste, das könnt ihr glauben, ist das Buddeln, du schaufelst dein eigenes Grab, machst dich vorher noch kaputt, zischte einer, der es wissen mußte.

Wir hielten an einem Tümpel, ah, jetzt geschah es, die Wachsoldaten stellten sich im Halbkreis auf, einer kam auf uns zu und gestikulierte, zeigte etwas, bis wir begriffen. Einer von uns, der etwas Russisch sprach, radebrechte und gestikulierte, lachte erleichtert auf und sagte uns: Ihr Idioten, die wollen sich hier eine Badehütte bauen, wir sollen den Platz planieren und ein paar Weiden umhauen, na los, fangt schon an.

Die Soldaten legten am Ende ihre Maschinenpistolen ab und schippten und hackten mit.

Am Abend wurden wir nach Grabow geführt, in die Kommandantur, und in den Keller gesperrt. Also blieb es bei der üblen Variante Sibirien. Bis dahin zu marschieren würde mir schwerfallen. Als ich heute morgen an der Hauswand lehnte, die Beine weit vorgestreckt, hatte ein sowjetischer Soldat begehrlich auf meine guten Militärschnürstiefel geblickt, dann seine ausgetretenen, rissigen angesehen und mir geboten, die Stiefel auszuziehen. Er paßte die meinen an, sie schlackerten zu groß um seine dünnen Knöchel, doch er behielt sie. Als er sah, daß ich mit dem Fuß in seine Stiefel nicht hineinkam, klopfte er mir auf die Schulter und schnitt mit seinem Bajonett die brüchigen Spitzen seiner ehemaligen Stiefel ab. Nun paßten sie. Mit herausquellenden Zehen bis Sibirien?

In der Morgendämmerung wurden wir geweckt und marschierten unter Bedeckung westwärts, die schnurgerade Straße zwischen Grabow und Ludwigslust entlang bis zum letzten sowjetischen Posten, dann befahl man uns, dahin zurückzugehen, woher wir gekommen waren. Ein Stück Niemandsland, endlich erblickten wir amerikanische Posten, die ihre Maschinenpistolen entsicherten, als sie uns sahen. Sie befahlen uns stehenzubleiben, kehrtzumachen und zu gehen, woher wir gekommen waren. Da saßen wir nun im Chausseegraben zwischen den Fronten, Leute, die niemand haben wollte.

Die meisten von uns beschlossen, sich auf Umwegen wieder in die russische Zone zu schleichen. Der sich uns als Feldwebel ausgegeben hatte, sagte: Ich hab jetzt vom Iwan die Nase voll, ich robbe in die amerikanische Zone. Ich schloß mich ihm an. Mit solchen Schuhen nach Hause? Unmöglich.

Wir umschlichen die amerikanischen Posten und gelangten erst kurz vor der Stadt auf die Chaussee zurück, wo wir uns trennten. Ich wanderte der Stadt entgegen, die ich gestern verlassen hatte. Da sah ich im Straßengraben und im Wald etwas, was ich nur für Halluzinationen eines Verrückten halten konnte, also war ich wahnsinnig geworden, verrückt vor Angst, gleich erschossen zu werden.

Ich schloß die Augen, dachte an etwas Schönes, Entferntes und öffnete sie langsam wieder. Nichts verändert. Der Straßengraben und der Waldrand lagen voller Brotscheiben, unvorstellbar zart und weiß. Zwischen den Scheiben blitzten kleine rosa Zungen heraus, Schinkenfleisch.

Trotz meiner kümmerlichen Stiefel rannte ich los, warf mich ins Gras, griff nach dem Brot, ehe es verschwinden konnte, dieses wahnwitzige Phantasiegebilde.

Es verschwand nichts, ich hielt etwas in der Hand, biß hinein, Brot, weiß wie Schnee, flockig zart, und Schinken, ebenso zart und würzig. Gut, ich war verrückt geworden, ich lachte, ich trommelte mit den Fäusten auf den Boden;

oder nicht ich war verrückt geworden, sondern diese Welt, die mir Weißbrot und Schinken beschert hatte. Ich aß und sammelte mir den schlaffen Rucksack prallvoll. Plötzlich war ich ein vermögender Mann geworden, reich, ohne Sorgen. Ich lief zur Stadt hinüber, rechts rote Kasernen, leer, aber da wollte ich nicht wohnen, die hatte ich satt bis ans Lebensende. Links eine Villa, eingesponnen in wilden Wein, ich überkletterte den Zaun und stieg am Spalier hoch in ein geöffnetes Fenster, ein kleines helles Zimmer, ein weißes Bett, ich warf mich hinein und schlief. Ich wollte schlafen, ehe sich das Ganze, diese Villa und das helle Zimmer und das Brot in meinem Rucksack, doch als Traum eines Irrsinnigen erwies.

In dem Zimmer lebte ich schon zwei Tage, benutzte das Spalier zum Einstieg und Abgang, ehe ich die Hausherrin sah, eine alte Dame, die gleichgültig durch mich hindurchblickte, dazu ein alter Mann, der strikt hinter ihr ging und einen Sonnenschirm hielt. Ich nannte sie Frau Gräfin und ihren Diener Johann, was stimmen mochte. Ich hatte mich eingemietet nach den rauhen Sitten der Krieger, und sie waren zu gut erzogen, mich zu fragen, oder zu furchtsam.

Am Tage lief ich zu meinen Broten zurück, die vom Himmel gefallen waren. Da lagen sie wieder. Und wieder sammelte ich und war noch reicher und satt dazu.

Schon einmal war ich reich gewesen, für ein paar Minuten, als ich noch in Jasnitz auf dem Bauernhof arbeitete. Am Sonntag war ich durch den großen Wald, den Wildpark, gelaufen und hatte auf einer Lichtung zwei Wagen gefunden. Offenbar gehörten sie zu der Kavallerieeinheit, die hier kapituliert hatte. Ein Wagen enthielt die Gerätschaften einer Feldschmiede, der andere offensichtlich die Kriegskasse, Akten lagen umher, Schreiben und Siegel, Stempelkissen, Ordner und leere Zettel, dazwischen Geld, sehr viel Geld. Scheine, dick gebündelt, Hartgeld in Papierrollen. Ich watete im Geld bis zu den Knöcheln; ich nahm die Papierrollen mit dem Hartgeld, warf sie an die Wand, daß sie mit dumpfem Knall zerplatzten. Ich ließ Geldscheine auf mich herunterregnen. Und ich glaubte wie diejenigen, die schon vor mir hiergewesen waren, daß alles dieses Geld nur noch Papier und nutzloses Metall war. Jetzt nach dem Untergang des Hitlerreiches würde man kein Hitlergeld mehr brauchen. Vielleicht würde es überhaupt kein Geld mehr geben oder nur amerikanische Dollars, wer weiß?

Nun in Ludwigslust lebend, hätte ich gern diese Packen in meinem Rucksack gehabt, oder später in Berlin, denn dieses Geld galt noch lange. Aber viel zählte mein Weißbrot mit Schinken. Ich tauschte Brot, das ich in solchen Mengen nicht verzehren konnte, gegen Stiefel, gegen Seife, gegen Milch. Meine belegten Brote machten mich reich. Jener hatte zwanzig Paar Stiefel erbeutet, dieser eine Kiste Seife, der zwölf Oberhemden, aber sie waren ohne Brot.

Ich fand auch heraus, wie es an den Straßenrand kam. Vor Hamburg wurden die ehemaligen Ostarbeiter, verschleppte junge Frauen, Jugendliche, alte Männer, gesammelt und dreimal in der Woche über Ludwigslust und Grabow zu einem Sammellager in das sowjetische Gebiet gefahren. Sie saßen dicht gedrängt auf den Lastautos und sangen, ja, diese Lieder kannte ich von der Flakzeit her, nur klangen sie jetzt fröhlicher und noch herausfordernder. Aus Bettzeug hatten sie rote Fahnen geschneidert und an Besenstiele genagelt. Sie wurden vom Roten Kreuz verpflegt und hatten zur Abfahrt diese Brote bekommen. Hinter Ludwigslust, kurz vor der Demarkationslinie, warfen sie die Schnitten in hohem Bogen vom Wagen. Ich habe bis heute nicht herausbekommen, weshalb. Vielleicht, weil sie zu lange mit diesem eigentlich pappigen, geschmacklosen Brot gefüttert worden waren? Vielleicht freuten sie sich auf die Gerichte der Heimat, Kohlsuppe und Kascha? Vielleicht auch wollten sie mit dem Brot alles das von sich werfen, was an die schlimme Vergangenheit erinnerte, hier, wenige Meter bevor sie hinter dem Schlagbaum wieder den ersten Soldaten mit dem Stern an der Mütze sahen? Ich weiß es nicht, aber ich war und bin dankbar; wahrscheinlich rettete mich dieses Brot mit Schinken, als ich nach Ludwigslust einzog, mit brüchigen Stiefeln, schlaffem Rucksack, ohne zu wissen, wo und wie ich leben sollte.

Die britischen Kolonnen lieferten ihre singenden Passagiere ab, kehrten um und fuhren bis in den Wald von Ludwigslust, unmittelbar hinter der Demarkationslinie, und übernachteten dort. Sie fachten große fauchende Petroleumöfen an, bereiteten Tee, Rührei und Irish-Stew. Bei einem der einsamen Brotgänge – niemand sonst wagte sich aus der Stadt hinaus, so dicht an die Demarkationslinie heran, es hieß, man werde sowohl von den Amerikanern gefangengenommen wie auch von den Russen, wenn man erwischt würde – winkten mich die Engländer heran, gaben mir Tee und Rührei, und da sie genug Konservenbüchsen hatten, vielleicht unterschlugen sie die Verpflegung ihrer Passagiere, schenkten sie mir zu meinem Brot viele Büchsen dazu, ich wurde fast Millionär.

Eines Tages fuhren keine Transporte mehr, vielleicht war das Lager aufgelöst worden, vielleicht gab es eine andere Route, ich verarmte schnell. Später zogen die Amerikaner ab, britische Soldaten übernahmen die Stadt, und eines Tages verbreitete sich das Gerücht, auch die Engländer würden gehen und die Russen kommen. Die großherzogliche Familie verließ mit langer Autoschlange das Schloß, ein Auto holte meine Gräfin und ihren Diener ab, die schweigend an mir vorübergingen, der ich auf der Treppe saß und mein Hemd wusch; ich hatte mir angewöhnt, die Haustür zu benutzen, und kletterte nicht mehr die Hauswand hoch.

Die Engländer klebten die Stadt mit großen Plakaten voll, von diesem Abend an hätte die deutsche Bevölkerung in den Wohnungen zu bleiben und zu warten, bis die sowjetische Militärmacht, die nun das Gebiet übernähme, neue Befehle gäbe. –

Der Morgen dämmerte, die Straßen lagen tot. Ich schlich durch das Parkgebüsch hin zum Zaun und blickte hinüber nach Grabow, die schnurgerade Straße entlang. Gleich mußten die Russen kommen!

Musik ertönte. Sie rückten an. Vorn eine seltsame Kapelle; Posaunen, zerlöchert, mit großen Lötstellen, eine zerschrammte Pauke, verbogene Trompeten, ein schiefes Fagott. Sie spielten das seltsame, bekannte Lied: Schon wieder eine Seele – vom Alkohol geret-tet ...

Stramm zog die Kapelle vorüber, die Uniformen wie die Instrumente geflickt, aber geputzt. Daß dieses Lied nicht etwa ein Gruß an mich oder die deutsche Bevölkerung war, ein Hinweis darauf, daß wieder die munteren Dampferfahrten und Kremserausflüge beginnen würden mit den alten Sauf- und Schunkelliedern, sondern daß dies die Melodie eines alten russischen Militärmarsches ist, den man zum Lied der Heilsarmee umgedichtet hatte, erfuhr ich erst später. Nach der Kapelle die Soldaten, in staubigen Uniformen, in den zerschlissenen Stiefeln, die ich schon kannte, mit verwaschenen Käppis, dann Panjewagen, ein unendlicher Zug.

Die Kapelle und ihr Lied vom Alkohol hatten mich erleichtert und mir die Angst genommen. Ich richtete mich hoch, ein Offizier sah mich, und ehe ich verschwinden konnte, sprang er schon am Zaun hoch. Ein Tatare, ein Mongole. Aber er erdolchte mich nicht und schoß mich nicht nieder, sondern er redete mit mir. Ich sollte mitkommen, ihn in die Stadt führen, zum Rathaus. Wir kletterten nebeneinander über den Zaun, wir liefen der Kapelle hinterher, und der Offizier schüttelte ein übers andere Mal den Kopf vor Verwunderung, weil er keine Deutschen sah, er fragte mich, ob denn die Stadt geräumt sei und wo die Einwohner geblieben wären.

Ich zeigte auf die Fenster, hinter denen sich hin und wieder eine Gardine bewegte. Der Offizier winkte zu den Fenstern hoch, komme du runter, Krieg aus, viel Frieden, alles gutt ...

Dort, wo die Straße sich teilt und der breite Weg hinüber zum herzoglichen Schloß führt, war der einzige Deutsche außer mir, ich war eingefangen worden, er stand aus Dienstgründen hier. Ein alter Polizist in voller Uniform bewachte die Kreuzung. Wo der Hakenkreuzadler abgetrennt war, schimmerte der Stoff heller. Der Offizier, mich am Arm haltend, steuerte auf ihn los, der Polizist erbleichte, schwankte leicht, trat ein paar Schritte, fast im Parademarsch, nach vorn, dann riß er die Hand zum Hitlergruß hoch und meldete sich, wie befohlen, zur Stelle. Jäh begriff er, was er getan hatte, der Hitlergruß, mein Gott, er begann zu taumeln wie ein Betrunkener, der Offizier fing ihn auf, lachte, aha, Wodka, Wodka gutt. Aber wo Leute? Sofort Leute kommen!

Der Polizeiwachtmeister rannte fort, klopfte an die Türen, schrie: Runterkommen, sofort runterkommen! Befehl vom sowjetischen Kommandanten.

Die ersten Menschen traten heraus, zögernd, andere rannten den sowjetischen Soldaten entgegen, umringten meinen Offizier, umarmten ihn, weinten und schrien.

Nun erbleichte, wie vorher der Polizist, mein Offizier. Die Männer, die zu ihm kamen und ihn umringten, trugen braune Uniformen, SA-Leute, Amtswalter, dazu braune Stiefel und Mützen. Aber der Offizier bemerkte wohl bald, daß etwas mit diesem Hitlerspuk nicht stimmte, daß er die Männer nicht festnehmen oder niederschießen sollte. In den Uniformen, vom satten Braun umschlottert, steckten kleine dünne Männchen, ihre kahlen Köpfe versanken unter den pludrigen Mützen. Es waren Häftlinge des KZ Reiherhorst. Die Amerikaner hatten ihnen diese häßliche, aber derbe und warme Kleidung gegeben. Sie stammte aus den Kasernen am Stadtrand, wo dieses braune Zeug gestapelt lag, nun trugen die Häftlinge die viel zu weiten Uniformen derer, die sie einst in Lager und Zuchthaus gebracht hatten.

Jemand von den Häftlingen sprach Russisch oder Polnisch, der Offizier verstand, er umarmte und küßte alle, er schrie etwas der gerade vorübermarschierenden Kolonne zu, die löste sich auf, die Soldaten warfen die befreiten Häftlinge in die Luft, Hurrarufe, Jubel, Gesang, immer von neuem schnellte ein dünner Körper, eingehüllt in eine große braune Staatsuniform, hoch.

Ich begriff nun endlich, die Russen sind da! Etwas völlig Neuartiges, Seltsames, Überraschendes, Unerwartetes, Gefürchtetes begann.

Wenige Tage später fuhr der erste Zug in Richtung Berlin, er endete nach achtundvierzigstündiger Irrfahrt auf dem Lehrter Bahnhof; ich stieg aus und lief, mühselig die Straßen zwischen den Trümmerbergen suchend, nach Hause. An jeder Straßenecke, auf jedem Platz stand ein Schild, jedesmal las ich es neu.

Die Hitler kommen und gehen, das deutsche Volk, der deutsche Staat bleibt. J. W. Stalin.

Dieses Schild war aus Holz gefertigt, kunstvoll verziert wie eine Laubsägearbeit, weiß gestrichen, mit schwarzer Schrift. Das deutsche Volk? Die Leute eilten an mir vorbei, hohlwangig, staubbedeckt, an den Wasserpumpen lange Schlangen, kilometerweit, Greise, Frauen, Kinder, die durch die Sonnenglut schwere Wassereimer trugen. Der deutsche Staat? Einen Polizisten sah ich in der Nähe des Alexanderplatzes, eine graublaue Uniform, die Wehrmachtsfarbe schimmerte noch durch, eine Armbinde, ein kümmerlicher Holzknüppel.

Die Hitler kommen und gehen, das stimmte, er war gegangen, wie er angekündigt hatte, die Tür hinter sich zuschlagend, mit ihm versank Berlin, ging Deutschland unter.

Ich las anfangs interessiert, ja beglückt, dann gleichgültig, später grimmig. Der Widerspruch zwischen diesem Satz und der Zerstörung ringsum erschien mir immer unsinniger. –

Ich war geblieben, die Wohnung nicht, auch die Eltern, die Schule waren geblieben. Das letzte Flakzeugnis reichte als Abiturbeleg nicht aus, ich meldete mich bei Hauswart Eggert zurück, kam in eine Klasse, traf Burschen, die ich kannte, fremde dazu, zuerst waren wir acht, dann dreizehn. Auch einige Lehrer kannte ich von früher her, die anderen waren Mitglieder der Nazipartei gewesen und aus dem Schuldienst entfernt worden. Sonst war alles geblieben, die hallenden Korridore, die Bänke, das erhöhte Katheder, das Klingeln, das Aufstehen, wenn der Lehrer den Raum betrat, Frage und Antwort, Hausaufgaben ...

Aber es gab doch Neues. Wir gründeten eine Schülerzeitung mit dem nichtssagenden Titel Neue Andreas-Post, deren Chefredakteur ich wurde, die schwerste Arbeit hatte Störzbecher zu leisten, der Apothekersohn, der die Zeitung auf der Schreibmaschine seiner Mutter abtippte, immer wieder, bis die Auflage von fünfzig erreicht war. Neu war auch die Schülerselbstverwaltung, die Erich Schönebeck, der Tradition unserer Schule vor der Nazizeit verpflichtet, wieder einführte. Klassensprecher, Schülerrat, Schülerratsvorsitzender, geheime Wahl, Wahlkampf, politischer Streit, der sich in persönlichen Gehässigkeiten zeigte, schulischer Leistungsneid als politische Intrige. Ich wurde einstimmig in den Schülerrat gewählt und in geheimer Wahl, bei drei Gegenstimmen, zum Vorsitzenden bestimmt. Gewiß, ich zählte zu den ältesten Schülern, die jüngeren sahen in mir einen heldenmütigen Landser, vielleicht Panzerknacker oder Stukaflieger, den älteren imponierte meine Flucht aus Wehrmacht und Gefangenenlager, die gleichaltrigen kannten mich als Geschichtenerzähler, Stückeschreiber, das alles brachte Stimmen. Aber es gab andere, die mich Verräter nannten und mir auf dem Schulhof Spartakist nachschrien. Meine Wahl feierten wir im Jugendausschuß als großen Sieg; Antifaschismus und Demokratie haben sich durchgesetzt, trugen wir ins Protokoll ein.

Hausmeister Eggert, einst gefürchtet, jetzt gemildert und

höflich, weil Erich Schönebeck ihn im Dienst belassen hatte, trat an mich heran und teilte mir zwinkernd mit, ich solle mich sogleich zur Kreiskommandantur verfügen und dort bei einem Kapitän Lebedjew melden. Lehrer und Klassenkameraden sahen mich mitleidig oder höhnisch an, da hast du deinen Glauben an Stalins Worte, jetzt ab nach Sibirien, was streckst du deine große Nase auch vor!

Das Haus in der Simon-Dach-Straße war von weitem als Kommandantur erkennbar, die Fassade glänzte von oben bis unten in hellgelber Lackfarbe und roch durchdringend nach Öl und Terpentin. Am Hauseingang ein Schlagbaum mit grimmigen, grünbemützten Soldaten! Ich sagte ihnen, ich sei zu Kapitän Lebedjew bestellt, die Soldaten verstanden nicht und blickten nur zornig. Ich versuchte die gerade erlernte neue Kunst des Diskutierens an ihnen, sie griffen zur Maschinenpistole. Ein Offizier, der von der Straße ins Gebäude wollte, faßte mich an der Schulter. Sie wollen zu Kapitän Lebedjew? Ich bin Kapitän Lebedjew.

Die Soldaten schauten mich nicht weniger grimmig an, als der Kapitän den Schlagbaum öffnen ließ und mich ins Haus führte. Auch das Treppenhaus war frisch gestrichen wie das Zimmer, in das mich Kapitän Lebedjew führte, die Wände glitzerten wie feucht, an der einen Seite hing ein riesiges farbiges Stalinbild, die übrigen Wände waren mit Plakaten beklebt, die mich an jene erinnerten, die ich einst in einer großen Villa gesehen hatte.

Kapitän Lebedjew ist sicherlich kein Russe, dachte ich. Weder war er den zerlumpten, kahlköpfigen Gefangenen ähnlich noch den etwas weniger zerlumpten und weniger hungernden, aber ebenso kahlgeschorenen Gefangenen in unserer Flakbatterie, noch jenem Ludwigsluster Offizier, von dem ich gemeint hatte, er sei ein Mongole, Tatare, in Wirklichkeit war es wohl ein Usbeke oder Tadshike gewesen.

Kapitän Lebedjew sah anders aus. Groß, rothaarig, Gesicht und Handrücken voller Sommersprossen. Er lief leicht geneigt, mit seltsamem plumpem, schaukelndem Gang, überhaupt nicht offiziersgemäß; je öfter ich ihn sah, desto mehr dachte ich nach, an wen er mich erinnerte. Endlich kam ich darauf, an den deutschen Landarbeiter Beust, ja, sie hatten viel Ähnlichkeit miteinander, nur Beust war von anspruchsloser Fröhlichkeit gewesen, wenn er mit Vater im Morgengrauen loskutschierte, Lebedjew lachte selten, meist trug er die Stirn voller Sorgenfurchen, er hatte ja die Verantwortung für alle Schulen, Kindergärten, Volkshochschulen des zerbombten Bezirks Friedrichshain zu tragen.

Kapitän Lebedjew behandelte mich sehr höflich, er wies mir den Stuhl gegenüber seinem Schreibtisch an, legte sich einen Papierstapel zurecht, tauchte seinen Federhalter in die violette Tinte und begann das Gespräch stets: Ich höre ...

Beim ersten Besuch fragte er mich, als ich auf sein Ich höre nichts wußte: Sie sind also Schülerratsvorsitzender? Was sind Ihre Pläne? Wie kann ich helfen?

Wie wollte er uns helfen? Ich erzählte von unseren Plänen, im Schulkeller einen Klub einzurichten, für Diskussionsnachmittage.

Welche Themen?

Über Themen hatten wir uns noch keine Gedanken gemacht, Kapitän Lebedjew beschrieb seinen Zettel mit steiler violetter Schrift und schüttelte sorgenvoll den Kopf. Bei einem der nächsten Besuche, als ich ihm noch immer keine befriedigende Auskunft über unsere Diskussionsthemen geben konnte, las er mir – nur Vorschläge, verstehen Sie, Vorschläge – vor: Goethe, ein Humanist und Weltbürger, Mendelejew, ein Humanist und großer Chemiker, Persönlichkeit und Geschichte, Plechanow, ein großer Humanist, der Komsomol, eine humanistische Jugendorganisation ...

Wir wollten tanzen in unserem Klub, Kapitän Lebedjew nickte und fragte: Womit machen Sie Musik?

Ja, auch darüber hatten wir noch nicht nachgedacht, und Kapitän Lebedjew hatte neuen Anlaß, sorgenvoll den großen rötlichen Kopf zu schütteln.

Einige Zeit später kam er, genau in die große Pause hinein, über den Schulhof, unter dem Arm trug er eine Gitarre. Er suchte mich, winkte mich heran und übergab mir das Instrument. Für Tanz. Und noch ein Vorschlag für Diskussionsthema, Mitschurin, Humanist und großer Biologe.

Daß mir Lebedjew die Gitarre vor allen Schülern übergeben hatte, vielleicht ein sorgfältig geplanter Zug meines unbeholfen wirkenden Kapitäns, brachte mich bei den Musikbegeisterten und Tanzwütigen in gute Lage, den meisten gefiel es aber nicht, und sie schrien mir nicht nur Spartakist nach, sondern Spitzel und Russenknecht dazu. Kapitän Lebedjew erzählte ich nichts davon, denn er begann mir leid zu tun mit seinen Sorgen und Kümmernissen, er hätte noch gekrümmter an seinem Schreibtisch gesessen, mit zerfurchter Stirn und nachdenklichem Kopfschütteln.

Als ich einmal triumphierend berichtete, daß wir uns geweigert hätten, von einem Lehrer unterrichtet zu werden, und der Schülerrat einen Streik beschlossen und durchgeführt hatte, sah er mich unendlich traurig an. Das ist Anarchismus. Sie kennen Stalins Schrift, Anarchismus und Sozialismus, nein? Stalin ist großer Humanist, Denker und Marxist. Vielleicht machen Sie eine Diskussion darüber?

Als ich ihm jedoch erklärte, daß es um den plötzlich aufgetauchten früheren Direktor Pupe Friedrich gegangen sei, der sich gerühmt hatte, zahlendes Mitglied der SS zu sein, daß wir aus solchen politischen Gründen gestreikt hatten, leuchteten seine Augen auf, er schüttelte wieder den Kopf, diesmal nicht bekümmert, eher befriedigt. Doch dann umwölkte sich seine Stirn wieder. Aber das ist nicht Aufgabe von Schülern. Schüler sollen lernen. Lenin, ein großer Humanist und Führer des Weltproletariats, hat gesagt, lernen, lernen, nochmals lernen.

Er schüttelte noch bekümmerter den Kopf, als ich ihm weiter erzählte, daß der Schülerrat die politische Vergangenheit der Lehrer überprüfen und ihre heutige politische Haltung kontrollieren wollte.

Direktor Schönebeck berief mich, wenn es nicht um schulische Leistungen ging, sondern um allgemeine Fragen, als Beisitzer ins Lehrerkollegium. Ich hatte nach unserem Streik eine flammende Rede in diesem Kreis gehalten, die Studienräte saßen schweigend und feindselig, nur Schönebeck unterstützte mich, nicht kämpferisch genug, wie ich fand. Ich hatte angekündigt, die Schülerratsmitglieder wollten mit den Lehrern über ihre Haltung in der Nazizeit sprechen und verlangten Einblick in die Personalakten.

Kapitän Lebedjew traf mein Bericht darüber tiefer als die Lehrer unserer Schule, die hatten geschwiegen, Kapitän Lebedjew verfiel erst in wortlose Trauer, dann redete er auf mich ein, als sei ich Chef und er mein Untergebener, der mich inbrünstig von irgend etwas überzeugen will; er hätte einfach befehlen können.

Lebedjew erzählte mir weitschweifig vom humanistischen Wesen dieser neuen Zeit, vom kämpferischen Humanismus, mit dem man alle Nazilehrer entfernt habe, jetzt müsse man geduldig sein mit den alten Lehrern und den Schülern, alles Humanistische aus der Weltkultur sollten wir aufgreifen und durchdenken. Nicht ständig in die Vergangenheit schauen, sondern nach vorn, zum demokratischen Aufbau.

Ich ging unüberzeugt, aber ich setzte den Punkt vom Arbeitsplan des Schülerrats ab, und einige Mitglieder, jüngere Burschen, nannten mich einen Weichling und Versöhnler. Ein anderes Mal verwickelte mich Kapitän Lebedjew in seinem immer noch nach frischer Ölfarbe duftenden Zimmer in ein Gespräch über die Schüler. Er fragte nach den Berufen der Eltern. Ich rechnete sie auf: Ingenieure, Angestellte, Handwerker, Ladenbesitzer.

Und Arbeiter, warum so wenig Arbeiter? Sind die Kinder dümmer?

Manchmal begriff ich ihn nicht, weshalb er sich so bekümmerte und aufregte. Daß immer noch in den oberen Stockwerken die Fensterscheiben fehlten; Lebedjew schrie wütend ins Telefon, er, den ich nie im Gespräch mit Lehrern, Schülern, mit mir ein lautes Wort hatte reden hören. Er erregte sich, als er erfuhr, daß viele biologische Präparate unserer Sammlung vernichtet waren, weil der Alkohol, in dem sie aufbewahrt wurden, dazu verwandt worden war, die Nazilehrbücher auf dem Schulhof zu verbrennen.

Der Kapitän hatte es mit der Musik, vielleicht eine stille, unerfüllte Liebe. Nicht genug, daß er uns eine Gitarre besorgt hatte, er schleppte auch ein großes Bündel Noten klassischer Musikstücke herbei und übergab sie Moppel Schröder, unserem Musiklehrer, der sich tief verneigte.

Irgendwann, mitten im Gespräch über andere Themen, fragte mich Kapitän Lebedjew: Sie waren in der Hitlerjugend?

Ich erschrak, war das Bisherige nur Vorwand gewesen, um mir nun etwas herauszulocken, was mir den Marschbefehl nach Sibirien brachte? Ich schüttelte den Kopf, bekannte dann aber, in der Hitlerjugend nicht, nur im Jungvolk. Aber dort hatte ich Funktionen ...

Kapitän Lebedjew nickte, als sei ihm das schon immer klar gewesen, dann fragte er überraschend weiter: Und Sie haben dort gesungen?

Natürlich hatten wir dort gesungen, Lebedjew zog aus der Schreibtischschublade ein kleines Heft heraus und reichte es mir über das große kristallene Tintenfaß hinweg, ein Liederheft der deutschen Wehrmacht. Er nannte eine bestimmte Seite, ich sollte ihm den dortigen Text vorlesen.

Es zittern die morschen Knochen der Welt vor dem großen Krieg ...

Bis zu den Schlußzeilen mußte ich lesen. Wir werden weitermarschieren, wenn alles in Scherben fällt ...

Kapitän Lebedjew versank in trübes Grübeln, immer wieder schüttelte er sorgenvoll den Kopf. Und Sie haben nicht nachgedacht beim Singen, Sie haben nicht gewußt, daß Sie da Ihr Todesurteil singen? Und das Todesurteil der halben Welt?

Was sollte ich antworten? Ich kannte das Lied zwar, aber erinnerte mich nicht, es je gesungen zu haben. Ich hätte es gesungen, sinnlos herausgeschrien, wie wir alles sangen, wenn wir marschierten, das Lied hatte es immerhin genau getroffen, wir werden weitermarschieren …

Viele Jahre später lernte ich den Verfasser jenes berüchtigten Liedes kennen, über dessen Inhalt sich die ganze gesittete Welt entsetzte. Noch vor dem Krieg schlug dieses Entsetzen in Empörung um, in eine weltweite, so daß Goebbels befahl, die Schlußzeilen zu ändern. Es sollte nun nicht mehr gesungen werden: denn heute gehört uns Deutschland und morgen die ganze Welt!, sondern heute, da hört uns Deutschland. Als ich den Verfasser kennenlernte, war nichts mehr von dem heldischen Barden übriggeblieben, von straffer Leutnantsuniform. Ein schüchterner, verlegener, plötzlich redseliger Mann saß da, dem man im Westen vorwarf, von der Nazifanfare zur roten Balalaika übergewechselt zu sein. Er hatte schöne Kinderbücher geschrieben, mit etwas verblasener Romantik, die man schon aus seinen früheren Liedern kannte, so etwas von hellen Flöten, die durch die Welt gehen, oder von hohen Nächten. Es ging gleich um jenes Lied, das er nun bedauerte verfaßt zu haben, aber, so sagte er melancholisch, er habe es überhaupt nicht für die Nazis gemacht, sondern schon Jahre vorher für konservativ-christliche Freischaren, die die Welt geistig verbessern wollten. Auch interessant, wenn es stimmte, daß dieser Text für einen militanten Konservatismus gedacht, in sektenhaftem Sendungsbewußtsein entstanden, zum Lieblingslied der Nazis hatte gemacht werden können. Aber weshalb übersetzte der Mann jetzt sowjetische Bücher, Gedichte, ließ er sich anfeinden?

Er war als Soldat in der Sowjetunion gewesen, hatte monatelang in Dörfern gelebt, war russischen Menschen begegnet in ihrer Güte und Herzenswärme, in ihrer Stärke und Unbeugsamkeit. Er hatte angefangen zu begreifen, daß er in die falsche Richtung marschiert war.

Was singen Sie für Lieder, welche anderen?

Wir sangen deutsche Volkslieder. Gut, das gefiel Kapitän Lebedjew. Aber Sie müssen auch die Lieder anderer Völker singen. Singen Sie nur von sich, ist es nicht weit bis zu diesem Lied. Er warf voller Ekel das kleine Wehrmachtsliederbuch vor sich hin. Wenig später kam Lebedjew mit einem großen Packen Noten, Moppel Schröder bedankte sich überschwenglich und sang mit uns diese englischen, russischen, polnischen, schwedischen Volkslieder, die der sowjetische Kapitän angeschleppt hatte.

Einmal erzählte ich ihm taktlos, daß er viel Ähnlichkeit mit dem Landarbeiter Beust habe, der in Rußland gefallen war.

Schade, sagte Kapitän Lebedjew, als hätte er Beust gekannt, sehr schade, daß ein Landproletarier vielleicht von mir erschossen, geht nicht. Ist nicht Humanismus. Aber nun müssen wir alles tun, daß in Deutschland ein anderes Leben kommt.

Ich fragte ihn nach seinem Beruf. Er war Lehrer gewesen, Literaturlehrer, Deutschlehrer in einer kleinen russischen Stadt. Er fügte hinzu, aber die Eltern waren Bauern und die Großeltern auch arme Bauern an der Wolga.

Da hatte ich vielleicht doch mehr als eine äußere Ähnlichkeit bemerkt.

Nach dem Abitur verlor ich Kapitän Lebedjew schnell aus den Augen. Noch einmal stieß ich mehr als ein Jahr später auf ihn. Ich hatte den Auftrag, Ziele und Aufgaben der in Berlin eben gegründeten Freien Deutschen Jugend zu erläutern. Im Sekretariat bestimmte man mich für die Friedrichshainer Lehrervollversammlung, ich käme daher und wüßte Bescheid.

Ein bißchen Schadenfreude lag für mich darin, die alten verknöcherten Lehrer meiner Schule zu treffen und ihnen nun, auch von einem Katheder herab, eine Lektion vorzutragen, wie sie es über Jahre getan oder versucht hatten.

Die Versammlung tagte im Reichsbahnausbesserungswerk in der Revaler Straße, ich fand es komisch, ausgerechnet in jenem Saal, in dem ich mit Vater und mit Willi oft Boxkämpfe gesehen hatte. Wirklich, ich saß oben auf einem Podest, unter mir mehrere hundert Lehrer. Stadtschulrat Wildangel, den ich sehr verehrte, saß neben mir, an der anderen Seite der Bezirksschulrat, ein stiller, freundlicher Mann, von dem es hieß, er sei Sozialdemokrat.

Das wird nicht leicht werden, mein Junge, sagte Wildangel. Ich begriff nicht, was sollte da schwer sein? Ich würde die Ziele der Freien Deutschen Jugend erklären, meine Begeisterung, mein Temperament sollten wohl zureichen, das Interesse der Lehrer zu gewinnen, Angst vor so vielen Leuten hatte ich nicht, ich vertrat eine gute Sache, wozu da die Warnung?

Erster Tagesordnungspunkt: Referat des Jugendvertreters. Ich nahm mir vor, nicht lange zu reden, prägnant, mit heiteren Einschüben aus meiner Schülerzeit an zwei hiesigen Schulen, zum Schluß wollte ich aufrufen, kräftig die Freie Deutsche Jugend zu unterstützen.

Ich hatte mich gerade vorgestellt, als Friedrichshainer und ehemaliger Schüler, und wollte erklären, weshalb ich in diesem Kreis sprach, da spürte ich Unruhe im Saal, das Murren wurde lauter, und erste, noch einzelne Rufe: Aufhören! ertönten.

Ich sah zu Wildangel hin, der ärgerlich auf die Tischplatte trommelte und mir ermunternd zunickte. Man ließ mich nicht mehr lange reden, nur drei, vier Minuten, Rufe: Zur Geschäftsordnung, jemand schrie, meine Rede gehöre nicht in eine Lehrerversammlung, das sei ein Thema außerhalb der Schule, die Schule müsse neutral bleiben, von Politik hätte man in der Schule genug. Bravorufe für diesen Mann. Ich konnte nicht mehr weiterreden, Wildangel sah stumm vor sich hin, der Schulrat bat mich verlegen, doch aufzuhören, es habe keinen Sinn, man müsse in der Tagesordnung weiter.

Ich packte meine Zettel zusammen und ging wütend und fassungslos zu meinem Platz zurück. Wildangel trommelte noch auf die Tischplatte, nur zorniger. Warum steht er nicht auf, ordnet Ruhe an und weist als Stadtschulrat seine Untergebenen an, mir wenigstens zuzuhören? Ich begriff mein revolutionäres Vorbild nicht.

Natürlich hätte er es tun können, aber es hätte wirklich keinen Sinn gehabt, diese neue Jugendbewegung ließ sich nicht mit Gewalt der Schule und den Lehrern aufdrängen, Wildangel dachte politisch, er ärgerte sich und schwieg. Auch Kapitän Lebedjew schwieg. Ich sah ihn erst jetzt, er mußte in letzter Minute gekommen sein, saß ganz hinten, mit dem Rücken an der Wand, er überragte viele, obwohl er den Kopf gebeugt hielt. Ich konnte mir seine sorgenvolle Stirn vorstellen. Auch er hatte nicht befohlen: Ruhe! und nicht befohlen: Zuhören und Mitmachen! Nach der Versammlung kam er traurig zu mir, drückte mir die Hand und sagte: Es wird viel Zeit kosten, sehr viel Zeit, Geduld ist die große Tugend der Revolutionäre und der Humanisten.

Ich zürnte auch ihm und ging erbittert fort.

Inzwischen weiß ich längst, wie recht der Bauernsohn, der Lehrer und Offizier, der sorgenvolle Mensch Lebedjew hatte. Ich kenne nicht einmal seinen Vornamen. In dieser für mich mißglückten Versammlung sprach ich ihn zum letztenmal.

Einmal sah ich ihn noch, er hastete aus einem Hausflur und trug einen großen Packen Papier über der Schulter, die Mütze verrutscht. Hinter ihm sein Fahrer, ebenfalls solch einen Packen tragend. Sie verstauten das Papier, vielleicht Zeichenkarton für irgendeine Schule, in Lebedjews Jeep. Ich bereue heute, damals nicht über die Straße gegangen zu sein, ihm wenigstens guten Tag und Lebewohl gesagt zu haben.

Im Februar 1948 fuhren Fred, ich und Hans, der sich als Gerichtsreporter der Berliner Zeitung den Namen Cobra zugelegt hatte, in unseren ersten Urlaub.

Der Zug war überfüllt, wir hingen auf den Trittbrettern und brauchten Stunden über Stunden nach Erfurt, wo wir wieder Stunden auf unseren Anschluß warten mußten. Hier erhielten wir einen Eindruck von der Eleganz, die früher auf den Bahnhöfen geherrscht hatte. Die Herrentoilette war gekachelt, gotisch hoch, mit Ausblick auf die Stadt. Nur die Schließanlagen funktionierten nicht mehr, der Klomann prüfte, auf allen vieren wie eine Eidechse über die Fliesen kriechend, ob ein Abteil frei war.

Spät gelangten wir nach Ohrdruf, dort kamen wir aber nicht weiter nach Crawinkel. Es war Winter, wir würden die Nacht auf dem Bahnhof verbringen müssen.

Der Bahnhofskommandant, ein einfacher Soldat, umkreiste mißtrauisch und mürrisch uns auf der Bank hockende, aneinandergelehnte Gestalten. Als er uns aber länger beobachtet und näher betrachtet hatte, trat er heran und lud uns mit einer Handbewegung in sein Chaus ein. Sein Chaus war eine Bretterbude, aus deren blechernem Schornstein anheimelnder Rauch quoll. Der kleine Raum war völlig überheizt. Wir machten es uns auf dem Fußboden bequem, der Soldat setzte sich an einen winzigen Tisch und begann in einem Buch zu lesen. Seine MPi hielt er vorsichtigerweise über der Brust fest. Später kochte er Tee und gab uns aus dem Becher reihum zu trinken. Er zeigte auf sich und sagte: Ukraine! Wir wiesen auf uns. Berlin. Dann hielt er sein Buch hoch. Maxim Gorki, Klim Samgin. Wir hatten von diesem Buch nicht gehört, aber um ihn zu erfreuen und um für seine Gastfreundschaft zu danken, sagte ich: Wladimir Majakowski, Lenin-Poem. Der Soldat nickte begeistert und erwiderte: Maxim Gorki, Match, Die Mutter. Natürlich, die kannten wir und setzten hinzu: Katajew. Es blinkt ein einsam Segel. Unser Gastgeber verstand anfangs nicht, wir sprachen den Namen deutlicher aus, endlich begriff er, nickte aufgeregt und setzte fort, Simonow, Fadejew, Kawerin ...

Wir antworteten darauf mit Ilja Ehrenburg, das begriff er

sofort, geriet außer sich, schüttelte uns die Hände und schenkte Tee ein.

So warfen wir uns bis nachts halb drei Schriftstellernamen zu, Titel, führten kleine Pantomimen auf, wiederholten uns. Erkannten wir einen Namen nicht, und das waren viele, schüttelte unser ukrainischer Gastgeber betrübt den Kopf, hob den Zeigefinger mit dem schmutzigen Fingernagel und sagte eindringlich: Tschitajtje! Was wir mit der Hand auf dem Herzen eifrig versprachen.

Wir wurden müde, lehnten uns schwitzend aneinander und dämmerten die letzten drei Stunden dahin. Unser Soldat, der uns vertraute, weil wir so gut in der Namens- und Titelliste der sowjetischen Literatur Bescheid wußten, hatte die MPi an einen Nagel gehängt und sich auf dem Fußboden zum Schlafen ausgestreckt. Als wir im eisigen Frühwind davonfuhren und ihm zuwinkten, rannte er neben dem Zug her, schlug sich mit der Hand vor die Stirn, was bedeuten mochte, wie konnte ich den bloß vergessen, und schrie uns einen Namen nach, den wir schon nicht mehr verstanden.

Buchstäblich über Nacht wurden Beschlüsse gefaßt und ausgeführt, so wechselte ich jäh von meiner Funktion in der FDJ hinüber in das Haus der Kinder, eine sowjetische Einrichtung, ihren Pionierpalästen vergleichbar. Da das Haus für deutsche Kinder errichtet worden war und eine deutsche Leitung eingearbeitet werden sollte, wurden Mitarbeiter gebraucht. Ich meldete mich bei Hauptmann Beburow, der in seinem kleinen Arbeitszimmer saß und mich erheitert und freundlich über seine Brille hinweg ansah, was mich an meine Großmutter erinnerte. Er war wohl sehr überrascht, einen jungen dünnen Mann vor sich zu sehen, der eine so verantwortliche Tätigkeit ausüben sollte, die einen gereiften, erfahrenen Pädagogen erforderte. Andererseits wußte Beburow auch, wie wenige solcher Pädagogen vorhanden waren, und außerdem war es beschlossen. Er ging mit mir in das riesige Arbeitszimmer des deutschen Direktors Heinz Scheel und dann zu den sowjetischen Abteilungsleitern, sehr netten Damen, die allerdings schon tags drauf protestierten, als sie meiner ansichtig wurden – in kurzen Hosen, Turnschuhen und Kniestrümpfen. Nein, so unmoralisch darf ein junger Genosse seine Arbeit nicht beginnen. Ich wurde nach Hause geschickt, um mich korrekt mit langen Beinkleidern zu bedecken.

Mein unmittelbarer Partner war der Oberleutnant Dimitri Alexandrowitsch Trussow. Unsere Schreibtische waren aneinandergeschoben, wir saßen uns gegenüber und lächelten uns lange an. Trussow sprach folgende Worte auf deutsch: Bitte, guten Tag, auf Wiedersehen. Was haben Sie heute gegessen? Wo ist das Rathaus?

Ich konnte umgekehrt noch weniger. So lächelten wir uns an, aber das half nur eine Zeitlang, wir hatten miteinander zu arbeiten und Trussow mich einzuführen in ein großes, mir völlig unbekanntes Gebiet. Manchmal half eine Dolmetscherin aus, aber es ging uns beiden zu umständlich, denn die junge Frau übersetzte langsam und wörtlich – Die pionierische Organisation namens Wladimir Iljitsch Lenin ... Da gestikulierten wir lieber, meine Übung im Stegreifspiel kam mir zustatten, und Trussow hatte ein großes Talent, mir durch Gesten, Minenspiel, hochgeworfene Arme komplizierte Dinge verständlich zu machen. Außerdem lernten wir beide die Sprache des anderen, ich nach dem berühmten Steinitzschen Lehrbuch Russisch, er Deutsch von einer Freundin; die hielt er heimlich, denn es war nicht statthaft und hätte ihm ernste dienstliche Schwierigkeiten bereitet. Mir aber zeigte er, indem er die beiden Hände zusammenfaltete und die Wange darauflegte, daß er heute nacht wieder bei ihr geschlafen hatte, dann schnalzte er, so schön war es gewesen, und sagte: Peter und Susi gehen durch einen Park. Was sehen sie dort?

Dimitri Alexandrowitsch Trussow achtete sehr auf den eleganten Sitz seiner Uniform, ich sah, wie er sich ärgerte, wenn Beburow, sein Chef, wie üblich einen Kamm aus der Brusttasche der Uniform hervorblinken ließ. Besonders sorgsam pflegte Trussow sich, wenn hoher Besuch ins Haus stand, und das geschah oft. Wilhelm Pieck kam, auch Grotewohl und Ulbricht, Klement Gottwald und Martin Andersen Nexö, amerikanische Friedenskämpferinnen, französische Kommunisten, chinesische Jugendfunktionäre, brasilianische Illegale. Trussow bürstete dann lange seine schwarzen Halbschuhe, zog die dunkelblaue Hose an, suchte sie nach Fusseln ab und bat mich, ihm dabei zu helfen, legte seine Orden an und besah sich lange im Spiegel. Plötzlich hüpfte er in unserem Zimmer auf und ab, bis die vielen Orden zu klingeln begannen, drehte sich zu mir um, wieherte leise und sagte: Pferd ..., Troika ... bimbimbim ...

Am meisten störte ihn die Narbe über seiner linken Augenbraue. Stets versuchte er sie zu verdecken. Ich verstand ihn nicht, es war doch ein Ehrenzeichen in seinem alterslosen, pfiffigen Gesicht, eine Wunde, empfangen bei Kiew durch einen Granatsplitter, diese Narbe konnte man doch der ganzen Welt vorweisen. Trussow mühte sich, mit Wasser und Speichel die störrische Locke über die Narbe zu ziehen. Er hielt sich bei Frauen für unwiderstehlich und ärgerte sich tief, wenn seine Versuche fehlschlugen, und gab der Narbe schuld.

Trussow war der Gott der Kinder. Ging er durchs Haus mit der schicken Uniformjacke und den dunkelblauen Hosen, trat er nur aus der Tür, schon hingen sie an seinen Händen, hielten seine Jacke gefaßt, umringten ihn. Ich fand sein Geheimnis nicht heraus, ich versuchte so listig auszusehen wie er, wie ein heiterer Fuchs, ich versuchte mit den Armen zu schlenkern wie er, es half nichts, die Kinder flogen allein ihm zu. Er redete auf sie ein, sie lachten oder hörten ernsthaft zu; er sprach nur russisch, die Kinder verstanden ihn nicht. Oder verstanden ihn über die Sprache hinaus doch, weil da ein Kinderherz zu ihnen sprach, ein eitles, ein tapferes, das sie alle liebte.

Er hatte Mühe, sich durch die Kinderscharen hindurchzuwinden, unser gemeinsames Zimmer zu erreichen, in das sie ihm oft nachströmten, bis wir sie freundlich verjagten und uns einschlossen. Trussow bürstete dann lange seine Uniform sauber und besah sich zufrieden im Spiegel.

Seine Frau und seine beiden Kinder waren während der deutschen Besatzungszeit verschollen.

Wir feierten häufig. Einen Grund dazu fanden die sowjetischen Leiter stets: einjähriges Bestehen jener Abteilung, anderthalbjähriges Bestehen dieses Kabinetts, Jubiläum der Parteigruppe, Beburows Geburtstag … Bei den Festen, die wir im Flur des Hauses feierten oder in der kleinen Kantine, ging es hoch her. Den Tanz eröffneten die sowjetischen Mitarbeiter nach russischer Weise. Beburow, dick und graziös, stampft in der Mitte des Saales, die Arme über der Brust verschränkt, Trussow versucht, die Zähne zusammengebissen, aus der Hocke die Beine vorzuwerfen. Schließlich fällt er auf die sauber gebügelte Hose und ist nicht erfreut über unser tosendes Gelächter. Arkadjewa umtanzt Beburow und hält in der Hand ein kleines zerdrücktes Taschentuch, sie wirft den Kopf nach rechts und links, und plötzlich sehen wir alle statt zweier großer korpulenter Menschen ein junges russisches Paar tanzen, auf Steppenboden, den gewaltigen russischen Himmel über sich. Die Musik wendet sich zu einem Walzer, Filatowa, eine ehemalige Ballettänzerin, zieht mich Widerstrebenden auf die Tanzfläche; sie duftet nach starkem russischem Parfüm, ich liege in ihren weichen Armen und lasse mich willig führen.

Ich weiß nicht, Sie tanzen so steif wie alle Deutschen, als hätten Sie einen Arschin verschluckt!

Es waren Feste besonderer Art, ohne Verkrampfung, ohne Spannungen. Heitere Toasts wurden ausgebracht, es wurde gesungen, doch ohne das penetrante Schunkeln, die schweißige Ellenbogennähe, mit denen unsere Feste auf ihren Höhepunkt lossteuerten. –

Beburow angelte gern. Als er hörte, ich wäre in der Kindheit mit meinem Vater oft am See gewesen, nahm er mich mit. Wir fuhren weit ins Mecklenburgische hinein, und ehe wir zu angeln begannen, bei Vater eine Art ernster ritualer Handlung, bei der er Stück für Stück das Gerät überprüfte, trug Beburow den Korb aus dem Auto herbei, und wir aßen ausgiebig.

Beburow angelte leidenschaftlich, aber was Vater und also auch ich mit düsterem Ernst taten, das machte Beburow heiter. Er schrie weibisch hoch bei jedem Biß auf, lachte laut über jeden gefangenen Fisch, zeigte ihn mir, freute sich über meine Fänge. Gegen jede Anglervorsicht stampfte er am Ufer auf und ab, die Uniformhosen hochgekrempelt, mit kleinen Füßen.

Vater und ich hatten stundenlang geangelt, beinahe unbeweglich stehend, Angeln war Vaters andere Art von Arbeit. Beburow winkte mich nach zwei Stunden heran, wir setzten uns ins Gras, er schleppte Reisig herbei, zündete ein Feuer an, sang zwischendurch, nahm die Fische aus, rauchte, mit blutigen Fingern seine Zigarette haltend, holte einen schwarzgerußten Kessel aus dem Auto, schöpfte Wasser aus dem See und kochte eine Fischsuppe. Wir lagen, hörten die Suppe brodeln, Beburow döste ein wenig, fragte, was ich davon hielte, daß unsere Freilichtbühne auch im Sommer oft leer stünde, nicht täglich bespielt würde, eine versteckte Kritik in der Frage, doch ich war zu träge und zu froh, um ausführlich zu antworten.

Dann schlief Beburow ein, die Angeln hingen im Wasser, der Schilfrohrsänger knarrte sein Lied. Da lag der freundliche Riese, ein Ilja Muromez unserer Zeit, die Uniformjacke mit dem Ordensbändchen aufgeknöpft, und atmete tief. Die Offiziersmütze hatte er übers Gesicht gelegt, ein tiefgelber Zitronenfalter umflatterte den Mützendeckel, er setzte sich dann oberhalb des roten Sterns fest und blieb dort sitzen.

Ich sah lange hin. Die Mütze mit dem roten Stern, der rastende Schmetterling, darunter der schlafende, freundliche und kluge Beburow. Wie hatte man sie uns einst geschildert, diese Russen, Bolschewiken, Tataren, Mongolen. Wie tief fürchteten wir sie, und wie bald begannen wir zu ahnen, daß uns Menschen eines großen Landes entgegentraten, ein unzerstörbares Volk, eine neuartige Kultur, eine andere Art von Humanismus, von dem Kapitän Lebedjew so oft und begeistert geredet hatte.

Liebetodundessig

Über Liebe wurde nicht gesprochen, weder in der Familie noch in der Freundschaft, noch in der puckligen Verwandtschaft. Hätte jemand gesagt: Ich liebe dich! oder: Er hat sie lieb!, Mutter hätte höhnisch gerufen: Du spinnst wohl, du alter Dussel. Zärtlichkeiten waren verpönt, die Geschwister küßten sich nicht, man hielt sich nicht an der Hand oder streichelte das Gesicht des anderen. Mutters Abschiedskuß, wenn Vater zur Arbeit fortfuhr, und der Empfangskuß, wenn er wiederkam, jener knallende Schmatz, gehörte zum Eheleben, zur täglichen Pflicht wie das Abendbrot und Strümpfestopfen, wie Abwasch und Frühstück, er bedeutete nichts.

Um so mehr verwunderte es mich, daß Mutter hin und wieder ausrief: Liebetodundessig! Darin kam das ungewohnte Wort Liebe vor, nur begriff ich nicht den Zusammenhang. Was Essig ist, wußte ich von der Linsensuppe und vom Sommerhuhn, dem kalten Getränk, was Liebe ist, begann mir dank Kinofilmen zu dämmern, am meisten jedoch wußte ich vom Tod. Mutter kündigte ihn jede Woche an: Im nächsten Jahr bin ich schon tot …, ich wer wohl bald sterben …

Onkel Orje war gestorben, Trauerfeier auf dem Ahrensfelder Friedhof. Wir stiegen in den Keller der Kapelle hinunter, ich hielt mich an Vaters Hand fest. Der Sargdeckel wurde abgenommen, man sah den Toten noch einmal an und verabschiedete sich von ihm nach alter dörflicher Sitte mit lautem Wehklagen. Da lag nun Onkel Orje ohne seine dröhnende Stimme, kein Bauch wölbte sich mehr, eine weiße Papierdecke verhüllte den Körper bis zum Kinn; gefaltete wächserne Hände lagen wie abgeschnitten auf dem Kreppapier.

Ich hoffte und fürchtete zugleich, Onkel Orje könnte die Augen aufklappen, sich hochrichten und lachend sagen, dies sei alles nur ein Scherz, einer von den saftigen, wie er sie liebte, und Mutter würde wütend zu schimpfen anfangen.

Onkel Orje schwieg fort. Ich durchforschte seine Züge, ob nicht doch ein kleines Zucken am Mundwinkel zu finden sei, ein verstecktes Flattern der Augenlider, ein kaum merkliches Stirnrunzeln. Neben dem Bart, rechts an der Wange, klebte ein langes Pflaster in Onkel Orjes stillem Gesicht. Dieses Pflaster hatte ich sonst nie gesehen, auch beim letzten Besuch nicht in seiner Wohnung, wo er krank und müde war. Dieses Pflaster bestätigte mir plötzlich Onkel Orjes wirklichen Tod. Mehr als alles andere, als der Gesang der Rollkutscher, die Worte am offenen Grab, der weiße märkische Sand, den man über die Grube häufte, wurde mir das Pflaster auf Onkel Orjes Wange zum Zeichen des Todes.

Ich weigerte mich lange, wenn ich beim wilden Spiel einen Kratzer im Gesicht abbekommen hatte, ein Pflaster über die Schramme kleben zu lassen.

Der ist reine verrückt, der Bengel, lieber holt er sich ne Blutvergiftung, schimpfte Mutter und goß mir Arnikatinktur in die Wunde, bis ich laut aufheulte. Ich wußte doch, ich würde gewiß sterben, gelänge es Mutter, das Pflaster in meinem Gesicht zu befestigen; ich wollte nicht im Sarg liegen mit gefalteten Händen auf einer Decke von Kreppapier, das ich seitdem verabscheute. Ich war dem Tod begegnet, wachte nachts auf, voller Angst, ich könnte schon begraben sein in tiefster Tiefe unter dem weißen märkischen Sand. Verzweifelt tastete ich in meinem Gesicht umher. Kein Pflaster, ich lebte noch, spürte nun Vater oder Mutter an meiner Seite und sank beruhigt in den Schlaf zurück. –

Mutter redete zwar oft vom Tod, doch ohne mir zu sagen, was es eigentlich auf sich habe mit Sterben und Tod. Vater liebte solche Themen überhaupt nicht. Fang nicht an zu spintisieren, sei zufrieden, daß du lebst und daß es dir einigermaßen gut geht. Das wichtigste ist, den Kopf oben behalten und nicht lange überlegen, was nachher kommt.

Ich versuchte Onkel Fritz zu fragen, aber vielleicht tat ich es zu umschweifig oder wurde nicht deutlich genug, er hob den Zeigefinger und zischte mir zu: Heraklit, panta rhei, alles fließt …

Soviel begriff ich, der Tod war dauerhaft. Ich versuchte mir vorzustellen, wie lange; also hundert und hundert und hundert Jahre, das wäre doch wirklich Zeit genug zu ruhn, nun könnte man das Leben neu beginnen. Später, als ich mehr von Zahlen und Zeit wußte, rechnete ich bis zu Hunderttausenden oder Millionen Jahren. Ich zählte sie mir in der Dunkelheit vor, wenn mich lähmende Angst vor dem Tod überfiel, zwanzig, dreißig, vierzig Millionen Jahre, dann wäre die Unendlichkeit vorbei, ich würde neu zu leben beginnen, und sei es auf einem anderen Stern, mit anderen Eltern und Freunden, anderem Essen und anderer Sonne.

Als Onkel Jule gestorben war, Vaters bester Freund, fuhren wir zu seiner Laube hinaus, um ein paar Dinge zu holen, die Vater gehörten oder ihm zufielen … Eine jener unerbittlichen Radfahrten, die Vater so liebte, bis hinter Oranienburg hoch. Auf der Rückfahrt hatten wir schon die Greifswalder Straße überquert und befanden uns kurz vor unserem Ziel, Feld und Laube, wohin wir die Dinge, Gartenschere, Stichsäge und Schraubenzieher, bringen wollten. Ich trampelte in halber Betäubung, fiebrig vom Fahren unter der dumpfen Sonne, und schreckte plötzlich auf. Dies war der Tod persönlich! Ein Mann, überhaupt nicht ähnlich Onkel Orje oder Onkel Jule, irgendein hagerer Mann mit schwarzen Haaren, nach vorn geneigt, kam mir entgegen;

ich fuhr auf ihn zu, er sah mich streng an und trug auf der Wange das längliche Pflaster. Ganz langsam fuhr ich an ihn heran, sah, wie er mich eisern und kalt anblickte. Ich wußte, gleich würde ich sterben, auf der Stelle, und dann für Millionen Jahre eingesenkt werden in die märkische Erde. Ich geriet vom Radfahrweg ab und rammte einen Laternenpfahl. Vater war gleich heran, fing mich auf und fragte ärgerlich, was mit mir los sei. Ich antwortete nicht, ich wartete entsetzt und auch ein wenig neugierig auf meinen Tod. Ich wartete umsonst, Vater setzte mich aufs Rad und schob mich an, wir fuhren weiter. Ich wußte jetzt, was die Begegnung bedeutete. Der Tod hatte mich gewarnt! Nachts rechnete ich wieder mit Millionen und Milliarden Jahren, immer weiter, immer mehr ins Unendliche hinein, was ich aber, so hoch die Summe auch angesetzt war, nie erreichte. Ich wußte, dem Tod durfte ich nicht mehr begegnen, beim nächsten Treffen wäre es endgültig aus mit mir.

Vater nahm mich noch mehrmals mit hinaus zu Onkel Jules Laube, die er gemeinsam mit anderen abriß, sorgfältig jeden Nagel geradeklopfend. Bei der Rückfahrt mied ich jene Stelle, wo mir der Tod mit dem Pflaster im Gesicht begegnet war, ich sprang ab, schob mein Rad auf die Promenade, blickte weg zur anderen Straßenseite und stieg erst wieder aufs Rad, wenn ich jenen schlimmen Ort weit hinter mir gelassen hatte. Vater regte sich auf, drohte mir Ohrfeigen an, aber da ich wußte, daß es um mein Leben ging, nahm ich alles auf mich, ganz in Vaters Sinn, wichtig sei, daß man sich hier auf dieser Welt zu tummeln und sich mit dem Tod nicht einzulassen habe.

Wie recht Mutter mit ihrem Kürzel hatte, das Liebe und Tod verband wie in den uralten Mysterien, bewiesen mir die Ereignisse kurz nach Onkel Orjes Begräbnis. Tante Berta heiratete Onkel Fritz.

Sie hat nicht einmal das Trauerhalbjahr einhalten können, das alte Luder, Mutter lachte, Orje ist noch nicht unter der Erde, da geht sie schon mit seinem besten Freund ins Bett.

Was redest du da für Quatsch, Mulle, sagte Vater aufgebracht. Ist doch gut so, Berta ist allein, Fritz ist allein, wer soll das Feld bestellen und die Laube in Ordnung halten, du etwa?

Dagegen konnte Mutter nichts einwenden. Um ihren Mann weiter zu ärgern, fügte sie hinzu: Da wer ich mich mal beizeiten nach einem Hausfreund umsehen, der dann dein Stellvertreter wird, wenn du abkratzt.

Noch deutlicher sah ich, wie Liebe und Tod zusammenhingen, als unsere Freundschaft Else Boger gestorben war. Mutter begann sogleich nach einer neuen Frau für Karl Boger zu suchen. Sie fragte, als Tante Hede und Onkel Paul uns besuchten: Wißt ihr nicht ne Frau für Karl? Der braucht noch was, der kann noch hinten hoch! Und die Wohnung! Und die Wäsche und überhaupt …

Tante Hede und Onkel Paul sahen sich betreten an, widersprachen aber nicht, man ging Bekanntschaft und Verwandtschaft durch, plötzlich rief Tante Hede aufgeregt: Ich hab doch eine Kusine, die Klara aus Kaufungen an der Katzbach. Die ist noch unverheiratet, die wird bestimmt zusagen.

Und is sie was für Karl oder schon zu sehr ausgetrocknet? fragte Mutter neugierig.

Sie bestand darauf, daß man sofort an Klara schreiben müsse. Vater brachte Papier, Tinte und Federhalter, und Mutter zwang ihre Schwägerin, den Brief sofort aufzusetzen und abzusenden; sie diktierte ihn, manchmal von Vater mit sachlichen Ergänzungen unterbrochen. Der Brief schloß: Antwort erbeten, möglichst bald, und Zusage.

Die Antwort kam möglichst bald, die Zusage auch. Ohne den Mann je gesehen zu haben, ohne von ihm mehr zu wissen als das, was aus den wenigen Briefzeilen hervorging, sagte Klara aus Kaufungen sofort zu. Mit diesem Antwortbrief gingen die Eltern zum ahnungslos trauernden Karl Boger, auch der sagte sofort zu, eine Woche später traf Klara mit Koffer und Korb aus Kaufungen ein, erschien bei Karl Boger, packte aus, räumte die Küche um und ließ das Aufgebot bestellen.

Die neue Frau Boger, herbeigeschrieben von den Eltern, Tante Hede und Onkel Paul, war ganz anders als die alte, eine kleine stockdürre Person mit plattem Leib und plattem Gesicht, aus dem eine ungeheure, gebogene Nase hervorschoß. Als sie zu sprechen anfing, zuckte sogar Mutter zusammen, die doch selbst laut und lange reden konnte; Klara Boger übertraf alles. Ein Orkan von schlesisch gefärbten Worten brach über uns herein, nu sag mir ock, nu sei ock stille, ich will mir a Kleedl koofen, nischte, ich mecht ma 'n gutten Happen ... Speichel sprühte von ihren Lippen. Innerhalb dreier Minuten berichtete sie uns ihr bisheriges Leben, ihre Verwandtschaftsverhältnisse, von ihren Plänen mit Karl Boger und dessen Wohnung, die sie umgestalten wollte nach ihrem Geschmack. Sie redete noch immer, als Mutter inzwischen Kaffee gebrüht hatte und ihr den Kuchen zuschob, um sie zum Schweigen zu bringen. Selbst mit vollem Mund ließ Klara sich nicht aufhalten, sprudelte ununterbrochen Sätze hervor. Ich kann ni klagn, hier in Berlin is Teeps in alle Straßen ... Große Krümel krochen von ihren messerscharfen Lippen und fielen aufs Tischtuch. Selbst während sie trank, gurgelte sie einen Strom nasser, heißer Worte heraus. Ich duld nich, noch ee Wort, sei ni falsch. Mir wurde übel; und wenn sie später nur auftauchte, flüchtete ich auf die Straße. Klara Boger schoß eine Satzsalve ab. Wo is a hin? Sprach von kindlichem Aufruhr, von bösartigem Verhalten und führte Beispiele Kaufunger Nichten und Neffen an, die brav und gottesfürchtig seien und denen sie, Klara, eine große Zukunft voraussage. Mutter machte mir wegen meiner offenen Abneigung Vorwürfe. Ich erklärte, ich würde mich aus dem Fenster stürzen, wenn ich zehn Minuten lang Klaras Reden zuhören müßte. Mutter lachte und ließ mich gehen.

Ich verstand Karl Boger nicht, der jetzt scheußliche Schlipse trug, genäht von Klara, gräßlich ungestaltete Hemden mit engem Kragen, genäht von Klara, der keine Feste mehr feiern, kein Faschingskostüm tragen und keine Silvesterknallereien veranstalten durfte, ganz zu schweigen von den anzüglichen Scharaden und Lebenden Bildern früherer Zeiten.

Karl Boger starb plötzlich. Daß es bei der Arbeit auf dem Bahndamm geschah, nicht zu Hause in Klaras Armen, war mir Beweis, daß auch er Klara nicht leiden konnte, sich vor ihr gefürchtet hatte und in den Tod geflüchtet war.

Tante Hede machte sich Vorwürfe, ob es richtig gewesen war, Klara und Karl miteinander zu verkuppeln.

Was willst du bloß, rief Mutter, der olle Bock war doch ganz zufrieden, immerhin war sie zehn Jahre jünger als Else. Und wenn sie im Bett so flink war wie mit dem Maulwerk, dann hat sie ihn höchstens tot …

Tante Hede blickte ängstlich und auffällig zu mir hin.

Jedenfalls war es dann ein schönes Sterben, Liebetodundessig!

Immer besser verstand ich, daß hinter Mutters Ausruf eine ganze Welt von Problemen lag; nun begann mich doch mehr zu beschäftigen, wie es eigentlich und wirklich um die Liebe stand.

Die Mietskaserne in der Rüdersdorfer Straße hatte dünne Wände, die Toiletten lagen im Treppenaufgang, man verkehrte durch Zuruf über den Hof hinweg von Fenster zu Fenster, man konnte einander in diese Fenster schauen bis ins Bett hinein. Was blieb da verborgen von Liebetodundessig? Man war auch nicht sehr sorglich aufs Verbergen aus, der Nachbar spazierte in Unterhosen aufs Klo, man traf ihn, wenn man im Nachthemd selbst dahin wollte; im Sommer gingen die Frauen im Unterrock umher.

Den rosafarbenen Büstenhalter umgespannt, liefen sie über den Hof zur Wäscheleine, auf der Unterhemden, Hosen und Strümpfe trockneten. Frau Matuschek, die Portiersche, hängte dazu große wassergefüllte Gummisäcke, sie rief uns heran und ließ uns diese Dinger antippen. Anfangs dachte ich, es wären Luftballons, bis mir die Älteren erklärten, es seien Pariser, auch Wasserbomben genannt. Die wurden von Frau Matuschek sorgfältig mitgewaschen und zur weiteren Benutzung vorbereitet. Ich wollte nicht glauben, daß diese Gummisäcke etwas mit dem Mann und seinem Heinrich, wie wir ihn nannten, zu tun haben könnten. Man riet mir, meinen Vater dort genauer zu betrachten; aber Vater zog immer, wenn er sich aus dem Bett erhob, sein Hemd durch die Beine.

Die größeren Mädchen riefen uns Jungen im dunklen Hausflur zu sich, preßten uns zwischen ihre Knie und begannen unsere Hosen aufzuknöpfen. Seltsamerweise wehrten wir uns nicht. Wurden wir dabei von Erwachsenen erwischt, schimpften die zwar, aber halbherzig, mit gewisser Erheiterung, und Pawlitzky, der, wenn er auf dem Klosett saß, das Treppenhaus mit seinem Tabakqualm gräßlich verräucherte, fing, als er uns so erwischte, zu meinem Entsetzen an zu singen, mit hoher, flatternder Stimme: Die Liebee, die Liebee is eine Himmelsmacht, hehe ...

Also zwischen den Knien der Mädchen, von ihren heißen Händen betastet, das war Liebe? Jedenfalls erschien sie mir nicht so gräßlich wie der Tod mit dem Pflaster auf der Wange.

Wir wohnten drei Treppen hoch im Seitenflügel, im ersten Stock wohnte Witwe Kock mit ihrer Tochter Gerda. Diese Gerda gehörte zu den größeren Mädchen. Ich ließ ihr von unserem Fenster aus kleine Geschenke an einer Schnur hinunter. Sie knüpfte den Bonbon ab und knotete ein Lackbildchen als Gegengabe an. Wenn sie mich sonst traf, auf der Straße, im Laden, schien sie mich überhaupt nicht zu kennen und sah gelangweilt beiseite. Einmal, ich hatte ihr einen Lutscher hinabgesandt, band sie einen Zettel an, den ich verwirrt las. Willst du ficken? Dann komm runter!

Mein Gott, ich las die Botschaft immer wieder, ich wußte ungefähr, was das war, und wußte es nicht, es hing mit allerlei zusammen, auch mit Liebe, auch mit den Wasserbomben der Frau Matuschek. Vorsichtig schaute ich aus dem Fenster hinunter zu Gerda Kock, die hochblickte und schrie: Na, was ist, hast du keine Lust?

Ich atmete tief ein und aus und stieg die Treppen hinunter und drückte die Klingel. Gerda Kock zog mich rasch durch die Küche in die Stube hinein und setzte sich aufs Bett. Ich blieb an der Tür stehen.

Du kannst es wohl gar nicht? fragte Gerda Kock und sah mich feindselig an.

Doch, doch, aber ich habe keinen Pariser bei mir, sagte ich.

Da begann sie zu schimpfen; ich hätte längst einen von Frau Matuscheks Dingern klauen sollen, ohne sei gar nichts drin, sie lasse sich doch kein Kind verpassen von mir Idioten ... Und ehe ich etwas erwidern oder gar tun konnte, hatte sie mich auf den Flur hinausgeschoben, knallte die Tür zu und schimpfte drinnen laut fort. Ich stieg erleichtert hoch in unsere Wohnung, immerhin, ich war erkoren worden. Eines Abends stahl ich einen der zur Neubenutzung gereinigten Pariser, Mutter fand ihn in meiner Schublade zwischen Radiergummis und alten Bleistiften. Sie lachte schallend und schrie: Liebetodundteufel! Ich errötete heftig, dennoch fühlte ich mich endlich als vollkommener Mensch, denn ich wußte nun alles von Liebe und Tod.

Aber offenbar hatten wir nicht jede Liebesprüfung hinter uns gebracht. Die größeren Mädchen, darunter auch Gerda Kock, führten mit uns eine Übung durch, die uns in der Liebeskenntnis weiterbrachte, aber unter den Jungen zu Streitigkeiten führte. Das neue Liebesspiel hieß: Wer hat den längsten Helmholz? Die Mädchen prüften genau, mit einem Schneidermaß, das irgendeiner Mutter entwendet worden war. Ich gehörte zu den Jüngsten und blieb bei diesem Wettbewerb ohne Neid in der Rangfolge ziemlich weit hinten. Der Sieger durfte die Mädchen betasten und alles sehen. Nur wir letzten nicht, wir mußten uns an die Haustür stellen und aufpassen, ob wer käme; ich erhaschte nur selten mit einem Seitenblick die merkwürdigste Landschaft, auch im Halbdunkel überraschend genug. Leider oder Gott sei Dank, ich wußte nicht recht, was ich fühlen sollte, zog Frau Kock eines Tages mit ihrer Tochter Gerda davon. Gerda muß die Anführerin der Spiele gewesen sein, denn als sie fort war, hörten sie auf. Das letzte Wort Gerdas verwundete mich tief. Ich sang auf der Straße den von uns umgedichteten Text eines Schlagers: Eiernudeln, die in mein' Magen trudeln ... Gerda sah mich verächtlich an und sagte laut: Du Schwein! Sie fuhr auf dem vollgepackten Lastwagen fort, ich rief ihr verzweifelt nach: Warum denn? Ich bin kein Schwein!

Dies konnte es also nicht gewesen sein.

Pritscher Hoffmanns schöne bezopfte Tochter, die mich nicht einmal ansah. Ruth Rindtfus? Die beim Schliddern auf dem Comeniusplatz gewann. Wer am weitesten kommt, soll mich haben! Zu meiner Überraschung rutschte ich am weitesten und erwarb somit Ruth Rindtfus als Freundin. Das hieß, man mußte sich treffen, gehen und gesehen werden; man besuchte sich, Ruths Mutter sah mich gleichmütig und ohne Neugier kommen und gehn, meine Mutter aber fragte das kleine schwarzhaarige Mädchen aus und beurteilte sie nachher. Die is nich übel, aber so zierlich, so ein Puppchengesichtchen, die kann nich richtig zulangen, später im Haus! Nimm doch die Thea, die ist kräftig. Mutter dachte weit voraus, an Haushalt, Arbeit und breite Becken fürs leichte Gebären.

Ruth Rindtfus behielt mich nicht lange, ich konnte ihr nicht genug Eis kaufen und keine Kinokarten. Ich hatte sie kaum erschliddert, da sagte sie mir plötzlich: Es ist aus! Du bist blöd und geizig. Hau ab! Ich bin jetzt die Freundin von einem andern. Sie ging an mir vorüber, als hätte sie mich nie näher gekannt.

Dann lieber Thea, aber nur pflichtgemäß, weil es sein mußte. Bei ihr blieb es wohl auch ein ähnliches Gefühl und Neid auf Hannelore, denn die hatte Helmut.

Wir standen im Hauseingang, in jeder Ecke einer mit seinem Mädchen.

Was machst du jetzt?

Ihren Knopf auf.

Ich auch, flüsterte Helmut, und nun?

Ich fasse rein.

Da glitt wie ein kleines zahmes Tier ihr Brüstchen in meine Hand. Menschenskind, du tust mir weh, flüsterte Thea ärgerlich, riß meine Hand aus ihrer Bluse und von ihrer warmen Haut. Ihr seid ja beide besoffen, sagte sie laut und wütend, lachte auf und lief über die Straße weg zu ihrem Haus hin. Ade, Liebe.

Oder die fromme Tochter des frommen Bauern Klawieg? Die mich jeden Morgen so schön weckte? Mit streichelnden Händen, auch mit Küssen ins wuschelige Haar und aufs Ohr. Da ich so tat, als schliefe ich weiter, legte sie sich schweratmend neben mich, streichelte mich mehr und weiter; ich wußte, ich war der Liebe sehr nahe, aber die Bäuerin rief zum Frühstück, Martha ließ von mir ab, ordnete sich Haar und Kleid, ich sprang aus dem Bett, beugte mich über die Waschschüssel, Martha schrie etwas in die Küche hinunter und blickte auf meinen Rücken, auf mein nasses Gesicht, ich vermied, die Arme zu heben, ich schämte mich, noch keine Haare unter der Achsel zu haben.

Anfangs hatten wir sie überhaupt nicht bemerkt, wir beschäftigten uns mit unserer Verwandlung in Soldaten, wir besahen mit aufgeworfener Brust Geschütze und Kommandogeräte, setzten uns den Stahlhelm auf, das höchste Symbol der Männlichkeit, wir wollten den Tod versenden und fürchteten ihn nicht; wir vergaßen die Liebe. Erst Tage später, bei einer Übung, an der sie auch teilnahmen, entdeckten wir die Flakhelferinnen, Blitzmädel, Offiziersmatratzen. Sie bedienten einen Scheinwerfer, der am Rande der Batterie stand, und das Horchgerät, einer riesigen Ohrmuschel ähnlich, gleich neben unserer Befehlsstelle. Die Baracken der Mädchen lagen weit entfernt von den unseren, noch hinter den Scheinwerfern.

Das ist ein hundsgemeiner Befehl von Göring, die so wegzuhalten, sagte Ferdinand, ich will mich mal bei den Weibern umsehen und die Sache beschnarchen.

Ferdinand war in der Liebe wohlerfahren. Schon in Glokkersdorf hatte er es mit dem Küchenmädchen getrieben, in der Badewanne liegend. Als wir es bezweifelten, weil wir unsere eigene Großmäuligkeit in solchen Dingen genau kannten, lud er uns ein, durchs Schlüsselloch zuzusehen, wie er das Mädchen auszog.

Donnerwetter, er macht es wirklich. Göre ächzte. Die Reihenfolge war ausgelost, er hatte den ersten Platz erwischt und wich nicht von der Tür.

Jetzt klettern sie in die Wanne, jetzt sehe ich nur noch die Beine von dem Weib, Mann, die zappeln. Ferdinand sagte damals, dreizehn Jahre alt, daß die Sache gewaltigen Spaß mache und er sich überlegt habe, daß es doch am besten sei, sie später beruflich zu treiben. Sein Vater war Augenarzt, der Junge sollte die Praxis übernehmen; Ferdinand beschloß, Frauenarzt zu werden, da könne er jeden Tag in der Sprechstunde genug Weiber sehen und haben; er wurde wirklich Gynäkologe.

Obgleich es streng verboten war, mit den Flakhelferinnen zusammenzutreffen, nicht einmal reden sollte man mit ihnen, schlich Ferdinand durch das Kornfeld zu ihren Baracken hinüber und machte sich mit ihnen bekannt. Da ist im Augenblick nichts zu machen, sagte er nach seiner

Rückkehr, die werden von ihrer Kommandeuse bewacht, einem Giftbolzen, die mich gleich mächtig angeschissen hat.

Wir waren uns einig, die Mädchen gehörten Wachtmeistern und Offizieren, denen zur Freude, wir gingen leer aus, die Letzten in der militärischen Rangfolge, picklige Jungen, denen der Stahlhelm über die Ohren rutschte. Und gerade uns hatten die Mädchen auserwählt! Anfangs kam es uns wie ein Wunder vor, wir liefen auf und ab, daß die Dielen krachten, schnürten das Koppel ein Loch enger, zogen die Mützen kühn aufs Ohr, wollten kantig aussehen wie die feschen Schauspieler Carl Raddatz oder Gustav Fröhlich, verdammt, was waren wir für Mordskerle!

Die Mädchen, die jungen Frauen hatten große Angst, es war die Zeit der ersten schweren Luftangriffe auf Berlin, wir hörten sie schreien, wenn eine Bombe in der Nähe niederrauschte, wir hörten sie schluchzen unter den gellenden Kommandos ihrer Vorgesetzten. Sie fürchteten, sterben zu müssen, und sehnten sich nach Zärtlichkeit. Von den Offizieren und Wachtmeistern, von den übriggebliebenen erwachsenen Soldaten erwarteten sie nicht Verständnis und Zartheit, das waren zumeist Grobiane, die ihnen Zoten nachschrien, die im Dunkeln versuchten, sie zu packen und abzutasten. Abends hockten die in der Troßbaracke beim Bier und sangen bei geöffneten Fenstern zu den Mädchen hinüber: Auf der grünen Wiese hab ich sie gefragt, ob sie mich ranließe, ja hat sie gesagt … Oder: Wir vervögeln unsrer Oma ihr klein Häuschen … Der Batteriechef liebte solche Gesänge nicht, doch sie hoben die Stimmung der Truppe; er befahl, unsere Fenster zu schließen, ging in seine Stube und spielte auf dem Klavier melancholische Variationen jener Lieder, zu denen die Soldaten ihre eigenen Texte sangen.

Als wir zum Schießplatz nach Stolpmünde fuhren, die Geschütze neu einzustellen, standen wir stundenlang auf kleinen Bahnhöfen, wir lagen und dösten auf dem Stroh der Viehwagen; auch in Pasewalk. Ein Soldat rannte vorbei und schrie: Kommt raus, da gibts was zu sehen, mein je …

Vor dem Nachbarwaggon standen schon mehrere Kameraden, zu sehen, mein je, gab es nichts. Über die Gleise lief ein Unteroffizier, der pfiffige Voss aus Münster, und zog eine Rotkreuzschwester mit sich. Wir hörten ihn rufen: Schneller doch, kommen Sie bloß, ein Krampf im Bein, ganz hart …

Die Schwester, sehr jung, eifrig, das Gesicht unter der Haube vom Laufen gerötet, an der schweren Sanitätstasche fingernd, fragte: Wo ist denn der Kamerad mit dem steifen Bein?

Aus dem Dunkel des Waggons trat Unteroffizier Grunwald nach vorn, ein starkknochiger Kerl, Schinder und Schleifer, dem später die eigene Geschützbedienung die herausprasselnde Kartusche ans Schienbein springen ließ, daß es zersplitterte. Grunwald trat hervor und sagte weinerlich. Ich bin der mit dem steifen …

Seine Hose klaffte offen, ein riesiger aufgereckter Penis ragte heraus. Grunwald hatte ihn mit blauen und roten Schleifen verziert. Er sprang vom Wagen und stellte sich vor die Schwester, die zwischen brüllende Soldaten und Wachtmeister eingekeilt war. Die Männer hielten das Mädchen fest, drängten es an Grunwald heran und hinauf zur weit aufgeschobenen Tür. Ob es ernst gemeint war oder einer der brutalen Späße, wer weiß, die kleine Schwester schrie und wehrte sich.

Ich will behandelt werden, sofort, aber allein, grölte Grunwald.

Die Schwester ließ ihre Sanitätstasche fallen, schlug um sich, durchbrach den lachenden Kreis und hetzte über die Gleise davon.

Die Flakhelferinnen entschieden sich für uns; wir waren ungelenk und lernbegierig, dumm, aber zärtlich, wir fügten uns allen ihren Wünschen und wurden schön in ihren Armen, wir kamen zu ihnen blank und neugierig und rein.

Nicht Ferdinand brachte es zuwege, sondern die Mädchen hielten eines Abends, im tiefen Dunkel, ausgerechnet Willi an, den von uns allen die Liebe am wenigsten beschäftigte, und sie sagten ihm, zwei von uns sollten zu ihnen kommen, aber unauffällig, ungesehen, und dreimal ans Fenster pochen.

Seitdem gingen wir jede Nacht zu ihnen und klopften dreimal ans Fenster. Wir magerten noch mehr ab, schliefen beim Unterricht ein und während der Übung. Unter dem Malsitisch hockend, lehnte ich mich an Willis Schulter und dämmerte vor mich hin, du wirst noch abkratzen, ohne Feindeinwirkung, murmelte Willi, ein schöner Tod. Trafen wir tagsüber eine Flakhelferin, blinzelten wir und versuchten uns zu erinnern, war's die? Aber in ihren Gesichtern unter dem Käppi nicht einmal ein leises Lächeln.

Ob Mutter es mir ansehen wird, fragte ich mich beklommen und eitel, aber sie hatte zu tun, mir die großen Löcher in den Socken zu stopfen und meine Kragenbinde zu waschen. Liebetodundessig, sagte ich laut, daß sie es hörte; jaja, erwiderte Mutter zerstreut, wer weiß, wie das alles enden wird, paß bloß auf, Junge!

Mutter bürstete meine Uniform aus und fand in der Uhrentasche der Hose eins von jenen Dingern, die wir früher Wasserbomben nannten oder Pariser. Muß denn das jetzt schon sein, sagte sie ärgerlich, aber nicht sehr. Das bißchen Hin und Her, das bißchen Rein und Raus, denk lieber an deine Gesundheit in diesen Zeiten.

Ich erzählte ihr nichts von den Flakhelferinnen, sondern, und es stimmte, daß der Unteroffizier vom Dienst, ehe man den Urlaubsschein bekam, die Fingernägel prüfte, die Schuhsohlen nach den Eisennägeln, das saubere Taschentuch und dieses bewußte Päckchen in der Uhrentasche.

Die solln mal lieber sorgen, daß ihr heil und gesund bleibt, grollte Mutter, und als ihr beim nächsten Besuch in der Stellung ein Unteroffizier vom Dienst begegnete, den sie an der goldenen Kordel und dem aufgesetzten Stahlhelm erkannte, hielt sie ihn an: Mein Lieber, was Sie da machn, ist fürn Asch, die Jungen und die Dinger da, sind doch noch Kinder, geben Sie ihnen lieber mehr zu essen! Und halten Sie sie von die Granaten weg.

Glücklicherweise traf sie Sternbacher, den Hamburger Hafenarbeiter, der nur lachte und Mutter auf die Schulter klopfte.

Bald kam ein böser Tag, wir stürzten aus allen Himmeln. Die Flakhelferinnen wurden weggeholt, ihr Horchgerät durch ein Funkmeßgerät ersetzt, der Scheinwerfer abgezogen. Sie zogen schweigend an uns vorüber. Wir bildeten ein Spalier, diesmal sahen sie uns lächelnd an, traurig, aber lächelnd, und wir lächelten ebenso zurück, dankbar und traurig.

Nun wußte ich endlich doch, was Liebe ist. Ich beschloß, die Liebe nicht mehr dem Zufall und Zuruf zu überlassen, ich machte mich auf die Suche, zur Liebe sollte ein Gesicht gehören. Dieses Gesicht lachte bald von einem Foto, herausgefallen aus einem Brief an einen unbekannten Soldaten. Als ich von Villa und eigenem Mädchenzimmer, von Auto und Segelboot las, zögerte ich die Begegnung hinaus, aber ich pinnte das Bild an die Innenwand meiner Spindtür, besah es stolz und spürte die Liebe.

Ein sauberes Mädel, Ihre Flamme? No, da schieben S' anen Gruß von mir eini.

Jawohl, Herr Unteroffizier!

Kniewasser spitzte die Lippen.

Auch der Spieß besah sich das Foto lange. Die stellen Sie mir mal vor, klar? Und ob ich sie Ihnen dann weiter überlasse, weiß ich noch nicht. Sie wollen doch nicht ständig strafexerzieren?

Herr Hauptwachtmeister, bitte melden zu dürfen, ihr Vater ist General.

Hauptwachtmeister Tietz sah mich mißtrauisch an, aber man wußte bei diesen Burschen nie, in der Nachbarbatterie ist der Vater eines Flakhelfers tatsächlich General, zwar nur Generalarzt, aber wenn er seinen Sohn besuchte, präsentierte die Wache, und der Batteriechef mußte melden.

Ich erwartete einen Brief, war feurig gestimmt; wenn ein solches Foto an der Spindwand klebte, war man verpflichtet. Das Fahrrad lehnte an der Barackenwand, der Unteroffizier vom Dienst hatte mich überprüft, der Urlaubsschein steckte in meiner Tasche. Die Bomber kamen früher als die Post. Wir rannten in die Stellung.

Willi und ich waren zu den Flugmeldern kommandiert und sahen die riesigen amerikanischen Bomber zum Greifen nahe. Wir sahen auch die einzelne Maschine, die sich herauslöste, eine Kurve steuerte und die Batterie anflog. Wir sahen die Bombenklappen sich öffnen und meldeten es dem Leutnant, der seine Befehle ins Kehlkopfmikrophon schrie. Er winkte ab, was heißt ein einzelner Bomber, wenn Hunderte über uns hinwegdonnern, ihr Säcke.

Die Welt verdunkelte sich jäh, der schmale Graben brach über uns zusammen und begrub uns, ich fühlte den Helm vom Kopf fliegen, ein Schlag auf die Stirn, im Sand kroch ein hellgrüner Käfer – das Ende. Ich verlor das Bewußtsein, erwachte, wühlte mich heraus, rüttelte Willi, der hinter mir lag, er hob das geschwärzte Gesicht. Unmittelbar neben uns öffnete sich das Todesmaul eines riesigen Trichters; wir lagen an seinem gezackten Rand in brodelnder, heißer Erde. Dann hörten wir das Geschrei und Stöhnen, Hilferufe. Der Leutnant taumelte auf uns zu, sein rechter Arm hing schief von der Schulter. Volltreffer! röchelte er, holen Sie den Spieß und die Sanitäter!

Eine halbe Stunde später raste der Stabsarzt mit einigen Sanitätswagen heran, die Verwundeten wurden eingesammelt, Tote zur Seite getragen und zugedeckt. Mich hatte ein Splitter getroffen, ein müder, mit letzter Kraft, vielleicht bloß ein Betonbrocken, vielleicht auch nur ein Stein; auf meiner Stirn eine riesige Beule, ich erbrach mich in den blutigen Sand.

Als dieser Angriff zu Ende war, setzte ich mich auf mein Fahrrad und fuhr los, ich hatte ja Stadturlaub, seit morgens schon, mein Kopf schmerzte, die Angst pulsierte bis in die Beine. Hohenschönhausen stand in Flammen, im Rinnstein sah ich einen Handschuh liegen, ich wollte ihn mitnehmen, schönes Leder, Friedensware, es steckte eine Hand mit Knochen und Sehnen drin; voll Ekel warf ich ihn weg, befriedigt zugleich, ich war überzeugt, daß er von jenem Piloten stammte, der die drei Bomben ausgelöst hatte, die uns zerschmetterten, ehe er selbst von einer Granate zerrissen wurde.

Es fiel mir schwer, die Treppen zu unserer Wohnung hochzusteigen, als Mutter die Tür öffnete, schrie sie auf, ich dachte wegen des Verbands um meinen Kopf und wollte sie beruhigen, aber Mutter stieß mich zurück. Bist du es denn wirklich? Ich denke, du bist dot!

Helmut, in der Nachbarbatterie stationiert, war an diesem Tag im Sanitätsrevier in Blumberg, wo er wegen fiebrigen Ausschlags behandelt wurde, er hockte dort im Dekkungsgraben und hörte die Mitteilung, daß die Fünfte Volltreffer erhalten habe, Umwertung und B1 zerstört. Da Helmut nicht wußte, daß ich seit einer Woche zum Flugmeldedienst kommandiert war, mußte er annehmen, es hätte mich getroffen, sein Freund sei tot. Tief verstört lief er zu meiner Mutter und sagte verzweifelt: Guten Tag, er ist tot! Dann war er davongestürzt.

Mutter stand am Küchenherd festgeklammert, stundenlang, sie wartete auf Vater, schweigend, ohne Tränen.

Dabei hatte ich bloß auf einen Brief gehofft!

Mutter konnte sich nicht beruhigen. Wegen dieser Schnalle hättest du dich beinahe umgebracht. Anstatt hier in Ruhe zu Hause zu sitzen, läßt du dir die Bomben auf den Kopf fallen, du bist und bleibst ein Dämel.

Hier war es ja auch nicht gerade gemütlich, sagte ich und zeigte auf die zerbrochene Fensterscheibe.

Dabei hast du sie noch nicht ein einziges Mal gesehen, das wird ein schönes Flittchen sein, ich sag dir bloß, laß die Finger von der, das nächste Mal geht es nicht so gut ab, die bringt Unglück!

Ich überlegte, ob ich nicht bis zum Endsieg der Liebe entsagen sollte, wenn sie solche Gefahren an Leib und Leben heraufbeschwor. Ich kannte nun die Liebe, doch jetzt ging's ums Überleben. Liebetodundessig, es stimmte wahrhaftig, eins klebte am andern!

Zwei Tage später kam wirklich der erwartete Brief, ich ließ ihn liegen, hatte weder Zeit noch Lust, ihn zu lesen; denn wir richteten die Stellung wieder her, gruben die Reste unserer Freunde aus, Fleischstücke, Knochen, ein Stück Schädeldecke und Hirn. Auf dem Kartoffelacker standen leere Särge, in die wir, mit abgewandtem Blick, die Überreste von denen hineinschippten, die einst mit uns gelernt, gelacht, über die Liebe bramarbasiert hatten und zu den Flakhelferinnen geschlichen waren.

Unteroffizier Kniewasser bemerkte bei der Schrankkontrolle das Fehlen des Fotos. I hob Ihnen g'sagt, Ihrer ist zu klein, geb'n S' mir die Adresse, i werd die Dame scho zureiten.

Der Spieß, beim Stubendurchgang, bemerkte ebenfalls die leere Stelle und notierte mich in seinem Buch, Nachappell in zweiter Garnitur und Urlaubssperre, weil die Mütze drei Zentimeter zu weit links gelegen hatte.

Wir waren nach Müggelheim zum Grundstück, das Werners Eltern gehörte, hinausgefahren. Ich erinnerte mich der Kremserfahrten des längst eingeschlafenen Sparvereins, ach, die kindischen Vergnügen. Wir paddelten in Werners Boot die Große Krampe auf und nieder. Abends sahen wir die Stadt von ferne unter den Bombeneinschlägen bluten, standen am Apfelbaum und rissen die grünen Früchte von den Zweigen. Wir fuhren zum Strand des Landschulheims, das von einer Neuköllner Mädchenklasse bevölkert war, Werner schickte mich fort und lud sich den Kahn voller Mädchen, sieben, acht, kommt nur rein, in der Nacht ist der Mensch nicht gern alleine ... Die Liebe hat eigene Schrecken, sie macht auch zum Verräter.

Ich lief auf dem weitläufigen Grundstück umher, im Liegestuhl saß die Lehrerin und wies mich stumm hinaus, ebenso wortlos zeigte ich ihr mein Erkennungszeichen, die ovale Blechmarke an einem Stück Schnur um den Hals, an ihr konnte man ablesen, wer man gewesen war, wenn man verbrannt, zerstampft, verschüttet oder zerwalzt den Heldentod gefunden hatte. Nun wußte sie, mit wem sie es zu tun hatte, und entschuldigte sich bei mir. Ich schlenderte weiter.

Vor mir im Gras lag ein Mädchen und las. Ich sah auf das kleine rote Lederherz an ihrem linken Handgelenk. Als das Mädchen, von meinem Schatten getroffen, aufsah, war mir, als schlüge eine Granate in mich ein. In anderen als militärischen Vorstellungen und Begriffen konnte ich nicht denken; also, es war ein süßer, betäubender Einschlag.

Vielleicht war es ein Stück aus einem Filmdialog, vielleicht hatte ich in diesem Augenblick auch eine Eingebung, ich sagte: Tragen Sie immer Ihr Herz so frei auf der Hand? Ich erschrak selbst vor der Kühnheit und weltmännischen Eleganz, mit der ich dies außerordentlich wichtige Gespräch begann. Das Mädchen sah mich an, erwiderte nichts, lächelte und las weiter. Ich stand erstarrt; dies war die Liebe! Die echte, die wahre, ich wußte es!

Als ich sie im Herbst wiedersah, schrien die Sperlinge im bunten Weinlaub, mit dem die Neuköllner Feuerwache überzogen war, als seien sie wahnsinnig; das Mädchen kam mir entgegen, im Mäntelchen, ich beschloß fortzugehen, die Liebe sah nicht so aus, das bißchen Hin und Her, man kannte das bis zum Überdruß. Ich konnte nicht gehn, als ihr Lächeln im braunen Gesicht aufblühte.

Mein Gott, was soll das bloß, sagte Mutter kopfschüttelnd, als ich, ein Vierteljahr lang vom Krieg vergessen, täglich nach Neukölln fuhr, durch Sirenengeheul und Bombenpfeifen hindurch, Junge, Liebetodundessig. Mutter, die doch immer etwas von Schwiegertöchtern geredet hatte, bekam es mit der Angst zu tun. Binde dich bloß nicht so früh, komm nur nicht an und sage, sie kriegt ein Kind. Du wirst unterwegs verschüttgehen bei den vielen Blindgängern, und niemand weiß, wo du abgeblieben bist.

Die Mutter des Mädchens sagte ähnliches nicht und machte uns keine Vorwürfe, sie ging stundenlang fort und ließ uns allein. Ihr Mann war vor zwei Jahren gefallen, die Tochter das einzige, was ihr geblieben war. Sie wußte, daß es unsere erste und vielleicht auch letzte Liebe war. Sie lief durch die Straßen, ziellos, stundenlang, frierend, damit wir allein sein konnten in der kleinen Wohnung in der Ilsestraße. Das Mädchen war fünfzehn Jahre alt, ich noch sechzehn, und der Krieg und der Tod rückten unaufhaltsam näher.

Als ich nach Berlin zurückkehrte, wollte ich am selben Abend hinüber nach Neukölln, aber Mutter, noch die Freudentränen in den Augen, zeterte schon wieder: Junge, du wirst doch wohl auf Vater warten. Du kannst doch nicht gleich abhaun. Außerdem ist dann Sperrstunde. Und wenn dich die Russen erwischen, schießen sie dir ein Loch in den Asch. Hast alles überstanden und wirst doch nicht wegen einer ...

Am nächsten Morgen lief ich nach Neukölln, die Mutter des Mädchens öffnete. Als sie mich im Dämmerlicht vernagelter Flurfenster erkannte, schrie sie auf, sank langsam auf den Fußboden, blieb einige Sekunden wie ein Tier knien, schlug die Stirn auf und schrie: Sie ist ein Engel!

Im winzigen Korridor der Wohnung hing ein Bild, ein Totenkopf, gekreuzte Knochen, die Unterschrift: Memento mori. Mein Latein reichte zum Entziffern, und ich hatte mich immer gewundert, weshalb sie ein so finsteres Bild aufhängten. Jetzt wußte ich, sie hatten um die Verbindung von Liebe und Tod auch gewußt, nur verfeinert, als lateinischer Spruch.

Ich war lärmend gekommen, mich zu verabschieden, den Marschbefehl in der Tasche.

Mach dir keine Sorgen, ich bin gefeit! Du weißt ja, ich kriege nur Kratzer ab, wenn es andere erwischt. Außerdem wird es nicht lange dauern, ein paar Wochen noch, und der Krieg ist vorbei. Ich ließ nicht zu, daß sie mich küßte. Keine Kinoszene, keine Tränen, kein großer Abschied, klar? Als ich mich an der Tür noch einmal umdrehte, bis bald!, sah mich das Mädchen an, fast ruhig, tränenlos, ohne zu lächeln, ernst und stumm.

Vielleicht war ich tatsächlich gefeit, man glaubt das mit gerade siebzehn Jahren, und es hilft auch. Doch warum fragte ich nicht, ob auch sie gefeit war?

Ich lächelte und trällerte In der Heimat, in der Heimat ... und schloß hart die Tür. So blieb ich gefeit gegen den Schmerz des endgültigen Abschieds, gegen dunkle Ahnungen, begriff nicht, daß es keine Gnade war, so frei von alledem zu sein, sondern ein böser, zerstörerischer Makel.

Die Mutter des Mädchens weinte lange und sagte dann, sich mühsam beherrschend: Verzeih mir, was ich jetzt sage. Ich hoffte, daß du auch tot bist und ihr zusammen im Himmel seid. Aber ich freue mich ja so, daß wenigstens du lebst. Und daß du gerade jetzt kommst, übermorgen gehe ich sie holen.

Auf geliehenen Fahrrädern fuhren wir hinaus nach Spandau zu einem Park, in dem das Mädchen in einem Massengrab lag. Das Grab wurde aufgelöst, die Toten zu Friedhöfen übergeführt, auch der Tod begann sich wieder der Ordnung zu fügen. Zwischen vielen Leuten stehend, sahen wir zu, wie die halbverwesten Leichen ausgegraben und vor uns aufgereiht wurden. Die Mutter erkannte ihre Tochter am Hemd und an den Haaren, ich das Mädchen am kleinen Freundschaftsring, den mir ein sowjetischer Gefangener aus einem Groschenstück angefertigt hatte. Man sammelte die Toten in Holzkisten ein.

Wir fuhren neben dem Pferdewagen her, der die Toten transportierte. Die Fahrt dauerte lange, ein wilder Aasgeruch hing über dem klappernden Wagen, der von grünblauen Fliegen umsummt war. Am Gardepionierplatz wartete der Onkel des Mädchens mit einem Handwagen auf uns, wir setzten die Kiste um und schoben ihn zu einem Neuköllner Friedhof. Wenn wir durch Granatlöcher oder über Ziegelbrocken fuhren, hörte ich den Körper gegen die Kistenbretter schlagen. Wir zogen eine grauschwarze Spur hinter uns her. Die Mutter des Mädchens wankte und flüsterte ununterbrochen: Mein Hinkelchen, mein Hinkelchen ...

In meinem Kopf dachte es, wie von einer brausenden Maschine getrieben: Liebetodundessig, Liebetodundessig ... Ich wußte, wenn ich aufhören würde, dies zu denken, spränge mein Kopf auseinander. Der Onkel hatte die Grube schon ausgehoben, wir senkten die Kiste hinein und schippten das Grab zu.

Es geschah dies an einem warmen Spätsommertag, wie der vor einem Jahr, als ich das Mädchen mit dem kleinen roten Lederherz auf dem Handgelenk im Gras in Müggelheim hatte liegen sehen. Nach Hause wollte ich nicht, zu Mutters lärmendem Wesen, ich fürchtete, sie könnte etwas reden, für das ich sie hassen würde; was Vater sagen würde, wußte ich: Da kann man nichts machen, aus ist aus!

Ich schlief diese Nacht in einem Parkgebüsch in Treptow. Was ich gefürchtet hatte, trat ein, Mutter schlug die Hände über dem Kopf zusammen, als ich morgens heimkehrte, und schrie: Nun ist der Dämlack völlig verrückt geworden, wird sich noch kaputtmachen. Junge, es laufen so viele Mädels rum, die nehmen dich mit Handkuß.

Mutter beunruhigte sich von Monat zu Monat mehr. Der

Junge ist nicht ganz normal, er sieht mir bald aus wie ein Anuche, das kann doch nicht sein.

Vater verstand mich besser. Das wichtigste ist jetzt die Enteignung der Kriegsverbrecher. Und nicht die Weiber! murmelte er, Mutter warf wütend den Löffel in die Suppe, daß es spritzte.

Natürlich waren unter den Schülerräten, Gruppenleitern, Wandzeitungsredakteuren auch Mädchen, Mutter musterte sie herausfordernd und wog dann Vor- und Nachteile ab: Die Eva, die da dauernd kommt, die hätt dich gern, das sag ich dir, die dampft ja geradezu, und du merkst nichts. Die ist groß und stark, kann arbeiten, da machst du einen guten Fang.

Aber Mutter, das interessiert mich überhaupt nicht, sie soll Kulturreferent werden bei der Gruppe acht, das ist wichtig, laß mich in Ruhe.

Mutter pochte mir an die Stirn und rannte aus der Stube. Die Anita ist auch ein pussierliches Mädchen, aber immerzu quatschen, die trocknet aus wie du, immerzu Bücher anschleppen, das wird nichts.

Anita war Schülerratsvorsitzende im Händel-Lyzeum; sie brachte Baudelaires Blumen des Bösen und las sie mir französisch vor. Mutter steckte den Kopf durch die Tür, sah uns auf dem rostigen Eisenbett sitzen und lesen und lachte höhnisch. Anita gab mir das erste nach dem Krieg gedruckte Kommunistische Manifest. Man muß auch seine Feinde lesen, sagte sie und ahnte nicht, welch schönes Geschenk sie mir gemacht hatte. Sie griff nach meiner Hand, das gefiel mir, aber ich redete weiter davon, daß alle Geschichte eine Geschichte von Klassenkämpfen und die Expropriateure expropriiert ... Anita heiratete einen französischen Offizier, zog mit ihm nach Frankreich.

Ich habs doch gleich gewußt, die taugt nichts, spinnt im Kopf. Wenn du die genommen hättest, gute Nacht. Nach Frankreich? Warum nicht gleich nach Afrika?

Viel besser gefiel ihr Doris, das heitere Mädchen mit den

prächtigen Zähnen. Die ist in Ordnung, ein Arbeitermädchen, was willst du denn noch mehr?

Zum erstenmal mischte sich Vater ein, nie hatte er zuvor auch nur ein einziges Wort gesagt; jetzt unterstützte er Mutter, wenn auch vorsichtig; ihm gefiel vor allem Doris' Vater, ein ruhiger Prolet, ehemaliger Ringer mit zerbeulten Ohren, Blumenkohlohren, sagte Vater, das heißt viele Kämpfe, ein echter Ringer, wie damals Jule. Vorsichtig werbend fügte er hinzu: Und ein Feld haben sie auch, bißchen weit, hinter Erkner, aber ein schönes Feld.

Ich will sie bloß für die Gruppe gewinnen, und die tut sich verdammt schwer, laßt mich doch in Ruhe.

Ja, recht hat er, sagte Mutter giftig, wovon will er denn eine Familie gründen? Mit den hundertfünfzig Mark etwa, die er bei der Freien Jugend bekommt? Dafür eine hohe Schule? Zwei Brote gibts auf dem schwarzen Markt fürs Gehalt, aus!

Ich wollte nicht, ich hatte keine Zeit für Liebe; das neue Leben brauchte alle Kräfte. Außerdem ging es jetzt mit der Liebe anders, wissenschaftlich, zu. Ein älterer Jugendfreund, Spezialist für diese neuen wissenschaftlichen Beziehungen, hielt reihum in den Gruppen den Vortrag Bub und Mädel. Er brachte Bücher mit, Bub und Mädel und Die vollkommene Ehe; wir vertrauten den Weisungen dieser Bücher, weil sie einst von den Genossen vor der Nazizeit gelesen und befolgt und zusammen mit Büchern von Marx, Lenin und Heine versteckt worden waren. Auch Onkel Fritz kannte sie, und gewohnheitsgemäß flüsterte er mir ins Ohr: Aufklärung ohne kleinbürgerlichen Schmus. Nur die Nacktkultur, die Ethik der völligen Offenheit, fehlt uns noch, aber im Augenblick sind wir ideologisch nicht soweit.

Unser Spezialist sah uns an, musterte die Mädchen, zwinkerte ihnen zu und begann seinen Vortrag: Hier hat doch jeder bestimmt schon mal mit jedem geschlafen, auch ein bißchen Verwechselt das Bäumlein gespielt.

Gegen unseren Protest fuhr er fort: Also Kindergartenunterricht gebe ich nicht, vielmehr einen kleinen Kursus für Fortgeschrittene.

Und er zeichnete, da wir keine Tafel besaßen, die verschiedenen Erregungskurven an die Schrankwand, sprach von Vorspiel und Nachspiel, von der Wichtigkeit des Orgasmus und wie schwierig er zu erreichen sei, erläuterte Stellungen, europäische, indische. Wir hörten ernsthaft mit gerunzelter Stirn zu, es war ja klar, wenn wir nun dabei waren, eine wissenschaftliche Weltanschauung zu erringen, wenn sich die menschliche Gesellschaft nach objektiven Gesetzen bewegte, dann vollzogen sich die Beziehungen zwischen Bub und Mädel – niemand nannte einen Jungen Bub, das war kindisch, und Mädel sagten wir auch nicht mehr, weil die Nazis das Wort benutzt hatten, aber die fortschrittliche Liebeskunde verlangte es so – auch objektiv, nach allgemeinen Gesetzen.

Kein Überschwang, hört auf mit den spießigen Gefühlen, sagte der Spezialist, die Wissenschaft vom Körper ist eine Hilfswissenschaft, und da es nur Materie gibt, gibt es keine Seele. Das Ganze ist nur eine Körperfunktion!

Er wies uns hin, daß führende Mitglieder der KPdSU (B) den Liebesvollzug mit dem Austrinken eines Wasserglases verglichen hätten; andere führende Mitglieder, auch Lenin, seien nicht dieser Meinung gewesen, es gebe aber keine bindenden Beschlüsse.

Helmut geht schon lange mit Ulla, sagte Mutter unvermittelt beim Abendbrot, in ihrer Stimme klang großer Kummer. Ich antwortete ihr nicht. Und Rodrian hat schon wieder eine …

Mutter, ich nenne das vitale Askese, es ist nur politisch zu analysieren.

Sie sah mich verzweifelt an, blickte auf ihren Mann, der stumm weiteraß. Du wirst dich mit deine Poletik noch ganz kaputtmachen. Und du alter Scheißer, sie fuhr wütend auf

Vater los, du bist nicht viel anders, vor lauter Pieck und Grotewohl vergeßt ihr das Leben, das ist schon beschissen genug.

Sag mal, Mutter, was bedeutet eigentlich Essig? Mutter sah mich über die Brille hinweg fassungslos an. Du schreist doch immerzu Liebetodundessig, was soll der Essig da?

Das kann ich dir ganz genau sagen, du Kacker. Mit der Liebe ist es bei dir Essig, du wirst ein Hagestolz, und keine will dich haben, du kannst dich mit der Freien Jugend verheiraten, auch mit Enkelkinder ist es Essig, nun weißt du, was es heißt.

Vater aß schweigend und grinste schief; ich hatte es eilig, wollte zur Versammlung über Die vier Grundrechte der jungen Generation.

Geh lieber tanzen, da hüpfen genug Mädels rum, schrie mir Mutter nach, sie rannte ein paar Schritte die Treppe hinunter und rief zornig und wirklich verzweifelt: Faß mal in die Hose, alles Essig!

Traum

Zusammen mit sehr vielen Leuten befinde ich mich in einer Markthalle, es könnte auch eine große Bibliothek sein. Wir sind alle gespannt, sogar aufgeregt. Ich erfahre, man wartet auf eine Hochzeitsgesellschaft, ein Mädchen aus unserem Verein heiratet. Ich weiß zwar nicht, um welchen Verein es sich handelt, aber ich fühle mich betroffen und bin noch mehr gespannt als vorher.

Am Ende eines langen Ganges werden die Hochzeiter sichtbar, eine Gasse bildet sich mit Schwierigkeiten, denn es sind inzwischen noch mehr Leute geworden, darunter viele Frauen in alten bunten Bauerntrachten.

Der Bräutigam im schwarzen Anzug, mit Zylinder; die Braut trägt ein rosafarbenes Kleid, vor dem Gesicht einen Schleier, der es völlig bedeckt. Ich ahne, es ist ein Witwenschleier.

Seit ich das begreife, weiß ich auch, wer die Braut ist, und laufe unangenehm berührt davon, vor dem Brautpaar her, und möchte weder von ihnen noch von den anderen Leuten gesehen werden. Mit gewisser Wut denke ich: Klar, sie müssen heiraten, weil sie bisher fremde Namen trugen, zwar ähnliche, aber doch fremde!

Ich muß über diese Entdeckung grinsen und laufe mit diesem erstarrten Grinsen im Gesicht vor ihnen her.

Zum Glück schwenken sie nach rechts ab, so kann ich geradeaus weiterlaufen, noch schneller als vorher, hinein in eine Schlächterei, wo Chinesinnen bedienen.

Eine der chinesischen Verkäuferinnen beklagt sich bitter bei mir, sie komme nicht zum Arbeiten, weil sie ständig als Dolmetscher für die Kunden eingesetzt werde …

Das Vernünftige

Vernünftig ist: Zur Oberbaumbrücke laufen und mit einem durchlöcherten Marmeladeneimerdeckel, auf dem Kartoffelstücke ausgelegt sind, Krebse fangen. Diese Krebse dann in einem der Hotels am Schlesischen Bahnhof verkaufen, immerhin zwei Pfennig je Stück.

Koffer und anderes Gepäck der Reisenden zu tragen, manchmal weite Wege, manchmal bloß zum Taxistand, es gibt zuweilen einen Sechser als Lohn, zuweilen eine Maulschelle der Gepäckträger mit dem blinkenden Schild an der Mütze.

Sich am Bahnhofseingang aufstellen und warten, bis ein Taxi vorfährt, die Tür aufreißen und der Dame heraushelfen. Manchmal gibt es einen Sechser, manchmal ein pikiertes Kopfnicken, manchmal einen Knuff des Chauffeurs.

Mit dem Rad aufs Feld hinausfahren, den Beutel mit Pferdemist am Lenker, Kaninchen füttern, Tomatenstauden wässern, Unkraut jäten.

Eine Freundin haben, vielleicht Mutters Schwiegertochter in einigen Jahren.

Das alles ist vernünftig.

Was machst du denn da? fragt Mutter mißtrauisch.

Schularbeiten! Ich versuche das Buch, in dem ich gelesen habe, mit einem Heft zu überdecken. Mutter bemerkt es, reißt das Buch hervor und wirft es in die Ecke.

Tu endlich was Vernünftiges!

Sie liest selbst gern, Zeitungen, Groschenhefte, Kriminalserien, die sie Krimmer nennt, und anfangs hatte sie auch nichts dagegen, wenn ich las, doch je älter ich werde, desto mehr hält sie Lesen für Unvernunft und Widersinn.

Vater liest nichts, doch er schimpft nicht, wenn er mich lesen sieht. –

Bis zum neunten Lebensjahr hatte ich weder ein Buch besessen noch eins gelesen. Schulbücher rechneten nicht; ich benutzte sie klaglos und mäßig interessiert wie Schiefertafel und Griffel, Lineal und Heft, ein Teil der Lebenspflicht, die man erfüllen mußte, weil es so war. Dann schenkte mir die Feine Irma zwei Bücher, eins zum Geburtstag, das andere zu Ostern, ich hatte plötzlich einen ungeheuren Schatz, entdeckte eine Gegenwelt, ich war an das Unvernünftige geraten.

Zur Freundschaft meiner Eltern zählten damals noch der Taubstumme, seine kleine schüchterne, schweigsame Frau und ihre Tochter, die Feine Irma. Sie wohnten nicht weit von uns in der Birkenstraße, und ich begleitete nicht gern meine Eltern, wenn sie zu ihnen gingen, ich fürchtete mich vor dem Taubstummen. Sosehr ich mir meinen Kopf zermarterte, ich konnte nicht verstehen, weshalb er nur gurrte und nicht redete wie wir und sich durch Fingerbewegungen verständlich zu machen suchte, die seltsamerweise seine Frau und seine Tochter verstanden. Vater mühte sich, ihn zu verstehen; Mutter wurde schnell ungeduldig und schrie den Taubstummen an: Nun sag doch endlich mal was!

Die Wohnung des Taubstummen ähnelte unserer, Stube und Küche, ärmlich und sauber; aber die Feine Irma besaß ein eigenes Zimmer. Dies stach von allen anderen ab, die ich kannte, selbst von der schönen Wohnung meines Straßenbahneronkels. Die Stube der Feinen Irma leuchtete weiß und silbern; mir kam es vor, als seien selbst die Gardinen an den Fenstern mit Silberfäden gewebt. Geschnörkelte weiße Möbel, Fläschchen, die wunderbar dufteten auf der Kommode, weiße Regale mit Büchern, Figuren aus Porzellan, Tänzerinnen, Tiere und silberne Vasen mit prächtigen Blumen. Ich betrat niemals dieses Zimmer, sondern blickte nur von der Schwelle hinein und stellte mir vor, es gehöre einer Prinzessin. Manchmal glaubte ich's wirklich, wenn die Feine Irma sich anzog, um auszugehen. Sie trug durchbrochene weiße Handschuhe, daß es schien, als habe sie ein feinmaschiges Sieb über ihre Haut gestreift, sie setzte einen hellen Hut auf; keine Frau in der puckligen Verwandtschaft oder Freundschaft trug einen Hut, nur die Feine Irma, einen, von dem ein Schleier herabhing über die Augen, wie Spinnweb. Und sie duftete berauschend, dies war wohl das Wunderbarste und Seltsamste, ein märchenhafter Duft auf ihrer Haut.

Vater mochte die Feine Irma nicht. Das wär mir nischt, die Schnalle vom Chef.

Mutter sah das anders, mehr praktisch. Sie hats ja zu was gebracht, wer weiß, wie weit sie so noch kommt. Und die Eltern haben auch was davon, sie reicht ganz schön rüber.

Ich glaube nicht, daß die Feine Irma hübsch war. Sie hatte vom Vater die Statur, zu groß für eine Dame, und auch ihres Vaters breites, leuchtendes Gebiß. Aber die Feine Irma war intelligent und fleißig, sie sprach und schrieb englisch und französisch, wenn ich sie darum bettelte, redete sie ausländisch; ich fand, dies sei eigentlich keine große Kunst, wie die Erwachsenen meinten, und sagte zu Mutter: Schiwa, Fäti, Humape! Als Mutter ärgerlich fragte, was das solle, erwiderte ich völlig überzeugt, ich hätte französisch gesprochen – wie die Feine Irma.

Die Feine Irma arbeitete als Chefsekretärin, man wußte, daß sie die Geliebte dieses Chefs war. Er holte sie oft in einem großen schwarzen Auto ab, sie begleitete ihn auf Dienstreisen, sie fuhr nach Italien mit ihm, in die Schweiz, sogar zum Wintersport. Einmal sah ich die Feine Irma in diesen Wagen steigen, ein Chauffeur mit Dienstmütze öffnete ihr den Schlag.

Mich konnte die Feine Irma gut leiden, sie steckte mir Süßigkeiten zu, sie besprühte mich aus einem Glasfläschchen, an dem ein Gummiball hing, sie redete mit mir englisch oder französisch. Mutter sah es nicht gern. Die ist schon über dreißig, ohne Kind und Kacks, und hat nun für den Jungen eine Affenliebe, sie wird ihn noch versauen.

In gewisser Weise hatte Mutter recht, die Feine Irma versuchte mich zu erziehen, wollte mir gute Manieren beibringen – eine tiefe Verbeugung bei der Begrüßung, beim Essen nicht nur den Löffel benutzen, wie es bei uns üblich war, sondern auch Messer und Gabel, und sich die Fingernägel mit einer kleinen Bürste reinigen. Und sie schenkte mir Bücher! Zuerst ein großes buntes mit einem goldenen Ritter auf dem Titelblatt, Concience: Der Löwe von Flandern, und als Ostergabe Conrad Ferdinand Meyer: Gustav Adolfs Page.

Als ich las und verstand, erschlug es mich beinahe. In diesen zwei farbigen Pappdeckeln war so viel und so gewaltiges Leben eingepreßt, ich lernte es kennen und sog es auf, bis es meins wurde, mich verwirrte, ja bestürzte. Ich weinte, litt, fieberte und kämpfte, ich war nicht mehr ich, sondern der Löwe von Flandern, dann wandelte ich mich neu, fassungslos bemerkte ich die doppelte Verwandlung, in den Pagen des schwedischen Königs.

Ich schonte den größten Schatz meines Lebens nicht, blätterte mit schmutzigen Fingern um, las beim Essen, fettige Spritzer verteilten sich über die Seiten, ich nahm die Bücher überallhin mit. Bis zum letzten Quentchen Tageslicht hing ich über ihnen, sie gehörten ganz zu meinem Leben. Mutter ließ mich anfangs gewähren, dann hörte ich zum erstenmal, zunächst milde verweisend, dann wütend: Tu was Vernünftiges!

Die Feine Irma versprach, mir noch mehr Bücher zu schenken, sie deutete auch an, sie wolle mich auf eine dieser Reisen mitnehmen, ans Meer vielleicht oder zu den hohen, schneebedeckten Bergen. Ich erkläre einfach, du bist mein Kind, und später erbst du alles.

Ich dachte an die weißsilberne Stube und freute mich, Mutter geriet außer sich: Das fehlt noch, als Alibi von der Schnalle, verrückt werden und fein, wie? Ich heulte und verteidigte die Feine Irma.

Viele Jahre später dachte Mutter ganz anders. Beim städtischen Armenpfleger, in dessen Büro an der Brommybrücke ich vorsprechen mußte, um den Stempel für die Schulgeldbefreiung zu erhalten, meldete sich ein reicher Mann, der einen Jungen adoptieren wollte, um ihn als Erben einzusetzen. Mutter muß ihrem Mann die Sache verschwiegen haben, denn der reiche Herr erschien, als Vater noch nicht von der Arbeit zurückgekehrt war, und trug Mutter sein Anliegen vor. Er besaß mehrere Mietshäuser in der Stralauer Allee, Magazine und Lagerhäuser an der Spree und zwei Lastkähne; aber er war unverheiratet und kinderlos. Ich sollte bei den Eltern bleiben wie bisher, nur den anderen Namen tragen, gelegentlich zu Besuch gehen und später alles erben. Dann wurde ich in die Stube gerufen, der Mann besah mich, ließ mich herumdrehen, beguckte den Rücken, schaute mich von der Seite an, blätterte in meinen Zeugnissen und Heften und nickte.

Ich denke, wir könnten einig werden. Allerdings …

Was denn allerdings? So naiv Mutter sich freute über die in Aussicht stehende reiche Erbschaft ihres Sohnes, so mißtrauisch blieb sie letzten Endes doch.

Ich finde, der Junge hat zu dünne Waden, sagte der reiche Mann.

Sie haben wohl einen Vogel, Sie alter Kacker. Was wollen Sie denn von den Waden des Jungen? Sie sind wohl so einer!

Mutter warf den reichen Erblasser hinaus, im Grunde ihres Herzens froh, daß die Sache so ausgegangen war, und sie beschwor mich, Vater nichts von ihrem großen Projekt zu erzählen.

Auch mit der Feinen Irma und zukünftigen Reisen wurde es nichts, ja nicht einmal mit weiteren Büchern. Eines Tages hing aus dem Fenster des Taubstummen eine Hakenkreuzfahne. Vater stellte ihn zur Rede, der Taubstumme fingerte hilflos vor Vaters verzerrtem Gesicht herum, seine Frau übersetzte: Der reiche Mann, Chef der Feinen Irma, war in die Nazipartei eingetreten, da mußten wir doch auch, des Kindes wegen, versteh doch.

Vater ging nicht mehr zum Taubstummen und ließ sich auch nicht mehr besuchen. Mutter kümmerte sich um solche Dinge wenig, sie hielt die Freundschaft weiter aufrecht, von ihr erfuhr ich die weitere Geschichte der Feinen Irma. Der Chef, Liebhaber und Nazi, trennte sich jäh von ihr, von Schreibtisch und Bett. Die Feine Irma schloß sich zwei Tage lang in ihr weißes und silbernes Zimmer, zwischen Büchern, Vasen, Porzellan und Flakons ein, die Eltern donnerten an die Tür, die Feine Irma schrie nur grob: Ruhe da draußen! Am Abend des zweiten Tages schloß sie auf, lachte, zog sich ihr schönstes Kleid an und ging fort. Sie kam am nächsten Morgen zurück und packte einen Koffer; ihren Eltern erzählte sie, wieder lachend, daß sie mit dem besten Freund ihres ehemaligen Chefs und ehemaligen Liebhabers eine Weltreise antreten werde, als Privatsekretärin und so weiter.

Wir haben die Feine Irma nie wieder gesehen, ich jedenfalls bedauerte es aufrichtig. Den großen Taubstummen und seine kleine Frau verloren wir auch aus den Augen. Wir waren inzwischen zum Schlesischen Bahnhof verzogen, Mutter scheute den weiten Weg, und außerdem wurde sie ja schnell ungeduldig, wenn sie das Gurren des Taubstummen nicht verstand; die Freundschaft erlosch.

Ich besaß aber die beiden heißgeliebten Bücher, ich kannte sie fast auswendig, besonders hatten es mir dunkle Wendungen angetan: Des Herrn Wohl affektionierter Gustavus Adolphus Rex.

Ich grübelte über seltene Worte nach, Remedur, Foliobibel, und Fortiter pugnans. Ich liebte die wilden flandrischen Rufe, Verderber Kärlingalandes, Mörder meiner Schwester – deine Stunde ist gekommen. Die Geschehnisse überwältigten mich, aber ebenso erschütterten mich die Namen, Disdir, in die Tiefe gestürzt von Dakerlia. Ich begriff, daß ich in langweiligen Zeiten lebte, ein Zeichen dafür schon die anspruchslosen Namen, die wir trugen: Herbert, Werner, Willi, Helga, Ruth, Emmi. –

Bis zum Ende des Krieges, also bis zu meinem achtzehnten Lebensjahr, besaß ich nur vier Bücher, diese beiden und zwei weitere, eins das Geschenk von Willi, Graf Luckners Der Seeteufel.

Ich hatte das Buch gern, obgleich es mich nicht so berührte wie die beiden ersten; das Wirkliche, das Geschehene, von dem Luckners Buch handelte, auch wenn es überaus Abenteuerliches enthielt, konnte sich nicht mit dem vergleichen, was in der Vergangenheit geschehen und von einer Kraft gestaltet war, die ich damals noch nicht benennen konnte, der künstlerischen Phantasie. Bei einer Marineveranstaltung, die ich mit Vater besuchte, zeigte er mir den Grafen Luckner, einen langen Kerl mit pfiffigem Gesicht, das mich irgendwie, nicht einmal unsympathisch, an eine Hundeschnauze erinnerte. Da verlor ich das Interesse an diesem Buch gänzlich. Wozu mußte ein Buch geschrieben werden, wenn es den Mann gab, der es verfaßt hatte und der mir die Ereignisse besser hätte erzählen können? Außerdem glaubte ich doch fest, die Bücherverfasser seien alle tot, dies sei eine unabdingbare Voraussetzung für Bücher, ein lebender Schreiber erschien mir widersinnig, ja abstoßend.

Das vierte Buch war ebenfalls ein Geschenk, mir, dem Primus der Quinta, überreicht vom Klassenlehrer: Leontopodium alpinum – Vorkommen in den nördlichen Kalkalpen. Ehemalige Schüler, alte Herren, stifteten Bücher zur Prämiierung, sie trennten sich auf solche Weise von überflüssigem Kram, der Direktor mußte sich noch bedanken, der beschenkte Schüler auch; ich las dennoch mit Interesse in diesem Buch und erfuhr, wie das Edelweiß, denn diese Blume wurde beschrieben, zu finden war, ich wußte ja, nie würde ich die Alpen ohne die feine Irma kennenlernen.

Als ich zwölf Jahre alt war, begann, für mich selbst überraschend, eine Zeit rasenden, beinahe bewußtlosen Lesens. Von den Schulkameraden tauschte man Stapel bunter Heftserien, Tom Farrow, John Kling und Karl May in zerflederten Bänden, ich las und las, Mutter schrie immer aufgebrachter: Der Kopf wird dir überspringen, du landest noch in Dalldorf.

Willi war es, der uns darauf brachte, in die Buchhandlung Gsellius zu gehen. Wieso in die Buchhandlung Gsellius, weshalb gerade dahin und in keine andere und weshalb in keine Bibliothek, vermag ich nicht zu sagen. Es gab wohl auch keine Bibliotheken in unserer Nähe; in der Memeler Straße befand sich in einem kleinen Laden eine Leihbücherei, zerschlissene Bücher, für deren Ausleihe man bezahlen mußte, und Geld hatten wir nicht.

Wir besaßen auch kein Geld für die Buchhandlung Gsellius! Aber Willi überredete mich mitzugehen, eine seiner skurrilen Ideen, vielleicht stellte er mich auf eine seiner absurden Proben. Wir liefen eine halbe Stunde hinaus zur Mohrenstraße, zögerten vor der Eingangstür, drängten uns gegenseitig hinein und schreckten zurück. Regale bis unter die Decke, nur auf Leitern konnte man die oberen Reihen erreichen, ein Gebirge von Büchern, ein Ozean von Bedrucktem, doch ehe wir hinausflüchten konnten, trat ein junger Verkäufer, kaum älter als wir, heran und fragte uns höflich nach unserem Begehr. Wir erröteten und stammelten, weil uns nichts weiter einfiel und weil die Zeit danach war: Vom Krieg.

Der junge Verkäufer führte uns in die Abteilung Militaria, wir blätterten hilflos in dicken Wälzern über die Feuerwaffen des Dreißigjährigen Krieges, die Schlachten Hannibals und den modernen Gaskrieg, von künftigen Kriegen und verlorenen Händeln. Unter den Blicken des Verkäufers zogen wir vorsichtig Buch um Buch heraus, betasteten sie ehrfürchtig und stellten sie ebenso vorsichtig wieder zurück.

Wir blieben lange in der Buchhandlung, weil wir fürchteten hinauszugehen, wer weiß, vielleicht würde man uns zwingen, etwas zu kaufen, und wir hatten ja kein Geld. Wir verschwanden, als wir meinten, nicht beobachtet zu werden; erleichtert liefen wir wieder nach Hause. Irgend etwas zwang uns beide, wieder hinzugehen zur Buchhandlung Gsellius, in Büchern zu blättern, Bilder zu besehen, Kriegspläne zu besichtigen, Schlachtenbilder, Broschüren und prächtige Lederwälzer.

Einmal in der Woche gingen wir zur Mohrenstraße mit einer kaum erklärbaren Lust und stets mit ebensowenig erklärbaren Gewissensbissen, die wir als zur Lust gehörig empfanden. Niemals kauften wir etwas; wir entsetzten uns stets von neuem vor den Bücherbergen und wurden dennoch magnetisch angezogen. Eines Tages, der junge Verkäufer grüßte uns schon lächelnd mit einem Kopfnicken, bat uns ein älterer Herr beiseite und fragte uns aus, wie wir hießen, woher wir kämen und was wir eigentlich wollten. Willi, ohne zu zögern, in seiner ungelenk-treuherzigen Art, erzählte, sein Vater, ein hoher Offizier, habe uns den Besuch der Buchhandlung empfohlen, und als der Buchhändler hörte, wir seien Gymnasiasten, wurde er sehr wohlwollend und lud uns ein, ruhig weiter zu kommen. Er verstände uns gut, auch wenn wir nichts kauften, das Taschengeld sei knapp, er habe es selbst erfahren als junger Bursche und Buchhändlerlehrling. Aber dies dürfe er uns doch empfehlen, wir sollten auch die anderen Abteilungen besuchen.

So waren wir endgültig als Besucher und Zukunftskunden anerkannt. Nun steuerten wir zuerst die Militaria-Abteilung an, unseren Stammplatz, dann wechselten wir zu den Klassikern oder zu den Übersetzungen. Wir zeigten Entgegenkommen; Willi kaufte, indem er sein Sparschwein plünderte, eine Broschüre über den Kampfflieger Immelmann; später noch einmal eine ebenso preiswerte Broschüre über den germanischen Schlachtkeil. Wahrscheinlich warf er sie zu Hause in den Müllkasten, doch wir hatten das Gefühl der Reinigung, wir waren jetzt wirkliche Kunden von Gsellius geworden und setzten zwei Jahre lang diese Besuche fort.

Ich war sechzehn Jahre alt geworden, besaß diese vier Bücher, in denen ich allerdings nicht mehr las; mich genierte, daran zu denken, wie tief mich einst der Löwe von Flandern und des Königs Page bewegt hatten. Die Bücher standen in dem alten Grammophonschränkchen neben Mutters Bett. Ich hätte sie längst weggeworfen, doch Mutters praktische Natur ließ es nicht zu, man könnte sie gelegentlich verschenken. An einem Sommertag nahm mich Doktor Lammers beiseite und verwickelte mich in ein Gespräch. Wir hatten Fliegeralarm, Doktor Lammers war im Unterschied zu anderen Lehrern nicht fortgerannt, hatte im Splittergraben ausgeharrt, und nun, nach dem Alarm, respektierte er unsere Unlust, wieder als Schüler vor ihm zu sitzen. Er nahm mich am Arm und spazierte mit mir durch die Stellung.

Wo stammt Ihr Vater eigentlich her, vielleicht aus Katzbach oder Peterswaldau?

Vater kam aus der kleinen schlesischen Stadt Bolkenhain, sein Vater, mein Großvater also, hatte als Hirte das Vieh der Ackerbürger besorgt, dessen Vater wiederum, dies erfuhr ich irgendwann einmal, war Weber gewesen wie weitere Vorfahren auch.

Lammers klopfte mir auf die Schulter, klare Sache, ich hab's mir fast gedacht, denn ich hab doch eine gute Bibliothek der Ahnenforschung, der deutschen Flur- und Familiennamen, Menschenskind, Sie sind ja ein Stück Literatur. Lammers stolperte über einen Kabelgraben, ich hielt ihn am Ärmel seines Mantels fest. Ich seh schon, Sie verstehen das alles nicht. Ich bring Ihnen mal was mit. Menschenskind, es ist etwas Sozialrevolutionäres, und die Sozis hatten es sich zunutze gemacht. Aber der Dichter ist und bleibt unser. Auch wir Nationalsozialisten kämpfen gegen Plutokraten. Wenn dieser Krieg vorbei ist und die Feinde besiegt, werden wir ein freies Deutschland aufrichten und eine andere Welt, die sollen sich wundern, diese Kaffern.

Ich verstand von alledem kein Wort und vergaß dieses

Gespräch schnell. Lammers aber winkte mich nach der nächsten Literaturstunde heran und übergab mir ein Reclamheft. Da werden Sie staunen, aber behalten Sie es für sich und tragen Sie es nicht herum, es ist nichts Verbotenes, aber immerhin. Er schüttelte den Kopf. Einen Lammers gibt es weder bei Goethe noch bei Schiller noch bei dem hier. Er wies auf das Heft in meiner Hand. Aber einige, die so heißen wie Sie.

Neugierig geworden schlug ich auf. Gerhart Hauptmanns Die Weber. Ich warf mich auf die Böschung unseres Geschützstandes und las, was ich noch nie gelesen hatte, von einfachen Menschen, von meiner puckligen Verwandtschaft, von meinen Eltern und von mir, als hätten wir das Recht, beschrieben, gewürdigt, dargestellt, kritisiert zu werden. Mit vollem Namen. Ich selbst gehörte nicht nur ins Leben, dieses verfluchte, gefährliche, sondern auch in die Literatur, ich mußte dulden und sollte aufbegehren, ich war Revoluzzer, war Hungernder, war Niedergeworfener, Stöhnender und Schreiender!

Beim nächsten Urlaub zeigte ich das Heft den Eltern. Mutter schüttelte den Kopf, ein spannender Film wäre ihr lieber, Vater – wenn man von Graf Luckners Buch absieht, das er aber nur aus Marineinteresse zur Kenntnis genommen hatte –, Vater ließ sich das ganze Stück von mir vorlesen, korrigierte meinen Versuch, den schlesischen Dialekt wiederzugeben, lachte sarkastisch auf, hieb mir die Faust auf die Schulter und wunderte sich wie ich, daß wir nicht nur wirklich auf der Welt waren, sondern auch in dieses Stück gebannt.

Mutter, nun doch neugierig geworden, hörte hin und wieder zu, lachte hellauf, als der Sohn August idiotisch genannt wird. Na, da haben sie dich ja getroffen, du Scheißer, sagte sie zu Vater. Und als ich las: Meiner is ooch nischt nimehr wert. A fängt ock an und klappt zusammen, da zeigte sie kichernd auf Vater, wie du, genau wie du nischt wert, hinten nicht mehr hoch. Und sie sang, was sie manchmal tat, wenn sie Vater ärgern wollte: Wo sind deine Haare, August, August ...

Vater, der gebannt zuhörte, sich aufregte, ließ solche Stellen mehrfach vorlesen, als Mutter Baumert sagt: Ich bin gewiß immer diejenigte gewest, die gesagt hat, die reichen Leute müssen ooch sein. Aber wenn's aso kommt ... Ja, sagte Vater, aso kommts. Aber ich wunder mich bloß, wie der Mann, wie heeßt er? Wie der Hauptmann das alles weeß und schlesisch redt.

Vater fiel, was sehr selten geschah, ins Schlesische. Als der alte Hilse sich aus dem Aufruhr heraushalten will, nicht mitgeht und am Webstuhl erschossen wird, nickte Vater düster. Geschieht ihm recht, ich kenn die Sorte, selbst im eigenen Hause ... Er sprach nicht den Namen seines Bruders aus, mit dem er zerstritten war, für immer, wie es schien. Jahre später noch, in unseren politischen Debatten, ich hatte längst die Einzelheiten aus Hauptmanns Webern vergessen, sagte Vater oft: Wie der alte Hilse, den Arsch im Trocknen und doch die blaue Bohne in der Brust. Zwischen den Stühlen ist der beschissenste Platz!

Ich kam nicht mehr dazu, Doktor Lammers das Heft zurückzugeben, unsere Batterie wurde nach Lindenberg verlegt. Unterricht konnte nicht mehr stattfinden, die große Auflösung begann; das Reclamheft verbrannte in unserer Wohnung wie meine anderen vier Bücher, und Lammers starb bei den Kämpfen um Berlin als Volkssturmmann. Von Mutters Vorfahren, den westpreußischen Knechten und Stellmachern, hatte niemand geschrieben. Aber sie waren alle inbegriffen in dem, was ich aus dem kleinen Heft herausgelesen hatte. Seitdem las ich anders, bezog alles auf mich, urteilte schärfer, fühlte mich überheblich den Dichtern gleich; denn woher nahmen sie ihre Stoffe, wenn nicht von uns, von mir, selbst von mir.

In den wenigen Monaten, die noch blieben, las ich viel, stöberte bei jedem Urlaub die reichhaltige Schulbibliothek, deren Existenz mich bisher nicht interessiert hatte, durch, las mich bei Gsellius fest, immer noch, ohne kaufen zu können, die fünf Mark Monatssold verschlang die Sauna-Eintrittskarte. Nicht immer konnte ich die Verbindung zu mir und meinem Leben herstellen, aber häufig genug doch, und zuweilen suchte und fand ich in den Büchern, die ich damals verschlang, den Aufstand, dem ich folgen wollte.

Mein wirklicher Aufstand war bescheiden – Desertion und Flucht mit Friedrich Michael nach Dänemark; bei Goldenstädt geriet ich in Gefangenschaft. In dem großen Auffanglager, von Hunger und Hitze, von nächtlicher Kälte zermürbt, verfiel ich wie die meisten anderen in traumloses Dösen, lag still in meinem mit den Händen ausgekratzten Loch, dem Grab, und sah im hellen Maihimmel gleichgültig die fliegenden Wolken. In der Nacht starb im Nebenloch ein alter Soldat, der mir erzählt hatte, anfangs, als wir alle sicher waren, es geschafft zu haben, daß er vom ersten Tag des Krieges an bis zum letzten dabeigewesen war, stets an der Front, immer im Feuer und ohne den kleinsten Kratzer, ohne Verwundung, geschützt durch ein Amulett. Er zeigte mir ein kleines graues Medaillon, Phallus und Vulva, hatte es an die Erkennungsmarke gebunden. Er fieberte seit Tagen und hustete ununterbrochen, wir riefen es den amerikanischen Sanitätern zu, doch die trugen nur die Toten fort und hörten nicht auf unser Geschrei. Nun war er des Nachts gestorben, ich raffte mich auf, ging zum Tor und schrie dem Posten zu: My neighbour is dead! Der Posten grinste.

Ich war der nächste, das wußte ich; ich hatte zwar nicht vom ersten Tag an der Front gestanden, aber doch länger als anderthalb Jahre, der Krieg war nun vorbei, und ich mußte, widersinnig und ekelhaft, dennoch sterben. Ich ging zu meinem Loch zurück, ganz langsam, als könnte ich die Frist verlängern, die mir verblieben war. Mein Blick fiel auf ein graues Büchlein mit gebrochenem Rücken, eingetreten in den Sand. Etwas wie Haß erwachte in mir, das Buch endgültig unter dem Stiefel zu zertreten. Ich hob es auf, eine Feldpostausgabe von Fritz Reuters Schurr-Murr, klopfte den Sand ab, richtete die Seiten, so gut es ging, nahm es mit in mein offenes Grab. Dort warf ich mich auf das Lager aus Gras und Lumpen, dämmerte dahin wie viele meiner Kameraden, kraftlos und zerstört, auf das Ende wartend. Das Buch lag neben mir. Da mein Leben immer noch andauerte, schlug ich es auf und begann darin zu blättern. Abendteuer des Entspekter Bräsig.

Von Mutter und Großmutter her verstand ich das pommersch-westpreußische Platt, ähnlich redete und schrieb dieser Entspekter aus Mecklenburg, manches Wort begriff ich nicht, ja, ich mißverstand den Entspekter anfangs, weil mein vom Hunger geschrumpftes Gehirn nicht faßte, daß Reuter seinem Bräsig eine eigene Grammatik und Orthographie, eine kurios umgestülpte Begriffswelt, mitgegeben hatte. Mein Interesse begann langsam zu erwachen, ein müder Drang, den Text zu entziffern. Um zu verstehen, mußte ich laut lesen; mit dem lauten Lesen fing ich an, wieder meine Stimme zu hören, und mir mißfiel diese Stimme, schwach, verschliffen, auch sie dem Verstummen nahe. Ich las lauter, hörte mir selbst zu und verstand mehr und mehr von dem, was ich mir vorlas. Und fing zu lachen an! Hörte nicht mehr zu lachen auf!

Ich lachte über das, was Entspekter Bräsig erlebt oder zu erleben glaubt, darüber, wie man ihn anführt und wie er meint, andere einzuseifen. Ich lachte, weil es mich an alte Filme erinnerte von Pat und Patachon und an neuere mit Hans Moser und Theo Lingen, bei denen ich einst Lachtränen vergossen hatte, die Fäuste auf die Knie trommelnd. Ich lachte, da dem Entspekter die Geschichte in Berlin widerfuhr, meiner alten, wahrscheinlich verlorenen Heimat; ich lachte über Entspekter Bräsigs Gedanken im Zoologischen Garten, seine Überlegungen zum Brandenburger Tor, über die Straße Unter den Linden. Ich lachte, da ich mich an das alles erinnerte aus jenen freundlichen Tagen, da ich klüger war als Bräsig, der sich stets irrte, dieser zugereiste Trottel, der auf jeden Ganoven hereinfällt. Um Vergebung zu fragen, Sie gehören gewiß unserm geheimen Post- und Eiserbahnverein an? ... Ich sah's an der Art, wie Sie Messer und Gabel zusammenlegten und wie Sie das Glas anfiessen. ... Und wie nun der Eiserbahnmensch kommt und die Billetter einfordern will, steht er so halb auf und pfeift dreimal, und bei jedem Pfiff schlägt er sich mit dem Zeigefinger der rechten Hand auf die Nase.

Ich lache und lache. Stoppelbärtige, hohlwangige Gesichter beugen sich über den Rand meines Grabes, Kamerad, was ist los, fehlt dir was?

Nein, laßt mich in Ruhe, es ist alles in Ordnung! Ich will weiterlesen, und da ich weiterlese, lebe ich auch weiter.

Entspekter Bräsig geht zu Bett und stellt beide Beine samt Stiefel in den eleganten Stiefelknecht, der auf jedem Ende eine Klemme hat: Gott in den hohen Himmel! Ich saß in einem Spanschen Buck, ich hatte mir selbst in Fußangeln gelegt ... Ich lache, ich lebe, ich lache und weine, wieder verdunkeln die stoppelbärtigen Gesichter mir das Tageslicht.

Der ist auch verrückt geworden, sagt wer, und er schielt auf meine Stiefel, ob er sie mir jetzt schon ausziehen soll oder erst nachher, wenn ich ganz erledigt bin.

Laß gut sein, ich kichere, die Stiefel stecken im Spanschen Buck, ich hab mir Fußangeln angelegt wie Entspekter Bräsig.

Da haben wir's, die Sicherung ist ihm durchgebrannt, murmeln sie und ziehen sich vorsichtig zurück.

Ich las den ganzen Tag, der Hunger verflog, unbekannte Kraft schoß mir in den ausgemergelten Leib.

Entspekter Bräsig, vom Lama bespuckt im Zoologischen Garten, ein neuer Freund tritt hinzu, ich ahne schon lachend, wieder ein Hereinfall. Sie is ackerat mit dem Lama so gegangen, wie die Zehlendorfer Bauern mit dem großen französischen Filosofen Volltähr, kennen Sie ihm? – Ne, sagte ich, einen gewissen Wolter kenne ich wohl, aber das ist ein Zuckerkanditer in Stemhagen.

Mein Gott, Lammers fiel mir ein, der Lehrer aus Vorzeiten, der diesen Filosofen Volltähr so verehrt und mir die Weber gegeben hatte. Ich las und lachte, solange es hell blieb; ich stieg aus dem Schatten meines Loches, setzte mich auf die kalte, feuchte Erde, um den letzten Sonnenstrahl zu erwischen. Als ich beim besten Willen nichts mehr entziffern konnte, sprang ich in mein Grab und schlief vor Schwäche und Glück ein, das raschelnde Buch unter dem Kopf, die Faust daneben, es zu bewachen.

Am nächsten Tag las ich weiter und alles noch einmal, den ganzen Tag über, und ich lachte wieder, Tränen liefen mir übers Gesicht, hysterisch schrie ich bei jedem Satz auf, auch dort, wo es eigentlich nichts zu lachen gab. Ich weinte wegen des Spaßes, aber auch, daß ich noch oder wieder lachen konnte; und ich weinte lachend um Berlin und um die Eltern, um das Mädchen mit dem kleinen Lederherzen am Handgelenk, ich weinte, daß alles dies versunken war, unerreichbar für immer, und ich lachte weinend, daß ich noch lebte auf dem tausendfach zerwühlten Acker dieses Auffanglagers, sterbend schon, aber noch nicht tot. Und ich lachte, weil ich spürte, daß die Lethargie, der eiserne Vorbote des Todes, zurückwich, daß ich Kraft gewann, daß ich mich eigentlich erst jetzt von der Vergangenheit befreite. Gut, wenn es Berlin nicht mehr gab, vielleicht begann alles neu in Bramborg oder Stemhagen.

Die Zeiten waren nicht danach, Erinnerungen lange zu pflegen. Wenn man siebzehneinhalb Jahre alt ist und das Schlimmste erlebt hat, geängstigt bis auf den Tod, verfolgt, gerettet, wenn man nun den ganz neuen Anfang vor sich hat, die große Zukunft, auch wenn diese Zukunft sich verbirgt zwischen Trümmerwüsten und in der scharfen Kälte des ersten Nachkriegswinters, dann vergißt man rasch. Ich vergaß Fritz Reuter und seine anspruchslose Erzählung, ich dachte nicht mehr an den Entspekter Bräsig und daran, wie er es eigentlich entschieden hatte, daß ich mein Leben rettete. Aber eine mir bis dahin unbekannte, unbezwingbare Leidenschaft überkam mich, eine noch hemmungslosere Lesewut als in der Pubertät, eine unbezähmbare Gier nach Büchern, Broschüren und Zeitschriften.

Tu was Vernünftiges, schrie Mutter mit vollem Recht, ich kletterte auf den Balkon des zerstörten Nachbarhauses, über knirschende Treppen hinweg und wippende Balken, legte mich dort in die Sonne und las. Jetzt kaufte ich mir selbst das erste Buch meines Lebens, nicht bei Gsellius in der Mohrenstraße, dorthin war ich gelaufen, fand aber nur ein Trümmergebirge. Ich ging in ein kleines Antiquariat in der Fruchtstraße, einst hatte man dort Gemüse verkauft, ich wußte es noch; ich suchte nach einer Literaturgeschichte, einem Leitfaden, nach dem ich meine Lektüre ordnen wollte. Für vierzig Mark, sauer erspart, kaufte ich Wilhelm Scherers Deutsche Literaturgeschichte und las dieses Buch von der ersten bis zur letzten Zeile, als sei es ein Kriminalroman, aufgeregt, überrascht, ja entsetzt. Immer neue Schriftstellernamen tauchten auf, wie neue Täter in einer abenteuerlichen Story, immer neue Schicksale. Walther von der Vogelweide reitet frierend im dünnen Mäntelchen durch das deutsche Land; Goethe verläßt seine Lotte, Jerusalem erschießt sich; Schiller wird vom Herzog verfolgt; Bürger sitzt im Gefängnis; Kleist erschießt sich; Heine lächelt ironisch und flieht nach Frankreich. Dann entdecke ich auch Fritz Reuter wieder, meinen Retter, lese von seinem grausamen Schicksal, bewundere ihn, der sich nicht beugen, nicht zerstören ließ, sondern heiter die Welt überwand. Hier ist auch über Gerhart Hauptmann zu lesen, und es klingt anders als das, was Doktor Lammers mir erzählte. Ich bin, das weiß ich endgültig, auf seltsame Weise verknüpft mit alledem, was Mutter unvernünftig nennt; ich trage sogar den Namen literarischer Figuren, und ich wäre verscharrt in irgendeinem Friedhof vor Schwerin, hätte nicht Fritz Reuter mich zum Lachen gebracht! O Jahrhundert, o Literatur, es ist eine Lust, zu leben!

Ein Funktionär, Peter, war nur wenige Jahre älter als wir, doch jedes Jahr wog damals viele auf, ein halbes Jahr nur, und man geriet noch in die Militärmaschinerie und starb, weil man diese geringe Zeit früher geboren war; man hatte länger im Frieden gelebt und in der Zeit vor dem Faschismus, wenn man zwei, drei Jahre älter war. Peter, durch Verfolgung und Haft gegangen, hatte früher als wir zu lernen begonnen, und sein Wissen erschien uns turmhoch über dem unseren, sein politisches Verständnis weise und abgeklärt.

Peter diskutierte witzig und aggressiv, manchmal auch grob und überheblich, doch in unserer Unwissenheit waren wir nicht weniger grob und überheblich. Oft gab er uns Bücher und forderte, daß wir sie über Nacht lesen sollten, prüfte, ob wir es wirklich getan hatten, und examinierte uns hart. Eines Tages sagte er: Du begleitest mich jetzt zu Schorsch.

Unter der Eisenbahnbrücke der Friedrichstraße befand sich ein kleiner Buchladen, er gehörte Georg Pinzke; Peter stellte mich vor: Das ist ein Büchernarr.

Der fremde Mann musterte mich kurz. Wirklich in Ordnung? Als Peter mich übertrieben und ironisch lobte, grinste Pinzke und nickte einem drallen Mädchen zu, das als Verkäuferin arbeitete. Sie zog mich wortlos am Jackenärmel ins hintere Zimmer, ich bekam eine Tasse Tee eingeschenkt, das Mädchen wies schweigend auf die Bücherberge, die bis zur Decke reichten. Nur ein winziger Platz in der Mitte des Raumes war frei, unsere Füße stießen aneinander. Ich setzte mich vorsichtig auf einen Bücherstapel und trank den Tee; das Mädchen ging, ich blieb allein zwischen den Tausenden Büchern zurück, zog man an einem, fielen die Berge krachend zusammen, man konnte ertrinken.

Nein, das war nicht die weitläufige und feine Buchhandlung Gsellius, das war ein wirres Paradies, niemand fragte oder begleitete mich höflich, keine Leiter wies den Weg ins obere Regal, man mußte über Bücher hinwegklimmen, nach oben, rutschte zurück und begann die Kletterei an anderer Stelle. Ganz oben, unter der Decke, entdeckte ich etwas wie eine Höhle, lang genug, einen Menschen aufzunehmen. Wirklich, es war eine Schlafstätte, denn manchmal, wenn man in ein Buch vertieft saß, wurde man durch ein Ächzen und Stöhnen gestört, Schorsch erwachte und blickte aus seiner Schlafhöhle herab. Na, was Interessantes gefunden?

Georg Pinzke, von allen Schorsch genannt, auch von seinem kleinen Sohn, gelernter Buchhändler, Buchhändler aus Leidenschaft, Bücherliebhaber, stand mit seinem Bücherkarren hinter der Universität. Dorthin hatte Mitte der dreißiger Jahre Hans Coppi seinen Freund Heinz Scheel geführt. Das ist ein Antifaschist, der besitzt gute Bücher, verkauft sie oder verleiht sie. Außer Heinz Scheel und Hans Coppi wußten es andere, Schorsch lieh oder verkaufte viele verbotene Bücher. Seine damalige Wohnung war bis an die Decke angefüllt mit Büchern, wie das Hinterzimmer in der Friedrichstraße. Wenn er essen wollte, mußte er mit dem Ellenbogen Bücher beiseite räumen. Sein besonderer Schatz aber waren mehrere große Kellerräume, ebenfalls voller Bücher, meist verbotener. Er hatte ganze Auflagen aufgekauft. Die Verlage waren froh gewesen, einen Käufer zu finden, als die Bücher verboten wurden und unabsetzbar waren. Schorsch brachte sie in seine großen Kellerräume. Er selbst war 1933 mißhandelt worden und entwischte nur mit Berliner Pfiffigkeit und Spürsinn aus den Fängen der Gestapo.

Schorsch war wirklicher Berliner, sarkastisch und schlagfertig, herb manchmal, immer gutmütig, gesellig und sinnlich und mit einer tiefen Beziehung zur Literatur. Er prüfte und akzeptierte mich, und ich war bald bei ihm wie zu Hause, saß Stunden über Stunden in seinem Hinterzimmer, las mich fest, entdeckte eine Literatur, von der ich bis dahin fast nichts gehört und schon gar nichts gelesen hatte, die sozialistische, die antifaschistische.

Nach Schorschs Art stellte er mich Fremden so vor: Das ist ein Spießer!

Diese Bezeichnung verdiente ich seiner Meinung nach durch zweierlei. Gleich bei meinem ersten, durch Peter vermittelten Besuch blieb ich lange sitzen; als er mit irgendwem hereinkam, vielleicht mit meinem späteren Freund Heinz Scheel, den ich damals oft getroffen haben muß, ohne daß wir uns bekannt machten, als Schorsch also hereinkam, sah er mich mit einem großen Bildband van Goghs in der Hand. Gerade hatte ich in einer Ausstellung Arbeiten van Goghs entdeckt, war betäubt von seinen flammenden Bildern, jetzt sah ich sie hier, farbig und hervorragend gedruckt, mit einer guten Einführung.

Schorsch fragte: Das gefällt dir, wie? Das war auch ein Maler, mein Lieber, verkauft hat er zu Lebzeiten nichts, und die Bourgeoisie hat ihn verhungern und verkommen lassen, guck dir das an. Er schlug ein Blatt auf, züngelnde Zypressen, eine rasende Sonne. Ich nickte. Willst du es haben?

Natürlich wollte ich es haben, doch ich wußte, ich würde diesen Bildband nie bezahlen können, legte das Buch schnell beiseite, erzählte von anderen eben entdeckten Malern.

Schorsch wurde ungeduldig: Red nicht um den heißen Brei, ich schenke es dir, nimm es und zieh los.

Nein, das ging nicht, der Bildband hatte großen Wert, soviel wußte ich allemal, ich lehnte ab, und Schorsch sagte zum Unbekannten: Nun guck dir den Spießer an, das ist doch ein richtiger Spießer, ein Kleinbürger, wenn du es jetzt nicht nimmst, brauchst du dich bei mir nicht mehr sehen zu lassen.

Ich weiß nicht, wieviel Bücher mir Schorsch geschenkt hat, mir und vielen anderen, und ich weiß nicht, ob er überhaupt Bücher verkauft hat an diejenigen, die ich im Hinterzimmer bei ihm traf. Es waren wichtige und kostbare Bücher, die er verschenkte, und er bestand knurrig darauf, sie zu verschenken; nur sehr wenige Male gelang es mir, eine Abzahlung in Raten zu erzwingen, und wenn ich ein Buch, wie etwa den großen Bildband über Hodler, abstottern wollte, sagte er beim zweitenmal, als ich verlegen einen Zehnmarkschein auf den Tisch legte: Jetzt hör endlich auf, du Spießer!

Einen weiteren Grund, mich Spießer zu nennen und mich anderen so vorzustellen, sich an meinem Ärger weidend, fand Schorsch in meiner Abneigung gegen allzu saftige Ausdrücke, mit denen er nicht sparte; außerdem bemerkte er, daß ich völlig unempfindlich gegen das Ärmelzupfen des drallen Mädchens blieb, die mich stets ins Hinterzimmer begleitete und sich in meiner Nähe aufhielt, bis Schorsch sie hinausrief.

Ernst Wildangel, den Stadtschulrat, habe ich mehrmals bei Schorsch getroffen, einen Mann, den ich bewunderte und dessen körnige Eleganz der Gesprächsführung ich bestaunte. Wildangel hatte ein Exemplar von Lenins Materialismus und Empiriokritizismus in der Hand. Er unterhielt sich mit Schorsch und einem mir unbekannten Dritten über Materialismus und Idealismus, über Sein und Bewußtsein. Ich kam dazu, lauschte lange, aber bei irgendeiner Gelegenheit mischte ich mich ein und zitierte Descartes, mit dem wir uns eben im Unterrichtsfach Philosophische Propädeutik befaßt hatten, zitierte eitel: Cogito, ergo sum! Aber ehe ich mit frisch erworbener Kenntnis den Satz umkehren konnte, knuffte mich Schorsch in die Seite und rief: Coitus ergo sum!

In mehrfacher Hinsicht fand ich dies Wortspiel unpassend, dem ernsten Gesprächsgegenstand nicht angemessen, und überdies, wie bei Descartes, enthielt auch Schorschs

Persiflage eine völlig falsche Prämisse, selbst im groben Spaß, so schien mir, könnte man das Sein nicht so angehen.

Schorsch bemerkte meinen Ärger, meine Verwirrung, möglich, daß ich sogar errötete; er zeigte auf mich und sagte zu Ernst Wildangel: Sieh dir den an, das ist tatsächlich ein Spießer! Und er wiederholte seine spezielle Fassung des Descartesschen Satzes noch einmal.

Spießer blieb ich für ihn, dennoch konnte er mich wohl gut leiden, er lud mich einige Male zu Partys in sein Haus in Lehnitz ein. Schorsch nannte diese Treffen Partys, was in meinen Ohren ziemlich anrüchig klang, ich sagte es aber nicht, um nicht als Spießer zu gelten. Außerdem fand ich es aufregend, an einer wirklichen Party teilzunehmen, die dann zu meiner Enttäuschung nichts anderes war als ein angeregtes Gespräch mit vielen Leuten, ein heftiges Durcheinander, Gelächter, Essen und Trinken.

In Schorsch Pinzkes Buchhandlung, besonders im Hinterzimmer oder bei den Partys in seinem Haus verlor ich endgültig den Kinderglauben, daß nicht nur die Maler, sondern auch die Schriftsteller alle schon tot seien. Ich begegnete ihnen, saß neben ihnen auf den Bücherstapeln, unsere Ellenbogen berührten sich. Der erste Schriftsteller, den ich so dicht sah, daß ich die Poren seiner Gesichtshaut erkennen konnte, und mit dem ich mich unterhielt wie mit irgendeinem anderen, war Peter Kast, der damals den Kulturteil der Zeitung Vorwärts leitete und ein alter Kriegskamerad und Freund von Theodor Plivier war, dessen Buch Stalingrad ich gerade verschlang.

Bei Pinzke traf ich einen jungen sowjetischen Leutnant, der gut Deutsch sprach und mit dem ich später häufig zusammenkam, Grischa Kurella. Er redete schnell, sich verhaspelnd, strich sich ständig die Haare aus der Stirn, er tröstete mich: Sei nicht so wütend, wenn er dich Spießer nennt, mich nennt er einen Praktiker, auch so eine Beschimpfung. Aber ich hab nichts dagegen.

Ich saß neben Grischa Kurella auf der Bücherhalde und

hatte einen Band von Majakowski gefunden, einen Dichter, von dem ich schon Seltsames und Aufrührerisches gehört, aber noch nichts gelesen hatte.

Majakowski kenne ich natürlich auch, sagte Kurella, am besten durch seine Schwestern. Und er erzählte mir, daß er zu Anfang des faschistischen Einfalls in die Sowjetunion wie viele andere evakuiert wurde, wolgaabwärts auf einem Dampfer. Auf diesem Schiff befanden sich auch die Schwestern Majakowskis. Dem jungen Kurella war es eine Ehre, die völlig unselbständigen Frauen, wie er sie mir schilderte, zu betreuen. Sie erzählten ihm dafür an den langen Abenden auf dem Schiffsdeck von ihrem berühmten Bruder.

Majakowski hält eine seiner bekannten und berüchtigten Lesungen, nachher regnet es Fragen, Majakowski antwortet schlagend und anzüglich.

Irgend so ein Herrchen stellt die Frage: Majakowski, ist es nicht höchst unanständig, mit so ungebügelten, hochgezogenen Hosen vor die Zuhörer zu treten, die gekommen sind, ernsthafte Dichtung und einen korrekt gekleideten Dichter zu hören und zu sehen?

Majakowski donnert zurück: Viel schlimmer wäre es, wenn meine Hosen zwar gebügelt wären, aber wenn sie vor aller Augen, auch der reizenden Damen im Raum, herunterfielen bis auf die Fußknöchel!

Wir lachten, die Bücherstapel unter uns wackelten, Schorsch Pinzke blickte herein. Der Spießer und der Praktiker, so heiter?

Ein anderes Mal betrat ich das Bücherzimmer und blieb an der Tür stehen, denn ich erkannte sie sofort. Anna Seghers stand dort, ein Buch dicht vor den Augen, lesend, schräg von ihren Lippen hing eine brennende Zigarette. Sie las lange schweigend, sah durch mich hindurch, mit dem Buch in der Hand ging sie zu Schorsch in den Laden; ich sah der faszinierend schönen Frau nach, besonders hatten es mir ihre roten Sandalen angetan.

Auch Bertolt Brecht war ein guter Kunde bei Pinzke. Schorsch erzählte uns, daß Brecht zu ihm kam wie viele andere zurückgekehrte Antifaschisten, wenn sie ihre Bibliothek auffüllen oder neu einrichten wollten; sie wußten, Schorsch Pinzke war derjenige, der diese Bücher, die sie liebten und brauchten, hatte. Voller Stolz erzählte Schorsch, wie Brecht in den Laden gekommen sei, ohne Anmeldung, ohne sich zu erkennen zu geben, und wie er einen großen Stoß Bücher ausgesucht habe. Als er dann bezahlen wollte, habe er, Schorsch Pinzke, gesagt: Genosse Brecht, ich weiß natürlich, Sie brauchen die Bücher, Sie wollen Ihre Bibliothek aufbauen, aber Sie können nicht verlangen, daß ich von Ihnen Geld nehme, ich möchte Sie bitten, diese Bücher als Geschenk eines alten Genossen zu Ihrer Heimkehr betrachten zu wollen.

Brecht nahm ohne Zögern an. Brecht also kein Spießer wie ich, ohne Ziererei.

Nicht nur Schriftsteller und Maler wie Bruse und Hensel und René Graetz und Fritz Duda fanden sich bei Pinzke ein, auch Studenten, beispielsweise Konstantin Spies, ein Mediziner, der über den reaktionären Professor Sauerbruch herzog und im Hinterzimmer, zwischen Büchern sitzend, eine Kabarettszene entwarf, zu der Schorsch saftige Sentenzen beisteuerte und die ich dann bei einer FDJ-Versammlung vorgeführt sah, Spies, Sohn des Komponisten Leo Spies, als Professor Sauerbruch, peußisch schnarrend.

Man traf FDJ-Funktionäre – wie Weigert und Keßler, oder Lothar Skorning, einen aktiven Sportler; der Eisenbahnpräsident war hier zu finden, spanische Genossen, Gäste der Parteikonferenz, Mitarbeiter aus dem Zentralvorstand der Partei, Leute, die als Spezialisten in der Sowjetunion gelebt und gearbeitet hatten und eben zurückgekehrt waren; hier unterhielt ich mich mit dem Pädagogen Professor Deiters über die Gleichberechtigung der Frau, ich kenne Genossen, die zwar viel von Gleichberechtigung reden …

Schorsch bringt böse Beispiele dieser Genossen, sehr derbe, er zwinkert mir zu, na, Spießer?

Meistens drehte es sich bei den unendlichen Gesprächen um Literatur und Kunst, um Kultur, man hörte mit halbem Ohr zu, weil man inzwischen in einem Buch blätterte, oder man beteiligte sich wild und streitlustig. Schorsch Pinzke, in seinem Sessel sitzend oder oben in seiner Höhle lümmelnd, goß Öl ins Feuer der Debatte …

Wenn ich es genau bedenke, habe ich hier, in dem kleinen, mit Büchern vollgepackten Raum, in dem es stets muffig roch und aus dem man meistens reich beschenkt hinausging, aber mit schmutzigen Händen und staubigen Kleidern, mehr über Kunst und Literatur gelernt als anderswo. Der Mann Pinzke muß eine besondere Art gehabt haben, eine Anziehungskraft, die die verschiedensten Leute zu ihm hinzog, eine Gabe, die Leute reden und streiten machte, ohne Krampf, oft mit Gelächter. Die Bücherberge allein waren es nicht und nicht Schorschs Großzügigkeit im Verschenken. Mehr als anderswo begriff ich dort, daß die Literatur gerade das Vernünftige ist, was Mutter von mir forderte, und daß ich mit diesem Vernünftigen mich verbinden müßte, mit ihm leben würde, wie auch immer.

Die Zeitschrift Ost und West hatte Anfang 1947, vor dem ersten deutschen Schriftstellerkongreß, eine Diskussion zum Thema: Wo ist die junge deutsche Dichtung? angeregt. Ohne lange nachzudenken, ohne Konzept und Notizen diktierte ich der Sekretärin des Jugendausschusses meinen Beitrag; ich glaubte, ein Funktionär, der für Kultur in einem Stadtbezirk zuständig ist, für Kulturarbeit mit jungen Leuten, müßte sich da einmischen.

Es wäre Anmaßung, wenn ich als neunzehnjähriger, hauptamtlicher Jugendfunktionär und an sich nicht zur Kategorie derer gehörig, die Sie mit Ihren Worten ansprechen, vorgäbe, diese Antwort zu erteilen. Ich hoffe nur, den Chor der Stimmen ein wenig zu bereichern, vielleicht einige bisher wenig beachtete Punkte aufzuzeigen oder diese und jene Anregung zu geben.

Daß ich es als Anmaßung empfand, eine Antwort, eine gültige, geben zu wollen, obschon man mit neunzehn auf alle Fragen eine Antwort zu wissen glaubt, berührt mich an dem jungen Menschen sympathisch. Merkwürdig aber dieses an sich, ich fühlte mich nicht zur jungen Dichtung gehörig, außer den Wandzeitungsartikeln, ein paar Agitationsgedichten und anderen, die ich in einem Heft verbarg, gab es ja nichts, was dieses an sich mir in die Feder diktierte. Vielleicht eine Ahnung, vielleicht eine unbewußte Hoffnung?

Daß die Jugend in ihrer übergroßen Mehrheit der Träger einer Negation ist, Literatur, Politik, Kunst, Jugendbewegung, ja das Leben selbst verneint, ist allgemein bekannt. Es handelt sich um die Schockwirkung der Nazizeit: Erst das übersteigerte Lebensgefühl, der Machtrausch, der Klang der Millionen Fanfaren und Kanonen, und dann, für die meisten so überraschend, die eisige Sturzflut der Niederlage, der Zusammenbruch der scheinbaren Welt- und Lebensanschauungen, die Friedhofsstille des zerschmetterten Deutschlands. Und der größte Teil der deutschen Jugend ... steht immer noch starr vor den Trümmern seines Glaubens und seiner Idole.

Der Verfasser setzte sich dann mit den Rezepten auseinander, die in vielen Reden und Artikeln gegeben wurden, der Jugend, besonders der jungen Dichtung zu helfen; er bekämpfte die Argumente: Gewährenlassen, Schonzeit, Nachinnenlauschen.

Die Innerlichkeit, die bereits in der verkrampften Lyrik junger Dichter auftaucht, ist der Beweis für die absolute Unsicherheit ... Ihre Flucht geht aus der Welt zu sich selbst zurück und darüber hinaus ins Ziellose. Es rilkt im jungen Blätterwald. Dieser geistigen Armut, dieser Hilflosigkeit muß sofort der Kampf angesagt werden.

Dann forderte der Schreiber, Lehrer und Freunde der Jugend zu finden, die ihr durch Lebens- und Kampferfahrung helfen sollen, auch den jungen Dichtern.

Das ist eine Ursache des Schweigens: das Fehlen von Lehrern und Freunden, die Unsicherheit mit sich selbst und dem Leben gegenüber. Die tiefere Ursache ist die völlige Unsicherheit gesellschaftlichen Problemen gegenüber. Die Jugend hat die Fähigkeit verloren, Zusammenhänge zu überschauen, sie versteht nichts von der Notwendigkeit gesellschaftlicher Umwandlungen, sie weiß nichts um ihre Aufgabe in der Gesamtheit des Volkes. Aus beidem resultiert ihr Schweigen: Die junge Dichtergeneration kann nichts Konkretes, Starkes und Bleibendes aussagen, weil sie erstens in einer persönlichen, menschlichen, charakterlichen und auch künstlerisch formalen Hilflosigkeit verharrt und weil sie zweitens in völligem Unwissen über ihre gesellschaftliche Funktion ist, ja sie ist sich absolut unklar über die Gesellschaft und ihre Klassen überhaupt.

Da war der Funktionär in dem jungen Mann sichtbar geworden. Er forderte die sofortige Kampfansage und formulierte sie mit erstens und zweitens wie in einer Beschlußvorlage. Sein Diskussionsbeitrag erschien in der Zeitschrift, als der Schriftstellerkongreß schon vorüber war. Der erste Absatz war gestrichen worden, in dem es hieß, der Schreiber habe gehört, auf die Frage Wo ist die junge deutsche Dichtung? solle Stephan Hermlin antworten. Er, der junge Funktionär, meine, daß Hermlin dies nicht klar genug werde beantworten können, deshalb schreibe er. Aber Hermlin hatte auf diesem Kongreß eine sehr beachtliche Antwort gegeben, die zum Erstaunen des Schreibers oft mit seiner Meinung und sogar mit manchen seiner Formulierungen übereinstimmte.

Seelische Verkrampfung bescheinigte Hermlin vielen jungen Dichtern; viele schlechte Gedichte kämen daher, daß der Faschismus und sein Krieg bei uns fast durchweg erduldet, ja geduldet, aber nicht bekämpft wurden. Und: Was den geistigen Gehalt angeht, scheut man das Direkte, das Konkrete. Man flüchtet in die Metaphysik und nennt die Totschläger am liebsten Dämonen ... Wir haben also mit dem größten Ernst die Frage nach dem Gegenstand zu stellen. Auch Hermlin untersuchte die Zweifel und den Pessimismus der meisten jungen deutschen Dichter und setzte dagegen, junge Dichter sollten um so leidenschaftlicher den Möglichkeiten einer humanistischen heroischen Dichtung nachspüren. Er forderte, der junge Dichter müsse der Zeit voll ins Gesicht sehen.

Ich hatte meinen Diskussionsbeitrag längst vergessen, ich hatte die Referate und Diskussionen des Schriftstellerkongresses mit Aufmerksamkeit und Erregung gelesen. Hermlins Beitrag über junge deutsche Dichtung, wie sie ist und wie sie zu sein habe, fand meine Zustimmung, denn sie entsprach haargenau meinen Überlegungen, nur, ich hatte tatsächlich vergessen, daß ich diese Überlegungen und Gedanken vor Wochen einfach so, wie sie mir in den Kopf gekommen waren, diktiert und abgeschickt hatte, tatsächlich nicht zum Zweck der Veröffentlichung, sondern um einige verwertbare Hinweise zu geben.

Auf einer Tagung im Saal des Jugendausschusses in der Scharnweberstraße erschien als Referent Peter. Noch ehe die Tagung eröffnet wurde, nahm er sich, ironisch und unbescheiden wie oft, das Wort, zog aus seiner Aktentasche das graubraune Heft einer Zeitschrift, hielt es hoch und fragte, wer diese Zeitschrift kenne oder lese. Nur sehr wenige; Peter las meinen Brief vor, den der Herausgeber bis auf die Streichung des Anfangs wörtlich und ungekürzt abgedruckt hatte. Er las auch den langen Kommentar des Herausgebers zu meinem Brief. Aber es ist nicht damit getan, dieser geistigen Armut, dieser Hilflosigkeit den Kampf anzusagen. Herr B. ist ungeduldig. Er hat das Recht dazu mit neunzehn Jahren. (Übrigens qualifiziert ihn sein Brief, mit uns Älteren ungeduldig zu sein: Er weiß seinem Temperament in einer Form Ausdruck zu geben, die uns aufhorchen machen muß.)

Da verließ ich doch den Raum, rannte hinaus, um nicht zugeben zu müssen, daß alles dies, das Vorlesen, der vollständige Abdruck meiner ungeordneten Gedanken und das Lob des Herausgebers, mich völlig verwirrt und ungeheuer verlegen gemacht hatte. Als ich zurückkehrte, hatte die Tagung schon begonnen, Peter schob mir das Heft zu, ich schenke dir's, aber deinen Vornamen hat er dennoch falsch geschrieben, du schreibst dich doch mit d, nicht mit t. Seine Genauigkeit wie seine Ironie waren bekannt, er konnte es nicht lassen.

Spätabends saß ich zu Hause am Küchentisch, versuchte die anderen Beiträge des Heftes zu lesen, von Peter Huchel und Ricarda Huch, von Günter Weisenborn und Axel Eggebrecht, von Max Schröder und Egon Erwin Kisch. Doch ich unterbrach mich immer wieder und kehrte zu einem gewissen Artikel zurück, den ich immer von neuem las.

Ich kämpfte lange und konnte es dennoch nicht lassen, ich zeigte ihn Vater und Mutter. Wir saßen am Küchentisch, gelblich beleuchtet von der trüben Glühlampe, der einzige helle Fleck in der Wohnung. Mutter las einen Schmöker, und Vater flickte seinen Schuh. Ich zeigte das Heft und meinen Namen, las, von Eitelkeit gepeinigt, daß ich vergaß, was unweigerlich folgen würde, meinen Beitrag von Anfang bis Ende vor. Vater ließ sich die Seiten zeigen, das, was der Herausgeber über mich geschrieben hatte, und die Unterschrift meines Briefes, meinen wenn auch nicht korrekt geschriebenen Namen. Er sagte nichts, nickte nur und arbeitete weiter an der zerrissenen Sohle. Mutter indessen sprang vor Erregung auf, schlug erst Vater, dann mir derb an die Stirn, rannte, behender als sonst, durch die Küche, war wütend, aber noch mehr verzweifelt. Sie schlug die Hände, was sie häufig tat, über dem Kopf zusammen. Nu is er endgültig verrückt geworden! Der Kopf springt ihm über, ich habs geahnt. Hättest du doch bloß was Anständiges gelernt. Jetzt wirst du überhaupt nichts mehr verdienen. Schreibst irgendeinen Quatsch in so einem Heft, für nichts und wieder nichts. Und was kein Mensch versteht. Ich habs geahnt! Aber keiner hat auf mich gehört!

Wenn es politisch richtig ist, was er schreibt, und sonst würden sies nicht drucken, dann ist es auch in Ordnung, sagte Vater.

Das kommt noch dazu, ihr Dämels, schrie Mutter, poletisch ist es auch noch, wenns anders kommt, dann wird er Steine klopfen wie Richard Wuzzel! Jesusmariajosef, daß ich so was erleben muß.

In der Nacht konnte ich lange nicht schlafen; schlich umher, suchte in meinem Bücherregal dieses und jenes Buch, zog diese und jene Broschüre hervor, las darin herum, um mich von der Zeitschrift abzulenken, vor allen Dingen von meinem eigenen Beitrag. Mutter hatte den feinen Lichtschein im Türspalt bemerkt, sie riß die Tür auf, ohne Rücksicht auf Vaters Schlaf, und steckte den kleinen Kopf durch den Türspalt, der immer dünner werdende graue Haarzopf fiel ihr über die Schulter. Denkst wohl, du bist ein großer Mann? Sie lachte schallend. Ich sage dir, du bist fürn Asch! Und ich rate dir zum letztenmal: Tu was Vernünftiges!

Dies sagte sie, gegen ihre Gewohnheit, bittend, ja zärtlich; sie hatte wirklich Angst um mich. Dann warf sie die Tür zu, ich hörte sie in ihren ausgetretenen Pantoffeln schlurfend zu ihrem Bett gehen, ich knipste das Licht aus. Was war denn das Vernünftige anderes als dies Heft in meiner Hand, mit meinem ersten gedruckten Artikel?

Traum

Ich treffe Thomas Mann und wundere mich, wie sehr sein Gesicht dem von Gerhart Hauptmann ähnelt. Irgendwie habe ich das Gefühl, dies könne nicht sein, und vielleicht ist der Mann, der sich als Thomas Mann ausgibt, ein Hochstapler. Sehr sportlich, die Hände in den Hosentaschen, tritt er zu uns, die wir sofort einen Kreis um ihn bilden. Er begrüßt uns mit einem ungeheuer aufgetürmten Satz, den ich, trotz angestrengten Zuhörens, nicht verstehen kann, so verschachtelt ist er, dauert minutenlang, ich weiß keinen Anfang und kein Ende mehr. Ich stehe und denke: Das ist nun doch typisch Thomas Mann. Aber sein Gesicht gefällt mir immer noch nicht und nicht die fortgesetzt lässige Haltung und der großkarierte Anzug …

Plötzlich weiß ich, dieser Mann ist Bertolt Brecht. Nur ich entdecke es, während die anderen ihn nach wie vor für Thomas Mann halten, günstigstenfalls für Gerhart Hauptmann. Ich bin stolz auf meine Überlegenheit, meinen Scharfsinn und will meine Entdeckung für mich behalten. Ja, niemand bemerkt die Täuschung, die Maskerade. Ich kämpfe mit meinem Lachen, es überwältigt mich, man sieht sich befremdet nach mir um, man rückt mir bedrohlich näher, schüttelt die Fäuste. Auch der Mann, der Thomas Mann sein will oder Gerhart Hauptmann, in Wirklichkeit Bertolt Brecht ist, sieht mich drohend an und hebt die Hand. Ich flüchte und fühle, daß alle hinter mir herrennen. Ich durchschaue die Sache und beschließe, mich nicht länger aufzuhalten, nach Hause zu gehen. Ich drehe mich um, aber entsetzt merke ich, daß ich vergessen habe, wo ich wohne …

Auf dich kommt es an …

Wir trafen uns auf der Maidemonstration 1947. Paul sagte, er habe mich schon längere Zeit sprechen wollen.

Also du machst in den nächsten Tagen dein Abitur? Wird doch glatt gehen? Ja, da möchte ich bitten, daß du mich besuchst, am besten komm gleich morgen.

Paul war Funktionär der Kreisleitung, er arbeitete in einer kleinen Kammer, vielleicht wohnte er sogar dort. Die Kreisleitung der Partei befand sich in der Frankfurter Allee. Er hatte ein ernstes, verhärmtes Gesicht, redete stets ruhig, höflich, beinahe bittend, was sehr ungewöhnlich war für einen Jugendsekretär.

Die Partei bat nicht. Sie gab Aufträge und faßte Beschlüsse. Paul nun bat, und es klang, als sei er verlegen. Er schien häufig unschlüssig, vor Sorge, als könnte er uns verletzen mit seinen Fragen, Wünschen und Beschlüssen. Dann sah er abgekämpft aus und alt. Aber er war wie alle anderen Jugendsekretäre und Leiter der Jugendausschüsse nur wenige Jahre älter als wir.

Ich ging pünktlich zu Paul, er nickte mir zum Gruß bloß zu, stand am kleinen Fenster und spielte Geige, was einem Parteifunktionär wohl nicht zukam, ihn zweifelhaft machte. Ich sah und hörte es mißvergnügt. Es klang nicht schön, was Paul da herunterstrich, es erinnerte mich unangenehm an die Musik aus der viel kostbareren Geige Friedrich Michaels im mecklenburgischen Bauernhof. Paul spielte für sich selbst, mit geschlossenen Augen, brachte sein Spiel zu Ende, legte die Geige beiseite, wir setzten uns. Er hinter den winzigen Schreibtisch, ich auf den wackligen Stuhl davor. Ich sah, Paul bemühte sich, seinen Wunsch, den Wunsch der Partei, freundlich überzeugend vorzubringen.

Also du bist vor dem Abitur, schön, hoffentlich reiß ich dich nicht aus den Vorbereitungen, aber es ist etwas Wichtiges, was zu bereden wäre.

Nein, ich beruhigte Paul, ich bereitete mich überhaupt nicht vor, ich war sicher, die Prüfung zu bestehen, wie auch immer, mir doch egal, und wenn die Partei rief ...

Nein, Paul sah es anders. Es wäre nicht schlecht, du bestündest wirklich gut, vorbildlich gewissermaßen, du bist der einzige Genosse unter Schülern und Lehrern an der ganzen Schule, man sieht auf dich, und vielleicht nehme ich dir doch eine Stunde Zeit des Lernens, und gerade die fehlt dir.

Mir war es gleich, wie man mich sah, das Wissen, das man prüfen würde, war doch nur bürgerlicher Ballast, wozu da als Vorbild etwa mit sehr gut abschneiden? Ich tröstete Paul von neuem; denn Paul blickte so traurig-verlegen, daß man ihn trösten mußte.

Und was hast du nach der Prüfung vor? Also studieren. Also Philosophie, Germanistik, sehr schön, sehr positiv. Paul wiederholte sich, wie es früher bei den alten Rednern üblich war; ich wußte, Thälmann hatte seine Reden auf diese Weise den Zuhörern einprägen wollen, und Hermann Matern, der Vorsitzende unserer Landesleitung, wiederholte ganze Sätze und Begriffe. Paul hob also den Finger und sagte nochmals: Sehr schön, sehr positiv. Im Herbstsemester, ja? Einverstanden, einverstanden!

Als ich es den Eltern erzählte und berichtete, daß ich schon zur Universität gelaufen war, um mir die Unterlagen zu holen, schwieg Vater, ich begriff sehr gut, daß es bei seiner Wortkargheit nichts anderes bedeutete als einverstanden. Mutter schlug die Hände über dem Kopf zusammen und setzte sich hin. Immer noch kein Geld verdienen, Junge, wovon willst du denn leben? Wohnen und essen kannst du immer hier, bis du Großvater bist, meinetwegen. Aber du willst doch mal dein eigener Herr sein, ein feiner Herr.

Studium war für sie brotlose Kunst; zum feinen Herrn wurde man in ihren Vorstellungen auf andere, mir unbekannte Weise. Ich erklärte ihr, tagsüber würde ich irgendwie arbeiten und abends studieren oder nachts. Man nannte das Werkstudent. Vater nickte, es hieß wieder einverstanden, er billigte meine Pläne. Mutter wiegte bekümmert den Kopf. Wenn das man alles gut geht? Wovon willst du bloß eine Familie gründen und Kinder ernähren, es wird doch bald Zeit.

Paul fiel es schwer, seinen Auftrag loszuwerden, er sah verlangend nach der Geige, als könne er, falls er wieder zu spielen begänne, die ihm unangenehme Aufgabe, den Beschluß zu übermitteln, hinauszögern. Wir haben da eine Bitte an dich, ein Beschluß gewissermaßen. Es wird ja nur vorübergehend sein. Die Partei freut sich, wenn jemand studiert, so viele sind es heutzutage nicht, Arbeiterkinder. Ich hatte ja auch mal angefangen, vor zehn Jahren ... Paul blickte kurz aus dem kleinen Fenster und sah mich fast verzweifelt an. Also wir denken, daß du gleich nach der Prüfung als Kulturreferent im Jugendausschuß zu arbeiten beginnst. Ein Semester lang, höchstens zwei, dann haben wir andere herangezogen, neue Kader.

Gut, ich war sofort einverstanden, Beschluß war Beschluß, ich sah ein, man wurde gebraucht, die Partei rief, und ein Semester früher oder später, was tat es.

Paul druckste weiter herum. Aber um offen miteinander zu sprechen, wir haben kein Geld für deine Tätigkeit.

Ich hatte bisher kein Geld verdient, kein Stipendium oder etwas Ähnliches erhalten, das gab es nicht, die Eltern ernährten mich; nun begann es mir peinlich zu werden, ich war neunzehn Jahre alt, aber da es beschlossen war, mußte es sein. Hatten Lenin oder Stalin etwa Gehaltsfragen gestellt oder Thälmann und Pieck? Ich nickte.

Paul belebte sich. Es gibt einen Ausweg, ist mit Fred besprochen, er stellt dich als Hilfsbibliothekar an, und du bekommst ein Gehalt, kein großes natürlich. Paul stockte und sah mich bittend an. Immerhin ein Gehalt, ich nickte. Es sind hundertvierzig Mark im Monat. Damit es seinen ordentlichen Gang geht, siehst du die Bibliotheken in den Jugendheimen durch und prüfst ab und zu, wenn du Zeit hast, im Lager die beschlagnahmten Bücher, ob sie auf dem Index stehen oder ob wir sie an die Bibliotheken weitergeben können.

Paul sah, daß ich etwas anderes erwartet hatte, eine politische Tätigkeit, wozu brauchte die Partei einen Hilfsbibliothekar? Er flüsterte: In Wirklichkeit wirst du nur einen kleinen Teil der Arbeit mit Büchern verbringen oder bei der Kulturarbeit im Jugendausschuß, du sollst das Org.-Komitee für die FDJ-Gründung leiten. Dafür hat niemand Geld, du weißt, der Jugendausschuß gehört zum Magistrat. Die FDJ bittet dich, wir auch, also kurz gesagt, bau die FDJ auf, organisiere sie, dann studiere. Wir bitten dich!

Ich nickte, einverstanden, eine wichtige Tätigkeit.

Mutter war's zufrieden, daß ich nun bald in Lohn und Brot stand, mit einer hübschen Summe nach ihrer Vorstellung, und da ich das ganze Gehalt abgab, schien es gut mit mir zu gehen. Daß Vater ein paar Mark mehr verdiente, war nur gerecht, er arbeitete ja lange und schwer genug. Nur Onkel Otto maulte, so lange auf die hohe Schule und dann die paar Pimperlinge.

Aber er arbeitet für die In-tel-li-genz! Mutter sprach das Fremdwort gedehnt und hochmütig aus. Der schindert sich nicht kaputt, der trägt Bücher hin und her, blättert drin rum, und schon hat er sein Geld verdient, und du buddelst in der Erde!

Ich gelangte nie an eine Universität, die Bewerbungspapiere lagen noch lange im Schubfach meines Schreibtisches, Philosophie und Germanistik, gut und schön, aber wir sangen doch: Das neue Leben muß anders werden als dieses Leben, als diese Zeit …, auf dich kommt es an, auf uns alle …

Es fiel mir leicht, das alte Leben loszulassen. Da war das Elternhaus, aus dem ich kam, Vaters Haltung und die einiger anderer aus der puckligen Verwandtschaft, die von Onkel Fritz besonders; das Glück, mit Willi und Helmut Freunde gefunden zu haben, die nicht dafür, sondern dagegen gewesen waren oder auf dem Weg zum Dagegen; die rasche Ernüchterung, als ich zur Flak kam; die Liebe, die so große Entdeckung brachte und die ohne jede Braunfärbung gewesen war – es hätte ja auch eine kleine Nazisse sein können; das Wissen, auf keinen Menschen geschossen zu haben … oder doch, natürlich, auf die feindlichen Flugzeuge, aber hier hatten wir das Gefühl, unser Elternhaus, Verwandte und Freunde zu verteidigen, unsere Stadt, ihre Straßen und Plätze, die im Bombenregen blutig versanken, und geschossen hatte ich im Dorf bei Parchim doch auf Menschen, auf die Feldgendarmen, die uns aufgegriffen und verhaftet hatten, die selbst keine Sekunde gezögert hätten, uns zu erschießen. Auf diese Schüsse, die einzigen, die ich bewußt und gezielt auf sichtbare Menschen abgegeben hatte in diesem Krieg, war ich sogar stolz. Ich ließ es nicht nur los, das alte Leben fiel von mir ab, leicht und leicht, ohne großen Konflikt, zu schnell beinahe, zu schmerzlos fast. Und ich hatte einen ungeheuren, schmerzvollen Antrieb. Ich wollte das Leben meiner toten Geliebten und meiner toten Freunde leben, in Stellvertretung, dreifach dasein, arbeiten und dreifach kämpfen, daß Faschismus und Krieg sich nie wiederholten.

So hatte ich keinerlei Schwierigkeiten mit dem Anfang, keine Gewissensbisse, keine Reue, ich wollte nicht auf andere Art besonders stramm sein, um Schuldbewußtsein zu übertönen. Als ich Victor Klemperers LTI las, wurde mir an meiner eigenen Sprache deutlich, daß da noch manches weiterlebte in mir, in meinem Denken, von dem, was ich längst verwunden glaubte: ausrichten, Großraum, schlagartig, Garant, Engpaß … Aber auch diese Entdeckung schokkierte mich nicht sehr, machte mich nur aufmerksamer.

Nein, ich hatte keine Schwierigkeiten mit der neuen Zeit, es schäumte zwar wirr, und vieles gärte unklar, und es brauchte seine Weile, länger als ich ahnte, aber ich war wie viele andere wahrhaft befreit. Dies betraf den ganzen Menschen und alle Lebensäußerungen. Wir waren wie losgelassen, Mutter hatte es häufig so bezeichnet, wenn wir als Kinder herumtollten und tobten. Wir waren wirklich losgelassen aus eisernem Zwang und Drill, aus Befehlsempfang und Gehorsam. Wir redeten miteinander bis zur Erschöpfung, es hieß jetzt diskutieren. Über alles. Wir sangen, weil wir vorher nur Marschlieder, drei, vier, gebrüllt hatten; tanzten leidenschaftlich, was eben noch streng verboten gewesen war, spielten Theater und verkleideten uns, weil wir auch auf diese Weise entdeckten, wer wir eigentlich waren.

Herta, die Leiterin der sozialdemokratischen Jugendgruppe, Helmut zuliebe besuchte ich auch ihre Diskussionsabende, war tagsüber fesche Schneidermeisterin und beschäftigte zwei Lehrlinge, abends spielte sie uns die geretteten Schallplatten von Ernst Busch vor, die Säckeschmeißer und das Stempellied.

Am liebsten sangen wir neue Lieder mit neuen Texten, vom neuen Leben oder von Dingen, die uns bis dahin fremd und ferngeblieben waren:

Paddelboote klar, auf zur frohen Fahrt
über den Rhein.
Zelte, Boote, Mägdelein dürfen nicht
alleine sein.
Stets vereint! Wenn der Abend sinkt,
froh ein Lied erklingt
über den Rhein:
wir wollen Freie Deutsche Jugend sein!

Niemand von uns besaß ein Paddelboot; der morsche Kahn, mit dem mich Werner über die Große Krampe gepaddelt hatte, war zerschossen und Werner tot, frohe Fahrten hatten wir nie erlebt. Zelte besaß keiner. Und Mägdelein, das klang romantisch, verklärte die handfesten Mädchen, mit denen wir zu tun hatten, die scharfzüngige Gerda, Org.-Leiterin, die lustigen Schnack, Zack, Ott, Prill. Stets vereint wollten wir sein, was immer wir darunter verstanden. Den Rhein kannte auch niemand von uns, aber wir wollten an der Spree, am Pätzer Vordersee und in Prieros Freie Deutsche Jugend sein.

Nein, eigentlich wollten wir, einige jedenfalls, nicht mehr Freie Deutsche Jugend sein. Sondern KJV. Onkel Fritz hatte begonnen: Du willst also mit Krethi und Plethi zusammengehn, alles verwässern? Mit Christen! Da kann man doch bloß sagen, du lieber Gott! Religion ist …

Ich unterbrach den ärgerlich zischenden Onkel und vollendete, Opium fürs Volk, Lenin.

Onkel Fritz nickte und blickte mich über die Brille weg an. Na bitte, du weißt es ja. Mit kleinen Pfarrern und Nonnen an einen Tisch, die sind doch erfahren, jesuitisch, die drücken euch an die Wand! Wir hatten keine Nonnen und Jesuiten, aber vielleicht besaßen des erfahrenen Onkels Einwände einen richtigen Kern? Mit Kleinbürgern in Massen. Das ist noch schlimmer. Die kleinbürgerliche Verseuchung geht schnell und in die Tiefe. Ihr werdet doch glatt aufgesogen! Tatsächlich, ich begann ihm zu glauben. Kleinbürger, kleinbürgerliches Verhalten galten als der größte Schimpf, und wenn ich bei mancher Diskussion wen so benannt hatte, war es mir mit gleicher Münze zurückgezahlt worden.

Wir schwiegen. Onkel Fritz hing seinen Erinnerungen nach. Ach, was hatten wir für einen schönen KJV. Jetzt wollt ihr ihn endgültig auflösen. Was die Nazis nicht geschafft haben, das machst du, auch du, mein Lieber! In der Parteigruppe, die im winzigen Vereinszimmer einer Kneipe in der Lasdehner Straße tagte, tönte es ebenso. Unser schöner KJV! Ihr macht ihn kaputt! Warum nicht gleich zum Sozialismus? Für den Sozialismus braucht man kommunistische Jugend. Hatten nicht selbst die Sozialdemokraten diese Losung auf ihre Fahne geschrieben? Wenn ich zum Stadtvorstand lief, die Naugarder Straße entlang, las ich am SPD-Parteilokal: Sozialismus jetzt! Dazu brauchte man keine kleinbürgerliche Verseuchung, sondern klassenkämpferische Junggenossen!

Bei der nächsten Diskussion stellte ich die Frage scharf. Wozu FDJ? Besser ein kämpferischer KJV!

Lutz, der Leiter des Friedrichshainer Jugendausschusses, blieb gleichmütig, jedenfalls sah es so aus. Er erklärte geduldig von neuem die Erfahrungen der Jugendbewegung, frühere Zersplitterung der jugendlichen Kräfte, die sich die Faschisten zunutze gemacht hätten; er sprach von seinen eigenen Erfahrungen als Vorsitzender der Freien Deutschen Jugend im schwedischen Exil, er redete von Sektierertum und von breiter Demokratie. Vielleicht hatte er recht? Aber so leicht gaben wir nicht auf, Onkel Fritz nicht, meine Parteigruppe nicht und ich auch nicht.

Eines Tages erhielt Paul, der Jugendsekretär, einen Rüffel aus der Landesleitung, weshalb denn die Partei im Friedrichshain nicht dem sektiererischen Unsinn ein Ende mache.

Geduld, ein unbekanntes Wort. Ein kleinbürgerlicher Begriff, vielleicht reformistisch-revisionistisch. Am Verhalten unserer älteren Freunde, an ihrer Beziehung zu uns ahnten wir, daß Geduld auch etwas anderes bedeuten könnte, eine Tugend der Revolutionäre, die allerdings auch viel Disziplin, ja Selbstverleugnung in sich schloß. Diese Revolutionäre, die geduldig mit uns redeten, nie grob auf unsere Abirrungen reagierten, uns nie fühlen ließen, daß wir Pimpfe und Soldaten gewesen waren, die uns anhörten und zu überzeugen suchten, waren nur wenig älter als wir, also noch nicht in jenen Jahren, wo man Ruhe und Geduld erwarten konnte. Erich Honecker, Hermann Axen, Heinz Keßler, Jochen Weigert, Erich Ziegler, Willi Betsch, Herbert Fölster, Ludwig Zempelburg, Paul Ostberg … Wir stritten oft mit ihnen, aber wir verehrten sie, wir ahnten kaum, was sie für uns taten, für die nun wirklich freie deutsche Jugend. Von ihren Leiden erzählten sie uns nichts, es ging ihnen um uns, um unsere Leiden, unser Bewußtsein, unsere geistige Entwicklung. Und wir fragten sie nicht, waren zu sehr mit uns beschäftigt. Daß Paul als Jugendsekretär in seinem winzigen Büro Geige spielte, machte ihn als Funktionär mir fast verächtlich. Er hatte sein Musikstudium unterbrechen müssen, war in die Schweiz geflüchtet und auf den ersten Ruf der Partei in das zerstörte Berlin zurückgekehrt; auf illegalen Wegen; er durfte nur wenig Gepäck mitnehmen, die Geige blieb zurück. Er erhielt sie erst zwei Jahre später aus der Schweiz zugeschickt. Als ich ihn besuchte, war sie eben in seine Hand gelangt, er trennte sich nicht einmal bei der Arbeit von ihr. Daß er den Anschluß nicht mehr schaffte, daß der antifaschistische Kampf ihn um eine Künstlerlaufbahn gebracht hatte, er hat es mir nie gesagt. Gefragt, warum er in der Kreisleitung Geige spiele, habe ich ihn nicht; wir hatten so sehr mit uns zu tun, unsere älteren Freunde verstanden das.

Ein junger Mann hatte ein Jugendstück geschrieben, das erste, Fred Denger: Wir heißen euch hoffen. Im Deutschen Theater wurde eine Diskussion veranstaltet. Auf der Bühne der Intendant, Gustav von Wangenheim, mit weit ausholenden Bewegungen, zu salbungsvoll für unser hektisches Geschrei des Für und Wider. In der Loge Eduard von Winterstein.

Wangenheim erzählte, wie er, in Moskau als politischer Emigrant lebend, von den Bombenangriffen auf Berlin las, dort lebte sein Vater, Eduard von Winterstein. Er sei bedrückt gewesen, fürchtete um den Vater, dennoch begrüßte er die Bombenangriffe, obwohl sie den Vater hätten töten können, denn diese Bombenangriffe halfen, den Krieg zu verkürzen, den Faschismus zu schlagen.

Winterstein erhob sich und sagte mit geübter, lauter Theaterstimme: Pfui über dich, daß du so kaltherzig mit meinem Tod gerechnet hast!

Aber selbst dies erheiterte uns nicht, wir stritten weniger um das Stück als um Deutschland, seine Vergangenheit und Zukunft, unsere Schuld oder Unschuld, um die Zukunft ... Ein Mädchen, an der Rangbrüstung stehend, schrie zur Bühne, auf der neben Wangenheim Heinz Keßler, der allen bekannte Leiter des Berliner Jugendausschusses, stand: Lassen Sie doch all das Gerede vom demokratischen Neubeginn, von antifaschistischer Ordnung. Mein Bruder war ein unschuldiger Junge, er hat bestimmt nichts getan, und die Russen haben ihn abgeholt, nie wieder ein Lebenszeichen, wenn das Ihre neue Demokratie ist! Das ist Totalitarismus! Nein, danke! Nach einer Pause setzte sie hinzu, leise, mit großer Anstrengung die Tränen bezwingend: So, das ist die Wahrheit, nun können Sie mich auch verhaften!

Die brodelnde Veranstaltung wurde mit Mühe geschlossen, wir sammelten uns um Keßler, der unruhig umherspähte, los, lauft, sucht das Mädchen, holt es her! Das Mädchen wurde gefunden und gebracht, blaß, man sah, sie war bereit für die Handschellen und die russische Haft in Sibirien.

Ich muß unbedingt mit dir reden, sagte Keßler, hier haben wir nicht genügend Zeit, bitte komm morgen in meine Wohnung, Prenzlauer Berg, sagen wir am Nachmittag ...

Als das Mädchen gegangen war, immer noch unsicher, ob sich nicht doch eine schwere Hand auf ihre Schulter legen würde, sagte uns Keßler: Sie war ehrlich! Ehrlicher als viele, die hier herumgeredet haben, sie hatte Mut, sie hat ihre Meinung gesagt. Gerade um die müssen wir kämpfen, um die zuerst, die Ehrlichen. Gut, vielleicht irrt man sich manchmal, und es war doch Provokation. Oft aber auch nicht, gerade um die Aufrichtigen, um die Unklaren geht es ...

Er hat sich mit ihr getroffen, sie ist gekommen; sie ging in die FDJ, wie so mancher, der ähnlich gedacht und geredet hatte, und soll später Gesellschaftswissenschaftlerin geworden sein.

Wir waren losgelassen. Wir tanzten zu Schallplatten oder zu Klängen verstimmter Gitarren und Klaviere, Five o'clock tea im Ferienlager, Helmut beherrschte als erster den Walzerschritt. In der ehemaligen Kneipe, jetzt Jugendheim, bohrte er, auf der Stelle drehend, fast ein Loch in die knarrenden Dielen. Wir tanzten und tanzten und tanzten wie mittelalterliche Sektenspringer, wie Geißler, die Holzsohlen unserer Schuhe wurden zu Mulm.

Wilde und armselige Kostümfeste; wir wollten nicht immer nur die umgefärbten Hosen der Wehrmacht tragen, die Mädchen nicht die unförmige Wolldecke, zum Rock gewikkelt. Irgendwer hatte einen grünen Frack aufgetrieben, er lieh ihn mir zum Kostümfest. Der Frack saß wie angegossen an meinem dürren Leib. Wer war ich jetzt? Ein Graf, ein Jäger, meine Meute stöberte den Hirsch auf, den Achtzehnender; ich war ein Gelehrter, Mitglied einer Akademie, Quantenphysiker, eine Wissenschaft, von der ich nichts verstand, oder ich war ein Diplomat, Botschafter in großer Mission, wie der von Afghanistan, den einst Rahnke aus unserem Haus, Seitenflügel, vier Treppen, chauffiert hatte. Wir verkleideten uns oft, nicht nur, weil wir Wehrmachtshose und Wolldeckenrock entfliehen wollten, sondern wir steigerten uns hinein in eine andere Welt, in andere Zeiten, gar in andere Geschlechter.

Wir veranstalteten eins dieser Kostümfeste, ich trug den grünen Frack, Helmut hatte sich als Mädchen verkleidet. Seine pfirsichfarbene Jünglingshaut, Schminke, Kopftuch und Röckchen gaben ihm wirklich das Aussehen einer hübschen Bauerndirne. Wir feierten in einer geschlossenen Kneipe, deren Wirt vielleicht Nazi gewesen oder als Schieber erwischt worden war. Sie diente der Weißenseer SPD als Tagungsort und Heim. Das alte Grammophon heulte unermüdlich, wir tanzten und sangen.

Es schlug hart an die Tür, russische Laute, eine Patrouille forderte Einlaß. Zwei Soldaten stampften herein, sie hatten Lärm und Lachen gehört und wollten sehen, was da, zu so später Stunde, in der Sperrzeit – wir wollten durchfeiern bis zum Morgen – geschah. Mißtrauisch blickten sie uns an. Was waren denn das für seltsame Leute? Seltsame Mädchen! Altertümlich angezogen, wozu? Einer der Soldaten ging zu den Bierhähnen, doch soviel er auch drehte, nichts schäumte heraus, kein Tropfen; dies regte ihn auf, eine Kneipe, die keine ist, junge Leute, die keine sein wollen, mit angeklebten Bärten und grünen Fräcken. Vielleicht eine Werwolfgruppe? Sie begannen uns erregt zu verhören, auf russisch, was wir nicht verstanden, wir antworteten, und sie verstanden uns nicht; da sagte Herta, Gruppenleiterin: Komsomol, du verstehen? Wir Komsomol. Nicht direkt Komsomol, mehr SPD-Komsomol.

Komsomol, das verstanden die Soldaten, sie nickten; dann machte es sie nur noch mißtrauischer. Dies waren doch keine Komsomolzen, Jungkommunisten mit angeklebten Bärten und grünen Fräcken? In Kneipen, in denen kein Bier aus dem Zapfhahn schäumte, kein Glas, keine Flasche auf dem Tresen stand? Sie schüttelten beide gleichzeitig die Köpfe, nix Komsomol; nahmen die Maschinenpistolen von der Schulter und entsicherten sie, ich kannte dieses kurze, lebenschnappende Geräusch.

Wir sahen uns hilflos an. Los, tanzen, singen, sagte Herta.

Nix, sagten die Posten und richteten uns ihre Maschinenpistolen entgegen. Eine unbedachte Bewegung, ein falsches Wort – es war der November des Jahres 1945, die Soldaten trugen den Krieg noch in den Knochen, der Feind war vernichtet, aber es gab Sabotage, und vielleicht hoben sie hier ein Werwolfnest aus! – Eine Salve, und wir würden den Tanz mit dem Leben bezahlen.

Einer der beiden Posten hatte erkannt, daß dies kein hübsches Mädchen, sondern ein junger Bursche war, ein besonders schlagendes Verdachtsmoment. Helmut sprang durch das Fenster und versteckte sich hinter der Mülltonne.

Ich rannte mit wilden Sätzen zwischen den beiden durch, riß die Tür auf, warf sie hinter mir zu und rannte im Zickzack, wie ich es in meiner grauen Vorzeit, die wir eben zertanzten, gelernt hatte, die nächtliche Straße entlang, hin zum Polizeirevier am Antonplatz. Dort schrie ich den Polizisten unsere Not zu, sie setzten sich ihre Tschakos auf, banden den Holzknüppel am Koppel fest, alte und junge Genossen, das machen wir schon, aber bleib du hinter uns, du in deinem grünen Röckchen. Wir rannten zur Kneipe, die Polizisten drangen ein, bald darauf erschien ein von ihnen gerufener Jeep mit sowjetischer Militärpolizei. Die beiden Posten, die armen Burschen, wurden abgeführt.

Tanzt weiter, aber leiser, sagte der Polizeioffizier, als wir wieder allein waren, die Jalousie rasselte herunter, wir drehten uns von neuem.

Es gab wirklich irgendwo solche Gruppen fanatisierter Jugendlicher, die zwar keine Fräcke trugen und sich nicht als Mädchen verkleideten, aber Heil! riefen, Strohschober anzündeten oder, wie in Neuruppin, einen alten Genossen auf dunkler Straße totschlugen.

Ich war im Schülerrat tätig, in den Gruppen des Jugendausschusses, lief zu Helmuts sozialdemokratischer Jugendgruppe, aus Freundschaft und weil ich nicht genug von dem bekommen konnte, was mich von der Vergangenheit trennte und zu mir brachte.

In Helmuts Gruppe begannen scharfe Diskussionen, als SPD und KPD die Vereinigung anstrebten. Helmuts Vater, alter Sozialdemokrat, hatte seine Schlußfolgerungen aus der Spaltung gezogen und kämpfte in den Diskussionen für die Einheitspartei. In der Jugendgruppe sprach die Mehrzahl dagegen, Helmut wurde in das Hin und Her gerissen, alte, verbissene Antikommunisten fanden sich ein.

Eines Abends erschien wieder ein Jeep vor dieser Kneipe, diesmal ein englischer, und englische Offiziere luden im Schutz der Dunkelheit Pakete mit Flugblättern gegen die Einheit aus, die von der Jugendgruppe an SPD-Mitglieder verteilt werden sollten. In dieser Zeit wurde ich Funktionär der SPD, obwohl ich der Partei nie angehörte. Eines Tages schob mir wer einen auf meinen Namen ausgeschriebenen Funktionärsausweis der SPD zu, ich sollte ihn benutzen, wenn ich mit Helmuts Gruppe – du zählst doch fast zu uns, na also, kommst mit und nimmst dazu das Ding hier – in den Friedrichstadtpalast zu einer Kundgebung ginge.

Im Januar sechsundvierzig trafen sich Kommunisten und Sozialdemokraten im Berliner Friedrichstadtpalast zu einer Funktionärskundgebung der Einheit. Die Mitglieder der Jugendgruppe wie andere Sozialdemokraten waren von den rechten Führern beschworen worden, in dem Augenblick den Saal unter Protest zu verlassen, wenn Walter Ulbricht für die Kommunisten das Wort ergreifen würde. Da nur Funktionäre beider Parteien Zutritt hatten, erhielten alle – auch ich – für diesen Zweck einen Funktionärsausweis der SPD.

Ich habe an dieser Kundgebung nicht teilgenommen, aber ich hörte, daß ein Teil der Jugendgruppe und andere Sozialdemokraten die Weisungen befolgt hatten. Leider verlor ich diesen Ausweis. Er wäre ein interessantes Dokument der Auseinandersetzungen jener Zeit gewesen.

Tanzen, Singen, Stegreifspielen, Vorlesen, Karneval, alles wunderbare Entdeckungen, die schönste und wichtigste jedoch war, zu diskutieren. Endlose Gespräche über alles, zermürbend und aufrichtend, verwirrend und klärend; über Freiheit, Demokratie und über die Einheit der Arbeiterklasse, über die Einheit der Jugend. Was ist stark und gut? Das Vielerlei der Meinungen und der Organisationen, das amerikanische Vorbild, wie es Russel Hill auf der sonnenbeschienenen Terrasse erklärt hatte …

Es bildeten sich die Roten Falken, sie grüßten sich mit Freundschaft! wie wir. Das waren Arbeiterjungen aus unserem Bezirk, abends wurden sie überfallen wie wir, vor dem gemeinsamen Jugendheim. Und nun waren sie unsere Gegner? Und die Jungdemokraten, auch wir jung und Demokraten! Beschimpfungen: Die Hitlerjugend war ebenfalls eine Einheitsjugend, ihr seid nur die neue Sorte! Ihr gehört zu einer Diktatur, einer russischen, einer deutschen, einer FDJlerischen.

Wir wollten die Diktatur des Proletariats. Diktatur aber galt als Böses.

Wozu eine Bodenreform? Lutz, auch kein Bauer, erklärte uns stundenlang, daß es sinnlos wäre, wie wir meinten, gleich Kolchosen und Sowchosen zu bilden. Erst müßten die Millionen entwurzelter Umsiedler sich den Boden der enteigneten Großbauern und Junker nehmen, die Revolution von 1848 nachholen.

Hundert Jahre später, die haben vielleicht ein Gemüt, wir leben heute, in der Weltrevolution!

Dazu sei das landwirtschaftliche Gerät gar nicht vorhanden, abgesehen von der Kleinbauernideologie und den technischen Kenntnissen für Großraumwirtschaften …

Wie ist das mit Huhn und Ei? Was war eher da? Das Huhn? Natürlich das Ei! Gibt es Zufälle, wenn sich die Welt nach den Gesetzen des Materialismus bewegt?

Wieder stundenlang erbitterte Debatten, in denen Freundschaften zerbrachen, Liebe zertrümmert wurde, weil der eine meinte, zuerst müsse das Ei dagewesen sein, und der andere glaubte, erst das Huhn, weil sonst kein Ei. Du bist ein Metaphysiker, und das ist eine metaphysische Fragestellung! Es gibt keinen Zufall!

Eine gröbere Beschimpfung gab es kaum. Man konnte

ein Schuft sein, ein Schürzenjäger, einer, dem man noch nachwies, daß er in der Lingua Tertii Imperii redete, ja ein Kleinbürger, Trotzkist, alles dies war möglich und noch erträglich, wenn auch schwer. Man konnte jemanden einen Schwarzhändler schimpfen, wen hatte man nicht alles auf dem schwarzen Markt gesehen? War nicht ein uns bekannter Funktionär über die grüne Grenze nach Hamburg gefahren, mit einem Eimer Heringe zurückgekehrt und hatte dafür seinen ersten richtigen Anzug und ein Paar flotte weiße Turnschuhe erhandelt? Gut und richtig fand man es nicht, aber ein Metaphysiker genannt zu werden war das schlimmste, tiefer konnte es nicht gehen.

Dann brachte Niggen Karusseit die Hohlwelttheorie ins Spiel. Wieder wackelte das Weltbild, das von Kopernikus, von Stalins ganz zu schweigen. Vielleicht stimmte alles nicht, was wir eben gelernt hatten?

Die Hohlwelttheorie besagte, daß wir nicht auf, sondern innerhalb einer Kugel lebten. Stimmte dies, dann blieb nichts vom dialektischen Materialismus und von seinen vier Grundzügen. Niggen bewies die Schlüssigkeit der Hohlwelttheorie, die es schon lange gab und dic bei den Nazis verboten gewesen war, was wiederum für sie sprach, mit Kreide an der Wand des Jugendheims. Er malte einen Kreis, einen Strich darin, der Mensch, drüben ein Segelschiff, zwei Striche: die Masten. Wenn die Welt eine Kugel ist, was blödsinnigerweise behauptet wird, und ein Schiff kommt heran, dann müßte, durch die leichte, kaum wahrnehmbare Kugelform und unsere Augenhöhe, doch zuerst der Rumpf zu erkennen sein, nicht wahr, aber was sieht man zuerst? Die Mastspitzen.

Niggen zog einen Kreidestrich vom Menschenstrich zum Maststrich; tatsächlich, wir wußten jetzt, zuerst sah man die Mastspitze. Also lebten wir vielleicht im Innern einer Kugel und hatten damit nicht nur eine andere Physik, sondern vielleicht eine andere Weltgeschichte, als wir dachten? –

Im Januar 1949 diskutierte der Berliner Stadtvorstand, heute würde man Bezirksleitung sagen, unter vielen Tagesordnungspunkten auch das Schicksal der Neuen Wache Unter den Linden. Wer das Thema aufgebracht und für wichtig gehalten hatte, weiß ich nicht mehr zu sagen, die Archive schweigen; falls überhaupt etwas wie ein Protokoll geschrieben wurde, wer weiß, wo es abgelegt worden ist, aber es wird wohl keins geschrieben worden sein, solche Dinge nahm man noch nicht ernst und nannte sie Bürokratie.

Immerhin, den Punkt gab es auf der Tagesordnung, ich meldete mich zu Wort. Wir wurden uns rasch einig, in einer großen, symbolhaften Aktion dieses immer noch vorhandene Schandmal des Militarismus und Faschismus zu beseitigen. Weil ich mich zu Wort gemeldet hatte und weil vielleicht kein anderer Sekretär verfügbar war, wurde ich für diese Aktion verantwortlich gemacht und beauftragt, eine Erklärung für die Öffentlichkeit zu entwerfen.

Ich ging zur Kommandantur, in die Wirtschaftsabteilung, und trug mein Anliegen vor, die Halbruine der Neuen Wache zu sprengen, damit wir den Schutt fortbringen könnten. Ein Pionierhauptmann war sofort bereit, unseren Beschluß zu unterstützen. Er freute sich. Immer nur Brücken bauen, Leitungen legen, Gasrohre reparieren, es hing ihm zum Hals heraus. Er hatte den Krieg damit verbracht, Brücken zu sprengen, Werke in die Luft zu jagen, feindliche Stellungen mit geballter Ladung zu vernichten, und mußte nun reparieren, bauen, reparieren, bauen. Jetzt bot ich ihm einen schönen Knall, er rieb sich die Hände, den Sprengstoff beschaffen, Kleinigkeit, das Ding in die Luft, s udowolstwiem!

Die Kreise meldeten die Teilnehmerzahlen, ich berichtete im Sekretariat, die Sache läuft gut. Wenn das Ding gesprengt ist, obendrauf das blaue Sonnenbanner, und dann mit Picke und Schaufel ran, die Trümmer beiseite geschafft wie in Brechts Lied. Freie Jugend zerstört mit dieser Ruine die Reste von Faschismus und Chauvinismus!

Wenige Tage vor unserer wunderbaren Aktion rief mich

Major Dymschitz, Kulturoffizier der sowjetischen Militäradministration, an. Er kannte mich, ich kannte ihn, hatte ihn oft reden hören, bewunderte seine Klugheit, die leise Eleganz seiner deutschen Vorträge, sein umfassendes Wissen; er hatte mich zu Beratungen hinzugezogen, auf denen Kulturfragen zur Debatte standen. Einmal kritisierte er mich freundlich. Während der Ferienlagerzeit wurde in Westberlin die Westmark, die andere Währung, eingeführt, ein weiterer Schritt zur Teilung Deutschlands. Wir entwarfen sofort ein Stegreifstück, in dem Ursachen und Ziele, Hintermänner und Währungsschieber entlarvt wurden. Titel: Der Rubel rollt, es lachen die Banditen! Auch in Berlin traten wir mit diesem Agitationsstück auf, besonders erfolgreich in den Westsektoren.

Auf einer Tagung sprach mich Major Dymschitz an: Wissen Sie, ich höre von Ihrem Spiel gegen die Westmark und finde gut, wie aktuell Sie reagieren.

Das ist doch selbstverständlich, Genosse Dymschitz, machen wir immer. Sehr wirkungsvoll, nur an den eingestreuten Zeitungsmeldungen, die als Sprechchor gebracht werden, feilen wir noch, bringen schnell den neuesten Stand.

Dymschitz nickte befriedigt. Aber da sehe ich ein Problem, und eigentlich hat es nichts mit Ihrem guten Anliegen zu tun. Ich meine den Titel.

Ja, auch sehr wirkungsvoll, der Rubel rollt …

Ich weiß. Aber wecken Sie nicht damit andere Vorstellungen? Der Rubel rollt ja nicht, sondern die Westmark und der Dollar.

Es ist doch bloß so eine Redensart, sehr gebräuchlich, hat ja mit dem echten Rubel nichts zu tun, mit dem sowjetischen.

Nur ein Gedanke, ich wollte es Ihnen sagen, daß vielleicht …

Erst auf dem Heimweg merkte ich, daß es eine Kritik gewesen war, die Sache ließ sich leicht korrigieren, das Stück hieß nun: Der Dollar rollt, es lachen die Banditen. –

Diesmal aber würde mich der Major nicht zur Kritik gerufen haben, sondern um zu loben. Womöglich würde Dymschitz bessere Formen der Auswertung vorschlagen, Presse und Jugendfunk.

Ich fuhr zum Luisenplatz, Dymschitz saß nicht in seinem Zimmer, sondern in dem seines Theaterkollegen, höflich bot er mir Platz an und fragte leise: Ich höre, Sie sprengen die Wache Unter den Linden in die Luft und schaffen die Trümmer beiseite?

Aha, dies war es, vielleicht folgte der Vorschlag, gleich danach eine Kundgebung abzuhalten, vielleicht bot sich Major Dymschitz als Redner an, sehr gut.

Haben Sie das gründlich überlegt?

Natürlich hatten wir, sogar eine Diskussion im Vorstand, Sekretariatsbeschluß, Absprache mit Kommandantur und große Teilnehmerzahlen, Arbeiterjugend, Studenten.

Und wie ist es, kennen Sie Schinkel?

Schinkel? Irgend etwas hatte ich gehört. Wenn Dymschitz fragte, gab es eigentlich nur zwei Möglichkeiten, entweder es handelte sich um einen Reaktionär, einen Faschisten, oder um einen fortschrittlichen Menschen, einen Friedenskämpfer. Daß dieser Schinkel Faschist gewesen sei, glaubte ich nicht, ich hatte irgend etwas anderes von ihm gehört, vielleicht wollte ihn Dymschitz als Redner vorschlagen; ich nickte, Schinkel, ein Friedenskämpfer, glaube ich.

In gewisser Weise haben Sie recht, er war ein großer deutscher Architekt, ein Künstler in vielen Bereichen. Er ist natürlich lange tot, und viele seiner Werke sind zerstört, leider, leider, kein Krieg dient der Kultur, er vernichtet immer Kulturschätze, lieber Jugendgenosse. Jedenfalls war Schinkel ein großer deutscher Meister, und seine Meister muß man ehren!

Charascho, ich nickte, ich war einverstanden. Aber was sollte das jetzt? Ich wollte lieber von unserer grandiosen Aktion reden.

Dieser große deutsche Meister Schinkel hat die Neue Wache gebaut, wußten Sie das?

Nein, ich wußte es nicht, und es war mir auch völlig gleichgültig, wer sie gebaut hatte; die Neue Wache mußte weg. Ich erzählte Dymschitz, schon leicht gereizt, daß dort, vor dieser Neuen Wache seines großen deutschen Meisters Schinkel, der Kaiser die Paraden angeführt und Hindenburg, der reaktionäre Reichspräsident, das würde der Genosse Major ja wohl auch wissen, den Marschallstab gehoben hatte. Und Hitler erst und Göring und Dönitz und Himmler, sie alle waren vor der Neuen Wache aufmarschiert, defilierende Soldaten, Heldengedenktag, nein, Schinkel hin oder her, dieses böse Symbol müsse weg, das würde er doch verstehen.

Aber es gibt fast nichts mehr von Schinkel, alles kaputt, und Sie sollten retten und bewahren, was von Ihrer großen deutschen Kultur, die die ganze Welt geliebt hat und liebt, geblieben ist. Dymschitz sah in meine störrische Miene, und er las die Gedanken von meiner Stirn: Also auch du, verehrter Genosse, bist schon aufgeweicht, kosmopolitisch etwa? Weiß der Genosse Stalin, welche Auffassungen du hast, daß dir ein gewisser Schinkel wichtiger als die Aktion der Freien Deutschen Jugend ist? Er lächelte fein, sehr fein, und sagte dann: Sie haben in einem recht, natürlich weiß ich, was vor dieser Wache passiert ist und wer dort gestanden und Sieg Heil! gebrüllt hat oder die Hand an den Helm hob. Aber ich denke nicht nur an Schinkel, obwohl es sehr wichtig ist, daß auch Sie an Schinkel und die anderen Meister denken, ich denke daran, daß man gerade die Neue Wache retten müßte, um daraus ein Monument gegen den Krieg zu machen, gegen den Chauvinismus. Man muß es, wie sagt man, umfunktionieren!

Dymschitz sprach weiter, lange, ich schüttelte den Kopf, es war beschlossen und ein wichtiger Beschluß dazu, und ich wiederholte nur immer, was ich schon gesagt hatte. Dymschitz verlor die Ruhe nicht, doch seine Zeit wurde knapp, und schließlich sagte er: Nun gut, Jugendgenosse, wenn es so ist und Sie dabei bleiben, dann muß ich eben befehlen. Ich befehle, die Neue Wache wird nicht gesprengt, und ihre Trümmer werden von der Berliner FDJ nicht beseitigt. Haben Sie verstanden?

Befehle hatte ich früh gelernt zu verstehen. Von sowjetischen Offizieren kamen sie sehr selten, Kapitän Lebedjew hatte nie befohlen, auch Dymschitz nicht. Bis heute.

Im Sekretariat gab es Aufregung und Ärger und Widerspruch, ich hörte von den anderen alle meine Argumente wieder. Der sowjetische Pionieroffizier stieß einen wüsten Mutterfluch aus, als ich ihm die Nachricht brachte, daß er sich nun wieder um Brücken und Leitungen zu kümmern habe und das Dynamit für die Neue Wache ins Lager zurückbringen müsse.

Dymschitz verriet mir auf meine Frage, wie er von unserer Aktion gehört hatte, Studenten der Humboldt-Universität hätten davon begeistert ihrem Slawistikprofessor, Genossen Bersing, erzählt, und der, an Schinkel denkend, vielleicht noch weiter, hatte mit Dymschitz telefoniert. Ich glaubte lange, daß dieser Genosse Professor mich um eine schöne Stunde meines Lebens, in der ich verantwortlich gewesen wäre für Sprengung und Beseitigung der Neuen Wache, gebracht hatte.

Wir wohnten Ende der sechziger Jahre als Gäste im schönen alten Schriftstellerheim von Sotschi, in einem Holzhaus über dem Felsen am Meer. Bei hohem Seegang sprühten Gischtfetzen auf den Balkon; unsere Zimmernachbarn waren Ellen Niit und Jan Kross, ein estnisches Schriftstellerehepaar, wir befreundeten uns, verbrachten gemeinsam schöne Wochen.

Mittags, im Haus jenseits der Straße, hatte man uns andere Tischgenossen zugeteilt, den Schriftsteller Alexander Dymschitz und seine Tochter, wahrscheinlich, weil er Deutsch sprach und wir schlecht Russisch. Dymschitz, der ganz zurückgezogen lebte, vielleicht schrieb er an einem neuen Buch, seine Tochter war scheu und selten zu sehen, erkannte mich nicht. Es waren viele Jahre vergangen, er fragte nach der DDR, die er so liebe, nach Schriftstellern und Künstlern. Schließlich sagte ich ihm, daß ich ihn von damals her kenne, und er meinte, vielleicht aus Höflichkeit, daß er sich auch zu erinnern glaube. Dann erzählte ich ihm die Geschichte der Neuen Wache, und er erinnerte sich überhaupt nicht daran. Als er meine Betroffenheit sah, lächelte er, ebenso still wie zwanzig Jahre zuvor, und sagte: Da Sie so viele Einzelheiten nennen und da ich den Genossen Bersing gut kannte, wird es schon so stimmen. Wissen Sie, es gab ja vieles Ähnliche in dieser Zeit, und oft mußte ich gerade die Jugend bremsen in ihrem Ungestüm, Revoluzzertum, sagt man wohl … Er sah mich entschuldigend an. Deshalb verzeihen Sie bitte, daß ich diese Sache vergessen habe, da sie so häufig vorkam, gewissermaßen jeden Tag, und ich nicht nur für Berlin zuständig war …

Ich habe sie nie vergessen. Aber es hat lange gedauert, bis wir begriffen, daß es nicht allein um Schinkel ging, sondern um das, was er damals, Anfang 1949, umfunktionieren nannte, um eine wirklich neue Beziehung zu sich selbst, zur nationalen Geschichte, zur Tradition. Jahrelang stand die Neue Wache weiter als Halbruine an der Straße, gerettet vor dem Zersprengen, aber ungeklärt noch, was aus ihr werden sollte. Eines Tages kam Michael Tschesno-Hell und zog mit Helmut Hauptmann, mir und anderen in den halbzerstörten Innenraum. Jetzt wird die Neue Wache umfunktioniert, wir brauchen einen Spruch an der Stirnwand, einen, der den neuen Charakter herausarbeitet, klar?

Mischa redete auf uns ein, wir machten Vorschläge, aber sie gefielen ihm nicht oder uns nicht, und Mischa lief mit uns bald wieder hinaus, andere Partner suchend, die andere Ideen für andere Inschriften hatten. Ich weiß nicht mehr, in welchem Jahr die Neue Wache als antifaschistisches Mahnmal umgestaltet und wieder eröffnet wurde. Ich weiß nur, es war im Januar 1949, als der sowjetische Offizier, Gelehrte und Humanist, wie Kapitän Lebedjew ihn genannt hätte, dies alles schon gewußt, gesagt und am Ende befohlen hatte.

Man wechselte rasch die Tätigkeiten, die Organisation brauchte immer neue Leute für immer neue Funktionen. Nach der Arbeit als Kreisvorsitzender, dem KJV nachtrauernd, wurde ich Lehrer an der Jugendschule von Berlin, dann ihr Leiter. Sie befand sich in Rahnsdorf, dicht an der Müggelspree, eine große Villa, früher vielleicht das kleine erlesene Urlaubsheim eines Unternehmers. Dort wurden in Zweiwochenlehrgängen die Funktionäre geschult, zwei Stunden dialektischer, zwei Stunden historischer Materialismus, zwei Stunden Weltgeschichte – Sklaverei, Feudalismus, Kapitalismus, antifaschistisch-demokratische Ordnung, zwei Stunden deutsche Geschichte nach Abuschs Buch Irrweg einer Nation, zwei Stunden Geschichte der Jugendbewegung und aktuelle Schlußfolgerungen. Alles klar? Klar! Nach den Lektionen jeweils zwei Stunden Seminar, abends Laienspiel, Matrosen von Cattaro, oder Rezitationen, Heine und Weinert, oder Kunstvortrag. Den hielt Malerfreund Paul Schultz, er kam auf langen Wegen über Köpenick und Müggelheim, stand drüben am Waldrand und rief: Hol über! Das Frühjahrshochwasser hatte die Wiesen überschwemmt, war knietief und reichte bis an die Tür der Schule.

Es hat keinen Zweck, Paule, am besten, du kehrst um, wir haben nichts, dich rüberzuholen!

Paul schrie zurück: Kunst ist wichtiger als nasse Beene! Zog sich die Hosen aus und die Schuhe, band sie um Kopf und Nacken und stieg barfuß, in Unterhosen, ins eiskalte Wasser, stapfte triefend herüber und begann seinen Vortrag, eingehüllt in den riesigen orchideengemusterten Bademantel der Köchin. Aus dem Rucksack holte er Reproduktionen und eigene Arbeiten. Geschichte der Malerei, zwei Stunden, plus Geburt des Expressionismus durch Matthias Grünewald.

Peter kam mit Grammophon und Schallplatten. Zwei Stunden Geschichte der Musik; er spielte Tschaikowski und erklärte, wie dramatisch es beim Scherzo zuginge.

Scherzo, das ist doch was zum Lachen, der heitere Musikteil einer Sinfonie, sagte ein musikalisch wachsames Mädchen.

Er lächelte mokant. Scherzo, das hat nichts mit Humor zu tun, sondern das ist vor allen Dingen ein musikalischer Kontrast, Bezeichnung von Tempi, einverstanden?

Es hört sich an wie eine Parodie auf Lehre und Wissensvermittlung, und es war wirklich oberflächlich und manchmal platt, manchmal auch falsch, was wir lehrten und lernten. Aber die als Schüler kamen, wollten lernen und wollten wissen, und was sie hörten, war oft so neu und ungeheuerlich, daß es ihr Leben durchschüttelte und für immer veränderte. Genauer und tiefer lernen konnte man später. Hier, in Rahnsdorf, innerhalb von vierzehn Tagen, vom frühen Morgen bis in die tiefe Nacht, wollte man nicht nur lernen und diskutieren, sondern gleich sein eigenes Leben schnell und überhaupt ändern. Liebe war ausgeschlossen, bürgerlicher Überrest; wir wuschen uns in dem kleinen Waschraum gemeinsam, Jungen und Mädchen, duschten uns, natürlich gab es nur kaltes Wasser, manches Mädchen mußte sich erst überwinden, morgens nackt mit Jungen zu duschen, aber das neue Leben forderte es, und so tat man es, verschämt, aber als neuer Mensch.

Zum politischen Hauptreferat kamen ältere Freunde, meist mit der Dampfbahn bis Wilhelmshagen, dann nach langem Fußmarsch bis zur Müggelspree, und weil der Fährmann oft betrunken schwankte, ein Übersetzen also recht gefährlich war, schwamm man lieber, Kleidung und Referat über dem Kopf haltend. Peter kam manchmal im Auto, gewisser Bequemlichkeit wegen, aber besonders weil er das kostbare Grammophon mit sich führte und die Schallplatten, Tschaikowski, Ernst Busch, Beethoven, Bach.

Es war das seltsamste Auto, das ich je gesehen habe.

Klein, schäbig silbern, ein Zweisitzer; zwei Räder vorn, eins hinten, die mißliche Mutation einer Zecke. Zu welchem Zweck dieses seltsame Gefährt gebaut wurde, blieb unerfindlich. Höchstgeschwindigkeit dreißig Kilometer in der Stunde. Manchmal brachte Manfred, der Fahrer dieses merkwürdigen Dienstautos der FDJ von Berlin, dringliche Post oder Lebensmittel damit. So konnte ich einmal mit ihm nach Berlin zurückfahren, der Platz neben ihm war frei, die erste längere Autofahrt meines Lebens. Sie dauerte zwei Stunden und war wunderbar. Auch die erste Fahrt in einem richtigen D-Zug machte ich im FDJ-Auftrag, nach Leipzig zu einer Beratung. Dort saß neben mir ein Mädchen mit einem Grübchen im Kinn. Die erste strenge Zeit war vorüber, man konnte es sich schon ideologisch leisten, dies zu bemerken. Als ich aber ein reichliches Jahr später unter ihrer Leitung zu arbeiten begann, bekam Mutter einen ihrer lauten Wutanfälle. Das habe ich mir gedacht, soweit ist es schon! Da habt ihr euern ganzen Kom-mu-nismus, sie sprach es wie Mus aus, jetzt haben schon die Weiber die Hosen an. Stehst du nun vor einem Mädchen stramm und sagst piep, wenn sie piep sagt? Schadt euch nischt, das habt ihr nun davon, morgen ist auch ein Weib Chef von Vater und am Ende noch eine Ministerpräsident. Na, macht mal weiter, ihr werdet schon sehen ...

Sosehr Mutter sonst dafür war, in der Familie etwas zu bestimmen zu haben, und sie herrschte ja wirklich in vielerlei Hinsicht, so wenig verstand sie das in der Politik, und nun ihr Sohn einem Mädchen unterworfen.

Später erhielten wir von der Kommandantur ein riesiges Auto, lackschwarz, das ganze Sekretariat paßte hinein; es hieß, es sei der Wagen eines Feldmarschalls gewesen. Jenes silbergraue Dreibein hatte die Funktionäre immer an Ort und Stelle gebracht, wenn auch manchmal mit großer Verspätung; dieser riesige Wagen jedoch besaß seine Tücken. Er sprang selten an. So geschah es denn, daß ein ganzes Sekretariat anschob, bis der Motor nach zwei-, dreimaligem Knallen laut aufheulte und der Wagen zu rollen begann. Dann sprangen wir auf die breiten Trittbretter, hielten uns fest und fuhren davon, manchmal bis ans Ziel, da der Fahrer fürchtete, wenn er anhielte, würde der Motor wieder ersaufen.

Es war die Zeit, da wir mehrmals mit Brecht zusammentrafen. Im Februar neunundvierzig wegen der Jugendveranstaltung zu Mutter Courage; oder um Einladungen an Brecht zu überbringen, er hatte gewünscht, an Veranstaltungen, Heimabenden teilzunehmen, machte zur Bedingung, weder begrüßt noch überhaupt als Gast erwähnt zu werden. Ich ging zusammen mit anderen Mitgliedern des Sekretariats zu ihm, um ihm vorzuschlagen, wieder ein Lied für die Jugend zu schreiben, er hatte das Aufbaulied verfaßt: Keiner plagt sich gerne, doch wir wissen: grau ist's immer, wenn ein Morgen naht …

Vor kurzem war eine unserer Plakatkleberkolonnen im Stadtbezirk Mitte überfallen und zusammengeschlagen worden. Prügeleien gab es häufig, wenn man das FDJ-Abzeichen trug. Unsere Friedrichshainer Kreisleitung wurde nach einer Sitzung von einer Schlägergruppe umringt, auch die Mädchen wehrten sich tapfer, besonders Eva, sie schlug zu, biß und kratzte wild; Mutter hatte recht gehabt, die konnte nicht nur arbeiten wie ein Mann, die hatte Kraft und Mut. Was half es, ich sah in ihr den Leitungskader, nicht die Herzensgenossin. Wir organisierten eine große Demonstration. Auf dem Balkon der Kreisleitung in der Lothringer Straße stand, wie auf den alten Fotos Karl Liebknecht mit erhobener Faust, Günter, der Kreisvorsitzende. Tausende zogen vorbei, den Refrain des Brecht-Liedes singend. Und heraus gegen uns, wer sich traut!

Wir baten Brecht um ein neues Lied, der alte Text hatte sich bewährt, gerade eben, denn niemand hatte sich getraut. Aber der Aufbau ging weiter, also neue Fragen, neue

Texte. Brecht fragte noch nach kritischen Hinweisen, ich sagte, das Wort Klumpatsch, das er verwendet habe, sei unpassend, niemand rede mehr so. Brecht, der die Kritik herausgefordert hatte, schwieg dazu, nicht erfreut, wie mir schien. Er versprach nicht, ein neues Lied zu schreiben, wollte aber nachdenken. Mehr als unsere Bitte interessierte ihn das riesige Auto. Er umkreiste es begeistert, setzte sich ans Steuer und fragte schließlich, ob er es uns nicht abkaufen könnte. Wahrscheinlich wären wir froh gewesen, das Auto auf diese Weise loszuwerden, mit dem wir oft, wie amerikanische Feuerwehrleute auf der Planke stehend, durch die Straßen brausten, doch es genierte uns, mit dem großen Dichter über profane Dinge zu reden, noch mehr, etwa zu feilschen. Wir wußten nichts von Brechts großer Autolust und welchen Gefallen wir ihm mit der Übergabe des uns verhaßten Wagens getan hätten.

Manchmal kam der Landesvorsitzende der Partei, Hermann Matern, zum sogenannten Hauptreferat über die Aufgaben der Gegenwart nach Rahnsdorf. Matern strahlte große seelische Kraft und Leidenschaft aus, sein weißer Haarschopf leuchtete weithin, er trug einen zerschlissenen Ledermantel, hielt die Hände in den Taschen, manchmal rauchte er still und fröhlich, manchmal saß er ernst, mit fast harter Miene, als hätten wir etwas politisch sehr Falsches getan, in unserem Kreis.

Das erstemal hatte ich ihn auf einer Versammlung junger Genossen erlebt, wir saßen in einem eiskalten Saal in Mänteln und froren; in einem einzelnen Haus inmitten von Ruinen und Trümmerbergen, in der Nähe des Alexanderplatzes, ein einziger unzerstörter Raum, es war keine gute Stunde. Matern sprach, und als erfahrener Redner spürte er, daß wir kaum zuhörten, daß selbst die jungen, begeisterungsfähigen Kader müde saßen, frierend und an der Zukunft zweifelnd. Die Ruinen wollen wir beiseite schaffen? Keiner von uns wird es erleben! Das dauert mehr als hundert Jahre!

Kleine Lokomotiven zogen Züge voll beladener Loren, Berlins Trümmer, und fuhren sie irgendwohin. An unserem Haus in der Grünberger Straße führte ein Schmalspurgleis vorbei, und bis tief in die Nacht ratterten die Trümmerbahnen, das Haus bebte, und die rissigen Mauern zeigten neue Sprünge. Aber es wurden und wurden nicht weniger Trümmer; einmal sagte Mutter: Die fahren den Schutt bloß rum, hier lang, bis Lichtenberg und dann wieder zurück, damit sich die Leute nicht vor Verzweiflung aufhängen, Jesusmariajosef!

Plötzlich unterbrach Matern seine Rede über Probleme der Volksdemokratie, richtete sich hoch, hob die Faust und rief: Genossen, das schwöre ich, unsere Stunde kommt! Kommt! Dann setzte er seinen Vortrag ruhig fort, und wir saßen anders als vorher, froren noch, hingen noch müde auf den Bänken, aber wir hofften wieder, unsere Stunde kommt.

Es dauerte, ehe unsere Stunde kam!

Sekretariatssitzung, Tagesordnungspunkt zwölf: Abschiedskundgebung für die nach Budapest reisende Delegation zum Weltjugendtreffen. Wilhelm Pieck sollte sprechen, von einem Plattenwagen herunter, aber die Post lieferte sehr spät die Übertragungsanlagen, ich war dafür verantwortlich und kam wieder in Schwierigkeiten; wenn man der Kultur schon irgendeine Aufgabe stellt! Neidlos sah ich meine Freunde fahren, ich konnte mir nicht vorstellen, nach Prag oder Budapest zu gelangen oder gar nach London wie andere Delegierte, zum Weltjugendkongreß, ich hatte genug Arbeit hier, solche Reisen machten nur die Besten und Erfahrensten, dazu zählte ich mich nicht.

Nächtelang arbeiteten wir im RAW Schöneweide, um den Sonderzug, mit dem unsere Delegierten fahren sollten, aufbauen zu helfen. Dann bekam ich den Auftrag, die öffentliche Generalprobe unserer Kulturgruppe zu besuchen und über meinen Eindruck zu berichten. Das Ensemble trat Anfang August im Maxim Gorki Theater auf, der Saal gefüllt bis auf den letzten Platz, ich traf Mariechen, die Köchin aus Prieros, deren Tochter im Chor sang. Der Vorhang flog auf; vor uns stand, aufwärts gereiht, der Chor, bereit zum Eingangslied.

Welche Anzüge die Jungen trugen, deren Farbe, ihren Schnitt weiß ich nicht mehr. Aber die Mädchen! Sie trugen lange weiße Kleider, weich fallend bis hinab zu den Füßen. Es blieb ein paar Sekunden völlig still im Saal, dann brach, ehe auch nur ein Ton erklang, ein gewaltiger Beifall auf, Füßetrampeln, rhythmisches Klatschen. Neben mir schluchzte Mariechen laut: Da steht se, die Kleene. Sieht se nicht wunderbar aus? Sehen die Mädchen nicht alle herrlich aus? Das kann man sich doch einfach nicht vorstellen! Davon hab ich ein ganzes Leben lang geträumt, ich und ein langes Kleid, zum Lachen! Aber daß die Kleene einmal so aussehen wird, so schön …

Dabei ging es nicht in erster Linie um Schönheit; mir wurde in diesen Sekunden, als allen die Tränen in die Augen stiegen, etwas ganz anderes bewußt. Von Schönheit wußte ich seit jenem Postkartenbild Hanneles Himmelfahrt, und seit ich sie in einer Mondnacht und an einem Mädchenkörper entdeckt hatte. Nicht, daß die Mädchen schön aussahen in ihren langen weißen Kleidern, erschütterte uns. Wir alle wußten jetzt, daß jenes Wort Es kommen unsere Tage, Genossen! lebendig geworden war in diesen Mädchen mit den langen Kleidern.

Ich kannte doch Mariechens Kleene und andere Mädchen des Chors, nichts Besonderes an ihnen, Mädchen wie alle, aber jetzt, in den langen weißen Kleidern, hatten sie das Gewöhnliche, das Normale, Durchschnittliche überwunden. Jetzt wußte ich, trotz der Trümmer draußen, der immer noch vorhandenen Not, der Minderheit, die wir noch darstellten, unsere Tage waren gekommen. Weil wir nicht nur Brot brachten und Optimismus, Hoffnung und Kohle, sondern weil wir anfingen, die Schönheit zu erobern.

Die Kleider entsprachen sicherlich nicht der Weltmode, weder im Material noch im Schnitt, wir besaßen darin selten eine glückliche Hand. Aber es waren wunderbare lange weiße Kleider, die an Mädchen herabwallten, die ich kannte, meinesgleichen, aus den Hinterhofwohnungen, junge Arbeiterinnen, Sekretärinnen, Töchter von schluchzenden Köchinnen ...

Wenn wir dies geschafft und die alte Welt hierin erreicht hatten, wenn wir ihre Kleider trugen, als seien wir dafür geschaffen, wenn die Mädchen sich in ihnen bewegten, als hätten sie diese große Garderobe immer getragen, dann hatten unsere Tage begonnen. Nichts weiß ich mehr vom Programm, nur daß der Chor, die Mädchen in langen Kleidern und weiß, das Eisenbahnerlied von Eberhard Schmidt sang, den ratternden Rhythmus nachahmend, und daß nach diesem Lied wieder gewaltiger Beifall ausbrach; er galt nicht allein dem frischen Lied, sondern der Vorstellung, daß sie in diesen langen weißen Kleidern in einem Sonderzug nach Budapest fahren würden.

In der Rahnsdorfer Schule, nach Referat und Diskussion, setzte sich Matern manchmal im winzigen Zimmer des Schulleiters mit uns zusammen und ließ sich erzählen. Von der Zusammensetzung der Schüler, die Jüngste war vierzehn, Pony genannt; nicht schlecht, je früher man anfängt, sich ideologisch zu schulen, desto besser! Wir berichteten von Fragen und Sorgen, von unseren Lehrmethoden.

Seminare, Seminare, laßt sie reden und fragen!

Wir berichteten ihm, auf welche Weise wir das Rassenproblem lösten. Natürlich steckten noch bittere Reste der faschistischen Rassentheorie in uns, obgleich das niemand zugeben wollte. Wir entlarvten diese Reste und beschämten unsere Schüler so. Bei der Behandlung des Weltbundes der Demokratischen Jugend, dessen Abzeichen die Silhouetten eines weißen, gelben und schwarzen Kopfes zeigte, als Zeichen der Zusammenarbeit der Völker und

Rassen, wurden wir uns schnell einig. Der Nazirassenwahn hat Millionen Opfer gekostet, wir sind frei davon, Schwarze und Weiße Hand in Hand! Plötzlich wandten wir uns an irgendein Mädchen mit der scharfen Frage: Und du, würdest du einen Neger heiraten? Antworte! Meist wehrten die Mädchen entsetzt ab, igitt, einen Schwarzen, ne, auf keinen Fall! Nur wenige antworteten: Warum nicht, wenn er mir gefällt!

An diesen Überfall und das so erzwungene Bekenntnis schlossen wir ein vertiefendes Seminar zu Rassen- und Klassenfragen an. Wir blickten Hermann Matern erwartungsvoll an und erwarteten natürlich ein Lob für unsere wirksamen und überraschenden Methoden zur Gewinnung ideologischer Klarheit in allen Fragen, auch dieser.

Matern sah uns verschmitzt an und sagte: Nicht gerade sauber. Sieht nach Demagogie aus. Und die taugt nicht, weder in der Politik noch in der ideologischen Erziehung. Ich hab mal eine Erfahrung gemacht, die ich nie vergessen werde, und erzähle euch die kleine Geschichte: Ich wurde nach Besuch der Parteischule in Moskau 1931 Politischer Sekretär in Ostpreußen, eine schwere Arbeit, weil dort wenig Proletariat vorhanden war, aber viele große Güter mit Landarbeitern, die man in Unwissenheit hielt. Etwa dreitausend Junker besaßen fast drei Viertel des Bodens, und mehr als dreihunderttausend Bauern, Staatsgüter und Ländereien noch abgerechnet, hockten auf dem Rest. Die Lage der kleinen Bauern war 1931 schon schlecht, 1932 wurde sie für viele fast unerträglich. Es gab eine große Landvolkbewegung, die teilweise mit uns zusammenarbeitete. In großen Massenaktionen wurden oft Zwangsversteigerungen von Bauerngehöften verhindert. Konnte die Versteigerung nicht verhindert werden, ging der Hof am nächsten Tag in Flammen auf.

Besonders aus dem großen Moosbruch verließen viele Bauern ihren Hof und gingen in Königsberg stempeln, weil sie einfach nicht existieren konnten. Im Sommer 1932 versuchten die Nazis, bei den Bauern im Moosbruch Einfluß zu bekommen. Sie organisierten in der Kreisstadt Laugnen eines Sonntags einen großen Aufmarsch, holten die SA und SS aus ganz Ostpreußen und Danzig ran und forderten die Bauern auf, zur Kundgebung auf den Marktplatz zu kommen. Tausende strömten nach Laugnen. Der Nazigauleiter Koch, der sprach, hatte sich eine große Attraktion überlegt und sagte in seiner Rede, daß er den heiligen Schwur ablege, an dem Tag, an dem Hitler die Regierung in Deutschland übernähme, würde der Zentner Roggen elf Mark kosten. Er kostete damals sieben Mark. Nach diesem heiligen Schwur des Nazigauleiters war es mit der Kundgebung zu Ende, eine fürchterliche Massenschlägerei begann. Die SA und SS wurden aus dem Moosbruch geradezu hinausgeprügelt. Hunderte von ihnen und auch viele Bauern landeten schwerverletzt in den Krankenhäusern. Matern fragte uns eindringlich. Was war die Ursache?

Ursache? Wir sahen uns an und überlegten, vielleicht die bessere Organisiertheit der Partei, vielleicht hatte man zur Unterstützung das Proletariat aus Königsberg herbeigeholt?

Matern lächelte, er ahnte wohl, was wir dachten, und schüttelte den Kopf. Im großen Moosbruch wuchs kein Korn, kein Getreide. Die Bauern mußten für ihr Vieh das Getreide kaufen, und das hatte Koch, der Demagoge, nicht gewußt. Als die Bauern hörten, daß, wenn Hitler kommt, der Roggen nicht nur sieben, sondern elf Mark kosten wird, schlugen sie von ganz allein los und die Nazis aus dem Moosbruch hinaus.

Wir lachten schadenfroh, diese dämlichen, demagogischen Nazis!

Da gibt es nichts zu lachen. Denn was lehrt uns das?

Ja, was sollte uns das lehren?

Es sagt, daß man als Politiker informiert sein muß, keine leeren Versprechungen, keine Demagogie, auch wenn es für den Augenblick günstig scheint, alles überprüfen, jede Kleinigkeit, jede Einzelheit, das lehrt uns das!

Wir verstanden und nickten, aber richtig verstanden habe ich diese Geschichte, die uns Hermann Matern im Kreis der Lehrer der Jugendschule von Berlin heiter erzählte, erst im Lauf der Zeit. Unsere Sünden bestanden nicht in willentlicher Demagogie, wir wollten niemanden belügen, keine leeren Versprechungen machen, sie beruhten auf unserer Ungeduld und in den unüberlegten Methoden. Sie sollten schnelle Wirkungen erzielen; wir hatten keine Zeit, uns lange und tief mit den Problemen zu befassen. Deshalb bevorzugten wir Überraschung und Zuspitzung, das Ja oder Nein, ohne langes Schwanken. Das konnte gefährlich ausgehen, auch für einen selbst.

Im Ferienlager Prieros hatten wir eine der üblichen stundenlangen Diskussionen, wie es denn möglich gewesen war, das ganze deutsche Volk systematisch zu verdummen und für faschistische Parolen reif zu machen, daß es die infamste Diktatur nicht nur ertragen, sondern bis zum bitteren Ende unterstützt hatte.

Nachts, in der Leitungssitzung, faßten wir einen Plan. Frühmorgens verschwand ich, ging weit weg vom Lager, angelte, bedauernd, daß Vater, der am Wochenende manchmal herausgeradelt kam, jetzt nicht dabei war. Ich fing gut, große Bleie und Barsche. Im Lager indessen, nach dem Aufstehen, verbreitet Bruno in einer Vollversammlung böse Neuigkeiten. Der Lagerleiter mit der Kasse und einem großen Teil der Verpflegung verschwunden, die Lagerleitung, entweder unfähig oder als Mitwisser im Bunde, sitzt in Stubenarrest in ihren Zimmern, er, Bruno, übernimmt mit Wissen der Kommandantur und des Sekretariats, ausgestattet mit allen Vollmachten, das Kommando.

Dreihundert Jugendliche waren entgeistert, bestürzt, sieh an, der Lagerleiter, man hatte doch gedacht, er sei ein netter Bursche und lustig dazu, entpuppt sich nun als ein Krimineller. Die Leitung schien auch nicht übel, entpuppt sich als unfähig oder im Bunde! Bruno beorderte junge Burschen, mit Knüppeln bewaffnet, vor deren Zimmer, ihren Stubenarrest zu bewachen. Mittags gab es nur dünne Milchsuppe. Man aß ohne Murren. Bruno ordnete Exerzieren für Jungen an, damit sie sich üben sollten, die Herrschaft im Lager endgültig zu übernehmen und zu sichern. Anfangs murrten die Jungen, fügten sich endlich und marschierten nach Brunos Kommando in Dreierreihen auf dem Sportplatz hin und her. Dann schrie Bruno, er verspüre Appetit auf Krebse, und schickte einen Trupp Jugendlicher ins Wasser, Krebse zu fangen. Der Tag im Lager verlief anders als sonst, und so war es auch geplant, mit Dienst und Drill und Drohungen gegen den flüchtigen Leiter und seine Mitwisser.

Am Nachmittag ging ich zum Dorfpolizisten, einem netten blonden Burschen, mit dem wir gut zusammenarbeiteten, denn mancher kleine Dieb oder Schwarzhändler hatte versucht, für einige Zeit in unserem Lager unterzutauchen; der Polizist war eingeweiht, er fesselte mich mit Handschellen, ich setzte mich auf den Soziussitz seines klapprigen Motorrades, und so fuhren wir ins Lager ein.

Ein wüster Schrei: Er ist eingefangen, der Hund, hängt ihn auf!

Es fehlte nicht viel, sie hätten mich wirklich gehängt, den Betrüger und Dieb, der sie so enttäuscht und der Diktatur Brunos ausgeliefert hatte. Der ihnen das Essen geschmälert hatte, seine schlimmste Missetat.

Der junge Polizist geriet in Bedrängnis, er bekam vor Aufregung meine Handschellen nicht auf, Bruno schlug um sich und beschwor die wütende Menge, ein ordentliches Gerichtsverfahren abzuwarten. Man würde es gleich in der großen Baracke abhalten, dort, wo wir so herzhaft bei Tschechows Heiratsantrag gelacht und uns von Woyzeck hatten erschüttern lassen.

Der Hauptangeklagte stand in der Mitte des Podestes, die anderen Mitglieder der Lagerleitung als Verdächtige neben ihm, dahinter der bleiche Dorfpolizist, wenn das man gut geht, die ersäufen uns allesamt, wenn's rauskommt …

Bruno trat als Chefankläger auf und gleichzeitig als Offizialverteidiger, er hielt glänzende Plädoyers. Er schilderte, mit welchen Lügen und demagogischen Kniffen die Nazis das deutsche Volk eingelullt und geistig bezwungen hatten, daß es glaubte, seine besten Freunde seien seine Feinde und seine Feinde gute Freunde.

Was hat das hiermit zu tun! Zur Sache! schrie wer.

Bruno redete feurig, zitierte aus dem Kopf Brecht. Scheu dich nicht zu fragen, Genosse! Laß dir nichts einreden, sieh selber nach! Was du nicht selber weißt, weißt du nicht ... Er beschimpfte die still vor uns Sitzenden. So habt ihr euch, wie seinerzeit das deutsche Volk, einwickeln lassen, habt blind geglaubt, seid hereingefallen, habt euch unterworfen, ohne Widerspruch, habt die zum Teufel gejagt, die euch gestern noch sympathisch waren! Lehren der Geschichte!

Bruno redete, wischte sich den Schweiß von der Stirn, doch erst als Mariechen, die Köchin, als Zeugin gerufen wurde und verkündete, es stimme exakt mit dem Lebensmittelbestand, und als Ersatz für den mageren Tag eine Riesenportion Abendbrot ankündigte, glaubte man der Wahrheit unseres Spiels, schrie und klatschte Beifall. Unser kleiner blonder Polizist atmete auf. Alles klar jetzt? Alles klar!

Mancher trat am nächsten Tag heran, um mir zu sagen, daß er die ganze Sache nicht geglaubt hätte, ich sei für ihn über jeden Verdacht erhaben gewesen. Bruno schlug eine neue Debatte über Mitläufertum vor, Heuchelei und über die Pflicht der Wiedergutmachung, Reparationen ... Aber nur als zwangloses Gespräch, ohne Spiel und Handschellen, uns saß der Schreck über die Wut unserer Jugendfreunde noch tief im Gemüt.

Im Bericht an den Stadtvorstand meldeten wir unsere Aktion als erfolgreich und überzeugend: Entlarvung faschistischer Propaganda und Herrschaftsmethoden anhand eines Scheinverbrechens.

Leutnant Grischa Kurella schüttelte zweifelnd den Kopf. Jedenfalls unorthodox! Ob wirklich die Ursachen der Nazidiktatur damit erklärt sind, ist sehr fraglich.

Gut, unorthodox, erwiderte ich, aber orthodox ist auch nicht besser. Karl Kautsky war ein Orthodoxer, hat Lenin selbst gesagt, und was ist aus ihm geworden? Ein Renegat, hat Lenin auch gesagt.

Paul hatte mir ein Studium versprochen – nur mit einem Semester Verspätung, inzwischen arbeitete ich länger als zwei Jahre im Jugendverband. Überall glaubte ich schon dem neuen Menschen zu begegnen, suchte nach unorthodoxen Methoden und ließ mich von Leutnant Grischa Kurella und Major Dymschitz nicht beirren.

Neue Aufgaben, neue Funktionen. Willst du nicht als Offizier zur Kasernierten Polizei? Wir müssen uns schützen, bauen bewaffnete Kräfte auf!

Wenn's beschlossen ist!

Aber ein Lungenschatten und ein Kaderschatten, die Wochen westlicher Gefangenschaft, ließen mich im zivilen Leben zurück. Der an meiner Stelle ging, trug bald die Schulterstücke eines Obersten.

Du lieber Himmel, dich Asch als Oberst, ich lache mich tot, dir gehorcht doch keiner! Mutter hatte nicht unrecht, eben hatten wir noch gesungen: Nie, nie woll'n wir Waffen tragen. Kommandieren verabscheute ich, diskutieren hatte ich inzwischen gelernt.

Erwin, der während der Ferienlagerzeit mit mir auf dem Prieroser Wasser Kahn gefahren war und uns spannend seine Erlebnisse als 999er berichtet hatte, wurde Seeoffizier, obwohl er die Flaggenzeichen nicht lesen konnte. Er erzählte mir, wie das gekommen war.

Der leitende Genosse hatte ihn rufen lassen. Genosse, du warst doch Soldat!

Ja, aber im Strafbataillon 999.

Schon gut, wir müssen bewaffnete Kräfte aufbauen, zum

Schutz unserer Errungenschaften, traust du dir zu, eine Gruppe zu führen?

Eine Gruppe, eigentlich ja.

Einen Zug?

Na, vielleicht einen Zug auch noch.

Und eine Kompanie?

Ne, Genosse, das nicht, ich war ja bloß Schütze, noch dazu im …

Ich weiß, kannst du ein Bataillon führen?

Kopfschütteln.

Ein Regiment?

Er lachte über die scharfen Scherze des Genossen.

Dann will ich dir den Beschluß verkünden, wir haben dich, Genosse, zum Kommandeur in unserer neuen Marine ernannt, du bist Konteradmiral, an die Arbeit!

Erwin, ein handfester, gewitzter Berliner Junge, wankte wie bewußtlos aus dem Zimmer, Konteradmiral er, der höchstens ein Paddelboot beherrschte, dem schon der Müggelsee bei Wind unheimlich war!

Als der Konteradmiral bemerkte, daß die Posten auf den Türmen bei seinem Nahen sich seltsame Flaggenzeichen gaben, lernte er sie zu Hause vor dem Spiegel und wußte jetzt, was sie sich signalisierten. Achtung, der Alte, das Rindvieh, kommt.

Ob diese Geschichte eine der üblichen Eulenspiegeleien Erwins war, oder ob sie sich so zugetragen hat, weiß ich nicht. Aber selbst wenn sie von ihm erfunden wurde, hätte es genauso gewesen sein können. Ich wäre, hätte man es beschlossen, Langhoffs Nachfolger als Intendant geworden oder Direktor der Osthafenmühle, mit deren Betriebsrat wir besonders gut standen und von der wir für manche Fahrt einen Sack kleiner dunkler Semmeln gestiftet bekamen. Ich wäre auf Beschluß Stadtrat für Finanzen geworden oder Leiter der Staatsbibliothek, Beschluß war Beschluß. Überall fehlte es an Menschen, die alle die neuen Funktionen übernehmen mußten. Man schaffte es oder ging unter. Kein langes Fragen, ob man sich alles zutraute, was der Beschluß einem antrug. Minister? Ich will nicht Minister werden. Es ist beschlossen! Dann versuch ich's. Das neue Leben, auf dich kommt es an …

Noch war ich im Stadtvorstand der FDJ für Kultur und Erziehung zuständig, weder Oberst noch Minister. Die Arbeit machte Freude.

Auf dem Korridor des Zentralrats traf ich das Mädchen mit den Grübchen, das auf einer Sitzung in Leipzig meine Nachbarin gewesen war, sie erkannte mich und wußte etwas, was ich nicht wußte. Wir werden sehen, wie wir das hinkriegen, ich finde es großartig von den sowjetischen Genossen, und sieh zu, daß die Einarbeitungszeit nicht zu lange dauert, und komm bald zur Berichterstattung! Ich verstand überhaupt nichts, sie verwechselte mich; vielleicht aber war irgendein Beschluß gefaßt, von dem ich nur nichts wußte, das kam vor. Alles klar? In Ordnung, erwiderte ich, Freundschaft!

7. Oktober 1949

Dieser Sommer hält lange vor; als Bruno, Fred und ich am letzten Septembertag eine Radfahrt an den Pätzer Vordersee unternehmen, springen wir noch einmal ins Wasser. Einige Tage darauf meldet sich der Herbst mit kaltem, scharfem Wind an.

In der Stadt bewegt sich etwas. Kundgebungen, Versammlungen, Bedeutsames läßt sich erahnen. Am 1. Oktober überreichen Berliner Frauen Friedensalben für die Frauen in New York. Helene Weigel liest ein Gedicht von Bert Brecht, Arnold Zweig spricht in ausschweifenden Perioden, ein Satz prägt sich ein: Die Frauen mögen dafür sorgen, daß der Vollmond der Dummheit in den Köpfen dauernd abnähme ... Dann Hilde Eisler, sie trägt eine graue Kappe, unter der schwarzes Haar hervorsträhnt. Die amerikanischen Reaktionäre haben die Stiefel Hitlers und das Maul von Goebbels angezogen ... Nach der Kundgebung reden Ottomar Geschke und Ernst Wildangel mit mir über irgendeine FDJ-Angelegenheit, etwas Wichtiges, das ich in der Hitze der Diskussionen aber gleich vergesse.

Irgendwer hatte mir eine Andeutung gemacht, die ich nicht verstand oder der ich nicht traute. Ich sollte eine andere Tätigkeit aufnehmen. In der Kaderabteilung des Zentralrats teilte man mir schnell mit, es gäbe einen Sekretariatsbeschluß, ich hätte sofort im Haus der Kinder zu beginnen. Sofort, das hieß ja morgen, am 7. Oktober.

Abwickeln nennt man den Vorgang, der nicht Abschied heißen soll. Letzte Briefe und Rundschreiben, Händeschütteln in den Abteilungen, ein letzter Weg durch das Treppenhaus der Hosemannstraße, noch einmal zum S-Bahnhof

Greifswalder, am Bahnhof Frankfurter Allee steige ich aus und laufe zu dem weißen Haus, in dem ich morgen meine neue Arbeit beginnen werde. Von der Parkseite her besehe ich den Seitenflügel und die Rückfront, ich kann mir nicht vorstellen, worin diese neue Arbeit bestehen soll, doch solche Überlegungen sind kleinbürgerlich, beschlossen ist beschlossen, schon gar nicht fragt man, ob man es überhaupt schaffen kann, ob man über die richtigen Voraussetzungen verfügt.

Ich war bis heute in der Berliner FDJ für Kultur und Erziehung verantwortlich. Vielleicht ist es dieses Wort Erziehung, das mich hierherverschlägt. Aber ich hatte bisher nichts mit Pionieren zu tun, ich verstehe von Erziehung nur, daß sie sein soll wie die von Makarenko. Über Beschlüsse, mein Lieber, diskutiert man nicht. Vorher, bitte schön, solange du willst, aber nachher wird ausgeführt! hat der Kadermann zu meinen lahmen Protesten erwidert.

Aber vorher wußte ich doch überhaupt nichts davon, wie sollte ich da diskutieren?

Dein Pech, also mach los, da sind noch andere Kader mit ihren Beschlüssen ...

Am nächsten Morgen, pünktlich acht Uhr, den Beschluß in der Tasche, gehe ich in das weiße Haus, um mich beim sowjetischen Direktor Hauptmann Beburow zu melden. Er kommt erst später, ich sitze im großen Vorzimmer und beschaue die Bilder an den Wänden, währenddessen die beiden Sekretärinnen mich besehen. Dann kommt der große und dicke Hauptmann, sieht mich belustigt durch seine Brille an, auch enttäuscht, wie ich merke. Den also hat ihm der Zentralrat geschickt als stellvertretenden Direktor eines großen Pionierpalastes, dieses magere Bürschlein von einundzwanzig Jahren, in ausgetretenen Bundschuhen und einer Jacke, deren Ärmel kaum über die Ellenbogen reichen. Wir gehen in sein Arbeitszimmer, ich lege mein Kaderschreiben vor, Beburow liest bedächtig und führt mich in ein anderes, riesiges Zimmer, mit einem Schreibtisch an der Stirnseite, groß wie ein Felsblock. Dort sitzt der deutsche Direktor, Heinz Scheel, wir machen uns bekannt, und ich spüre bei ihm ähnliche Gedanken durch sein Lächeln hindurch wie beim sowjetischen Hauptmann.

Die beiden zeigen mir mein Arbeitszimmer, einen großen Raum, in dem zwei Schreibtische sich gegenüberstehen, quer zum Fenster.

Dort sitzt ein sowjetischer Oberleutnant, mein Partner, der sowjetische Stellvertreter, der mir mit einem Schwall russischer Worte die Hand reicht. Ich verstehe kein einziges Wort, Beburow und Scheel gehen, ich setze mich an meinen Schreibtisch, Oberleutnant Dimitri Alexandrowitsch Trussow gegenüber. Er redet auf mich ein, ich schüttle den Kopf, ich spreche von meinen Plänen und frage nach meinen Aufgaben, Trussow zuckt mit den Schultern. Dann lacht er, zieht mich am Arm aus der Tür, wir laufen durch das Haus. Die Kinder erkennen den Oberleutnant von weitem, stürmen durch den hallenden Flur auf ihn zu, umringen uns und fordern: Spielen! Trussow nickt und streckt den Zeigefinger nach oben. Däcke! Er senkt den Finger erdwärts. Fussporr! Die Kinder verstehen und lachen, es heißt aber Fußboden! Trussow nickt, zeigt nach oben, die Kinder zeigen nach oben, Däcke, er nimmt die Hand herunter, Fussporr, die Kinder auch. So geht es einige Male, bis Trussow die Folge durchbricht und nach der Decke wieder auf die Decke zeigt. Viele Kinder zeigen nach unten und müssen ausscheiden. Trussow gerät in Schweiß, einige Kinder sind achtsam, sie lassen sich nicht verblüffen, endlich bleibt nur ein Mädchen übrig, die Siegerin, die immer nur dem Kommando folgt, sich nie irrt. Trussow zieht einen Lutscher aus der Uniformbluse und überreicht ihn dem Mädchen mit einer Verbeugung. Begleitet von einem zwitschernden Kinderschwarm, kehren wir in unser Arbeitszimmer mit den zwei großen Schreibtischen zurück.

Heinz Scheel kommt herein und sagt: Wir haben eine Republik.

Dies also ist die Veränderung, die sich unbestimmt, aber deutlich ankündigte. Trussow, der nichts verstanden hat, zieht mich wieder hinaus, er will mit den sowjetischen Mitarbeitern beraten, Arkadjewa, Semjonowa, Filatowa. Die Frauen mustern mich noch unverhohlener als Beburow und Scheel. Aber sie zeigen mir freundlich ihre Abteilungen, den Ballettsaal, die Turnhalle, das Kino, Puppentheater und Bibliothek.

Sie lesen auch Kinderbücher? Semjonowa, eine aparte Frau, geschmackvoll gekleidet, elegant sogar, was mich beunruhigt und mißtrauisch stimmt, sieht mich zweifelnd an. Aber Sie lesen die Klassiker, die russischen?

Kürzlich habe ich Leo Tolstois Krieg und Frieden gelesen, bestürzt, ja zerschmettert, auch Gladkows Zement, mit zwiespältigen Eindrücken.

Wir müssen im Leseraum Diskussionen mit Schriftstellern machen, mit deutschen, damit sie für die deutschen Kinder schreiben.

In ein blaues Schulheft trage ich mir die Aufgaben für die neue Arbeit in diesem Haus ein, ziemlich weit oben steht: Kinderbücher, Diskussionen, Schriftsteller ... Datum: 7. Oktober 1949.

Über der neuen Arbeit tritt die große Neuigkeit zurück, fast vergesse ich, was geschehen ist. Aber am 11. Oktober abends begrüßt die Jugend durch einen Fackelzug diesen Staat, seine Regierung, den Präsidenten Wilhelm Pieck. Die Jugendgruppe unseres Hauses nimmt natürlich daran teil. Weil wir zum Zentralrat der FDJ gehören, marschieren wir in einem der ersten Blöcke. Es geht langsam voran, Stauungen vor der Tribüne, Zuschauer mischen sich unter die FDJler, Leute, die nicht mehr zur Jugend zählen, aber mitziehen wollen.

Eine Kette von stämmigen Burschen prescht vorwärts,

die Zögernden und langsam Gehenden antreibend. Es wird geschimpft und geflucht, jemand schafft verbissen Bahn, die Demonstration muß pünktlich weitergehen!

Auch unsere Gruppe wird von der Kette erfaßt und weg von der Tribüne, an den Straßenrand, gedrückt. Wir prallen in eine Menschenansammlung, die hier steht, ich werde an einen sowjetischen Offizier gedrückt, ihm fällt die Mütze vom Kopf. Es ist Oberleutnant Trussow. Er lacht, als er mich erkennt, und redet auf mich ein, ich verstehe nichts. Dann umarmt mich Oberleutnant Dimitri Alexandrowitsch Trussow fest, küßt mich, schüttelt mir die Hand und weint.

Es gibt doch verdammt noch mal keinen Grund zur Rührung und für Tränen! Von einem Offizier dazu, von einem sowjetischen! Es ist nicht zu fassen.

Alles charascho, sage ich, Trussow beruhigend, ziehe ihn voran, wir gehen seitlich am Zug entlang, vorüber an der Tribüne, auf der ich ihm Wilhelm Pieck und Otto Grotewohl zeige und Erich Honecker. Trussow fragt und redet ununterbrochen, weint aber nicht mehr, er raucht und lacht. Er wartet wohl auf keine Antwort. Denn ich habe ihn weder verstanden, noch kann ich auf die unbekannten Fragen russisch antworten. Ich sage: Decke! und zeige hoch in den schwarzen Himmel. Trussow weist auf den stumpfen, von Splittern rissigen Asphalt. Fussporr! Er umarmt mich von neuem, mit Tränen in den Augen.

Inhalt